MEINE GESUNDHEIT

MMI MEDIZINISCHE MEDIEN INFORMATIONS GMBH

IMPRESSUM

Medizinische Medien Informations GmbH

Am Forsthaus Gravenbruch 9
63263 Neu-Isenburg
Postanschrift:
Postfach 10 10 80, 63264 Dreieich
Telefon (0 61 02) 50 20
Telefax (0 61 02) 5 37 79 u. 50 22 20

Autoren:
Apothekerin Angelika Leinweber
Apothekerin Christiane von der Eltz

Redaktion:
Petra Christ
Marianne Kämmer-Reusch

Fachliche Beratung:
Dr. med. Gösta Trunzler

Lichtsatzherstellung:
dateam EDV-SYSTEME Breidenstein GmbH,
Frankfurt a. M.

Druck:
Graphischer Großbetrieb Pößneck/Thüringen

Printed in Germany 1995
ISBN 3-87360-063-3

Wichtiger Hinweis:
Das vorliegende Buch ist sorgfältig erarbeitet worden. Dennoch: Weder Autoren noch Redaktion und Verlag können für eventuelle Nachteile oder Schäden, die aus den im Buch aufgeführten Informationen, Empfehlungen oder Hinweisen resultieren, eine Haftung übernehmen. Bitte berücksichtigen Sie, daß bei der Anwendung von Arzneimitteln in jedem Fall die beigefügte Packungsbeilage des Herstellers beachtet werden muß. Das Fehlen des Symbols nach Arzneimittelnamen bedeutet nicht, daß der Name nicht durch Warenzeichen geschützt ist.

VORWORT

Leider ist es so: mit der Gesundheit beschäftigen wir uns in der Regel erst dann, wenn wir krank sind. Vorher betrachten wir sie als eine Selbstverständlichkeit. Nun gibt es zwar für ewige Gesundheit keine Garantien, unbestritten ist aber eines: wer gesund sein, gesund bleiben, gesund werden will, muß selbst einen aktiven Beitrag zu seiner Gesunderhaltung oder Gesundwerdung leisten. Dazu will dieses Buch **Meine Gesundheit** beitragen. Da ist es aber zuerst einmal wichtig, zu wissen, was dieses Buch nicht ist: kein kompliziertes Fachbuch für Ärzte oder Apotheker, kein Buch, das den Besuch beim Arzt oder den Gang in die Apotheke ersetzen kann oder will, kein Buch fürs Bücherregal. **Meine Gesundheit** ist ein Buch zum Nachschlagen und soll Ihnen helfen, mit leichteren Beschwerden oder Gesundheitsstörungen verantwortungsbewußt umzugehen und die Ursachen zu finden, um dann in Zukunft sinnvoll vorbeugen zu können.

Meine Gesundheit ist so aufgebaut, daß Sie sich schnell zurechtfinden werden: Der erste Teil beinhaltet neben allgemeinen Empfehlungen rund um eine gesunde Lebensweise vor allem Informationen über Ihre Haus- und Reiseapotheke, Vergiftungszentren und Erste-Hilfe-Maßnahmen.

Im zweiten Teil des Buches werden unter der Fragestellung "Krank - was tun?" in verständlicher Sprache und übersichtlicher Form Krankheiten und Symptome beschrieben: ihre Ursachen, was Sie selbst tun können, wann Sie zum Arzt gehen sollten und wie Sie vorbeugen können.

Im dritten Teil schlagen Sie nach, wenn Sie sich z.B. bei Husten, Durchfall oder Kopfschmerzen mit Medikamenten behandeln wollen. Hier finden Sie rezeptfreie Arzneimittel zur Selbstmedikation aufgeführt. Mit allen für Sie wichtigen Informationen wie Gegenanzeigen, Nebenwirkungen, Dosierungen, Wirkstoffen, Packungsgrößen und Preisen. Im Anschluß an dieses Kapitel folgt das Verzeichnis der Anschriften der pharmazeutischen Hersteller mit ihren im Buch genannten Medikamenten sowie das Stichwortverzeichnis.

Meine Gesundheit nimmt eine Entwicklung in unserer Gesellschaft auf: der Trend hin zu einem aktiven Bemühen um die Gesundheit ist unverkennbar. Gefährlich wird es, wenn die Selbstbehandlung als Alternative zum Arztbesuch angesehen wird. Dieses Buch möchte Sie bei der Beurteilung, ob Ihre Erkrankung so leicht ist, daß Sie sich selbst behandeln können oder ob Sie zum Arzt gehen sollten, unterstützen. Im Zweifelsfalle muß es aber immer heißen: Fragen Sie Ihren Arzt oder Apotheker.

Gesundheit steht auf der Wunschliste der Menschen an erster Stelle. Wer gesund sein will, muß informiert sein, um bewußter mit seinem Körper und Störungen des Wohlbefindens oder Erkrankungen umgehen zu können. Das ist das Anliegen dieses Buches. **Meine Gesundheit** für Ihre Gesundheit.

Ihre Redaktion
Meine Gesundheit

GRUNDSÄTZLICHES BEI DER SELBSTBEHANDLUNG

- Vor jeder Selbstbehandlung sollten Sie versuchen, die Ursache der Erkrankung herauszufinden.
- Nicht ein "beliebiges" Medikament einnehmen, sondern gezielt behandeln.
- Nicht mehrere Arzneimittel gleichzeitig einnehmen.
- Behandeln Sie Ihre Beschwerden mit einer möglichst niedrigen Dosis Ihres ausgewählten Arzneimittels.
- Wenn sich die Beschwerden nach einigen Tagen nicht bessern, müssen Sie Ihren Arzt aufsuchen.
- Wenn Sie schwanger sind, gilt ohne Ausnahme: Selbstmedikation nur nach Rücksprache mit Ihrem Arzt.
- Selbstmedikation bei Kindern sollte sorgfältig bedacht werden. Am besten, Sie sprechen vorher mit Ihrem Arzt oder Apotheker.
- Erstmalig auftretende Beschwerden sollten Sie sorgfältig prüfen (lassen), ernstere Erkrankungen können dahinter stecken.
- Bei allen Fragen wenden Sie sich bitte an Ihren Arzt oder Apotheker.

INHALT

GESUNDHEITS-TIPS

- Was Sie über Medikamente wissen sollten
- Rund um die Hausapotheke
- Ihre Reiseapotheke
- Heilpflanzen – Sanfte Medizin aus der Natur
- Homöopathie – Kein Geheimnis
- Aromatherapie für Körper und Seele
- Was tun bei kranken Venen?
- Gesunde Ernährung – Essen mit Verstand
- Impfungen
- Erste Hilfe – Aber richtig

WAS SIE ÜBER MEDIKAMENTE WISSEN SOLLTEN

WAS IST EIN MEDIKAMENT?

Medikamente oder Arzneimittel sind Stoffe, die dazu bestimmt sind, Krankheiten oder krankhafte Beschwerden zu heilen, zu lindern, zu verhüten oder zu erkennen.
Die Selbstbehandlung mit Arzneimitteln nennt man Selbstmedikation. Hierbei wählt der Patient ohne Rezept mit Hilfe eines beratenden Apothekers sein Medikament selbst aus.

Dabei gelten folgende Regeln:
1. Vor der Therapie versuchen, die Ursachen herauszufinden.
2. Bei erstmaligen Beschwerden sehr zurückhaltend mit Selbstmedikation umgehen.
3. Nicht auf jede Empfehlung von Nachbarn, Bekannten usw. hören.
4. Selbstmedikation nur kurzfristig anwenden.
5. Nicht alles "Pflanzliche" und "Natürliche" ist unschädlich.

BEI ALLEN ERNSTHAFTEN ODER CHRONISCHEN ERKRANKUNGEN ODER WENN DIE SELBSTMEDIKATION ERFOLGLOS BLEIBT, IST DER GANG ZUM ARZT UNUMGÄNGLICH!

WELCHE ARZNEIFORMEN GIBT ES?

Medikamente werden nach innerer und äußerer Anwendung unterschieden.

INNERLICHE ARZNEIMITTEL, FLÜSSIG

Zum innerlichen Gebrauch gibt es flüssige und feste Arzneiformen. Der Vorteil von Flüssigkeiten (z.B. **Tropfen oder Säfte**) ist ihr schneller Wirkungseintritt und die einfache Einnahme. Säfte werden von Kindern gern genommen, weil sie gesüßt sind. Außerdem enthalten sie keinen Alkohol (als Lösungsmittel für die Wirkstoffe). Eine weitere Gruppe von Patienten, für die flüssige Arzneimittel von Vorteil sein können, sind sehr alte oder sehr kranke Menschen, deren Schluckfähigkeit eingeschränkt ist.

Um den Geschmack von Tropfen zu verbessern, können sie mit Wasser oder Saft verdünnt oder auf etwas Zucker eingenommen werden. Heiße Getränke z.B. Tee, sind nicht zum Verdünnen geeignet, da durch die Wärme die Wirkstoffe beeinträchtigt werden können.

INNERLICHE ARZNEIMITTEL, FEST

Gründe, die für die Einnahme von festen Arzneimitteln (z.B. **Tabletten, Kapseln, Dragees**) sprechen, sind die einfache Handhabung, das platzsparende Mitführen der Packungen unterwegs und vor allem die Genauigkeit der Dosierung. Dies ist sehr wichtig, denn bei Unterdosierung besteht die Gefahr, daß keine ausreichende Wirkung erzielt wird und bei Überdosierung können vermehrt unerwünschte Nebenwirkungen oder sogar Vergiftungserscheinungen auftreten.

Tabletten, Filmtabletten, Dragees und Kapseln unterscheiden sich nicht nur im Aussehen, sondern auch im Wirkungseintritt und der Wirkdauer.

Tabletten zerfallen im Körper am schnellsten und setzen rasch ihren Wirkstoff frei. Schmerzmittel werden daher oft in Tablettenform hergestellt, um einen schnellen Wirkungseintritt zu gewährleisten. Tabletten werden schon im Magen zersetzt und über die Magenschleimhaut resorbiert, d.h. in die Blutbahn aufgenommen. Um die Wirkung einer

Tablette zu verlängern, wurden von der Pharmaindustrie Retard- oder Depotformen von Medikamenten entwickelt. Durch bestimmte Verfahren, z.B. Tablettenzusätze oder -überzüge, stellen Retardtabletten, Retardkapseln oder Retarddragees einen kleinen Arzneimittelvorrat im Körper dar, der nach und nach freigegeben wird, was eine konstante Wirkung über mehrere Stunden gewährleistet. Das ist ein wichtiger Vorteil bei den Medikamenten, die regelmäßig über den Tag verteilt genommen werden müssen, z.B. bei Herzmitteln und bei Medikamenten gegen hohen Blutdruck. Der Patient braucht seine Medizin dann z.B. nur einmal pro Tag zu nehmen und hat 24 Stunden eine garantierte und gleichbleibende Wirkung des Medikaments.

Tabletten, Dragees oder Kapseln können auch **magensaftresistent** überzogen sein. Diese Präparate werden nicht im Magen zersetzt, sondern sie gelangen unbeschädigt durch die Magensäure in den oberen Teil des Dünndarms. Hier können sie dann in die Blutbahn resorbiert werden. Dieses Prinzip wird oft bei empfindlichen Wirkstoffen, z.B. solchen mit Eiweißen oder Enzymen, angewendet. Außerdem werden Wirkstoffe, die die Magenschleimhaut angreifen können, auf diese Weise „unter Verschluß" gehalten, bis sie im weniger empfindlichen Dünndarm angelangt sind.

Überzogene **Dragees** und **Filmtabletten** lassen sich gut schlucken durch ihre glatte Oberfläche, ebenso Kapseln mit ihrer glatten Hülle aus Gelatine. Alle festen Arzneiformen sollten möglichst in aufrechter Haltung (nicht im Liegen) eingenommen werden, da sie dann am besten durch die Speiseröhre gleiten.

Eine andere feste Arzneiform sind **Brausetabletten**, die die Vorteile der festen und flüssigen Form in sich vereinigen. Besonders wichtig ist dabei, daß mit Brausetabletten eine sehr schnelle Wirkung erzielt werden kann, da der Wirkstoff bereits in gelöster Form in den Körper gelangt. Als Brausetabletten sind z.B. Vitaminpräparate und Schmerzmittel, Husten- und Grippemittel im Handel. Zum Teil sind sie durch den Zusatz von Fruchtaromen wohlschmeckend und werden deshalb von Kindern gerne akzeptiert. Wichtig ist die Einnahme mit ausreichend Flüssigkeit.

ÄUßERLICHE ARZNEIFORMEN

Medikamente zur äußerlichen Anwendung sind Salben, Pasten, Cremes, Gele, Lösungen und Sprays. Auch Zäpfchen zählen zu dieser Gruppe.

Salben haben gegenüber Cremes einen höheren Fettanteil und eine zähere Konsistenz. Gängige Salbengrundlagen sind Vaseline, Kakaobutter oder Lanolin. Viele Wund- und Heilsalben haben eine fettige Grundlage, die bewirkt, daß sie auf der Wunde verbleiben und nicht einziehen. Somit wird dieser Bereich geschützt und die Heilung gefördert. Salben werden auch da eingesetzt, wo ein „Weichmacher"-Effekt erwünscht ist, z.B. bei Schälsalben für die Fußhornhaut.

Cremes haben einen höheren Anteil an Wasser als Salben, dringen besser in die Haut ein und lassen sich angenehm leicht verstreichen (eine typische Cremegrundlage ist Eucerin). Dadurch eignen sie sich sehr gut für medizinische Pflegeprodukte.

Bei **Lotionen** ist der Wasseranteil nochmals deutlich erhöht, wodurch sie sich gut auf der Körperoberfläche verteilen lassen, auch an behaarten Körperstellen. Sie ziehen besonders rasch in die Haut ein und müssen kaum verrieben werden. Deshalb sind sie bei stark gereizter und geröteter Haut, z.B. bei Allergien oder Sonnenbrand, besonders empfehlenswert.

Fettfreie **Gele** werden bei Hautirritationen wie Sonnenbrand, Verbrennungen, Insektenstichen und allergischen Reaktionen durch ihre leicht kühlende Wirkung als wohltuend empfunden. Außerdem enthalten Gele im Gegensatz zu Cremes und Lotionen keine Emulgatoren und Konservierungsstoffe, was einen besonderen Vorteil für allergieempfindliche Menschen darstellt.

Äußerlich können auch viele Arten von **Lösungen** angewendet werden, mit dem Vorteil, daß sie nicht kleben oder fetten und gut einziehen.

Sprays erleichtern die Anwendung einer flüssigen Form, insbesondere auf größeren Körperflächen, z.B. Eissprays bei Sportverletzungen, Sprays zur Insektenabwehr oder Sprühverbände.

Eine weitere wichtige Arzneiform sind **Zäpfchen** (Suppositorien), die rektal (im After) angewendet werden oder Vaginalzäpfchen, die in die Scheide eingeführt werden. Diese Arzneiformen haben den Vorteil, daß der Wirkstoff nicht durch den Magen und den Dünndarm transportiert wird, sondern über die Schleimhaut im Rektal-bzw. Vaginalbereich aufgenommen wird. Zäpfchen eignen sich gut zur Anwendung bei Säuglingen, bei Patienten mit Neigung zum Erbrechen oder bei magenempfindlichen Personen. Zäpfchen werden häufig mit systemischer Wirkung (den ganzen Körper betreffend) angewendet, z.B. Rheumamittel, Schmerzmittel. Ausschließlich lokale Wirkung haben Hämorrhoidal- und Vaginalzäpfchen.

Vaginalzäpfchen werden am besten im Liegen, direkt vor dem Schlafengehen angewendet, weil dann die nötige Verweildauer des Zäpfchens am Wirkort eher gewährleistet ist.

ÄUßERLICHE ARZNEIFORMEN FÜR AUGE, NASE, OHR

Augentropfen werden steril hergestellt und dürfen nach dem Öffnen der Flasche nur 4 bis maximal 6 Wochen benutzt werden, da danach die Keimfreiheit der Lösung nicht mehr garantiert werden kann. Augentropfen gibt es auch in Einzeldosen, wobei der Nachteil der kurzen Haltbarkeit entfällt. Außerdem ist bei dieser geringen Menge kein Zusatz von Konservierungsstoffen nötig, ein besonderer Vorteil für Allergiker. Pro Anwendung genügt ein Tropfen in das erkrankte Auge, mehr kann nicht aufgenommen werden. Die Anwendung gelingt am besten bei zurückgeneigtem Kopf und weit geöffnetem Auge.

Bei **Augensalben** am besten einen ca. 1 cm langen Salbenstrang in den Bindehautsack einlegen. Dazu wird das untere Lid mit dem Finger etwas heruntergezogen.

Nasentropfen sollen bei nach hinten gelegtem Kopf eingetropft werden (nicht mehr als 2 Tropfen pro Nasenloch). Nach dem Einträufeln den Kopf nach vorne beugen. So verteilen sich die Nasentropfen am besten und laufen nicht in den Rachen. Nasensprays sind hygienischer als Nasentropfen und praktischer in der Anwendung. Bei Dosiersprays erreicht man eine hohe Dosiergenauigkeit über die Dosiereinrichtung, die eine immer gleiche Wirkstoffmenge sowie schnelle Anwendung garantiert. Das ist besonders bei Kindern vorteilhaft.

Ohrentropfen werden meist auf öliger Basis hergestellt. Die Anwendung sollte bei seitlich geneigtem Kopf erfolgen, so daß sich die Flüssigkeit langsam verteilen kann. Ohrentropfen dürfen nicht zu kalt angewendet werden, da es sonst zu einem unangenehmen Gefühl im Ohr kommen kann.

WAS STEHT IN DER PACKUNGSBEILAGE?

Da bei der Einnahme von Medikamenten dem Nutzen auch immer ein gewisses Risiko gegenübersteht, sollten Sie sich in jedem Fall vom Arzt oder Apotheker gut beraten lassen. Das gilt ebenso für Anwendungsdauer, -häufigkeit und Dosierung.

Zusätzlich können Sie sich auch selbst durch genaues Lesen der Packungsbeilage über das entsprechende Medikament informieren. Der Inhalt und Aufbau der Packungsbeilage ist genau festgelegt, z.B. müssen alle Nebenwirkungen aufgeführt werden, auch die nur äußerst seltenen.

Die Tabelle gibt Ihnen Auskunft, was die Häufigkeitsangaben bei den Nebenwirkungen bedeuten:

häufig	=	mehr als 10%
gelegentlich	=	1 - 10%
selten	=	weniger als 1%
sehr selten	=	weniger als 0,1%
Einzelfälle	=	Einzelfallmeldungen, noch nicht auswertbar

Unbedingt müssen Sie die Rubrik der Gegenanzeigen (Kontraindikationen) beachten. Hier wird angezeigt, wann ein Medikament unter keinen Umständen genommen werden darf. So stellt beispielsweise eine Schwangerschaft oder eine eingeschränkte Nieren- oder Leberfunktion eine Gegenanzeige für bestimmte Arzneimittel, wie z.B. starke Schmerzmittel dar.

Falls Sie mehrere Medikamente zugleich einnehmen, muß vorher sichergestellt sein, daß sich diese nicht wechselseitig negativ beeinflussen, d.h. sich gegenseitig abschwächen oder verstärken. Dies gilt auch für Nahrungs- und Genußmittel (Kaffee, Zigaretten und Alkohol). Nehmen Sie mehrere Medikamente ein, müssen Sie also auch den Punkt „Wechselwirkungen" in der Packungsbeilage lesen.

Egal, ob Ihr Medikament durch den Arzt verordnet wurde oder ob Sie es selbst ausgesucht haben, Sie sollten sich gut darüber informieren. Je mehr Informationen Sie haben, desto gezielter und sicherer können Sie Ihre Medikamente einsetzen. Ärzte und Apotheker sind dabei Ihre wichtigsten Ansprechpartner. Verlassen Sie sich nicht auf den Rat von Laien. Bei gleichen Beschwerden muß nicht das gleiche Medikament für jeden Patienten geeignet sein!

Bewegung ist Leben

Sich endlich wieder ohne Schmerzen bewegen.

Medikament plus Bewegung

VHS / DM 19,85 je Kassette

Bekämpft den Schmerz und macht beweglich

Rheumon erhalten Sie in jeder Apotheke als

Rheumon® Gel
- angenehm kühl
- zieht rasch ein

Rheumon® Creme
- pflegend für empfindliche/ trockene Haut
- unter Verbänden

Thermo-Rheumon®
- mit dem Wärme-Plus

Gezielte Bewegungsübungen helfen auf Dauer

Die Übungsvideos gibt es zu folgenden Themen:
- Kreuzschmerzen
- Schulter-/Nackenschmerzen
- Knieschmerzen

Tausenden haben diese Videofilme bereits geholfen.

Üben Sie mit!
Schon bald spüren Sie die ersten Erfolge. Der Schmerz läßt nach. Sie werden zunehmend beweglicher und das Mitmachen macht immer mehr Spaß.

Bitte beachten Sie die Pflichtinformationen auf S. 353

Diesem Heft liegt eine Bestellkarte für die Videofilme bei. Sollte sie abhanden gekommen sein, können Sie auch direkt bestellen bei: Bayer Pharma Deutschland, Rheumon-Gesundheitsservice, Postfach 12 42, 71241 Ditzingen. Oder fragen Sie Ihren Arzt oder Apotheker.

RUND UM DIE HAUSAPOTHEKE

In der Bundesrepublik Deutschland sind Arzneimittel heute schnell und flächendeckend überall verfügbar. Trotzdem: Die „gute alte" Hausapotheke ist noch immer ein unersetzlicher Aufbewahrungsort für Medikamente, die für den Notfall und die individuelle Dauerbehandlung bestimmt sind. Damit Ihnen Ihre Hausapotheke auch wirklich nützlich ist, sollten Sie folgendes beachten:

- Arzneimittel sollten an einem kühlen trockenen Ort, möglichst vor Licht geschützt, aufbewahrt werden. Aufgrund von Feuchtigkeit und Wärme trocknen Salben und Cremes leichter aus, Dragees und Kapseln können sich zersetzen oder verfärben. Als Aufbewahrungsort scheiden damit die üblichen Plätze in der Wohnung wie Badezimmer oder Küche aus. Geeigneter ist das kühle Schlafzimmer.
- Arzneimittel sollten unbedingt für Kinder unerreichbar aufbewahrt werden. Spezielle Hausapotheken-Schränkchen sind abschließbar und daher ein geeigneter Aufbewahrungsort für Ihre Arzneimittel.
- Mindestens einmal im Jahr sollten Sie Ihre Hausapotheke überprüfen und, wenn nötig, wieder auffüllen.
  Medikamente, deren Haltbarkeitsdatum überschritten ist, sowie Medikamente, deren Etiketten nicht mehr leserlich sind, müssen entfernt werden. Bringen Sie Ihre Altmedikamente zur Entsorgung zu den Sammelstellen der Ordnungsämter Ihrer Gemeinde oder in Ihre Apotheke.
- Bewahren Sie den Beipackzettel immer gemeinsam mit dem Arzneimittel auf.
- Augentropfen sollten grundsätzlich nach Behandlungsende aus der Hausapotheke entfernt werden, da der Inhalt geöffneter Fläschchen durch Bakterien verunreinigt sein kann und bei erneutem Gebrauch zu schweren Infektionen oder Reizungen am Auge führen kann.
- Überprüfen Sie auch regelmäßig Verbandsstoffe und Pflaster. Pflaster sind nur dann sinnvoll, wenn sie noch kleben, elastisch und sauber sind.
- Tierarzneimittel gehören nicht in die Hausapotheke. Sie sollten gesondert gelagert werden, damit Verwechslungen mit Ihren Arzneimitteln vermieden werden können.

WAS GEHÖRT IN DIE KOMPLETTE HAUSAPOTHEKE?

1. Arzneimittel
- Schmerz- und Fiebertabletten
- Erkältungsmittel gegen Husten, Halsschmerzen, Schnupfen
- Tabletten gegen Durchfall
- Tabletten gegen Verstopfung
- Mittel gegen Sodbrennen
- Mittel gegen Blähungen und Völlegefühl
- Mittel gegen Übelkeit und Magendrücken
- Mittel gegen Insektenstiche
- Wunddesinfektionsmittel
- Wund- und Brandgel

2. Verbandmittel
- Mullbinden, 6cm Breite
- Mullbinden, 8cm Breite
- 2 elastische Binden
- Verbandklammern
- Verbandpäckchen, klein, mittel, groß
- Rolle Heftpflaster
- Pflaster und Pflasterstrips
- Verbandwatte
- 2 Dreiecktücher
- 6 Sicherheitsnadeln
- 1 Splitterpinzette
- 1 Verbandschere
- Gummi- oder Plastikhandschuhe

3. Individuelle Arzneimittel
   Arzneimittel, die vom Arzt zur Behandlung von Krankheiten, also auch für den Dauergebrauch, bestimmt sind.
4. Krankenpflegeartikel
- Fieberthermometer
- Mundspatel
- Gummi- oder Lederfingerling
- Desinfektionsmittel
- Wärmflasche

5. Sonstiges
- Erste-Hilfe-Anleitung
- Notfalladressen (Polizei, Feuerwehr, Krankenhaus, Vergiftungszentren siehe Seite 52) und die dazugehörigen Telefonnummern.

Wichtig!	Wenn Sie nicht ganz sicher sind, ob Sie Arzneimittel, Verbandmaterial oder Krankenpflegeartikel aus Ihrer Hausapotheke noch verwenden können, fragen Sie Ihren Apotheker!

IHRE REISEAPOTHEKE

Keine andere Nation reist so viel und so gerne wie die Deutschen. Gerade beim Reisen möchte man von Erkrankungen verschont bleiben, um „die schönste Zeit des Jahres" unbeschwert genießen zu können. Damit Sie aber nicht nur Ihren Urlaub genießen, sondern auch gesund zurückkehren, haben wir einige Empfehlungen für Sie zusammengestellt. Eine gut bestückte Reiseapotheke und die Einhaltung von bestimmten Grundregeln können Ihnen helfen, das Risiko von typischen Reiseerkrankungen zu reduzieren.

WAS GEHÖRT IN DIE REISEAPOTHEKE?

- Verbandmaterial, Pflaster, Mullbinden und elastische Binden
- Wunddesinfektionsmittel
- Leichte Schmerzmittel wie Acetylsalicylsäure oder Paracetamol (wirken auch fiebersenkend)
- Erkältungsmittel
- Mittel gegen Magenbeschwerden
- Mittel gegen Durchfall
- Abführmittel
- Salbe gegen Insektenstiche und Sonnenallergie
- Insektenabweisende Mittel
- Sonnenschutzmittel und Après-Sun-Pflege
- Mittel gegen Reiseübelkeit
- Ihre individuellen Arzneimittel zum Dauergebrauch
- Evtl. Kondome zum Schutz vor Ansteckung durch sexuell übertragbare Krankheiten

WICHTIG BEI REISEN IN TROPISCHE GEBIETE

- Nach langen Flügen mit Zeitverschiebung möglichst einen Ruhetag einplanen.
- Sinnvoll ist es, sich dem Tagesrhythmus der einheimischen Bevölkerung Ihres Urlaubslandes anzupassen, z.B. in warmen Ländern eine längere Mittagsruhe einhalten und erst am Abend wieder aktiv werden.
- Essen Sie nur geschälte oder gekochte bzw. gebratene oder gegrillte Speisen (keine Früchte oder Gemüse, die nicht geschält werden können, keinen Salat).
- Trinken Sie nur fertig abgefüllte Getränke (kein Leitungswasser, auch nicht zum Zähneputzen, keine Eiswürfel, kein Speiseeis).
- Regelmäßig und viel trinken ist in den Tropen besonders wichtig. Ruhig über den normalen Durst hinaus trinken (Am besten Mineralwasser, wegen der Salze). Der Urin sollte hellgelb, nicht dunkel sein. Eiskalte Getränke nicht zu schnell trinken (Gefahr von Durchfällen).
- Tragen Sie leichte und luftige Kleidung aus schweißaufsaugender Baumwolle.
- Nicht barfuß laufen (Insektenstiche, Gefahr von Hakenwurminfektionen oder Bissen durch Gifttiere).
- Abends langärmelige Kleidung und lange Hosen tragen (Gefahr von Insektenstichen, z.B. durch die Malariamücke).
- Vermeiden Sie das Schwimmen und Baden in Flüssen oder Seen (Süßwasser) in Afrika und Südamerika. Hier droht Infektionsgefahr durch Saugwürmer (Bilharziose).
- Moskitonetze gut unter der Matratze befestigen. So schlafen, daß der Körper das Netz nicht berührt.
- Nach einem Tropenaufenthalt von mehr als drei Monaten sollten Sie nach der Rückkehr unbedingt eine ärztliche Untersuchung von Blut, Urin und Stuhl durchführen lassen, auch wenn keine Beschwerden bestehen.
- Wichtig: Wer nach der Rückkehr an unerklärlichen Beschwerden wie Fieber, Übelkeit, Durchfall, Brechreiz, Hautausschlag, Husten leidet, sollte unbedingt einen Arzt aufsuchen und ihn über die Reise informieren (Gefahr von Malaria und anderen Infektionskrankheiten).

IMPFKALENDER FÜR FERNREISEN

In der Regel werden Reiseimpfungen erst notwendig, wenn Sie ins außereuropäische Ausland reisen möchten (Ausnahme z.B. Zeckenschutzimpfung [→ Impfungen]). Welche Länder für die Einreise welche Impfungen vorschreiben und welche Impfungen die Weltgesundheitsbehörde empfiehlt, ändert sich von Zeit zu Zeit. Sie können sich bei der

Deutschen Tropenmedizinischen
Gesellschaft
Postfach 800248
65902 Frankfurt

nach den Bedingungen erkundigen, die derzeit für Ihr Reiseziel gelten. Ausreichender Impfschutz gegen Polio, Tbc und Tetanus sollte immer gewährleistet sein.

	Gelbfieber-Impfung	Malaria-Vorsorge
Afrika		
Ägypten	–[1]	x
restl. Nordafrika	–[1]	–
West-/Zentralafrika	+	x
Ostafrika[2]	+	x
Kenia	o[1]	x
Tansania	o[1]	x
Südafrika	–[1]	x
Madagaskar	–[1]	x
Mauritius	–[1]	x
Seychellen	–	–
Amerika		
Domin. Republik	–[1]	x
Haiti	–[1]	x
restl. Karibik	–[1]	–
Costa Rica	–[1]	x
Panama	o	x
restl. Mittelamerika	–[1]	x
Trop. Südamerika[2]	+	x
Venezuela	o	x
Kolumbien	o	x
Franz. Guayana	+	x
Ecuador	o[1]	x
Peru	o[1]	x
Brasilien	o[1]	x
Bolivien	o[1]	x
Paraguay	–[1]	–
Argentinien	–	–
Uruguay	–	–

	Gelbfieber-Impfung	Malaria-Vorsorge
Asien		
Naher u. Mittl. Osten	–[1]	x
Indien	–[1]	x
Nepal	–[1]	x
Sri Lanka	–[1]	x
Malediven	–[1]	–
China	–[1]	x
Hongkong	–	–
Taiwan	–	–
Thailand	–[1]	x
Malaysia	–[1]	x
Singapur	–[1]	–
Indonesien	–[1]	x
Philippinen	–[1]	x
Ozeanien		
Australien	–[1]	–
Neuseeland	–	–
Fidschi Inseln	–[1]	–

Nach Angaben der WHO (Welt-Gesundheitsorganisation) und des Instituts für Infektions- und Tropenmedizin München.

+ vorgeschrieben
– nicht notwendig
o empfohlen (Gelbfieberendemiegebiet)
x Vor der Abreise ist die individuelle Beratung durch einen Arzt unbedingt erforderlich!

[1] Vorschrift bei Einreise aus einem Gelbfieberendemiegebiet
[2] Bei Reisen durch mehrere Länder in diesem Gebiet

Die Cholera-Impfung wird nicht mehr empfohlen. Entgegen offiziellen Bestimmungen kann sie (vor allem bei Überlandreisen) in einigen Ländern an der Grenze verlangt werden.

„Wichtige Tips, damit schwere Beine leicht werden. Das will ich seh'n, schließlich ist es Meine Gesundheit."
JETZT NEU aus der Reihe Meine Gesundheit
MEINE GESUNDHEIT auf Video
VENENLEIDEN
Tips für gesunde Beine
HEILMITTE
…ostenlos!
…sätzlich erhalte ich kostenlos die Broschüre
…eine Gesundheit" mit wichtigen Tips für ein gesundes Leben.
Ja, das will ich seh'n, schließlich ist es Meine Gesundheit.
Senden Sie mir die VHS-Kassette „Venenleiden" zum Stückpreis von nur DM 29,80.
Als einmaligen Porto- und Verpackungsanteil zahle ich DM 5,–.
Ein ausgefüllter und unterschriebener Scheck über DM 34,80 liegt dieser Bestellung bei.
Zusätzlich erhalte ich kostenlos die Broschüre „Meine Gesundheit" mit wichtigen Tips für ein gesundes Leben.
Name
Vorname
Straße
Postleitzahl/Ort
BESTELLCOUPON
ausfüllen – ausschneiden – mit Scheck ins Kuvert stecken – frankieren und abschicken an: Medizinische Medien Informations GmbH Vertriebsservice · Am Forsthaus Gravenbruch 9 · 63263 Neu-Isenburg.
MMI

HEILPFLANZEN - SANFTE MEDIZIN AUS DER NATUR

Die Anwendung von Arzneipflanzen ist die älteste Form der Heilbehandlung und die Basis der Naturheilkunde. Viele Heilpflanzen werden auch schulmedizinisch eingesetzt und ihre Wirkungen sind wissenschaftlich belegt und anerkannt.

Weiterentwicklungen der Heilpflanzentherapie gibt es insbesondere im Bereich der Darreichungsformen; viele Pflanzenextrakte werden inzwischen auch in modernen Zubereitungsformen wie Mundsprays (z.B. Kamille), Fertigbädern (z.B. Eichenrinde) oder als Analtampons (z.B. Hamamelis) angeboten.

Die Behandlung mit Heilpflanzenextrakten erfolgt meistens bei leichteren oder chronischen Erkrankungen (z.B. Magen-Darm-Störungen) oder wenn Nebenwirkungen ausgeschlossen werden sollen (z.B. bei Schwangeren oder Kindern oder bei Langzeittherapie). Schulmedizin und Heilpflanzentherapie ergänzen sich oft sehr gut, z.B. werden bei Nebenhöhlenentzündung neben oder nach einer Behandlung mit Antibiotika pflanzliche Schleimlöser eingesetzt.

Auf jeden Fall sind Tees oder Präparate mit Heilpflanzenextrakten keine All-round-Arzneimittel. Vielmehr sollten sie als spezielle Medikamentengruppe der Schulmedizin angesehen werden, mit bestimmten Vor- und Nachteilen und definierten Einsatzgebieten. Wie alle Medikamente haben pflanzliche Arzneimittel definierte Anwendungsgebiete und Haupt- und Nebenwirkungen. Dabei sind die Anwendungsgebiete oft breiter gefächert als bei chemischen Medikamenten, weil ein Pflanzenextrakt oft mehrere wirksamkeitsbestimmende Inhaltsstoffe enthält.

Viele der pflanzlichen Arzneimittel haben nur geringfügige Nebenwirkungen, es kommt also nicht zu tiefgreifenden Veränderungen im Organismus. Allerdings gibt es auch im Pflanzenreich hochwirksame oder bei Überdosierung sogar giftige Substanzen; zum Beispiel sind die herzwirksamen Wirkstoffe des Fingerhutes gegen Herzschwäche bei Falschanwendung oder Überdosierung ein Gift oder Sennesblätter zum Abführen können bei Daueranwendung Darmerkrankungen auslösen.

Die Blätter des Fingerhutes sind als Heil- und als Giftpflanze bekannt.

DIE VERSCHIEDENEN ZUBEREITUNGSFORMEN

Arzneipflanzen können in verschiedenen Zubereitungsformen angewendet werden:

- Tees (loser Tee, Filterbeutel oder Instanttee).
- Tropfen oder Säfte.
- Tabletten, Filmtabletten, Kapseln, Dragees.
- Öle zum Inhalieren.
- Salben, Cremes, Hautöle.
- Lutschbonbons.

- Mundspüllösungen, Mundsprays.
- Zäpfchen.
- Bäder.

Üblich ist die Verwendung von Tees, Tropfen oder Säften. Die Tees können Sie sich in der Apotheke lose abfüllen oder zu einer Teemischung zusammenstellen lassen. Filterbeutel sind sehr praktisch zu handhaben und die darin enthaltene geschnittene Ware erfüllt die gleichen Qualitätskriterien wie die lose Ware. Das gleiche gilt für Instanttees, die oft noch mit pflanzlichen Inhaltsstoffen angereichert sind.

Teezubereitungen können als Aufguß, Abkochung oder als Kaltauszug hergestellt werden.
- Aufguß: man übergießt die Pflanzenteile mit siedendem Wasser und läßt sie etwa 10 Minuten abgedeckt ziehen.
- Abkochung: ist die übliche Zubereitungsform von Wurzeln und Rinden. Die Pflanzenteile werden mit siedendem Wasser übergossen und 10 Minuten zugedeckt weitergekocht, anschließend abgeseiht.
- Kaltauszug: die Heilpflanzen werden einige Stunden, am besten über Nacht in kaltem Wasser eingeweicht, dann abgeseiht und auf eine angenehme Trinktemperatur erwärmt.
- Kombinierte Verfahren: Welches die günstigste Variante für Ihren Tee ist, erfahren Sie von Ihrem Apotheker.

Wie Sie Ihren Tee am besten dosieren:
- Bei Tees aus einzelnen Pflanzen werden 1 bis 2 Teelöffel der Pflanze auf eine Tasse (etwa 150 ml) Wasser genommen, bei Blüten, z.B. Kamille, 2 Teelöffel. Teemischungen werden meist 2 Teelöffel oder 1 Eßlöffel pro Tasse dosiert. Für Kinder die Hälfte und für Säuglinge ein Drittel der Menge.
- Ihren Heilpflanzentee sollten Sie am besten morgens nüchtern und abends eine halbe Stunde vor dem Schlafengehen trinken. Wenn Sie es einrichten können, trinken Sie ihn auch tagsüber, am besten zwischen den Hauptmahlzeiten.
- Für alle pflanzlichen Therapeutika gilt, daß sie am besten ohne Zucker angewendet werden. Einen sehr bitteren Tee können Sie mit etwas Honig versüßen.

Weitere Anwendungsmöglichkeiten für bestimmte Arzneipflanzen sind die Anwendung zu Umschlägen oder als Sitzbäder.

KLASSISCHE HEILPFLANZEN

ARNIKA

Arnika wirkt schmerzstillend, entzündungshemmend und antirheumatisch. Deshalb ist sie bei Prellungen, Quetschungen, Verstauchungen und rheumatischen Beschwerden geeignet sowie zur Wundheilung. Die Anwendung erfolgt meist in Form von Umschlägen mit Arnikatinktur, die mit Wasser verdünnt wird oder als Creme oder Salbe. Unverdünnt sollten Sie Arnikatinktur auf keinen Fall anwenden, da es dann besonders leicht zu allergischen Hautreizungen kommen kann.

Arnika wächst im Hochgebirge auf Wiesen und Weiden. Alle oberirdischen Teile und der Wurzelstock werden zu Heilzwecken genutzt.

Auch vor großflächigen Anwendungen sollten Sie testen, ob keine Allergie gegen Arnika besteht. Wegen der starken Allergisierungstendenz wird Arnika nicht innerlich angewendet. Arnika hat aber auch schon bei äußerlicher Anwendung eine intensive Wirkung, die schulmedizinisch anerkannt ist.

BRENNESSEL

Brennesseltee wird traditionell zu Entschlakkungskuren angewendet. Durch seine stoffwechselanregende und harntreibende Wirkung kann Brennessel auch zur Durchspülungstherapie der Harnwege, bei Hauterkrankungen und rheumatischen Beschwerden eingesetzt werden. Außer als Tee findet die Brennessel auch in Form von Pflanzenpreßsaft Anwendung.

KAMILLE

Eine der bekanntesten Heilpflanzen ist die Kamille. Sie wirkt entzündungshemmend, krampflösend und blähungstreibend, dadurch ist sie besonders gegen Magen- und Darmbeschwerden geeignet. Die Kamille besitzt außerdem wundheilende Eigenschaften und kann deshalb zur äußeren Anwendung bei schlecht heilenden Wunden z.B. in Form von Umschlägen aus Tee oder Tinktur, aber auch als Salbe eingesetzt werden. Bei Entzündungen des Nasen-Rachenraumes hilft ein Kamilledampfbad. Dabei wird eine Handvoll Kamillenblüten in einem Topf mit heißem Wasser übergossen, der Kopf wird darüber gehalten und mit einem Handtuch abgedeckt. 10 Minuten tief inhalieren. Für Sitzbäder, z.B. bei Hämorrhoiden, gibt es auch Fertigpräparate als Bäder in der Apotheke. Außerdem wird Kamille in kosmetischen Zubereitungen oder als Gesichtsdampfbad wegen ihrer beruhigenden Wirkung eingesetzt.

LEINSAMEN

Die Samen der Leinpflanze (Flachs) sind ein gut wirksames und nicht darmreizendes Abführmittel. Die Wirkung beruht auf der Quellfähigkeit der Samen im Dickdarm bei zusätzlicher Einnahme von Flüssigkeit. Durch die Volumenerhöhung des Stuhlganges erreicht man eine leichtere und beschleunigte Verdauung. Es ist für den Dauergebrauch geeignet und kann deshalb auch vorbeugend angewendet werden. Bei Bedarf 2 bis 3 mal täglich 1 Eßlöffel zerkleinerten oder unzerkleinerten Leinsamen in Joghurt oder Müsli einrühren oder in Orangensaft aufquellen lassen. Dazu viel Flüssigkeit zu sich nehmen, da es sonst zu Verkleisterungen des Darms kommen kann.

RINGELBLUME

Die Ringelblume wird vor allem äußerlich angewendet, da sie Heilungsprozesse fördert, entzündungshemmend und antibakteriell wirkt. Die Anwendungsgebiete für Ringelblumensalbe reichen von schlecht heilenden Wunden über Nagelbettentzündungen bis zu Zerrungen, Quetschungen und entzündlichen Venenerkrankungen. Weiterhin kann Ringelblume auch als Tee und zu Spülungen bei entzündeter Mund- und Rachenschleimhaut angewendet werden.

ROSSKASTANIE

Extrakte aus der Roßkastanie werden als Tropfen, Tabletten oder in Salben und Gelen hauptsächlich zur Behandlung von Venenerkrankungen eingesetzt. Roßkastaniensamen wirken günstig auf den Venentonus (Spannungszustand der Venengefäße) und schützen vor Wasseraustritt aus den Gefäßen, also Ödemen. Diesen Effekt nutzt man auch bei der Behandlung von Hämorrhoiden mit Rektalsalben und -tampons sowie bei der innerlichen und äußerlichen Therapie von Verletzungen mit Schwellungszuständen.

Wie aus diesen Beispielen ersichtlich, kann die Anwendung von Heilpflanzen eine gute Möglichkeit zur Linderung von leichteren Alltagsbeschwerden sein und auch zur Ergänzung der schulmedizinischen Therapie dienen.

HOMÖOPATHIE - KEIN GEHEIMNIS

In den letzten Jahren findet die homöopathische Heilmethode immer mehr Anerkennung und Anhänger. Sie ist eine besondere Form der arzneilichen Therapie und gilt als sanfte, naturnahe Medizin, die bei richtiger Anwendung fast nebenwirkungsfrei ist. Insbesondere in der Kinderheilkunde spielen homöopathische Arzneimittel eine große Rolle. Dies einmal wegen ihrer guten Verträglichkeit, zum anderen spricht der noch unbelastete kindliche Organismus oft gut auf sie an.
Das große Spektrum der homöopathischen Mittel stellt eine gute Erweiterung und Ergänzung der schulmedizinischen Methoden dar, keinesfalls kann oder will die Homöopathie die Schulmedizin ersetzen.

Eine homöopathische Behandlung richtet sich immer an den Patienten in seiner Gesamtheit. All seine körperlichen und seelischen Beschwerden, wie auch seine Eigenschaften und seine Persönlichkeit werden bei der Therapie berücksichtigt. Deshalb befragt der Homöopath seinen Patienten sehr ausführlich zu seinen Symptomen und auch zu seinem Persönlichkeitsbild, z.B. nach Gemütsverfassung, allgemeiner Konstitution, Wetterfühligkeit, Vorlieben für bestimmte Speisen etc.

Begründer dieser Methode ist der Arzt und Naturwissenschaftler Samuel Hahnemann (1755 bis 1843), der in Selbstversuchen die Wirkung von verschiedenen Arzneien ausprobierte (z.B. Chinarinde, die damals gegen Wechselfieber eingesetzt wurde), obwohl er völlig gesund war. Er löste damit bei sich selbst Symptome von Krankheiten aus, die normalerweise mit diesen Mitteln behandelt wurden. Daraus zog er den Schluß, daß Stoffe, die an gesunden Menschen bestimmte Krankheitsmerkmale auslösen, genau diese bei einem Kranken heilen können, wenn sie in der richtigen Dosierung verabreicht werden.

So wurde der Satz „SIMILIA SIMILIBUS CURRENTUR" (Ähnliches werde durch Ähnliches geheilt) zur zentralen Aussage seiner Heilmethode. Auch der Name Homöopathie gibt schon Auskunft über die Art der Therapie: aus dem Griechischen übersetzt bedeutet er „ähnliches Leiden".

WIE ENTSTEHT EIN HOMÖOPATHISCHES MEDIKAMENT?

Die Ausgangs- oder Ursubstanzen für homöopathische Therapeutika findet man im Pflanzen-, Tier- und Mineralreich (z.B. Kamille, Honigbiene, Kieselsäure). Das bedeutet, daß keinesfalls alle homöopathischen Mittel „rein pflanzlich" sind, wie oft irrtümlich angenommen wird.

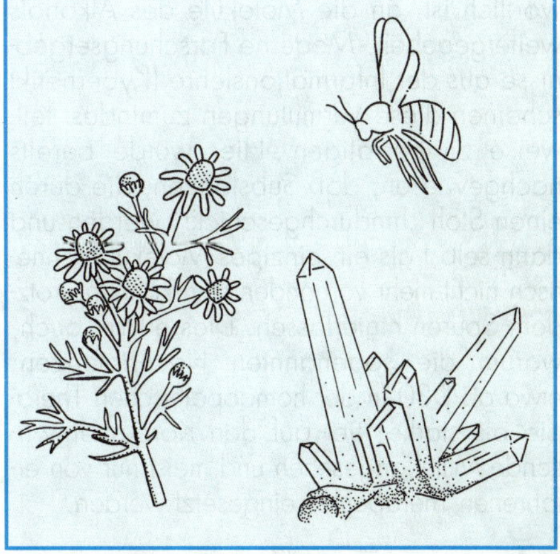

Aus diesen Stoffen werden zuerst Urtinkturen hergestellt, die dann in vielen Verdünnungsschritten zur eigentlichen Wirkstärke gebracht werden. Dieser Vorgang der Verdünnung wird „Potenzieren" genannt: mit jedem Verdünnungsschritt wird die heilende Wirkung des Mittels verstärkt.

Je nachdem, in welchen Schritten die Verdünnung vorgenommen wird, erhält man D1 = 1:10 verdünnt, C1 = 1:100 oder LM-Potenzen 1:50.000. Aus diesen können dann die jeweils nächsten Stufen oder Potenzen gewonnen werden: Wenn D1 1:10 verdünnt wird, entsteht D2 = 1:100. Verdünnungsmittel bei Tropfen ist Alkohol, bei Tabletten Milchzucker. Die flüssigen Homöopathika werden Dilutionen und die festen Triturationen oder Verreibungen genannt. Daraus werden die Tabletten hergestellt.Eine besondere Form der homöopathischen Arzneimittel sind die Streukügelchen, auch Globuli genannt. Basis ist Saccharose, auf die eine homöopathische Verdünnung aufgebracht wird.

Die Homöopathie geht davon aus, daß beim Verdünnen die Information der Heilwirkung eines Stoffes langsam in die Trägersubstanz eingeht, ihr regelrecht eingeprägt wird. Deshalb wird die Verdünnung durch Verschütteln vorgenommen: Beim Schüttlungsvorgang wird die Information, die in den Molekülen der Urtinktur vorhanden und für die Wirkung verantwortlich ist, an die Moleküle des Alkohols weitergegeben. Moderne Forschungsergebnisse aus der Informationslehre (Kybernetik) scheinen diese Vermutungen zumindest teilweise zu bestätigen. Hier wurde bereits nachgewiesen, daß Substanzen, die durch einen Stoff „hindurchgeschickt" werden und dann selbst als ein einziges Molekül rechnerisch nicht mehr vorhanden sein können, trotzdem Spuren hinterlassen. Dies erklärt auch, warum die sogenannten Hochpotenzen, etwa ab D30 in der homöopathischen Therapie als starke, tief auf den Körper einwirkende Mittel angesehen und meist nur von erfahrenen Therapeuten eingesetzt werden.

THERAPIE MIT HOMÖOPATHISCHEN MITTELN

Homöopathen, die sich streng an Hahnemanns Regeln halten, verordnen für ein Krankheitsbild nur ein einziges, genauestens ausgesuchtes Mittel, z.B. Aconitum D6, wenn ein Infekt bei Kindern rasch beginnt, das Kind ängstlich, unruhig und blass ist. Oder Atropa belladonna D6 bei fieberhaften Infekten mit schweißroter Haut, fließendem Schnupfen und Halsbeschwerden.

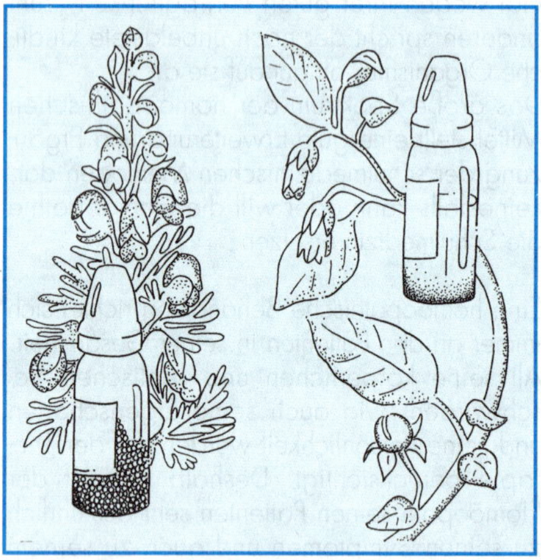

In der Selbstmedikation (Selbstbehandlung) mit Homöopathika werden meist die Tiefpotenzen bis ca. D12 bevorzugt; als Faustregel für den Anfänger gilt: bei Unsicherheit über die anzuwendende Potenz D6 anwenden.

Weiterhin besteht die Möglichkeit, die Einzelmittel zu kombinieren. Mehrere Mittel, die sich günstig auf einen Symptomenkomplex des Patienten auswirken, werden zu einem Komplexmittel zusammengefaßt. Hierbei entsteht ein erweitertes Wirkungsspektrum. Für häufig vorkommende Erkrankungen befinden sich diese Komplexmittel als Fertigarzneimittel im Handel. Im allgemeinen treten bei richtig angewendeten homöopathischen Mitteln praktisch keine unerwünschten Nebenwirkungen auf.

Einige homöopathische Arzneimittel haben keine Beipackzettel, da sie nach dem alten Arzneimittelgesetz zugelassen worden sind. Homöopathika kommen oft bei sehr vielen verschiedenen Krankheitserscheinungen zum Einsatz, die scheinbar nichts miteinander zu tun haben, jedoch in einem inneren Zusammenhang stehen und eine gemeinsame Ursache haben. Der Gesetzgeber war der Meinung, daß eine bloße Aufzählung der möglichen Anwendungsgebiete ohne Zusatzinformation nicht Sinn des Beipackzettels wäre.

Außerdem gibt es Homöopathika, die einem besonderen Rechtsstatus als sog. registrierte Medikamente unterliegen. Sie haben zwar einen Beipackzettel, aber darin sind keine Anwendungsgebiete aufgeführt. Darum sollte die Anwendung mit einem erfahrenen Arzt oder Therapeuten besprochen werden. Vor jeder Selbstbehandlung mit homöopathischen Mitteln ist es notwendig, abklären zu lassen, ob ernsthafte Ursachen dem Krankheitsgefühl zu Grunde liegen. Für die Auswahl des richtigen homöopathischen Medikamentes ist es wichtig, möglichst viele Symptome zu berücksichtigen bzw. Ihrem Arzt zu nennen. Verschiedene Maßnahmen aus der Homöopathie, der Heilpflanzenkunde und der Schulmedizin können miteinander kombiniert werden.

Kaffee oder starken Tee verzichten. Für Kinder sind vor allem Globuli (Streukügelchen) und Tabletten geeignet, da die Tropfen Alkohol enthalten. Sie sollten auf alle Fälle nur die verordnete oder vom Apotheker empfohlene Menge einnehmen, und nicht nach dem Motto „Viel hilft viel" vorgehen.

Die Einnahmehäufigkeit richtet sich danach, wie akut die Symptome sind: alle 10 Minuten (sehr akut), jede ganze Stunde (akut), 1 bis 3 mal täglich oder noch weniger bei eingetretener Besserung. Bei langandauernden, chronischen Leiden kann ein Mittel auch nur einmal pro Woche gegeben werden.

Wer sich zum ersten Mal mit Homöopathika behandeln will, sollte zunächst einen homöopathischen Arzt konsultieren oder den Apotheker als Berater in Anspruch nehmen.
Bei den Arzneiformen gilt: 1 Tablette entspricht ungefähr 5 Globuli oder 5 Tropfen, bei Komplexmitteln sind Einnahmehinweise meist auf der Packung angegeben, nach denen Sie vorgehen sollten.

In jedem Fall sollten Sie nicht uninformiert eine homöopathische Therapie beginnen, deshalb gilt auch hier: lassen Sie sich gut beraten, um das für Sie beste Mittel zu finden.

WIE ANWENDEN?

Homöopathische Mittel sollten Sie am besten etwa 1/2 Stunde vor dem Essen einnehmen. Nicht unmittelbar mit der Mahlzeit zusammen, da Speisen die Wirkung beeinträchtigen können. Empfehlenswert ist auch die Einnahme vor dem Schlafengehen, da dann der Körper Zeit hat, zu reagieren. Das Arzneimittel sollte nach Möglichkeit einige Zeit im Mund gehalten werden, damit die Wirkstoffe bereits durch die Mundschleimhaut aufgenommen und so schneller in die Blutbahn gelangen können. Während der Therapie sollten Sie auf Genußmittel wie Alkohol, Tabak,

KLEINE AUSWAHL VON GEBRÄUCHLICHEN HOMÖOPATHIKA

Allium cepa (Küchenzwiebel) D 6
Schnupfenmittel bei fliessender Nase und brennenden Augen.

Arnica montana (Arnika) D 6-D 10
Innerlich und äusserlich bei Verletzungen durch Aufprall oder Schlag. Quetschungen, Zerschlagenheitsgefühl, Müdigkeit und Schwäche. Hoher Blutdruck und dadurch entstehende Herzstörungen können gut beeinflusst werden.

Calcium carbonicum (Calciumcarbonat) D 6, D 12
Bei rachitischen Knochenleiden. Bei Hautkrankheiten, die sich durch kaltes Wasser verschlimmern.

Calcium phosphoricum (Calciumphosphat) D 6, D 12
Schulkopfweh. Bei unruhigen (hyperaktiven) Kindern.

Carbo vegetabilis (Holzkohle) D 8
Gegen Schwäche, bläuliches Aussehen, übelriechende Blähungen. Gegen kalte Beine bei älteren Menschen.

Chamomilla (Kamille) D 3-D 6
Während des Zahnens verhindert es Hitze und Entzündung. Bei Zahnweh nach Erkältungen. Gegen Magenkrämpfe.

Ferrum phosphoricum (Eisenphosphat) D 12
Infektions- und Kinderkrankheiten. Blasses Gesicht, Blutarmut. Erröten beim geringsten Widerspruch.

Lachesis (Gift der Buschmeister-Schlange) D 8-D 12
Mittel gegen schlecht heilende, blaurote Wunden. Angina.

Nux vomica (Brechnuss) D 4-D 10
Hilft dem Manager-Typ (gehetzte Lebensweise), wirkt günstig bei Hämorrhoiden. Nach Missbrauch von Alkohol, Kaffee, Tabak oder Medikamenten.

Rhus toxicodendron (Giftsumach) D 4-D 12
Bei rheumatischen und gichtischen Beschwerden. Hexenschuss. Bei Folgen von Verhebung und Verrenkung. Auch bei Kopf- und Zahnweh, besonders nach Kalt- oder Nasswerden.

AROMATHERAPIE FÜR KÖRPER UND SEELE

Unser körperliches und seelisches Wohlbefinden ist stark abhängig von der Luft, die wir einatmen. Dabei spielen Düfte und Gerüche eine große Rolle. Diesen Zusammenhang macht man sich in der Aromatherapie zunutze: Aromatische pflanzliche Öle steigern bei richtiger Anwendung die Gesundheit und die Vitalität; auch in kleinen Dosen eingeatmet beeinflussen sie spezifisch das vegetative Nervensystem und die Psyche. Jeder Duftstoff wird aufgenommen, im Stoffwechsel verarbeitet und wieder ausgeschieden.

Diese Erkenntnis und das Wissen um die unterschiedlichen Wirkungen von Ölen aromatischer Pflanzen ist schon über 6000 Jahre alt. Seit Themen wie Umweltschutz und Natur stärker in unser Bewußtsein rücken, nimmt das Interesse an traditionellen Naturheilweisen wie der Aromatherapie stark zu. Die für jeden wahrnehmbar gewordene Belastung unserer Atemluft mit Abgasen aller Art hat unseren Geruchsinn für die vielfältigen Düfte der Natur wieder sensibel gemacht. Auch dies führt dazu, daß die Aromatherapie eine Wiederentdeckung erfährt. Als Ergänzung zur Therapie chronischer Erkrankungen, bei Zivilisationskrankheiten oder einfach zur Verbesserung von Lebens- und Umweltbedingungen, greifen immer mehr Menschen auf diese alte, einfach durchführbare und nebenwirkungsfreie Heilmethode zurück.

Während dieser Prozeß bei uns gerade erst begonnen hat, ist z.B. in Frankreich die Aromatherapie schon seit über 20 Jahren im täglichen Einsatz, selbst in Krankenhäusern.
Grundgedanke der Aromatherapie ist die Nutzung der günstigen Wirkungen von aromatischen Pflanzenölen auf den Menschen.

Zur Aromatherapie werden ätherische Öle verwendet. Das sind hochkonzentrierte, leicht verdunstende Auszüge aus verschiedenen Pflanzenteilen. Je nach Art des Öls lassen sich günstige Wirkungen auf Seele und Gemütszustand, aber auch auf die unterbewußten körperlichen Regelungsmechanismen erzielen. Aufgrund der Vielzahl der verschiedenen zur Verfügung stehenden ätherischen Öle ist die Aromatherapie vielfältig einsetzbar. Im Mittelpunkt steht die Stärkung und Aktivierung der körpereigenen Heilungskräfte.

GESCHICHTE DER AROMATHERAPIE:

Bereits in der Vor- und Frühgeschichte benutzten die Menschen Pflanzen zu Heilungszwecken. Es ist wissenschaftlich belegt, daß in Asien und Ägypten um das Jahr 5000 v. Chr. aromatische Heilpflanzen systematisch angebaut und verwendet wurden. Während sich in Asien die Anwendung aromatischer Heilpflanzen immer weiter verbreitete, kam es in Europa zu einem Wandel. Der Einsatz aromatischer Pflanzen zur Heilung und Vorbeugung verlor nach dem Mittelalter langsam an Bedeutung. Aromatische Pflanzen wurden mehr und mehr für kosmetische Zwecke, zur Herstellung von Parfüms eingesetzt.

Beispiele für die Behandlung von Befindensstörungen:
Lavendel = hilft gegen Einschlafstörungen und bewirkt eine bessere Schlaftiefe.
Kiefer = geeignet zur Anregung, Stärkung und Erfrischung bei Erschöpfungszuständen.
Melisse = mindert seelische Verstimmungen.
Jasmin = stärkend und belebend, traditionell auch zur Anregung des Geschlechtstriebes bekannt.

Es versteht sich, daß ätherisches Öl nur dann über die ihm zugeschriebenen Wirkungen und Eigenschaften verfügen kann, wenn es sich um ein reines Produkt handelt.

Auf den ersten Blick ist für den Anwender die Qualität des Öles nicht immer erkennbar. Gerade in Supermärkten und Geschenkboutiquen werden oft schlecht beschriftete Fläschchen ohne Herstellernachweis verkauft. Sehr oft sind hier keine echten ätherischen Öle enthalten, sie wurden lediglich ergänzt oder sogar völlig durch chemische Duftstoffe ersetzt. Eine Garantie für höchstmögliche Qualität und Reinheit gibt es nur, wenn die ätherischen Öle in der Apotheke gekauft werden.

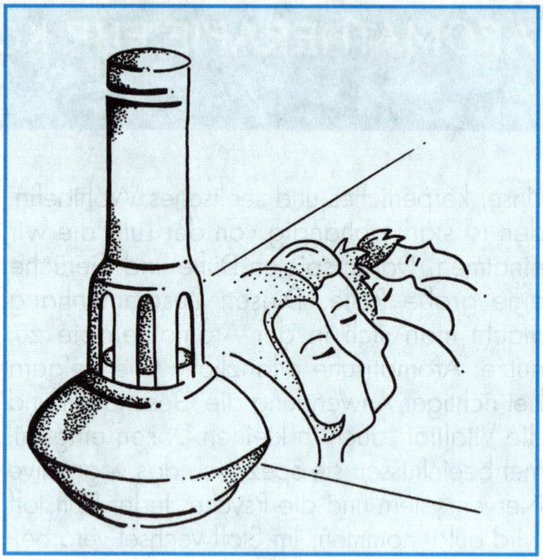

Aromatherapie im Schlafbereich.

AROMATHERAPIE AUCH IM SCHLAF

Ungefähr ein Drittel unseres Lebens verbringen wir im Schlaf. Wir brauchen ihn, um Gesundheit, Leistungsfähigkeit und Wohlbefinden aufrecht zu erhalten bzw. wiederzuerlangen.
Dieses Drittel des Lebens läßt sich mühelos und sehr effektiv zur Anwendung der Aromatherapie nutzen, denn gerade in der Ruhezeit ist der Körper sehr aufnahmefähig. Durch das Aufstellen eines Diffusors (ca. 60cm vom Kopf entfernt) strömt ständig eine konstante Menge des Öles in die Luft aus. Der Schlafende empfindet eine positive körperliche und seelische Wirkung der Aromatherapie hinsichtlich Hektik, Leistungsdruck, Nervosität, Sorgen und Angst, Lärm und Luftverschmutzung.

Gut geeignet zur Aromatherapie in der Nacht ist Lavendel in Kombination mit Lindenblüte.
Lavendel wirkt beruhigend, entspannend, dämpft Unruhe, Streß und nervöse Spannungen, wirkt antidepressiv, entkrampfend auch auf die Atemwege, z.B. bei Husten, Asthma und Bronchitis, außerdem vermindert es die Vermehrung von Bakterien, wirkt also antiseptisch.

WAS TUN BEI KRANKEN VENEN?

Die Hälfte der Frauen und ein Viertel aller Männer in Deutschland haben in irgendeiner Form Probleme mit ihrem Venensystem. Schuld daran ist - man lese und staune - der aufrechte Gang des Menschen. Bis zu 7000 Liter verbrauchten Blutes müssen täglich durch die Beinvenen zurück zum Herzen befördert werden - und das entgegen der Schwerkraft.

Natürliche „Hilfen" wie Sogwirkung von Herz und Zwerchfell, die Muskelpumpe (darunter versteht man ein Zusammenpressen der Venen durch Anspannung und Ausdehnung der Wadenmuskulatur), hauptsächlich jedoch die bindegewebigen Venenklappen sollen dafür sorgen, daß die Schwerkraft überwunden und das Blut in Richtung Herz gepumpt wird, ohne im Beinbereich zu versacken.

Aber: sehr viele Menschen haben eine angeborene Bindegewebsschwäche, also Venen, deren Wände nicht straff genug sind, mit Venenklappen, die nicht mehr präzise schließen. Außerdem haben sich viele Lebensgewohnheiten unserer gelobten westlichen Zivilisation als unvorteilhaft für unser Venensystem erwiesen. So bewegen wir uns viel zu wenig, beanspruchen also die Muskelpumpe der Waden nicht ausreichend, ernähren uns hochkalorisch und ballaststoffarm und konsumieren zusätzlich Nikotin und Alkohol, was u.a. auch für die Venen Gift ist.

Besonders gefährdet sind Menschen, die eine vorwiegend stehende oder sitzende berufliche Tätigkeit ausüben. Die ersten Anzeichen für eine Rückflußstörung des Blutes durch die Venen sind abendliches Anschwellen der Beine, besonders im Knöchelbereich, nächtliche Schmerzen und Krämpfe in den Beinen sowie das Auftreten erster kleiner Krampfadern, der sogenannten Besenreiser. Die mei-

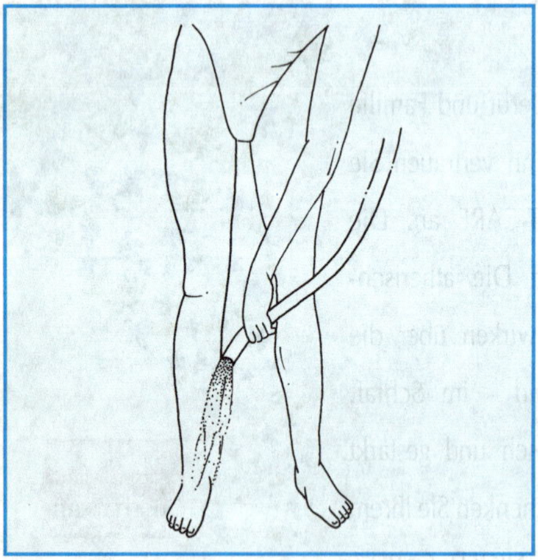

Täglich mit kühlem Wasser und weichem Strahl einmal die Außenseite, einmal die Innenseite jeden Beines 10 Sekunden lang abduschen. Keine heißen Wannenbäder nehmen!

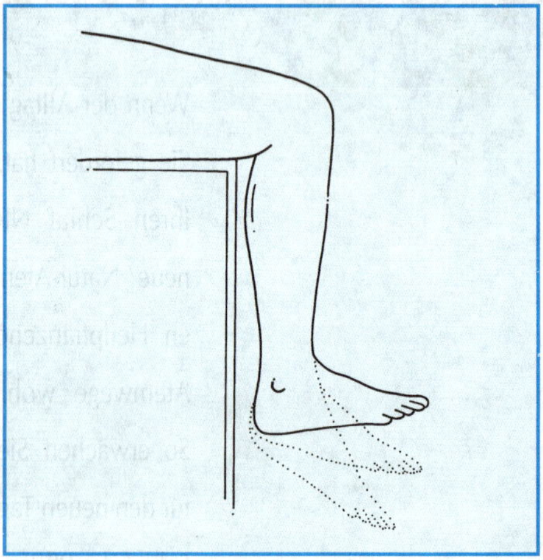

Beim langen Sitzen die Füße auf und ab bewegen oder kreisen lassen. Das fördert die Durchblutung.

sten Betroffenen nehmen diese ersten Warnsignale nicht allzu ernst, empfinden sie eher als kosmetisches Problem.

Hier liegt die Gefahr, daß sich aus anfangs harmlos erscheinenden Veränderungen schwere, mitunter sogar lebensbedrohliche Krankheitsbilder entwickeln können. Ein Fortschreiten der Krampfaderbildung kann nämlich unbehandelt ohne weiteres der eigentliche Anlaß für eine Venenentzündung, Thrombose oder gar das „offene Bein" sein. Soweit darf man es gar nicht erst kommen lassen und sollte deshalb bereits in frühen Stadien einer Venenerkrankung etwas für die Venen tun.
Dazu gehört vor allen Dingen eine aktive Lebensführung. Viel Bewegung aktiviert die Muskelpumpe und ist die beste Hilfe bei Venenleiden. Gut geeignet sind Sportarten wie Schwimmen, Gymnastik, Laufen, Radfahren, Wandern und Tanzen. Längeres Stehen und Sitzen sollte man durch Fuß- bzw. Zehengymnastik und besser noch zeitweiliges Hochlagern der Beine so oft wie möglich unterbrechen.

Sehr günstig sind auch kalte Wasseranwendungen wie Wadengüsse u.ä., da sie die Blutzirkulation anregen.

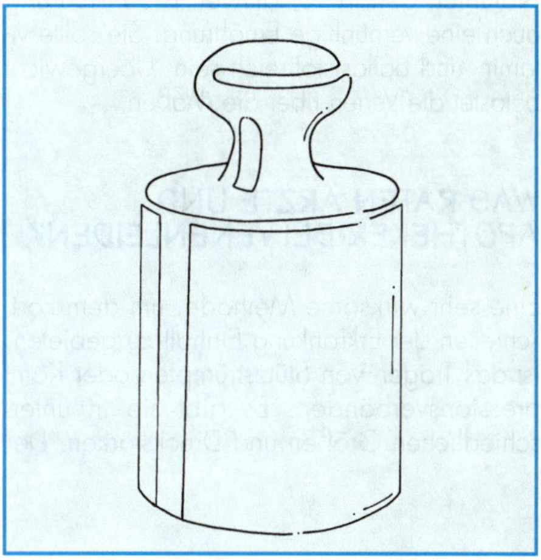

Falls Sie übergewichtig sind, sollten Sie mit Hilfe einer ausgewogenen kalorienreduzierten Kost Ihr Normalgewicht erreichen.

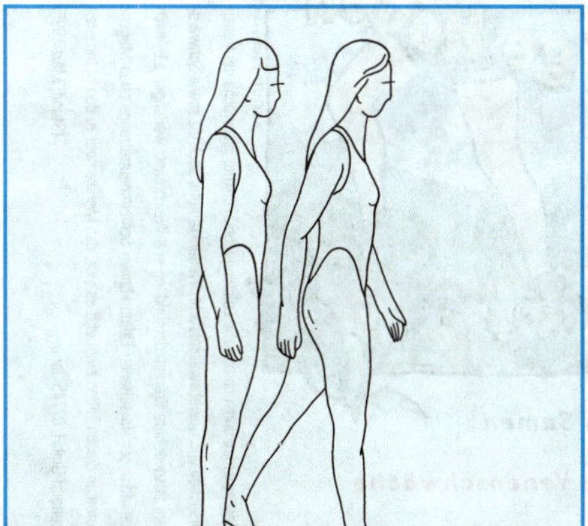

Gehen statt stehen. Durch Betätigen der Fuß- und Beinmuskeln wird der Bluttransport zum Herzen gefördert.

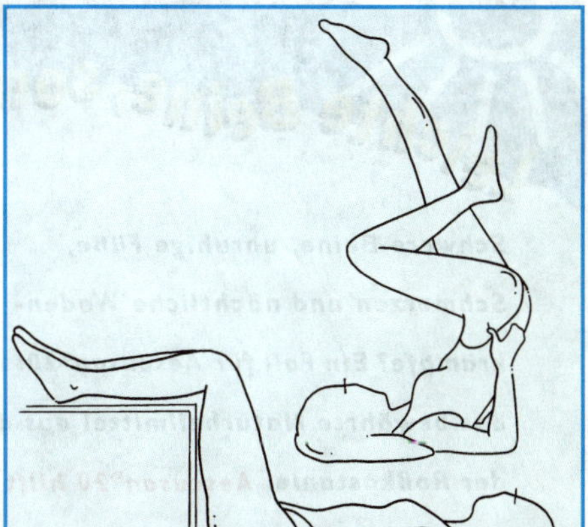

Oft die Beine hochlegen. Dadurch kann das Blut leichter zum Herzen fließen. Mit den Beinen in der Luft strampeln aktiviert zusätzlich die Muskulatur.

Starke Sonneneinstrahlungen, Saunabesuche und heiße Bäder sind dagegen nichts für einen Venenpatienten, da sich die Blutgefäße durch die Hitze noch zusätzlich ausweiten.

Natürlich gehört zur aktiven Lebensführung auch eine vernünftige Ernährung. Sie sollte vitamin- und ballaststoffreich sein; Übergewicht belastet die Venen über die Maßen.

WAS RATEN ÄRZTE UND APOTHEKER BEI VENENLEIDEN?

Eine sehr wirksame Methode, um dem Fortschreiten der Erkrankung Einhalt zu gebieten, ist das Tragen von Stützstrümpfen oder Kompressionsverbänden. Es gibt sie in unterschiedlichen Größen und Druckstärken. Der Arzt verordnet sie und paßt sie dem jeweiligen Patienten individuell an. Aus verschiedenen Gründen wird jedoch diese Kompressionsbehandlung von den Betroffenen oft nicht konsequent durchgeführt. Deshalb hat die Behandlung mit Medikamenten nach wie vor einen hohen Stellenwert in der Venentherapie.

Ein nützliches Venenmittel muß vor allem den Schmerz in den Beinen, die Stauungen und Schwellungen verhindern bzw. beseitigen. Damit wird die Voraussetzung geschaffen, daß die oben beschriebenen Folgeerkrankungen vermieden werden können.

Da es sich dabei meist um eine Langzeittherapie handelt, sollte das entsprechende Medikament möglichst wenig Nebenwirkungen haben und für den Patienten einfach einnehmbar sein. All diese Voraussetzungen werden besonders gut von Präparaten mit pflanzlichen Inhaltsstoffen, wie z.B. Auszügen aus Samen der Roßkastanie, erfüllt. Für diese Wirkstoffe ist in wissenschaftlichen Studien eine gefäßabdichtende Wirkung besonders im Bereich der Venen nachgewiesen worden. Damit wird der Austritt von Wasser in das umliegende Gewebe und somit die Entstehung von Stauungen und Schwellungen verhindert - und das ohne nennenswerte Nebenwirkungen für den Patienten.

Präparate mit Roßkastanie kann der Arzt verordnen, sie sind jedoch auch frei in der Apotheke erhältlich. Auf jeden Fall sollte sich ein Venenpatient von Arzt oder Apotheker beraten lassen und das - wie gesagt - möglichst frühzeitig, um schwere Folgen zu verhindern.

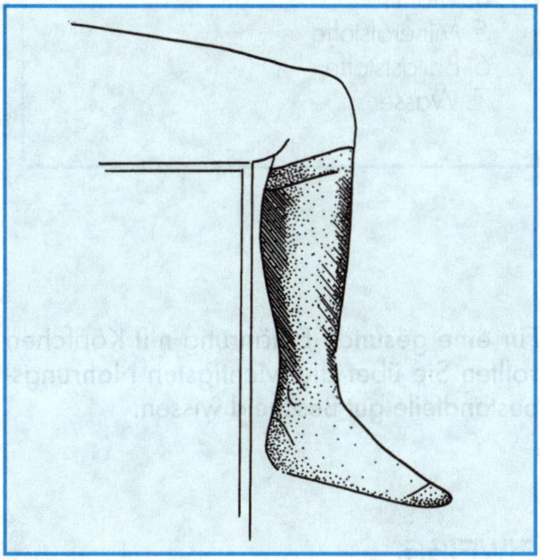

Stützkniestrumpf.

Roßkastanien.

GESUNDE ERNÄHRUNG - ESSEN MIT VERSTAND

Es gibt zehn wichtige Ernährungsregeln:

1. Vielseitig - aber nicht zuviel.
2. Öfter kleine Mahlzeiten.
3. Wenig Fett.
4. Würzig - aber nicht salzig.
5. Selten Süßes.
6. Viel Vollkornprodukte.
7. Reichlich Obst und Gemüse, vor allem Kartoffeln.
8. Wenig tierisches Eiweiß.
9. Viel trinken.
10. Schonend garen mit wenig Fett und Wasser.

Es gibt sieben unverzichtbare Nahrungsgruppen:

1. Eiweiß
2. Fett
3. Kohlenhydrate
4. Vitamine
5. Mineralstoffe
6. Ballaststoffe
7. Wasser

Um sich gesund zu ernähren, reicht die Beachtung dieser zehn Regeln. Es gibt keine strengen Gebote oder Verbote (Ausnahme: verordnete Diäten). Es ist auch nicht notwendig, daß Sie Lebensmittel ausschließlich im Bioladen oder im Reformhaus einkaufen. Auch wenn Sie hin und wieder ein Fertiggericht essen, schadet das Ihrer Gesundheit nicht. Essen und trinken Sie weiterhin alles, was Ihnen Spaß macht und schmeckt. Und keine Sorge: Eine gesunde Mahlzeit muß nicht teuer sein, und Sie stehen bei der Zubereitung auch nicht länger als sonst in der Küche.

Mit den zehn einfachen Ernährungsregeln bieten Sie Ihrem Organismus die besten Voraussetzungen für körperliches und seelisches Wohlbefinden. Sie vermeiden Übergewicht und Folgeerkrankungen wie Arteriosklerose oder Gicht.

Es ist also sehr wichtig, ein Bewußtsein für Essen, Einkaufen und Kochen zu entwickeln. Bewußte Lebensmittelauswahl ist eine gute Basis für eine gesunde Ernährung!

Für eine gesunde Ernährung mit Köpfchen sollten Sie über die wichtigsten Nahrungsbestandteile gut Bescheid wissen:

EIWEISS

Eiweiße (Proteine) bestehen aus den lebenswichtigen Aminosäuren, in die sie bei der Verdauung zerlegt werden. Sie dienen zum Aufbau von körpereigenen Zellsubstanzen, Muskeln und Enzymen. Eiweißmangel kann die körperliche Immunabwehr herabsetzen und uns anfällig für Krankheitserreger machen. Außerdem wird bei Proteinmangel die körperliche und die geistige Leistungsfähigkeit verringert.

Neben Fleisch, Wurst, Fisch, Eiern und Milch als tierische Eiweißspender enthalten auch viele Pflanzen reichlich Eiweiß, z.B. Kartoffeln, Hülsenfrüchte, Getreide und Getreideprodukte. Fleisch, Wurst und Eier sollten nur selten auf Ihrem Speisezettel stehen, weil sie gleichzeitig relativ viel Fett und Cholesterin enthalten.

FETT

Fette sind heute weitgehend als „Dickmacher" verpönt, da sie doppelt so viele Kalorien haben wie Kohlenhydrate oder Eiweiß. Aber ganz ohne Fett kann der Mensch nicht leben, denn Fett dient als Energiequelle und Geschmacksträger und ist unentbehrlich für die Aufnahme der fettlöslichen Vitamine A, D, E und K aus dem Darm in den Blutkreislauf.

Außerdem ist ein Bestandteil des Fettes, die Linolsäure, ein essentieller Stoff, auf den der Körper angewiesen ist. Linolsäure ist besonders in Sonnenblumenöl, Distelöl, Mais- und Weizenkeimöl enthalten.

Viele Menschen nehmen täglich zuviel Fett zu sich. Das macht auf Dauer übergewichtig und krank. Es kommt zu erhöhtem Blutfett (Triglycerid)-Spiegel, erhöhtem Cholesterolspiegel und als Folge zur Bildung von arteriosklerotischen Belägen an den Wänden der Blutgefäße. Damit steigt die Neigung zu Thrombosen und das Herzinfarktrisiko.

Achten Sie auf Ihre Gewohnheiten: Fett ist nicht nur in Butter, Margarine und Öl enthalten, sondern auch in Wurst, Käse, Mayonnaise, Pommes frites, Schokolade und Nüssen als sogenannte versteckte Fette. Ernährungswissenschaftler empfehlen deshalb, die Fettzufuhr auf 70 bis 90g pro Tag zu begrenzen. Das heißt: verzichten Sie auf fette Wurst- und Käsesorten, Cremetorten und andere „fettig-süße Leckerbissen" und wählen sie mageren Brotbelag und nur wenig Butter als Streichfett. Essen Sie öfter Seefisch, denn dieser enthält Omega-3-Fettsäuren, die den Cholesterinwert positiv beeinflussen und das Arterioskleroserisiko vermindern können. Außerdem sollten Sie tierische Fette wie Schmalz oder Butter weitgehend durch pflanzliche ersetzen, da auch diese hochwertiger hinsichtlich des Gehaltes an ungesättigten Fettsäuren sind.

> Als richtige Zusammensetzung unserer Ernährung gilt heute allgemein: 55% Kohlenhydrate, 15% Eiweiß und 30% Fett.
> Leider ernähren sich die meisten Menschen mit 40% Kohlenhydraten, 14% Eiweiß und 46% Fett!

KOHLENHYDRATE

Kohlenhydrate, die Hauptenergielieferanten für den Menschen, sind vorwiegend in pflanzlichen Nahrungsmitteln wie Kartoffeln, Hülsenfrüchte, Reis, Getreide (Mehl, Brot und Teigwaren) und Früchten enthalten. Kohlenhydrate kommen als Einfachzucker wie Fructose (Fruchtzucker) und Glucose (Traubenzucker) oder als Zweifachzucker wie Saccharose (Rohr- oder Rübenzucker, auch Haushaltszucker genannt) und als Stärke, z.B. in Kartoffeln vor.

Zucker sind außerordenlich leicht verdaulich, „gehen sofort ins Blut", und stehen damit dem Körper als schneller Energielieferant zur Verfügung. Diese Energie wird jedoch auch schnell verbraucht, deshalb erreicht man mit Zucker und Süßigkeiten keine langanhaltende Sättigung. Stärke dagegen wird während der Verdauung zuerst in ihre „Zuckerbausteine" zerlegt, die dann nach und nach in die Blutbahn aufgenommen und dort länger als Energiespender ausgenutzt werden können. Es wird ein hoher Sättigungwert erreicht.

Leider scheidet der Körper überschüssige Kohlenhydrat-Energie nicht einfach wieder aus, sondern wandelt nicht benötigte Glucose in körpereigene Stärke um, die in der Leber und in den Muskeln als schnelle Energiereserve gespeichert wird. Darüber hinaus wird überschüssige Glucose in Fett umgewandelt, das dann als Depotfett im Unterhautfettgewebe abgelagert wird. Es entstehen die berühmten „Fettpölsterchen" die auch bei fettarmer, aber sehr kohlenhydratreicher Ernährung entstehen können.

VITAMINE

Vitamine kann der Körper nicht oder nur in geringen Mengen selbst herstellen. Deshalb müssen sie unbedingt in unserer Nahrung enthalten sein. Wenn sie fehlen, ist der reibungslose Ablauf von wichtigen Körperfunktionen gestört.

Vitamine lassen sich in zwei Gruppen einteilen: Es gibt die fettlöslichen Vitamine A, D, E und K und die wasserlöslichen Vitamine der B-Gruppe und Vitamin C. Sie kommen in unseren Nahrungsmitteln in ganz unterschiedlicher Verteilung vor, deshalb müssen wir schon wegen der Vitamine eine gut gemischte, ausgewogene Kost zu uns nehmen.
Vitamine sind vor allem in Frischkost enthalten, sie gehen bei langer Lagerung, vor allem im Warmen und Hellen, schnell verloren. Auch verschiedene Gartechniken können Vitamine zerstören, deshalb sollten Sie z.B. Früchte und Gemüse nur kurz dämpfen oder dünsten, um die Vitamine möglichst zu erhalten.
Wichtig: Ohne Vitamine ist ein Großteil der anderen Nährstoffe nutzlos, da sie nur mit Hilfe der Vitamine für den Körper erschließbar gemacht werden können.

MINERALSTOFFE

Sie sind wie die Vitamine keine Energieträger, d.h. sie haben keine Kalorien, sind für viele Körperfunktionen unentbehrlich und können nicht selbst produziert werden. Mineralstoffe, die nur in geringsten Mengen gebraucht werden, nennt man Spurenelemente. Sehr wichtige Mineralien sind: Calcium, Magnesium, Eisen.
Milch, Vollkorngetreide, Leber und grüne Gemüsearten sind besonders reich an Mineralstoffen und sollten auf keinem Speiseplan fehlen. Auch Mineralwasser ist ein guter Mineralstofflieferant.

BALLASTSTOFFE

Diese unverdaulichen Kohlenhydrate haben eine sehr wichtige Funktion im Körper: Durch ihr großes Wasserbindungs- und Quellvermögen sind sie für die Verdauung von großer Bedeutung. Wenn sie z.B. in Form von Pflanzenfasern eingenommen werden, binden sie im Darm Wasser und quellen damit auf, so daß ein gewisser Füllungsgrad erreicht und die Ausscheidung beschleunigt wird. Auf diese Weise beugt eine ballaststoffreiche Ernährung Stuhlverstopfung vor.

Ballaststoffe kommen z.B. als Cellulose, Hemicellulose und Pektin in Salat, Gemüse und Getreide vor. Vollkornprodukte liefern besonders viel Ballaststoffe.

WASSER

Ohne Wasser „läuft nichts". Wasser ist in allen Geweben enthalten und außerdem wichtiger Bestandteil von Blut, Lymphe und Verdauungssäften. In Wasser gelöst werden die Nährstoffe zu den einzelnen Zellen gebracht. Ein erwachsener Mensch besteht zu 50 bis 60% aus Wasser; das zeigt die Bedeutung von Wasser für den Körper.

Der Mindestbedarf an Flüssigkeit liegt bei 1,5 bis 2 Liter pro Tag und sollte mit Mineralwasser, Tee und ungesüßten, am besten verdünnten, Fruchtsäften gedeckt werden. Wegen seiner Auswirkungen auf das Nervensystem und den Blutdruck sollte Kaffee nur in Maßen getrunken werden. Vorsicht bei süßen Limonaden und alkoholischen Getränken, da diese sich auf das Kalorienkonto niederschlagen.

Das Wissen um die wichtigsten Nahrungsbestandteile und worin sie enthalten sind hilft bei der Zusammenstellung einer gesunden Ernährung in jedem Lebensalter. Kinder in der Wachstumsphase brauchen z.B.eine besonders vitamin- und eiweißreiche Ernährung. Für Senioren sind ausreichend Wasser und Ballaststoffe wichtig, um den manchmal etwas trägen Darm schonend in Gang zu halten. Bei Schwerstarbeitenden und Leistungssportlern sind Mineralien, Vitamine und Eiweiß besonders wichtig. Mit etwas Wissen und Überlegung können Sie die richtige Ernährung ohne viel Aufwand zusammenstellen.
Damit bewirken Sie viel für eine gute Gesundheit; wer sein Leben lang bewußt ißt, schonend kocht und genügend trinkt, braucht sich wegen ernährungsbedingter Krankheiten keine Sorgen zu machen und kann bis ins hohe Alter aktiv, gesund und fit bleiben.

IMPFUNGEN

WAS IST EINE IMPFUNG?

Bei einer Impfung werden abgeschwächte Erreger oder ihre Giftstoffe (sog. Toxine) gespritzt oder geschluckt. Diese sind soweit abgeschwächt, daß sie keine Krankheit mehr auslösen können, den Körper jedoch zur Bildung von Abwehrstoffen anregen. Wie bei einer natürlichen Erkrankung bildet der Organismus die sog. Antikörper, die ihn auch bei einer späteren Ansteckung mit dem Krankheitserreger schützen können. Man spricht von einer aktiven Immunisierung, weil der Körper selbst aktiv werden muß, d.h. sein eigenes Abwehrsystem in Kraft setzt. Leider hält dieser Schutz meist nur einige Jahre an und die Impfung muß deshalb regelmäßig aufgefrischt werden. Lebenslanger Schutz besteht in der Regel nur, wenn die Krankheit selbst durchgemacht wurde.

WANN IST EINE IMPFUNG SINNVOLL?

Generell besteht in Deutschland keine Impfpflicht.Jeder kann selbst entscheiden, ob er sich oder sein Kind impfen läßt. Es wird jedoch allen Eltern geraten, ihre Kinder impfen zu lassen. Nur durch einen vollständigen Impfschutz sind Kinder wenigstens vor den betroffenen Krankheiten richtig geschützt. Denn selbst harmlos erscheinende Kinderkrankheiten können schwerwiegende Komplikationen auslösen, die z.B. das Herz oder das Gehirn angreifen. Nur durch ein breit angelegtes Impfprogramm konnten gefährliche Krankheiten wie Diphtherie oder Tuberkulose in Westeuropa nahezu, die Pockenkrankheit weltweit gänzlich ausgerottet werden. Kommt es jedoch zu Impfmüdigkeit in der Bevölkerung, so können solche Krankheiten sich schnell wieder ausbreiten. Das Ziel der Weltgesundheitsorganisation ist es, in den nächsten Jahren auch die Kinderlähmung, die vor allem noch in Ländern der dritten Welt häufig vorkommt, auszurotten.

Eine Impfung ist dann sinnvoll, wenn:
- die Krankheit in Europa vorkommt oder Reisen oder ein längerer Aufenthalt in Ländern geplant ist, in denen die betreffende Krankheit noch vorkommt.
- die Krankheit selbst gefährlich ist (z.B. Tetanus).
- die Krankheit gefährliche Schäden nach sich ziehen kann (z.B. Polio, Masern etc.).
- es keine wirksamen Medikamente gegen die Krankheit gibt (z.B. Diphtherie).
- ein erhöhtes Erkrankungsrisiko besteht [→Indikationsimpfung].

ARGUMENTE FÜR EINE IMPFUNG

- Das Hauptargument für eine Impfung ist der Schutz vor dem Risiko, durch Krankheiten wie z.B. Diphtherie oder Polio dauerhafte Gesundheitsschäden davonzutragen oder sogar zu sterben.
- Bei einer guten Durchimpfung der Bevölkerung können Krankheiten stark eingedämmt oder sogar ausgerottet werden.
- Impfungen erfolgen am gesunden Menschen. Der Körper ist stark genug, ausreichend Schutzstoffe zu bilden, während die Krankheit oft bei bereits geschwächter Abwehrlage auftritt und somit doppelt belastet.
- Bei den heutigen modernen Impfstoffen sind schwere Komplikationen sehr selten.
- Auch das Risiko allergischer Reaktionen ist bei den modernen Impfstoffen gering.
- Impfungen sind für den Staat billiger als die Folgeschäden (z.B. Behandlung und Betreuung eines behinderten Kindes), die die Erkrankungen hervorrufen würden.

ARGUMENTE GEGEN EINE IMPFUNG

- Eine durchgemachte Kinderkrankheit bietet im Gegensatz zur Impfung einen lebenslangen Schutz.
- Impfung bedeutet für den Säugling eine Strapaze.
- Bei der Impfung können leichte Impfreaktionen (Rötungen und Schwellungen an der Einstichstelle, Fieber, Abgeschlagenheit, Durchfall, Unruhe) auftreten.

IMPFSCHÄDEN

Impfschäden sind Schäden, die durch eine Impfung hervorgerufen werden und die über das übliche Maß einer Impfreaktion hinausgehen. Gefürchtet sind vor allem Hirnschäden, die zu einer bleibenden geistigen oder körperlichen Behinderung führen können. Die Problematik besteht darin, festzustellen, ob eine Krankheit durch die Impfung hervorgerufen wurde oder lediglich zum gleichen Zeitpunkt wie die Impfung aufgetreten ist,und es auch ohne Impfung zu dieser Erkrankung gekommen wäre. In seltenen Fällen kann es zu einem schweren Impfschaden kommen. Jedoch ruft keiner der zugelassenen Impfstoffe mehr oder schwerere Komplikationen hervor als die Erkrankung selbst, die dadurch verhindert wird. Daß Impfschäden in der heutigen Zeit teilweise überbewertet werden, liegt daran, daß durch die gute Durchimpfung der Säuglinge kaum noch die eigentlichen Krankheiten auftreten und man z.B. das Krankheitsbild der Kinderlähmung in Deutschland kaum noch kennt. Bei Verdacht auf einen Impfschaden sollte sofort ein Arzt aufgesucht werden.

WANN SOLLTE NICHT GEIMPFT WERDEN?

- Wenn die betroffene Person nicht gesund ist, sollte die Impfung verschoben werden.
- Wenn das Immunsystem (z.B. durch Cortisoneinnahme, durch eine schwere Allergie oder durch eine Krebserkrankung) geschwächt ist, muß der Arzt entscheiden, ob und wann eine Impfung günstig ist.

GEGEN WELCHE KRANKHEITEN SOLLTE MAN SEIN KIND IMPFEN LASSEN?

Es gibt in Deutschland keine Impfpflicht. Es ist jedoch sinnvoll, sich an die regelmäßig überarbeiteten Impfpläne der Ständigen Impfkommission [→Tabelle] zu halten.
Es ist auf jeden Fall sinnvoll, auch im Alter die Impfungen für Tetanus, Diphtherie und Polio regelmäßig (alle 10 Jahre) aufzufrischen. Weitere Impfungen können sich aus bestimmten beruflichen oder privaten Umständen ergeben [→Indikationsimpfung]. Alle Impfungen sollten sorgfältig in einen Impfpass eingetragen werden, der jederzeit griffbereit sein muß.

EMPFOHLENE SCHUTZIMPFUNGEN

Um den Eltern und Kinderärzten die Entscheidung für oder gegen eine bestimmte Impfung zu erleichtern, wird von der Ständigen Impfkommission (STIKO) des Bundesgesundheitsamtes regelmäßig ein Impfplan veröffentlicht [→Tabelle]. In ihm werden die empfohlenen Impfungen und ihr günstigster Zeitpunkt genannt. Zu diesen Impfungen zählen Diphtherie, Keuchhusten (Pertussis), Wundstarrkrampf (Tetanus), Kinderlähmung (Polio), Haemophilus influenzae (Hib), Masern, Mumps und Röteln. Einige dieser Impfstoffe werden als Kombinationsspritze verabreicht (Masern-Mumps-Röteln). Die Tuberkuloseimpfung wird von einigen Ärzten empfohlen, andere meinen, daß nur bestimmte Risikogruppen geimpft werden sollten.

IMPFKALENDER FÜR KINDER UND JUGENDLICHE

Lebensalter	Impfung gegen	Personenkreis
ab 3. Lebensmonat	Diphtherie-Pertussis-Tetanus 3x im Abstand von 4 Wochen	alle Säuglinge und Kleinkinder
	Haemophilus influenzae Typ b 2 Impfungen im Abstand von mindestens 6 Wochen oder simultan mit der 1. und 3. DPT-Impfung (kontralaterale Injektion) oder 3 Impfungen mit kombiniertem DTP-Hib-Impfstoff im Abstand von 4 Wochen.	alle Säuglinge und Kleinkinder
	Poliomyelitis (Kinderlähmung) 2x trivalente Schluckimpfung im Abstand von mind. 6 Wochen, mit der 1. und 3. DPT-Impfung oder Teilnahme an Impfaktionen der Gesundheitsämter im folgenden Winter (November/Januar)	alle Säuglinge und Kleinkinder (bei Immundefizienz des Impflings oder enger Kontaktpersonen)
2. Lebensjahr	Diphtherie-Pertussis (Keuchhusten)-Tetanus 4. Impfung (Abschluß der Grundimmunisierung)	alle Kleinkinder und Kinder
	Haemohpilus influenzae Typ b 3. Impfung, ggf. simultan mit der 4. DPT-Impfung oder 4. Impfung mit kombiniertem DPT-Hib-Impfstoff	
	Poliomyelitis (Kinderlähmung) 3. trivalente Schluckimpfung (Abschluß der Grundimmunisierung)	
nicht vor dem 15. Lebensmonat	Masern, Mumps und Röteln 1. Impfung	
ab 6. Lebensjahr	Masern, Mumps und Röteln (Kombi-Impfstoff) 2. Impfung	alle Kinder
	Tetanus-Diphtherie (Auffrischimpfung), zweckmäßigerweise mit TD-Impfstoff	
ab 10. Lebensjahr	Poliomyelitis (Kinderlähmung) (Wiederimpfung mit trivalentem Impfstoff)	
11.-15. Lebensjahr	Röteln	alle Mädchen, auch wenn im Kindesalter bereits gegen Röteln geimpft.
	Tetanus-Diphtherie (Auffrischimpfung), zweckmäßigerweise mit Td-Impfstoff	

Impfempfehlungen der Ständigen Impfkommission des Bundesgesundheitsamtes (STIKO) -

DIPHTHERIE

Diphtherie ist in Westeuropa selten geworden, kommt jedoch z.B. in Osteuropa noch häufig vor. Durch die Öffnung des Ostblockes tritt Diphtherie auch hier wieder vermehrt auf.

- Mögliche Komplikationen der Krankheit: Die Diphtherie-Bakterien bilden einen hochgiftigen Stoff (Toxin), der schwere Organschäden vor allem an Herz, Leber und Nieren auslösen kann. Auch Atemlähmungen, die zum Tode führen, sind möglich.
- Impfung: 3 Impfungen im Säuglingsalter und 1 Impfung nach ca. einem Jahr. Die Impfung erfolgt in der Regel als Kombinationsimpfung mit Tetanus und Keuchhusten (DPT-Impfung) oder sogar als 4-fach-Impfstoff mit Hib. Regelmäßige Auffrischung auch im Erwachsenenalter ist wichtig.
- Komplikationen der Impfung: Rötung oder Schwellung an der Einstichstelle. Ältere Menschen vertragen die Impfung schlechter als Kinder.
- Schutzzeit: ca. 10 Jahre.

KEUCHHUSTEN (PERTUSSIS)

[→Kinderkrankheiten]

Keuchhusten ist eine schwere und langwierige bakterielle Erkrankung

- Mögliche Komplikationen der Krankheit: Besonders bei Babys kann es zu Erstickungsanfällen kommen.
- Impfung: 3 Impfungen im Säuglingsalter und 1 Impfung nach ca. einem Jahr in Kombination mit Tetanus und Diphtherie.
- Komplikationen der Impfung: teilweise hohes Fieber, Schmerzen an der Einstichstelle oder Krämpfe können auftreten. Seit kurzen gibt es einen neuen Keuchhusten-Impfstoff, der statt der abgetöteten Keime nur noch bestimmte Bakterienbestandteile (sog. azellulärer Impfstoff) enthält und dadurch wesentlich besser verträglich ist.
- Schutzzeit: ca. 5 Jahre.

WUNDSTARRKRAMPF (TETANUS)

Tetanus-Bakterien setzen ein Gift frei, das zu Verkrampfungen der Muskulatur bis hin zum Tod durch Atemlähmung führen kann. Die Bakterien leben überall in Erde und Schmutz und gelangen über Verletzungen in die Haut.

- Gefährdung durch die Krankheit: ca. 50% der Erkrankten sterben an Tetanus.
- Impfung: 3 Impfungen im Säuglingsalter und 1 Impfung nach ca. einem Jahr, in Kombination mit Diphtherie und Pertussis (DPT-Impfung).
- Mögliche Komplikationen der Impfung: Rötung oder Schwellung der Einstichstelle. Lymphknotenschwellung oder allergische Reaktionen sind möglich.
- Schutzzeit: 5-10 Jahre.

KINDERLÄHMUNG (POLIOMYELITIS)

Seit der Erfindung der Schluckimpfung (1962) kommt diese Krankheit bei uns nur noch selten vor. In Entwicklungsländern hingegen tritt die Krankheit wegen mangelnder Hygiene und fehlenden Impfschutzes noch häufig auf und kann somit durch Fernreisetouristen eingeschleppt werden. Ziel ist es, Polio weltweit auszurotten. Die Übertragung der Polio-Viren erfolgt von Mensch zu Mensch. Die Erreger vermehren sich nach der Aufnahme im Darm und gelangen von dort über das Blut in das zentrale Nervensystem. Oft bleibt die Krankheit völlig unbemerkt oder äußert sich durch harmlos erscheinende Beschwerden wie Fieber, Atemwegskatarrh oder Durchfall.

- Mögliche Komplikationen der Krankheit: Die Kinderlähmung kann zu Nervenlähmungen führen, die bewegungsunfähig machen.
- Impfung: 2 Schluckimpfungen im Säuglingsalter und 1 Impfung ca. ein Jahr später.
- Komplikationen der Impfung sind selten. Manchmal ist der Stuhlgang etwas dünner. Sehr selten treten bleibende Lähmungen auf. Achtung, die Impflinge scheiden den noch aktiven Erreger mit dem Stuhlgang aus und können somit Personen, die länger als 5 Jahre nicht geimpft wurden, anstecken. Daher sollten auch Jugendliche und Erwachsene an die Auffrischung der eigenen Polioimpfung denken.
- Schutzzeit: 10 Jahre.

Haemophilus influenzae Typ b (Hib)
Das Bakterium ist für Erwachsene und ältere Kinder ungefährlich, kann aber bei Säuglingen und Kleinkindern zu schweren Erkrankungen führen.
- Mögliche Komplikationen der Krankheit sind eitrige Gehirnhautentzündungen mit Langzeitfolgen oder lebensbedrohliche Entzündungen des Kehlkopfdeckels (Epiglottitis) bei Kindern unter 5 Jahren.
- Impfung: 2 Impfungen im Säuglingsalter und 1 Impfung nach ca. einem Jahr.
- Komplikationen der Impfung: Rötung und Schwellung an der Einstichstelle, Fieber und Hautausschläge.
- Schutzzeit: ab einem Alter von ca. 5 Jahren ist kein Schutz mehr notwendig.

MASERN
[→Kinderkrankheiten]
Der Masernvirus führt zu Schnupfen, Husten, Fieber und Hautausschlag.
- Komplikationen der Krankheit können Entzündungen von Lunge, Mittelohr und Gehirn sein.
- Impfung: Im zweiten und sechsten Lebensjahr, meist als Kombinationsspritze mit Mumps und Röteln (MMR).
- Komplikationen der Impfung: Hautausschläge, Fieber und selten Gehirnhautentzündungen.
- Schutzzeit: ob lebenslanger Schutz besteht, ist umstritten.

MUMPS
[→Kinderkrankheiten]
Eine in der Regel nicht schwerwiegende Viruserkrankung, die zu einer schmerzhaften Schwellung der Ohrspeicheldrüsen führt.
- Komplikationen der Krankheit: Es kann zur Entzündung der Gehirnhaut, der Bauchspeicheldrüse oder der Eierstöcke bzw. Hoden kommen. Letzteres kann bei Jungen nach der Pubertät zu Unfruchtbarkeit führen.
- Impfung: Im zweiten und sechsten Lebensjahr, meist als Kombinationsspritze mit Masern und Röteln.
- Komplikationen der Impfung treten in der Regel keine auf. Selten wurde der Ausbruch der Zuckerkrankheit (Diabetes) im zeitlichen Zusammenhang mit der Impfung beobachtet.
- Schutzzeit: wahrscheinlich nicht lebenslang.

RÖTELN
[→Kinderkrankheiten]
Eine harmlose Viruserkrankung, die zu einem charakteristischen Hautausschlag führen kann.
- Komplikationen der Krankheit: erkrankt eine Schwangere an Röteln, kann es zu schweren Mißbildungen des Embryos kommen und ein Abbruch der Schwangerschaft ist erforderlich.
- Impfung: Im zweiten und sechsten Lebensjahr als Kombinationsspritze mit Masern und Mumps. Mädchen sollten vor der Pubertät noch einmal geimpft werden. Vor einer geplanten Schwangerschaft sollte getestet werden, ob durch eine durchgemachte Erkrankung oder durch die Impfungen ausreichend Rötelnantikörper im Blut sind.
- Komplikation der Impfung: Fieber oder ein leichter Hautausschlag können auftreten. Bei Frauen können rheumaähnliche Schmerzen auftreten.
- Impfschutz: Vor einer geplanten Schwangerschaft muß getestet werden, ob der Impfschutz noch ausreicht.

TUBERKULOSE (SCHWINDSUCHT)
Zum Ausbruch der Tuberkulosekrankheit kommt es hauptsächlich bei geschwächten oder älteren Menschen oder bei Personen, die unter schlechten hygienischen und sozialen Bedingungen leben. Außerdem kann man sich auf Reisen infizieren. Eine Impfung für Säuglinge wird empfohlen, wenn in der Umgebung des Säuglings ein Tuberkulosekranker lebt oder wenn Reisen in tuberkulosegefährdete Länder geplant sind.
- Komplikationen der Krankheit: besonders gefürchtet ist eine tuberkulöse Gehirnhautentzündung.
- Impfung: Die Impfung erfolgt direkt nach der Geburt. Soll später geimpft werden, so muß zunächst ein Test durchgeführt werden, ob der Säugling bereits mit den Bakterien in Kontakt gekommen ist.
- Komplikationen der Impfung: noch nach vier Wochen kann Fieber auftreten. Drüsen- oder Lymphknotenschwellungen sind möglich.

– Impfschutz: 5-10 Jahre Abschwächung einer auftretenden Infektion.

INDIKATIONSIMPFUNG

Bestimmte Impfungen, werden nur Risikogruppen und Personen, die in bestimmte Länder reisen empfohlen. Zu diesen zählen Hepatitis, Zeckenimpfung, Grippe, Tollwut, Typhus, Cholera und Gelbfieber. Bei einer geplanten Fernreise sollte man sich rechtzeitig vorher (z.B. in der Apotheke oder beim Tropeninstitut) erkundigen, ob eine Impfung sinnvoll oder sogar Voraussetzung für die Einreise in das betreffende Land ist. In jedem Fall ist bei Fernreisen ein ausreichender Impfschutz gegen Tetanus, Polio und Tbc notwendig.

HEPATITIS B

Gefährdet sind Krankenhauspersonal und andere Personen, die viel mit Blut und Blutprodukten in Kontakt kommen sowie Fernreisende z.B. nach Südostasien. Die Ansteckung erfolgt durch Blut oder Geschlechtsverkehr.

– Komplikationen der Krankheit: Chronische Leberentzündung, Leberkrebs, Leberzirrhose, im ungünstigem Fall Tod.
– Impfung: 3-4 Spritzen zur Grundimmunisierung.
– Schutzzeit: unterschiedlich.

HEPATITIS A

Gefährdet sind Reisende in heiße Gebiete der Erde, besonders unter mangelnden hygienischen Bedingungen. Zur Vorbeugung sollte man nur gekochte oder geschälte Früchte essen und auch kein Leitungswasser oder Eiswürfel aus Leitungswasser zu sich nehmen.

– Impfung: ca. 4 Wochen vor Reiseantritt und nach ca. einem Jahr zweite Impfung.
– Komplikationen der Impfung: Kopfschmerzen, Müdigkeit, Hautreaktionen.

ZECKENIMPFUNG (FSME)

FSME steht für Frühsommer-Meningoenzephalitis, eine durch Zeckenbisse übertragene Virusinfektion, die zu einer Gehirnhautentzündung führen kann.

Nur ein kleiner Teil der Zecken überträgt den Erreger der FSME. In manchen Gebieten (z.B. Österreich, Bayern, Odenwald, Südbaden) kommen jedoch gehäuft infizierte Zecken vor und die Ansteckungsgefahr ist deutlich erhöht. Eine Impfung wird für Waldarbeiter oder für Personen, die ihren Urlaub in FSME-gefährdeten Waldgebieten verbringen, empfohlen. Jährlich werden aktuelle Karten der gefährdeten Gebiete herausgegeben.

– Komplikationen durch die Krankheit: nur bei einigen Patienten, meist Erwachsenen, kommt es zu einer gefährlichen Infektion des Gehirns.
– Impfung: Der günstigste Zeitpunkt für die Impfung ist der Winter oder das Frühjahr. Es werden zwei Impfungen im Abstand von 4 Wochen und eine Impfung nach einem Jahr durchgeführt.
– Komplikationen durch die Impfung: Rötung und Schwellung an der Einstichstelle, Fieber und Gliederschmerzen können auftreten. Außerdem sind Allergien und Nervenschädigungen aufgetreten.
– Schutzzeit: ca. 5 Jahre.

GRIPPE

Der Grippevirus ist heimtückisch und kann seine Oberfläche verändern. Deshalb muß der Impfstoff regelmäßig den gerade aktuellen Virustypen angepaßt werden. Eine Impfung empfiehlt sich bei alten und immungeschwächten Personen, bei denen eine Grippe sehr schwer verlaufen kann.

– Impfung: im Spätherbst durch eine Spritze.
– Schutzzeit: ca. 6 Monate.

TOLLWUT

Für Risikogruppen wie Förster, Wildhüter.oder Gartenbesitzer. Außerdem sollte auf jeden Fall nach einem Biß von einem möglicherweise infizierten Tier geimpft werden. Eine nicht behandelte Tollwut führt zum Tode.

– Impfung: mehrere Impfungen sind notwendig
– Schutzzeit: ca. 5 Jahre.

TYPHUS

Risikogruppen sind Reisende nach Nord- oder Zentralafrika oder nach Fernost.

- Komplikationen der Krankheit sind trotz möglicher Behandlung mit Antibiotika z.B. eine Gehirnhautentzündung oder eine Herzmuskelentzündung.
- Impfung: gut verträgliche Schluckimpfung mit mehreren Kapseln.
- Schutzzeit: ca. 3 Jahre.

CHOLERA

Von Zeit zu Zeit kommt es vor allem in Indien, Pakistan und Südamerika zu Choleraepidemien. Da die Impfung jedoch schlecht verträglich ist, keinen vollständigen Schutz bietet und auch nicht lange anhält, sollte man sich besser durch besondere Hygienemaßnahmen [→Hepatitis A] schützen.

Einige Länder verlangen jedoch die Cholera-Impfung bei der Einreise.

- Komplikationen der Krankheit: unter guten hygienischen und sozialen Bedingungen treten meist keine Komplikationen auf. Wichtig ist es, den Wasser- und Elektrolytverlust auszugleichen.
- Impfung: drei Spritzen in ca. 8 Tagen.
- Komplikationen der Impfung können Fieber, Schmerzen und Hautreaktionen aber auch schwere Schädigungen von Organen sein. Ein neuer Schluckimpfstoff ist zwar besser verträglich aber weniger wirksam als die Spritze.
- Schutzzeit: ca. 6 Monate.

GELBFIEBER

Bei Reisen in viele tropische Länder ist die Gelbfieberimpfung sinnvoll oder sogar vorgeschrieben.

- Komplikationen der Krankheit können Schäden an Leber, Nieren oder Gefäßen sein und bis zum Tode führen.
- Impfung: Einmalige Impfung ist nur an speziellen Gelbfieberimpfzentren möglich. Die Impfung ist gut verträglich.
- Schutzzeit: ca. 10 Jahre.

ERSTE HILFE - ABER RICHTIG

BEURTEILUNG

- Schwere Verletzung durch Unfall?
- Lebensbedrohliche Krankheit?
- Vergiftung?
- Herz-Kreislauf-Stillstand?

NOTRUF

- **Wo** ist es passiert? (Straße, Hausnummer, Stockwerk, Name des Mieters, evtl. örtliche Besonderheiten)
- **Was** ist passiert?
- **Wieviele** Verletzte?
- **Wie** ist der Zustand des Patienten (z.B. bewußtlos, Verletzungen, Kreislaufstillstand, Vergiftung)
- **Wer** ist der Anrufer?

BERGUNG

Der Patient muß so schonend wie möglich in eine Position gebracht werden, die lebensrettende Maßnahmen erlaubt. Sehr nützlich ist dabei der Rautek-Griff:

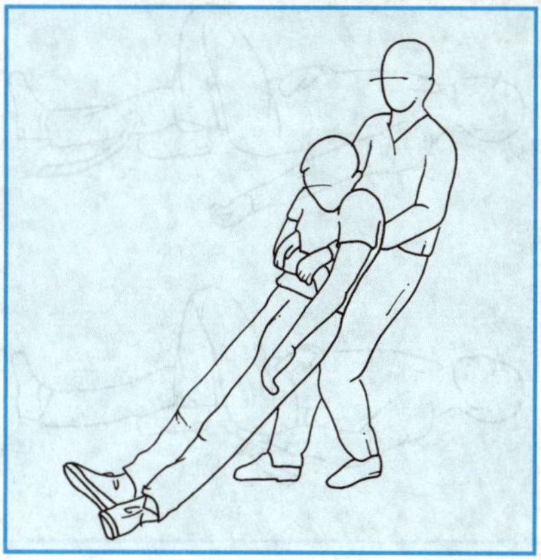

LAGERUNG

Die Lagerung eines Notfallpatienten richtet sich nach seinem Zustand. Außerdem müssen mögliche Komplikationen berücksichtigt werden.

- Bei Bewußtlosigkeit [←] stabile Seitenlage.
- Bei Schock [←] Beine hoch lagern.
- Bei Atemnot [←] Oberkörper hoch lagern.
- Bei Herzstillstand [←] Rückenlage für Beatmung und Herzmassage.
- Bei Wirbelsäulenverletzung [←] Flachlagerung.

BEWUSSTLOSIGKEIT

Der Patient ist bewußtlos, evtl. ohne äußerlich erkennbare Ursache, die Atmung ist noch erhalten.

- Entfernung möglicher Atemhindernisse.
- Entfernung von Zahnprothesen.
- Anwendung der **stabilen Seitenlage!**

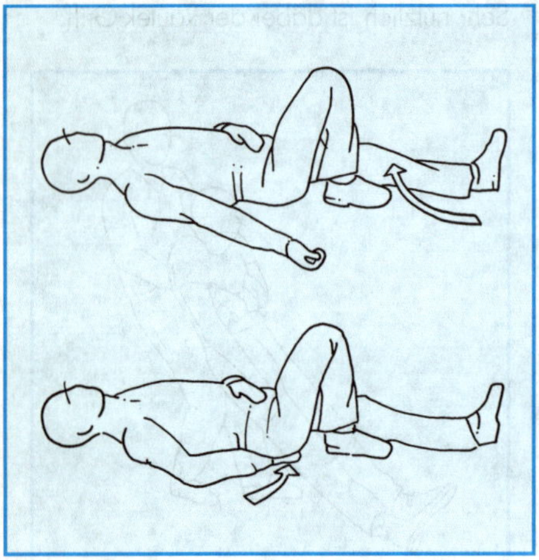

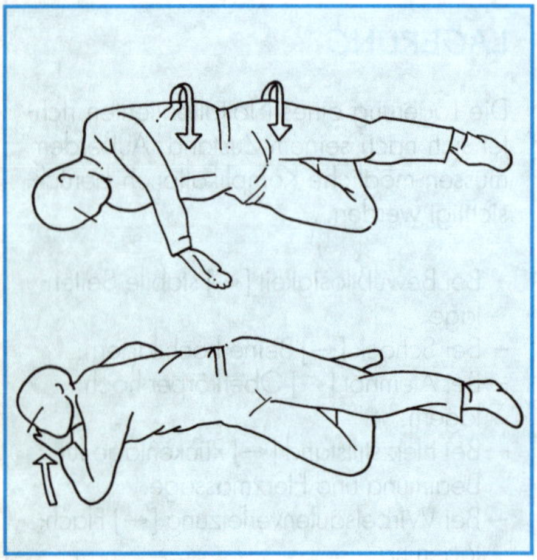

Den auf dem Rücken liegenden Patienten mit angewinkelten Beinen zur Seite drehen.

SCHOCK

Der Patient ist blaß, hat Schweißausbrüche, einen fliegenden hohen Puls und ist unruhig. Ursache ist ein Mangel an Blutvolumen.

- Bei Schock **Oberkörper tief, Beine hoch.** Blutungen in dieser Position mit Druck verbinden, abdrücken oder im äußersten Notfall abbinden [→starke Blutungen].

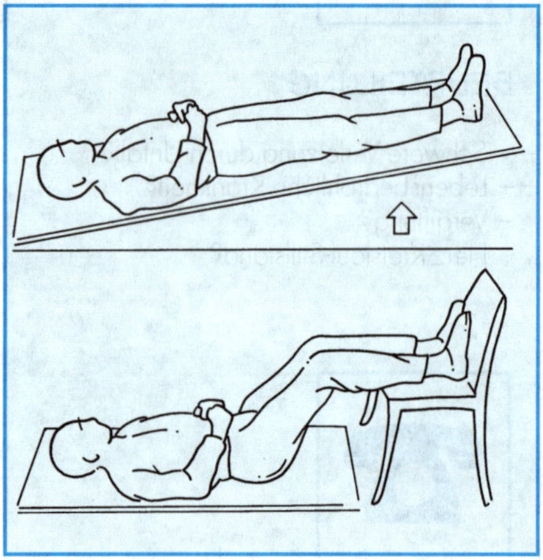

ATEMNOT

Der Patient hat bläuliche Lippen und Wangen, atmet schwer und ist hochgradig erregt bei erhaltenem Bewußtsein. Ursachen können sein: Atemwegsblockierung, Asthmaanfall, Brustverletzung, Herzanfall u.a.

- Bei Atemnot Versuch der Beseitigung des Atemhindernisses, **Oberkörper hoch lagern!**

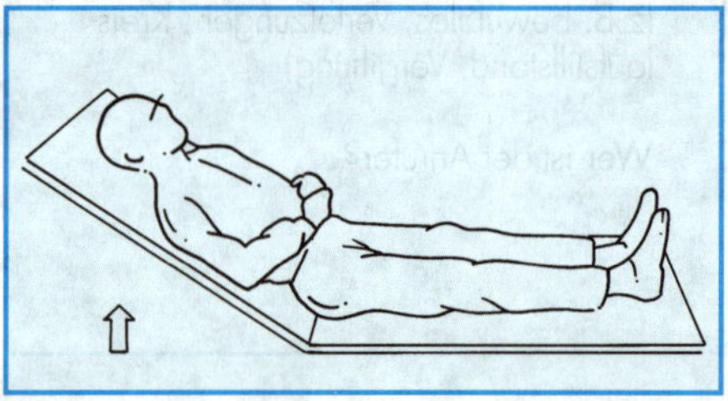

HERZ-KREISLAUF-STILLSTAND

Bei einem Herz-Kreislauf-Stillstand ist der Patient bewußtlos und der Puls der Hals- und Schenkelschlagader sowie der Pulsader fehlt. Haut und Lippen sind blaßgrau verfärbt. Es kommt zu unregelmäßigem Atmen oder Atemstillstand. Die Pupillen des Patienten sind geweitet.

- Auch bei Unsicherheit sofort mit Mund-zu-Mund-Beatmung anfangen. Wenn sicher ist, daß das Herz des Patienten nicht mehr schlägt, muß sofort mit Herzmassage begonnen werden. Wenige Minuten entscheiden über Tod oder Leben des Patienten.

MUND-ZU-MUND-BEATMUNG

Erbrochenes, Fremdkörper usw. aus dem Mund des Patienten entfernen.

Den Kopf überstrecken, die Nase des Patienten mit den Fingern verschließen.
Der Helfer bläst seine ausgeatmete Luft in den Mund des Patienten.
Dabei atmet der Patient passiv aus. **Der Helfer sollte 10-12mal pro Minute Luft einblasen.**

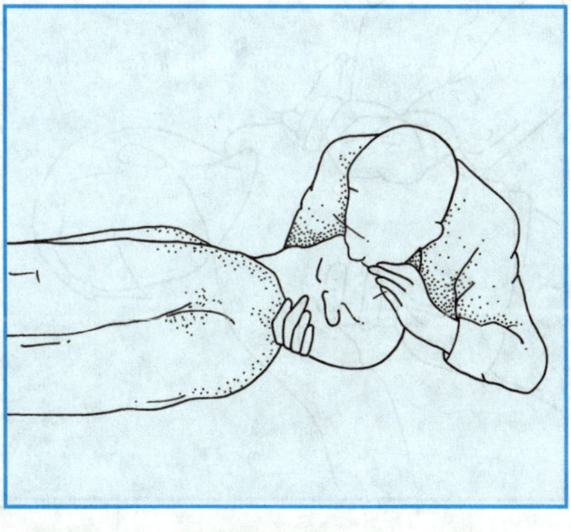

Mund-zu-Mund-Beatmung.

MUND-ZU-NASE-BEATMUNG

Bei der Mund-zu-Nase-Beatmung wird der Mund durch die Hand des Helfers verschlossen. Der Helfer bläst seine Ausatemluft in die Nase des Patienten.

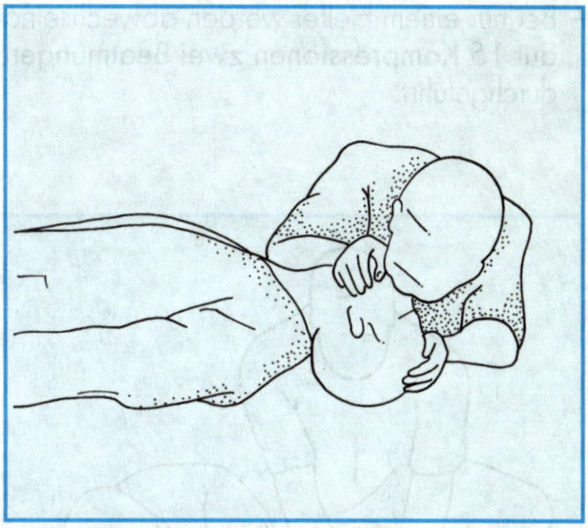

Mund-zu-Nase-Beatmung.

HERZMASSAGE

Die Herzmassage wird über dem unteren Drittel des Brustbeins ausgeführt.

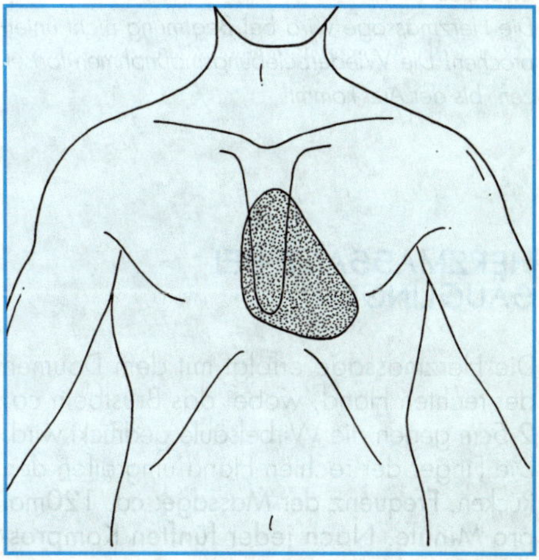

– Mit dem rechten Handballen wird auf das Brustbein gedrückt, wodurch dieses 4-5cm gegen die Wirbelsäule gepreßt wird.
– Das Drücken erfolgt mit einer **Frequenz von ca. 80mal pro Minute.**
– Bei zwei Helfern **nach jeder fünften Kompression einmal beatmen!**
– Bei nur einem Helfer werden abwechselnd **auf 15 Kompressionen zwei Beatmungen** durchgeführt.

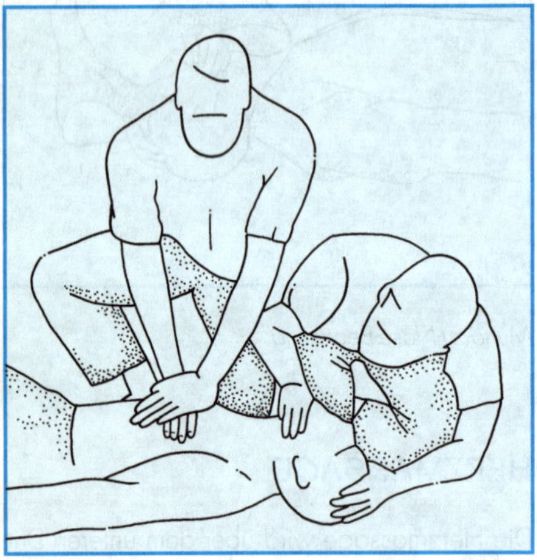

Die äußere Herzmassage ohne Beatmung ist zwecklos!
Die Herzmassage wird bei Beatmung nicht unterbrochen! Die Wiederbelebungsmaßnahmen fortsetzen, bis der Arzt kommt!

HERZMASSAGE BEI SÄUGLINGEN

Die Herzmassage erfolgt mit dem Daumen der rechten Hand, wobei das Brustbein ca. 2,5cm gegen die Wirbelsäule gedrückt wird. Die Finger der rechten Hand umgreifen den Rücken. **Frequenz der Massage: ca. 120mal pro Minute. Nach jeder fünften Kompression einmal beatmen.**

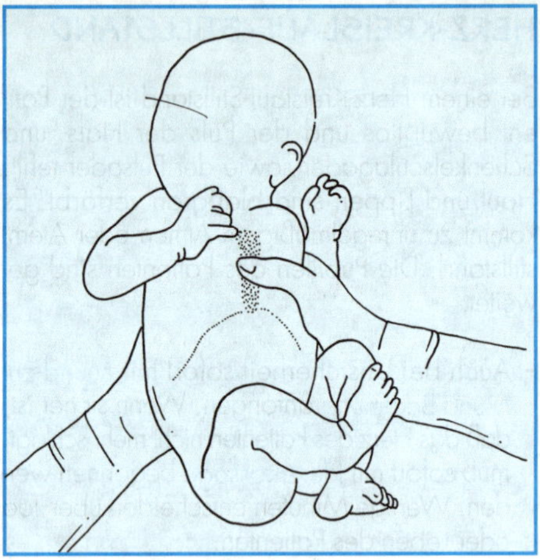

Weiter beatmen!

HERZMASSAGE BEIM KLEINKIND

Der rechte Handballen drückt auf die Brustbeinmitte, die linke Hand umfaßt den Rücken des Kindes. **Frequenz der Massage: 100mal pro Minute. Nach jeder fünften Kompression einmal beatmen!**

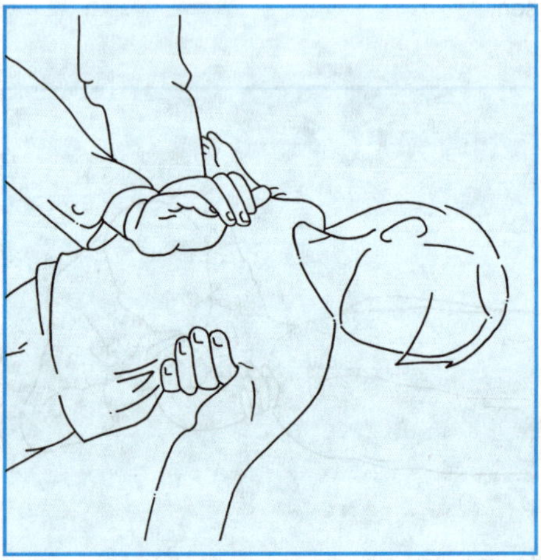

Weiter beatmen!

WIRBELSÄULENVERLETZUNGEN

Der Verdacht auf eine Wirbelsäulenverletzung ergibt sich aus dem Unfallereignis (Sturz aus großer Höhe u.ä.). Der Patient empfindet bei erhaltenem Bewußtsein Schmerzen im Bereich der Wirbelsäule, unter Umständen ist die Gefühlsempfindung in den Beinen gestört.

- Bei Wirbelsäulenverletzungen **Flachlagerung.**
- Keine Drehbewegungen gegen die Körperachse!

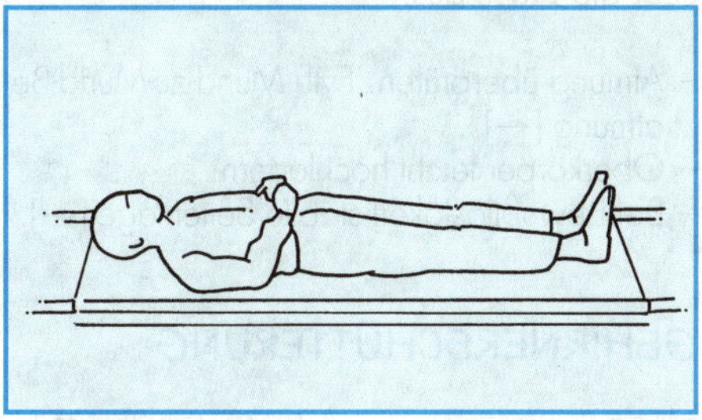

Wirbelsäulenverletzte dürfen nur in waagerechter Lage transportiert werden.

STARKE BLUTUNGEN

Starke Blutungen - vor allem spritzende Blutungen aus Arterien - sind lebensgefährlich und müssen sofort abgedrückt bzw. mit Druckverband unterbunden werden.

Lagerung:
- Für alle Blutungen gilt: **Schocklagerung!** [←]. Außerdem sollte der verletzte Körperteil hochgelagert werden.
- Bei gleichzeitig bestehender Bewußtlosigkeit den schockgelagerten Patienten in die stabile Seitenlage drehen.
- Evtl. durch Unterpolstern mit Decken unterstützen.

Blutstillung:
- **Alle spritzenden Blutungen** werden vor der Blutungsstelle, d.h. zum Herzen hin, abgedrückt.
- **Sickerblutungen** durch Druckverband stillen.
- Als Druckpolster eignen sich Verbandspäckchen oder mehrere übereinandergelegte Taschentücher.
- Der Druck sollte ausreichend stark sein, aber keinen Blutstau unterhalb des Verbandes verursachen.
- Wenn kein Verbandmaterial zur Verfügung steht, keimarmes weiches Material in die Wunde drücken.

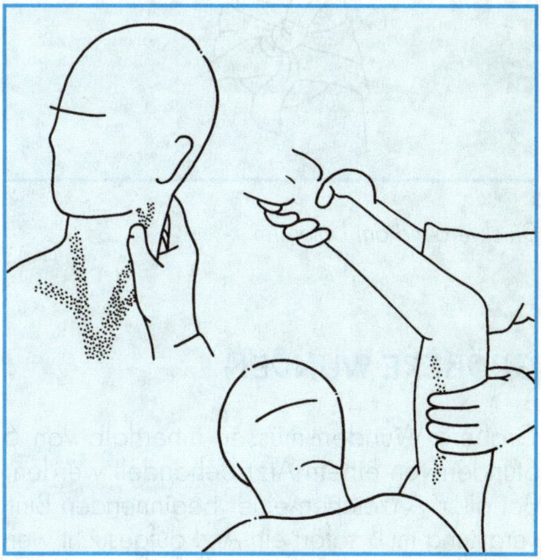

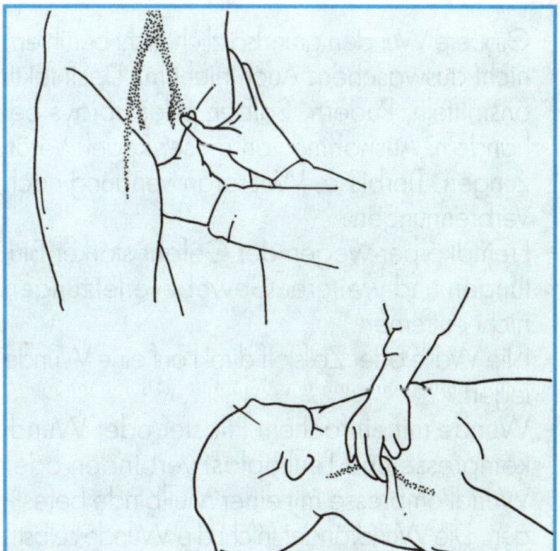

Extremitäten nur im äußersten Notfall abbinden, wenn andere Maßnahmen die Blutung nicht stillen.

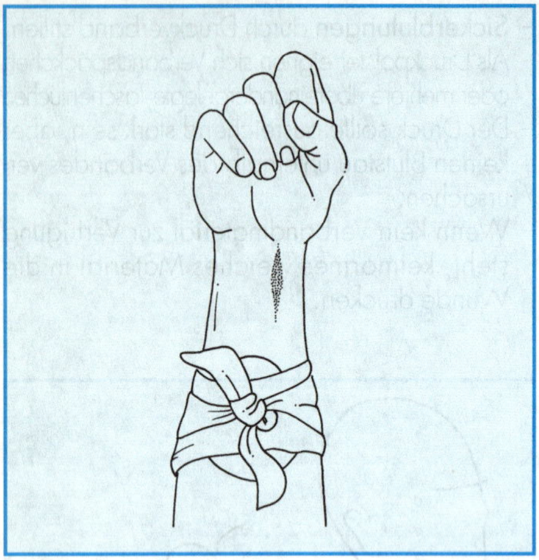

Druckverband am Unterarm

GRÖßERE WUNDEN

Größere Wunden müssen innerhalb von 6 Stunden von einem Arzt behandelt werden. Bei allen Anzeichen einer beginnenden Blutvergiftung muß sofort ein Arzt aufgesucht werden (Fieber, Kältegefühl, Schüttelfrost, Blässe, Müdigkeit, Schwächegefühl)

- Größere Wunden grundsätzlich nicht berühren, nicht auswaschen. Auch nicht mit Desinfektionsmitteln, Pudern, Salben oder Sprays behandeln. Ausnahme von dieser Regel: Verätzungen, Tierbisse, Wasseranwendung nach Verbrennungen.
- Fremdkörper wegen der Gefahr starker Blutungen und weiterer Gewebeverletzungen nicht entfernen.
- Nie Watte oder Zellstoff direkt auf eine Wunde legen.
- Wunde mit einfachem Pflaster oder Wundkompresse und Leukoplast verbinden oder Wundkompresse mit einer Mullbinde befestigen. Die Wundränder (nicht die Wunde selbst!) können vorher mit einer desinfizierenden Lösung behandelt werden.
- Bei Tierbissen Wunde mit Alkohol oder 3%-iger Wasserstoffperoxidlösung ausspülen. Falls dies nicht vorhanden mit Wasser und Seife auswaschen und mit klarem Wasser nachspülen.
- Kleinere Wunden und Hautverletzungen [→Schnitt- und Schürfwunden].

KOPFVERLETZUNGEN

Meistens keine sichtbaren Verletzungen. Dennoch kann die Hirnsubstanz geschädigt sein. Unter Umständen läuft klare Hirnflüssigkeit über die Nase aus.

- Atmung überprüfen. Evtl. Mund-zu-Mund-Beatmung [←].
- Oberkörper leicht hochlagern.
- Bei Bewußtlosigkeit stabile Seitenlage [←].

GEHIRNERSCHÜTTERUNG

Das Bewußtsein schwindet für kürzere Zeit, der Verletzte kann sich nicht an Dinge erinnern, die kurz vor dem Unfall passierten. Sofort oder erst nach Stunden treten Übelkeit, Schwindel und Kopfschmerzen ein. Meistens keine sichtbaren Verletzungen.

- Verletzten nach eigenen Wünschen lagern.
- Der Verletzte darf nicht aufstehen.
- Atmung überprüfen. Evtl. Mund-zu-Mund-Beatmung [←].

KNOCHENBRÜCHE

Bei einem geschlossenen Knochenbruch nimmt der Verletzte eine „Schonhaltung" ein, hat Schmerzen und am betroffenen Körperteil treten Schwellungen oder Deformierungen auf.

- Den verletzten Körperteil ruhigstellen und entlasten. Den Verletzten dabei am besten nach eigenen Wünschen lagern. Oberarmbrüche z.B. durch Anlegen eines Dreiecktuches entlasten.
- Beinbrüche z.B. durch Umlagern mit Kissen

oder zusammengerollten Decken und durch festes Material (z.B. Aktentasche, Koffer) vor Bewegung sichern.
- Achtung: Bei Wirbelsäulenverletzung [←] Lage des Verletzten nicht ändern.

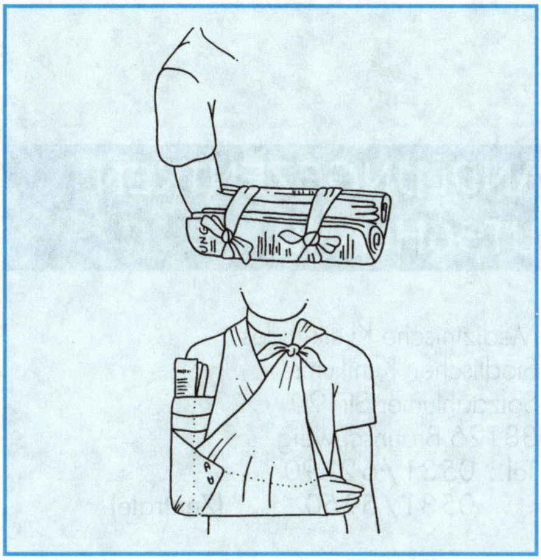

Provisorische Ruhigstellung nach Unterarm- oder Handbruch bzw. Oberarmbruch

VERSTAUCHUNG UND ZERRUNG

Es handelt sich um Verletzungen von Gelenken und der mit ihnen verbundenen Muskeln, Sehnen und Bänder. Es kommt zu Schwellungen, Schmerzen und eingeschränkter Beweglichkeit.
- Das verletzte Körperteil nicht belasten oder bewegen und hochlagern. Evtl. provisorische Schiene befestigen.
- Eisbeutel, kalte Umschläge oder Schneepackung lindern im akuten Stadium Schwellung und Schmerzen.

VERGIFTUNGEN

Entscheidend für eine erfolgversprechende Therapie ist das rechtzeitige Feststellen einer Vergiftung!

Vergiftung erkennen
- Giftreste o.ä. Hinweise (z.B. leere Tablettenbehältnisse, Gasgeruch)?
- Patientenangaben und Angaben anderer Personen (evtl. Abschiedsbrief)?
- Schweres Krankheitsbild mit Bewußtseinstrübung oder Bewußtlosigkeit ohne erkennbare äußere Ursache oder Krankheitsgeschichte?

Vergiftung melden
- Giftreste sicherstellen und den Notarzt benachrichtigen.
- Genaue Angaben über die Art der Vergiftung und den Zustand des Patienten machen [→Notruf].

Lebensrettung
- Bei Verdacht auf drohenden oder bestehenden Herz-Kreislauf-Stillstand sofort Einleitung der dort genannten Maßnahmen.

Entgiftung
- Magen-Darm-Trakt:
  Viel Flüssigkeit geben (außer Milch und Alkohol). Erbrechen lassen durch Reizung der Rachenhinterwand. Ausnahme:
  Kein Erbrechen auslösen bei Vergiftung mit Säuren und Laugen, Waschmitteln, Lösungsmitteln, bei Bewußtlosigkeit und Krämpfen! In diesen Fällen (soweit möglich) nur viel Wasser trinken lassen, um die Gifte zu verdünnen.
- Schleimhäute:
  Mit fließendem Wasser spülen! Kein Benzin oder Lösungsmittel zur Reinigung verwenden!
  Augen:
  Spülung mit Leitungswasser, Partikel (z.B. Kalk) mit einem Tuch oder Wattebausch in Richtung Nase ausreiben!
- Atemwege und Lunge:
  Frischluft bzw. Sauerstoff, bei Reizgasen und Schwermetalldämpfen Cortison-Spray (falls vorhanden) zur Vermeidung toxischer Lungenschädigung.

Ärztliche Maßnahmen zur Entgiftung
– Medikamentöses Auslösen von Erbrechen (v.a. bei Kleinkindern).
– Magenspülung.
– Gabe von Gegengiften.
– Gabe von Adsorbenzien (Aktivkohle).
– Rasche medikamentöse Darmentleerung.
– Weitere Möglichkeiten der Giftentfernung aus Blut und Gewebe.

INFORMATIONS- UND BEHANDLUNGSZENTREN FÜR VERGIFTUNGEN IN DEUTSCHLAND

ZENTREN MIT DURCHGEHENDEM 24-STUNDEN-DIENST

BERLIN

Beratungsstelle für Vergiftungserscheinungen und Embryonaltoxikologie
Pulsstr. 3-7
14059 Berlin
Tel.: 030/19240

Reanimationszentrum im Universitätsklinikum Rudolf Virchow, Standort Charlottenburg
Spandauer Damm 130
14050 Berlin
Tel.: 030/45053555
030/45053565

Zentraler Toxikologischer Auskunftsdienst
Große Seestr. 4
13086 Berlin
Tel.: 030/9669418
030/9653353

BONN

Zentrum für Kinderheilkunde der Rheinischen Friedrich-Wilhelms-Universität Bonn
Informationszentrale gegen Vergiftungen
Adenauerallee 119
53113 Bonn
Tel.: 0228/2873211

BRAUNSCHWEIG

Medizinische Klinik II des Städtischen Klinikums
Salzdahlumer Str. 90
38126 Braunschweig
Tel.: 0531/62290
0531/5950 (Zentrale)

BREMEN

Kliniken der Freien Hansestadt Bremen
Zentralkrankenhaus, Klinikum für Innere Medizin
- Intensivstation -
St.-Jürgen-Straße
28205 Bremen
Tel.: 0421/4975268
0421/4973688

ERFURT

Giftnotruf Erfurt
Gemeinsames Giftinformationszentrum der Länder Mecklenburg-Vorpommern, Sachsen, Sachsen-Anhalt und Thüringen
Nordhäuser Str. 74
99089 Erfurt
Tel.: 0361/730730
0361/7307311 (Zentrale)

FREIBURG

Universitäts-Kinderklinik Freiburg
Informationszentrale für Vergiftungen
Mathildenstr. 1
79106 Freiburg
Tel.: 0761/2704361
0761/2704300
0761/2704301
0761/2701 (Zentrale)

GÖTTINGEN

Georg-August-Universität Göttingen
Kinderklinik und Poliklinik
Robert-Koch-Str. 40
37075 Göttingen
Tel.: 0551/396210
0551/396240 (Leitstelle)
0551/390 (Zentrale)

HAMBURG

Giftinformationszentrale Hamburg
I. Medizinische Abteilung des Krankenhauses Barmbek
Rübenkamp 148
22307 Hamburg
Tel.: 040/63853345
040/63853346
040/63851 (Zentrale)

HOMBURG/SAAR

Beratungsstelle für Vergiftungsfälle im Kindesalter
Universitätsklinikum im Landeskrankenhaus
Oskar-Orth-Straße
Gebäude 60
66421 Homburg/Saar
Tel.: 06841/162257
06841/162846
06841/160 (Zentrale)

KASSEL

Untersuchungs- und Beratungsstelle für Vergiftungen
Labor Dr. med. M. Hess und Kollegen
Karthäuserstr. 3
34117 Kassel
Tel.: 0561/9188320
0561/9188333

KIEL

Zentralstelle zur Beratung bei Vergiftungsfällen an der I. Medizinischen Universitätsklinik Kiel
Schittenhelmstr. 12
24105 Kiel
Tel.: 0431/5974268
0431/5970 (Zentrale)
0431/5971393 (Pförtner)
0431/5971394 (Pförtner)

KOBLENZ

Städtisches Krankenhaus, Kemperhof, Koblenz
Intensivstation der I. Medizinischen Klinik
Koblenzer Str. 115-155
56073 Koblenz
Tel.: 0261/4992111 (Entgiftungszentrale)

LEIPZIG

Toxikologischer Auskunftsdienst
Härtelstr. 16-18
04107 Leipzig
Tel.: 0341/311916 (kein 24-Stunden-Dienst!)

LUDWIGSHAFEN/RHEIN

Klinikum der Stadt Ludwigshafen
Vergiftungsinformationszentrale,
Medizinische Klinik C
Bremserstr. 79
67063 Ludwigshafen am Rhein
Tel.: 0621/503431
0621/5030 (Zentrale)

MAINZ

Beratungsstelle bei Vergiftungen, II. Medizinische Klinik und Poliklinik der Universität
Langenbeckstr. 1
55131 Mainz
Tel.: 06131/232466
06131/232467
06131/171 (Zentrale)

MÖNCHENGLADBACH

Toxikologische Untersuchungs- und Beratungsstelle,
Labor Dr. rer. nat. Th. Stein, Dr. med. M. Kehren, Dr. med. B. Beckers, Dr. med. D. Siepen, Prof. Dr. med. W. Storch, Marie-Luise Wimmer, Dr. med. S. Wolff-Bücker, Dr. med. J. van Helden
Wallstr. 10
41061 Mönchengladbach
Tel.: 02161/81940

MÜNCHEN

Giftnotruf München
Toxikologische Abteilung der
II. Medizinischen Klinik rechts der Isar
der Technischen Universität München
Ismaninger Str. 22
81675 München
Tel.: 089/41402211

MÜNSTER

Institut für Pharmakologie und Toxikologie
der Westfälischen-Wilhelms-Universität
Domagkstr. 12
48149 Münster
Tel.: 0251/835510

NÜRNBERG

II. Medizinische Klinik des Städtischen
Klinikums Nürnberg
Toxikologische Intensivstation
Flurstr. 17
90419 Nürnberg
Tel.: 0911/3982451
0911/3980 (Zentrale)

PAPENBURG

Marienhospital, Kinderabteilung
Hauptkanal rechts 75,
26871 Papenburg
Tel.: 04961/930 (kein 24-Stunden-Dienst!)

SAARBRÜCKEN

Kliniken der Stadt Saarbrücken Winterberg
Theodor-Heuss-Straße
Akademisches Krankenhaus
Klinik für Anästhesiologie und operative Intensivmedizin
Tel.: 0681/9632643
0681/9632544
0681/9630 (Zentrale)

„Wichtige Tips, damit schwere Beine leicht werden. Das will ich seh'n, schließlich ist es Meine Gesundheit."

...ostenlos!

...sätzlich erhalte ich kostenlos die Broschüre ...eine Gesundheit" mit wichtigen Tips für ein gesundes Leben.

Ja, das will ich seh'n, schließlich ist es Meine Gesundheit.

☐ Senden Sie mir die VHS-Kassette „Venenleiden" zum Stückpreis von nur DM 29,80. Als einmaligen Porto- und Verpackungsanteil zahle ich DM 5,–.

Ein ausgefüllter und unterschriebener Scheck über DM 34,80 liegt dieser Bestellung bei.

Zusätzlich erhalte ich kostenlos die Broschüre „Meine Gesundheit" mit wichtigen Tips für ein gesundes Leben.

Name ....

Vorname ....

Straße ....

Postleitzahl/Ort ....

BESTELLCOUPON

ausfüllen – ausschneiden – mit Scheck ins Kuvert stecken – frankieren und abschicken an: Medizinische Medien Informations GmbH Vertriebsservice · Am Forsthaus Gravenbruch 9 · 63263 Neu-Isenburg.

KRANK – WAS TUN?

- Von A-Z:
  Abwehrschwäche bis Zyklusstörungen
- Ursachen
- Was Sie selbst tun können
- Wann Sie zum Arzt müssen
- Was Ihr Arzt für Sie tun kann
- Vorbeugung

ABWEHRSTEIGERUNG

Der Körper verfügt über ein kompliziertes Abwehrsystem, das eindringende Stoffe oder Mikroorganismen (Bakterien, Viren, Pilze) abfängt und vernichtet. Man unterscheidet dabei zwei Systeme. Das eine Abwehrsystem ist in allen Körperzellen angesiedelt, z.B. im Blut und bekämpft unspezifisch alle eindringenden Fremdkörper. Dagegen produziert das Abwehrsystem der Zellen spezielle Gegenstoffe (Antikörper), die nur gegen einen bestimmten Keim oder Fremdstoff gerichtet sind. Der Körper merkt sich diese Stoffe und erkennt sie bei erneutem Kontakt sofort.

Gegenüber zahlreichen Infektionskrankheiten wird bei der Ersterkrankung eine Immunität aufgebaut, die Schutz vor weiteren Erkrankungen bietet. Bei Krankheiten, die man durchgemacht hat, hält der Schutz oft ein Leben lang an. Bei Impfungen hält dieser Schutz je nach Art der Impfung [←] nur Monate oder einige Jahre, danach muß man die Impfung wieder auffrischen.

Bei bestimmten Virus-Infektionen wie Grippe [←] verändert der Virus seine Gestalt so, daß der Körper ihn bei erneutem Kontakt nicht mehr erkennt und erneut erkrankt. Wegen der Veränderlichkeit des Grippevirus gibt es bisher auch noch keine sichere und langwirksame Grippeimpfung.

Aus verschiedenen Gründen kann die körpereigene Abwehr geschwächt sein. Dies führt dazu, daß man häufiger und schwerer als andere Menschen erkrankt.

HÄUFIGSTE URSACHEN FÜR ABWEHRSCHWÄCHEN

- Starke körperliche Belastung, z.B. Leistungssport.
- Streß, seelische Belastung.
- Schlafmangel.
- Mangelernährung, z.B. Vitaminmangel.
- Infektionen, Verletzungen, Operationen.
- Cortisontherapie, Strahlentherapie und Chemotherapie.
- Schwere Erkrankungen, z.B. HIV-Infektion, Leukämie.
- Angeborene Störungen des Immunsystems.

✓ WAS SIE TUN KÖNNEN

- Körperliche Abhärtung, z.B. kalt duschen, Sauna.
- Gesunde Lebensweise, mit Bewegung, frischer Luft, gesunder vitaminreicher Kost usw.
- Stillen schützt den Säugling vor Infektionen, da er die Abwehrstoffe der Mutter mit der Milch erhält.
- Einnahme von ca. 1g Vitamin C täglich.
- Einnahme von pflanzlichen Präparaten, Tropfen oder Tabletten, die die unspezifische körpereigene Abwehr anregen. Die Präparate enthalten oft Extrakte aus Echinacea (Sonnenhut), Eupatorium (Wasserdost), Thuja (Lebensbaum), Baptisia (Indigo) oder Eleutherococcus. Die Inhaltsstoffe werden auch als homöopathische Arzneimittel angeboten.

WANN SIE ZUM ARZT MÜSSEN

- Wenn Sie das Gefühl haben, häufiger als andere Menschen an banalen Infekten zu erkranken.
- Bei nicht erklärbaren akuten oder chronischen körperlichen und seelischen Schwächezuständen.

✗ WAS IHR ARZT TUN KANN!

- Feststellen, ob eine ernsthafte Grunderkrankung vorliegt.
- Mit Ihnen über Möglichkeiten der Immunsteigerung sprechen, z.B. mit Echinaceawurzel, durch Grippeimpfung, Impfung mit Gammaglobulinen usw.

AKNE

Durch eine übermäßige Talgproduktion, gekoppelt mit einer Verhornungsstörung, verstopfen bei Akne die Talgdrüsenöffnungen, und es entstehen die sogenannten **Mitesser** (Komedonen). Diese können sich durch Bakterien entzünden oder sogar eitern, es bilden sich **Pickel.** Man unterscheidet zwischen offenen Mitessern (schwarzes Köpfchen), geschlossenen Mitessern (weißliche Knötchen) und Aknepusteln oder -pickeln (entzündete Mitesser). Außerdem kann man zwischen der leichten oberflächlichen Akne und der schwereren, tiefen Akne mit tief unter der Haut liegenden entzündeten Knoten unterscheiden. Die tiefe Akne führt oft zu Narbenbildung, während die oberflächliche Akne nur durch falsche Behandlung ("Herumdrücken") zu Narben führt.

Sehr oft entsteht die Akne während der Pubertät und heilt danach auch ohne Behandlung wieder ab; es gibt jedoch auch 25-30jährige Aknepatienten. Betroffen sind Gesicht, Brust, Rücken und Schultern.

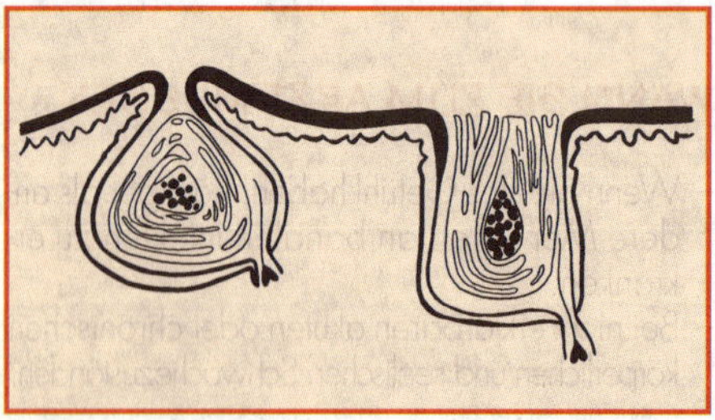

Geschlossener Mitesser mit weißem Köpfchen und offener Mitesser mit schwarzem Köpfchen.

HÄUFIGSTE URSACHEN

- Hormonumstellung während der Pubertät, manchmal auch während der Periode oder während der Schwangerschaft.
- Bakterielle Infektion der Mitesser.
- Ungeeignete, zu fette, komedogene Kosmetik (Kosmetik, die die Haut zur Bildung von Mitessern reizt).
- Bestimmte Arzneimittel oder Chemikalien (z.B. Chlor).
- Ob die Ernährung eine Rolle spielt, ist umstritten.

✓ WAS SIE TUN KÖNNEN

- Zweimal täglich die Haut mit einer aknegeeigneten, mild desinfizierenden Seife oder Waschlotion waschen.
- Nicht an der Haut herumdrücken, da sich sonst entzündliche Flüssigkeit in das umliegende Gewebe verteilt und dort zu neuen Entzündungen führt. Mitesser können mit Heißwasserkompressen aufgeweicht und anschließend vorsichtig mit einem Komedonenquetscher geöffnet werden.
- Sonnenlicht kann die Akne lindern.
- Spezielle Akne-Kosmetik verwenden.
- Auftragen von antiseptischen oder austrocknenden Cremes oder Gelen, z.B. mit Benzoylperoxid oder Schwefelverbindungen.
- Bei entzündeter Haut beruhigende Kompressen oder Masken auflegen (Kamille, Heilerde).

WANN SIE ZUM ARZT MÜSSEN

- Wenn Sie mit Ihrem Behandlungserfolg nicht zufrieden sind.
- Wenn die Akne hormonell bedingt zu sein scheint.
- Bei starken Entzündungen und Vereiterungen.

✗ WAS IHR ARZT TUN KANN!

- Verordnung von stark schälend wirkenden Salben.
- Verordnung eines Antibiotikums, von Hormonpräparaten (z.B. Anti-Baby-Pille) oder Vitamin-A-Säure-Tabletten.

ALKOHOLMISSBRAUCH

Die Alkoholkonzentration im Blut wird in Promille gemessen: 1g Alkohol auf 1000ml Blut wird als 1 Promille bezeichnet. Schon kleine Promillekonzentrationen verursachen körperliche Symptome: Bei 0,3 Promille treten bereits Gangstörungen auf, bei 0,8 Promille ist die Grenze der Verkehrstüchtigkeit erreicht, bei 1,4 Promille die Grenze der Unzurechnungsfähigkeit, bei 4-5 Promille tritt der Tod durch Kreislaufversagen ein.

Beim **Alkoholrausch** treten weiterhin Übelkeit, Erbrechen, Bauchschmerzen, Durchfall, Schwäche, Muskelkrämpfe, Kopfschmerzen, Drehschwindel, schwacher und schneller Puls und Untertemperatur auf. Bei rascher Zufuhr von 100g reinem Alkohol tritt eine akute Alkoholvergiftung mit starken Störungen des Gehens und Sprechens ein, mit Verwirrtheit, Schlaf oder Bewußtlosigkeit und im Extremfall Atemlähmung. Die typischen körperlichen Alkoholwirkungen sind Steigerung der Magensäureproduktion, Erweiterung der Hautgefäße (rote Äderchen, rote Nase) und narkotisierende Wirkungen auf das Zentralnervensystem. Die psychischen Auswirkungen sind individuell und je nach Grad der Trunkenheit verschieden: von Euphorie, guter Laune, Agression und Selbstüberschätzung bis Trägheit, Müdigkeit oder depressiver Stimmung.

Von **Alkoholismus** spricht man, wenn jemand länger als ein Jahr große Mengen Alkohol konsumiert, die Kontrolle über den Alkoholkonsum verloren hat und dadurch körperlich, psychisch und sozial geschädigt wird. Körperliche Langzeitschäden sind z.B. Magen-,Darm-, Bauchspeicheldrüsenentzündung, Leberzirrhose, Nervenentzündungen, Blutbildveränderungen, Augenerkrankungen, Zittern, Schlafstörungen und Impotenz. Typische psychische Symptome sind Wesensveränderungen, Psychosen und Halluzinationen.

HÄUFIGSTE URSACHEN FÜR EINEN ALKOHLRAUSCH

- Zu schnelles Trinken. Alkohol wird in der Leber nur nach und nach zu Essigsäure abgebaut. Bei sehr schnellem Trinken entsteht rasch eine hohe Promillekonzentration.
- Überschätzung des Alkoholabbaus im Körper. Pro Stunde werden pro Kilogramm Körpergewicht beim Mann nur 0,1g Alkohol abgebaut, bei der Frau etwa 15% weniger.
- Trinken, ohne gegessen zu haben. Bei leerem Magen wird der Alkohol noch schneller vom Magen in die Blutbahn aufgenommen. Auch Kaffee beschleunigt die Aufnahme des Alkohols in die Blutbahn.
- Trinken von gesüßten alkoholischen Getränken, z.B. Cocktails oder Glühwein. Zucker beschleunigt die Aufnahme des Alkohols in die Blutbahn. Fetthaltige Speisen verlangsamen dagegen den Anstieg des Blutalkohols.
- Trinken verschiedener Alkoholsorten führt schneller zu einem Rausch. Von minderwertigen Alkoholika bekommt man leichter Kopfschmerzen, nicht unbedingt aufgrund des Alkohols, sondern wegen der Zusatzstoffe.
- Und natürlich: zu viel trinken! Bier hat etwa 2-6% Alkohol, Wein und Sekt 7-10%, Südwein 15-17%, Liköre 30-35%, Schnäpse ca. 45%, Rum 40-80%.

✓ WAS SIE BEI EINEM KATER TUN KÖNNEN

- Frische Luft und Wechselduschen bringen den Kreislauf in Schwung.
- Große Hitze und starke körperliche Anstrengung vermeiden.
- Leichte Schmerzmittel bei Kopfschmerzen, Mittel gegen übersäuerten Magen bei Magenbeschwerden.
- Bei den ersten Anzeichen von Hunger leichte Mahlzeiten einnehmen.
- Keine alkoholischen Getränke, aber viel Flüssigkeit trinken.

WANN SIE ZUM ARZT MÜSSEN

- Bei einer akuten Alkoholvergiftung. Evtl. Magenspülung, Aufrechterhaltung von Kreislauf und Atmung. Schutz vor Auskühlung ist wichtig.

ACHTUNG!

- Bei Alkohol in der Schwangerschaft besteht ein hohes Risiko für ein vermindertes Geburtsgewicht und Mißbildungen des Babys.
- Bei Einnahme von Psychopharmaka, Schlafmitteln oder starken Schmerzmitteln kann es im Zusammenhang mit Alkohol zu veränderten Wirkungen der Arzneimittel kommen und schon bei kleinen Alkoholmengen zu Vergiftungen.

VORBEUGUNG

- Bei Feiern schon vorher ein Quantum an Alkoholika festlegen, das einem bekommt und dies auch anderen mitteilen, damit man sich auch daran hält.
- Gläser vor dem Nachschenken immer erst austrinken, zur besseren Kontrolle.
- Bei jeder Feier einmal kurz die negativen Erfahrungen mit Alkohol durchdenken, solange man noch völlig nüchtern ist.

ALLERGIE

Unter einer Allergie versteht man eine Überempfindlichkeitsreaktion des Körpers auf bestimmte körperfremde Substanzen, die sich in unterschiedlichen Krankheitsbildern äußern kann. Solche Krankheitsbilder können sein: eine laufende Nase [→Heuschnupfen], tränende und juckende Augen [→Bindehautentzündung], juckender Hautausschlag [→Hautallergie], Asthmaanfälle [→Asthma] oder seltener Magen-Darm-Beschwerden mit Erbrechen, Durchfall, Blähungen und Magenschmerzen. Dabei kann die gleiche Substanz bei einer Person einen Hautausschlag hervorrufen, bei einer anderen zu Asthma führen, während eine dritte Person überhaupt keine allergischen Reaktionen auf diese Substanz zeigt. Man vermutet, daß die Neigung zu Allergien erblich ist und mit der steigenden Luftverschmutzung und der zunehmenden Menge chemischer Stoffe in unserer Umwelt zusammenhängt.

Im Extremfall kann eine allergische Reaktion einen lebensbedrohenden **anaphylaktischen Schock** hervorrufen. Dabei kommt es zu starkem Blutdruckabfall, zu Atemnot und Hautreaktionen am ganzen Körper. In diesem Fall müssen die Beine hochgelagert und der Patient sofort in notärztliche Behandlung gebracht werden.

WIE ENTSTEHT EINE ALLERGIE?

Die Allergie ist eine Reaktion unseres Abwehrsystems (Immunsystem) auf bestimmte Stoffe. Diese Stoffe werden Antigene genannt. Sie bewirken, daß im Körper von den weißen Blutkörperchen Antikörper gebildet werden, die sich mit den Antigenen verbinden. Man spricht von einer Antigen-Antikörper-Reaktion. Diese Reaktion verläuft in der Regel unbemerkt und dient dem Körper dazu, "unliebsame" Stoffe abzubauen. Im Falle einer

Allergie kommt es jedoch zu einer starken Reaktion, bei der Stoffe wie Histamin freigesetzt werden. Durch Histamin kommt es zu einer Reihe von Reaktionen: die Hautgefäße erweitern sich und Plasma tritt ins Gewebe aus [→Hautallergie], die Bronchialmuskeln ziehen sich zusammen [→Asthma], der Blutdruck sinkt ab. Nach einer solchen Immunreaktion "merkt" sich der Körper die betreffende Substanz und reagiert beim nächsten Kontakt mit ihr innerhalb von Sekunden mit ähnlichen Symptomen.

ALLERGIEN AUSLÖSENDE STOFFE

- Blütenpollen, Pflanzen.
- Tierhaare.
- Hausstaubmilben.
- Schimmelpilze.
- Nahrungsmittel (z.B. Kuhmilch, Getreide, Erdbeeren, Schalentiere).
- Kosmetika.
- Medikamente (z.B. Penicillin).
- Lebensmittelzusätze (z.B. Konservierungsstoffe).
- Chemikalien (z.B. Färbemittel).
- Metalle (z.B. Nickel, Chrom).

✓ WAS SIE TUN KÖNNEN

- Herausfinden, welche Substanz die Allergie auslöst und Meiden dieser Substanz (z.B. Pollenkalender aus der Apotheke, Pollenflugzeiten aus der Tageszeitung). Dabei kann das Führen eines Allergie-Tagebuches helfen, in dem alle Stoffe aufgelistet werden, mit denen man in Berührung kam oder die man gegessen hat und die Auslöser der Allergie sein könnten. Außerdem wird jede Verschlimmerung der Beschwerden festgehalten.
- Bei Verdacht auf eine Unverträglichkeit bestimmter Nahrungsmittel, 6-8 Wochen eine strenge Diät durchführen, bei der alle Nahrungsmittel weggelassen werden, die zu Allergien führen.
- Die Einnahme von hochdosierten Calciumpräparaten (z.B. als Brausetabletten) kann Allergien (besonders Hautallergien, z.B. Sonnenallergie und Heuschnupfen) vorbeugen und die allergische Reaktion mindern.
- Vorbeugend und lindernd können Arzneimittel mit Cromoglicinsäure als Nasenspray, als Augentropfen oder als Inhalationsspray oder -kapseln verwendet werden. Wichtig ist hier die regelmäßige Anwendung, schon vor Kontakt mit dem allergisierenden Stoff und während der gesamten Allergiedauer. Die Wirkung tritt frühestens nach 1 Stunde ein, die volle Wirkung erst nach Tagen.
- Zur akuten Behandlung starker Allergiesymptome gibt es schnellwirksame Antiallergika (sogenannte Antihistaminika) als Tabletten oder als Salben bzw. Gele.

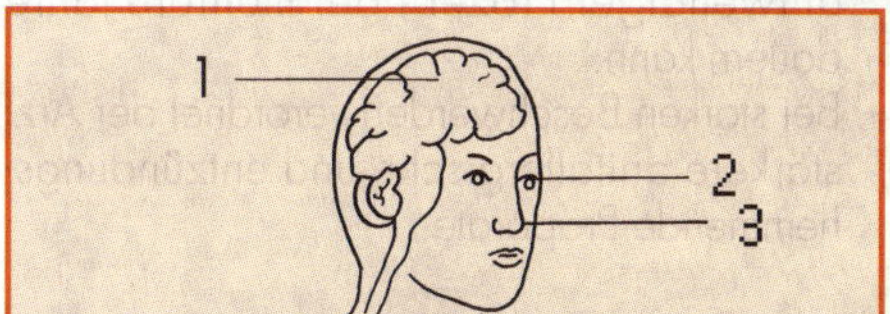

Antihistaminika wirken an Gehirn (1), Augen (2), Nase (3), Bronchien (4) und an der Haut (5). Hustenreiz wird vom Hustenzentrum im Gehirn unterdrückt, Reizungen und Rötungen an Augen, Nase und Haut klingen ab, die Atmung und das Laufen der Nase bessern sich.

Krank – was tun?

WANN SIE ZUM ARZT MÜSSEN

- Bei Verdacht auf eine Allergie sollten Sie mit Ihrem Arzt sprechen.
- Wenn starke Beschwerden, z.B. Nesselsucht oder Atembeschwerden auftreten, sollten Sie sofort den Arzt aufsuchen.

✗ WAS IHR ARZT TUN KANN

- Der Arzt kann versuchen, mit einem Allergietest herauszufinden, gegen welche Stoffe Sie allergisch reagieren.
- Manchmal ist eine Hyposensibilisierung möglich. Dabei wird die Person mit steigenden Mengen der allergisch wirkenden Substanz in Berührung gebracht, bis sich der Körper an diese Substanz gewöhnt hat. Dies ist ein aufwendiger Prozeß, der mehrere Jahre dauern kann.
- Bei starken Beschwerden verordnet der Arzt stärkere anitallergische und entzündungshemmende Präparate.

VORBEUGUNG

- Am wichtigsten: Kontakt mit der allergisierenden Substanz meiden, z.B. bei Heuschnupfen Lüftungsschächte im Auto geschlossen lassen.
- Kinder, die in der ersten Zeit ausschließlich gestillt wurden, entwickeln weniger Allergien als Flaschenkinder. Ist das Stillen nicht möglich, sollte -vor allem in Allergikerfamilien hypoallergene Säuglingsnahrung verwendet werden.
- Möglichst wenig Nahrungsmittel mit künstlichen Zusätzen (z.B. mit Farbstoffen) zu sich nehmen.
- Hausstaub– und Schimmelpilzallergiker sollten auf Teppichböden und andere "Staubfänger" verzichten und spezielle Matratzen und Deckbetten für Allergiker verwenden. Evtl. beim Bettenmachen einen Mundschutz tragen.

ARTERIENVERKALKUNG

Die Arterien transportieren das "frische", sauerstoffreiche Blut vom Herzen in den gesamten Körper. Gesunde Arterien sind elastisch und muskulös und können sich den unterschiedlichen Blutdrucksituationen anpassen. Unter ungünstigen Bedingungen [→Häufige Ursachen] und bei geschädigten Arterienwänden lagern sich Fettstoffe (z.B. Cholesterin) an der Gefäßinnenwand ab. Im weiteren Verlauf setzen sich an diesen Stellen auch andere Stoffe wie z.B. Calcium ab. Das Gefäß verengt sich; man spricht von Arterienverkalkung oder Arteriosklerose. Die Folgen davon sind Durchblutungsstörungen in den nachfolgenden Gebieten. Außerdem können solche verengten Gefäße leichter durch ein Blutgerinnsel verschlossen werden. Männer leiden häufiger unter Durchblutungsstörungen als Frauen.

Folgende Beschwerden können, abhängig vom Ort der Arterienverengung, auftreten:

- Durchblutungsstörungen in den Beinen oder seltener in den Armen führen zur Schaufensterkrankheit (es kommt zu Schmerzen, zunächst beim Gehen, später auch beim Ruhen. Es müssen häufiger Pausen beim Gehen eingelegt werden) oder zum Raucherbein (das Gewebe an Zehen, Knöcheln, Beinen stirbt langsam ab, weil es durch die verengten Arterien zu schlecht mit Sauerstoff versorgt wird.
- Verengung der Herzkranzgefäße führt zu Angina pectoris oder Herzinfarkt bei völligem Verschleiß eines Gefäßes [→Herzbeschwerden].
- Durchblutungsstörungen im Gehirn führen zu nachlassenden Hirnfunktionen, z.B. Gedächtnisstörungen, Schwindel, Verwirrtheit (volkstümlich Verkalkung). Je nachdem welche Hirnregion betroffen ist, können aber auch andere Ausfallserscheinungen an anderen Körperstellen, z.B. Gefühllosigkeit in Armen oder Beinen oder Sehstörungen hervorgerufen werden. Ist die Gefäßverengung sehr stark oder

wenn ein Hirngefäß platzt, kann es zu einem Schlaganfall kommen.

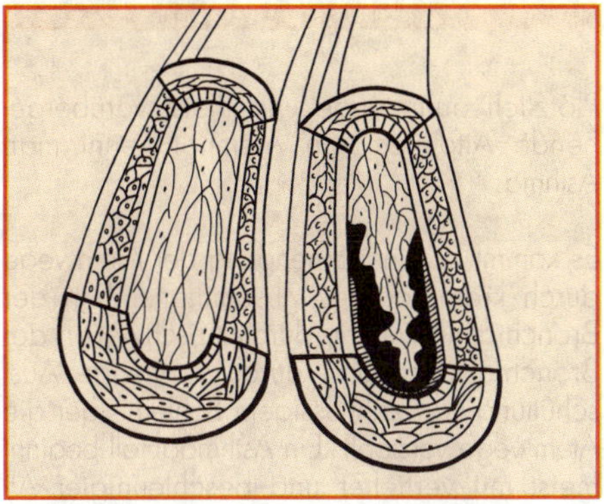

Arterienverkalkung als Folge eines erhöhten Cholesterinspiegels. Cholesterin lagert sich an den Gefäßwänden ab.

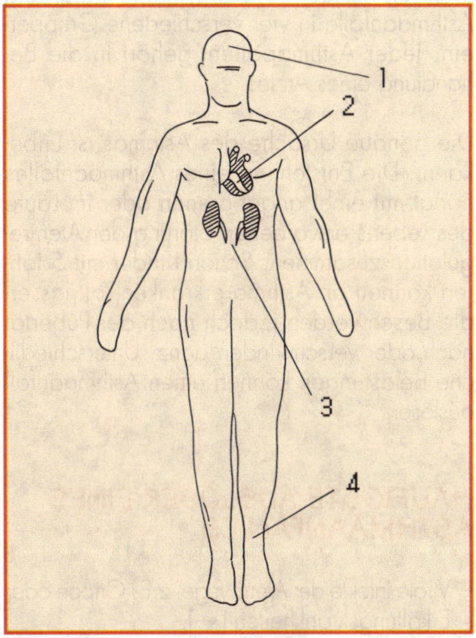

Folgekrankheiten der Arteriosklerose:
1. Schlaganfall
2. Angina pectoris und/oder Herzinfarkt
3. Nierenversagen
4. Durchblutungsstörungen der Gliedmaßen

HÄUFIGSTE URSACHEN

Folgende Risikofaktoren begünstigen die Entstehung von Arterienverengungen:

- zu hoher Cholesterinspiegel [←], weil Cholesterin sich in den Gefäßen ablagert.
- Bluthochdruck [←], weil dann die Gefäße leichter verschließen oder platzen.
- Übergewicht, weil dies oft mit Bluthochdruck oder hohen Cholesterinwerten verbunden ist.
- Rauchen.
- Streß [←].
- Diabetes.

✓ WAS SIE TUN KÖNNEN

- In erster Linie ist es wichtig, die Risikofaktoren einzuschränken.
- Bei Durchblutungsstörungen in den Beinen helfen: Beim Schlafen das Kopfende ca. 15 cm erhöhen, viel Bewegung (Treppe statt Fahrstuhl!), gymnastische Übungen.
- Die Einnahme von Ginkgo-Präparaten wirkt sich positiv auf die Durchblutung aus.
- Die Einnahme von Knoblauchpräparaten in ausreichender Dosierung verbessert die Fließeigenschaften des Blutes und soll auch den Cholesterinwert senken.
- Präparate mit Omega-3-Fettsäuren, z.B. aus Kaltwasserfischen gewonnen, mindern das Ablagerungsrisiko in den Arterien. Außerdem sollen sie die Fließeigenschaften des Blutes verbessern und den Cholesterinwert sowie den Blutdruck senken.
- Die regelmäßige Einnahme von Acetylsalicylsäure in niedriger Dosierung führt zu einer Verbesserung des Blutflusses. Sprechen Sie mit Ihrem Arzt darüber.

WANN SIE ZUM ARZT MÜSSEN

- Wenn die oben genannten Beschwerden auftreten oder wenn auch nur der Verdacht auf eine Durchblutungsstörung besteht.
- Bei Patienten mit den oben genannten Risi-

kofaktoren sind regelmäßige Arztbesuche wichtig.
- Wenn Sie wissen, daß Sie unter Durchblutungsstörungen leiden, sollten Sie regelmäßig zum Arzt gehen.

WAS IHR ARZT TUN KANN

- Die Therapie des Arztes richtet sich nach den Beschwerden, die durch die Arterienverengung hervorgerufen werden. Mit speziellen Untersuchungsmethoden kann der Arzt den Ort und das Ausmaß der Gefäßverengung feststellen.
- Der Arzt kann verschiedene durchblutungsfördernde, blutdrucksenkende oder blutverdünnende Medikamente verschreiben; ebenso Mittel gegen hohen Cholesterinspiegel. Durch verschiedene Arten von Operationen können die betroffenen Gefäße wieder durchgängiger gemacht werden (Ballonkatheter, By-Pass).

VORBEUGUNG

- Die beste Vorbeugung ist eine gesunde Lebensweise und Vermeidung der Risikofaktoren (Rauchen, Übergewicht, Streß etc.).
- Regelmäßig Sport treiben.
- Regelmäßige Kontrolle von Blutdruck und Cholesterinspiegel.
- Bei erhöhten Cholesterinspiegel auf cholesterinarme Ernährung achten , d.h. Butter, Eier, Fleischmenge reduzieren [→Cholesterinspiegel, erhöhter].
- Diabetiker sollten stets darauf achten, daß ihre Zuckerwerte richtig eingestellt sind.

ASTHMATISCHE BESCHWERDEN

Plötzlich auftretende und meist vorübergehende Attacken von Atemnot nennt man Asthma.

Es kommt zu einer Einengung der Atemwege durch krampfartiges Zusammenziehen der Bronchialmuskulatur, durch Anschwellen der Bronchialwand und durch vermehrte Ausschüttung von zähflüssigem Schleim, der die Atemwege verstopft. Ein Asthmaanfall beginnt meist mit vertiefter und beschleunigter Atmung, oft mit Husten und hörbarem Pfeifen beim Atmen. Der Patient hat ein Gefühl der Enge auf und in der Brust. Die Atemnot beruht auf einer erschwerten Ausatmung. Bei starker Atemnot läuft das Gesicht rötlich-blau an. Je nach Stärke der Beschwerden teilt man die Asthmaanfälle in vier verschiedene Gruppen ein. Jeder Asthmapatient gehört in die Behandlung eines Arztes.

Die genaue Ursache des Asthmas ist unbekannt. Die Entstehung eines Asthmaanfalles hängt mit einer angeborenen oder im Laufe des Lebens erworbenen Störung der Atemregulation zusammen. Schon Kinder mit 5 Jahren können an Asthma erkranken, oft lassen die Beschwerden jedoch nach der Pubertät nach oder verschwinden ganz. Unterschiedliche Belastungen können einen Asthmaanfall auslösen.

HÄUFIGSTE AUSLÖSER EINES ASTHMAANFALLES

- Virale Infekte der Atemwege, z.B. Grippe oder Erkältungskrankheiten [←].
- Allergien [←], oft auf Pollen, Tierhaare, Hausstaub.
- Streß, Erregung, körperliche Anstrengung.
- Temperatur- oder Luftdruckveränderungen.
- Rauchen, Luftverschmutzung, Chemikaliendämpfe.

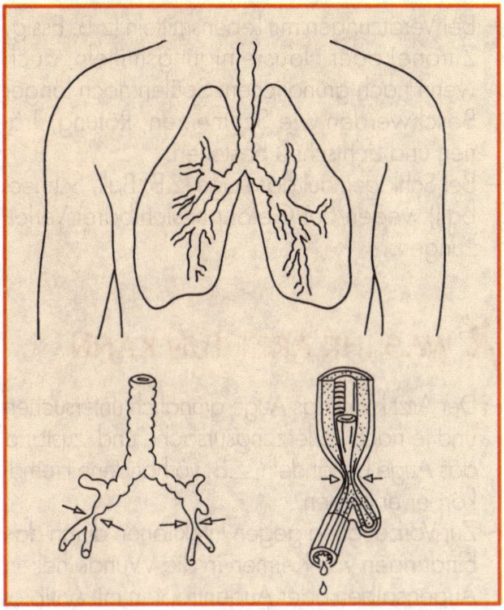

Bei Asthma verengen sich einige Stellen der Bronchien stark. Der Schleim der Atemwege ist verdickt und staut sich.

✓ WAS SIE TUN KÖNNEN

- Bei einem Asthmaanfall möglichst ruhig bleiben, da Angst den Anfall verschlimmern kann.
- Die vom Arzt verordneten Medikamente immer bereit halten.
- Aufrechte Haltung.

WANN SIE ZUM ARZT MÜSSEN

- Wenn das Asthma erstmalig auftritt.
- Regelmäßig zu Kontrolluntersuchungen gehen.
- Wenn ein Anfall besonders stark ist oder besonders lang anhält.

✗ WAS IHR ARZT TUN KANN

Eine Reihe von Medikamenten kommen bei Asthma zum Einsatz. Oft müssen verschiedene Präparate gemeinsam eingenommen werden. Viele Arzneistoffe werden als Inhalationsspray direkt in die Einatemluft gesprüht.
- Vorbeugung eines Anfalls ist mit Cromoglicinsäurespray möglich.
- Verschiedene Arzneistoffe als Spray oder Tabletten entspannen und entkrampfen die Bronchialmuskulatur (z.B. Theophyllin, Fenoterol).
- Cortisonspray vermindert die Schleimproduktion und wirkt schleimhautabschwellend.

VORBEUGUNG

- Es ist wichtig, die auslösenden Stoffe herauszufinden und möglichst zu meiden [→Allergie].
- Nicht rauchen.
- Regelmäßig Sport treiben.

AUGENVERLETZUNGEN

Auch wenn manche Augenverletzungen auf den ersten Blick harmlos erscheinen, ist es meist besser gleich einen Augenarzt aufzusuchen. Über kleine Verletzungen des Auges können leicht Keime eindringen, die zu schweren Infektionen oder Entzündungen führen. Außerdem kann es zu Verletzungen im Inneren des Auges gekommen sein, die man von außen nicht unbedingt sieht. Nicht selten kann eine scheinbar harmlose Verletzung, wenn sie nicht richtig behandelt wird, zu einer Sehverschlechterung oder im schlimmsten Fall zur Erblindung führen. Manchmal treten Spätfolgen einer Verletzung erst nach Monaten oder Jahren auf.

HÄUFIGE URSACHEN

- Fremdkörper im Auge (z.B. Rost,Sand, Fliege etc.). Das Auge hilft sich selbst, indem es vermehrt Tränenflüssigkeit bildet, die den Fremdkörper evtl. schon von alleine wegschwemmt.
- Dumpfe Schläge auf das Auge (z.B. mit einem Ball). Wenn man Glück hat, kommt man mit einem blauen Auge davon. Ob innere Augenverletzungen vorliegen, kann nur der Arzt entscheiden.
- Verätzungen mit Flüssigkeiten (z.B. Chemikalien, Waschmittel).
- Verletzung der Hornhaut (z.B. mit einem Bleistift, durch Glassplitter).

✓ WAS SIE TUN KÖNNEN

- Oberflächliche Fremdkörper können vorsichtig mit einem sauberen Taschentuch entfernt werden. Dabei in Richtung des inneren Augenwinkels wischen. Man kann auch versuchen, den Fremdkörper mit Wasser auszuspülen.
- Bei Verätzungen das Auge sofort mit sehr viel klarem Wasser ausspülen. Notfalls auch mit Flüssigkeiten wie Limonade oder Tee, nicht aber mit Milch. Bei krampfartigem Schluß der Augenlider, diese zum Spülen mit den Fingern auseinanderziehen.
- Bei schweren Verletzungen beide Augen mit einem sterilen Tuch abdecken und sofort eine Klinik aufsuchen.

WANN SIE ZUM ARZT MÜSSEN

- Bei Fremdkörpern, wenn diese in der Bindehaut oder Hornhaut stecken, denn schon der kleinste Hornhautkratzer kann zu einem Geschwür führen. Oder wenn auch nach Entfernen des Fremdkörpers heftige Schmerzen, Rötung, Tränen und Lichtscheu auftreten. Oder wenn sich der Fremdkörper oder Teile davon nicht entfernen lassen.
- Bei Verätzungen mit Säuren, Laugen oder Chemikalien.
- Bei Verätzungen mit Lebensmitteln (z.B. Essig, Zitrone) oder Hausreinigungsmitteln, auch wenn nach gründlichem Spülen noch länger Beschwerden wie Schmerzen, Rötung, Tränen und Lichtscheu bestehen.
- Bei Schlägen auf das Auge (z.B. Ball, Schneeball) wegen der Gefahr unsichtbarer Verletzungen.

✗ WAS IHR ARZT TUN KANN

- Der Arzt kann das Auge gründlich untersuchen und je nach Verletzungsursache und -zustand das Auge behandeln, z.B. vorhandene Fremdkörper entfernen.
- Zur Vorbeugung gegen Infektionen durch das Eindringen von Keimen in die Wunde helfen Augensalben oder Augentropfen mit Antibiotika.
- In manchen Fällen ist es nötig, einen Verband anzulegen, um das Auge ruhigzustellen.

VORBEUGUNG

- Bei gefährlichen Handwerksarbeiten oder Arbeiten mit aggressiven Chemikalien unbedingt eine Schutzbrille tragen.
- Bei Ballsportarten eine Brille mit Kunststoffgläsern tragen, die sicher sitzt.

AUSFLUSS

Die Absonderung einer geringen Menge schleimiger, weißlich-gelber oder klarer Flüssigkeit aus der Scheide ist normal. Der Ausfluß ist in Menge und Konsistenz zyklusabhängig und oft während des Eisprungs oder vor der Periode verstärkt. Auch das Scheidenmilieu, also das Gleichgewicht aus Pilzen und

Bakterien in der Vaginalschleimhaut beeinflußt den Ausfluß stark. Da das natürliche Scheidenmilieu durch Streß oder seelische Probleme leicht gestört werden kann, besteht auch zwischen Psyche und Ausfluß ein enger Zusammenhang. Kommen zu dem Ausfluß jedoch noch andere Beschwerden wie Fieber, Unterleibsschmerzen, Brennen oder Jucken der Scheide hinzu oder ist der Ausfluß blutig, gelb, grünlich oder übelriechend, deutet dies auf eine Erkrankung hin.

HÄUFIGSTE URSACHEN

- Streß oder seelische Belastung.
- Reizungen, z.B. durch die Spirale oder einen vergessenen Tampon.
- Hormonumstellungen, z.B. durch die Pille oder eine Schwangerschaft.
- Verschiedene Infektionen der Scheide, z.B. mit Viren, Bakterien [→Scheidenentzündung] oder Pilzen [→Scheidenpilz].
- Entzündungen von Eierstock oder Eileiter.
- Gut- oder bösartige Tumore der Gebärmutter.
- Diabetes.

✓ WAS SIE TUN KÖNNEN

- Bei normalem Ausfluß sind keine Maßnahmen notwendig.
- Unter Umständen ist das Tragen von Slipeinlagen, möglichst ohne Kunststoffolie, angenehm.
- Bei verstärktem Ausfluß ohne Krankheitssymptome ist oft nur das Scheidenmilieu leicht gestört. Hier helfen mit Yoghurt bestrichene Tampons oder Vaginalzäpfchen mit Milchsaurebakterien, die die natürliche Vaginalflora wieder herstellen.

WANN SIE ZUM ARZT MÜSSEN

- Wenn sich der Ausfluß verändert oder andere Beschwerden hinzukommen.

✗ WAS IHR ARZT TUN KANN

- Feststellen der Ursache für die Beschwerden und entsprechende Therapie.

VORBEUGUNG

- Sie sollten luftdurchlässige Baumwollunterwäsche tragen und aggressive Intimpflegeprodukte vermeiden.
- Weitere Maßnahmen →Scheidenentzündung.

BABYHAUT

Babyhaut ist von Natur aus sehr zart, relativ trocken und empfindlich, weil die typischen Schutzmechanismen der Haut noch nicht voll entwickelt sind. Besonders der Windelbereich, der ständig durch Urin und Stuhl gereizt wird, braucht besondere Pflege, damit es nicht zu Entzündungen kommt [→Windeldermatitis].

Im Alter von vier bis zehn Wochen können Babys einen Ausschlag im Gesicht und am Hals bekommen, der spontan kommt und geht (sog. Neugeborenenakne). Man nimmt an, daß dieser Ausschlag mit der Umstellung des Hormonhaushaltes von den mütterlichen Hormonen auf die eigenen Hormone zusammenhängt. Der Ausschlag heilt ohne Behandlung von selbst ab.

RICHTIGE HAUTPFLEGE

- Es sollten nur spezielle Babypflegeprodukte verwendet werden.
- Cremes und Pasten nicht zu dick auftragen, da sonst die Hautporen verstopfen.

- Von Pudern ist abzuraten, da diese, besonders in Kontakt mit Cremes, Krümel bilden, die die Haut reizen. Außerdem könnte der feine Puderstaub vom Baby eingeatmet werden.
- Um den natürlichen Säureschutzmantel der Haut zu erhalten, nur ca. zweimal in der Woche das Baby baden. An den übrigen Tagen ist das Waschen von Gesicht und Windelbereich mit klarem Wasser und Einmalwaschlappen ausreichend. Als Badezusatz empfiehlt sich ein Baby-Ölbad und für die Haare ein mildes Baby-Shampoo. Anschließend das Baby mit einer speziellen Körpercreme oder -lotion einreiben.
- Bei Milchschorf [→Ekzem] die verkrusteten Stellen mit Babyöl aufweichen.
- Der Windelbereich braucht besondere Pflege. Babycreme schützt den Po vor dem direkten Kontakt mit Stuhl und Urin und somit vor dem Wundwerden. Zuviel Paste kann die Haut reizen. Sooft wie möglich Luft an den Po lassen (nackt strampeln lassen).
- Das Gesicht und die Ohren mit einer Fettcreme vor Kälte schützen.

BINDEHAUT-ENTZÜNDUNG

Eine Rötung des Augapfels kann zahlreiche Ursachen haben. Häufig steckt eine Bindehautentzündung (Konjunktivitis) dahinter. Neben der Rötung kommt es zu Brennen, Juckreiz oder Fremdkörpergefühl. Beim Aufwachen sind die Augen verklebt. Ein gerötetes Auge kann jedoch auch andere Ursachen haben, z.B. ein Glaukomanfall [→Grüner Star], einen Fremdkörper im Auge, eine Hornhaut- oder Regenbogenhautentzündung.

HÄUFIGSTE URSACHEN

- Nichtinfektiöse Bindehautentzündung (Konjunktivitis simplex) durch unterschiedliche Reizungen (z.B. Rauch, Staub, Chlor, Wind, Kälte, UV-Strahlung, Überanstrengung, trockene Augen, falsche Brillengläser).
- Infektiöse Bindehautentzündung durch Bakterien oder Viren (z.B. Herpesviren oder Epidemica, eine unangenehme, stark ansteckende Augenerkrankung).
- Allergische Bindehautentzündung z.B. im Zusammenhang mit Heuschnupfen[←].

✓ WAS SIE TUN KÖNNEN

- Die Ursache für die Bindehautentzündung herausfinden und meiden.
- Nicht an den Augen reiben, das verstärkt die Beschwerden, und bei bakterieller und viraler Bindehautentzündung kann dadurch das andere Auge angesteckt werden.
- Bei einer leichten Reizung helfen kurzfristig Augentropfen mit sog. Vasokonstriktoren (z.B. Tetryzolin), die die erweiterten Gefäße im Auge zusammenziehen. Dadurch geht die Rötung zurück.
- Bei trockenen Augen und Fremdkörpergefühl helfen Tränenersatzmittel [→Trockenes Auge].
- Bei allergischen Beschwerden helfen vorbeugend Augentropfen mit Cromoglicinsäure.

WANN SIE ZUM ARZT MÜSSEN

- Wenn Sie die Ursache der Beschwerden nicht kennen.
- Wenn die Augen schmerzen, stark tränen, eitern oder andere heftige Beschwerden auftreten.
- Wenn die Beschwerden nach 2 Tagen nicht nachlassen.

✗ WAS IHR ARZT TUN KANN

- Der Arzt kann die Ursache für das gerötete Auge feststellen und eine entsprechende Therapie verordnen.
- Bei bakteriellen Erregern helfen Augentropfen mit Antibiotika und bei Viruserkrankungen Augensalben mit Virustatika.

VORBEUGUNG

- Die Augen vor Reizungen mit einer Brille schützen (Sonnenbrille, Chlorbrille, Schutzbrille, Skibrille etc.).
- Die Augen nicht überlasten. Bei für die Augen anstrengenden Arbeiten (z.B. am Computer) für optimale Beleuchtung sorgen und häufiger Pausen einlegen.
- Bei Neigung zu Allergien die allergisierende Substanz meiden und Vorsicht mit Augenkosmetik.
- Vorsicht, die infektiösen Bindehautentzündungen sind stark ansteckend.

BLÄHUNGEN UND VÖLLEGEFÜHL

Blähungen entstehen durch verschluckte Luft oder durch Gase, die sich im Dickdarm bei der Verdauung bilden. Der Bauch fühlt sich hart an und oft kommt es zu krampfenden, kolikartigen Schmerzen. Die meisten Säuglinge leiden in den ersten Wochen unter Blähungen [→Dreimonatskoliken].

Eine gestörte Verdauung mit Blähungen kann zu Magendrücken und Völlegefühl führen. Oft treten Verstopfung [←] oder plötzliche, meist krampfartige Durchfälle auf. Treten diese Beschwerden zusammen und über Monate oder Jahre auf, spricht man von einem Reizdarm.

HÄUFIGSTE URSACHEN

- Blähende Speisen (z.B. Kohl, Hülsenfrüchte, frisches Brot, Zwiebeln, kohlensäurereiche Getränke).
- Zu reichliche, zu fette und zu süße Kost.
- Übermäßiger Alkohol-, Nikotin- und Kaffeegenuß.
- Ernährungsumstellung, z.B. auf Vollwertkost.
- Streß, Angst, Depressionen.
- Reizdarm.
- Erkrankungen des Magens, z.B.Reizmagen [→Magen, nervöser].
- Verdauungsstörungen im allgemeinen, z.B. durch zu wenig Magen- und Bauchspeicheldrüsenenzyme, zu wenig Gallensäure.
- Gestörte Darmflora, z.B. bei Pilzinfektionen oder nach Antibiotikabehandlung.

✓ WAS SIE TUN KÖNNEN

- Auflegen einer Wärmflasche.
- Leichte Bewegung nach dem Essen.
- Bei Blähungen helfen die sog. Carminativa, z.B. als Tees mit Fenchel, Kümmel, Anis oder Pfefferminze. Sie wirken blähungstreibend und beruhigend auf Magen und Darm.
- Bei Völlegefühl helfen pflanzliche Bittermittel als Tropfen wie z.B. Enzianwurzel, Tausendgüldenkraut, Angelikawurzel. Sie wirken appetitanregend und verdauungsfördernd. In vielen Präparaten und Tees sind Bittermittel und Carminativa gemischt.
- Die Einnahme eines Entschäumerpräparates als Kautablette oder Suspension mit Dimeticon, eventuell in Kombination mit Verdauungsenzymen, hilft bei Blähungen. Diese Präparate zerstören die Gasblasen im Darm durch ihre entschäumend wirkende Oberfläche.
- Bei krampfartigen Bauchschmerzen können spasmolytische (krampflösende) Tropfen, Tabletten oder Zäpfchen angewendet werden, z.B. mit Belladonna, Pfefferminzöl oder Mebeverin.
- Regeneration der Darmflora [→Durchfall] mit Bakterienpräparaten.

WANN SIE ZUM ARZT MÜSSEN

- Wenn die Beschwerden nicht nachlassen.
- Wenn das Völlegefühl bei leerem Magen auftritt.

✗ WAS IHR ARZT TUN KANN

- Feststellen, ob eine Krankheit oder schwere Verdauungsstörung (z.B. Bauchspeicheldrüsenentzündung) vorliegt und entsprechende Behandlung durchführen.

VORBEUGUNG

- Verzichten Sie auf blähende Speisen (s.o.).
- Alkohol, Nikotin und Süßigkeiten meiden.
- Langsam essen.
- Ausreichend bewegen. Sport treiben!
- Für eine gute natürliche Verdauung [→Verstopfung] sorgen.

BLASEN

Bläschen oder Blasen sind erhabene, mit Flüssigkeit gefüllte Hohlräume der Haut.
Sie können direkt unter der Hornhaut, aber auch in tieferen Hautschichten liegen.
Im ungünstigen Fall kann es auch zu einer Infektion der Blasen mit Bakterien kommen.

HÄUFIGSTE URSACHEN FÜR BLÄSCHEN

- Sonnenbrand [←].
- Insektenstiche [←].
- Herpesbläschen [←].
- Hautallergie [←].

HÄUFIGSTE URSACHEN

- Mechanische Reizungen, z.B. Reibung durch Schuhwerk, Sportgerät oder Handwerkzeug.

✓ WAS SIE TUN KÖNNEN

- Warten, bis sich die Blase öffnet. Geöffnete Blase desinfizieren (z.B. mit PVP-Jod) und später Wundheilcreme oder -gel auftragen.
- Bei sehr störenden Blasen mit einem sterilen Instrument (z.B. abgekochte Nähnadel) Blase öffnen und wie oben behandeln.
- Aufkleben eines speziell gepolsterten Pflasters aus der Apotheke.

WANN SIE ZUM ARZT MÜSSEN

- Bei einer Infektion (Schmerzen, gelbliches Wundsekret).

VORBEUGUNG

- Um mechanische Reizungen an den Händen zu vermeiden, bei handwerklichen Arbeiten oder Sport Schmuck (Ringe) ablegen oder Arbeits- oder Sporthandschuhe tragen.
- Geeignetes Schuhwerk tragen. Nicht zu eng, aus hautfreundlichen, atmungsaktiven Materialien. Leicht schwitzende Füße stets trocken halten, z.B. mit speziellen Pudern oder desodorierenden Cremes oder Fußbädern.
- Hirschtalg aus der Apotheke (z.B. als Stift) wird von Wanderern zur Vorbeugung von Blasen benutzt.

BLASENENTZÜNDUNG

Blasenentzündung (Zystitis) ist eine meist bakterielle Erkrankung, unter der vor allem Frauen häufig leiden. Da die Harnröhre der Frau sehr viel kürzer ist als die des Mannes, kommt es leicht zum Aufsteigen von Keimen (oft Bakterien aus dem Darm) in die Blase. Ständiger Harndrang mit geringen Harnmengen und brennenden Schmerzen beim Wasserlassen sind die Folge. Manchmal ist der Harn blutig. Im ungünstigen Fall wandern die Keime von der Blase über die Harnleiter in die Niere und es kommt zu einer Nierenbeckenentzündung. Eine Nierenbeckenentzündung ist eine ernsthafte Erkrankung, die meist mit Fieber, Schüttelfrost, Übelkeit, Erbrechen und Nieren- bzw. Rückenschmerzen verbunden ist und sofort ärztlich behandelt werden muß.

HÄUFIGSTE URSACHEN

1. Bakterien steigen in die Blase auf:
   - Bei falscher Analhygiene.
   - Nach sexuellem Verkehr [→Vorbeugung].
   - Bei Scheidenentzündung oder Ausfluß.
   - Bei Störungen der Vaginalflora [→Scheidenentzündung].
2. Die Infektion wird begünstigt:
   - Durch Unterkühlung, z.B. nasse Badekleidung oder kalte Füße.
   - Harnstauung in der Blase, z.B. durch Prostatavergrößerung, Blasenkatheter, Nierensteine, Schwangerschaft.
   - Eine geschwächte Immunabwehr [→Abwehrsteigerung] kann zu ständig wiederkehrenden Blaseninfektionen führen.

✓ WAS SIE TUN KÖNNEN

- Warmhalten durch Kleidung, Bettwärme. Wärmetherapie mit Rotlicht, Wärmebädern oder Fangopackungen.
- Sehr viel trinken, um die Blase gut durchzuspülen und die Keime auszuschwemmen. Besonders gut sind Nieren- und Blasentees, die desinfizierend (z.B. Bärentraubenblätter) und harntreibend (z.B. Schachtelhalmkraut oder Birkenblätter) wirken. Wer diese Tees nicht mag, kann die pflanzlichen Inhaltsstoffe auch in Form von Tabletten oder Tropfen einnehmen. Kaffee und schwarzer Tee reizen die Nieren und sollten vermieden werden.
- Evtl. krampflösende Schmerztabletten oder -zäpfchen kurzfristig oder nur nachts anwenden.
- Bei akuten Blasenentzündungen sollte der Geschlechtsverkehr unterbleiben.

WANN SIE ZUM ARZT MÜSSEN

- Wenn Sie zusätzlich Schmerzen in der Rückengegend, Fieber, oder Blut im Urin haben.
- Wenn die Beschwerden trotz Selbstbehandlung nicht nachlassen.
- Wenn Schwangere oder Kinder betroffen sind.

✗ WAS IHR ARZT TUN KANN

- Untersuchung des Urins auf Bakterien, Blut und andere Entzündungsmerkmale.
- Verschreibung von antibakteriellen Medikamenten bei festgestellter Bakterieninfektion.
- Bei Schmerzen helfen krampflösende Schmerzmittel.

VORBEUGUNG

- Immer ausreichend trinken, etwa 1,5 bis 2 Liter pro Tag.
- Füße und Blasen-Nierengegend stets warm und trocken halten.
- Nach dem Geschlechtsverkehr die Blase leeren.
- Um keine Darmkeime in die Scheide zu bringen, Toilettenpapier von vorne nach hinten benutzen.
- Auf eine intakte Vaginalflora achten, z.B. keine aggresiven Seifen oder Intimsprays verwenden [→Scheidenpilz].

BLASENSCHWÄCHE

Als Blasenschwäche oder Harninkontinenz wird das Unvermögen, die Blasenentleerung willentlich zu kontrollieren, bezeichnet. Viele Menschen reden nicht über ihre Inkontinenz und verdrängen sie. Inkontinenz ist eine Krankheit und kein "Fehlverhalten" und kann in jedem Lebensalter auftreten. Bei älteren Menschen kommt es meist zu einer **Streßinkontinenz,** d.h. bei bestimmten Anstrengungen kommt es zu ungewolltem Harnabgang. Auslösende Faktoren können Lachen, Bücken, Heben, Husten oder Niesen sein. Frauen sind davon stärker betroffen als Männer. Männer leiden dafür öfter an der Unfähigkeit, die Blase vollständig zu entleeren. Vor allem bei Kindern und Jugendlichen kommt Bettnässen vor, also nächtliche Inkontinenz. Bettnässen ist fast immer seelisch bedingt. Bei einer **Reizblase** besteht der ständige Drang zum Wasserlassen. Sie kann in jedem Lebensalter auftreten.

HÄUFIGSTE URSACHEN

Bei Frauen:
- Erschlaffung der Beckenbodenmuskulatur durch Schwangerschaft oder Übergewicht.
- Hormonmangel in den Wechseljahren.
- Altersbedingte Schließmuskelschwäche.

Bei Männern:
- Prostatavergrößerung.

Bei älteren Menschen:
- Schwäche des Blasenschließmuskels.
- Mangelnde Konzentrationsfähigkeit.

Bei Kindern und Jugendlichen:
- Oftmals psychische Probleme.

Allgemein:
- Blasenentzündung [←].
- Rückenmarks- oder Nervenerkrankungen.
- Diabetes, Multiple Sklerose.
- Folge von Operationen, Unfällen.
- Angeborene Fehlbildungen.

✓ WAS SIE TUN KÖNNEN

Allgemein:
- Blase regelmäßig entleeren, am besten zu bestimmten Zeiten, um einem unwillkürlichen Harndrang zuvorzukommen und um die Blase zu trainieren.

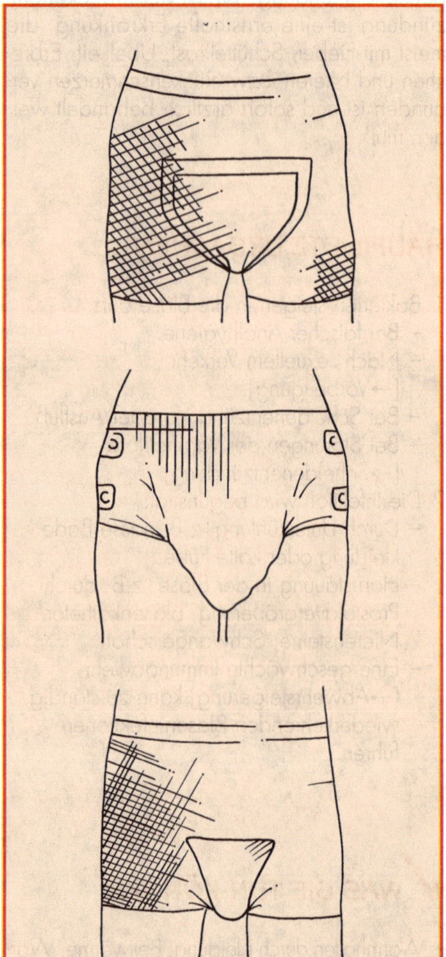

Oben: Windeleinlage mit Netzhöschen für Frauen. Mitte: Windelslip für Frauen oder Männer. Unten: Tropfenfänger mit Netzhöschen für Männer.

Frauen:
- Training des Beckenbodens durch Anspannen und Festhalten des Beckenbodenmuskels, mindestens 20 mal am Tag.
- Training des Schließmuskels durch willentliche Unterbrechung des Harnstrahls beim Wasserlassen.
- Tragen von Slipeinlagen oder Windelhöschen (Apotheke) sowie spezieller inkontinenz geeigneter Unterwäsche.

Männer:
- Frühzeitige Beachtung und Behandlung von Prostataleiden [→Prostata].
- Tragen von Slipeinlagen oder Urinalkondomen mit Auffangbeutel (Apotheke).

Kinder:
- Psychische Ursachen herausfinden.
- Bettnässen nie bestrafen.
- Vor dem Schlafengehen und evtl. einmal während der Nacht mit dem Kind zur Toilette gehen.
- Hilfsmittel einsetzen, z.B. Klingelhose, die das Kind weckt, wenn es ins Bett gemacht hat.

WANN SIE ZUM ARZT MÜSSEN

- Wenn die Beschwerden mehrmals aufgetreten sind und Sie die Ursache herausfinden wollen.
- Wenn jüngere Menschen plötzlich von diesem Problem betroffen sind.
- Bei Kindern, die über 5 Jahre alt und noch nicht trocken sind.

X WAS IHR ARZT TUN KANN

- Feststellung der Ursache und evtl. entsprechende Therapie.
- Bei Frauen in den Wechseljahren können auch Hormone helfen.
- Einsatz von Arzneimittel, die die Blasenfunktion steuern.
- In manchen Fällen hilft eine Operation (z.B. bei Gebärmuttersenkung oder Prostatavergrößerung).

VORBEUGUNG

- Besonders nach einer Schwangerschaft sollte der Beckenboden trainiert werden.
- Starkes Übergewicht vermeiden.

BLUTDRUCK, HOHER

Der Druck des strömenden Blutes auf die Arterienwände heißt Blutdruck. Die Höhe des Blutdruckes hängt von der Pumpleistung des Herzens an Blut und der Enge der Gefäße ab. Um den Blutdruck zu ermitteln, mißt man 2 Werte : Der Oberwert (systolischer Druck) entsteht, wenn sich das Herz zusammenzieht und das Blut in die Gefäße drückt. Der Unterwert (diastolischer Druck) stellt sich ein, wenn sich das Herz ausdehnt und wieder mit Blut füllt. Bei körperlicher Anstrengung oder Aufregung steigt der Blutdruck an, während er in Ruhe wieder absinkt. Ist der Blutdruck dauerhaft, d.h. auch in Ruhe, auf Werte über 160 mm Hg (oberer Wert) und über 95mm Hg(unterer Wert) erhöht, so spricht man von hohem Blutdruck (Hypertonie). Meist treten bei erhöhtem Blutdruck zunächst keine Beschwerden auf. Personen mit erhöhtem Blutdruck fühlen sich meist fit und munter. Bei sehr hohem Blutdruck kann es aber zu Kopfschmerzen, Schwindel oder Ohrensausen kommen. Bei ständig erhöhtem Blutdruck leistet das Herz schwere Arbeit und die Arterien werden stärker belastet. Sie neigen zur Verkalkung und weiterer Verengung. Dadurch steigt das Risiko, einen Schlaganfall, eine Herzerkrankung, ein Nierenleiden, Augenschäden oder Gefäßschäden wie Arterienverkalkung [←] zu erleiden.

Bei ca. 90% der Hochdruckpatienten ist die Ursache für den erhöhten Blutdruck nicht bekannt. Man spricht dann von essentieller Hypertonie. Bei sekundärer Hypertonie steckt eine andere Grunderkrankung (z.B. der Nieren) hinter dem Bluthochdruck. Männer haben häufiger hohen Blutdruck als Frauen, ältere Menschen sind stärker betroffen als junge.

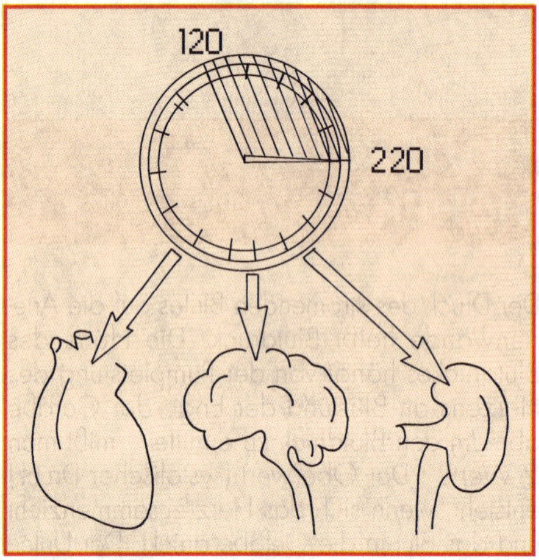

Bluthochdruck schädigt wichtige Organe: Herz, Gehirn und Niere können Folgeerkrankungen erleiden.

HÄUFIGSTE URSACHEN

- Meist ist die genaue Ursache unbekannt. Folgende Faktoren erhöhen das Risiko:
  - Übergewicht.
  - Hoher Salzkonsum.
  - Rauchen.
  - Alkoholkonsum.
  - Streß.
  - Bewegungsarmut.
  - Familiäres Risiko.
  - Schwangerschaft.
- Durch die Einnahme bestimmter Medikamente (z.B. Schnupfenmittel, Appetitzügler) oder durch viel Coffein (Kaffee, Tee, Cola) kann der Blutdruck ansteigen.
- Erkrankungen der Nieren, der Nebennieren oder des Herzens.

✓ WAS SIE TUN KÖNNEN

- Die oben genannten Risikofaktoren sollten unbedingt gemieden werden: Übergewicht reduzieren; Nikotin, Alkohol und Streß meiden; für tägliche Bewegung sorgen.
- Bei manchen Patienten bewirkt die Reduktion des Kochsalzgehaltes in der Nahrung eine Blutdrucksenkung. Man sollte auf jeden Fall versuchen, mit einer solchen Diät den Blutdruck zu senken. Zur kochsalzarmen Ernährung gibt es Diätsalze, die kein Kochsalz (= Natriumchlorid) enthalten. Sehr viele Speisen kann man auch gut mit Kräutern würzen; im übrigen gewöhnt man sich schnell an die im ersten Moment fader erscheinende salzarme Ernährung. Fertiggerichte sollten wegen des hohen Salzgehaltes gemieden werden.
- Regelmäßige Blutdruckkontrolle. In einigen Fällen ist es sinnvoll, ein Blutdruckmeßgerät anzuschaffen und die Messung zu Hause in Ruhe durchzuführen. Über die gemessenen Werte sollte ein Tagebuch geführt werden.
- Sie sollten die vom Arzt verordneten Medikamente zuverlässig einnehmen und sich genau an die Einnahmevorschriften des Arztes halten (Dosierung, Tageszeit). Treten Nebenwirkungen oder Beschwerden auf, so sollten Sie dies sofort mit Ihrem Arzt besprechen. Auch wenn der Blutdruck normal oder niedrig ist, dürfen die Medikamente nicht eigenmächtig abgesetzt oder die Dosierung reduziert werden.

WANN SIE ZUM ARZT MÜSSEN

- Wenn Sie bei mehr als einer einer Blutdruckmessung festgestellt haben, daß Ihr Blutdruck erhöht ist.
- Besonders Personen mit den oben genannten Risikofaktoren oder mit auch nur leicht erhöhtem Blutdruck sollten zu regelmäßigen Kontrollen ihren Arzt aufsuchen.
- Wenn Beschwerden auftreten, die Sie mit dem Herzen [→Herzbeschwerden] oder mit dem Blutdruck in Verbindung bringen.
- Wenn Sie, besonders in der Schwangerschaft, geschwollene Knöchel bekommen.

✗ WAS IHR ARZT TUN KANN

- Vor der medikamentösen Therapie steht der Versuch, durch Einschränkung der Risikofaktoren den Blutdruck zu senken.
- Es gibt eine große Anzahl von blutdrucksenkenden Medikamenten, die den Blutdruck auf unterschiedliche Weise senken. Die Auswahl des geeigneten Medikamentes hängt unter anderem auch vom Alter des Patienten ab. Reicht ein Präparat zur Blutdrucksenkung nicht aus, so müssen zwei oder mehr Präparate eingenommen werden. Die Medikamente müssen regelmäßig über Jahre oder sogar lebenslang genommen werden.

VORBEUGUNG

- Soweit möglich, Vermeidung der oben genannten Risikofaktoren.

BLUTDRUCK, NIEDRIGER

Niedriger Blutdruck (Hypotonie) ist keine Krankheit, sondern wirkt sich eher positiv auf die Lebenserwartung aus. Viele Menschen haben einen niedrigen Blutdruck, der jedoch keine Beschwerden verursacht. Andere Menschen klagen über Kreislaufbeschwerden, die häufig bei langem Stehen oder plötzlichem Lagewechsel auftreten:

- Schwindel, Schwarzwerden vor den Augen.
- Kältegefühl in Händen und Füßen.
- Müdigkeit und Antriebsschwäche.
- Wetterfühligkeit.
- Blässe.
- Schlaflosigkeit.
- Herzklopfen, schneller Puls, Ohrensausen.
- Schweißausbrüche.

HÄUFIGSTE URSACHEN

- Oft ist die Ursache unbekannt. Häufig sind große, schlanke Menschen betroffen.
- Innere Erkrankungen (z.B. des Herzens, des Nervensystems, des Hormonsystems).
- Infektionskrankheiten.
- Starke Blutverluste oder innere Blutungen.
- Salzmangel oder Flüssigkeitsverlust (z.B. durch Schwitzen, Erbrechen oder Durchfall).
- Nebenwirkung bestimmter Medikamente (z.B. gegen erhöhten Blutdruck).
- Schwangerschaft.
- Zuviel Alkohol, starkes Rauchen.

✓ WAS SIE TUN KÖNNEN

- Ausreichend schlafen. Nach dem Aufwachen nicht sofort aufstehen, Arme und Beine dehnen und strecken. Langsam zum Sitzen kommen.
- Morgendliche heiß-kalte Wechselduschen und Bürstenmassagen regen den Kreislauf an.
- Kaffee oder andere coffeinhaltige Getränke steigern kurzfristig den Blutdruck.
- Regelmäßig Gymnastik und Sport treiben.
- Kurzfristig kann die Einnahme eines blutdrucksteigernden Medikamentes helfen. Hilfreich sind auch herz- und kreislaufanregende pflanzliche Arzneimittel.

WANN SIE ZUM ARZT MÜSSEN

- Wenn Sie sehr unter den Beschwerden leiden und Selbsthilfemaßnahmen nicht ausreichen, oder wenn Sie zu einer Risikogruppe gehören:
  1. Schwangere, weil das Wachstum des Kindes verzögert werden kann und häufiger Fehlgeburten auftreten.
  2. Alte Menschen, zur Verbesserung des Gesamtbefindens.
  3. Bei bettlägerigen Personen ist das Risiko des Wundliegens größer, weil die Haut schlechter durchblutet wird.
  4. Kinder und Jugendliche, weil aufgrund des niedrigen Blutdrucks mangelhafte Leistungen in der Schule auftreten können.
- Bei plötzlich auftretendem Blutdruckabfall.

WAS IHR ARZT TUN KANN

- Die Ursache der Beschwerden feststellen.
- Eine medikamentöse Behandlung ist nur notwendig, wenn Sie sehr starke Beschwerden haben, die zu einer Beeinträchtigung der Lebensqualität führen oder wenn Sie zu den o.g. Risikogruppen gehören.

BLUTERGUSS UND PRELLUNG

Wenn unter der Haut aus einem Gefäß Blut ausgetreten ist, spricht man von einem Bluterguß (Hämatom). Man sieht sofort oder erst nach Tagen einen blauen Fleck, der sich später durch die verschiedenen Abbaustufen des Blutes erst gelblich und dann bräunlich verfärbt. Sind tiefer liegende Gefäße verletzt, wird die Blutung als Schwellung sichtbar. Durch den Druck, den das ausgetretene Blut auf das Gewebe ausübt, kann es zu Schmerzen kommen. Ausgedehnte Blutungen können die Funktionsfähigkeit von Muskeln und Gelenken beeinträchtigen.
Je nach Größe und Lage (z.B. im Schädelbereich oder in der Augenhöhle), kann ein Bluterguß auch gefährlich werden.

HÄUFIGSTE URSACHEN

- Äußere Einwirkungen (Quetschung, Prellung, Stoß, Sturz).
- Blutgerinnungsstörungen durch Erkrankungen oder die Einnahme bestimmter Medikamente.
- Gefäßschäden (z.B. Arteriosklerose [→Arterienverkalkung])

WAS SIE TUN KÖNNEN

- Die meisten Blutergüsse verschwinden nach einigen Tagen von selbst.
- Sofort nach der Verletzung Eispackungen oder Eissprays anwenden oder die betroffenen Körperteile unter kaltes Wasser halten. Eine 24-stündige Kältebehandlung mit kalt-feuchten Umschlägen oder Eispackungen und Hochlagerung soll den Bluterguß möglichst klein halten. Anschließend Wärmeanwendungen, z.B. Wärmebäder oder Moorpackungen.
- Salben mit Heparin oder Hirudin fördern die Auflösung des Blutergusses.
- Salben mit Arnika oder Arnikaumschläge wirken entzündungshemmend, abschwellend und schmerzlindernd.

WANN SIE ZUM ARZT MÜSSEN

- Bei sehr großen Blutergüssen.
- Wenn starke Schmerzen oder Schwellungen auftreten.
- Bei starken Stoßverletzungen am Kopf, an den Augen oder Prellungen der Genitalien.
- Wenn ohne äußere Einflüsse häufig Blutergüsse entstehen.

WAS IHR ARZT TUN KANN

- Bei Blutergüssen ohne äußere Einwirkung die Ursache feststellen.
- Feststellen, wie stark die Verletzung ist und ob noch andere Verletzungen vorliegen.
- Manchmal müssen Blutergüsse operativ geöffnet werden.

BRUSTDRÜSEN-ENTZÜNDUNG

Unter einer Brustdrüsenentzündung (Mastitis) versteht man eine Rötung und Schwellung der Brustwarze oder des Milchdrüsengewebes. Häufig ist die Brustdrüsenentzündung mit Druckempfindlichkeit, Schmerzen und Fieber verbunden. Außerdem kann die Brust warm oder sogar heiß werden und Sekret absondern. Meist tritt eine Brustentzündung in der Stillzeit auf. Dabei kann es auch zu einem Milchstau kommen.

HÄUFIGSTE URSACHEN

- Beim Stillen gelangen Keime vom Mund des Säuglings über kleine Risse in der Brustwarze in die Brust. Dies passiert häufig in den ersten Wochen nach der Geburt.
- Selten können auch hormonelle Umstellungen oder gutartige Zysten oder Schwellungen und Knötchen des Brustdrüsengewebes zu einer Brustentzündung führen.

✓ WAS SIE TUN KÖNNEN

- Solange die Brust nicht vereitert ist, können Sie weiterstillen.
- Umschläge mit Quark oder essigsaurer Tonerde können helfen. Leicht waschbares Tuch mit Quark oder Tonerde in den Büstenhalter legen und die Brust damit möglichst hochbinden, ohne daß es schmerzt. Alle 6 Stunden erneuern, über mehrere Tage fortsetzen.
- Zur Schonung der Brustwarze beim Stillen Brusthütchen verwenden.
- Um einen Milchstau zu vermeiden, sollte überschüssige Milch abgepumpt oder ausgestrichen werden.
- Eine entzündungshemmende Brustwarzensalbe auftragen.

WANN SIE ZUM ARZT MÜSSEN

- Sobald Verdacht auf eine Brustdrüsenentzundung besteht, um festzustellen, ob eine Zyste oder andere Erkrankungen dahinter stehen.

✗ WAS IHR ARZT TUN KANN

- Behandlung mit antibakteriellen Medikamenten bei Feststellung von Bakterien.

VORBEUGUNG

- Den Säugling am Anfang nicht zu lange an einer Seite saugen lassen, damit sich keine Risse an der Brustwarze bilden.
- Intensive Hygiene und Pflege der Brust mit speziellen entzündungshemmenden, schützenden Cremes oder Ölen.

CALCIUMMANGEL

Erwachsene benötigen ca. 800mg Calcium pro Tag. Schwangere und Stillende, sowie Kinder und Jugendliche im Wachstum benötigen etwas mehr. Der Mehrbedarf kann jedoch durch Milchprodukte gedeckt werden. Vitamin D fördert die Aufnahme von Calcium aus dem Darm.

CALCIUM IST ENTHALTEN IN

- Milch- und Milchprodukten,
- Vollkornbrot,
- Gemüse,
- Nüssen.

CALCIUM IST IM KÖRPER WICHTIG FÜR

- Knochen und Zähne,
- Muskel- und Nerventätigkeit,
- Abwehr von Entzündungen und Allergien,
- die Blutgerinnung.

ECHTER CALCIUMMANGEL KANN AUFTRETEN (SELTEN) BEI

- zu geringem Milch- und Milchproduktever-zehr, besonders bei Schwangeren, Stillenden und bei Kindern im Wachstum.

- Verwendung von enthärtetem Wasser.
- Vitamin D-Mangel [←].
- bestimmten Krankheiten der Nebenschilddrüse.

FOLGEN EINES CALCIUMMANGELS SIND

- Bildung von weniger stabilen Knochen und Zähnen bei Kindern,
- starke Krämpfe,
- psychische Störungen.

CALCIUMÜBERDOSIERUNG FÜHRT ZU

- Magen- Darmbeschwerden (Übelkeit, Erbrechen, Schmerzen),
- Nierensteinen.

CALCIUMPRÄPARATE

- Es gibt Calciumpräparate als Brausetabletten, Tabletten, Injektionslösung, Trinkampullen etc., häufig auch in Kombination mit Kalium oder Magnesium oder mit Multivitaminen.
- Zur Vorbeugung oder Behandlung von Allergien [←], Hautallergien [←], Sonnenallergie [←], Insektenstichen [←] sollen mindestens 500mg pro Tag eingenommen werden.
- Zur Vorbeugung gegen Knochenschwund [→Osteoporose] sind Dosen von ca. 1000mg täglich notwendig, wenn eine calciumreiche Ernährung nicht möglich ist.

CHOLESTERINSPIEGEL, ERHÖHTER

Cholesterin und die Triglyceride gehören zu den Lipiden (Blutfetten). Cholesterin ist einerseits lebenswichtig für den Aufbau der Zellen, andererseits kann es sich in einer bestimmten Zusammensetzung - dem sogenannten LDL-Cholesterin - an den Gefäßinnenwänden ablagern und zur Verengung der Gefäße führen [→Arterienverkalkung]. Bei der Vorbeugung solcher Gefäßerkrankungen und ihrer Folgen, z.B. Bluthochdruck, spielt das Cholesterin aus der Ernährung deshalb eine wichtige Rolle. Aus der Nahrung nimmt der Körper täglich 200-800mg Cholesterin auf. Außerdem produziert der Körper selbst ca. 1000-1500mg Cholesterin pro Tag.

Bei einer erhöhten Cholesterinzufuhr von außen wird Cholesterin im Körper abgelagert und bildet dann einen Risikofaktor für Arteriosklerose und damit auch für hohen Blutdruck und für Herzerkrankungen wie Herzinfarkt, Herzschwäche.

Der Cholesterinspiegel wird im Blut gemessen. Man spricht von einem erhöhten Cholesterinspiegel bei einem Wert von 250mg/100ml. Erhöhte Cholesterinwerte müssen nicht unbedingt ernährungsbedingt sein. Angeborene Störungen des Cholesterinstoffwechsels können zu erhöhten Werten führen. Außerdem ist der Cholesterinwert in der Schwangerschaft erhöht. Cholesterin ist nur in tierischen Produkten enthalten, z.B. in

- Fleisch,
- Fisch,
- Innereien,
- Eigelb,
- Butter etc.

HÄUFIGSTE URSACHEN

- Übergewicht.
- Zu fettreiche Ernährung.
- Hoher Alkohol- oder Nikotinkonsum.
- Diabetes, Fettstoffwechselerkrankungen.
- Erbliche Erkrankungen.

✓ WAS SIE TUN KÖNNEN

- Reduzierung des Körpergewichtes [→Übergewicht].
- Möglichst oft tierische Fette gegen pflanzliche

Fette ersetzen (z.B. Margarine statt Butter verwenden).
- Verstärkt ungesättigte Fettsäuren mit der Nahrung aufnehmen um den Cholesterinwert zu senken und die Fließeigenschaft des Blutes zu verbessern. (z.B. Distelöl, Olivenöl oder Kaltwasserfisch).
- Die in Kaltwasserfisch enthaltene mehrfach ungesättigte Omega-3-Fettsäure gibt es auch in Form von Fischölkapseln zum Einnehmen.
- Zur Unterstützung diätetischer Maßnahmen bei erhöhten Blutfettwerten sind auch hochdosierte Knoblauchpräparate als pflanzliche Lipidsenker wirksam.
- Die pflanzliche Substanz Sitosterin (z.B. als Kapseln, Granulat) verringert die Aufnahme von Cholesterin aus der Nahrung.

WANN SIE ZUM ARZT MÜSSEN

- Wenn Sie Ihren Cholesterinwert vom Arzt testen lassen wollen oder wenn bei einem Test festgestellt wurde, daß Ihr Wert zu hoch ist.

X WAS IHR ARZT TUN KANN

- Wenn Diät, Ernährungsumstellung und die Einnahme von pflanzlichen Präparaten nicht ausreichen, wird der Arzt die Behandling mit anderen chemischen Lipidsenkern fortsetzen.

VORBEUGUNG

- Ab ca. 20 Jahren sollten Sie regelmäßig Ihre Cholesterinwerte testen lassen.
- Regelmäßig Sport treiben und andere Risikofaktoren für Herz- Kreislauferkrankungen wie Rauchen oder Übergewicht vermeiden.

DREIMONATSKOLIKEN

Als Dreimonatskoliken bezeichnet man Bauchschmerzen und Blähungen des neugeborenen Säuglings, die meist in den ersten Monaten auftreten. Der Säugling schreit ständig und zieht ruckartig die Beine an. Der Bauch ist aufgebläht, es gehen Blähungen ab. Die kolikartigen Anfälle treten häufig nachmittags und abends auf. Man vermutet, daß der Säugling durch das Schreien die Eindrücke des Tages verarbeitet. Solange der Säugling gut trinkt, an Gewicht zunimmt und auch ansonsten keine Beschwerden auftreten, besteht kein Grund zur Beunruhigung. Gegen Ende des vierten Monats hören die Beschwerden meist auf.

HÄUFIGSTE URSACHEN

- Verschlucken von Luft durch zu hastiges Trinken oder durch Schreien.
- Aufregung während des Tages.
- Selten Nahrungsmittelunverträglichkeiten, z.B. auf Milch.
- Möglicherweise Quellmittel aus manchen teiladaptierten Fertigmilchnahrungen.

✓ WAS SIE TUN KÖNNEN

Es sind verschiedene Maßnahmen möglich. Man muß herausfinden, welche dem Baby am besten helfen.
- Den Bauch massieren.
- Eine Wärmflasche auf den Bauch legen.
- Das Kind auf den Bauch legen.
- Das Kind herumtragen.
- Dem Kind Fencheltee geben. Dieser wirkt blähungstreibend und beruhigend auf Magen und Darm.
- Den Bauch mit Kümmelöl einreiben. Kümmelöl wirkt beim Einatmen beruhigend auf den Magen-Darm-Bereich.

- Bei stärkeren Blähungen helfen Tropfen mit Dimeticon, das durch Entschäumen die Gasblasen im Darm zerstört.

WANN SIE ZUM ARZT MÜSSEN

- Wenn Sie nicht sicher sind, ob es sich um Dreimonatskoliken handelt, um andere, schwerwiegende Magen-Darm-Erkrankungen auszuschließen (z.B. Darmverschlingung).
- Wenn andere Beschwerden (Fieber, Erbrechen, Verstopfung) hinzukommen.
- Wenn das Kind nicht genügend an Gewicht zunimmt.

✗ WAS IHR ARZT TUN KANN

- Der Arzt kann durch eine gründliche Untersuchung feststellen, ob eine "echte" Erkrankung vorliegt.

VORBEUGUNG

- Nach dem Trinken das Baby "Bäuerchen" machen lassen, damit verschluckte Luft entweichen kann.
- Häufiger kleine Mahlzeiten geben.
- Einen Sauger mit größerem Loch verwenden.
- Das Kind zum Schlafen auf den Bauch legen.

DURCHFALL

Treten am Tag mehr als drei wäßrige oder breiige Stühle auf, spricht man von Durchfall (Diarrhoe). Dadurch kommt es im Körper zu einem Flüssigkeits- und Mineralsalzverlust. Besonders bei Säuglingen und Kleinkindern kann dieser Flüssigkeits- und Elektrolytverlust schnell bedrohlich werden: das Blut wird eingedickt und es kann zu einem Kreislaufzusammenbruch kommen. Häufig kommen zu Durchfall auch noch Übelkeit, Erbrechen [←] und Darmkrämpfe hinzu. Durch Erbrechen und Durchfall kann der Körper sich rasch von schädigenden Keimen oder Substanzen befreien.

HÄUFIGSTE URSACHEN

- Magen- und Darminfektionen durch Viren oder Bakterien. Häufig kommen Erbrechen, Fieber, Gliederschmerzen oder Erkältungsbeschwerden hinzu. Die häufigsten Erreger sind:
  Kolibakterien ("Sommerdiarrhoe" durch Fäkalbakterien, z.B. in unsauberen Lebensmitteln oder Trinkwasser), Viren (Darmgrippe), Salmonellen (z.B. durch eine Nahrungsmittelvergiftung mit Eiern, Geflügel oder durch Ansteckung bei erkrankten Personen), Typhus-, Paratyphus-, Cholera-, Ruhrerreger (schwere Infektionen, die bei uns nicht vorkommen, aber häufig von Reisen in außereuropäische Länder mitgebracht werden).
- Nahrungsmittelvergiftung.
- Nahrungsmittelallergie.
- Übermäßiges Essen von Diätzucker (Sorbit, Mannit) oder übermäßige Einnahme von Abführmitteln.
- Angst, Streß, Nervosität.
- Reizdarm, auch nervöser Darm genannt. Hier treten Durchfall und verschiedene andere Beschwerden wie Blähungen [←] und Völlegefühl, Verstopfung [←] oder Bauchkrämpfe [←] häufig im Wechsel auf, ohne daß eine spezielle Ursache bekannt ist.
- Alkoholmißbrauch.
- Bestimmte Medikamente, z.B. Antibiotika, können Durchfall auslösen.
- Entzündungen des Dickdarms.

✓ WAS SIE TUN KÖNNEN

- Eine einfache Durchfallerkrankung vergeht meist von alleine und benötigt keine spezielle

Therapie. Generell sollte Durchfall nicht sofort unterbunden werden, da sonst Keime und Schadstoffe, z.B. bei einer Lebensmittelvergiftung, nicht ausgeschieden werden können. Wichtig ist es, die Flüssigkeits- und Elektrolytverluste auszugleichen. Dazu gibt es spezielle Eletrolytpräparate als Tabletten oder Flüssigkeit in Beuteln, die Glucose, Natrium, Kalium und Chlorid enthalten. Falls diese nicht zur Hand sind, kann man sich auch selbst eine Mischung aus 1/2 Liter Wasser, 5 Teelöffeln Traubenzucker und 1/2 Teelöffel Salz herstellen oder sich mit Fruchtsäften oder Cola und Salzstangen behelfen. Insgesamt sollten mindestens 2,5 Liter Flüssigkeit pro Tag getrunken werden. Auch schwarzer Tee ist gut bei Durchfall, da er leicht stopfend und beruhigend wirkt.

- Bei starken Durchfällen am Anfang nichts essen. Ab dem 2. oder 3. Tag mit Schonkost (Zwieback, Schleimsuppe etc.) beginnen. Für Säuglinge gibt es eine spezielle Heilnahrung. Bei leichteren Durchfallerkrankungen kann das gegessen werden, worauf Appetit besteht, allerdings sollten blähende oder stark zitrushaltige Speisen und Getränke vermieden werden.
- Säfte mit Apfel binden schädigende Stoffe oder Keime. Es kann auch geriebener Apfel verabreicht werden.
- Tabletten mit Gerbstoffen (z.B. Tannin-Eiweiß) dichten die Darmschleimhautoberfläche ab und wirken antibakteriell. Schwarzer Tee wirkt im Prinzip ähnlich.
- Hefe hemmt das Wachstum von schädlichen Keimen und dient der Regeneration der Darmflora nach einer Durchfallerkrankung oder nach der Einnahme von Arzneimitteln, die die Darmflora angreifen (z.B. nach einer Antibiotikatherapie). Eine Sanierung der Darmflora geht einher mit einer Aktivierung der körpereigenen Abwehrkräfte, weil bei einem gesunden Darmmilieu eindringende, krankmachende Keime an der Vermehrung gehindert werden. Zur Regeneration der Darmflora und zur Aktivierung der körpereigenen Abwehrkräfte können auch Präparate eingesetzt werden, die bestimmte Bakterienstämme (z.B. Milchsäurebakterien oder Escherichia coli) enthalten.
- Bei starken Durchfällen kann die Hemmung der Darmmuskeltätigkeit mit Loperamid schnell den Durchfall stoppen. Diese Präparate sollten aber nur kurzfristig, d.h. nicht länger als zwei Tage eingenommen werden, da es leicht zu einer Verstopfung kommen kann und so die Erreger bei einer Infektion nicht ausgeschieden werden können.
- Auch pflanzliche Präparate lindern den Durchfall oder die Krampfbeschwerden, z.B. Tabletten oder Tropfen mit Uzarawurzelextrakt.
- Gegen Darmkrämpfe helfen krampflösende Medikamente in Tablettenform.

WANN SIE ZUM ARZT MÜSSEN

- Wenn die Durchfälle sehr stark sind oder länger andauern.
- Wenn Blut im Stuhl ist.

VORBEUGUNG

- Besonders bei Reisen in heiße Länder nur gekochte oder geschälte Speisen essen, z.B. kein offenes Speiseeis oder Salat. Das Trinkwasser abkochen oder Mineralwasser verwenden. Dies gilt auch für das Zähneputzen. Achtung: keine Eiswürfel in Getränke!
- Gegen Cholera und Typhus ist eine Impfung möglich.
- Möglichst keine rohen oder weichgekochten Eier (besonders im Sommer) und kein ungenügend gegartes Geflügel sowie ungewaschenes Obst und Salate essen.
- Einige Darmerkrankungen (z.B. durch Salmonellen verursacht) sind stark ansteckend. Besondere Hygienemaßnahmen sind dann notwendig.
- Hefepräparate können Durchfallerkrankungen vorbeugen.

– Wenn andere Beschwerden wie Fieber, Abgeschlagenheit, Schmerzen hinzukommen.
– Bei Durchfällen nach einer Fernreise.
– Wenn Säuglinge oder Kinder betroffen sind.

✗ WAS IHR ARZT TUN KANN

– Der Arzt kann die Ursache der Durchfallerkrankung herausfinden und eine spezielle Therapie einleiten, z.B. mit antibakteriellen Medikamenten.

DURSTGEFÜHL, ÜBERMÄßIGES

Der Körper reguliert seinen Flüssigkeitshaushalt über die Menge der Urinausscheidung und über den Durst. Starker Durst zeigt an, daß der Körper mehr Flüssigkeit benötigt, weil die Salzkonzentration im Körper zugenommen oder das Flüssigkeitsvolumen abgenommen hat. In seltenen Fällen kann übermäßiger Durst auch das Anzeichen einer ernsthaften Erkrankung (z.B. Diabetes) sein. Alte Menschen verlieren häufig ihr natürliches Durstgefühl. Hier muß darauf geachtet werden, daß trotzdem mindestens 1,5 Liter pro Tag getrunken werden.

HÄUFIGSTE URSACHEN

– Starkes Schwitzen.
– Salzhaltige Speisen.
– Zuckerkrankheit (Diabetes).
– Durchfall oder Erbrechen [←].
– Fieber.
– Nach hohem Alkoholkonsum.
– Hormonstörungen.
– Nierenerkrankungen.
– Großflächige Verletzungen oder Verbrennungen.
– Mundtrockenheit.

✓ WAS SIE TUN KÖNNEN

– Viel trinken! (z.B. Mineralwasser, stilles Wasser, Kräutertees). Bei starkem Schwitzen auch die verlorengegangenen Mineralien ersetzen (nach dem Sport ist z.B. Apfelsaft mit Mineralwasser gemischt günstig).

WANN SIE ZUM ARZT MÜSSEN

– Wenn Sie keine Erklärung für das Durstgefühl haben.
– Wenn noch andere Symptome wie Müdigkeit oder häufiger Harndrang und große Harnmengen hinzukommen.

✗ WAS IHR ARZT TUN KANN

– Feststellen, ob eine ernsthafte Erkrankung Ursache des Durstgefühls ist.

VORBEUGUNG

■ Bei großer Hitze, schweißtreibender Tätigkeit, Fieber, Durchfall oder Erbrechen ausreichend Flüssigkeit zuführen.

EISENMANGEL

Der tägliche Bedarf an Eisen beträgt etwa 12-18mg. Dieser Bedarf ist jedoch im Wachstum, in der Schwangerschaft und während der Menstruation erhöht. Meist läßt sich der erhöhte Bedarf während der Schwangerschaft nicht allein durch eine eisenreiche Ernährung ausgleichen. Deshalb sollte der Arzt während der Schwangerschaft regelmäßig den Eisenwert kontrollieren und bei Bedarf entsprechende Eisenpräparate verordnen. Eisenpräparate sollen nicht auf eigene Faust eingenommen werden, da es zu einer Überdosierung kommen kann. Aus der Nahrung kann der Körper tierisches Eisen weitaus besser aufnehmen als pflanzliches Eisen. Eisen ist vor allem in Innereien, Brot, Eigelb, Gemüse und Aprikosen enthalten.

EISEN IST IM KÖRPER WICHTIG FÜR

- die Bildung des roten Blutfarbstoffes Hämoglobin.

EISENMANGEL TRITT AUF BEI

- schweren Blutverlusten z.B. bei starken Menstruationsblutungen.
- erhöhtem Bedarf in der Schwangerschaft und in der Wachstumsphase.
- Säuglingen, die lange ausschließlich mit Milch ernährt werden.
- bestimmten unausgewogenen Diäten.
- Magen-Darmerkrankungen, die mit einer gestörten Eisenaufnahme einhergehen.

EISENMANGEL FÜHRT ZU

- Blutarmut (Anämie) mit blasser Haut und Schleimhaut, Kurzatmigkeit, Ermüdbarkeit, Schwindel, Haarausfall und brüchigen Fingernägeln.

ÜBERDOSIERUNG FÜHRT ZU

- Vergiftungserscheinungen (bei akut hohen Dosen),
- Leberzirrhose.

EISENPRÄPARATE

- Eisenpräparate sind als Tabletten, Brausetabletten oder Saft erhältlich. Sie sollten eine Stunde vor oder zwei Stunden nach der Mahlzeit eingenommen werden. Als Nebenwirkung kann es zu Magen-Darmbeschwerden und zu einer Schwarzfärbung des Stuhls kommen.
- Für Patienten, die unter einer Eisenaufnahmestörung im Darm leiden, gibt es auch Injektionslösungen.

EKZEME

Ekzeme ist ein Sammelbegriff für entzündliche Hautveränderungen. Dabei kann es im akuten Zustand zu Schwellung, Rötung, Bläschen- oder Knötchenbildung, Schuppen und Nässen kommen. Später können Verkrustungen auftreten. Oft sind die Ekzeme mit starkem Juckreiz verbunden. Wird ein Ekzem chronisch, verdickt sich die Hornhaut und die Haut wird trocken und rissig.

Man unterscheidet zwischen äußerlichem (exogenem) Ekzem, das durch äußerliche Einflüsse hervorgerufen wird, und innerlichem (endogenem) Ekzem, das organisch bedingt ist. Die Ursache endogener Ekzeme ist oft schwer herauszufinden. In Frage kommen z.B. Nahrungsmittelallergien oder Neurodermitis [←].

Äußerliche Ekzeme treten meist an der Stelle auf, an der der Kontakt mit der auslösenden Substanz stattfand. Sie können allergisch bedingt sein [→Hautallergie] oder direkt durch eine die Haut reizende Substanz ausgelöst werden. Allergische Reaktionen können auch erst nach jahrelang dauerndem Kontakt mit der Substanz auftreten, treten dann aber bei jedem weiteren Kontakt sofort wieder auf. Nichtallergische Ekzeme durch schwach reizende Stoffe treten oft erst nach längerem Kontakt mit der schädigenden Substanz (z.B. Wasser, Putzmittel) auf. Ist die Substanz stark reizend (z.B. Säuren oder Laugen), treten die Beschwerden sofort auf. Sowohl allergische als auch nichtallergische Ekzeme können teilweise durch Sonneneinstrahlung verschlimmert werden (z.B. Kosmetika-Allergie wird in der Sonne schlimmer).

EKZEM AUSLÖSENDE SUBSTANZEN

- Medikamente.
- Kosmetika.
- Chemikalien (z.B. Putzmittel).
- Textilien.
- Metalle (z.B. Nickel in Modeschmuck oder Gürtelschnallen).
- Nahrungsmittel (z.B. Kuhmilch beim Säugling).
- Pflanzen.

✓ WAS SIE TUN KÖNNEN

- Auslösende Substanz herausfinden, möglichst meiden oder zumindest den direkten Hautkontakt verhindern.
- Keine herkömmliche Seife verwenden, da diese den Säureschutzmantel der Haut angreift und dadurch die Haut austrocknet. Statt Seife lieber Waschcremes, Waschgele oder Waschstücke verwenden (Syndet).
- Statt Schaumbädern oder stark schäumenden Duschbädern Creme- oder Ölbäder verwenden. Diese trocknen die Haut nicht aus, sondern fetten und pflegen sie beim Reinigungsvorgang.
- Nach dem Waschen die Haut mit einer feuchtigkeitsspendenden Lotion eincremen.
- Verwendung von allergiegetesteten Hautpflegeprodukten, die für trockene, empfindliche Haut geeignet sind (auch beim Sonnenschutz).
- Patienten mit sonnenempfindlichem Ekzem sollten die Sonne meiden.
- Starkes Schwitzen an den ekzematösen Stellen vermeiden. Der salzige Schweiß reizt die Haut zusätzlich.
- Auftragen einer Salbe gegen das Ekzem (z.B. Bufexamac).
- Gegen starken Juckreiz [←] helfen Tabletten mit Antihistaminika-Wirkstoff [→juckreizstillend, antiallergisch]. Diesen Wirkstoff gibt es auch als Salbe, Creme oder Gel zur äußerlichen Anwendung bei schwächerem Juckreiz.

WANN SIE ZUM ARZT MÜSSEN

- Bei starken Beschwerden oder wenn die Beschwerden nicht nachlassen.

✗ WAS IHR ARZT TUN KANN

- Herausfinden der Ursache des Ekzems (z.B. durch Allergietest).
- Behandlung der Ekzemsymptome mit stärker wirksamen Salben gegen Juckreiz oder Entzündung.

VORBEUGUNG

- Bei der Arbeit mit hautreizenden Stoffen Handschuhe (am besten aus PVC, darunter Baumwollhandschuhe) tragen.
- Neue Kleidungsstücke vor dem ersten Tragen waschen.
- Beim Sonnenbaden keine Parfüms oder Kosmetika (außer Sonnenschutzmittel) auftragen.

ENTZÜNDUNGEN

Entzündungen sind Begleiterscheinungen vieler Krankheiten. Als Abwehrreaktion des Organismus auf innere oder äußere Entzündungsreize (z.B. Mikroorganismen oder krankhafte Stoffwechselprodukte) kommt es zu Rötung und Überwärmung, Schwellung und Schmerzen sowie Funktionsstörungen. Die Entzündung geht vom Immunsystem des Bindegewebes oder der Blutgefäße aus, je nachdem ob Haut, Schleimhaut oder andere Gewebe oder Organe betroffen sind. Durch die Entzündungsreaktion werden sämtliche Immunsysteme des Körpers aktiviert [→Abwehrsteigerung]. Eine wichtige Rolle spielen dabei körpereigene Enzyme, die bei Entzündungen Abwehrkräfte auf Hochtouren bringen und gleichzeitig helfen, sie in den richtigen Bahnen zu halten. Deshalb tritt bei einer **Entzündungstherapie mit Enzymen** häufig zunächst eine Verstärkung der Symptome auf, dann aber wird der Heilungsprozess unterstützt und beschleunigt.

HÄUFIGE URSACHEN FÜR ENTZÜNDUNGSREAKTIONEN

- Rheuma [←].
- Hexenschuß und Ischias [←].
- Nackenschmerzen, Schulter-Arm-Schmerzen [←].
- Schnitt- und Schürfwunden, Verbrennungen[←].
- Verstauchungen und Zerrungen [←].
- Blutergüsse und Prellungen [←].
- Schnupfen und Husten [←].
- Gefäßerkrankungen [→Arteriosklerose].

✓ WAS SIE TUN KÖNNEN

- Wenn Schmerzmittel nötig sind, solche mit gleichzeitig entzündungshemmender Wirkung nehmen.
- Bei Schmerzen und Schwellungen an Gelenken, Sehnen und Muskeln (z.B. Rheuma, Sportverletzungen) entzündungshemmende Salben, z.B. mit Ibuprofen, Bromelain (Enzym aus der Ananas) einreiben.
- Bei Verletzungen oder bei schlecht heilenden Wunden Salben mit entzündungshemmenden Zusätzen, z.B. Zinkoxid, Arnika oder Ringelblume einreiben.
- Bei Husten oder Schnupfen mit entzündungshemmenden Kamillenextrakten inhalieren.
- Bei allen Entzündungsreaktionen können Enzympräparate als Tabletten oder Granulat zur Linderung der Entzündungssymptome (insbesondere Schwellung) und schnelleren Heilung eingesetzt werden.

WANN SIE ZUM ARZT MÜSSEN

- Starke Entzündungsreaktionen müssen immer ärztlich behandelt werden.

✗ WAS IHR ARZT TUN KANN

- Jede Krankheit mit Entzündung braucht ihre eigene Behandlung. Eine Enzymtherapie ist mit fast allen Medikamenten kombinierbar und kann die ärztliche Behandlung unterstützen.

VORBEUGUNG

■ →Abwehrsteigerung.

ERBRECHEN UND ÜBELKEIT

Übelkeit oder Brechreiz sind oft die Vorläufer von Erbrechen, können aber auch alleine auftreten. Durch Erbrechen hat der Körper die Möglichkeit, sich schnell von giftigen oder unverträglichen Stoffen zu reinigen. Das Erbrechen wird durch das Brechzentrum im Gehirn ausgelöst. Das Brechzentrum kann durch Störungen im Verdauungstrakt oder Störungen des Gleichgewichtssinnes aktiviert werden. Auch psychische Erregung kann Erbrechen und Übelkeit auslösen. Bei Säuglingen kommt es häufig zu einem harmlosen Rückfluß der Nahrung nach den Mahlzeiten.

HÄUFIGSTE URSACHEN

- Übermäßiger Alkoholkonsum oder übermäßiges Essen.
- Lebensmittelvergiftung.
- Psychische Erregung.
- Gleichgewichtsstörungen, Reiseübelkeit.
- Infektionskrankheiten.
- Schwangerschaft [→Schwangerschaftserbrechen].
- Magenreizende Medikamente oder Medikamente, die als Nebenwirkung das Brechzentrum aktivieren.
- Migräne.
- Sonnenstich.
- Schwere Erkrankungen oder Verletzungen, z.B. Herzinfarkt oder Gehirnerschütterung.
- Folge einer Vollnarkose.
- Erkrankungen des Verdauungstraktes, z.B. Magengeschwür oder Magenschleimhautentzündung [←], nervöser Magen [←], Blinddarmentzündung, Leberentzündung [←], Magen-Darm-Infektionen [→Durchfall], Gallenbeschwerden [←].

✓ WAS SIE TUN KÖNNEN

- Es ist wichtig, die verlorene Flüssigkeit durch Trinken wieder aufzufüllen. Bei starkem Erbrechen müssen auch die Salzverluste (Elektrolytverluste) wieder aufgefüllt werden. Dazu gibt es spezielle Brausetabletten, die Glucose, Natrium, Kalium und Chlorid enthalten. Sind diese nicht zur Hand, helfen auch Fruchtsäfte oder Cola-Getränke und Salz.
- Bei Übelkeit und Erbrechen, auch im Rahmen von Reisekrankheit, helfen Tabletten oder Zäpfchen, z.B. mit Diphenhydramin oder Dimenhydrinat. Sie wirken auf das Brechzentrum und müssen bei Reiseübelkeit ca. 1/2 Stunde vor Reiseantritt eingenommen werden. Es gibt sie auch als Reisekaugummi, der schneller wirkt als die Tabletten und gleichzeitig durch das Kauen einen positiven Einfluß auf das Gleichgewichtsorgan im Innenohr hat. Da diese Substanzen müde machen können, sollten sie nicht von Autofahrern eingenommen werden.
- In der Homöopathie werden Präparate mit Cocculus oder Tabacum gegen Übelkeit und Erbrechen eingesetzt.
- Tees oder Tropfen und Dragees mit pflanzlichen Wirkstoffen, die appetitanregend, magensäuresteigernd, beruhigend und verdauungsfördernd wirken, können ebenfalls helfen. [→Magenschleimhautentzündung, →Magen, nervöser].
- Bei einer Vergiftung ist es sinnvoll, das Erbrechen nicht sofort zu stoppen, um auf diesem Wege unerwünschte Stoffe oder Krankheitserreger auszuscheiden.
- Vitamin B_6 wird bei Reisekrankheit und Schwangerschaftserbrechen eingesetzt. Bei Reisekrankheit können Sie auch Präparate mit Ingwerwurzel einnehmen.
- Zur Behandlung eines Magen-Darm-Infektes [→Durchfall].
- Die weiteren Maßnahmen richten sich nach den Ursachen des Erbrechens.

WANN SIE ZUM ARZT MÜSSEN

- Wenn das Erbrechen nicht nachläßt.
- Bei Verdacht auf eine Vergiftung.
- Wenn Säuglinge, Kleinkinder oder Schwangere betroffen sind.

✗ WAS IHR ARZT TUN KANN

- Der Arzt kann die Ursache des Erbrechens feststellen.
- Die Therapie richtet sich nach der zugrundeliegenden Ursache.
- Medikamente, die die Magenentleerung in den Darm beschleunigen (z.B. Metoclopramid) bessern Brechreiz, Übelkeit und Erbrechen.
- Gegen Reisekrankheit kann der Arzt Ihnen ein Scopolaminpflaster verschreiben, das über die Haut vorbeugend gegen Gleichgewichtsstörungen, bzw. Reiseübelkeit wirkt.

VORBEUGUNG

- Um die Reiseübelkeit zu verhindern, sollte man während der Fahrt oder während des Fluges nicht lesen, sondern nach vorne schauen und z.B. die Landschaft betrachten. Eine leichte Mahlzeit vor Reiseantritt einzunehmen ist sinnvoll. Reisetabletten schon eine halbe Stunde vor Reiseantritt einnehmen.
- Übermäßiges Essen und Trinken vermeiden.

ERELTIONS-STÖRUNGEN

Unter Erektionsstörungen, Potenzstörungen oder Impotenz versteht man die Unfähigkeit des Mannes, eine für den normalen Geschlechtsverkehr ausreichende Erektion zu erlangen oder aufrechtzuerhalten. Der Penis enthält Schwellkörper, deren Gefäße sich bei einer Erektion erweitern und vermehrt mit Blut füllen. Während der Erektion ziehen sich die Muskeln um diese Blutgefäße zusammen und verhindern das schnelle Abfließen des Blutes. Gelegentliche Erektionsstörungen sind normal und können in jedem Alter vorkommen. Moderne Forschungsergebnisse zeigen, daß Potenzstörungen häufiger organische Ursachen haben als bisher angenommen. Bei Potenzstörungen psychischer Ursache kann eine erstmalige Erektionsstörung dazu führen, daß der Mann beim nächsten Mal unter einem starken Leistungsdruck steht, was wiederum zu erneuten Erektionsschwierigkeiten führen kann. Für eine organische Ursache spricht, wenn überhaupt keine Erektionen mehr stattfinden. Mit zunehmendem Alter treten Potenzstörungen häufiger auf. Grund dafür ist abnehmendes sexuelles Verlangen wegen geringerer Hormonproduktion sowie altersbedingte Schädigungen der Schwellkörper.

Finden noch unwillkürliche, nächtliche oder morgendliche Erektionen statt, und treten die Probleme bei der Selbstbefriedigung nicht auf, stecken meist psychische Ursachen hinter den Störungen.

HÄUFIGSTE URSACHEN

Psychische Probleme:
- Leistungsdruck, Versagensängste.
- Partnerschaftsprobleme.
- Depressionen.
- Streß oder Müdigkeit.

Organische Ursachen:
- Durchblutungsstörungen, Arteriosklerose [→Arterienverkalkung], Bluthochdruck.
- Hormonstörungen.
- Nierenerkrankungen, Schilddrüsenerkrankungen, Lebererkrankungen.
- Diabetes, Übergewicht, Cholesterinwerterhöhung.
- Nebenwirkung bestimmter Medikamente, z.B. gegen Bluthochdruck, gegen Magengeschwüre oder gegen Depressionen u.a.
- Alkohol, Nikotin- oder Drogenmißbrauch.
- Nachfolge einer Prostataoperation.

✓ WAS SIE TUN KÖNNEN

- Psychische Probleme sollten in jedem Fall besprochen werden: Entweder mit der Partnerin oder mit einem Experten (Arzt, Sexualtherapeut).
- Nicht zu hohe Anforderungen in sexueller Hinsicht an sich selbst stellen und Zeit für den Geschlechtsverkehr nehmen.
- Zuviel Alkohol und Zigaretten vermeiden.
- Die Einnahme von gefäßerweiternden Substanzen, z.B. Yohimbin, kann Erektionsstörungen bessern. Auch eine äußerliche Anwendung kann versucht werden (z.B. Salbe mit Bamethan).
- Präparate mit spanischer Fliege, Strychnin oder Nitroverbindungen (meist ausländische Produkte von recht zweifelhafter Herkunft) haben gefährliche oder zumindest unangenehme

Nebenwirkungen und steigern kaum die Erektionsfähigkeit.

WANN SIE ZUM ARZT MÜSSEN

- Bei mehrmaligem Auftreten von Erektionsstörungen innerhalb kürzerer Zeit, um herauszufinden, ob eine organische Ursache oder ein psychisches Problem vorliegen.

WAS IHR ARZT TUN KANN

- Häufig hilft ein Gespräch mit einem Außenstehenden bzw. Experten. Natürlich kann die Partnerin mit einbezogen werden.
- Bei der Einnahme eines Medikamentes, das Potenzstörungen hervorrufen kann, kann der Austausch gegen ein anderes Präparat diese Störungen beheben.
- In einigen Fällen Einnahme eines Hormonpräparates verordnen.
- Manchmal ist ein operativer Eingriff notwendig, um die Störung zu beseitigen, z.B. gefäßchirurgische Eingriffe.
- Eine relativ neue Möglichkeit bietet die SKAT-Methode. SKAT ist die Abkürzung für Schwellkörper-Auto-Injektions-Therapie. Hier wird eine künstliche Erektion kurz vor dem Geschlechtsverkehr durch Selbstinjektion durchblutungsfördernder Substanzen in den Schwellkörper erzeugt. Allerdings gibt es auch bei dieser Methode Nebenwirkungen, z.B. Veränderungen der Schwellkörper.
- Äußere Erektionshilfen empfehlen, z.B. das Vakuum-Erektionsgerät. Mit einer speziellen, am Penis angelegten Saugpumpe wird ein Vakuum erzeugt, so daß Blut in die Schwellkörper einströmt.

VORBEUGUNG

- Schlafstörungen, Streß und Alkohol möglichst meiden.
- Sexuelle Probleme und Wunschvorstellungen mit der Partnerin besprechen.

ERKÄLTUNG UND GRIPPALE INFEKTE

Erkältung und grippale Infekte werden durch verschiedene Viren hervorgerufen.
Die **echte Grippe** wird durch den Influenzavirus hervorgerufen. Man unterscheidet drei verschiedene Virustypen, nämlich Influenza A, B und C. Die Viren vom Typ A und B haben die ungünstige Eigenschaft, daß sie sich ständig verändern können. Dies führt dazu, daß man nach einer Grippeerkrankung nicht immun gegen das Grippevirus ist, wie dies bei anderen Viren der Fall ist, sondern man immer wieder neu erkranken kann. **Grippale Infekte** können durch eine Reihe verschiedener Viren (z.B. Rhinoviren, Adenoviren etc.) hervorgerufen werden.

Die Ansteckung erfolgt meist durch Tröpfcheninfektion. Dabei werden die Viren einer infizierten Person durch Niesen oder Sprechen durch die Luft gewirbelt und von gesunden Personen durch die Atemwege aufgenommen. Zunächst werden Nasen- und Rachenschleimhaut befallen. Diese schwellen an und produzieren vermehrt Sekret. Das Abwehrsystems des Körpers wird alarmiert, und es kommt zu Allgemeinbeschwerden wie Abgeschlagenheit und Fieber. Besonders häufig treten Erkältungskrankheiten in den Wintermonaten auf. Häufig kommt es zu regelrechten Epidemien. Kinder erkranken dabei weitaus häufiger als Erwachsene. Ein geschwächtes Immunsystem begünstigt die Ausbreitung der Viren.

Je nach Art des Virus können folgende Beschwerden auftreten:
- Schnupfen [←].
- Husten [←].
- Heiserkeit [←].
- Halsschmerzen [←].
- Kopf- und Gliederschmerzen [←].
- Schüttelfrost.
- Fieber [←].
- Abgeschlagenheit.

Beim grippalen Infekt klingen die Beschwerden nach einigen Tagen von selbst ab. Die echte Grippe dauert in der Regel länger und führt zu stärkeren Beschwerden. Aus den mehr oder weniger harmlosen Beschwerden können durch Ausbreitung der Viren und zusätzlichen Bakterienbefall auch ernsthafte Erkrankungen werden. Dabei treten Erkrankungen wie Mandelentzündung, Mittelohrentzündung, Lungenentzündung, Nebenhöhlenentzündung oder Hirnhautentzündung auf.

✓ WAS SIE TUN KÖNNEN

- Warmhalten, jedoch nicht schwitzen (außer bei einer Schwitzkur mit heißem Bad und heißem Tee; anschließend 2 Stunden Bettruhe).
- Körperliche Schonung. Bei Fieber Bettruhe.
- Wichtig ist, ausreichend zu trinken, damit der Schleim sich verflüssigt.
- Für ausreichende Luftfeuchtigkeit sorgen, dann können die feinen Härchen in den Bronchien die Fremdstoffe besser abwehren.
- Gegen die Ursache der Erkrankung, das Virus, gibt es keine Medikamente; man kann jedoch die einzelnen Beschwerden bekämpfen [→dort].
- Es gibt auch sogenannte Grippemittel, die gleichzeitig verschiedene Wirkstoffe gegen Schnupfen, Kopf- und Gliederschmerzen sowie Husten enthalten. Diese Mittel sind jedoch nur sinnvoll, wenn auch all diese Beschwerden auftreten.
- Gegen die typischen Erkältungssymptome werden häufig auch homöopathische Mittel eingesetzt.

WANN SIE ZUM ARZT MÜSSEN

- Wenn die Beschwerden nach einigen Tagen nicht nachlassen.
- Wenn sehr starke Beschwerden auftreten, z.B. hohes Fieber oder starke Halsschmerzen, die auf eine echte Grippe hindeuten.
- Bei Ohrenschmerzen.
- In der Schwangerschaft; wenn Säuglinge und Kleinkinder erkrankt sind oder geschwächte, ältere Patienten.

✗ WAS IHR ARZT TUN KANN

- Der Arzt kann das Ausmaß der Beschwerden feststellen und Medikamente gegen die entsprechenden Symptome verordnen.
- Wenn zu der Virusinfektion noch eine bakterielle Infektion hinzugekommen ist, werden oft antibakterielle Mittel verordnet.

VORBEUGUNG

- Stärkung des Immunsystems [→Abwehrsteigerung].
- Weder zu leichte noch zu warme Kleidung tragen.
- Zu erkrankten Personen Abstand halten.
- Die Einnahme von ca. 1g Vitamin C pro Tag soll grippalen Infekten vorbeugen.
- Gegen die echten Grippeviren ist eine Impfung mit dem jeweils "aktuellen" Grippevirus möglich

ERSCHÖPFUNG UND MÜDIGKEIT

Wer ständig erschöpft und müde ist, fühlt sich den Anforderungen des Alltags nicht gewachsen und verliert das Interesse an Hobbys und sozialen Kontakten. Vor allem Frauen mit Familie belasten sich häufig über den Punkt körperlicher und seelischer Erschöpfung hinaus. Oft kommt es zu körperlichen Begleiterscheinungen wie Schwarzwerden vor den Augen beim Aufstehen, Neigung zu Schweißausbrüchen und kalten Händen, Wetterfühligkeit sowie beschleunigtem Pulsschlag. Sehr oft besteht auch eine erhöhte Anfälligkeit für Infektionskrankheiten. Psychische Begleiterscheinungen sind Leistungs- und Konzentrationsschwäche, Schlafstörungen, Überforderungsgefühl, Antriebslosigkeit und Freudlosigkeit.

Erschöpfungszustände treten sehr häufig nach schweren Erkrankungen ein. Der Körper ist durch die Verarbeitung der Krankheit geschwächt, oft liegen auch Mangelzustände an Vitaminen, Mineralien oder Spurenelementen vor. Vor allem bei älteren Menschen beobachten Ärzte häufig, daß ein grippaler Infekt noch Wochen und Monate über die akuten Symptome hinaus anhält und sich in Müdigkeit und Antriebsschwäche äußert. Immer häufiger tritt das chronische Müdigkeitssyndrom, kurz CMS genannt, auf. Bleierne Müdigkeit und Erschöpfung, schon nach geringen Belastungen, sind die Leitsymptome dieses Krankheitsbildes. Weitere körperliche Beschwerden können dazukommen: Muskel- und Gelenkschmerzen, Lymphknoten- und Mandelschwellung, erhöhte Körpertemperatur, Kreislaufstörungen und Kopfschmerzen. Die Ursache der Erkrankung ist bisher nicht bekannt, eine Beteiligung des Immunsystems ist jedoch wahrscheinlich. Am Anfang des chronischen Müdigkeitssyndroms stehen oft eine Grippe oder grippeähnliche Beschwerden.

HÄUFIGSTE URSACHEN

- Nachwirkung schwerer Erkrankungen.
- Niedriger Blutdruck [←].
- Streß [←].
- Depressive Verstimmungen [→Schlafstörungen und psychovegetative Beschwerden].
- Schlafstörungen [→Schlafstörungen und psychovegetative Beschwerden].
- Eisenmangel [←], Jodmangel [←].

✓ WAS SIE TUN KÖNNEN

- Gegen die Nachwirkungen schwerer Erkrankungen: Die körperliche Regeneration mit Vitamin B12-Präparaten in Kapsel- oder Trinkampullenform unterstützen und in der Genesungszeit einem Vitaminmangel durch die Gabe von Multivitaminpräparaten vorbeugen.
- Bei niedrigem Blutdruck: morgens langsam aufstehen, Bürstenmassage und Wechselduschen, belebende Dusch- oder Badezusätze mit Rosmarin verwenden, morgens Kaffee oder schwarzen Tee trinken. Sport und viel Bewegung zwischendurch. Tagsüber ausreichend viel trinken. Am besten Kräutertees und natriumreiche Mineralwasser.
- Bei Streß: Signale der Erschöpfung ernstnehmen. Nicht alles immer perfekt machen wollen, Aufgaben abgeben. Sich zugestehen, auch einmal gar nichts zu tun. Reizüberflutung, z.B. durch Radio, Fernsehen vermeiden.
- Bei depressiven Verstimmungszuständen: leichte depressive Verstimmungszustände sprechen gut auf eine Behandlung mit Johanniskraut oder Kava-Kava-Wurzel an. Im Winter häufig bei Tageslicht im Freien aufhalten, denn bei kürzeren Tagen schaltet bei vielen Menschen der Organismus auf Schongang und das bewirkt häufig ein Stimmungstief.
- Bei Schlafstörungen: Einschlafrituale und Schlafplatz überprüfen, z.B. nicht zuviel Alkohol vor dem Schlafengehen und ein ruhiger Raum zum Schlafen sind wichtige Voraussetzungen. Warme Bäder mit schlaffördernden Kräuterzusätzen nehmen.
- Chronisches Müdigkeitssyndrom: Stärkung des Immunsystems mit Vitaminen und Nährstoffen oder anderen Präparaten zur Abwehrsteigerung [←].

WANN SIE ZUM ARZT MÜSSEN

- Bei dauernder Müdigkeit in Verbindung mit den obengenannten Symptomen.

✗ WAS IHR ARZT TUN KANN

- Ausschluß schwerer organischer Erkrankungen.

- Feststellung von niedrigem Blutdruck, Eisen- oder Jodmangel oder chronischem Müdigkeitssyndrom.
- Die Ursachen der Müdigkeit behandeln.
- Vorschläge für eine Therapie zur Minderung der Müdigkeitssymptome machen.

VORBEUGUNG

- Stärkung des Immunsystems: ausgewogene, vollwertige Ernährung, Sport und Bewegung, nicht rauchen, wenig Alkohol, ausreichend Schlaf und Entspannung.

FIEBER UND GLIEDERSCHMERZEN

Fieber ist keine Krankheit, sondern zeigt an, daß der Körper mit einer Krankheit kämpft. Man spricht von Fieber, wenn die Körpertemperatur über 38°C ansteigt. Fieber kann man im Enddarm (rektal), unter der Zunge oder in der Achselhöhle messen. Die rektal gemessene Temperatur fällt um ca. 0,4°C höher aus als die Temperatur, die an den anderen genannten Stellen gemessen wird. Temperaturen über 41°C können gefährlich werden. Meist ist das Fieber am späten Nachmittag am höchsten. Kinder bekommen besonders leicht Fieber. Ein Anstieg des Fiebers geht meist mit Frieren (Schüttelfrost) einher. Das Abfallen des Fiebers kündigt sich durch Schwitzen an. Zu dem Fieber kommen häufig Kopfschmerzen und unangenehme Gliederschmerzen ("einem tut alles weh").
In der Regel ist Fieber die Folge einer Infektion mit Viren oder Bakterien. Der Körper setzt nach Kontakt mit den Erregern bestimmte Stoffe frei, die zu einer Erhöhung der Körpertemperatur führen. Durch den Anstieg der Temperatur gehen viele Bakterien und Viren zugrunde. Fieber hilft also diese Erreger im Organismus zu bekämpfen. Leichtes Fieber sollte deshalb auch nicht gleich medikamentös gesenkt werden. Erst ab ca. 39,5°C wird Fieber behandlungsbedürftig. Fieber kann jedoch auch bei nichtinfektiösen Krankheiten auftreten.

HÄUFIGSTE URSACHEN

- Erkältung, Grippe, Bronchitis etc. [→Erkältung und grippale Infekte].
- Nieren- und Blaseninfektionen [→Blasenentzündung].
- Magen-Darminfekte.
- Zahnschmerzen [←].
- Brustdrüsenentzündung [←].
- Blutvergiftung.
- Rheuma [←].
- Malaria.
- Bei Säuglingen: Zahnen, Flüssigkeitsverlust, Drei-Tage-Fieber.
- Bei Säuglingen, Kleinkindern und Kindern: Pseudokrupp [←], Infektionskrankheiten im Kindesalter, z.B. Mumps, Masern usw.

✓ WAS SIE TUN KÖNNEN

- Fieber unter 38,5°C muß nicht behandelt werden, außer bei Kindern, die zu Fieberkrämpfen neigen oder bei alten, geschwächten Menschen.
- Bettruhe und Schonung.
- Viel trinken, da sonst der Flüssigkeitsverlust das Fieber noch mehr in die Höhe treibt. Dies ist bei kleinen Kindern und älteren Menschen besonders wichtig, da diese sehr leicht "austrocknen".
- Kinder nicht zu warm einpacken, damit es keinen Wärmestau gibt.
- Bei höheren Temperaturen helfen Wadenwickel, bei denen die Unterschenkel 20 Minuten lang mit kühlen Tüchern umwickelt werden.
- Ansteigendes Fieber mit Schüttelfrost kann mit einer Schwitzkur behandelt werden. Dazu Holunderblütentee oder Lindenblütentee sehr heiß trinken, ein heißes Erkältungsbad nehmen, anschließend mindestens 2 Stunden Bettruhe halten.

– Tabletten oder Zäpfchen mit Paracetamol oder Acetylsalicylsäure wirken fiebersenkend und helfen gleichzeitig gegen Kopf- und Gliederschmerzen. Paracetamolzäpfchen (125 mg) dürfen auch Säuglingen gegeben werden.

WANN SIE ZUM ARZT MÜSSEN

- Erwachsene bei Fieber mit ungeklärter Ursache, z.B. bei Verdacht auf Blinddarmentzündung (Bauchschmerzen) oder Mittelohrentzündung (Ohrenschmerzen).
- Erwachsene bei Temperaturen über 39,5°C.
- Erwachsene bei Fieber nach einer Reise in die Tropen.
- Säuglinge und Kleinkinder bei Fieberkrämpfen oder Neigung dazu.
- Säuglinge und Kleinkinder bei mehr als 3 Tage anhaltendem hohen Fieber.

WAS IHR ARZT TUN KANN

- Feststellen der Ursache des Fiebers und entsprechende Therapie.
- Wenn nötig, Flüssigkeitsverlust ausgleichen.

VORBEUGUNG

■ Ein Thermometer sollte immer im Haus sein. Die genaue Messung der Temperatur ist sehr wichtig, denn sie entscheidet über die nowendigen Maßnahmen. Für Kinder gut geeignet sind Digitalthermometer. Gegenüber herkömmlichen Fieberthermometern haben Digitalthermometer den Vorteil der sehr kurzen Meßzeit (weniger als 1 Minute). Hinzu kommt, daß sie ohne Quecksilber funktionieren. (Quecksilber ist giftig, Problem beim Auslaufen von Fieberthermometern)..

FOLSÄURE-MANGEL

Folsäure ist ein wasserlösliches Vitamin und gehört zur Gruppe der B-Vitamine. Die von den Darmbakterien produzierten Mengen an Folsäure reichen nicht aus, um den täglichen Bedarf von ca. 0,2mg zu decken. Folsäure muß also über die Ernährung zugeführt werden. In der Schwangerschaft steigt der Bedarf an Folsäure. Die Deutsche Gesellschaft für Ernährung (DGE) empfiehlt daher, die tägliche Folsäurezufuhr auf 0,4mg zu verdoppeln. Diese Empfehlung ist jedoch bei gleichzeitigem Hinweis, die tägliche Kalorienzufuhr in der Schwangerschaft nur um 13% zu erhöhen, kaum umzusetzen. Deshalb sollte in der Schwangerschaft ein Folsäurepräparat eingenommen werden. In Normalsituationen kann Folsäure in ausreichender Menge leicht durch eine ausgewogene Ernährung zugeführt werden. Dabei sollte bedacht werden, daß Folsäure durch Lagern und Kochen der Lebensmittel zerstört werden kann, z.B. bei hitzebehandelter Kuhmilch als Säuglingsnahrung.

FOLSÄURE IST ENTHALTEN IN

- Leber,
- grünem Blattgemüse, z.B. Spinat,
- Hülsenfrüchten,
- Milch und Käse.

FOLSÄURE IST WICHTIG FÜR

- Zellteilung beim Erwachsenen.
- Entwicklung und Wachstum beim Embryo.
- Bildung der roten Blutkörperchen, wie auch Vitamin B12.

FOLSÄUREMANGEL FÜHRT ZU

- Fehlgeburten und Fehlbildungen des Emryos

(offener Rücken) in der Schwangerschaft.
- Blutarmut (Anämie) [→Vitamin B12-Mangel].

ÜBERDOSIERUNG FÜHRT ZU

- Magen-Darm-Beschwerden.

FOLSÄUREMANGEL TRITT AUF

- bei Alkoholmißbrauch.
- bei Einnahme bestimmter Medikamente (z.B. der Antibabypille).
- bei Verdauungsstörungen.

FOLSÄUREPRÄPARATE

- Tabletten (2-5mg) oder Injektionslösung. Am besten schon bei Kinderwunsch einnehmen, auf jeden Fall aber ab der Frühschwangerschaft.
- Fertige Säuglingsmilch ist mit Folsäure angereichert.

FROSTBEULEN

Frostbeulen oder **Erfrierungen** sind Gewebeschädigungen, die durch feuchte Kälte (Temperaturen um den Gefrierpunkt) oder trockene Kälte (Temperaturen deutlich unter 0°C) hervorgerufen werden. Durch die Kälteeinwirkung bilden sich zwischen den Zellen Eiskristalle und die Zellen werden somit zerstört. Es kommt zum Zusammenklumpen roter Blutkörperchen und dadurch zum Verschluß der Gefäße (Thrombus). Dies führt zu Durchblutungsstörungen und schließlich zum Absterben des Gewebes. Besonders betroffen sind Finger, Fußzehen, Nase und Ohren. Zunächst tritt Rötung auf, dann Blasenbildung, ähnlich wie beim Sonnenbrand. Bei schweren Erfrierungen bilden sich weiße, harte, kalte Hautstellen, die sich nach dem Auftauen schwarz verfärben, anschwellen und schmerzen können. Das Gewebe ist oberflächlich abgestorben. Beschwerden, wie Schmerzen oder Empfindlichkeit gegenüber Temperaturschwankungen, können noch jahrelang immer wieder auftreten.

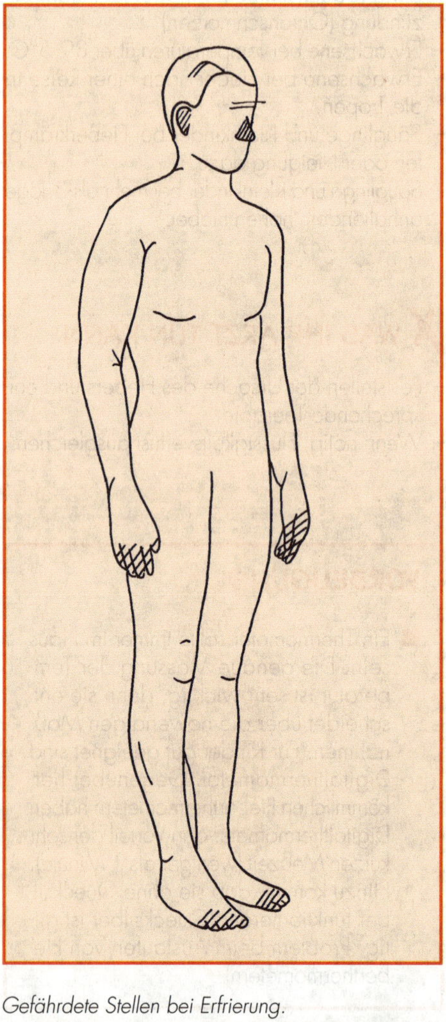

Gefährdete Stellen bei Erfrierung.

HÄUFIGSTE URSACHEN

- Unzureichende Kleidung.
- Zusätzliche Risiken sind alle Zustände, die schon mit Durchblutungsstörungen einhergehen können: z.B. Arterienverkalkung, Alkohol- oder Drogenmißbrauch, Erschöpfung oder Hunger.
- Ältere Menschen und Kinder sind besonders gefährdet.
- Zu enge Schuhe behindern ebenfalls die Durchblutung.

✓ WAS SIE TUN KÖNNEN

- Erwärmen der betroffenen Stellen unter warmem (nicht heißem) Wasser oder durch Aufwärmen mit warmen, trockenen Händen. Nie mit Schnee abreiben!
- Wiederholtes Auftauen und Einfrieren vermeiden. Betroffene Stellen lieber zunächst im gefrorenen Zustand belassen.
- Heiße Getränke trinken. (Keinen Alkohol, da er die Gefäße der Haut erweitert und dadurch zusätzlich Wärme verlorengeht!).
- Es können sehr starke Schmerzen auftreten, auch beim Wiedererwärmen. Eventuell ein leichtes Schmerzmittel einnehmen.
- Durchblutungsfördernde Salben, z.B. mit Heparin, können helfen.

WANN SIE ZUM ARZT MÜSSEN

- Bei schweren Erfrierungen.

✗ WAS IHR ARZT TUN KANN

- Gabe von gefäßerweiternden Medikamenten.
- Vermeidung einer Infektion der betroffenen Stellen.
- Bei schweren Erfrierungen sind chirurgische Maßnahmen nötig.

VORBEUGUNG

- Angemessene warme Kleidung.
- Besonders wichtig ist die Kopfbedeckung, da der Körper über den Kopf einen großen Teil seiner Wärme abstrahlt.
- Nicht zu enge Schuhe oder Handschuhe tragen.
- Nasse Kleidung möglichst sofort wechseln, da sie sonst anfrieren kann. Aus dem gleichen Grund kein Metall an oder auf der Haut tragen (Ohrringe, Reißverschlüsse).

FURUNKEL

Furunkel sind plötzlich auftretende, weiche, entzündete Knötchen, die tief unter der Haut sitzen und sehr schmerzhaft sein können. Sie treten um eine Haarwurzel auf, meist an Nacken, Brust, Gesicht oder Gesäß. Wenn das Knötchen reif ist, öffnet es sich meist von alleine und es fließt Eiter ab. Oft bleibt danach eine Narbe zurück. Eine Gruppe von Furunkeln nennt man Karbunkel.

HÄUFIGSTE URSACHEN

- Durch eine Bakterieninfektion (Staphylokokken) entzündet sich das Gewebe um eine Haarwurzel.
- Schlechter körperlicher Allgemeinzustand und mangelnde Hygiene begünstigen die Entstehung eines Furunkels.

✓ WAS SIE TUN KÖNNEN

- Feuchtwarme Umschläge, damit der Furunkel reift und sich entleert.

- Auftragen einer sogenannten Zugsalbe, z.B. mit Terpentinöl oder Ichthyol.
- Achtung, Ansteckungsgefahr! Um Ansteckung zu vermeiden, Hände mit desinfizierender Seife waschen.

WANN SIE ZUM ARZT MÜSSEN

- Wenn mehrere Furunkel auftreten (Karbunkel).
- Wenn die Furunkel immer wiederkehren.
- Wenn Furunkel im Gesicht auftreten.
- Wenn die Furunkel schlecht heilen.
- Wenn Fieber hinzukommt.

✗ WAS IHR ARZT TUN KANN

- Verordnung eines Antibiotikums zum Einnehmen.
- Öffnen des Furunkels.

FUßPILZ

Fußpilz ist eine der "häufigsten" Hauterkrankungen und kann durch verschiedene Erreger, z.B. Fadenpilze (Dermatophyten) oder Hefepilze (Candida), hervorgerufen werden [→auch Pilzinfektion].
Es kommt zu Entzündungen und Nässen, Hautabschuppungen oder Blasenbildung mit Juckreiz zwischen den Zehen. Später können auch die Fußsohlen, besonders die Fußlinien und die Zehennägel, befallen werden [→Nagelpilz].

HÄUFIGSTE URSACHEN

- Die Ansteckung kann überall erfolgen. Besondere "Gefahrenquellen" sind Feuchträume, also Schwimmbäder, Saunen oder öffentliche Duschen.
- Das feuchtwarme Klima im Schuh (besonders im Sommer) ist ideal für die Ausbreitung von Fußpilz.
- Verletzungen des Nagelbettes begünstigen das Eindringen der Pilzkeime in den Fußnagel.

✓ WAS SIE TUN KÖNNEN

- Achtung, Fußpilz ist ansteckend!
- Handtücher und Strümpfe möglichst heiß waschen.
- Schuhe mit Desinfektionsspray desinfizieren.
- Zehenzwischenräume nach dem Baden gut abtrocknen.
- Entfernen der sich abschuppenden Haut.
- Antipilzmittel (Antimykotika) mehrmals täglich in Form von Salben, Pudern oder Sprays auftragen. Um sicher zu gehen, daß es zu keinem Rückfall kommt, muß die Anwendung mindestens zwei bis drei Wochen erfolgen; auch, wenn die Beschwerden schon abgeklungen sind.
- Juckreizstillende Fußbäder oder Cremes, z.B. mit Eichenrinde, anwenden.

WANN SIE ZUM ARZT MÜSSEN

- Wenn Sie nicht sicher sind, ob es sich um einen Fußpilz handelt.
- Wenn die Beschwerden trotz Behandlung stärker werden.

✗ WAS IHR ARZT TUN KANN

- Ausschluß anderer Ursachen für die Beschwerden (z.B. Allergien oder Durchblutungsstörungen in den Beinen [→Arterienverkalkung]).
- Feststellung des möglichen Erregers der Pilzinfektion und Verschreibung eines speziellen Mittels gegen diesen Erreger.

VORBEUGUNG

- In Schwimmbädern und öffentlichen Duschen Badeschuhe tragen.
- Möglichst atmungsaktives Leder-Schuhwerk tragen, besonders im Sommer.
- Leicht schwitzende Füße immer trocken halten, evtl. mit desodorierenden Cremes oder Fußbädern.
- Keine synthetischen Strümpfe tragen, diese fördern das Schwitzen an den Füßen.

FUßPROBLEME

Viele Menschen leiden regelmäßig an geschwollenen und schmerzenden Füßen mit Druckstellen, Schwielen und Hühneraugen [←] sowie an müden und schweren Beinen [→Venenprobleme]. Manchmal kommt es sogar zu Verformungen des Fußes. Kein Wunder, wenn man bedenkt, daß die Füße das gesamte Körpergewicht tragen müssen. Meist werden die Füße zuwenig gepflegt oder sogar falsch behandelt, z.B. durch ungeeignetes Schuhwerk. Besonders Menschen, die beruflich viel stehen müssen, sollten, neben dem täglichen Waschen, ihren Füßen einmal wöchentlich intensive Pflege gönnen. Es gibt eine Reihe von Ursachen für diese Probleme. Schlimm werden die Beschwerden meist, wenn mehrere dieser Ursachen zusammenkommen.

HÄUFIGSTE URSACHEN

- Langes Stehen oder Gehen.
- Große Hitze.
- Unbequeme, zu enge Schuhe, zu hohe Absätze.
- Übergewicht.
- Wassereinlagerungen in den Beinen und Füßen, z.B. in der Schwangerschaft oder kurz vor der Periode.
- Fehlstellung der Füße.
- Venenerkrankungen.
- Durchblutungsstörungen, z.B. bei Arterienverkalkung [←], Diabetes.
- Erkrankungen des rheumatischen Formenkreises.
- Feuchte, schwitzende Füße.

✓ WAS SIE TUN KÖNNEN

- Bequeme, möglichst flache Schuhe tragen, am besten aus Leder o.a. atmungsaktiven Materialien. Absatzhöhe wenn möglich mehrmals am Tag variieren. Wenn spitze Schuhe, dann eine Nummer größer kaufen und vorne mit Watte ausstopfen.
- Wenn nötig, Druckschutzpolster zur Vermeidung von Druckstellen tragen.
- Beine abends hochlegen. Gut sind auch Betten mit erhöhtem Fußteil.
- Fußgymnastik, z.B. mit nackten Füßen Gegenstände aufheben.
- Fußbäder mit durchblutungsfördernden Badezusätzen (z.B. Fichtennadelöl), die auch die Muskulatur der Füße entspannen. Dabei die Füße bis zu den Knöcheln in 36 bis 40°C warmem Wasser etwa 10 Minuten baden. (Diabetiker und Menschen mit Arteriosklerose sollten ihren Arzt fragen).
- Bei feuchten, schwitzenden Füßen Cremes und Badezusätze mit Eichenrinde oder Aluminiumsalzen verwenden.
- Füße nach dem Baden gut abtrocknen und generell trocken halten, z.B. mit desodorierenden Pudern.
- Zuhause so oft wie möglich barfuß laufen (außer bei Diabetes) oder Gesundheitsschuhe tragen.
- Blasen [←], Hornhaut und Hühneraugen [←], eingewachsene Nägel[→Nagelprobleme] und Fußpilz [←] richtig behandeln.
- Auftragen einer Beinlotion oder eines Fußbalsams, z.B. mit Latschenkiefer- oder Roßkastanienextrakt.

WANN SIE ZUM ARZT MÜSSEN

- Wenn starke Schmerzen auftreten oder die Füße/Beine stark geschwollen sind.

✗ WAS IHR ARZT TUN KANN

- Feststellen, ob innere Erkrankungen für die Beschwerden verantwortlich sind.
- Bei Fußfehlstellungen kann der Orthopäde Einlagen verordnen.

VORBEUGUNG

- Möglichst häufig barfuß gehen.
- Vom ersten Schuh an, gut passende und bequeme Schuhe tragen.

GALLENBESCHWERDEN

Die Gallenflüssigkeit, die zur Fettverdauung im Darm benötigt wird, wird von der Leber produziert und in der Gallenblase zwischengelagert. In der Verdauungsphase zieht sich die Gallenblase zusammen und die Gallenflüssigkeit gelangt in den Darm. Die Gallensäuren zerlegen die Fette aus der Nahrung, so daß diese von der Darmschleimhaut aufgenommen werden können. Bei Gallenbeschwerden kommt es zu Schmerzen im rechten Oberbauch, häufig nach einer fettreichen Mahlzeit. Auch wenn die Gallenblase überdehnt ist oder die Gallengänge verkrampft sind, können Gallenkoliken auftreten. Häufig sind Gallensteine die Ursache, da sie die Gallenblasenwand reizen und eine Entzündung auslösen können, oder der Gallengang wird durch Steine blockiert. Gallensteine entstehen, wenn sich Bestandteile der Gallenflüssigkeit zusammenklumpen und bestehen aus Cholesterin, Calcium oder Gallenfarbstoffen. Sehr viele Menschen haben Gallensteine, ohne es zu wissen und ohne daß die Steine Beschwerden verursachen. Die Schmerzen bei Gallengangverstopfung können sehr heftig sein (Koliken), tagelang anhalten und mit Erbrechen, Fieber, Schweißausbrüchen und Kreislaufbeschwerden einhergehen. Durch Gallensteine kann es auch zu einer Entzündung der Gallenblase kommen. Verdauungsprobleme, z.B. Blähungen, entstehen, wenn nicht mehr ausreichend Gallenflüssigkeit ausgeschüttet wird.

HÄUFIGSTE URSACHEN

- Erbliche Veranlagung.
- Übergewicht.
- Zu fett- und eiweißreiche Ernährung.
- Einnahme der Anti-Baby-Pille.
- Leberentzündung [→Leberbeschwerden].

✓ WAS SIE TUN KÖNNEN

- Bei akuten Zuständen Diät aus Breikost, Zwieback und Tee. Im Akutfall keine warmen Auflagen, denn Wärme fördert eine Gallenentzündung.
- Gegen die starken Schmerzen helfen schmerzstillende und krampflösende Mittel (sog. Spasmolytika) als Tabletten oder bei Übelkeit und Erbrechen als Zäpfchen.
- Pflanzliche Präparate als Tee oder Extrakt in Tropfen oder Dragees lindern die Beschwerden. So wirken z.B. Erdrauch und Schöllkraut schmerzhemmend und krampflösend. Artischockenblätter, Pfefferminze und Wermutkraut, Löwenzahn oder Curcuma regen die Gallenproduktion an und bessern somit Verdauungsbeschwerden sowie Entzündungen der Gallengänge und der Gallenblase durch abgesetzte Steine.

WANN SIE ZUM ARZT MÜSSEN

- Bei häufigem Auftreten von unklaren Schmerzen im Oberbauch und Übelkeit nach einer fettreichen Mahlzeit.

✗ WAS IHR ARZT TUN KANN

- Der Arzt kann die Ursache der Beschwerden feststellen.
- Durch Ultraschall und Röntgen lassen sich Größe, Menge, Lage und Art der Steine feststellen.
- Bestimmte Gallensteine lassen sich in einer Langzeittherapie mit Medikamenten auflösen, andere werden mit Schallwellen zertrümmert oder operativ entfernt.

VORBEUGUNG

- Übergewicht reduzieren.
- Zu fette, gebratene oder blähende Kost weitgehend meiden. Lieber 5 kleine Mahlzeiten täglich essen, und allzu üppige Mahlzeiten vermeiden. Dadurch kann eine Kolik nicht verhindert werden, aber Ernährungsumstellung wirkt sich insgesamt bei Gallenleiden positiv aus.
- Alkohol reduzieren. Auf Magenbitter verzichten. Sie sind der Galle weniger zuträglich als ab und zu ein Schnaps.

GEDÄCHTNIS-SCHWÄCHE

Im Alter läßt die Merkfähigkeit nach. Die Betroffenen können sich zwar an weit in der Vergangenheit liegendes erinnern, vergessen aber oft aktuelle Termine, Daten und Namen. Die Ursache ist ein natürlicher Alterungsprozeß, bei dem die Leitungsbahnen und Überträgerstoffe (Neurotransmitter) im Gehirn stetig abnehmen. Die Informationsübertragung von Zelle zu Zelle wird langsamer, die Reaktionsfähigkeit nimmt ab, und die Merkfähigkeit läßt nach. Durch Gedächtnisübungen können die Leitungsbahnen aktiv bleiben, gegebenenfalls sind sie sogar in der Lage, die Verbindungswege wieder neu herzustellen. Voraussetzung dafür ist eine intakte Hirndurchblutung, bzw. ein funktionierender Hirnstoffwechsel. Mangeldurchblutung oder mangelnde Zufuhr an "Gehirnnahrung" (z.B. Glucose) durch verengte Gehirnarterien führt zum Absterben von Gehirnzellen. Die Ursache des Verlustes von Hirnzellen bei der Alzheimer Krankheit ist noch nicht geklärt.

HÄUFIGSTE URSACHEN

- Alterungsprozesse des Gehirns.
- Mangelnde Hirndurchblutung, z.B. bei Arterienverkalkung [←].
- Alzheimer-Erkrankung.
- Alkoholismus.
- Kopfverletzungen, Gehirntumore.
- Psychische Ursachen, z.B. Streß.
- Vitamin-, Mineral-, Spurenelemente-Mangel.

✓ WAS SIE TUN KÖNNEN

- Gedächtnistraining, Denksport, Schach-Spielen, Kreuzworträtsel, Fremdsprachen lernen.
- Kommunikation mit Mitmenschen pflegen. In Gesprächen, Diskussionen und Telefongesprächen müssen Sie unvorbereitet reagieren. Das schult das Gehirn und fördert die Flexibilität.
- Einnahme von pflanzlichen Präparaten als Tropfen, Saft oder Tabletten. Ginkgoextrakt unterstützt die Hirndurchblutung [→Arterienverkalkung] und Ginsengwurzel verbessert Lernprozesse und das Gedächtnis durch Anregung der Gehirnzellentätigkeit.
- Vitamin- oder Mineraltabletten oder Präparate mit Spurenelementen können unterstützend oder vorbeugend eingenommen werden.
- Präparate mit bestimmten Aminosäuren, z.B. Glutamin, können den Hirnstoffwechsel anregen und die Merk- und Konzentrationsfähigkeit verbessern.

WANN SIE ZUM ARZT MÜSSEN

- Bei beginnender Gedächtnisschwäche im Alter zur Abklärung der Ursache.
- Bei plötzlich auftretender, auffälliger Gedächtnis- und Konzentrationsschwäche in jüngeren Jahren.

✗ WAS IHR ARZT TUN KANN

- Grunderkrankungen ausschließen oder entsprechend behandeln.
- Sehleistung und Gehör überprüfen. Durch nicht bekannte, aber bestehende Seh- und Hörfehler entgehen Informationen, was oft fälschlicherweise als Gedächtnisschwäche ausgelegt wird.
- Medikamente verordnen, die den Hirnstoffwechsel und die Hirndurchblutung anregen, z.B. mit Piracetam.

GERSTENKORN UND HAGELKORN

Gerstenkorn und Hagelkorn sind Entzündungen der Augenlidränder. Unter einem **Gerstenkorn** versteht man eine stark schmerzende, druckempfindliche, oft eitrige Entzündung von Schweiß- und Talgdrüsen der Lider, die meist von einer Schwellung des ganzen Lides begleitet wird. **Hagelkörner** sind meist nicht schmerzhafte Knötchen am Lidrand, über denen man die Haut verschieben kann. Sie können bis zu haselnußgroß werden.

HÄUFIGSTE URSACHEN

- Gerstenkörner entstehen durch eine Infektion mit Eiterbakterien (Staphylokokken). Kommt es zu ständig wiederkehrenden Gerstenkörnern, deutet dies auf eine geschwächte Abwehrlage, auf Diabetes oder auf ständige Wiederinfektion (z.B. durch Berühren mit schmutzigen Händen) hin.
- Ein Hagelkorn entsteht durch einen Sekretstau. Die Ursache dafür ist unbekannt.

✓ WAS SIE TUN KÖNNEN

- Durch heiße Umschläge, z.B. mit Kamillenkompressen oder durch Rotlicht, kann die Reifung und Öffnung des Gerstenkorns beschleunigt werden.
- Gerstenkörner können mit antibiotikahaltiger Augensalbe aus der Apotheke behandelt werden.
- Hagelkörner verschwinden oft von alleine.

WANN SIE ZUM ARZT MÜSSEN

- Wenn ein Gerstenkorn stark schmerzt oder sich nicht von alleine öffnet.
- Wenn es ständig zu neuen Gerstenkörnern kommt.
- Wenn ein Hagelkorn nicht von selbst weggeht.

✗ WAS IHR ARZT TUN KANN

- Öffnung des Gerstenkorns oder operative Entfernung des Hagelkorns.

VORBEUGUNG

- Um bei einem Gerstenkorn das umliegende Gewebe vor Infektionen zu schützen, helfen antibiotische Augensalben.

GICHT

Gicht ist eine ernährungsbedingte Erkrankung, die oft anlagebedingt ist und meistens Männer im mittleren Lebensalter betrifft. Durch

eine erhöhte Konzentration von Harnsäure im Blut kommt es zu einer Ablagerung von Harnsäurekristallen in bestimmten Gelenken. Meist sind die Gelenke der großen Fußzehen sowie Knöchel, Knie, Handgelenke und Ellenbogen betroffen. Beim akuten Gichtanfall, der meist nachts auftritt, kommt es zu einer Entzündung mit starken Schmerzen, Schwellung, Rötung und Erwärmung der betroffenen Gelenke. Manchmal kommt auch Fieber hinzu. Unbehandelt wiederholen sich die Anfälle meist unter Zunahme der Schmerzen und der Dauer der Anfälle sowie der Anzahl der betroffenene Gelenke. Die Harnsäurekristalle im Gewebe werden immer größer und vom Gewebe eingekapselt. Dadurch kommt es zur Bildung der typischen Gichtknoten und im weiteren Verlauf zur Verformung der Gelenke. Außerdem kann es zur Ablagerung von Harnstoffkristallen in der Niere und damit zu schweren Nierenschäden [→Harnsteine] kommen.
Harnsäure entsteht im Körper beim Abbau von Purinen. Purine sind in Fleisch, besonders in Innereien, und in Hülsenfrüchten enthalten. Bei einem Harnsäurewert im Blut von über 7mg/dl spricht man von erhöhten Werten.

Der Harnsäurespiegel ist medikamentös beeinflußbar, kann aber meistens schon durch entsprechende Ernährung wieder normalisiert werden.

HÄUFIGSTE URSACHEN

- Erbliche Veranlagung führt zu vermehrter Harnsäurebildung und/oder zu verminderter Harnsäureausscheidung.
- Falsche Ernährung und Übergewicht.

✓ WAS SIE TUN KÖNNEN

- Im akuten Gichtfall die Gelenke kühlen und ein leichtes Schmerzmittel einnehmen.
- Viel trinken. Mindestens 2 Liter täglich, um Nierenablagerungen vorzubeugen. Verzichten Sie auf Alkohol.

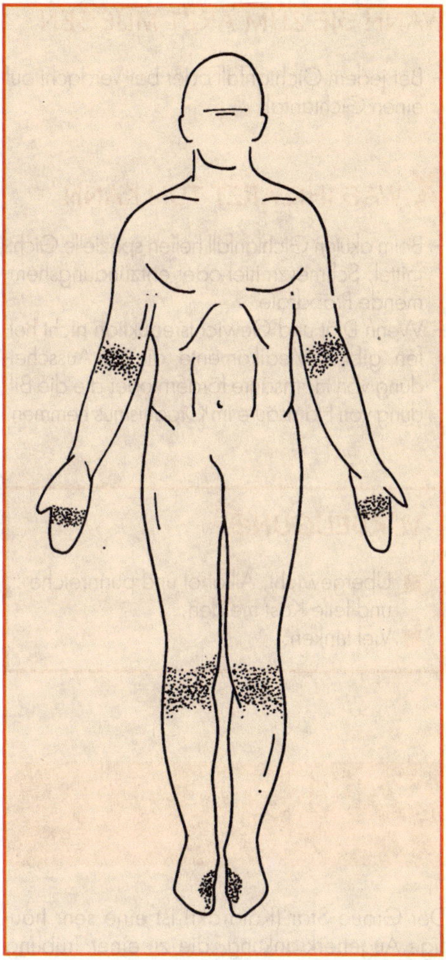

Typische Stellen für Gichtschmerzen. Am häufigsten sind die Zehengelenke betroffen.

- Purinarme Diät durchführen. Meiden Sie Innereien, Fleisch, Meeresfrüchte, Mayonnaise, Hülsenfrüchte, Pilze. Entfernen Sie bei Fleisch, Fisch, Geflügel immer die Haut. Meiden Sie nach einem akuten Anfall diese Speisen völlig.
- Übergewicht reduzieren. Aber nicht mit Radikalkuren, denn extremes Fasten kann Gichtanfälle auslösen.

WANN SIE ZUM ARZT MÜSSEN

- Bei jedem Gichtanfall oder bei Verdacht auf einen Gichtanfall.

✗ WAS IHR ARZT TUN KANN

- Beim akuten Gichtanfall helfen spezielle Gichtmittel, Schmerzmittel oder entzündungshemmende Präparate.
- Wenn Diät und Gewichtsreduktion nicht helfen, gibt es Medikamente, die die Ausscheidung von Harnsäure fördern oder die die Bildung von Harnsäure im Organismus hemmen.

VORBEUGUNG

- Übergewicht, Alkohol und purinreiche und fette Kost meiden.
- Viel trinken.

GRAUER STAR

Der Graue Star (Katarakt) ist eine sehr häufige Augenerkrankung, die zu einer Trübung der Augenlinse führt. Der Graue Star [←] darf nicht mit dem Grünen Star, einer völlig anderen Augenerkrankung, verwechselt werden.

Die Linse sitzt im vorderen Augenabschnitt und dient dazu, daß man Gegenstände sowohl in der Nähe als auch in der Ferne scharf sieht. Dazu kann die Linse ihre Form verändern, sie kann eher flach oder eher kugelförmig werden. Die Aufgabe der Augenlinse entspricht der Aufgabe eines Objektivs beim Fotoapparat. Im Normallfall ist die Linse durchsichtig und klar. Beim Grauen Star verliert die Linse allmählich ihre Durchsichtigkeit und wird trüb. Im fortgeschrittenen Stadium erscheint die Pupille nicht mehr schwarz sondern eher grau.

Es fällt dann nicht mehr ausreichend oder nicht mehr an allen Stellen Licht ins Auge und man sieht verschwommen, wie durch einen Nebelschleier. Erste Anzeichen dieser Erkrankung ist eine erhöhte Blendempfindlichkeit. Meist verschlimmert sich die Krankheit langsam aber stetig, bis schließlich nur noch Hell-Dunkelunterschiede wahrgenommen werden.

HÄUFIGSTE URSACHEN

- Am häufigsten sind Personen ab ca. 60 Jahren betroffen (Altersstar); die Ursache ist unbekannt.
- Als Folge von Diabetes oder Neurodermitis.
- Aufgrund bestimmter Erkrankungen der werdenden Mutter (z.B. Masern, Röteln, Hepatitis) kann es zu einem angeborenen Katarakt beim Kind kommen.
- Als Folge von grellem Licht wie Feuer, Blitz oder durch Röntgenstrahlen.
- Augenverletzungen.

✓ WAS SIE TUN KÖNNEN

- Beim Lesen oder anderen Arbeiten mit den Augen für eine ausreichende, nicht blendende Beleuchtung sorgen.
- Augentropfen helfen nicht bei Linsentrübung.

WANN SIE ZUM ARZT MÜSSEN

- Wenn die oben genannten Beschwerden auftreten.
- Ab ca. 40 Jahren sollten Sie regelmäßig zum Augenarzt gehen.

✗ WAS IHR ARZT TUN KANN

- Operative Entfernung der getrübten Linse und Einsatz einer Kunstlinse.

GRÜNER STAR

Der Grüne Star (Glaukom) gehört zu den häufigsten Erblindungsursachen in den Industrieländern. Man versteht darunter eine Erhöhung des Augeninnendrucks, die mit einer Beeinträchtigung des Sehnervs einhergeht. Meist tritt der Grüne Star im Alter auf.

Das Auge hat im vorderen Augenabschnitt zwei Kammern, die miteinander verbunden und mit einer Flüssigkeit, dem Kammerwasser, gefüllt sind. Dieses Kammerwasser wird im Auge gebildet und fließt durch den Kammerwinkel in einen Kanal ab, der in die Blutbahn führt. Im Regelfall herrscht zwischen Bildung und Abfluß des Kammerwassers ein Gleichgewicht, das dafür sorgt, daß im Auge ein konstanter Druck von ca. 10-20 mm Hg (Quecksilber) besteht.

Häufig sind im Alter die Abflußwege nicht mehr gut durchlässig. Es wird mehr Kammerwasser gebildet als abfließt. Dadurch steigt der Augeninnendruck an. Man spricht von einem **chronischen Glaukom.** In der Regel bemerkt man diesen Anstieg des Kammerwassers nicht. Auf Dauer kommt es jedoch durch die ständige Druckbelastung zu einer Schädigung des Sehnervs. Dadurch verkleinert sich allmählich das Gesichtsfeld (der Bereich, den man aus einer Position sehen kann, ohne den Kopf zu bewegen). Da diese Verkleinerung des Gesichtsfeldes jedoch in der Regel langsam, manchmal auch nur an einem Auge, verläuft, gewöhnt man sich daran, daß man in den Randzonen weniger sieht. Wenn die Sehverschlechterung schließlich bemerkt wird, ist es oft zu spät, da verlorengegangene Sehbereiche in der Regel nicht mehr reaktiviert werden können. Wird jedoch der erhöhte Augeninnendruck rechtzeitig erkannt, so kann er meist gut mit speziellen Augentropfen behandelt werden.

Durch einen plötzlichen Verschluß der Abflußwege kann es auch zu einem **akuten Glaukomanfall** kommen. Dabei steigt der Augeninnendruck in kurzer Zeit sehr stark an. Es kommt zu zahlreichen Beschwerden wie Kopf- und Augenschmerzen, Übelkeit und Erbrechen, Fieber und Schüttelfrost. Das Auge ist gerötet und hart und die Pupille ist extrem weit. In so einem Fall sollte man sofort einen Arzt aufsuchen, da jeder Glaukomanfall zu einer Sehverschlechterung führen kann.

HÄUFIGSTE URSACHEN

- Oft ist der Grüne Star erblich bedingt.
- Altersbedingte Ablagerungen führen zu einer Behinderung der Abflußwege des Kammerwassers. Der Druck steigt langsam an und ist meist mäßig erhöht (chronisches Glaukom).
- Der Winkel im Auge, in dem die Abflußwege des Kammerwassers liegen (Kammerwinkel) ist bei einigen Menschen sehr eng. Es besteht die Gefahr, daß durch bestimmte Einflüsse (z.B. eine Pupillenerweiterung mit Augentropfen) dieser Winkel durch die Iris vollständig verschlossen wird. Dadurch kann es zu einem plötzlichen starken Druckanstieg mit starken Augenschmerzen kommen (akuter Glaukomanfall).
- Verletzungen oder Entzündungen des Auges.
- Durchblutungsstörungen.
- Cortisonbehandlung am Auge.

✓ WAS SIE TUN KÖNNEN

- Zuverlässiges Eintropfen der vom Arzt verordneten Augentropfen. Auch dann, wenn Sie keine Beschwerden verspüren. Oft ist eine lebenslange Therapie notwendig.

WANN SIE ZUM ARZT MÜSSEN

- Wenn Sie Frühsymptome des Glaukoms haben: morgendliche Kopfschmerzen, anfallsweise Sehstörungen mit Augenschmerzen, vorzeitige Alterssichtigkeit, Sehen farbiger Ringe um Lichter.

- Wenn Sie Sehbeschwerden haben.
- Auch wenn Sie keine Sehbeschwerden haben, sollten Sie ab ca. 40 Jahren regelmäßig alle zwei Jahre zum Augenarzt gehen.
- Wenn Sie Beschwerden haben, die auf einen akuten Glaukomanfall (s.o.) hinweisen, sollten Sie sofort in die Klinik gehen.

WAS IHR ARZT TUN KANN

- Der Arzt kann mit einfachen Methoden den Augeninnendruck messen. Außerdem wird er das Gesichtsfeld überprüfen und sich den Augenhintergrund anschauen.
- Bei erhöhtem Augeninnendruck entscheidet der Arzt, ob und welche Therapie sinnvoll ist. Es gibt eine Reihe von Augentropfen (z.B. Beta-Blocker oder Pilocarpin), die den Augeninnendruck senken.
- Außerdem ist eine Operation oder Laserbehandlung möglich.

VORBEUGUNG

- Eine echte Vorbeugung ist nicht möglich.
- Sie sollten jedoch das Rauchen vermeidenn, da dies zu einer verminderten Durchblutung des Sehnervs führt.

HAARPROBLEME

Haare haben keine lebenswichtige Funktion, besitzen aber, da sie unser Erscheinungsbild stark beeinflussen, große Bedeutung für die meisten Menschen.

Jedes Haar bleibt etwa 7 Jahre auf dem Kopf. Dabei ist es 2-6 Jahre in der Wachstumszeit und kommt dann in eine Übergangsphase von 1-2 Wochen. Schließlich tritt das Haar für 3-4 Monate in die Ruhephase ein, bevor es ausgestoßen und durch ein neues ersetzt wird. Schädigungen verkürzen die Wachstumsphase und führen zum verfrühten Übergang in die Ruhephase. Diese verläuft wieder normal, so daß 3-4 Monate später der Haarausfall auftritt, der auf die Schädigung hinweist.

Die häufigsten Haarprobleme sind zu trockenes oder zu fettes Haar, Kopfschuppen und Haarausfall. Zu **trockene Haare** und zu **fette Haare** lassen sich mit den entsprechenden Shampoos, Spülungen und Kuren etwas beeinflussen. Tägliche Kopfwäsche mit geeigneten Shampoos schadet dem Haar in der Regel nicht; nur bei fettigem Haar eher weniger waschen, da durch das Waschen die Talgdrüsen zur Produktion von Fett angeregt werden. Wichtig ist, daß das Haar anschließend stets gut mit klarem Wasser nachgespült und nicht zu heiß gefönt wird. Auch **Kopfschuppen** sind meist nur ein kosmetisches Problem. Es können jedoch auch eine Schuppenflechte [←], ein Ekzem [←] oder Pilze dahinterstecken. Spezielle Schuppenshampoos, die Salicylsäure, Schwefel, Selensulfid oder Teer enthalten, können hier helfen. Ein neues Mittel gegen Pilze (Ketoconazol) wirkt bei durch eine bestimmte Pilzart ausgelösten Kopfschuppen.

Etwa ab dem 25. Lebensjahr beginnt sich das Haar zu verdünnen. Es fallen mehr Haare aus als nachwachsen. Man spricht bei einem Verlust von über 100 Haaren pro Tag von **Haarausfall.** Es gibt verschiedene Arten von Haarausfall, die meisten Formen sind nicht erblich, sondern erworben. Der kreisrunde Haarausfall ist eine Krankheit unbekannter Ursache, die meist schon im Kindesalter beginnt. Es ist möglich, daß bei dieser Krankheit die Haare wieder von selbst nachwachsen, oder daß alle Haare vollständig ausfallen.

HÄUFIGSTE URSACHEN FÜR HAARAUSFALL

- Ein natürlicher Altersvorgang bei Männern, der bis zur Glatze führen kann. Beginn und Intensität sind erblich bedingt.
- Bei Frauen Verdünnung der Haare durch die Hormonumstellung, z.B. in den Wechseljahren, nach der Geburt eines Kindes oder nach dem Absetzen der Antibabypille. In der Schwangerschaft oder während der Einnahme der Antibabypille nimmt die Haardichte häufig zu.
- Mechanische Beanspruchung (z.B. streng abgebundene Haare) oder chemische Belastung (z.B. ständige Dauerwellen oder Färbungen).
- Einnahme starker Medikamente zur Krebstherapie (Chemotherapie) oder Bestrahlung.
- Akute schwere Erkrankungen.
- Streß.
- Blutarmut.
- Mangel an Vitaminen, Mineralstoffen und Spurenelementen oder Aminosäuren.

✓ WAS SIE GEGEN HAARAUSFALL TUN KÖNNEN

- Haarwässer und Shampoos können den Haarausfall nicht ursächlich behandeln.
- Die Häufigkeit des Haarewaschens und -schneidens hat keinen Einfluß auf das Haarwachstum.
- Haartransplantation von eigenen, behaarten Kopfhautstellen auf die unbehaarte Kopfhaut ist möglich, aber teuer und langwierig und oft nicht von dauerhaftem Erfolg.
- Einnahme von innerlichen Präparaten, z.B. mit Hefe, Vitamin B, Biotin oder Aminosäuren.

WANN SIE ZUM ARZT MÜSSEN

- Wenn Sie glauben, daß Ihr Haarausfall hormonell oder durch eine Grunderkrankung bedingt ist.
- Wenn Ihnen mindestens 100 Haare pro Tag ausfallen und Sie die Ursache Ihres Haarausfalls wissen wollen.
- Um eine Grunderkrankung auszuschließen.

✗ WAS IHR ARZT TUN KANN

- Bei Frauen kann die Einnahme eines Hormonpräparates oder die Anwendung eines hormonhaltigen Haarwassers helfen.
- Bei kreisrundem Haarausfall kann unter Umständen eine spezielle Reiztherapie helfen.

HÄMORRHOIDEN

Hämorrhoiden sind sackartige, auch knotenförmige Erweiterungen der Venen des Enddarms oder des Afters. Man unterscheidet zwischen inneren und äußeren Hämorrhoiden.

Äußere Hämorrhoiden sind vergrößerte Venen, die sich bei der Stuhlentleerung durch Pressen prall füllen. Sie versursachen meist erst dann Beschwerden, wenn sich in ihnen Blutgerinnsel bilden, die als kugelige, meist blaue Knoten erkennbar sind und beim Sitzen sowie bei der Stuhlentleerung Schmerzen verursachen. Äußere Hämorrhoiden haben oft einen akuten Auslöser, wie stundenlanges Radfahren oder Sitzen auf harter Unterlage.

Innere Hämorrhoiden entstehen durch Vergrößerungen und Veränderungen der Schleimhautpolster mit Gefäßen, die sich am Übergang vom Enddarm zum After befinden. Diese Polster sind sehr gut mit arteriellem, hellrotem Blut durchblutet.

Es werden vier Stadien unterschieden :

- Hämorrhoiden 1. Grades äußern sich in leichter Schwellung, Juckreiz und Schmerzempfindungen im Analbereich, die Gefäßpolster sind vergrößert.
- Hämorrhoiden 2. Grades werden bei der Stuhlentleerung herausgepreßt, ziehen sich aber von selbst wieder zurück. Auffällig ist der

Abgang von hellrotem Blut mit dem Stuhl. Starker Juckreiz, Brennen und Schleimabsonderungen sind weitere Merkmale.
- Hämorrhoiden 3. und 4. Grades können sich nicht mehr selbständig zurückziehen. Zu starken Schmerzen kommen Entzündungen der Analschleimhaut hinzu.

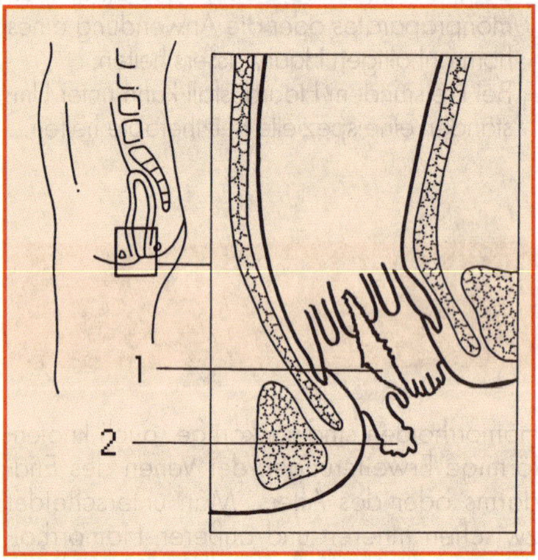

1 Verletzung (Einriß) der Analschleimhaut.
2 Äußerliche Hämorrhoide.

HÄUFIGSTE URSACHEN

- Die Neigung zu Hämorrhoiden kann erblich bedingt sein, bei Veranlagung zu Bindegewebsschwäche.
- Die Entstehung von Hämorrhoiden wird begünstigt durch: häufige Verstopfung und ballaststoffarme Ernährung, regelmäßige Einnahme von Abführmitteln, starkes Pressen beim Stuhlgang, Übergewicht und Bewegungsarmut ("sitzende Berufe").
- Hämorrhoiden verursachen häufig Beschwerden in der Schwangerschaft.

✓ WAS SIE TUN KÖNNEN

- Beseitigung der Verstopfung [←] durch Einnahme von Quellmitteln wie Leinsamen, Kleietabletten oder -pulver oder Flohsamenpräparate und viel Flüssigkeit.
- Die auftretenden Beschwerden können medikamentös behandelt werden, die Hämorrhoiden selbst lassen sich damit jedoch nicht beseitigen. Dazu stehen eine Reihe von Medikamenten zur Verfügung, die zum einen Schmerzen, Brennen und Juckreiz stillen, (sog. Lokalanästhetika) und zum anderen blutstillend wirken (z.B. Zink - oder Wismutsalze). Die blutstillenden Substanzen wirken auch positiv bei Rissen und Schrunden (Analfissuren) in der Afterschleimhaut, weil sie zusätzlich flüssigkeitsbindend und entzündungshemmend wirken. Außerdem gibt es eine Reihe von pflanzlichen Medikamenten zur Hämorrhoidenbehandlung, die entzündungshemmend und abschwellend wirken oder auch blutstillend, z.B. Roßkastanien-, Hamamelis- oder Eichenrindenextrakte. Diese Stoffe sind in Form von Salben, Zäpfchen, speziellen Tamponaden oder Sitzbädern erhältlich und wirken somit direkt vor Ort. Auch Salben sollten mit einem Analrohr versehen sein, damit die Salbe direkt an die inneren Hämorrhoiden herangebracht werden kann.
- Auf gute Analhygiene achten. Nach dem Stuhlgang After mit weichem Papier oder besser mit speziellen Feuchttüchern sorgfältig reinigen.

WANN SIE ZUM ARZT MÜSSEN

- Wenn diese Beschwerden erstmalig auftreten, muß unbedingt ein Arzt aufgesucht werden, denn es kann sich dabei auch um weniger harmlose Erkrankungen handeln (z.B. Dickdarmkrebs).

✗ WAS IHR ARZT TUN KANN

- Ausschluß anderer Ursachen für die Beschwerden.
- Verschreibung von stärker entzündungshemmenden Salben oder Zäpfchen.
- Operative Entfernung oder Verödung der Hämorrhoiden.

VORBEUGUNG

- Für gute Verdauung und regelmäßige Darmentleerung sorgen (ballaststoffreiche Kost, viel trinken, Bewegung).

HALSSCHMERZEN

Halsschmerzen können als isolierte, durch Viren oder Bakterien verursachte Infektion auftreten; meist sind sie jedoch "Bestandteil" einer Erkältung. Durch die Krankheitskeime kommt es zu einer Entzündung der Schleimhaut im Halsbereich. Je nachdem wo sich die Erreger ansiedeln, unterscheidet man zwischen einer Rachenschleimhautentzündung (Pharyngitis), Stimmband- oder Kehlkopfentzündung (Laryngitis) oder einer Mandelentzündung (Angina). Als Beschwerden treten Rötung, Kratzen und Schmerzen im Hals, Schluckbeschwerden und bei Angina geschwollene und gerötete Mandeln auf. Die Schluckbeschwerden entstehen durch ein Anschwellen des "Zäpfchens" im hinteren Gaumenbereich infolge der Entzündung. Bleiben Kehlkopf oder Stimmband entzündet, kommt es zusätzlich zu Heiserkeit [←]. Oft sind, als Zeichen einer alarmierten Immunabwehr, die Lymphknoten an Unterkiefer und Hals geschwollen. Außer durch Bakterien und Viren können Halsschmerzen, bzw. die Entzündung im Hals, auch durch Überbeanspruchung der Stimme und Reizung der Atemwege ausgelöst werden.

HÄUFIGSTE URSACHEN

- Erkältung, Grippe [←].
- Überbeanspruchung der Stimme durch Singen, Schreien.
- Reizung der Atemwege durch Rauchen oder staubige, trockene Luft.
- Andere Erkrankungen, z.B. Drüsenfieber, Pseudokrupp, Mumps.

✓ WAS SIE TUN KÖNNEN

- Viel trinken.
- Warm halten, insbesondere Hals und Brust, aber nicht schwitzen.
- Im Winter die Raumluft feucht halten.
- Desinfizierende Gurgellösungen, Mundsprays oder Lutschtabletten (z.B. mit Hexetidin oder Cetylpyridiniumchlorid) können helfen.
- Bei leichter Rötung und Schmerzen wirken entzündungshemmende Lutschtabletten oder Spüllösungen (z.B. Kamillen- oder Salbeiextrakte zum Spülen, dexpanthenolhaltige Tabletten zum Lutschen).
- Bei Schmerzen und Schluckbeschwerden helfen Lutschtabletten oder Sprays mit oberflächlichen Betäubungsmitteln.
- Bei stärkeren Schmerzen sind entzündungshemmende Schmerztabletten zum Einnehmen mit Acetylsalicylsäure oder mit Paracetamol sinnvoll, die gleichzeitig Fieber senken.
- Die lokale Anwendung von Antibiotika ist nicht sinnvoll.

WANN SIE ZUM ARZT MÜSSEN

- Wenn die Beschwerden schlimmer werden oder sich nach ca. drei Tagen nicht bessern.
- Bei Verdacht auf Mandelentzündung.
- Wenn Atembeschwerden auftreten.

✗ WAS IHR ARZT TUN KANN

- Feststellen des Erregers der Infektion oder einer anderen Ursache. Bei einer bakteriellen Infektion wird mit antibakteriellen Mitteln behandelt.
- Bei häufigen Mandelentzündungen kann es sinnvoll sein, die Gaumenmandeln zu entfernen.

VORBEUGUNG

- Wie bei Erkältungskrankheiten [→Erkältung und grippale Infekte].

HARNSTEINE

Harnsteine sind Salze, die in der Niere, der Blase oder den Harnwegen auskristallisieren. Häufig bestehen die Steine aus Calciumoxalat, Harnstoff, Calciumphosphat oder Zystin; alles Stoffe, die unlösliche Verbindungen bilden. Die Steine können sehr klein sein (Nierengries), aber auch das ganze Nierenbecken ausfüllen. Männer sind hierfür anfälliger als Frauen.

Wenn die Steine von der Niere in die Harnleiter wandern, kann es zu einem akuten Steinanfall kommen. Plötzlich treten heftige krampfartige oder stechende Schmerzen in der Lendengegend auf (Nierenkoliken). Meist strahlen die Schmerzen auch auf die nichtbetroffene Seite aus. Manchmal werden die Schmerzen durch Schüttelfrost, Erbrechen, Harndrang oder Blut im Urin begleitet. Oft werden die Steine dabei ausgespült.
Wenn die Steine zu groß zum Wandern sind, kommt es zu chronischen Nierensteinen. Oft verursachen chronische Nierensteine kaum Beschwerden. Durch eine ständige Reizung der Nierenbeckenschleimhaut kann es jedoch zu einer chronischen Nierenbeckenentzündung kommen.

HÄUFIGSTE URSACHEN

- Störungen des Calciumstoffwechsels.
- Störungen des Harnsäurestoffwechsels.
- Zu geringe Flüssigkeitszufuhr.
- Falsche Ernährung mit zuviel Eiweiß, Fett, Calcium.
- Chronische Harnwegsinfekte.
- Langzeit-Schmerzmittelmißbrauch.
- Andere Erkrankungen, die den Harnabfluß behindern und dadurch zu einer Konzentrierung des Harns führen.

✓ WAS SIE TUN KÖNNEN

- Sie sollten bei ersten Anzeichen von Harnsteinen zum Arzt gehen.
- Viel trinken, damit Nierengries oder Steine sich nicht ablagern, sondern evtl. ausgespült werden.
- Pflanzliche Tropfen oder Dragees einnehmen, die die Durchspülung der Harnwege fördern, z.B. mit Schachtelhalm, Birkenblättern, Hauhechel.

WANN SIE ZUM ARZT MÜSSEN

- Beim geringsten Verdacht auf Nierensteine, bzw. Nierenbeckenentzündung. Also bei Krämpfen, Schmerzen, Fieber usw.
- Generell bei Blut im Urin.

✗ WAS IHR ARZT TUN KANN

- Durch verschiedene Untersuchungen kann er die Lage und Größe der Steine feststellen und daraufhin eine entsprechende Behandlung einleiten, z.B. Zertrümmerung der Steine mit Ultraschall oder Entfernung mit einer Sonde.
- Kombinationstherapie aus krampflösenden, durchspülenden Medikamenten, Wärme, Bewegung und viel Flüssigkeit zusammenstellen.
- Die Steine können mit einer medizinischen Schlinge entfernt werden, wenn sie günstig liegen.
- Größere Steine werden mit Stoßwellenbehandlung (Ultraschall) zertrümmert.
- In manchen Fällen ist ein operativer Eingriff notwendig.
- Die entfernten Steine werden auf ihre Zusammensetzung untersucht.
- Ernährungsberatung, wenn analysiert ist, aus welchen Salzen die Steine bestehen.
- Bei starken Schmerzen kann der Arzt Schmerztabletten und krampflösende Mittel verordnen.

VORBEUGUNG

- Immer reichlich trinken, besonders bei heißem Wetter, starkem Schwitzen, Fieber etc.
- Eine Diät kann sinnvoll sein. Besonders, wenn schon einmal Steine vorhanden waren und deren Zusammensetzung bekannt wurde, sollten die betreffenden Substanzen in der Nahrung weitgehend gemieden werden. Bei Harnsäuresteinen sollte hoher Fett- und Fleischkonsum sowie der Verzehr von Innereien vermieden werden. Bei Calciumoxalatsteinen ist es sinnvoll, auf Milch- und Milchprodukte (Calcium) sowie Spinat, Rhabarber und Tomaten (Oxalat) zu verzichten.

HAUTALLERGIE

Eine Hautallergie kann durch Substanzen, die direkt mit der Haut in Kontakt kommen (Kontaktallergie) oder durch Nahrungsmittel hervorgerufen werden. Es kommt zu einer Überempfindlichkeitsreaktion [→Allergie], die sich in rotem, juckendem Hautausschlag äußert (Nesselsucht). Allergische Hautausschläge können innerhalb von wenigen Sekunden nach Kontakt mit der allergisierenden Substanz auftreten. Durch einen Allergietest [→Allergie] läßt sich herausfinden, gegen welche Stoffe der Körper allergisch reagiert. Manche Stoffe führen erst zusammen mit Sonnenlicht zu einer Allergie, man bezeichnet das als photoallergische Reaktion. Zu den Hautallergien zählt auch die Sonnenallergie [←].

HÄUFIGSTE URSACHEN

Stoffe, die häufig eine Hautallergie auslösen, sind

- Metalle wie Nickel oder Chrom.
- Medikamente, z.B. Penicillintabletten oder Salben mit pflanzlichen Bestandteilen.
- Tierhaare.
- Kosmetika.
- Pflanzen.

✓ WAS SIE TUN KÖNNEN

- Versuchen, die allergieauslösenden Stoffe, soweit sie bekannt sind, zu meiden.
- Einnahme von hochdosierten Calciumpräparaten, z.B. als Brausetabletten, zur Vorbeugung.
- Gegen den Juckreiz [←] helfen juckreizstillende Salben oder Gele mit örtlich betäubenden Substanzen (Lokalanästhetika) oder mit Bufexamac.
- Gegen alle Symptome der Allergie an der Haut wirken antiallergische Salben oder Gele (sog. Antihistaminika).
- Bei starken Beschwerden helfen Antiallergika (sogenannte Antihistaminika) in Tabletten- oder Tropfenform.

WANN SIE ZUM ARZT MÜSSEN

- Wenn Sie die allergieauslösenden Substanzen nicht kennen.
- Wenn die Allergie im Schleimhautbereich des Rachens oder des Kehlkopfes auftritt.
- Wenn zusätzlich Atembeschwerden auftreten.
- Bei starkem Durchfall bei Nahrungsmittelallergien.
- Wenn das Allgemeinbefinden gestört ist und es zu Fieber, Übelkeit, Schwindel kommt.
- Wenn sich der Hautausschlag nicht bessert.

WAS IHR ARZT TUN KANN

- Durch einen Allergietest die allergisierende Substanz herausfinden.
- Verordnung von antiallergischen Tabletten, z.B. mit Antihistaminika.

VORBEUGUNG

- Neue Kleidungsstücke vor dem ersten Tragen waschen.
- Beim Sonnenbad möglichst keine Kosmetika oder Parfüms benutzen (Ausnahme: Sonnenschutzmittel).
- Bei häufigen Arbeiten mit Chemikalien (z.B. Reinigungsmittel, Lacke) am besten PVC-Handschuhe und darunter Baumwollhandschuhe tragen.
- Keinen Modeschmuck mit Nickel oder Chrom auf der Haut tragen.
- Allergiegetestete Hautreinigungsmittel und Kosmetika benutzen.
- Weitere Maßnahmen [→Allergie].

HAUTPFLEGE

Bei der richtigen Hautpflege kommt es darauf an, die natürlichen Schutzmechanismen der Haut zu erhalten und zu verbessern. Der doppelte Schutzmechanismus der Haut besteht zum einen aus der hauteigenen Besiedlung von Keimen, die verhindern, daß sich krankmachende Mikroorganismen ungehindert ausbreiten können. Zum anderen bildet eine feine Schicht aus Talg, Schweiß und darin enthaltenen Stoffwechselprodukten auf unserer Haut eine Barriere gegen Eindringlinge. Dieser Film überzieht die gesamte Hautoberfläche und hält sie geschmeidig. Durch den leicht sauren pH-Wert zwischen 5 und 6 werden krankmachende Keime an der Vermehrung gehindert. Man bezeichnet diesen Schutzmechanismus der Haut als Säureschutz. Bei der Reinigung mit Seife, die üblicherweise einen pH-Wert von 9 bis 12 hat, wird der Säureschutz aufgehoben. Gesunder Haut schadet das nicht, nach ein bis zwei Stunden ist der saure Mantel wieder aufgebaut. Bei empfindlicher, angegriffener Haut oder älteren Menschen kann jedoch die Reinigung mit Syndets besser sein, sie sind alkalifrei und wie die Haut leicht sauer eingestellt. Sie schonen den Säureschutzmantel und lassen die Haut nicht so leicht aufquellen (Mikroorganismen können in gequollene Haut leichter eindringen).

Grundsätzlich entzieht jeder Waschvorgang der Haut Fett und Feuchtigkeit. Deshalb sollte trockene, empfindliche Haut nach dem Waschen mit einer Feuchtigkeitscreme oder -lotion eingerieben werden.

WIE SIE IHRE HAUT REINIGEN SOLLTEN

- Nicht zu heiß und nicht zu lange duschen. Außerdem nicht öfter als einmal täglich duschen.
- Gründlich abtrocknen. Hautfalten und Zehenzwischenräume nicht vergessen.
- Gut verträgliche, schonende Hautreinigungsmittel verwenden.
- Auf Hautreinigungsmittel mit desinfizierenden Reinigungszusätzen, z.B. in Lotionen für den Intimbereich, sollte bei gesunder Haut verzichtet werden. Sie können die natürliche Bakterienflora verändern und zerstören.
- Hautreinigungsmittel sparsam anwenden. Oft genügt klares Wasser.
- Nicht zu heiß nicht zu oft und nicht zu lange baden. Möglichst rückfettende Bäder, z.B. Creme-Öl-Bäder, verwenden.

WIE SIE IHRE HAUT PFLEGEN SOLLTEN

- Die Hautpflege sollte dem Hauttyp angepaßt sein [→Hautprobleme].

- Haut, die spannt, nach der Reinigung sorgfältig eincremen.
- Deos und Antitranspirantien nur auf frisch gewaschener, gründlich abgetrockneter Haut benutzen. Abends aufgetragen, wirken sie weniger hautreizend.

HAUTPROBLEME

Man unterscheidet zwischen trockener, normaler und fettiger Haut. Allerdings schwankt der Hauttyp in Abhängigkeit von der Jahreszeit (z.B. im Winter vermehrt trockene Haut), vom Hormonspiegel und vom momentanen Gesundheitszustand.

TROCKENE HAUT

Trockene Haut ist der am häufigsten anzutreffende Hauttyp. Sie ist matt bis stumpf und spannt leicht, vor allem nach dem Waschen. Oft schuppt sie und wirkt spröde. Treten diese Merkmale verstärkt auf, so deutet dies auf ein Ekzem [←] hin. Fältchen tauchen besonders früh auf, da mit zunehmendem Alter die Talgdrüsen ihre ohnehin schon geringe Talgproduktion noch weiter reduzieren. Vorteil: Richtig gepflegt erscheint die Haut seidig, matt und feinporig.

Wie Sie trockene Haut reinigen
Nur ein mildes Reinigungsmittel verwenden und mit lauwarmem Wasser nachspülen. Kein alkoholhaltiges Gesichtswasser benutzen.

Wie Sie trockene Haut pflegen
Trockene Haut braucht sowohl Fett als auch Feuchtigkeit. Da fetthaltige Pflegecremes auf der Haut Fettglanz hinterlassen, empfiehlt sich die Verwendung einer Tages- und Nachtcreme. Benutzen Sie als Tagespflege eine leicht fetthaltige Feuchtigkeitscreme und eine fetthaltige Nachtcreme, die hautfreundliche Zusätze wie Vitamin A und E oder beruhigende pflanzliche Auszüge, z.B. Azulen, enthält.
Besonderes : Regelmäßige Einnahme von Vitamin A,C,E in Kapselform soll der Hautalterung vorbeugen. Diese Vitamine fangen freie Radikale ab, die die Hautzellen sonst schädigen würden.

FETTIGE HAUT

Fettige Haut entsteht durch vermehrte Talgdrüsenproduktion. Die Hornschicht fettiger Haut ist relativ dick. Dadurch wirkt die Haut oft schlecht durchblutetet, blaß und fahl.Die Haut glänzt und neigt zu großen Poren, Mitessern und Pickeln. Fettige Haut haben vor allem jüngere Leute, oft im Rahmen einer Akne [←]. Vorteil: Fettige Haut bleibt länger glatt, Fältchen zeigen sich später als bei trockener Haut. Meist reagiert sie auch weniger gereizt auf Umwelteinflüsse.

Wie Sie fettige Haut reinigen
Morgens und abends mit Seife, Syndet oder Waschlotion reinigen. Mit viel Wasser abwaschen. Besonders fettige Stellen mit adstringierendem Gesichtswasser, das die Poren zusammenzieht, abtupfen.

Wie Sie fettige Haut pflegen
Eine leichte Feuchtigkeitscreme mit mattierender Wirkung morgens und abends auftragen. Einmal pro Woche ein Gesichtsdampfbad mit Kräuterzusätzen z.B. mit entzündungshemmender Kamille.

TROCKENE FETTHAUT

Sie ist eine Sonderform der fettigen Haut. Die trockene Fetthaut produziert sehr viel Talg, der aber aufgrund einer Verhornungsstörung der Haut nicht ausreichend abfließen kann. Dieser Hauttyp neigt zu Mitessern und Talgpfröpfchen unter der Hautoberfläche. Die Haut wirkt spröde und manchmal sogar schuppig.

Wie Sie trockene Fetthaut reinigen
Abends mit einer Reinigungsmilch für empfindliche Haut reinigen.

Wie Sie trockene Fetthaut pflegen
Morgens und abends eine leichte Feuchtigkeitscreme für empfindliche Haut auftragen. Zusätze von Carotin oder Vitamin A wirken der übermäßigen Verhornung entgegen. Wichtig: Eine Creme benutzen, die den Hinweis "nicht-komedogen" besitzt, da manche Zusätze in Kosmetika bei entsprechender Veranlagung die Bildung von Mitessern eher noch verstärken.
Einmal in der Woche ein Peeling, das abgeschilferte Hornzellen löst, Talgabsonderung abträgt und die Hautdurchblutung anregt.

MISCHHAUT

Meist sind Stirn, Nase und Kinn fettig, die Wangenpartie eher trocken.

Wie Sie Mischhaut reinigen und pflegen
Fettige Stellen werden nicht mit Nachtcreme gepflegt, trockene dürfen nicht mit adstringierenden Produkten behandelt werden.
Einmal in der Woche eine Feuchtigkeitsmaske auftragen. Läßt die Haut frisch und gut durchblutet erscheinen.

HEISERKEIT

Heiserkeit entsteht als Folge einer Entzündung im Hals- Rachen-Bereich, ausgelöst durch Viren, Reizung der Schleimhaut, Überbeanspruchung oder äußere Faktoren, wie z.B. Rauch. Es kommt zu Heiserkeit, wenn die Stimmbänder durch die Entzündungsreaktionen nicht mehr frei schwingen können. Heiserkeit kann bis zur Stimmlosigkeit führen. Oft tritt Heiserkeit zusammen mit Husten, Schnupfen oder Halsschmerzen [→Erkältung] auf.

HÄUFIGSTE URSACHEN

- Überlastung der Stimme (Singen, Schreien etc.).
- Rauchen.
- Erkältung und Grippe [←].
- Kehlkopfentzündung.
- Pseudokrupp [←].
- Kehlkopfkrebs.
- Nach Operationen im Stimmbandbereich.

✓ WAS SIE TUN KÖNNEN

- Wichtig ist, die Stimme zu schonen.
- Nicht rauchen und verrauchte Räume meiden.
- Heiße Getränke (Tee, heiße Milch mit Honig).
- Dampfbäder, z.B. mit Kamille oder Sole-Salzen.
- Raumluft im Winter befeuchten.
- Bonbons lutschen, um die Speichelproduktion anzuregen und damit den Hals feucht zu halten. Am besten Pastillen mit Primelwurzel oder Isländisch-Moos. Diese wirken gleichzeitig reizlindernd bei Heiserkeit.
- Ansonsten helfen die Präparate, die auch bei Husten [←] helfen.

WANN SIE ZUM ARZT MÜSSEN

- Wenn Sie die Ursache ihrer Heiserkeit nicht kennen.
- Wenn die Beschwerden nicht nachlassen.
- Wenn Sie stärkere Schmerzen haben.

✗ WAS IHR ARZT TUN KANN

- Ermittlung der Ursache Ihrer Heiserkeit, Verordnung einer entsprechenden Therapie.

VORBEUGUNG

- Besonders bei Anfälligkeit für Halsschmerzen und Heiserkeit die Stimme schonen.
- Die Atemwege brauchen viel Feuchtigkeit, sonst kommt es leichter zu Entzündungen. Trockene Raumluft meiden oder Bonbons zur Befeuchtung des Halses lutschen.

HERPESBLÄSCHEN

Herpesbläschen sind schmerzhafte Bläschen der Lippen (**Lippenbläschen**), der Mund- oder Nasenschleimhaut. Da sie häufig in Begleitung einer Grippe auftreten, nennt man sie auch **Fieberbläschen.**

Herpesbläschen werden durch den Herpes-simplex-Virus hervorgerufen. Nach der ersten Ansteckung mit diesem Virus, die oft unbemerkt verläuft, bleibt der Herpes-simplex-Virus im Körper. Da die Ansteckung schon durch einmaligen Kontakt mit einer erkrankten Person stattfindet, tragen fast alle Menschen den Virus in sich. Durch verschiedene "Reize" [→unten] kann der Virus aktiv werden, und es kommt zum Ausbruch der Krankheit. Zunächst brennt, spannt und juckt die Haut. Nach einigen Stunden bilden sich Bläschen, die mit einer klaren Flüssigkeit gefüllt sind. Diese öffnen sich, es kommt zu gelblichen Verkrustungen, die langsam abheilen. Die Beschwerden dauern meist nicht länger als 10 Tage. Wer einmal Herpesbläschen hatte, bekommt sie meistens immer wieder. Der Herpesvirus kann auch andere Körperteile befallen und andere Erkrankungen auslösen: z.B. Gürtelrose, Herpes genitalis, oder eine Viruserkrankung des Auges. Eine erhöhtes Risiko für diese Infektionen besteht bei Patienten mit Lippenherpes, bei denen die Immunabwehr durch eine schwere Erkrankung, z.B. Lungenentzündung, sowieso schon geschwächt ist.

HÄUFIGSTE URSACHEN

Folgende Reize können die Krankheit zum Ausbruch bringen:

- Sonneneinwirkung, besonders im Hochgebirge.
- Zahnärztliche Behandlung.
- Fieber, Erkältungskrankheiten, Grippe.
- Streß.
- Menstruation.
- Nahrungsmittelallergien.
- Gestörte Immunabwehr (z.B. bei schweren Erkrankungen oder nach Operationen).

✓ WAS SIE TUN KÖNNEN

- Desinfektion der betroffenen Stellen, z.B. mit verdünntem Alkohol.
- Auftragen von Salben oder Gelen, die das Wachstum der Viren hemmen, z.B. mit dem Wirkstoff Aciclovir oder mit Melissenextrakt (sofort beim ersten "Kribbeln" damit beginnen!).
- Auftragen von Salben oder Gelen mit anderen Wirkungen, z.B. austrocknend und entzündungshemmend (Zinksalze).
- Darauf achten, daß die Infektion nicht durch die Finger, durch Verschmieren der Salbe oder durch Lippenlecken an noch gesunde Partien übertragen wird.
- Ansteckungsgefahr meiden (Küssen, Benutzung desselben Eßgeschirrs), besonders wenn Sie noch nie Herpesbläschen hatten.

WANN SIE ZUM ARZT MÜSSEN

- Bei starker Ausbreitung der Bläschen.
- Wenn sich die Beschwerden nach einigen Tagen nicht bessern.

WAS IHR ARZT TUN KANN

- Verordnung von Salben und Gelen oder in schweren Fällen von Tabletten, die das Viruswachstum hemmen.

VORBEUGUNG

- Steigerung der Abwehrkräfte [→Abwehrsteigerung].
- Lippencremes oder -stifte mit hohem Lichtschutzfaktor auftragen.

HERZBESCHWERDEN

Herzbeschwerden können harmlos sein, wie ein durch Aufregung, Kaffee oder Streß hervorgerufenes Herzklopfen; sie können aber auch sehr ernsthaft oder sogar lebensbedrohend sein.

Die häufigste Erkrankung des Herzens ist die sogenannte **koronare Herzkrankheit,** die in den Industrieländern zu den häufigsten Todesursachen zählt. Sie wird durch eine Verengung der Herzgefäße [→Arterienverkalkung] und eine dadurch verminderte Versorgung des Herzmuskels mit Blut ausgelöst. Durch die Verengung werden Beschwerden wie Atembeklemmung, Engegefühl und Schmerzen in der Brust ausgelöst. Häufig strahlen diese Schmerzen auch in den linken Arm, die Schulter, den Hals oder in den Bauch aus und werden somit nicht als Herzschmerzen erkannt. Man nennt diesen Beschwerdenkomplex, der bei körperlicher Anstrengung auftritt und nach einer Ruhepause wieder verschwindet, **Angina pectoris.** Wird einem Teil des Herzmuskels die gesamte Blutzufuhr (z.B. durch einen Blutpfropfen) abgeklemmt, kommt es zu einem **Herzinfarkt.** Ein Herzinfarkt führt zum gleichen Beschwerdebild wie Angina pectoris, nur stärker ausgeprägt. Die Beschwerden werden jedoch nicht unbedingt durch Anstrengung hervorgerufen und verschwinden auch bei Ruhe nicht wieder. Zusätzlich kann es beim Infarkt zu Schweißausbrüchen, Todesangst, rasendem Puls, Übelkeit oder Ohnmacht kommen.
Es ist wichtig, sofort Notfallmaßnahmen einzuleiten, da es sonst zu einer schweren Schädigung des Herzmuskels oder sogar zum Tode kommt. Je früher ein Herzinfarkt behandelt wird, desto besser sind die Heilungschancen. Deshalb muß bei einem Verdacht auf Herzinfarkt sofort der Notarzt verständigt werden. Herzinfarkt und Angina pectoris können auch zu Herzschwäche (Herzinsuffizienz) oder zu Unregelmäßigkeiten in der Herzarbeit (Herzrhythmusstörungen) führen.

Hat das Herz nicht mehr ausreichend Kraft, um das Blut vollständig aus den Herzkammern zu pumpen, spricht man von **Herzschwäche.** Herzschwäche ist eine sehr häufige Erscheinung bei älteren Menschen. Ab ca. 60 Jahren nimmt die Leistung des Herzmuskels langsam ab. Bei plötzlichen Anstrengungen (z.B. Treppensteigen) tritt Atemnot auf; außerdem kann es zu leichter Ermüdbarkeit, Herzklopfen, Herzschmerzen, leichten Wasseransammlungen in den Knöcheln oder nächtlichem Harndrang kommen. Man kann eine Herzschwäche nach ihrem Schweregrad (ob sie nur bei Belastung oder auch schon in Ruhe auftritt) und nach den betroffenen Herzseiten (rechts, links oder beidseitig) beurteilen. Je nachdem, welche Herzhälfte von der Muskelschwäche betroffen ist, treten unterschiedliche Beschwerden auf. Linksherzinsuffizienz wird z.B. durch Bluthochdruck oder einen Herzklappenfehler ausgelöst. Da das Blut von der Lunge nicht mehr vollständig aufgenommen werden kann, kommt es, besonders im Liegen, zu Atembeschwerden oder Hustenanfällen. Rechtsherzinsuffizienz kann ebenfalls durch einen Herzklappenfehler oder durch eine Lungenerkrankung hervorgerufen werden. Es kommt zu nächtlichem Harndrang, Flüssigkeitsstauungen in den Knöcheln und Beinen und im Verdauungstrakt, was zu Verdauungsbeschwerden führen kann.

Ist die Regelmäßigkeit des Herzschlages gestört, so spricht man von **Herzrhythmusstörungen.** Dabei kann der Herzschlag entweder zu schnell (Tachykardie), zu langsam (Bradykardie) oder unregelmäßig (Arrhythmie) sein. Ein zu schneller Herzschlag kann durch Aufregung, Anstrengung oder durch zuviel Coffein (Kaffee und Tee) ausgelöst werden. Diese Form des Herzjagens ist harmlos und verschwindet wieder, wenn die belastende Situation beendet ist. Er kann jedoch auch krankhaft sein und z.B. durch die koronare Herzkrankheit ausgelöst werden. Es kommt zu Herzklopfen, Schwindel oder Ohnmacht.

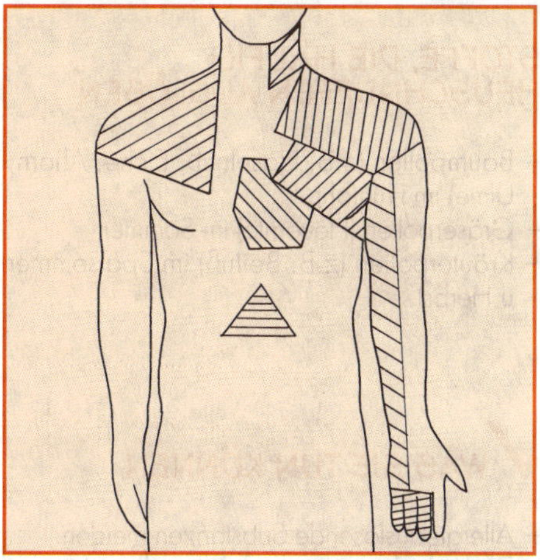

Schmerzlokalisation bei Herzinfarkt. Charakteristisch sind Schmerzen und ein starkes Druckgefühl hinter dem Brustbein, mit Angstzuständen einhergehend.

HÄUFIGSTE URSACHEN FÜR HERZERKRANKUNGEN:

- Bluthochdruck [←].
- Rauchen.
- Diabetes.
- Gicht [←].
- Cholesterinspiegel erhöht [←].
- Übergewicht.
- Bewegungsarmut.
- Streß.

✓ WAS SIE TUN KÖNNEN

- Rauchen aufgeben, Übergewicht reduzieren, Streß vermeiden.
- Bei nachlassender Leistungsfähigkeit des Herzens im Alter und zur Vorbeugung in Streßsituationen können pflanzliche Präparate, z.B. mit Crataegus (Weißdorn) eingenommen werden. Sie helfen bei leichter Atemnot und Beklemmungsgefühl, wenn der Arzt noch keine stärkeren Medikamente für notwendig hält. Sie können jedoch nicht die Behandlung durch den Arzt ersetzen.
- Bei nervösen Herzbeschwerden (z.B. Herzklopfen) helfen beruhigende Präparate mit Baldrian und Melisse.
- Wenn der Arzt Ihnen Notfallmedikamente verordnet hat, sollten Sie diese immer bei sich führen.

WANN SIE ZUM ARZT MÜSSEN

- Wenn plötzlich Schmerzen in der Brust oder im linken Arm auftreten oder wenn sich andere der oben beschriebenen Beschwerden bemerkbar machen.
- Wenn zusätzlich andere Beschwerden wie oben beschrieben im Zusammenhang mit Herzbeschwerden auftreten.
- Wenn es plötzlich und ohne Grund zu Herzrasen kommt.
- Bei Verdacht auf Herzinfarkt muß Ruhe bewahrt und sofort der Notarzt gerufen werden.

✗ WAS IHR ARZT TUN KANN

- Verordnung eines geeigneten Medikamentes gegen die Herzbeschwerden.
- Bei Angina pectoris werden sehr unterschiedliche Medikamente eingesetzt, z.B. Nitropräpa-

rate. Im akuten Anfall leistet eine Zerbeißkapsel oder ein Mundspray mit Nitroglycerin schnelle Hilfe.
- Bei beginnender Herzschwäche werden Weißdornpräparate eingesetzt, im weiteren Verlauf ACE-Hemmer, Entwässerungsmittel oder Herzglykoside aus der Fingerhutpflanze.
- Bei Herzrhythmusstörungen werden Antiarrhythmika angewendet.
- Bei einem Herzinfarkt müssen sofort Notfallmaßnahmen eingeleitet werden.

VORBEUGUNG

- Nicht rauchen.
- Übergewicht vermeiden.
- Regelmäßige körperliche Betätigung.
- Vermeidung von ständigem Streß.
- Andere Risikofaktoren wie einen erhöhten Cholesterinspiegel oder Gicht vermeiden [→dort].
- Diabetiker sollten auf eine gute Einstellung ihrer Zuckerwerte achten.
- Verordnete Medikamente gegen Bluthochdruck gewissenhaft einnehmen.

HEUSCHNUPFEN

Heuschnupfen ist eine Überempfindlichkeitsreaktion des Körpers gegen Blütenpollen; bei allergischem Schnupfen können andere Substanzen eine heuschnupfenartige Reaktion auslösen (z.B. Hausstaub) [→Allergie]. Es kommt zu häufigem Niesen, die Nase läuft, juckt und brennt, die Augen sind geschwollen, tränen und jucken. Im Gegensatz zum Erkältungsschnupfen ist das Nasensekret wäßrig und ganz klar. Je nachdem zu welcher Jahreszeit die allergisierenden Pflanzen blühen, treten die Beschwerden auf. Die meisten Menschen leiden im Frühjahr unter Heuschnupfen; es gibt jedoch auch Personen, die im Sommer oder Herbst Probleme haben. Treten die Beschwerden im Winter auf, so handelt es sich meist um eine Allergie auf Hausstaubmilben oder Tierhaare. Durch einen Allergietest [→Allergie] läßt sich herausfinden, welche Pollen die Allergie auslösen. Viele Menschen sind gegen verschiedene Pollen einer Pflanzengruppe allergisch, man nennt das Kreuzallergie. Manchmal kann aus einem "einfachen" Heuschnupfen längerfristig auch ein allergisches Asthma werden.

STOFFE, DIE HÄUFIG HEUSCHNUPFEN AUSLÖSEN

- Baumpollen (z.B. Haselnuß, Eiche, Ahorn, Ulme) im Frühjahr.
- Gräserpollen (Heuernte) im Sommer.
- Kräuterpollen (z.B. Beifuß) im Spätsommer u.Herbst.

✓ WAS SIE TUN KÖNNEN

- Allergieauslösende Substanzen meiden.
- Zur Vorbeugung und zur Behandlung können Calciumtabletten und ein Nasenspray oder Augentropfen mit Cromoglicinsäure verwendet werden [→Allergie].
- Sind die Nasenschleimhäute angeschwollen, kann man abschwellende Nasentropfen [→Schnupfen] benutzen.
- Bei geröteten Augen können kurzfristig Augentropfen gegen Bindehautentzündung helfen [→Bindehautentzündung].
- Bei starken, akuten Beschwerden helfen antiallergische Tabletten (sogenannte Antihistaminika) oder Tropfen.
- Zur Vorbeugung und Behandlung gibt es auch einige homöopathische Mittel (z.B. mit Luffa).

WANN SIE ZUM ARZT MÜSSEN

- Wenn Sie nicht wissen, worauf Sie allergisch reagieren.
- Wenn sich die Beschwerden auch nach Selbstbehandlung nicht bessern.

WAS IHR ARZT TUN KANN

- Einen Allergietest durchführen [→Allergie].
- Verordnung stärkerer antiallergischer und entzündungshemmender Tabletten, Nasensprays oder Augentropfen (z.B. mit Cortison) gegen die Beschwerden.

VORBEUGUNG

- Auf die Pollenvorhersage achten (Tageszeitung, Radio, Telefonservice), einen Pollenflugkalender aus der Apotheke besorgen und bei Pollenflug der entsprechenden Pflanzen möglichst im Haus bleiben. Besonders stark ist der Pollenflug morgens. Türen und Fenster in der Pollenflugsaison möglichst geschlossen halten.
- Vor dem Schlafengehen täglich die Haare waschen, um Pollen zu entfernen.
- Meer und Hochgebirge sind nahezu pollenfreie Zonen. Daher während der Zeit des stärksten Pollenfluges möglichst Urlaub nehmen und in diese Regionen fahren.
- Weitere Maßnahmen [→Allergie].

WER NOCH HELFEN KANN

Arbeitsgemeinschaft Allergiekrankes Kind
Hilfen für Kinder mit Asthma, Ekzem oder Heuschnupfen AAK e.V.
Hauptstr. 29
35745 Herborn
Tel. 02772/41237

Allergiker und Asthmatiker Bund e.V.
Hindenburgstr. 110
41061 Mönchengladbach
Tel. 02161/10207

POLLENFLUG-VORHERSAGE

Generalansage 0190/115480

Regionalansagen einzelner Bundesländer:
0190/115481 Schleswig-Holstein
0190/115482 Hamburg
0190/115483 Niedersachsen, Bremen
0190/115484 Mecklenburg-Vorpommern
0190/115485 Nordrhein-Westfalen
0190/115486 Hessen
0190/115487 Brandenburg, Berlin
0190/115488 Sachsen-Anhalt
0190/115489 Thüringen
0190/115490 Sachsen
0190/115491 Saarland
0190/115492 Rheinland-Pfalz
0190/115493 Baden-Württemberg
0190/115494 Bayern

HEXENSCHUß UND ISCHIAS

Akute oder chronische, in Schüben auftretende Schmerzen in der Lendengegend nennt man **Ischias.** Wird durch bestimmte Bewegungen ein plötzlich auftretender, stechender Schmerz im Kreuz ausgelöst, so spricht man von **Hexenschuß.** Auslöser sind meist Bewegungen wie Heben, Bücken oder Drehen. Oft kann man sich danach nicht mehr gerade halten. Eine Ischiaserkrankung beginnt oft mit einem Hexenschuß und beide Erkrankungen werden häufig durch einen **Bandscheibenvorfall** ausgelöst. Die Bandscheiben sind Pufferscheiben zwischen den Rückenwirbeln und sitzen zwischen den Wirbeln des Rückenmarks. Sie verhindern, daß die knöchernen Wirbel aneinandereiben und puffern Stöße und Erschütterungen ab. Sie bestehen aus einem faserigen Knorpelring mit einem Gallertkern. Bei Abnutzung oder Gewalteinwirkung (z.B. Unfall) kann der Knorpelring einreißen und der weiche Kern nach hinten austreten. Meistens drückt der vorgefallene Kern dann auf einen Nerv. Der dadurch verursachte Schmerz kann so stark sein, daß man bewegungsunfähig ist. Schmerzt nur die Wirbelsäule und ihre direkte Umgebung, spricht man von Hexenschuß. Strahlen die Schmerzen über das Gesäß ins Bein, handelt es sich um Ischias. Durch den Schmerz verspannt sich oft auch noch die Rückenmuskulatur und es kommt zusätzlich zu Muskelschmerzen.

HÄUFIGSTE URSACHEN

- Bandscheibenschaden oder Bandscheibenvorfall (s.o.).
- Verrenkungen, z.B. durch Sturz, plötzliche Dreh- oder Bückbewegungen.
- Infektionskrankheiten.
- Streß mit Verspannung der Rückenmuskulatur.

✓ WAS SIE TUN KÖNNEN

- Zunächst Wirbelsäule entlasten. Flach liegen und die Beine mit einer Unterlage (z.B. Kissen) unter den Knien anwinkeln.
- Warm halten und Rückenmuskulatur entspannen. Bettruhe sowie Rheumabäder oder -packungen [→Rheuma] sind sehr wohltuend. Oder wärmewirksame Salben anwenden, z.B. mit Bienengift, Rosmarinextrakt oder Cayennepfeffer. Entzündungshemmende und leicht schmerzstillende Salben auftragen, z.B. mit Ibuprofen.
- Einnahme leichter Schmerzmittel, z.B. mit Acetylsalicylsäure, um den Kreislauf "Schmerz-Muskelverspannung-noch-mehr-Schmerz" zu durchbrechen.
- Pflanzliche oder homöopathische Präparate als zusätzliche Therapie einnehmen, um einer weiteren Verschlechterung vorzubeugen.

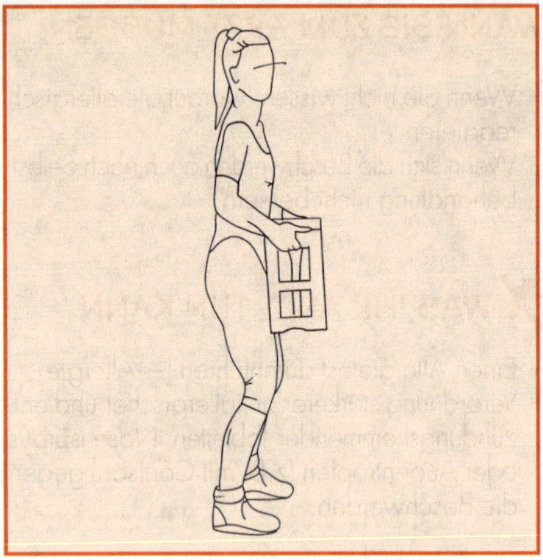

Generell bei Rückenproblemen: Beim Heben schwerer Lasten in die Knie gehen und aus den Knien heraus heben. Nicht durch Beugen des Rückens heben!

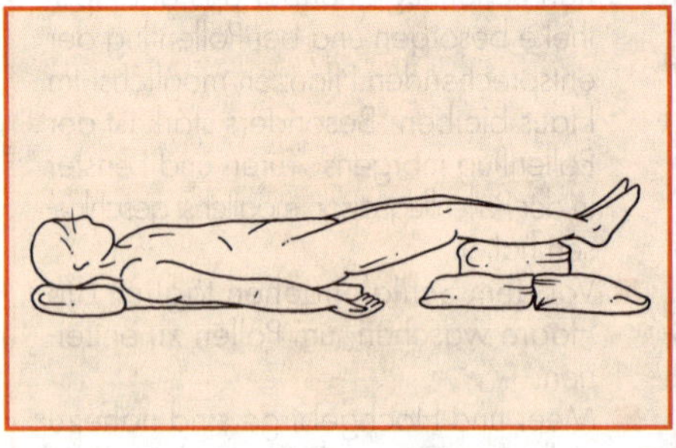

Schmerzärmste Lagerung bei Ischias: Auf einem harten Brett mit einem flachen Kissen unter dem Kopf. Die Beine angewinkelt auf ein dickes Polster oder vielleicht einen Stuhl legen. Die Gelenke in Hüfte und Knie sollten möglichst rechtwinklig gebeugt sein.

WANN SIE ZUM ARZT MÜSSEN

- Wenn es zu Lähmung, Gefühllosigkeit oder zu anderen Ausfallerscheinungen kommt.
- Wenn die Schmerzen sehr stark sind oder nicht nachlassen.

✗ WAS IHR ARZT TUN KANN

- Verordnung von stärkeren Schmerzmitteln bzw. entzündungshemmenden Medikamenten.
- Verordnung von Medikamenten zur Muskelentspannung.
- Verordnung von physikalischen Maßnahmen, z.B. Krankengymnastik, Wärmeanwendungen, Massagen oder Reizstrom.
- Diagnose eines Bandscheibenvorfalls und Einleitung von Behandlungsmaßnahmen.

VORBEUGUNG

- Übergewicht vermeiden.
- Aufrechte Haltung einnehmen.
- Beim Bücken in die Knie gehen.
- Beim Heben darauf achten, daß nicht der Rücken, sondern die Oberschenkel die Hauptarbeit leisten.
- Bei sitzender Tätigkeit für optimale Sitzverhältnisse und ausreichende Entspannungspausen sorgen.
- Wechseln Sie sooft es geht, vom Sitzen zum Stehen. Bewegung ist wichtig, gerade bei überwiegend sitzender Tätigkeit.
- Auch beim Schlafen den Rücken nicht vergessen (gute Matratze, Nackenstützkissen).
- Regelmäßig Rückengymnastik oder Schwimmen. Kein Tennis, Squash, Aerobic, Rudern, Judo.

HÜHNERAUGEN UND HORNHAUT

Hühneraugen (Clavi) sind zapfenförmig nach innen wachsende Verdickungen der Hornhaut und oft sehr schmerzhaft. Sie treten meist über den Zehen oder zwischen den Zehengelenken auf. Hühneraugen werden manchmal auch mit Warzen [←] verwechselt.

HÄUFIGSTE URSACHEN

- Druck durch zu enges Schuhwerk.
- Reibung an vorstehenden Knochen.
- Häufig sind Diabetiker und Patienten mit Durchblutungsstörungen, z.B. Arterienverkalkung [←], davon betroffen.

✓ WAS SIE TUN KÖNNEN

- Verwendung von Druckschutzpolstern oder -ringen, um weitere Reibung zu verhindern und Schmerzen zu verringern.
- Hornhaut nach dem Baden mit Bimsstein, speziellen Raspeln oder Schleifgeräten aus der Apotheke vorsichtig Schicht für Schicht entfernen.
- Hühneraugen mit Tinkturen und Hühneraugenpflastern aus der Apotheke behandeln. Beide enthalten Salicylsäure, die die Hornschichten des Hühnerauges auflöst und abschält. Achtung: möglichst nicht mit der gesunden Haut in Berührung bringen. Bei Tinkturen die gesunde Haut rund um das Hühnerauge mit fetter Creme abdecken.
- Füße gut pflegen [→Fußprobleme] dann sind sie weniger anfällig für Hühneraugen.
- Hartnäckige Hühneraugen von einer medizinischen Fußpflegerin entfernen lassen. Besonders Diabetiker und Menschen mit Arterienverkalkung [←] sollten bei der Fußpflege professionelle Hilfe in Anspruch nehmen.

WANN SIE ZUM ARZT MÜSSEN

- Wenn die Beschwerden nicht nachlassen.

✗ WAS IHR ARZT TUN KANN

- Ausschluß anderer Ursachen (z.B. Warzen) für die Beschwerden.
- Wenn nötig, chirurgische Entfernung der Hühneraugen.

VORBEUGUNG

- Weiche, bequeme und gut passende Schuhe tragen.
- Möglicherweise ist das Tragen von Einlagen erforderlich.
- Bei immer wieder an der gleichen Stelle auftretenden Hühneraugen empfiehlt es sich, Druckschutzpflaster zu tragen.
- Pflegende Fußcremes verwenden und öfter ein Fußbad nehmen [→Fußprobleme], dadurch wird die Hornhaut geschmeidig.

HUSTEN

Husten ist ein Schutzmechanismus des Körpers, um die Atemwege von Fremdkörpern, z.B. Staub oder Schleim, zu befreien. Wenn der Husten über Wochen anhält, spricht man von chronischem Husten. Grundsätzlich unterscheidet man zwei Arten von Husten.

Der **verschleimte Husten** tritt oft im Rahmen einer Erkältung [←] oder Grippe auf, meist als Folge einer Infektion mit Viren oder Bakterien. Hinzu kommen oft Beschwerden wie Schnupfen, Fieber oder Heiserkeit. Er beginnt meist mit Halsschmerzen, nach einem Tag wird daraus ein schmerzhafter, trockener Husten. Nach 2-3 Tagen kommt es dann zu einer starken Schleimproduktion. Der vermehrte Schleim zwingt zum Husten und Räuspern, eine natürliche Reaktion des Körpers, denn das Sekret muß abgehustet werden. Wird der Husten nicht richtig ausgeheilt, oder kommt es zu ständigen Neuinfektionen, kann der Husten chronisch werden (Bronchitis).

HÄUFIGSTE URSACHEN

- Grippe, Erkältung [←].
- Bronchitis.

Der trockene **Reizhusten** kann eine Reihe von Ursachen haben. Er kann durch Bakterien und Viren ausgelöst werden oder aber durch Reizung der Schleimhäute. Ein typisches Beispiel ist der **Raucherhusten.** Der Reizhusten ist hart, schmerzhaft und ohne Auswurf. Reizhusten kann sehr störend sein, besonders, wenn er zu regelrechten Hustenanfällen führt, die dem Betroffenen insbesondere nachts zu schaffen machen. Aus einem Reizhusten, der lange anhält, kann ebenfalls eine chronische Bronchitis entstehen.

HÄUFIGSTE URSACHEN

- Rauchen.
- Arbeiten mit Staub (z.B. Mehl).
- Als Nebenwirkung einiger Medikamente (z.B. ACE-Hemmer).
- Schwere Erkrankungen der Atemwege (z.B. Tuberkulose, Bronchialkrebs).

✓ WAS SIE TUN KÖNNEN

Bei verschleimten Husten:
- Sekret lösen und Husten nicht unterdrücken.
- Viel trinken, ca. 2-4 Liter täglich; am besten Husten- und Bronchialtees, um die Schleimlösung zu fördern.
- Warmhalten, jedoch nicht schwitzen. Wärme auf der Brust fördert die Durchblutung und dadurch die Schleimlösung.
- Hustensäfte, -tropfen oder -tabletten, z.B. mit Ambroxol oder Acetylcystein oder mit pflanzlichen Wirkstoffen wie Spitzwegerich, Huflattich oder Thymian einnehmen, die schleimlösend wirken.
- Brust und Rücken mit Erkältungsbalsam einreiben. Die enthaltenen ätherischen Öle (z.B. Eukalyptus, Thymian) wirken schleimlösend, antibakteriell und krampflösend. Kapseln zum

Schlucken mit ätherischen Ölen einnehmen (Wirkung siehe oben).
- Dampfbäder oder Inhalationen (z.B. mit Kamille oder ätherischen Ölen), um die Atemwege zu befeuchten und um die Wirkung der Inhaltsstoffe auszunutzen, z.B. die entzündungshemmende Wirkung der Kamille.

Bei Reizhusten:
- Beim Hustenstillen, besonders während der Nacht, helfen Tabletten, Zäpfchen, Tropfen oder Säfte z.B. mit Clobutinol oder Dextromethorphan. Die Wirkung beruht auf Hemmung des Hustenreflexes, deshalb bezeichnet man diese Präparate als Hustenblocker.
- Auch pflanzliche Substanzen wirken hustenblockierend, z.B. Säfte oder Zäpfchen mit Efeuextrakt.
- Lutschpastillen oder Bonbons mit schleimhaltigen Pflanzen wie Eibisch oder Isländisch-Moos dämpfen ebenfalls den Hustenreiz durch Überziehen der Schleimhaut mit einer Schutzschicht.

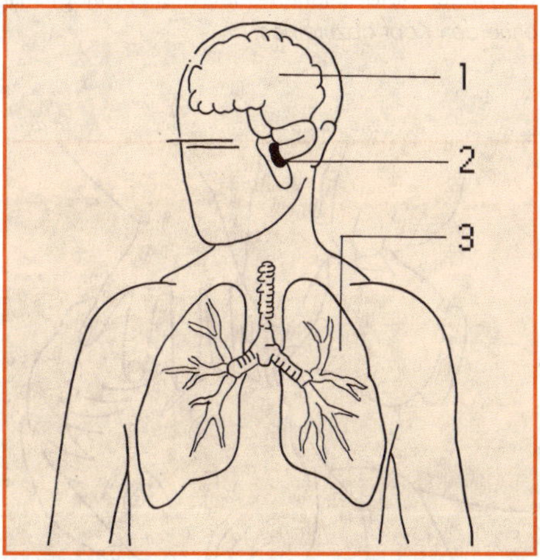

Schleimlösende Hustenmittel zum Inhalieren oder Einreiben wirken direkt auf die Bronchien (3). Schleimlöser in Saft-, Tropfen- oder Tablettenform werden vom Blut aus in die Bronchien (3) aufgenommen. Hustenreizstillende Medikamente gibt es nur zum Einnehmen, sie wirken auf das Hustenzentrum (2) im Gehirn (1).

- Hustenbonbons mit ätherischen Ölen, Menthol, Anis, Eukalyptus, Fenchel, Salbei u.a. lindern den Hustenreiz durch Feuchthalten der Rachenschleimhaut; außerdem wirken sie dezinfizierend und krampflösend.

Allgemein gilt: Kombinationen aus schleimlösenden und hustenreizstillenden Substanzen sind eher ungeeignet, da der gelöste Schleim wegen Blockierung des Hustenreflexes nicht abgehustet werden kann.

WANN SIE ZUM ARZT MÜSSEN

- Wenn die Beschwerden schlimmer werden oder sich nicht bessern (spätestens nach 14 Tagen).
- Wenn Atembeschwerden hinzukommen.
- Wenn Verdacht auf Keuchhusten besteht (lautes Atmen zwischen den Hustenstößen). Wenn andere Kinder an Keuchhusten erkrankt sind.
- Bei Verdacht auf Bronchitis oder Asthma.
- Wenn der Auswurf blutig ist.
- Schwangere, Säuglinge und Kleinkinder sollten bei stärkerem Husten vom Arzt untersucht werden.

WAS IHR ARZT TUN KANN

- Feststellen der Ursache des Hustens und Empfehlen oder Verordnen der entsprechenden Medikamente.
- Bei starkem Hustenreiz kann der Arzt Präparate mit Codein verschreiben.

VORBEUGUNG

- Sich von erkrankten Personen fernhalten.
- Nicht rauchen.
- Für ausreichende Luftfeuchtigkeit sorgen.
- Weitere Maßnahmen [→ Erkältung und grippale Infekte].

INSEKTENSTICHE

Der Stich von Bienen, Hornissen, Wespen oder Mücken ruft zunächst einen stechenden Schmerz hervor, anschließend kommt es zu Rötung, Schwellung und Juckreiz an der Einstichstelle als Folge einer Reaktion auf das Insektengift. Diese Reaktionen können unterschiedlich stark ausgeprägt sein. Besonders gefährlich sind Stiche im Mund-Rachen-Raum.

Bei einigen Menschen, die auf Insektengift allergisch reagieren, kann es zu sehr heftigen Reaktionen wie Juckreiz an Kopfhaut und Zunge, großflächiger Rötung, Fieber, Erbrechen, Atemnot oder Kreislaufstörungen bis zum Kollaps kommen [→Allergie]. Durch Kratzen oder mangelnde Wundhygiene kann es an der Einstichstelle zusätzlich zu einer bakteriellen Infektion kommen. Der Stich heilt dann besonders schlecht ab, entzündet sich und fängt an zu nässen.

In tropischen Gebieten kann durch den Stich der Anopheles-Mücke Malaria übertragen werden. In bestimmten Regionen in Deutschland kann durch den Biß einer Zecke FSME (Frühsommermeningitis = Hirnhautentzündung) übertragen werden.

✓ WAS SIE TUN KÖNNEN

- Bei Bienenstichen den Stachel möglichst vorsichtig, ohne Druck auf den daranhängenden Giftapparat, mit einer Pinzette entfernen.
- Die Einstichstelle kühlen (Eiswürfel oder verdünnter Alkohol).
- Bei Stichen im Mund-Rachen-Raum Eiswürfel lutschen und sofort zum Arzt gehen!
- Auftragen von antiallergischen (antihistaminischen) und juckreizstillenden Salben oder Gelen.
- Nicht kratzen, um eine Infektion des Stiches zu vermeiden.
- Bei infizierten Stichen antibiotikahaltige Salbe oder Puder auftragen.

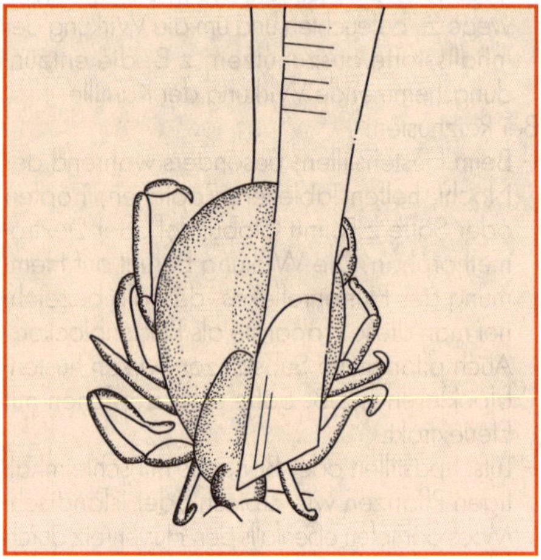

Zecken mit einer Pinzette entfernen. Weit vorne am Kopf ansetzen, möglichst nahe an der Haut des Betroffenen. Die Zecke mit leichten Hin- und Herbewegungen herausziehen oder -drehen, möglichst ohne den Kopf abzureißen.

Insekt im Ohr mit lauwarmem Wasser ausspülen. Kommt das Insekt nicht an die Oberfläche, ist ärztliche Hilfe erforderlich.

WANN SIE ZUM ARZT MÜSSEN

- Bei starken allergischen Reaktionen wie z.B. Fieber oder Übelkeit. Personen mit bekannter Insektengiftallergie müssen unter Umständen immer ein entsprechendes Notfall-Medikament mit sich führen.
- Bei Stichen im Mund-Rachen-Raum.
- Stiche von Bienen, Wespen oder Hornissen bei kleinen Kindern.

VORBEUGUNG

- Kleidung ist der beste Schutz vor Insektenstichen. In Mückengebieten (z.B. in Süßwassernähe) auch im Hochsommer lange Hosen tragen. Am Strand abends Schuhe und Strümpfe tragen wegen der Sandflöhe. Unter einem Moskitonetz schlafen.
- Vorsicht, wenn man barfuß über eine Wiese geht!
- Auftragen von insektenabweisenden Geruchsstoffen (ätherische Öle wie z.B. Zedern- oder Zitronenöl oder chemische Substanzen). Die meisten Präparate sind auch für Kinder geeignet, werden allerdings oft wegen des strengen Geruchs nicht akzeptiert.
- Vitamin-B1-haltige Tabletten sollen den Körpergeruch ändern und dadurch Mücken fernhalten. Dies funktioniert jedoch nicht bei allen Menschen.
- Aufstellen von Insektenfallen (z.B. Gelbfallen, Elektrofallen). Chemische Insektenfallen oder Insektensprays und einige Insektenstrips sind wegen der möglichen Gesundheitsschäden für Menschen umstritten. UV-Fallen und Mückenpiepser sind unwirksam gegen Mücken.
- Vorsicht bei süßen Getränken und Speisen im Freien, die die Insekten anlocken. Auf Kinder achten!

✗ WAS IHR ARZT TUN KANN

- Bei sehr starker Hautreaktion auf den Stich cortisonhaltige Salbe verordnen.
- Verabreichung von Medikamenten, die innerlich antiallergisch wirken und die den Kreislauf stabilisieren.

JODMANGEL

Die Schilddrüsenhormone Thyroxin und Trijodthyronin benötigen als Baustein Jod. Jodmangel veranlaßt die Schilddrüsenzellen zu wachsen. Der Körper versucht so, seinen Schilddrüsenhormonmangel zu beseitigen, denn mehr Schilddrüsengewebe kann mehr Hormone produzieren [→Schilddrüsenüberfunktion]. Es entsteht ein Kropf, der im allgemeinen keine Beschwerden verursacht. Erst wenn die Schilddrüse viel Raum im Hals einnimmt, werden die Vergrößerungen als Verdickung des Halses sichtbar. Dann kann auch die Stimme heiser werden, und das Luftholen wird beschwerlich. In Deutschland haben 4% der Norddeutschen und sogar 32% der Bayern einen Kropf, im Bundesdurchschnitt errechnet sich daraus eine Kropfhäufigkeit von 15%. Frauen sind etwa viermal häufiger betroffen als Männer. Jodmangel in der Schwangerschaft gefährdet das Kind: Fehlgeburten sind häufiger und beim Kind kann sich ein Kropf entwickeln.

HÄUFIGSTE URSACHEN

- Jodidarmes Trinkwasser und jodidarme Ernährung. In den küstenfernen Gebieten ist das besonders häufig der Fall.

✓ WAS SIE TUN KÖNNEN

- Bewußt jodreich ernähren (alles, was im Meer

gelebt hat, ist jodidreich. Eine Seefisch-Mahlzeit pro Woche deckt Ihren täglichen Jodbedarf).
- Jodhaltige Mineral- oder Heilwasser verwenden oder jodhaltige Zahnpasten.
- Jodiertes Speisesalz oder japanische Algen aus dem Bioladen zum Würzen verwenden.

WANN SIE ZUM ARZT MÜSSEN

- Wenn Sie merken, daß Ihr Hals dicker geworden ist.

✗ WAS IHR ARZT TUN KANN

- Feststellen, ob Ihr Kropf auf einer durch Jodmangel ausgelösten Schilddrüsenüberfunktion beruht.
- Sind Sie jünger als etwa 30 Jahre und besteht Ihr Kropf erst kurze Zeit, dann müssen Sie 3-6 Monate lang ein vom Arzt verordnetes Jod-Medikament einnehmen, mit dem Sie den Jodspeicher Ihrer Schilddrüse wieder auffüllen. Anschließend sorgen Sie durch Ihre Ernährung dafür, daß Sie nicht wieder ins Joddefizit geraten. Bei Jodverwertungsstörungen in allen anderen Fällen wird der Arzt Schilddrüsenhormon-Tabletten verordnen. Dann bekommt der Körper wieder genügend Schilddrüsenhormone und die Schilddrüse stellt ihr Wachstum ein.
- Manchmal ist auch eine operative Kropfentfernung notwendig.

KALIUMMANGEL

Kalium ist zusammen mit Natrium für den Wasserhaushalt des Körpers sowie für die Weiterleitung von Impulsen in den Nerven- und Muskelzellen verantwortlich. Der tägliche Kaliumbedarf beträgt 2-4g. Ausgeschieden wird Kalium über den Urin und den Stuhl. Im Regelfall entspricht die ausgeschiedene Menge an Kalium der mit der Nahrung aufgenommenen Menge. Ein Kaliummangel oder -überschuß in der Nahrung kann der Körper nicht einfach, wie bei Natrium, durch eine vermehrte oder verminderte Ausscheidung ausgleichen, deshalb darf Kalium nie überdosiert werden.

KALIUM IST ENTHALTEN IN

- Obst, besonders Bananen,
- Vollkornbrot,
- Nüssen,
- Fleisch etc.

KALIUM IST IM KÖRPER WICHTIG FÜR

-
- den Wasser- und Elektrolythaushalt (Salzhaushalt).
- die Reizübertragung an Muskeln und Nervenzellen, z.B. am Herzmuskel.
- den Eiweißstoffwechsel.

KALIUMMANGEL FÜHRT ZU

- Muskelschwäche, Müdigkeit, geistiger Abwesenheit, Blähungen, Verstopfung, Herzrhythmusstörungen.

KALIUMÜBERDOSIERUNG FÜHRT ZU

- Müdigkeit, Schwäche, Hörstörungen, Herz-Kreislaufbeschwerden.

KALIUMMANGEL TRITT AUF BEI

- regelmäßiger Einnahme von Abführmitteln,
- regelmäßiger Einnahme von Entwässerungstabletten,
- regelmäßiger Einnahme von Herzglykosidtabletten,

– Erbrechen und Durchfall,
– starker körperlicher Belastung, Sport,
– Nierenerkrankungen.

KALIUMPRÄPARATE

– Tabletten und Brausetabletten (500-2500mg). Auch in Kombination mit Natriumchlorid und Glucose oder mit Magnesium und Calcium.

KINDERKRANKHEITEN

Kinderkrankheiten sind durch Viren oder Bakterien hervorgerufene, ansteckende Krankheiten, die meist im Kindesalter auftreten. Die Zeit von der Ansteckung bis zum Ausbrechen der Krankheitssymptome nennt man Inkubationszeit. Meist besteht bereits Ansteckungsgefahr bevor die Krankheit ausgebrochen ist. So kann ein Kind, daß noch gar nicht erkrankt ist, aber schon den Erreger trägt, bereits andere Kinder anstecken. Bei Verdacht auf eine ansteckende Kinderkrankheit sollte die Arztpraxis vor dem Arztbesuch von dem Verdacht unterrichtet werden, um im Wartezimmer des Arztes nicht weitere Kinder anzustecken. In Deutschland werden die Kinder gegen viele Kinderkrankheiten geimpft [→Impfen schützt und nützt]. Deshalb kommen auch einige dieser Krankheiten hier kaum noch vor. Oft kommt es nach einmaliger Erkrankung zu lebenslanger Immunität.

KEUCHHUSTEN

Keuchhusten ist im Gegensatz zu den anderen beschriebenen Kinderkrankheiten eine bakterielle Erkrankung, die weit verbreitet und meist sehr langwierig ist. Haupterkrankungsalter: unter 2 Jahren.
Inkubationszeit: 7-14 Tage.
Beschwerden: Die Krankheit dauert mindestens 6 Wochen und beginnt mit Erkältungssymptomen wie Niesen, tränenden Augen und nächtlichem Husten. Erst im späteren Verlauf treten die charakteristischen Hustenanfälle mit anschließendem Keuchen und ziehendem Einatmen auf. Dabei kann es auch zu Erbrechen kommen.
Komplikationen: Bei Säuglingen, die an Keuchhusten erkranken, kann es zu Atemstillstand kommen.

✓ WAS SIE TUN KÖNNEN

– Für warme und ausreichend feuchte Luft sorgen.
– Viel trinken.
– Abends können hustenstillende Medikamente [→Husten] helfen.
– Bei häufigem Erbrechen viele kleine Mahlzeiten bereiten.
– Bettruhe ist nicht unbedingt notwendig.
– Säuglinge müssen ständig unter Beobachtung stehen.

WANN SIE ZUM ARZT MÜSSEN

– Wenn der Verdacht auf Keuchhusten besteht.
– Wenn Atembeschwerden auftreten.

✗ WAS IHR ARZT TUN KANN

– In einigen Fällen sind Antibiotika notwendig.

VORBEUGUNG

■ Die Impfung erfolgt häufig zusammen mit der Tetanus- und Diphtherieimpfung.

MASERN

Eine hochansteckende Virusinfektion, die durch Tröpfcheninfektion (Niesen, Sprechen etc.) verbreitet wird. Einmalige Erkrankung führt zu lebenslanger Immunität.
Haupterkrankungsalter: 2-4 Jahre
Inkubationszeit: 7-14 Tage
Beschwerden: Masern beginnen meist mit Schnupfen, Reizhusten, einer Bindehautentzündung und Fieber. Später treten sandkornartige Flecken an der Mundschleimhaut und noch später charakteristische bräunlich-rosafarbene Hautflecken, zunächst am Kopf und später am ganzen Körper auf.
Komplikationen: Bakterielle Infektionen wie Mittelohrentzündung, Lungenentzündung oder Gehirnhautentzündung.

✓ WAS SIE TUN KÖNNEN

- Körperliche Anstrengung vermeiden und ausreichend trinken.
- Zum Fieber senken helfen kalte Wadenwickel oder ein Fieberzäpfchen oder -Saft mit Paracetamol.
- Gegen Husten helfen Hustenmittel [→Husten].
- Vorsicht vor Ansteckung.

WANN SIE ZUM ARZT MÜSSEN

- Sobald der Verdacht auf Masern besteht.
- Wenn eine starke Augenentzündung, Atembeschwerden, Kopfschmerzen oder ein steifer Nacken auftreten.
- Wenn Fieberkrämpfe auftreten.

✗ WAS IHR ARZT TUN KANN

- Feststellen, ob zusätzlich zu der Masernvirusinfektion eine bakterielle Infektion besteht und die entsprechende Behandlung durchführen.

VORBEUGUNG

- Impfung, oft auch in Kombination mit Mumps und Röteln.

MUMPS

Mumps oder Ziegenpeter ist eine ansteckende Viruserkrankung, die durch Tröpfcheninfektion oder durch Gegenstände, die mit infiziertem Speichel in Berührung gekommen sind, übertragen wird. Die Erkrankung ist durch eine nicht eitrige Schwellung der Ohrspeicheldrüse gekennzeichnet, meistens zunächst linksseitig. Eine Erkrankung mit Mumps führt meist zu lebenslanger Immunität.
Haupterkrankungsalter: 4-10 Jahre.
Inkubationszeit: 14-24 Tage.
Beschwerden: Die Krankheit beginnt mit Frösteln, Kopfschmerzen, Unwohlsein und Fieber. Danach kommt es zu einer schmerzhaften Schwellung der Ohrspeicheldrüse (vor oder unter dem Ohr) und hohem Fieber. Es können Ohrenschmerzen oder Schmerzen beim Kauen auftreten. Häufig ist die Mundschleimhaut entzündet und die Wangen werden dick.
Komplikationen: Bei männlichen Patienten nach der Pubertät kann es zu einer Hodenentzündung kommen, die zur Sterilität führen kann. Außerdem besteht die Gefahr einer Gehirnhautentzündung.

✓ WAS SIE TUN KÖNNEN

- Die Ohrspeicheldrüsen mit einem Schal um den Kopf warm halten.
- Bei Fieber viel trinken und wenn nötig ein fiebersenkendes Zäpfchen (Paracetamol) geben.
- Ansteckung von anderen Kindern vermeiden.

WANN SIE ZUM ARZT MÜSSEN

- Bei starken Ohren- oder Kopfschmerzen.
- Wenn der Nacken steif wird.
- Wenn Jungen über Hodenschmerzen klagen. (s. o.).

VORBEUGUNG

- Eine Impfung gegen Mumps, auch in Kombination mit Masern und Röteln, ist möglich.

RÖTELN

Eine ansteckende Hauterkrankung, die durch Rötelnviren hervorgerufen wird. Nach einer Erkrankung besitzt man lebenslange Immunität. Die Ansteckung mit Röteln erfolgt meist durch Tröpfcheninfektion. Haupterkrankungsalter: Schulalter.
Inkubationszeit: 14-21 Tage.
Beschwerden: Kleine hellrote Flecken, zunächst im Gesicht, später am ganzen Körper. Hinzu kommen Lymphknotenschwellungen und manchmal leichtes Unwohlsein oder Fieber.
Komplikationen: Erkranken Schwangere an Röteln, so kann es zu Mißbildungen oder Totgeburten kommen. Es ist gut, wenn Mädchen in frühen Jahren die Krankheit durchmachen und somit gegen eine Ansteckung in der Schwangerschaft immun sind.

✓ WAS SIE TUN KÖNNEN

- Meist sind keine besonderen Maßnahmen notwendig.

WANN SIE ZUM ARZT MÜSSEN

- Zur Absicherung der Diagnose.
- Wenn Schwangere Verdacht auf eine Rötelninfektion haben.

✗ WAS IHR ARZT TUN KANN

- Bei einer geplanten Schwangerschaft kann der Arzt feststellen, ob in früheren Jahren eine Rötelninfektion stattfand (Feststellen des Rötelntiters) und somit Immunität besteht oder ob eine Impfung notwendig ist.

VORBEUGUNG

- Impfung, oft auch in Kombination mit Masern und Mumps.

WINDPOCKEN

Windpocken ist eine ansteckende Viruserkrankung, die von einem Herpesvirus hervorgerufen wird. Meist erkrankt man nur einmal im Leben an Windpocken. Die Übertragung erfolgt durch Tröpfcheninfektion.
Haupterkrankungsalter: 2-7 Jahre.
Inkubationszeit: 14-16 Tage.
Beschwerden: Die Krankheit beginnt meist mit Kopfschmerzen, Unwohlsein und mittelhohem Fieber. Später kommt es zu einem charakteristischem, stark juckendem Hautausschlag aus kleinen Bläschen, die eine klare Flüssigkeit enthalten und die anschließend verkrusten.
Komplikationen: In späteren Jahren kann es zu einer Gürtelrose kommen.

✓ WAS SIE TUN KÖNNEN

- Kratzen sollte möglichst vermieden werden, da an den Bläschen Infektionen und Narben entstehen können. Fingernägel möglichst kurz schneiden und eventuell nachts Baumwollhandschuhe tragen. Bäder, feuchte Umschläge und feuchtigkeitsspendende Cremes können den Juckreiz lindern.

- Auftragen einer juckreizstillenden Salbe [→Juckreiz].
- Besondere Hygienemaßnahmen, wie häufiges Baden und häufiger Wäschewechsel, beugen einer zusätzlichen Infektion der Bläschen mit Bakterien vor.

WANN SIE ZUM ARZT MÜSSEN

- Wenn Sie nicht sicher sind, ob es sich um Windpocken handelt.
- Wenn die Bläschen eitern.
- Wenn Kopfschmerzen auftreten oder der Nacken steif wird.

✗ WAS IHR ARZT TUN KANN

- Verordnung einer juckreizstillenden Lotion oder Salbe.
- Behandlung von infizierten Bläschen mit Antibiotika.

VORBEUGUNG

- Kontakt mit erkrankten Personen meiden. Dies gilt besonders für Säuglinge in den ersten vier Wochen und für Schwangere.

KLIMAKTERIUMS-BESCHWERDEN

Das Klimakterium (Wechseljahre) setzt bei der Frau im Alter von etwa 45 Jahren, mit einem allmählichen, über Jahre gehenden, Abfallen des Östrogenspiegels ein. Schließlich stellt sich die letzte Monatsblutung (Menopause) ein. Meist kommt die Menstruation vorher schon unregelmäßig. Zu der hormonellen Veränderung und den dadurch ausgelösten körperlichen Umstellungen kommen in diesen Jahren meist wichtige soziale Veränderungen auf eine Frau zu, die manche Frauen psychisch sehr beschäftigen oder sogar zu belastenden Problemen werden können.

HÄUFIGSTE KLIMAKTERIUMSBESCHWERDEN

- Zyklusstörungen [←].
- Hitzewallungen und Schweißausbrüche [→Schwitzen, übermäßiges], oft während der Nacht.
- Vaginale Trockenheit, die oft mit vermehrten Infekten einhergeht [→Scheidenentzündungen].
- Schlaflosigkeit [→Schlafstörungen].
- Schwindel[←].
- Herzklopfen [→Herzbeschwerden].
- Angst, Depression, Reizbarkeit.
- Das Risiko, an Osteoporose, Knochenschwund, [→Osteoporose] oder Arteriosklerose [→Arterienverkalkung] zu erkranken, steigt an.

✓ WAS SIE TUN KÖNNEN

- Sehr wichtig ist die psychische Bewältigung von typischen Klimakteriumsproblemen und Ängsten.
- Evtl. die einzelnen Klimakteriumsbeschwerden behandeln.
- Pflanzliche oder homöopathische Präparate (z.B. mit Cimicifuga oder Lachesis) können als Tropfen oder Tabletten eingenommen werden, z.B. bei Unverträglichkeit oder Bedenken gegen Hormonpräparate.

WANN SIE ZUM ARZT MÜSSEN

- Bei Zyklusunregelmäßigkeiten, oder wenn nach einer Zeit fehlender Blutungen plötzlich wieder Blutungen auftreten.
- Wichtig: Regelmäßig zur Krebsvorsorgeuntersuchung!
- Wenn sie mit den Beschwerden (Hitzewallungen, Schlafstörungen, trockene Scheide etc.) nicht zurechtkommen.

✗ WAS IHR ARZT TUN KANN

- Ausführliches Gespräch, ob neben Hormonmangel noch andere Probleme Auslöser der Beschwerden sein könnten.
- In den meisten Fällen lindern Hormonpräpa-

rate in Form von Tabletten oder Pflastern die Beschwerden. Vorteilhaft bei Östrogenpräparaten ist die Verminderung des Osteoporose- und Arterioskleroserisikos [→Arterienverkalkung].
– Der Arzt kann die Einzelbeschwerden behandeln, z.B. Schlafstörungen mit Schlafmitteln oder Depressionen mit Antidepressiva.

VORBEUGUNG

- Gesunde Ernährung und ausreichend Bewegung sind eine solide Basis für eine gute Lebensqualität während der Wechseljahre.
- Man sollte sich frühzeitig positiv mit dem Alter auseinandersetzen und rechtzeitig Pläne für die Zukunft machen.

KONTAKTLINSEN-PROBLEME

Kontaktlinsen haben gegenüber der Brille einige Vorteile und werden besonders von jungen Leuten häufig bevorzugt. Die modernen Linsen sind in der Regel angenehm zu tragen. Wichtig ist, daß das Auge generell für Kontaktlinsen geeignet ist und daß die richtigen Kontaktlinsen ausgewählt werden. Die Auswahl des Kontaktlinsentyps hängt von der Beschaffenheit der Augen (z.B. Menge der Tränenflüssigkeit), vom zu korrigierenden Sehfehler und von den Ansprüchen (Tragedauer, Tragehäufigkeit, Sportarten etc.) ab, die der Träger an die Linsen stellt. Nicht selten kommt es bei Kontaktlinsenträgern zu Problemen wie rote Augen, Brennen, Fremdkörpergefühl oder Regenbogen- Sehen". Man unterscheidet, je nach verwendetem Kunststoff, zwischen harten und weichen Kontaktlinsen. Generell kann man sagen, daß harte Linsen einfacher zu pflegen sind, aber vom Auge eher als Fremdkörper empfunden werden. Beide Linsentypen schwimmen auf der Hornhaut des Auges. Harte Linsen sind kleiner als die Hornhaut. Es gibt sie mit unterschiedlicher Sauerstoffdurchlässigkeit. Weiche Linsen sind gut sauerstoffdurchlässig, wasserhaltig und größer als die Hornhaut. Sie beanspruchen mehr Pflege als harte Kontaktlinsen, weil sich sehr leicht Proteine aus der Trännenflüssigkeit, Arzneistoffe und Konservierungsmittel einlagern können. Sowohl harte als auch weiche Linsen müssen sorgfältig gereinigt werden. Außerdem gibt es inzwischen Einweg-Kontaktlinsen für Kurzsichtige, die bis zu einer Woche ohne Reinigung im Auge bleiben können. Es gibt verschiedenste Reinigungssysteme für harte und weiche Linsen beim Optiker und in der Apotheke.

HÄUFIGSTE URSACHEN

– Zu trockene Augen [←], verstärkt durch trockene Raumluft, Rauchen etc.
– Allergien z.B. auf Kontaktlinsenpflegemittel.
– Nachlässige Linsenpflege.
– Falsch angepaßte Linsen oder falscher Linsentyp.
– Zu lange tägliche Tragezeit der Linse.
– Verwechselung der Linsen oder seitenverkehrtes Tragen.

✓ WAS SIE BEI REIZUNGEN TUN KÖNNEN

– Verwendung von konservierungsmittelfreien Kontaktlinsenpflegemitteln, die das Auge weniger reizen und nicht allergisierend wirken.
– Benetzungsmittel helfen bei trockenen Augen [←]. Es gibt spezielle unkonservierte Präparate, die auch getropft werden können, solange die Linse (weich/hart) im Auge ist.
– Bei stärkeren Beschwerden sollten Sie die Linsen für eine Weile aus den Augen nehmen.
– Bei Augentropfen gegen gerötete Augen [→Bindehautentzündung] beide Linsen auf jeden Fall aus den Augen nehmen. Bei harten Linsen den Augenarzt fragen, ob die Kontaktlinsen im Auge bleiben können.

WANN SIE ZUM ARZT MÜSSEN

- Kontaktlinsenträger sollten generell zu regelmäßigen Kontrolluntersuchungen gehen.
- Wenn Sie bei neuen Linsen das Gefühl haben, daß die Linse nicht richtig angepaßt ist.
- Wenn sie starke Beschwerden haben.

X WAS IHR ARZT TUN KANN

- Feststellen, ob die Linsen richtig passen oder ob eine Verwechslung der Linsen vorliegt.
- Ausschluß anderer Ursachen für die Probleme.

VORBEUGUNG

- Regelmäßige sorgfältige Linsenpflege.
- Die Linse nicht über Nacht im Auge belassen.
- Beim Schwimmen und Tauchen möglichst die Linsen herausnehmen oder eine Schwimm-/Tauchbrille tragen. Chlor kann sich in weiche Linsen einlagern; harte Linsen gehen leicht verloren.
- Beim Fahrradfahren Sonnenbrille oder evtl. Schutzbrille tragen, da die Gefahr des Austrockenens der Linsen durch den Fahrtwind besteht.
- Beim Schminken erst Kontaktlinsen einsetzen, dann Make Up auftragen (am besten spezielles Make Up für Kontaktlinsenträger). Keine Kosmetika auf die Lidkanten auftragen. Haarspray nur mit geschlossenen Augen benutzen.

KOPFSCHMERZEN

Fast jeder Mensch leidet ab und zu unter Kopfschmerzen. Man kann den Kopfschmerz nach der Art des Schmerzes (pochend, stechend, dumpf etc.) und nach dem Ort (Stirn, Hinterkopf, Schläfe etc.) unterscheiden. Kommen Beschwerden wie z.B. Schwindel, Müdigkeit, Fieber, Erkältung oder Sehstörungen hinzu, so kann dies auch einen Hinweis auf die Ursache der Kopfschmerzen geben. Frauen leiden häufiger unter Kopfschmerzen als Männer.

Eine besondere Form von Kopfschmerzen ist die **Migräne.** Dabei kommt es anfallsartig zu meist einseitigen Kopfschmerzen, die oft von Sehstörungen, Schwindel, Lichtempfindlichkeit und Übelkeit sowie Erbrechen begleitet werden. Die Begleiterscheinungen treten meist schon vor den Kopfschmerzen auf. Ein Migräneanfall kann durch verschiedene Faktoren wie Streß, Schlafmangel, körperliche Überanstrengung oder bestimmte Nahrungsmittel (z.B. Rotwein, Käse, Schokolade) hervorgerufen werden. Die Häufigkeit solcher Anfälle und die Dauer eines Migräneanfalls sind unterschiedlich. Der **Spannungskopfschmerz** ist charakterisiert durch dumpf-drückende Kopfschmerzen, die den ganzen Kopf umfassen.

HÄUFIGSTE URSACHEN

- Verspannungen im Schulter- und Nackenbereich.
- Migräneanfall.
- Schlafmangel.
- Nikotin- oder Alkoholmißbrauch [←].
- Nebenwirkung bestimmter Medikamente.
- Erkältung und grippale Infekte [←].
- Belastende Wetterlage (z.B. Föhn).
- Streß, Probleme oder Erholungsphasen nach Streß, z.B. Urlaubsbeginn.
- Überlastung der Augen (falsche oder fehlende Brille, Bildschirmarbeit).
- Umweltbelastungen (Schadstoffe, Dämpfe, Lärm).
- Hormonelle Schwankungen, z.B. vor oder während der Menstruation [→ Menstruationsbeschwerden].
- Hoher oder niedriger Blutdruck [←].
- Schmerzen des Gesichtsnerves (Trigeminus-Neuralgie).

- Stirnhöhlenentzündung.
- Gehirnerschütterung.
- Hirnhautentzündung.
- Starke körperliche Anstrengung.
- Aufenthalt in großer Höhe.

✓ WAS SIE TUN KÖNNEN

- Es ist wichtig, die Ursache der Schmerzen herauszufinden um die Schmerzauslöser zu vermeiden.
- Frische Luft oder Schlaf im abgedunkelten, ruhigen Raum.
- Einfache Entspannung, körperliche Entspannungsmethoden wie autogenes Training oder Streßbewältigungstraining.
- Kalte Umschläge auf die schmerzenden Stellen legen oder kühlendes Heilpflanzenöl auf die Schläfen tupfen.
- Gesichtsmassage oder Massage des Schulter-Nacken-Bereiches.

- Bei einigen Kopfschmerzformen hilft schwarzer Kaffee.
- Schmerzmittel (z.B. mit Acetylsalicylsäure, Paracetamol) sollten nur kurzfristig und in Ausnahmefällen eingenommen werden. Die regelmäßige Einnahme von Schmerzmitteln kann zu erneuten Kopfschmerzen führen. Außerdem können bei häufigem Gebrauch von Schmerzmitteln Nebenwirkungen auftreten. Problematisch ist auch die relative Magenunverträglichkeit von Schmerzmitteln, denn Kopfschmerzen und Migräne werden oft von Übelkeit begleitet, die sich bei Schmerzmitteleinnahme noch verschlimmern kann. Daher ein Zäpfchenpräparat vorziehen, um mögliche negative Einflüsse auf den Magen zu vermeiden. Von den Tablettenpräparaten sind reine Paracetamol-Produkte am besten magenverträglich. Wenn Sie Ihren Kopfschmerz kennen und wissen, daß Sie auf jeden Fall ein Schmerzmittel brauchen werden, zögern Sie die Einnahme nicht zu lange hinaus, das verschlechtert nur die Situation.

WANN SIE ZUM ARZT MÜSSEN

- Wenn die Schmerzen nicht nachlassen oder immer wiederkehren.
- Wenn die Schmerzen sehr stark sind oder immer stärker werden.
- Wenn andere Beschwerden hinzukommen, z.B. Sehstörungen, Schwindel, Störungen des Kurzzeitgedächtnisses.
- Wenn die Kopfschmerzen erstmals nach Einnahme eines neuen Arzneimittels auftreten.
- Wenn man jenseits des 40. Lebensjahres erstmals Kopfschmerzen bekommt, die man so bisher nicht kannte.

✗ WAS IHR ARZT TUN KANN

- Feststellen, ob und welche organische Ursache hinter den Schmerzen steckt.
- In bestimmten Fällen kann der Arzt ein stärkeres Schmerzmittel verordnen oder auch Medikamente gegen die Begleitbeschwerden, z.B. gegen Übelkeit.
- Bei Migräne gibt es eine Reihe von verschreibungspflichtigen Medikamenten, die zur Vorbeugung oder im Anfall genommen werden können.
- Empfehlung von geeigneten nichtmedikamentösen Therapien (autogenes Training, Progressive Muskelentspannung etc.).

VORBEUGUNG

- Alkohol und Nikotin meiden.
- Ausreichend schlafen. Beibehaltung des gewohnten Schlaf-Wach-Rhythmus auch am Wochenende.
- Für frische Raumluft sorgen.
- Übermäßigen Hunger vermeiden.
- Streß abbauen.
- Regelmäßig Sport treiben.

KRÄTZE

Die Krätze (Skabies) ist eine ansteckende Hautkrankheit, die durch Milben hervorgerufen wird. Diese bohren Gänge in die oberen Hautschichten und legen dort ihre Eier ab. Es kommt zu starkem Juckreiz und zu kleinen geröteten Knötchen oder Pusteln auf der Haut. Der Juckreiz kann durch Wärme (z.B. Bett) verstärkt werden. Bevorzugt siedeln sich Milben zwischen den Fingern, an Hand- und Fußgelenken, Achselfalten, Ellenbogen und im Po- und Genitalbereich an.

Krätze ist leicht durch Hautkontakt übertragbar, seltener über Kleidung und Bettwäsche und befällt meist die ganze Familie. Die Milben können nur auf dem menschlichen Körper überleben, während sie auf Gegenständen (z.B. Bettwäsche) meist nach kurzer Zeit absterben. Die Beschwerden beginnen erst 3-4 Wochen nach der Ansteckung und werden öfter als Allergie oder Ekzem mißdeutet. Entgegen der weitverbreiteten Meinung kann Krätze auch in den "besten Familien" und unter besten hygienischen Bedingungen vorkommen.

✓ WAS SIE TUN KÖNNEN

- Kleidung, Bettwäsche und Handtücher möglichst heiß waschen, am besten kochen. Wenn das nicht möglich ist, Wäsche 4 Tage lang nicht tragen, innerhalb dieses Zeitraums sterben die Milben auf der Kleidung ab.
- Mit speziellen Präparaten gegen Krätze, z.B. mit dem Wirkstoff Hexachlorcyclohexan, den ganzen Körper einreiben.
- Möglichst nicht kratzen, sonst kann es zusätzlich zu einer Infektion kommen.
- Gegen den Juckreiz helfen Antihistaminika als Salben, Gele oder Tropfen und Tabletten.

WANN SIE ZUM ARZT MÜSSEN

- Bei Verdacht auf Krätze.
- Wenn Säuglinge und Kleinkinder befallen sind.

✗ WAS IHR ARZT TUN KANN

- Spezielle Behandlung der Krätze und von Infektionen als Folge von Kratzen.

VORBEUGUNG

- Ist nicht möglich.

LÄUSE

Läuse können den Kopf, den Körper und den Genitalbereich des Menschen befallen. Man unterscheidet Kopfläuse (2-3mm lang), Filzläuse (ca. 2mm, rundlich, flach) und Kleiderläuse (ca. 4mm lang). Die Eier der Läuse nennt man Nissen.

Kleiderläuse sitzen meist in der Unterwäsche, insbesondere im Bereich von Schulter und Taille. Es kommt zu starkem Juckreiz und roten, durch Läusebisse hervorgerufenen Pünktchen auf der Haut. Kleiderläuse kommen meist unter schlechten hygienischen Bedingungen vor. Da sie auch Überträger fiebriger Erkrankungen sein können, sollte ein Arzt aufgesucht werden.

Filzläuse sitzen in den Scham-, Brust- und Achselhaaren oder an den Wimpern und werden durch intensiven Körperkontakt, z.B. durch Geschlechtsverkehr, übertragen. Es kommt zu Juckreiz, ekzemartigen Veränderungen und kleinen blauen Flecken an den Einstichstellen. Die Stiche jucken nicht in jedem Falle.

Die Kopflaus sitzt in den Kopfhaaren und klebt ihre grau-weißen Nissen an den Haaransätzen, nahe der Kopfhaut, fest. Diese lassen sich im Gegensatz zu Schuppen kaum abstreifen. Es kommt zu starkem Juckreiz auf der Kopfhaut. Kopfläuse können nicht springen. Die Übertragung von Mensch zu Mensch erfolgt durch direkten Kontakt, durch ausgefallene, mit Nissen belegte Haare oder durch gemeinsamen Gebrauch von Kämmen, Mützen etc. Oft sind Schul- oder Kindergartenkinder betroffen, da die Ansteckung dort sehr leicht von Kind zu Kind erfolgt.

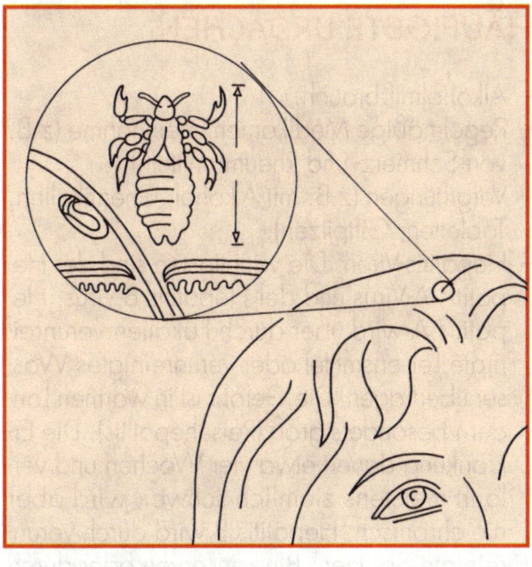

Die Kopflaus ist 2-3mm groß und sitzt am häufigsten an den Haaren hinter den Ohren oder an der Kopfrückseite. Die kleinen durchsichtig-weißen Eier klebt sie am Haaransatz an.

HÄUFIGSTE URSACHEN

- Kopfläuse haben nichts mit schlechten hygienischen Bedingungen zu tun.
- Direkter Körperkontakt.
- Gemeinsame Verwendung von Kämmen, Haarschmuck, Mützen.

✓ WAS SIE TUN KÖNNEN

- Zunächst sollten Lehrer, Erzieherinnen und/oder Eltern benachrichtigt werden, damit alle Kinder untersucht und betroffene Kinder behandelt werden.
- Bürsten, Kämme und Haarschmuck sollten vernichtet oder ausgekocht werden.
- Kopfkissen und Handtücher auskochen.
- Die Haare mit einem speziellen Antiläuseshampoo oder -gel behandeln oder mit Antiläusespray einsprühen. Anschließend die abgetöteten Nissen mit einem feinzinkigen Läusekamm (Nissenkamm) auskämmen. Das geht besser, wenn man nach dem Waschen eine normale Haar-Spülung oder -Kur verwendet. Nach 8-10 Tagen kontrollieren, ob sich aus nicht abgetöteten Nissen neue Läuse entwikkelt haben. Dann Vorgang wiederholen.
- Sonstige Gegenstände wie Autositze oder Polstermöbel können mit Antiläuse-Spray ebenfalls desinfiziert werden.
- Filzläuse mit Antiläuse-Emulsion behandeln.
- Kratzen vermeiden, da sonst zusätzlich Infektionen entstehen können.

WANN SIE ZUM ARZT MÜSSEN

- Bei Verdacht auf Läuse.
- Insbesondere bei Säuglingen und Kleinkindern vor der Behandlung mit Antiläusepräparaten den Arzt fragen.
- Bei einer Infektion der Läusebisse (stärkere Beschwerden).
- Bei Kleider- oder Filzläusen.

✗ WAS IHR ARZT TUN KANN

- Beratung über die Behandlungsmethode.
- Bei Kindern: Entscheiden, ob diese wieder in die Schule dürfen oder ob noch Ansteckungsgefahr besteht.

VORBEUGUNG

- Keinen direkten Körperkontakt mit infizierten Personen.
- Keine Mützen, Kämme, Kopfkissen etc. gemeinsam benutzen.

LEBERBESCHWERDEN

Die Leber hat zahlreiche wichtige Aufgaben im Organismus. Sie produziert die Gallenflüssigkeit [→Gallenbeschwerden], hat zahlreiche Stoffwechselaufgaben und ist das wichtigste Entgiftungsorgan des Körpers.

Werden der Leber mehr Schadstoffe (z.B. Alkohol) zugeführt, als sie verarbeiten kann, kommt es zur **Fettleber.** Um die Schadstoffe abzubauen, benötigt die Leber fast die gesamte Menge des zugeführten Sauerstoffs. Die Fettverbrennung ist dadurch nicht mehr möglich und das Fett wird in der Leber gespeichert. Die Leber vergrößert sich und manchmal entsteht ein Druckgefühl (Völlegefühl oder leichte Übelkeit) im rechten Oberbauch am Rippenbogen. Häufig spürt man aber gar nichts. Die Leberfunktion ist noch nicht beeinträchtigt, und durch strikte Gewichtsreduktion, Alkoholentzug oder kohlehydratarme Kost bildet sich die Fettleber zurück. Fettleber hat nichts mit fetter Ernährung zu tun! Häufig kommt eine Fettleber bei Alkoholikern oder Diabetikern vor, und manchmal auch in der Schwangerschaft.

Bei einer Leberentzündung (**Hepatitis**) kommt es zunächst zu grippeähnlichen Beschwerden, wie Fieber, Kopfschmerzen, Übelkeit, Müdigkeit, Gliederschmerzen und Verdauungsstörungen. Hinzu kommen Schmerzen unter dem rechten Rippenbogen. Später tritt meist eine Gelbsucht auf. Durch die Entzündung der Leber kann sich auch die Galle nicht mehr entleeren und die Farbe von Stuhl (heller) und Urin (dunkler) verändert sich. Die Erkrankung kann sehr leicht chronisch werden.

Als Folge eines jahrelangen Alkohol- oder Tablettenmißbrauches oder einer Hepatitis-Erkrankung kann es schließlich zu einer Leberschrumpfung (**Leberzirrhose**) kommen. Dabei treten zahlreiche Beschwerden auf (z.B. Hormonstörungen, Blutungen der Speiseröhre, Bauchwassersucht, Hämorrhoiden usw.). Im späten Stadium verliert die Leber ihre Funktion vollständig, die Leber ist nicht mehr heilbar.

HÄUFIGSTE URSACHEN

- Alkoholmißbrauch.
- Regelmäßige Medikamenteneinnahme (z.B. von Schmerz- und Rheumamitteln).
- Vergiftungen (z.B. mit Alkohol, Chemikalien, Tabletten, Giftpilzen).
- Hepatitis-Viren. Die wichtigsten sind der Hepatitis A-Virus und der Hepatitis B-Virus. Hepatitis A wird über durch Fäkalien verunreinigte Lebensmittel oder verunreinigtes Wasser übertragen. Die Gefahr ist in warmen Ländern besonders groß (Reisehepatitis). Die Erkrankung dauert etwa vier Wochen und verläuft meistens ziemlich schwer, wird aber nie chronisch. Hepatitis B wird durch verunreinigte Spritzen, Blutkonserven oder durch Geschlechtsverkehr übertragen. Krankenhauspersonal ist besonders ansteckungsgefährdet. Hepatits B bricht erst nach einem halben Jahr aus. In zehn Prozent aller Fälle wird sie chronisch und kann zu Leberkrebs führen.
- Andere Viren, Bakterien oder Parasiten.

✓ WAS SIE TUN KÖNNEN

- Vor vielen Erkrankungen der Leber kann man sich schützen. Wichtig ist eine ausgewogene Ernährung.
- Alkohol und fette Speisen meiden.

- Bei Fettleber hilft eine kohlenhydratarme Kost, also z.B. Zucker um 50% reduzieren und Alkoholkarenz.
- Vor Virus-Hepatis A kann man sich schützen, indem man, besonders auf Reisen, besondere Hygienemaßnahmen beim Essen, Trinken und auf Toiletten beachtet. Seit kurzem ist es auch möglich, sich gegen Hepatits A impfen zu lassen.
- Gefährdete Personen sollten sich gegen Hepatits B impfen lassen.
- Pflanzliche Präparate mit Mariendistelfrüchten, Vitamin E oder Selen wirken vorbeugend als Leberschutzmittel, indem sie Schadstoffe abfangen. Außerdem unterstützen sie den Heilungsprozeß bei Lebererkrankungen.
- Laktulose (=Milchzucker) entlastet die Entgiftungsfunktion der Leber. Auch B-Vitamine werden bei Leberschäden eingesetzt.

WANN SIE ZUM ARZT MÜSSEN

- Bei ersten Anzeichen einer Lebererkrankung, insbesondere, wenn Sie Alkohol trinken.
- Sofort bei Gelbfärbung von Augen und Haut (Gelbsucht)
- Wenn sich Stuhl oder Urin, wie oben beschrieben, verfärben.

✗ WAS IHR ARZT TUN KANN

- Der Arzt kann das Ausmaß und die Ursache der Leberschädigung feststellen.
- Durch eine Blutuntersuchung lassen sich die Hepatitis-Viren feststellen.
- Durch eine Testung der Leberenzyme läßt sich der Zustand der Leber feststellen.
- Präparate mit Mariendistelfrüchten zur unterstützenden Behandlung chronisch-entzündlicher Lebererkrankungen oder bei toxischen Leberschäden einsetzen.
- Gegen Reisehepatitis kann vor einer Reise in gefährdete Gebiete eine Impfung durchgeführt werden. Der Schutz hält mehrere Wochen an.
- Gefährdete Gruppen (z.B. Krankenhauspersonal) können sich gegen Hepatitis B impfen lassen.

VORBEUGUNG

- Übergewicht vermeiden.
- Gesunde, fettarme und vitaminreiche Kost.
- Alkohol nur in kleinen Mengen trinken.
- Bei Hepatitis: Engen Kontakt zu Erkrankten meiden und peinlich auf Sauberkeit bei Essen, Trinken, Toilette und Wäsche achten, weil Urin, Speichel, Stuhl und Blut die Krankheit übertragen können.

LEBERFLECKEN UND PIGMENTFLECKEN

Leber- und Pigmentflecken sind angeborene oder später auftretende pigmentierte Fehlbildungen der Haut. Man nennt sie auch Muttermale oder Naevi. Zu den Pigmentflecken zählen auch die Sommersprossen und die Altersflecken. Pigmentflecken können unterschiedliche Farben (von gelb über braun bis schwarz) und auch unterschiedliche Formen haben (glatt, erhöht, behaart, etc.). Für Muttermale besteht ein höheres Risiko, daß sich aus dieser Stelle, besonders bei häufiger Sonnenbestrahlung, Hautkrebs entwickelt. Deshalb sollten Personen mit vielen Pigmentflecken bzw. Muttermalen die Sonne eher meiden oder sich zumindest gut schützen und sich regelmäßig vom Hautarzt untersuchen lassen. Die meisten Muttermale sind jedoch harmlos.

HÄUFIGSTE URSACHEN

- Es kommt, aus ungeklärter Ursache, zu einer Anhäufung von Pigmentzellen an einer Stelle.
- Oft vermehrtes Auftreten in der Schwangerschaft oder bei Einnahme der Antibabypille.

- Auch Sonnenbestrahlung kann zu vermehrten Pigmentflecken (z.B. Sommersprossen) führen.

✓ WAS SIE TUN KÖNNEN

- Abdecken der Pigmentflecken mit Kosmetika.
- Aufhellen von Sommersprossen und Altersflecken mit Bleichcremes (z.B. mit Hirtentäschel).
- Vor dem Sonnenbaden keine Parfums oder Rasierwasser auftragen.

WANN SIE ZUM ARZT MÜSSEN

- Wenn sich die Flecken plötzlich verändern, d.h. sich vergrößern, dunkler werden, unregelmäßige Formen annehmen, sich entzünden, bluten, jucken oder schmerzen.
- Wenn vermehrt neue Flecken auftreten.
- Wenn Sie die Muttermale kosmetisch stören.

✗ WAS IHR ARZT TUN KANN

- Operatives Entfernen der störenden Flecken.
- Untersuchung des entfernten Gewebes auf Hautkrebs.

LYMPHKNOTEN-SCHWELLUNGEN

Das Lymphsystem, das, ähnlich wie der Blutkreislauf, den ganzen Körper durchzieht, ist wichtig für die körpereigene Abwehr. Die Lymphknoten befinden sich überall im Körper und dienen dazu, Krankheitserreger, Fremdstoffe oder Krebszellen unschädlich zu machen. Zu diesem Zweck produzieren sie einen bestimmten Typ weißer Blutkörperchen, die Lymphozyten. Bei einer Infektion schwellen die Lymphknoten im Infektionsgebiet an, können schmerzen oder druckempfindlich werden. Bei bestimmten, meist schweren Erkrankungen, schwellen die Lymphknoten im gesamten Körper an (z.B. bei Leukämie, Toxoplasmose, Krebs oder bestimmten Infektionskrankheiten).

HÄUFIGSTE URSACHEN

- Erkältungskrankheiten: Lymphknoten an Nacken, Unterkiefer und Hals können anschwellen.
- Pfeiffersches Drüsenfieber, eine Virusinfektion, bei der die Lymphknoten an Hals, Nacken, in den Achseln oder Leisten geschwollen sein können.
- Blutvergiftung (z.B. nach Verletzungen, Bißwunden oder Verbrennungen). In der Nähe der Wunde schwellen die Lymphknoten an.
- Infektionen im Mund-Rachen-Raum: Lymphknoten an Nacken, Unterkiefer und Hals schwellen an.

✓ WAS SIE TUN KÖNNEN

- Zugrundeliegende Ursache behandeln, z.B. Erkältung.
- Pflanzliche oder homöopathische Medikamente gegen geschwollene Lymphknoten einnehmen.

WANN SIE ZUM ARZT MÜSSEN

- Bei starken Beschwerden ungeklärter Ursache.
- Bei Verdacht auf Blutvergiftung [→Schnittwunden und Schürfwunden].
- Wenn die Schwellungen nach einigen Tagen nicht zurückgehen.

VORBEUGUNG

- [→Abwehrsteigerung].

MAGENBESCHWERDEN, NERVÖSE

Die Magenmuskeln durchmischen den Nahrungsbrei mit dem Magensaft und befördert ihn zum Magenausgang. Es werden etwa 1,5-2l Magensaft pro Tag gebildet. Die Hauptbestandteile des Magensaftes sind Salzsäure und Verdauungsenzyme. Gesteuert werden die Magenmuskel-Bewegungen und die Bildung von Magensaft durch das vegetative (unbewußte) Nervensystem. Bei einem nervösen Magen produzieren die Magendrüsen zu viel Magensaft und oft wird die Bewegung der Magenmuskulatur gestört. Man spricht auch von einem Reizmagen oder von funktionellen Oberbauchbeschwerden. In solchen Fällen wird bei nevösen Magenbeschwerden auch zuwenig Magensaft oder zuwenig Bauchspeicheldrüsenenzyme produziert. Es treten aber auch in diesem Fall fast identische Symptome auf:

- Magendrücken.
- Blähungen und Völlegefühl [←].
- Sodbrennen [←].
- Übelkeit und Erbrechen [←].
- Appetitlosigkeit [←].
- Magenkrämpfe.
- Mundtrockenheit, Zungenbrennen.

Einige der genannten Beschwerden treten auch bei anderen Magenerkrankungen, z.B. bei Magenschleimhautentzündung [←] oder Magengeschwür auf. Im Gegensatz zum Reizmagen können hier aber organische Veränderungen festgestellt werden, z.B. eine Schädigung der Magenschleimhaut. Aus einem Reizmagen kann eine chronische Magenschleimhautentzündung werden.

HÄUFIGSTE URSACHEN

- Übermäßiger Alkohol-, Kaffee- oder Nikotinkonsum reizt die Magenschleimhaut und regt die Magensäureproduktion an.
- Streß und Probleme.
- Ungesunde Ernährung.
- Hastiges Essen, ungenügendes Kauen.
- Zu kalte oder zu heiße Speisen.
- Stark gewürzte Speisen.
- Bestimmte Arzneimittel (z.B. Acetylsalicylsäure).
- Erkrankungen des Magens.
- Allergien oder Unverträglichkeiten bei bestimmten Lebensmitteln.

✓ WAS SIE TUN KÖNNEN

- Streß, Ärger, Angst vermeiden. Abschalten und entspannen. Sehr gut hilft autogenes Training.
- Alkohol, Coffein und Nikotin möglichst meiden.
- Eine Wärmflasche oder warme Umschläge wirken lindernd bei Magenschmerzen.
- Durch Anregung der Verdauung können Appetitlosigkeit, Völlegefühl und Magendrücken beseitigt werden. Die Verdauung wird durch pflanzliche Dragées, Tropfen oder Tees, die z.B. Enzianwurzel, Benediktenkraut, Tausendgüldenkraut, Angelikawurzel oder Chinarinde enthalten, angeregt. Häufig handelt es sich um Bitterstofffe, bei deren Einnahme mehr Magensaft produziert wird.
- Durch beruhigende Magentees oder Tropfen mit Kamille, Schafgarbe oder Pfefferminze kann eine Linderung aller Symptome des Reizmagens erreicht werden.
- Zur Abpufferung der überschüssigen Magensäure und bei Magensäurerückfluß helfen säurebindende Magenmittel (Antazida), z.B. Aluminium- und Magnesiumsalze [→Sodbrennen]. Beschwerden wie Sodbrennen, Völlegefühl und saures Aufstoßen lassen sich dadurch mildern.
- Führt ein Mangel an Magensäure zu Verdauungsstörungen und Appetitlosigkeit, so helfen Säurepräparate (Azida), die z.B. Pepsin und Citronensäure enthalten.
- Gegen allgemeine Verdauungsbeschwerden helfen Präparate, die Verdauungsenzyme enthalten.

- Gegen Magenkrämpfe sind krampflösende Mittel, die sog. Spasmolytika geeignet [→Magenschleimhautentzündung].
- Oft helfen gerade beim nervösen Magen homöopathische Präparate sehr gut.
- Weitere Maßnahmen finden Sie unter den einzelnen Stichworten.

WANN SIE ZUM ARZT MÜSSEN

- Wenn Sie über längere Zeit oder wiederholt an den typischen Reizmagen-Symptomen leiden.

X WAS IHR ARZT TUN KANN

- Feststellen, ob eine ernsthafte Erkrankung Beschwerden ausgelöst hat, z.B. Magengeschwür, Gallensteine, Bauchspeicheldrüsenentzündung.
- Die Behandlung richtet sich nach den Beschwerden und bei zuviel Magensäure können z.B. Magensäureblocker verordnet werden; bei Magenmuskelstörungen Medikamente, die die Muskelbewegungen und damit die Magenentleerung beschleunigen.

VORBEUGUNG

- Gesunde, ausgewogene Ernährung. Fette und kalorienreiche Kost meiden.
- Sich für das Essen immer Zeit nehmen. Langsam essen und ausreichend kauen. Nicht kurz vor dem Schlafengehen zu Abend essen.
- Den Genuß von Alkohol, Coffein und Nikotin einschränken.
- Eine spezielle Diät ist unnötig. Essen Sie, was Ihnen schmeckt und vermeiden Sie, was Ihnen nicht bekommt. Vorteilhaft ist ballaststoffreiche Ernährung mit viel Gemüse, Früchten und Vollkornprodukten.

MAGENSCHLEIMHAUT-ENTZÜNDUNG

Die Magenschleimhaut ist stark durchblutet und wird durch eine Schleimschicht vor aggressiven Stoffen (z.B. Magensäure) geschützt [→Magen, nervöser]. Durch eine Schädigung dieser Schleimschicht kann die Magenschleimhaut angegriffen werden. Es kommt zu einer akuten Magenschleimhautentzündung (Gastritis) mit ähnlichen Beschwerden wie beim nervösen Magen [←]. Je nach Ursache der Schleimhautentzündung stehen bestimmte Beschwerden im Vordergrund:

- Plötzlicher starker Magenschmerz oder Magenkrämpfe.
- Völlegefühl, Übelkeit, Erbrechen.
- Allgemeine Schwäche, Kopfschmerzen, Fieber.
- Belegte Zunge, evtl. Mundgeruch.

Meist gehen die Beschwerden im Laufe des Tages von selbst zurück.

Bei einer dauerhaften Veränderung der Magenschleimhaut spricht man von einer chronischen Gastritis. Oft treten dabei überhaupt keine Beschwerden auf. Manchmal wird zuwenig Magensäure gebildet, weil die Magenschleimhaut geschädigt ist. Viele ältere Menschen leiden an einer chronischen Gastritis, weil sich die Magenschleimhaut üblicherweise mit dem Alter zurückbildet.

Beim Magengeschwür (Ulkus) geht die Schädigung über eine Entzündung hinaus. Es bildet sich in der Magenschleimhaut ein Geschwür aus, das bis in die tiefen Magenwandschichten vordringen kann, evtl. blutet und sogar die Magenwand durchbrechen kann. Solche Geschwüre können auch im Zwölffingerdarm auftreten. Erste Anzeichen beim Magengeschwür sind Druck und Völlegefühl unmittelbar nach den Mahlzeiten, stechende Schmerzen etwa 2 Stunden nach dem Essen, auch nachts, beim Zwölffingerdarmgeschwür eher Nüchternschmerz, besonders nachts. Oft treten Appetitlosigkeit und die gleichen Symptome wie bei der Magenschleimhautentzündung auf. Im weiteren Verlauf kann es zu Teerstühlen (Blut im Stuhl) oder Bluterbrechen kommen. Aber auch hier gibt es Fälle, bei denen keine Beschwerden auftreten. Auch ein Magen- oder Zwölffingerdarmgeschwür kann chronisch werden.

HÄUFIGSTE URSACHEN

- Infektion mit der Bakterienart Heliobacter pylori.
- Magenreizungen durch Medikamente, z.B. Schmerz- und Rheumamittel wie Acetylsalicylsäure und Indometacin.
- Reizmagen [→Magenbeschwerden, nervöse].
- Ständige Reizung durch Rauchen, Alkohol, Kaffee etc.
- Lebensmittelvergiftung, z.B. durch gifitge Pilze.
- Virusinfektion.
- Vergiftung durch Chemikalien, Säuren, Laugen.
- Autoimmunerkrankungen (Erkrankungen, bei denen der Körper Abwehrstoffe gegen seine eigenen Körperzellen bildet).
- Ein ständiger Rückfluß des aggressiven, gallensäurehaltigen Dünndarminhaltes in den Magen.
- Alterserscheinung bei chronischer Magenschleimhautentzündung.

✓ WAS SIE TUN KÖNNEN

- Bei akuter Gastritis 1-2 Tage Bettruhe halten.
- Fasten oder Schonkost bessern die Magenschmerzen. Mehrere kleine Mahlzeiten sind besser als wenige große.
- Tees, Tropfen oder Tabletten mit Kamille, Schafgarbenkraut oder Süßholzwurzel wirken entzündungshemmend und krampflösend. Auch Pfefferminztee oder Schwarzer Tee wirken beruhigend auf den Magen.
- Gegen Magenkrämpfe helfen krampflösende Medikamente, sog. Spasmolytika, z.B. mit Butylscopolamin, in Form von Tabletten oder Zäpfchen.
- Säurebindende Mittel, sog. Antazida, z.B. mit Magnesium- und Aluminiumsalzen, wirken auch bei Gastritis. Die Kautabletten oder Beutel mit Suspensionen sollten eine Stunde nach dem Essen und vor dem Schlafengehen eingenommen werden.

WANN SIE ZUM ARZT MÜSSEN

- Wenn die beschriebenen Beschwerden einer Gastritis im Oberbauch auftreten und länger andauern oder immer wiederkehren. Achtung: Chronische Gastritis verursacht oft keine Beschwerden!
- Beim geringsten Verdacht auf ein Magengeschwür.
- Bei Vergiftungen.

✗ WAS IHR ARZT TUN KANN

- Der Arzt kann mit einer Magenspiegelung feststellen, ob ein Magengeschwür vorliegt und dieses mit entsprechenden Medikamenten, z.B. säurebindende Magenmittel oder Säureblockern behandeln.
- Präparate mit Wismut werden gegen das Heliobakter-Bakterium eingesetzt und können bei chronischer Gastritis verordnet werden. (Achtung: Wismutpräparate färben den Stuhl dunkel!).

VORBEUGUNG

- Patienten mit einem empfindlichen Magen sollten magenreizende Medikamente wie z.B. Acetylsalicylsäure meiden. Statt Acetylsalicylsäure lieber paracetamolhaltige Schmerzmittel nehmen.
- Übermäßigen Alkohol-, Nikotin- und Kaffeekonsum meiden.
- Sehr scharf gewürzte Speisen sowie extrem kalte oder heiße Getränke meiden.
- Möglichst keine streßreichen Berufe (z.B. Schichtarbeit) ausüben.
- Gesunde Ernährung.

MAGERSUCHT

Durch psychische Probleme verursachte Eßstörungen nehmen in den Industrienationen stark zu; betroffen sind meist junge Mädchen und Frauen. Die Anzeichen der Magersucht (Anorexia nervosa) sind vor allem Hungern, Abnehmen und übertriebene Gewichtskontrolle. Die Betroffenen trinken sehr viel Wasser, um das Hungergefühl zu betäuben, zusätzlich werden Abführmittel und Appetitzügler eingenommen. Oft wird exzessiv Sport getrieben, um noch mehr Kalorien verbrennen zu können und weiter abzunehmen. Meist ist der ganze Tagesablauf bestimmt von Gedanken an Kalorien, kalorienarme Nahrung, Gewichtsverlust. Wenn gegessen wird, haben die Betroffenen sofort ein schlechtes Gewissen. Gut fühlen sie sich nur, wenn sie Hunger haben. Hungern und Abnehmen gilt als Leistung. Durch die rapide Gewichtsabnahme der Magersüchtigen entstehen Stoffwechselstörungen und der Hormonspiegel ändert sich. Bei Frauen kann die Menstruation ausbleiben, bei Männern läßt das sexuelle Interesse nach. Viele Magersüchtige werden phasenweise auch eß-brechsüchtig (Bulimie). Bei der Bulimie kommt es zu regelmäßigen "Freß-Attacken"; die Betroffenen verschlingen Unmengen von Nahrungsmitteln, um sie dann später wieder zu erbrechen.

HÄUFIGSTE URSACHEN

- Kindheits- oder Familienkonflikte.
- Probleme mit dem Erwachsenwerden, bzw. bei Mädchen mit dem "Frau-Sein".
- Orientierung an übertriebenen Schlankheitsidealen.
- Mangelndes Selbstbewußtsein, familiärer Leistungs- und Erfolgsdruck.
- Unbewußtes Aufmerksammachen auf die eigene Person, Hilferuf nach mehr Beachtung und Liebe.
- Streben nach Selbständigkeit und Abgrenzung.
- Erhöhtes Erkrankungsrisiko, wenn in der Pubertät mit Fastenkuren und Diäten experimentiert wird und die Erfahrung gemacht wird, daß sich nach einigen Tagen des Hungerns eine Hungereuphorie einstellen kann.

✓ WAS SIE TUN KÖNNEN

- Bei ersten Anzeichen (s.o.) bei Jugendlichen an eine mögliche Magersucht denken, auch bei Jungen. Auch auf unerklärliche Weise geleerte Kühlschränke, unkontrollierbarer Heißhunger oder übermäßig große Ausgaben für kalorienarme Lebensmittel können ein Hinweis sein.
- Betroffene sofort auf ihr Problem ansprechen, das sie selbst meist gar nicht als Eßstörung oder Magersucht erkennen, da die Eigenwahrnehmung gestört ist.
- Wichtig sind Aufklärung über die Krankheit (Bücher, Zeitungen, Informationsmaterial von Arzt oder Apotheker) und Gespräche mit anderen Betroffenen (Selbsthilfegruppen oder Psychotherapeut).
- Soziale Kontakte zu anderen fördern. Stärkere Einbindung in die Familie,- nicht nur zu Essenszeiten.
- Nie zum Essen zwingen oder überreden.

WANN SIE ZUM ARZT MÜSSEN

- So bald und so regelmäßig wie möglich, um die körperliche Verfassung überwachen zu lassen.

✗ WAS IHR ARZT TUN KANN

- Ausschluß organischer Ursachen für den Gewichtsverlust.
- Aufklärung über die Risiken der Magersucht, Beratung über mögliche Behandlungs-

methoden in Selbsthilfegruppen, Spezialkliniken oder bei Gesprächstherapeuten.
- Regelmäßige Überwachung des körperlichen Zustandes des Patienten.

VORBEUGUNG

- Streit am Tisch vermeiden. Die Einnahme der Mahlzeit sollte nie zum familiären Kampfplatz werden.
- Kinder und Jugendliche nicht dazu zwingen, etwas Bestimmtes oder bestimmte Mengen zu essen.

WER NOCH HELFEN KANN

ANAD e.V.
(Beratungsinitiative für Eßgestörte)
Ungererstr. 32
80802 München

MAGNESIUMMANGEL

Magnesium ist an vielen Stoffwechselvorgängen im Körper beteiligt. Der tägliche Bedarf an Magnesium liegt bei etwa 300mg. Da der Körper nicht in der Lage ist, Magnesium selbst zu produzieren, muß dieser wichtige Mineralstoff dem Körper durch die Nahrung zugeführt werden. Bei körperlichem oder geistigem Streß, in der Schwangerschaft und Stillzeit, in Wachstumsphasen und bei Sportlern sowie im Alter kann der Bedarf erhöht sein. Magnesium ist praktisch in allen Nahrungsmitteln enthalten - selbst im Wasser.

MAGNESIUM IST BESONDERS REICHLICH ENTHALTEN IN

- Hülsenfrüchten,
- Vollkornbrot,
- Käse,
- Schokolade,
- Nüssen,
- Milch.

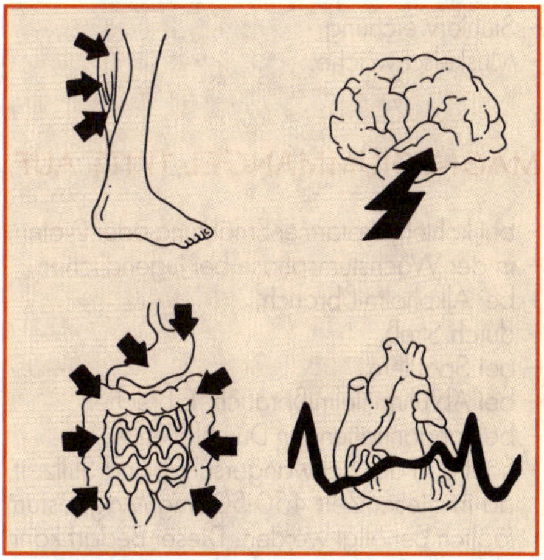

Magnesium hat im Körper sehr viele Funktionen, z.B.: an Muskulatur, Zentralnervensystem, Magen-Darm-Bereich und Herzmuskel.

MAGNESIUM IST IM KÖRPER WICHTIG FÜR

- die Skelettmuskulatur,
- den Herzmuskel,
- die Festigkeit der Knochen,
- die Arbeit zahlreicher Enzyme, z.B. bei der Verbrennung der Kohlehydrate und Fette und beim Aufbau von Eiweiß und Nukleinsäuren (Träger der Erbanlagen).

MAGNESIUMMANGEL FÜHRT ZU

- Muskelkrämpfen, z.B. Wadenkrämpfen,
- Magen-Darm-Beschwerden, z.B. Übelkeit,

Krank – was tun?

– nervösen Beschwerden, z.B. Kopfschmerz, Nervosität,
– Herzproblemen, z.B. Herzrhythmusstörungen,
– vorzeitigen Wehen in der Schwangerschaft,
– brüchigen Fingernägeln, kariösen Zähnen,
– Menstruationsbeschwerden.

MAGNESIUMÜBERDOSIERUNG FÜHRT ZU

– Stuhlerweichung,
– Muskelschwäche.

MAGNESIUMMANGEL TRITT AUF

– bei kohlehydratarmer Ernährung oder Diäten,
– in der Wachstumsphase bei Jugendlichen,
– bei Alkoholmißbrauch,
– durch Streß,
– bei Sportlern,
– bei Abführmittelmißbrauch, Erbrechen,
– bei langanhaltenden Durchfällen,
– häufig in der Schwangerschaft und Stillzeit, da in dieser Zeit 450-500mg Magnesium täglich benötigt werden. Dieser Bedarf kann über die Ernährung nur schwer gedeckt werden. Das erste Anzeichen eines Magnesiummangels in der Schwangerschaft ist das Auftreten von Wadenkrämpfen.

MAGNESIUMPRÄPARATE

– Es gibt Magnesiumpräparate als Tabletten, Kau- oder Lutschtabletten, Granulat oder Injektionslösungen in unterschiedlichen Dosierungen und mit unterschiedlichen Magnesiumsalzen. Es gibt auch Kombinationspräparate mit Calcium und/oder Kalium.
– Die Einnahme von Magnesium hilft bei nächtlichen Wadenkrämpfen.
– Magnesium kann vorbeugend gegen Thrombose, Herzinfarkt, Durchblutungsstörungen, Nierensteine und zu hohen Cholesterinspiegel eingenommen werden.
– Bestimmte Magnesiumsalze wirken als sog. Antazida gegen überschüssige Magensäure [→Sodbrennen].
– Magnesiumsulfat (Bittersalz) wirkt als Abführmittel [→Verstopfung].
– In der Schwangerschaft wird Magnesium bei vorzeitigen Wehen eingesetzt.

MENSTRUATIONS-BESCHWERDEN

Bis zu 5 Tage vor der Monatsblutung kann es zu einer Reihe von unterschiedlichen Beschwerden kommen, die meist auf den veränderten Hormonspiegel während dieser Tage zurückzuführen sind. Man faßt diese Beschwerden unter dem Begriff Praemenstruelles Syndrom, kurz PMS, zusammen. Folgende Beschwerden können dabei vor und in den ersten Tagen der Periode auftreten:
– Schmerzen im Unterleib und im Rücken in Form von Dauerschmerz oder wellenartigem Schmerz (sog. Dysmenorrhoe).
– Spannungsgefühl und Druckempfindlichkeit in der Brust durch Wassereinlagerung.
– Blähungen [←], Durchfall [←], Verstopfung [←], Übelkeit [→Erbrechen und Übelkeit].
– Kopfschmerzen [←], Migräne [←], Schwindel [←], niedriger Blutdruck [←].
– Pickel [←], Akne [←], Hautveränderungen.
– Flüssigkeitseinlagerungen in den Beinen, geschwollene Fußknöchel, Gewichtszunahme.
– Stimmungsschwankungen, Depressionen, Reizbarkeit, Schlafstörungen [←].

HÄUFIGSTE URSACHEN

– Besonders wichtig ist die allgemeine körperliche und seelische Verfassung. So können z.B. eine negative Einstellung zum eigenen Körper, Partnerschaftsprobleme, ungünstige Lebensbedingungen oder Streß die Beschwerden verschlimmern.
– Hormonelle Veränderungen vor und während der Periode.
– Magnesiummangel [←] kann sich im Rahmen von PMS, z.B. als Unterleibsschmerzen [←] auswirken.

– Ein Mangel an essentiellen Fettsäuren, z.B. Linolsäure, erhöht das Risiko, PMS-Beschwerden zu entwickeln.

✓ WAS SIE TUN KÖNNEN

– Streß sollte vermieden und für körperliches und geistiges Wohlbefinden gesorgt werden (Bewegung, gutes Essen, Entspannung etc.).
– Magnesiumpräparate (ca. 300mg/Tag, am besten in einer einzigen Dosis) können sich positiv auf Unterleibsschmerzen [←] auswirken.
– Präparate mit Borretschöl oder Nachtkerzenöl zum Einnehmen enthalten Linolsäure und andere ungesättigte Fettsäuren und reduzieren das Auftreten von PMS-Beschwerden.
– Pflanzliche Präparate, z.B. mit Mönchspfeffer, oder homöopathische Arzneimittel werden gegen die PMS-Beschwerden oder auch vorbeugend eingenommen. Sie wirken oft zyklusregulierend.
– Bei Schmerzen [←], Einnahme eines leichten Schmerzmittels (z.B. mit Ibuprofen oder Paracetamol). Sind die Schmerzen krampfartig, sollte das Schmerzmittel zusätzlich eine krampflösende Substanz enthalten. Auch die Wärmflasche auf dem Bauch oder ein heißes Bad können bei Unterleibsschmerzen [←] helfen.
– Bei Depressionen und Stimmungsschwankungen Einnahme eines pflanzlichen Arzneimittels, z.B. mit Johanniskraut oder Kava-Kava.
– Bei Gewichtszunahme und dicken Beinen empfiehlt sich salzarme Kost.

WANN SIE ZUM ARZT MÜSSEN

– Wenn Selbsthilfemaßnahmen nicht mehr ausreichen.
– Wenn die Beschwerden stärker sind als üblich.

✗ WAS IHR ARZT TUN KANN

– Ausschluß anderer Ursachen für die Beschwerden und entsprechende Behandlung, z.B. Verschreibung eines Hormonpräparates (z.B. der Antibabypille bei jungen Frauen) lindert häufig die Beschwerden.
– Stärkere Medikamente zur Behandlung der Symptome verordnen.

VORBEUGUNG

- Keine besonderen Aktionen oder extremen Anstrengungen für die Tage während und vor der Menstruation einplanen. Sport ist positiv, solange er Ihnen Spaß macht.
- Gesunde Lebensweise (ausgewogene Ernährung, ausreichend Bewegung, frische Luft etc.).
- Vitamin B-Präparate können sich bei regelmäßiger vorbeugender Einnahme positiv auf PMS-Beschwerden auswirken.

MINERALSTOFFMANGEL

Mineralstoffe sind anorganische Substanzen, die im Organismus wichtige Funktionen haben. Genau wie Vitamine können sie nicht vom Körper produziert werden und müssen über die Nahrung oder das Trinkwasser aufgenommen werden. Man unterscheidet Spurenelemente, die nur in sehr geringen Mengen benötigt werden (z.B. Jod, Fluor, Zink, Kupfer, Selen) und Mineralstoffe, die in größeren Mengen im Körper vorhanden sind (Natrium, Kalium, Calcium, Magnesium und Eisen). Mit Ausnahme von Jod und Eisen ist ein echter Mineralstoffmangel durch falsche Ernährung ungewöhnlich. Der tägliche Verlust an Mineralstoffen wird normalerweise durch eine ausgewogene Ernährung wieder aufgefüllt. Andererseits führen einseitige Diäten oder sehr langandauernde Ernährung mit Fertiggerichten häufiger zu Mineralmangelsituationen. Insbesondere bei Kindern und Jugendlichen entsteht auf diese Weise recht schnell ein Mineralmangel, da in der Wachstumsphase mehr Mineralien benötigt werden. Auch bei älteren Menschen besteht ein erhöhter Bedarf aufgrund schlechterer Verwertung der Mineralien, schlechterer Aufnahme aus der Nahrung, sowie verringerter Nahrungszufuhr [→Vitaminmangel im Alter]. Kommt es zu einem Mangel oder einem Überschuß an bestimmten Mineralstoffen, werden charakteristische Beschwerden ausgelöst.

Calcium [→Calciummangel]
Eisen [→Eisenmangel]
Jod [→Jodmangel]
Fluor [→Zahnbelag und Karies]
Kalium [→Kaliummangel]
Magnesium [→Magnesiummangel]

Jod
ist wichtig für die Bildung der Schilddrüsenhormone. Um einem Jodmangel vorzubeugen, ist es sinnvoll, jodiertes Speisesalz zu verwenden. Bei Jodmangel kommt es zur Ausbildung eines Kropfes [→Schilddrüsenunterfunktion].

Natrium
hat im Körper zahlreiche Aufgaben, z.B. ist es wichtig für den Wasserhaushalt des Körpers, außerdem spielt Natrium eine Rolle beim Transport von Glucose und Aminosäuren durch die Zellmembran.
Natriummangel durch falsche Ernährung kommt nicht vor, da der Körper bei fehlendem Natrium einfach seine Natriumausscheidung drosselt. Die meisten Menschen nehmen eher zuviel Natrium, z.B. in Form von Kochsalz, zu sich [→Bluthochdruck].

HÄUFIGSTE URSACHEN FÜR MINERALSTOFFMANGEL

- Falsche, unausgewogene Ernährung.
- Einseitige Diäten.
- Starkes Schwitzen (Salzverlust beim Sport).
- Durchfall und Erbrechen [←].
- Alkoholismus.
- Magersucht [←].

✓ WAS SIE TUN KÖNNEN

- Einnahme von Mineralstoffpräparaten, auch in Kombination mit Vitaminen, z.B. als Tablette oder Brausetablette.
- Nach großer körperlicher Anstrengung, die mit starkem Schwitzen verbunden war, kann man die Flüssigkeits- und Salzverluste durch spezielle Elektrolytgetränke auffüllen.
- Bei Elektrolytverlust durch Durchfall und Erbrechen helfen Elektrolytpräparate zum Auflösen, die Natrium, Kalium, Chlorid und Glucose enthalten.

VORBEUGUNG

- Eine ausgewogene und abwechslungsreiche Ernährung.

MUNDGERUCH

Mundgeruch ist meist harmlos, kann aber für die Mitmenschen sehr störend sein. Oft riecht die betroffene Person selbst den Mundgeruch nicht. Manche Menschen bilden sich den Mundgeruch auch ein. Sie riechen ihn selbst, während andere ihn nicht wahrnehmen. In seltenen Fällen stecken ernsthafte Erkrankungen hinter dem Mundgeruch.

HÄUFIGSTE URSACHEN

- Speisereste zwischen den Zähnen durch schlechte Zahnhygiene oder schlechte Prothesenreinigung.
- Mundgeruch nach dem Genuß von Knoblauch, Zwiebeln oder Alkohol.
- Magenbeschwerden, z.B. Reizmagen, zu wenig Magensäure (Gastritis).
- Zahnbelag.

– Mundschleimhaut- oder Zahnfleischentzündung [←].
– Entzündungen im Hals- Rachenraum.
– Magenbeschwerden, z.B. Reizmagen, zu wenig Magensäure (Gastritis).

✓ WAS SIE TUN KÖNNEN

– Meist vergeht der Mundgeruch von alleine.
– Pastillen oder Kaugummis (z.B. mit Pfefferminz oder Cardamom) überdecken den Geruch und fördern die Speichelbildung, dadurch werden die Geruchsstoffe "weggespült".
– Präparate mit Chlorophyll oder Aktivsauerstoff (z.B. Wasserstoffperoxid) wirken gegen Mundgeruch, indem sie die Geruchsstoffe binden.
– Reinigung der Zahnzwischenräume mit Zahnseide oder Interdentalbürsten.
– Desodorierende Mundsprays oder desinfizierende Lösungen [→Mundschleimhautentzündung] können helfen.

WANN SIE ZUM ARZT MÜSSEN

– Wenn noch andere Beschwerden hinzukommen.

✗ WAS IHR ARZT TUN KANN

– Die Ursache der Beschwerden herausfinden.

VORBEUGUNG

■ Regelmäßige und sorgfältige Reinigung der Zähne und Zahnzwischenräume.

MUNDSCHLEIMHAUT-ENTZÜNDUNG

Eine Mundschleimhautentzündung kann sich durch Schmerzen, Schwellungen, Rötung, Brennen oder Juckreiz im Mund äußern. Manchmal sind Beläge zu sehen, oder es kommt Mundgeruch [←] hinzu. Die Entstehung einer Mundschleimhautentzündung kann durch unzureichende Mundhygiene oder auch durch eine trockene Mundschleimhaut (häufig im Alter) begünstigt sein. Die Ursachen der Entzündung sind vielfältig.

Besonders Kleinkinder leiden häufig unter Mundsoor, einer Pilzinfektion [←] mit Hefepilzen (Candida). Es bilden sich weiße Flecken an der Wangenschleimhaut und auf der Zunge. Die Beläge sehen "milchig" aus und sind abwischbar. Entfernt man sie, so kommt es zu kleinen Blutungen. Die Infektion wird dadurch begünstigt, daß kleine Kinder häufig Gegenstände in den Mund stecken.

Herpesviren [→Herpesbläschen] können neben den Lippen auch die Mundschleimhaut befallen. Es bilden sich kleine, schmerzhafte Bläschen, die brennen, spannen und jucken.

Aphten sind kleine, weiße, schmerzhafte Oberflächenschädigungen der Mundschleimhaut, die von einem roten Hof umgeben sind. Sie treten vereinzelt oder in Gruppen auf. Die Ursache ihrer Entstehung ist unbekannt.

HÄUFIGSTE URSACHEN

– Infektion mit Herpesviren.
– Infektion mit Bakterien bei vorgeschädigter oder trockener Mundschleimhaut.
– Infektion mit Hefepilzen.
– Verletzung, Verbrennung oder Reizung.
– Allergie, z.B. gegen bestimmte Speisen oder Lippenstift.
– Schlechtsitzende Prothesen oder Zahnspangen.

- Vitamin B- oder C-Mangel.
- Eisenmangel.
- Geschwächter Allgemeinzustand.

✓ WAS SIE TUN KÖNNEN

- Die Behandlung hängt von der Ursache der Beschwerden ab.
- Es gibt zahlreiche Präparate mit chemischen oder pflanzlichen Wirkstoffen für die Behandlung von Mundschleimhautentzündungen. Spezielle Darreichungsformen wie Mundwässer, Mundsprays, Pinselungen, Lutschpastillen oder haftende Gele erleichtern die Anwendung auf der Mundschleimhaut.
- Bei Infektionen und zur Infektions-Vorbeugung gibt es Präparate mit desinfizierenden Bestandteilen (z.B. Nelkenöl, PVP-Jod, Chlorhexidin, Hexetidin).
- Gegen die Entzündung helfen pflanzliche Präparate (z.B. mit Salbei-, Kamillen- oder Ratanhia- und Myrrhentinkturwurzelextrakt).
- Gegen Schmerzen helfen oberflächlich betäubende Wirkstoffe (z.B. Lidocain).
- Gegen Mundsoor hilft die lokale Anwendung des Wirkstoffs Nystatin, einem Mittel gegen Pilzinfektionen.
- Gegen Herpes gibt es Salben oder Gele, die die Viren bekämpfen oder das Bläschen desinfizieren oder austrocknen [→Herpesbläschen].
- Stärkung des Immunsystems, z.B. mit Echinacea-Präparaten [→Abwehrsteigerung].

WANN SIE ZUM ZAHNARZT MÜSSEN

- Wenn die Beschwerden nicht nachlassen oder dauernd wieder auftreten.
- Bei Mundsoor bei Erwachsenen: Wenn Sie das Gefühl haben, daß Ihre Prothese oder die Zahnspange Beschwerden verursachen.

✗ WAS IHR ZAHNARZT FÜR SIE TUN KANN

- Feststellen, welche Ursache hinter den Beschwerden steckt und entsprechende Therapie verordnen.
- Verordnung von antibakteriellen Präparaten bei bakterieller Infektion.
- Bei Mundsoor abklären, ob auch die Speiseröhre und der Magen-Darmbereich betroffen sind.

VORBEUGUNG

- Sorgfältige Mundhygiene. Mindestens zweimal am Tag die Zähne und Zahnzwischenräume reinigen. Prothesenträger sollten auf eine sorgfältige Gebißreinigung achten.
- Schnuller und Sauger für Säuglinge sollten täglich sterilisiert oder abgekocht werden.
- Bei entsprechender Veranlagung der Mutter zu Mundsoor (Mundsoor wird von Erwachsenen gar nicht unbedingt als Erkrankung bemerkt) Baby oder Kleinkind wegen der Ansteckungsgefahr nicht mit dem eigenen Löffel füttern. Aus dem gleichen Grund sollten Mütter vor dem Stillen ihre Brustwarzen immer gut reinigen.

MUSKELKATER

Nach einer Überanstrengung bestimmter Muskeln (z.B. beim Sport) kommt es 1-2 Tage nach der Belastung zu einer Anhäufung von unerwünschten Stoffwechselprodukten (u.a. Milchsäure) im umliegenden Gewebe.
Die dadurch entstehenden Muskelschmerzen nennt man Muskelkater. Durch regelmäßiges

Ausdauertraining (nicht Krafttraining) können die Muskeln trainiert werden, d.h. wegen der besseren Durchblutung ensteht weniger schnell ein Sauerstoffmangel, Milchsäure wird rascher abtransportiert und der Muskelkater bleibt aus.

HÄUFIGSTE URSACHEN

- Ungewohnte, ungewohnt lange oder starke körperliche Tätigkeiten.
- Überschätzung der eigenen Belastbarkeit im Zusammenhang mit Aufwärmsalben: Man fühlt sich warm, obwohl der Körper noch kalt ist.

✓ WAS SIE TUN KÖNNEN

- Leichte Gymnastik oder lockeres Jogging.
- Entspannungsbäder, z.B. mit durchblutungsfördernden Salben.
- Einreiben mit durchblutungsfördernden Salben bringt ein Linderungsgefühl.
- Bei sehr starken Beschwerden ein leichtes Schmerzmittel einnehmen.
- Wechselbäder nehmen (3 Minuten warm, 2o Sekunden kalt). Mehrmals wiederholen.

WANN SIE ZUM ARZT MÜSSEN

- Nicht erforderlich.

VORBEUGUNG

- Regelmäßig, mehrmals in der Woche, sportliches Ausdauertraining treiben.
- Die sportlichen Leistungen nur langsam steigern.
- Muskulatur vor dem Sport immer gut aufwärmen, auch mit durchblutungsfördernden Muskelölen, wenn die Gefahr der Selbstüberschätzung (s.o.) beachtet wird.

NACKENSCHMERZEN

Aus verschiedenen Gründen kann es - manchmal innerhalb von Minuten - zu ziehenden Schmerzen im Hals-, Schulter- und Nackenbereich kommen. Häufig werden der Hals oder die Schulter steif und der Kopf kann nur unter Schmerzen gedreht oder bewegt werden. Man nennt das Steifer Hals oder Schiefhals.

HÄUFIGSTE URSACHEN

- Muskelverspannungen durch falsches Liegen oder Sitzen.
- Muskelverspannungen durch seelische Probleme oder Streß.
- Muskelverspannungen durch Zugluft oder im Rahmen einer Erkältung.
- Muskelzerrung durch falsche Bewegungen.
- Bandscheibenschaden an der Halswirbelsäule.
- Unfall (z.B. Schleudertrauma, Wirbelbruch).
- Weichteilrheumatismus [→Rheuma].

✓ WAS SIE TUN KÖNNEN

- Warm halten (Schal, Rotlicht).
- Schonung und vorsichtiges Bewegen.
- Massagen oder Krankengymnastik.
- Durchblutungsfördernde und schmerzstillende Rheumasalben, Rheumabäder oder Einreibungen (z.B. mit Cayennepfeffer, Benzylnikotinat, Salicylat) bessern die Beschwerden.
- Bei stärkeren Schmerzen Einnahme eines leichten Schmerzmittels (z.B. mit Acetylsalicalsäure, Ibuprofen), um weiterer Verspannung als Schmerzfolge vorzubeugen.

WANN SIE ZUM ARZT MÜSSEN

- Wenn die Schmerzen nicht nachlassen.
- Nach Unfällen.

WAS IHR ARZT TUN KANN

- Die Ursache und das Ausmaß der Beschwerden feststellen und die entsprechende Therapie einleiten.
- Bei starken Schmerzen Verordnung stärkerer Schmerzmittel.
- Eventuell Verordnung einer Halskrause.

VORBEUGUNG

- Zugluft vermeiden.
- Richtige, aufrechte Haltung angewöhnen.
- Bei sitzender Tätigkeit für optimale Sitzverhältnisse und regelmäßige Entspannungspausen sorgen.
- Verwendung eines Nackenstützkopfkissens.

NAGELBETT-ENTZÜNDUNG

Nagelbettentzündung und Nagelumlauf sind eitrige Entzündungen des Nagelbettes. Es kommt zu ziehenden oder klopfenden Schmerzen, das Nagelbett ist gerötet und weist Schwellungen auf. In besonders schweren Fällen ist auch das Allgemeinbefinden gestört.

Durch kleine Verletzungen im Nagelbett können Bakterien oder Pilze unter die Haut gelangen und dort zu einer eitrigen Entzündung führen. Da die Haut um den Nagel sehr dick ist, kann der Eiter schlecht abfließen und breitet sich im ungünstigen Fall unter der Haut auf Sehnenscheiden, Knochen und Gelenke aus.

HÄUFIGSTE URSACHEN

- Verletzungen während der Maniküre.
- Ständiges Arbeiten in Wasser und Reinigungsmitteln.

WAS SIE TUN KÖNNEN

- Warme Seifenbäder der erkrankten Nägel.
- Auftragen einer Zugsalbe auf die geschlossene Schwellung z.B. mit Terpentinöl.
- Wenn sich die Schwellung öffnet und Eiter abfließt, Desinfektion, z.B. mit Jod-Lösung.
- Achtung, die Schwellung nicht selbst aufschneiden.

WANN SIE ZUM ARZT MÜSSEN

- Bei allen schmerzenden Nagelbettentzündungen ist es sinnvoll, einen Arzt aufzusuchen.

WAS IHR ARZT TUN KANN

- Abklären der Erreger (Pilze oder Bakterien) und Verordnung eines Antimykotikums oder eines Antibiotikums.
- Chirurgische Öffnung der Eiterblase.

VORBEUGUNG

- Vorsichtige Maniküre. Nägel nicht zu kurz schneiden. Nagelhaut nicht verletzen.
- Bei Arbeit mit Wasser und Reinigungsmitteln Handschuhe tragen.

NAGELPFLEGE

Nägel bestehen aus Keratin, einem verhornten Eiweiß und wachsen ca. 1mm pro Woche. Deshalb dauert es 3-6 Wochen, bis sich ein Nagel komplett erneuert hat. Bei richtiger Pflege können äußerliche Nagelschäden meist verhindert werden. Erkrankungen und Veränderungen der Nägel können jedoch auch organische Ursachen haben. Insbesondere Veränderungen im Mineral-, Vitamin- und Hormonhaushalt beeinflussen die Gesundheit von Nägeln, Haut und Haaren.

Bei der Nagelpflege ist zu beachten:

- Regelmäßiges Schneiden der Nägel ist wichtig. Fingernägel wachsen schneller als Fußnägel, müssen also häufiger geschnitten werden.
- Nägel nicht zu kurz schneiden. Zehennägel gerade abschneiden.
- Nagelhäutchen nicht abschneiden. Höchstens nach einem warmen Seifenbad mit einem Holzstäbchen sanft zurückschieben.
- Nicht zu häufig Nagellackentferner verwenden und möglichst keine acetonhaltigen Produkte.

NAGEL, BRÜCHIGER

Brüchige, splitternde, weiche oder dünne Nägel kommen besonders bei Frauen sehr häufig vor. Aus verschiedenen Gründen ist die Keratinbildung des Nagels gestört und die Kittsubstanz, die die Hornzellen zusammenhält, wird nur unzureichend gebildet.

HÄUFIGSTE URSACHEN

- Biotin-Mangel (Vitamin-H-Mangel).
- Calciummangel.
- Kieselsäuremangel.
- Mangel an bestimmten Aminosäuren.
- Hormonelle Veränderungen.
- Grundkrankheiten, z.B. Schilddrüsenerkrankungen.
- Nach längerer Krankheit bzw. bei schlechtem Allgemeinzustand.

WANN SIE ZUM ARZT MÜSSEN

- Bei Grundkrankheiten und schlechtem Allgemeinzustand sollten Sie Ihren Arzt auf Ihr Nagelproblem ansprechen.
- Wenn Sie glauben, daß Ihre Nagelveränderungen hormonell bedingt sind, z.B. durch Schwangerschaft oder Stillzeit.

✓ WAS SIE TUN KÖNNEN

- Agressive Wasch-, Putz-, und Reinigungsmittel vermeiden oder mit Gummihandschuhen arbeiten.
- Die Nägel gut pflegen. Regelmäßig mit Nagelcremes und -balsamen oder Olivenöl einreiben. Durch härtende Schutzlacke die Nägel vor mechanischer Belastung schützen.
- Die oben genannten Mangelerscheinungen durch ausgewogene Ernährung ausgleichen.
- Biotin-Präparate kurmäßig einnehmen um die Keratinbildung und die Produktion der Hornkitt-Substanz zu steigern und den Stoffwechsel der Nagelzellen anzuregen.

- Calcium- oder Kieselerdepräparate kurmäßig einnehmen, um den Nagel "von innen" zu härten.
- Gelatinepräparate kurmäßig einnehmen, um genügend Aminosäuren für den Keratin- und Hornkittaufbau zur Verfügung zu stellen.

✗ WAS IHR ARZT TUN KANN

- Grunderkrankungen sowie hormonelle Ursachen ausschließen. Evtl. eine innerliche Hormontherapie einleiten.
- Mit Ihnen besprechen, welche Mangeler-

scheinung bei Ihnen am ehesten vorliegen könnte und Ihnen eine entsprechende Therapie empfehlen.

NAGEL, EINGEWACHSENER

Die Nägel, meist die großen Zehennägel, wachsen an den Ecken in die Haut ein. Es kommt zur Entzündung des Gewebes und zu Schmerzen.

HÄUFIGSTE URSACHEN

- Fußnägel an den Ecken zu kurz geschnitten.
- Zu enge Schuhe.

✓ WAS SIE TUN KÖNNEN

- Unter die vorstehende Nagelecke ein Stückchen Stoff schieben, damit der Nagel nicht in das Gewebe wächst.

WANN SIE ZUM ARZT MÜSSEN

- Bei einer stärkeren Entzündung (Nässen, Vereiterung) oder heftigen Schmerzen.

✗ WAS IHR ARZT TUN KANN

- Behandlung der Entzündung.
- Eventuell Entfernung der eingewachsenen Ecke.

VORBEUGUNG

- Fußnägel nicht rund, sondern gerade abschneiden.

NAGEL, VERFÄRBTER

Nagelverfärbungen können durch innere Ursachen, Verletzungen oder Chemikalien ausgelöst werden.

HÄUFIGSTE URSACHEN

- Weiße Flecken durch Verletzungen der Nagelhaut oder Anzeichen eines Nagelpilzes [←]. Auch Eisenmangel soll weiße Flecken auf den Nägeln verursachen.
- Blaue Stellen durch Quetschung des Nagels (Bluterguß).
- Gelbe Nägel durch Nagellack oder Chemikalien.
- Grübchen oder Tupfen auf den Nägeln sind meist bedeutungslos, es kann jedoch eine Schuppenflechte [←] dahinterstecken.

✓ WAS SIE TUN KÖNNEN

- Eisenpräparate einnehmen oder verstärkt eisenhaltige Nahrungsmittel (Milch, Hülsenfrüchte, Müsli) zu sich nehmen.
- Einen blau gewordenen Nagel nur ablösen, wenn er schon sehr locker ist. Den Ablösevorgang durch warme Seifenbäder unterstützen.
- Gelb gewordene Nägel herauswachsen lassen und in dieser Zeit keine farbigen Nagellacke verwenden. Generell immer Unterlack verwenden.

NAGELPILZ

Nagelpilz (Onychomykose) tritt meist an den Fußnägeln, seltener an den Fingernägeln auf. Die Nägel verdicken sich, wirken glanzlos, es kommt zu Abschilferungen. Eine Nagelpilzerkrankung ist meist sehr langwierig und schwer zu behandeln.

HÄUFIGSTE URSACHEN

- Nagelpilzerkrankungen der Fußnägel gehen sehr häufig von einer Fußpilzerkrankung aus [←].
- Erreger des Nagelpilzes sind meist Fadenpilze (Trichophyten) oder Hefepilze (Candida).
- Nagelpilzerkrankungen werden wie Fußpilz, durch feuchtwarmes Klima (Schwimmbäder, Saunen, Gummischuhe, etc.) begünstigt.

✓ WAS SIE TUN KÖNNEN

- Die Behandlung muß so lange durchgeführt werden, bis der alte Nagel herausgewachsen und der neue Nagel nachgewachsen ist, d.h. mindestens 6-12 Monate. Da Fußnägel langsamer als Fingernägel wachsen, dauert die Behandlung infizierter Fußnägel meist noch länger. Auch wenn kein Krankheitssymptom mehr sichtbar ist, kann noch aktives Pilzgeflecht vorhanden sein, deshalb muß die Behandlung weitergeführt werden.
- Schutz der gesunden Nägel vor Ansteckung mit farblosem Nagellack.
- Täglich ein heißes Seifenbad der erkrankten Nägel. Anschließend mit Desinfektionslösung (z.B. PVP-Jod) desinfizieren und ein spezielles Nagelpilzmittel auftragen.
- Sinnvoll ist die Verwendung eines Antipilz-Nagellackes, da dieser leicht aufzutragen ist, gut haftet und kosmetisch nicht störend ist. Anschließend kann sogar mit farbigem Nagellack überlackiert werden.
- Umliegende Haut mitbehandeln und Schuhwerk desinfizieren [→Fußpilz].

WANN SIE ZUM ARZT MÜSSEN

- Da die Behandlung sehr aufwendig sein kann und oft die äußerliche Behandlung nicht ausreicht, ist es ratsam, einen Arzt aufzusuchen.

✗ WAS IHR ARZT TUN KANN

- Ausschluß anderer Ursachen und Feststellen des Erregers.
- Falls erforderlich, Verordnung eines stärkeren Wirkstoffes zur lokalen Anwendung, oder Verordnung von Tabletten (sog. oraler Antimykotika).
- Manchmal muß der erkrankte Nagel operativ entfernt werden

VORBEUGUNG

■ Jede Fußpilzinfektion sofort sorgfältig behandeln damit daraus kein Nagelpilz entsteht [→Fußpilz].

NARBEN

Eine Narbe ist das Ergebnis einer Wundheilung. Die Hautwunde wird durch Bindegewebe geschlossen, es entsteht eine mehr oder weniger große Narbe. Oft sind Narben weiß, glänzend und kaum sichtbar. Manchmal sind sie jedoch auch wulstig, mit Ausläufern und können somit zum kosmetischen Problem werden. Narben können aber nicht nur ästhetisch störend sein, sondern auch zu funktionellen Behinderungen führen, wenn sie an Gelenken sitzen. Narben können auch Schmerzen oder Juckreiz verursachen, oft noch lange nachdem sie sich gebildet haben.

HÄUFIGSTE URSACHEN

- Verletzungen [→Schnitt- und Schürfwunden].
- Verbrennungen [←].
- Verätzungen.

- Operationen.
- Impfungen.
- Hauterkrankungen, z.B. Akne [←].

✓ WAS SIE TUN KÖNNEN

- Beim Wundheilungsprozeß darauf achten, daß sich die Wunde nicht infiziert.
- Halbverheilte Wunden nicht spannen, sonst platzt die Wunde auf und es können fransige Wundkanten entstehen.
- Die Narbe gleich nach der Wundheilung mit einer speziellen Narbensalbe weich und geschmeidig halten.
- Intensive Sonnenbestrahlung, Solarium, Sauna und Kälte während der Wundheilung vermeiden.

WANN SIE ZUM ARZT MÜSSEN

- Wenn die Narbe nicht richtig verheilt oder sich entzündet.
- Wenn Sie mit dem kosmetischen Ergebnis der Narbe nicht zufrieden sind.

✗ WAS IHR ARZT TUN KANN

- Operatives Abschleifen oder Laserbehandlung der Narbe.

NASENBLUTEN

Wenn die feinen Gefäße in der stark durchbluteten Nasenschleimhaut verletzt werden, kommt es zu Nasenbluten. In der Regel ist dies harmlos und der Blutverlust minimal. Oft kommt es ohne Grund zu Nasenbluten. Dieses passiert häufig in der Schwangerschaft, wenn die Nasenschleimhaut stärker durchblutet wird oder bei Patienten mit Bluthochdruck oder Gerinnungsstörungen.

HÄUFIGSTE URSACHEN

- Sturz, Verletzung, Schlag auf die Nase.
- Naseputzen, Nasebohren.
- Schnupfen, Heuschnupfen.
- Medikamente.
- Bluthochdruck, Gerinnungsstörungen.

✓ WAS SIE TUN KÖNNEN

- Den Kopf nach vorne beugen(!) und die Nasenflügel für 5-10 Minuten zusammendrücken. Zusätzlich helfen kalte Tücher auf Stirn und Nacken.
- Bei Schnupfen und Heuschnupfen Nase auch innen mit entzündungshemmenden, pflegenden Nasensalben oder -ölen behandeln.
- Blutung mit einer Kompresse abdecken, bzw. leicht tamponieren.

WANN SIE ZUM ARZT MÜSSEN

- Wenn die Blutungen nach 20 Minuten nicht aufhören oder beidseitig sind, Hals-Nasen-Ohren-Arzt oder Klinik aufsuchen.
- Wenn Sie häufig ohne Grund Nasenbluten bekommen.
- Wenn nach einem Unfall helle Flüssigkeit aus der Nase "blutet" (Gehirnflüssigkeit), sofort zum Notarzt!

✗ WAS IHR ARZT TUN KANN

- Stoppen der Blutung durch eine Tamponade mit blutgerinnungsfördernder Gaze.
- Verödung der blutenden Gefäße (mit Silbernitratlösung).
- Behandlung der Grundkrankheiten.

VORBEUGUNG

■ Ist nicht möglich.

NEURODERMITIS

Neurodermitis gehört zu den Ekzemerkrankungen [→Ekzeme]. Charakteristisch ist immer eine sehr trockene, schuppende Haut. Betroffen sind vor allem Säuglinge, Kinder, Jugendliche und junge Erwachsene. Die Haut rötet und schuppt sich, es entstehen Knötchen und Bläschen, die stark jucken. Je nach Alter befällt das Ekzem verschiedene Körperstellen: Bei Säuglingen tritt es in erster Linie im Gesicht auf, an den Wangen und auf der Stirn. Im Schulalter befällt es vor allem Ellenbeugen und Kniekehlen, bei Erwachsenen macht es sich oft symmetrisch an beiden Körperhälften bemerkbar und kann sich auf Gesicht, Nacken, Kopf, Oberkörper, Hand- und Fußgelenke ausbreiten. Oft klingt die Erkrankung bis Ende dreißig wieder ab. Da die Bläschen und Knötchen sehr stark jucken, kratzen sich vor allem Säuglinge und Kinder so, daß die Hautstellen manchmal sogar zu bluten beginnen. Wenn die Bläschen platzen bzw. aufgekratzt werden, beginnen sie zu nässen und verkrusten schließlich. Die manchmal blutig gekratzten, geröteten und geschwollenen Hautstellen infizieren sich außerdem besonders leicht. Neurodermitis ist zwar im eigentlichen Sinne nicht heilbar, dennoch gibt es Behandlungsmethoden, die den Teufelskreis von Jucken-Kratzen-Jucken unterbrechen.

Die Ursache der Krankheit ist unbekannt. Oft sind in einer Familie mehrere Generationen an Neurodermitis und Allergien erkrankt, hier scheint also ein Zusammenhang zu bestehen.

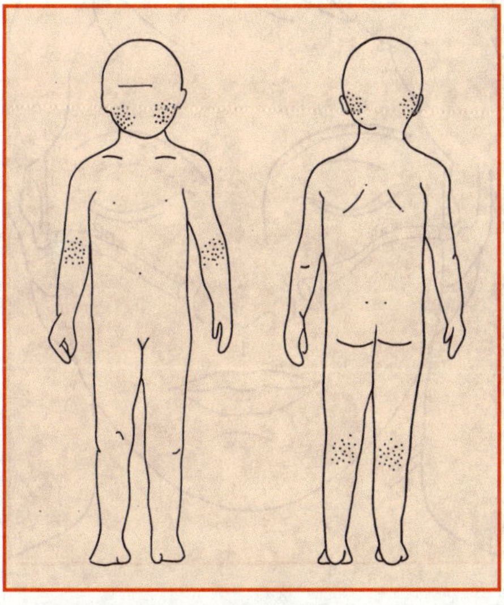

Typische Stellen für Neurodermitis bei Kindern.

HÄUFIGSTE URSACHEN

- Streß, bzw. seelische Belastung.
- Heftiges Kratzen.
- Wolle auf der Haut.
- Wärme, Schwitzen.
- Kosmetika und Chemikalien.
- Hausstaub.
- Tierhaare.
- Pollenflug.
- Darmpilzerkrankung.
- Arzneimittel, Nahrungsmittelzusätze.
- Nahrungsmittelunverträglichkeiten, (Ei, Milchprodukte, Getreidearten).
- Ein ungünstiger Einfluß von Nahrungsmitteln wie Zucker oder Zitrusfrüchten wird vermutet.

✓ WAS SIE TUN KÖNNEN

- Bekannte Auslöser für die Krankheitsschübe, wie z.B. Streß, möglichst umgehen. Beobachten, wodurch es zu einer Verschlimmerung der Krankheit kommt. Ein Tagebuch über Ernährung, Kleidung, verwendete Kosmetika etc. führen.
- Kratzen vermeiden. Während des Schlafens helfen Baumwollhandschuhe, Verletzungen mit den Fingernägeln vorzubeugen. Fingernägel kurz schneiden.
- Die Haut nur mit Wasser oder mit sehr milden, rückfettenden Präparaten reinigen und anschließend mit einer fett- und feuchtigkeitsspendenden Lotion einreiben. Verkrustete Haut kann mit Babyöl aufgeweicht und abgelöst werden.
- Sparsam mit Kosmetika umgehen.

- Klimaveränderung (Ferien am Meer oder im Hochgebirge) kann die Beschwerden bessern.
- Sonne in Maßen wirkt oft positiv.
- Entzündungshemmende, feuchtigkeitsbindende oder juckreizstillende Salben oder Lotionen auftragen (z.B. teerhaltige Salben oder lokal betäubende Cremes mit Benzocain).
- Bei starkem Juckreiz in der Nacht können Antihistaminika-Tabletten helfen.
- Innerlich eingenommene Gamma-Linolensäure-Präparate (z.B. Nachtkerzensamenölkapseln) lindern bei manchen Neurodermitikern die Beschwerden.

WANN SIE ZUM ARZT MÜSSEN

- Zur Absicherung der Diagnose.
- Wenn Sie die Beschwerden nicht in den Griff bekommen.
- Wenn sich die Haut infiziert.

X WAS IHR ARZT TUN KANN

- Haut- und Bluttest auf auslösende Stoffe vornehmen
- Verordnung von stärker juckreizstillenden und evtl. Cortisoncremes und Salben zur akuten Linderung.
- Verordnung einer speziellen Kombinations-Therapie aus Arzneimitteln und UV-Bestrahlung.

VORBEUGUNG

- Säuglinge möglichst stillen oder mit hypoallergener Säuglingsnahrung füttern, um generell das Allergiepotential herabzusetzen.

WER NOCH HELFEN KANN

Bundesverband Neurodermitiskranker
in Deutschland e.V.
Oberstr. 171
56154 Boppard
Tel. 06742/2598

OHRENSCHMERZEN

Ohrenschmerzen können verschiedene Ursachen haben. Ist der äußere Gehörgang betroffen (Otitis externa), kommen zu den Ohrenschmerzen meist Juckreiz und Hörstörungen. Bei einer Mittelohrentzündung (Otitis media) kommt es zu pulsierenden, meist starken Schmerzen, häufig mit hohem Fieber, Hörstörungen und Druckgefühl. Es sammelt sich Eiter hinter dem Trommelfell. Durch den Druck kann das Trommelfell reißen und der Eiter fließt ab. Auch der Verschluß der Ohrtrompete (Eustachische Röhre), die die Verbindung zwischen Nase und Ohr stellt, kann zu Schmerzen führen, verbunden mit Hörstörungen. Dies kann z.B. bei verändertem Luftdruck im Flugzeug vorkommen. Auch durch einen Ohrschmalzpfropf kann es zu leichten Schmerzen und Hörstörungen kommen.

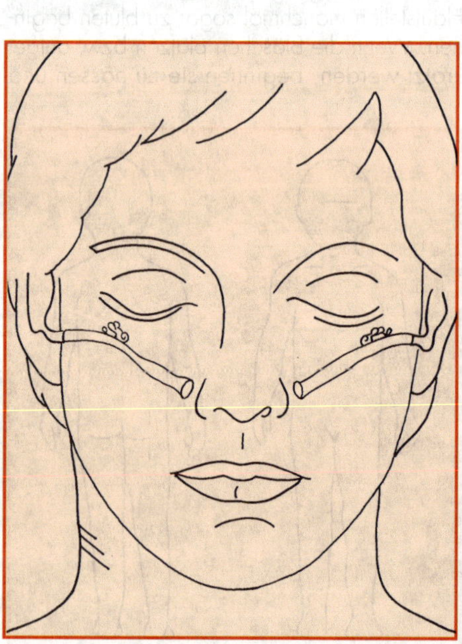

Die Ohrtrompete (Eustachische Röhre) verbindet Ohr und Nase.

HÄUFIGSTE URSACHEN

- Entzündungen des äußeren Ohres. Durch falsche Reinigungsmaßnahmen oder durch Schwimmen gelangen Bakterien oder Viren in das Ohr.
- Entzündungen des Mittelohres, häufig als Folge einer Erkältung. Von der Nasen- oder Rachenschleimhaut her kommt es zur Ausbreitung von Bakterien oder Viren auf das Mittelohr. Besonders häufig sind Kinder zwischen 3 und 8 Jahren betroffen.
- Entzündung und evtl. Verschluß der Ohrtrompete, häufig als Folge einer Erkältung.
- Ohrenschmalz, das den Gehörgang verstopft.
- Zahnschmerzen, die bis in das Ohr ziehen.
- Fremdkörper, z.B. Insekten, die in das Ohr eingedrungen sind.
- Erfrieren der Ohrmuscheln, z.B. beim Wintersport.

✓ WAS SIE TUN KÖNNEN

- Bei Entzündungen des äußeren Ohres : Behandeln und Vorbeugen mit Glycerin/Alkoholmischungen als Ohrentropfen.
- Bei Mittelohrentzündung : sofort zum Arzt, hier ist Antibiotikabehandlung notwendig. Positiv wirkt Rotlicht. Evtl. Ohrenschmerz-Tropfen einträufeln oder ein leichtes Schmerzmittel nehmen.
- Bei Ohrtrompetenentzündung : Nase freihalten mit Nasentropfen. Kamillendampfbäder und Rotlicht helfen.
- Bei Ohrenschmalz: kann mit speziellen Produkten mit Gummi-Ohrspritze aus der Apotheke aufgelöst und ausgespült werden.
- Bei Ohrenschmerzen durch Luftdruckveränderung : Bei geschlossenem Mund beide Nasenflügel zuhalten und vorsichtig mit der Nase gegen diesen Druck atmen.
- Bei Erfrierungen an den Ohren: Erwärmen mit warmen Händen oder warmen (keinesfalls heißen!) Tüchern führt zu einem schnellen Abklingen der Schmerzen. Zur Vorbeugung die Ohren mit Fettsalbe schützen.

WANN SIE ZUM ARZT MÜSSEN

- Wenn bei Ohrenschmerzen auch nur der geringste Verdacht auf eine Mittelohrentzündung vorliegt, immer sofort einen Arzt aufsuchen.
- Tropfen gegen Ohrenschmerzen oder leichte Schmerzmittel bekämpfen nur die Symptome, nicht die Ursache!
- Immer wenn bei Säuglingen und Kleinkindern Ohrenschmerzen auftreten.

✗ WAS IHR ARZT TUN KANN

- Einen Ohrenschmalzpfropf durch eine Spülung entfernen.
- Bei bakteriellen Infektionen des äußeren Ohres antibiotikahaltige Ohrentropfen verordnen.
- Bei einer bakteriellen Mittelohrentzündung innerlich anzuwendende Antibiotika verschreiben.
- Bei stark vereiterter Mittelohrentzündung kann der Arzt das Trommelfell öffnen, damit der Eiter abfließt.

VORBEUGUNG

- Ohren nicht mit Wattestäbchen oder harten Gegenständen reinigen. Der Gehörgang hat einen Selbstreinigungsmechanismus, der dadurch gestört würde.
- Beim Baden die Ohren mit Badewatte schützen.
- Bei Kindern auf eine freie Nase achten.

OHRGERÄUSCHE

Ohrgeräusche (Tinnitus) sind Geräusche, die nur die betreffende Person selbst hört. Die Töne können summen, klingen, rauschen, pfeifen oder zischen. Oft sind sie nur vorübergehend, sie können jedoch auch ständig vorhanden sein. Meist sind sie mit einer Hörverschlechterung verbunden. Ohrgeräusche sind sehr störend und werden oft in ruhiger Umgebung (z.B. nachts) als besonders stark empfunden.

MÖGLICHE URSACHEN

Oft bleibt die Ursache ungeklärt. Das gilt auch für den Hörsturz, ein plötzlich auftretender , meist einseitiger Hörverlust, der oft mit Schwindel und Ohrgeräuschen einhergeht. In Frage kommen folgende Auslöser:
- Verkalkung der Ohrgefäße (Otosklerose).
- Als Begleiterscheinung bei Ohrenerkrankungen (z.B. Mittelohrentzündung oder Gehörgangentzündung).
- Durch Medikamente oder Chemikalien ausgelöst (z.B. Antibiotika, bestimmte Entwässerungsmittel, Schwermetalle, Alkohol).
- Bei Bluthochdruck oder sehr niedrigem Blutdruck.
- Als Begleiterscheinung bei Allgemeinerkrankungen (z.B. Herz- Kreislauferkrankungen, Blutarmut,Schilddrüsenunterfunktion).
- Lärmschädigung.
- Fremdkörper im Ohr.

✓ WAS SIE TUN KÖNNEN

- Manchmal können die Geräusche nicht beseitigt werden, und Sie müssen akzeptieren damit zu leben. Die Geräusche durch leise Hintergrundmusik zu übertönen kann (z.B. beim Einschlafen) hilfreich sein.
- Bei Hörstörungen hilft ein Hörgerät, das meist auch den Ohrton unterdrückt.

WANN SIE ZUM ARZT MÜSSEN

- Wenn die Ohrgeräusche nicht nach kurzer Zeit nachlassen.
- Wenn zusätzlich Schwindel und Hörverlust (Verdacht auf einen Hörsturz) auftreten, sollten Sie sofort einen Arzt aufsuchen.
- Wenn zusätzlich Schmerzen oder Fieber auftreten.

✗ WAS IHR ARZT TUN KANN

- Feststellen der Ursache für die Ohrgeräusche. Bekämpfung der Ursache, soweit möglich, z.B. durch Verschreibung durchblutungsfördernde Medikamente.

VORBEUGUNG

- Musik nicht zu laut hören. Dies gilt besonders auch für Kopfhörermusik.
- Bei lauten Arbeiten Geräuschschutzwatte in die Ohren stecken oder einen Lärmschutz aufsetzen.

WER NOCH HELFEN KANN

Deutsche Tinnitus-Liga e.V.
Selbsthilfeorganisation
Postfach 349
42533 Wuppertal
Tel. 0202/464584

OSTEOPOROSE

Ab ca. 35 Jahren beginnt der altersbedingte Abbau der Knochenmasse. Dies geschieht in der Regel sehr langsam und unbemerkt. Von Osteoporose (Knochenschwund) spricht man, wenn der Knochenabbau für die Altersgruppe unverhältnismäßig schnell fortschreitet, die Knochen porös werden und ein vermehrtes

Knochenbruchrisiko besteht. Es treten dann Knochenschmerzen, besonders im Rücken auf, und es kommt im weiteren Verlauf zu einem Rückgang der Körpergröße und zu Knochenverformungen (Buckel). Osteoporose betrifft besonders Frauen, da bei ihnen die altersbedingte Abnahme der Knochenmasse noch durch Östrogenmangel in den Wechseljahren verstärkt wird. Das hängt damit zusammen, daß die Östrogene die Aufnahme von Calcium in den Knochen steuern und Calcium der wesentlichste Knochenbaustein ist.

HÄUFIGSTE URSACHEN

- Gestörte Calciumaufnahme (z.B. durch Darmerkrankungen) oder gestörte Calciumzufuhr bei calciumarmer Ernährung.
- Östrogenmangel in den Wechseljahren.
- Hormonerkrankungen.
- Nierenerkrankungen.
- Langzeitige Cortisoneinnahme.
- Risikofaktoren sind Rauchen, Alkohol und Bewegungsarmut.

✓ WAS SIE TUN KÖNNEN

- Es ist wichtig, der Entstehung einer Osteporose oder ihrer Verschlechterung vorzubeugen [→Vorbeugung].
- Bei bestehender Osteoporose Risikosituationen für Knochenbrüche, z.B. bestimmte Sportarten oder Haushaltsarbeiten meiden.
- Alle Therapiemaßnahmen Ihres Arztes oder Frauenarztes regelmäßig und korrekt befolgen.

WANN SIE ZUM ARZT MÜSSEN

- Bei Knochenbrüchen aus nichtigem Anlaß oder ständigen Rückenschmerzen.
- Wenn in der Familie Osteoporose auftritt, sollten Sie rechtzeitig mit Ihrem Arzt darüber sprechen.

X WAS IHR ARZT TUN KANN

- Der Arzt kann die Knochendichte messen und die Diagnose Osteoporose sichern.
- Medikamentöse Therapie, z.B. mit Fluorid-Tabletten oder Calciumspritzen, um die Knochen zu stützen. Der ursprüngliche Zustand des Knochens kann aber nicht wieder hergestellt werden.
- Sprechen Sie mit Ihrem Arzt über die Vorbeugung. Die Einnahme von Östrogenpräparaten in den Wechseljahren kann Osteoporose vorbeugen und ist bei Risikopatientinnen sehr oft sinnvoll - trotz der möglichen Nebenwirkungen einer Östrogentherapie. Nach 8-10 Jahren wird die Östrogentherapie normalerweise beendet, dann ist die Knochenmasse stabil genug. Wenn eine Östrogentherapie nicht vertragen wird, kann Calzitonin gespritzt werden.

VORBEUGUNG

- Für eine tägliche Calciumzufuhr von ca. 800-1000mg sorgen. Dies gelingt meist durch eine ausgewogene Ernährung mit ausreichend Milchprodukten. Ist dies nicht möglich, helfen Calciumbrausetabletten oder Trinkampullen.
- Insbesondere bei jungen Mädchen auf ausreichende Calciumzufuhr achten.
- Bewegung und Sport.
- Phosphathaltige Fertiggerichte meiden. Phosphat bindet Calcium und der Blutcalciumgehalt nimmt ab.

WER NOCH HELFEN KANN

Bundesselbsthilfeverband
Osteoporose e.V.
Kirchfeldstr. 149
40215 Düsseldorf
Tel. 0211/319165

PILZINFEKTIONEN

[→Fußpilz]
[→Mund- und Zungenbelag]
[→Nagelpilz]
[→Scheidenpilz]
[→Windeldermatitis]

Grundsätzlich unterscheidet man bei den Pilzerkrankungen (Mykosen) drei Erregergruppen:

1. Fadenpilze (Dermatophyten) führen zu einer oberflächlichen Infektion auf "totem" Gewebe wie Hornschicht, Nägel oder Haare.
2. Hefepilze (Candida) führen zu tieferen und systemischen (den ganzen Körper betreffenden) Infektionen. Diese Pilze kommen auch im gesunden Körper (z.B. im Verdauungstrakt) vor. Durch eine verminderte Abwehrlage oder einen schlechten Allgemeinzustand kann sich dieser Pilz ausbreiten und Krankheitssymptome hervorrufen. Es kann zu einer Infektion der Haut, Schleimhaut oder bestimmter Organe kommen. Beispiele sind Windeldermatitis, Scheidenpilz oder Mundsoor.
3. Schimmelpilze. Auch hier kann es bei einem geschwächten Allgemeinzustand zur Infektion von Haut, Haaren, Nägeln oder inneren Organen kommen.

Fußpilz oder Nagelpilz können durch alle oben genannten Erreger hervorgerufen werden.

Die Beschwerden, die eine Pilzinfektion hervorrufen, können sein: Rötung, Entzündung, Juckreiz, Schuppung, Nässen und weiße Beläge. Meist siedeln sich Pilze in feuchtwarmen Regionen, z.B. zwischen den Zehen, im Windelbereich oder im Scheidenbereich an.

Pilzinfektionen werden mit Antimykotika (Antipilzmittel) behandelt. Wichtig dabei ist nicht nur die Wahl des richtigen Wirkstoffes, sondern auch der richtigen Arzneiform. Für die unterschiedlichen Pilzerkrankungen gibt es z.B. Lösungen, Cremes, Puder, Nagellack, Spray, Mundgel und zum Einnehmen Tabletten oder Saft. Wichtige Wirkstoffe der Pilzbehandlung sind Nystatin (wirksam gegen Hefepilze) oder Clotrimazol (wirksam gegen alle drei Pilzarten).

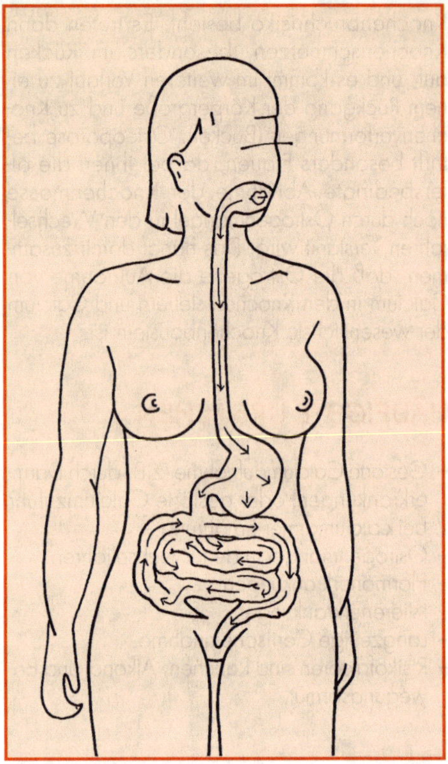

Pilze können vom Mund aus durch den Magen-Darm-Trakt wandern und über den Analbereich auch die Genitalien befallen.

Sehr wichtig bei allen äußerlichen Pilzinfektionen ist, daß man ausreichend lange behandelt, damit es nicht zu einem Rückfall kommt. Auch, wenn die Beschwerden schon vorüber sind, sollte noch etwas länger behandelt werden, um sicher zu gehen, daß kein aktives Pilzgeflecht mehr vorhanden ist.

PROSTATA-BESCHWERDEN

Die Prostata (Vorsteherdrüse) umgibt den Teil der männlichen Harnröhre, der kurz vor der Blase sitzt. Die Prostata sondert ein Sekret ab, das die Beweglichkeit der Samen auslöst. Ab ca. 50 Jahren kommt es häufig zu einer gutartigen Wucherung des inneren Prostatagewebes. Durch diese Prostatavergrößerung (Prostataadenom) kommt es zu einem steigenden Druck auf die Harnröhre oder direkt auf die Blase. Die Erkrankung entwickelt sich in drei Stadien:

- Häufiger Harndrang, auch nachts.
- Schwächer werdender Harnstrahl. Dann ist keine vollständige Blasenentleerung mehr möglich (Restharnbildung). Durch die Stauung des Harns sind Infektionen der Blase begünstigt (Blasenentzündung), außerdem werden dadurch auf Dauer die Nieren geschädigt.
- Vollständige Harnverhaltung, oft mit Schmerzen verbunden. Dabei kommt es andererseits zu einem ständigen Tröpfeln der Blase [→Inkontinenz].

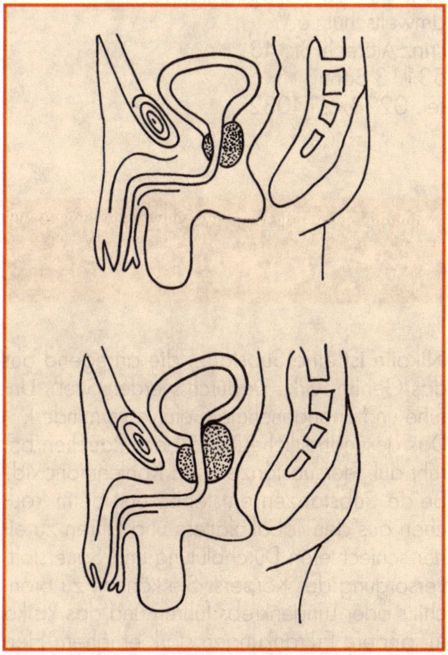

Normale Prostata und vergrößerte Prostata.

Die gleichen Beschwerden können auch durch einen Prostatatumor ausgelöst werden.

URSACHE

- Hormonumstellung im Alter bewirkt die Gewebewucherung.

✓ WAS SIE TUN KÖNNEN

- Bewegung, nicht zu lange sitzen.
- Wenig trinken, möglichst wenig Alkohol.
- Blase häufig entleeren. Unterdrücken Sie nie den Harndrang, damit die Blase nicht überfüllt wird.
- Sorgen Sie für regelmäßigen Stuhlgang, damit nicht zusätzlich Druck auf Blase und Harnwege entsteht.
- Gelegentlich warme Sitzbäder nehmen.
- Pflanzliche Präparate z.B. mit Sitoserin, Kürbissamen, Sabalfrüchten oder Brennesselwurzel schwellen die Prostata vorübergehend ab und lindern die Beschwerden.

WANN SIE ZUM ARZT MÜSSEN

- Ab 45 Jahren sollten Sie regelmäßig zur Vorsorgeuntersuchung gehen, um einen Tumor im Frühstadium zu erkennen.
- Sobald die ersten Beschwerden auftreten.

✗ WAS IHR ARZT TUN KANN

- Ausschließen eines Tumors.
- Bei Harnverhaltung muß ein Katheder gesetzt werden.
- Operative Ausschälung des inneren Prosta-

tagewebes. Dabei kommt esmeist zu Zeugungsunfähigkeit, die Erektionsfähigkeit bleibt aber bestehen.

VORBEUGUNG

- ist nicht möglich.

PSEUDOKRUPP

Pseudokrupp ist eine Erkrankung, die durch verschiedene Viren, u.a. Grippeviren, hervorgerufen wird. Meist sind Kinder im Alter von 3 Monaten bis 3 Jahren betroffen. Oft geht eine Infektion der Atemwege voraus. Es kommt zu bellendem, krampfartigem Husten, Heiserkeit und pfeifendem Atem. Das Kind bekommt Atembeschwerden. Bei Sauerstoffnot verfärbt sich das Gesicht bläulich. Oft kommt Fieber hinzu. Meist beginnen die Beschwerden in der Nacht.

HÄUFIGSTE URSACHEN

- Virusinfektion, selten bakterielle Infektion.
- Luftverschmutzung, verrauchte Umgebung.

✓ WAS SIE TUN KÖNNEN

- Dem Kind viel zu trinken geben und für eine hohe Luftfeuchtigkeit sorgen.
- Das Kind beruhigen; Angst und Unruhe verschlimmern die Beschwerden.

WANN SIE ZUM ARZT MÜSSEN

- Beim ersten Pseudokruppanfall oder bei Verdacht auf Pseudokrupp.
- Wenn starke Atembeschwerden oder hohes Fieber auftreten.

✗ WAS IHR ARZT TUN KANN

- Einleitung von Notfallmaßnahmen (Sauerstoffbeatmung).
- Verordnung von Cortisonzäpfchen.

VORBEUGUNG

- Nicht in der Wohnung rauchen.
- In Gebiete mit geringerer Abgasbelastung ziehen, oder möglichst häufiger Aufenthalt in solchen Gebieten.

WER NOCH HELFEN KANN

Pseudo-Krupp
Bundesverband Bürgerinitiative
Umweltschutz e.V.
Prinz-Albrecht-Str. 43
53113 Bonn
Tel. 0228/214032

RAUCHEN ABGEWÖHNEN

Nikotin ist eine Substanz, die anregend auf das Gehirn wirkt. Dadurch werden Streß, Unruhe und unangenehme Gefühle vermindert. Das gesundheitliche Risiko beim Rauchen beruht auf Teersubstanzen und Kohlenmonoxid. Beide Substanzen entstehen erst beim Rauchen aus den Tabakblättern und führen zu einer schlechteren Durchblutung und Sauerstoffversorgung des Körpers. Sie können zu Bronchitis oder Lungenkrebs führen und das Risiko für andere Erkrankungen stark erhöhen: Herzerkrankungen, hoher Blutdruck, hoher Cholesterinwert, Krebs. Sofortwirkungen des Rauches sind gereizte Augen, trockene Mund- und Nasenschleimhaut, schlecht durchblutete, matt wirkende Haut und eine Verschlechterung des Geschmackssinns.

Wenn Sie mit dem Rauchen aufhören, kann es zu Entzugserscheinungen kommen, weil sich die Nikotinsensoren im Gehirn an die tägliche Nikotindosis gewöhnt haben. Je mehr Sie rauchen, desto mehr Nikotinsensoren entwickeln sich und verstärken Ihr Verlangen nach der Zigarette. Die Nikotinsensoren sind auch verantwortlich für die Auslösung von Reizbarkeit, Unkonzentriertheit, Unruhe und schlechter Laune beim Abgewöhnen. Es kann auch zu einer leichten Gewichtszunahme kommen; nach einer Studie nehmen im Laufe von 5 Jahren Rauchabstinenz Männer etwa 3, und Frauen etwa 4 Kilo zu.

✓ WAS SIE TUN KÖNNEN

- Sie müssen den festen Entschluß fassen, ab sofort überhaupt nicht mehr zu rauchen. Allmähliches Abgewöhnen führt fast nie zum Erfolg.
- Das Verlangen nach Nikotin wird nicht nur durch die Nikotinsensoren ausgelöst. Man gewöhnt sich an bestimmte Rauchsituationen: in Gesellschaft, nach dem Essen, beim Telefonieren, unter Streß usw. Beginnen Sie mit dem Abgewöhnen am besten in einer Zeit körperlicher und geistiger Ruhe und Entspannung, z.B. im Urlaub. Dann entfallen viele typische Rauchrituale und neue Eindrücke lenken Sie vom Rauchverlangen ab.
- Machen Sie sich bewußt, daß Sie körperlich gesünder sind, besser und frischer aussehen und nicht mehr nach Zigaretten riechen, wenn Sie aufhören zu rauchen.
- Ersetzen Sie die Zigarette nicht durch Süßigkeiten. Ersetzen Sie Ihre Ausgaben für Zigaretten aber ruhig einmal durch Dinge, die Ihnen Freude machen.
- Keine Angst vor mehr Streß ohne Zigaretten, denn auf längere Sicht erholt sich Ihr Immunsystem und Sie werden dadurch leistungsfähiger, auch wenn die "Zigarettenpower" wegfällt.
- Nikotinpflaster oder Nikotinkaugummis aus der Apotheke mindern die Entzugserscheinungen. Sie führen dem Körper über die Haut bzw. Mundschleimhaut kleine Mengen Nikotin zu, so daß Ihr Rauchverlangen abnimmt und Ihre Stimmung und Konzentration besser werden. Das hilft Ihnen über die erste harte Zeit hinweg und Ihr Körper kann sich schon entgiften.

✗ WAS IHR ARZT TUN KANN

- Ihr Arzt oder Apotheker kann Sie beraten und hält Informationen für Sie bereit, welche Möglichkeiten des Abgewöhnens es gibt.
- Bei starken Rauchern kann eine kombinierte Therapie aus Nikotinpflastern und -Kaugummis sinnvoll sein.
- Aufklärung über Ihre besonderen, individuellen Risiken beim Rauchen, z.B. bei Frauen, die die Antibabypille nehmen (u.a. erhöhtes Bluthochdruckrisiko).

RHEUMATISCHE BESCHWERDEN

Rheuma ist ein Sammelbegriff für sehr verschiedene schmerzhafte Erkrankungen des Bewegungsapparates. Sie haben unterschiedliche Ursachen und müssen oft unterschiedlich behandelt werden. Ihnen ist eines gemeinsam: Sie betreffen die Gelenke und/oder das Bindegewebe. Man unterscheidet entzündliche oder durch ständige Abnutzung (degenerativ) bedingte Rheumaarten. Bei einigen Rheumaformen steckt eine sog. Autoimmunreaktion des Körpers dahinter. Man versteht darunter, daß der Körper selbst Abwehrstoffe gegen körpereigenes Eiweiß bildet. Diese Antikörper, die im Blut nachgewiesen werden können, heißen Rheumafaktoren.

Man unterscheidet folgende Erkrankungstypen:
1. Weichteilrheumatismus. Muskeln, Bänder, Sehnen und Schleimbeutel sind schmerzhaft verändert.
2. Degenerative Rheumaformen, z.B. Arthrose. Durch Abnutzung kommt es zu Verschleißerscheinungen an den Gelenken, diese schwellen an und schmerzen und werden im weiteren Verlauf in ihrer Beweglichkeit eingeschränkt.
3. Entzündliche Rheumaformen, z.B. rheumatisches Fieber oder chronische Arthritis. Beide Erkrankungen sind Autoimmunerkrankungen, es kommt zu Entzündungen der Gelenke mit Schmerzen, Schwellungen und Steifheit. Bei beiden Erkrankungen können auch innere Organe betroffen werden.

Nur der Weichteilrheumatismus - und auch nur bei leichten Verlaufsformen - ist für eine Selbstbehandlung geeignet. Deshalb sollen hier ausschließlich Erkrankungen dieses Bereiches angesprochen werden.

Beim **Weichteilrheumatismus** besteht meistens Dauerschmerz von wechselnder Stärke, der meist morgens ausgeprägt ist, dann schwächer wird, bei körperlicher Ermüdung aber sofort wieder auftritt. Weichteilrheumatismus tritt am häufigsten in der Schulter-Nacken-Arm-Region und, von der Hüfte ausgehend, an der Außenseite der Schenkel auf. Weitere Erkrankungen, die zum Weichteilrheumatismus zählen, sind das Schulter-Arm-Syndrom und der Tennisarm sowie die Schleimbeutel- und Sehnenscheidenentzündung. Diese Erkrankungen werden unter dem Stichwort **Sehnenscheidenentzündung** beschrieben.

HÄUFIGSTE URSACHEN FÜR WEICHTEILRHEUMATISMUS

- Kälte.
- Falsche Haltung.
- Überbeanspruchung.
- Einseitige Beanspruchung.
- Verspannung durch seelische Probleme oder Streß.

✓ WAS SIE TUN KÖNNEN

1. Wärmeanwendung:
- Heiße Rheumabäder nehmen (Temperatur mindestens 35°C).
- Fango- oder Moorpackungen (Temperatur mindestens 42°C).
- Rotlicht, je heißer, desto besser.

2. Massagen:
- Muskel- oder Bindegewebsmassage beim Krankengymnasten.
- Massage mit elektrischen Impulsen, entsprechende Geräte sind in der Apotheke erhältlich.

3. Äußerliche Medikamente:
- Wärmewirksame Rheumasalben, z.B. mit Bienengift, Rosmarin, spanischem Pfeffer oder ätherischen Ölen. Die Wirkung beruht auf besserer Durchblutung durch Erwärmung.
- Schmerzstillende, entzündungshemmende Rheumasalben, z.B. mit Arnika, Belladonna, Salicylsäure, Ibuprofen.
- Durchblutungsfördernde Heparinsalben für empfindliche Patienten, die die wärmewirksamen Rheumasalben als unangenehm empfinden.

4. Innerliche Medikamente:
- Leichte Schmerzmittel, die gleichzeitig entzündungshemmend wirken (z.B. Acetylsalicylsäure oder Ibuprofen) einnehmen. Schmerzmittel dürfen nur kurzfristig eingenommen werden, keinesfalls als Daueranwendung. Ein Abklingen der Schmerzen kann bereits wesentlich dazu beitragen, daß sich Verspannungen und Verkrampfungen lösen.
- Zusätzliche innere Therapien können entzündungshemmend, schmerzlindernd und vorbeugend die anderen Maßnahmen unterstützen: z.B. Enzympräparate [→Enzymtherapie], Vitamin-B-Präparate, pflanzliche Kombinationen und homöopathische Arzneimittel.

WANN SIE ZUM ARZT MÜSSEN

- Wenn die Beschwerden nicht abklingen oder immer wieder auftreten.

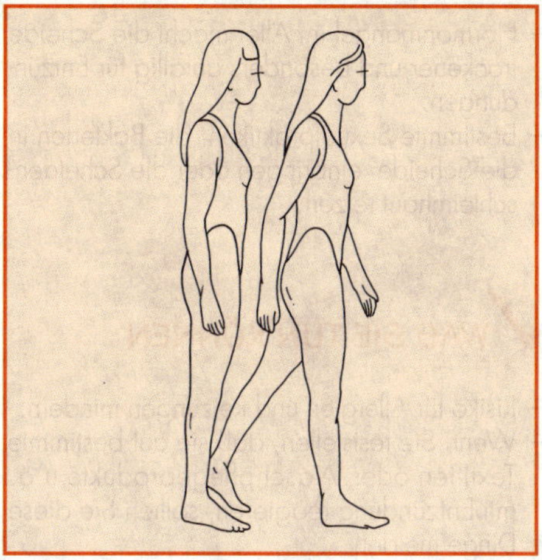

Gerade Haltung beim Sitzen, Stehen und Laufen entlastet die Wirbelsäule.

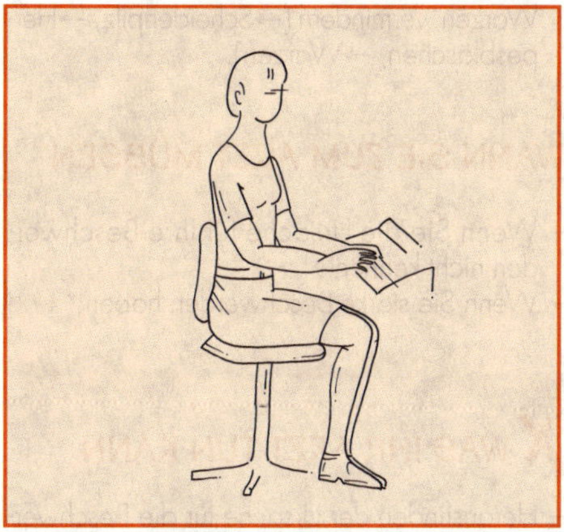

Beim Sitzen sollten die gebeugten Gelenke einen 90°-Winkel zueinander bilden: Knie, Hüfte, Ellenbogen.

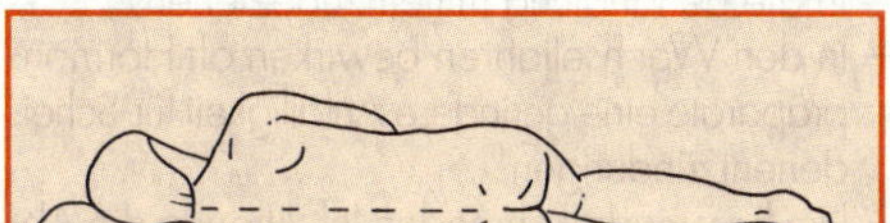

Bei Rückenschmerzen auf fester Unterlage mit flexibler Matratze schlafen.

X WAS IHR ARZT TUN KANN

- Sichern der Diagnose, Abgrenzen von anderen rheumatischen Erkrankungen. Ausschluß von Hexenschuß, Ischias, Bandscheibenvorfall usw.
- Der Arzt kann ein für Sie geeignetes Behandlungsprogramm mit verschiedenen Therapieformen (z.B. Krankengymnastik + Reizstrom + entzündungshemmende Medikamente) entwickeln.
- Gegen die Schmerzen kann er Ihnen ein entzündungshemmendes Schmerzmittel (z.B. mit Diclofenac) als Tabletten oder Zäpfchen verordnen, das Ihnen helfen soll, die schmerzhaften Gelenke zu bewegen damit nicht noch zusätzliche Verspannungen auftreten. Eventuell genügt das Auftragen dieser Wirkstoffe in Salbenform.

VORBEUGUNG

- Kälte und Zug an rheumaempfindlichen Stellen meiden.
- Bei Streß möglichst nicht verspannen. Eventuell vorbeugend ein Entspannungs- oder Rheumabad nehmen oder Lockerungsübungen machen.
- Einseitige Belastung und Überbeanspruchung der rheumaempfindlichen Stellen vermeiden.
- Übergewicht reduzieren, um die Muskeln und Gelenke nicht zusätzlich zu strapazieren.

WER NOCH HELFEN KANN

Deutsche Rheuma-Liga
Bundesverband e.V.
Rheinallee 69
53173 Bonn
Tel. 0228/957500

RÜCKENSCHMERZEN

→Hexenschuß und Ischias
→Rheumatische Beschwerden
→Schulter-Arm-Schmerzen
→Nackenschmerzen

SCHEIDEN-ENTZÜNDUNG

Scheidenentzündung ist ein allgemeiner Begriff für entzündliche Vaginalerkrankungen mit unterschiedlichen Ursachen. Es kommt immer zu einer Reizung der Scheidenschleimhaut mit Brennen, Schmerzen oder Juckreiz, meist begleitet durch Ausfluß mit veränderter Farbe und Geruch [→Ausfluß]. Es gibt sehr viele Ursachen für eine Scheidenentzündung, sehr oft ist das Eindringen von Keimen der Grund für die Beschwerden. Häufig werden die Erreger durch Geschlechtsverkehr übertragen. Im ungünstigen Fall steigen diese Keime auf und verursachen eine Gebärmutter-, Eileiter- oder Eierstockentzündung. Diese Infektionen können auch zu Unfruchtbarkeit führen.

HÄUFIGSTE URSACHEN

- Bakterien, z.B. aus dem Analbereich.
- Pilze [→Scheidenpilz], besonders bei Schwangeren und Diabetikerinnen.
- Viren, z.B. Herpesviren [→Herpesbläschen], Warzenviren [→Warzen].
- Protozoen, z.B. Trichomonas.
- Fremdkörper, z.B. vergessene Tampons.
- Hautreizungen oder Allergien, z.B. durch Waschlotionen, Kondome, spermientötende Substanzen, Waschmittel oder Weichspüler.
- Zu enge synthetische Unterwäsche kann zu Entzündungen führen oder Pilzbefall auslösen.
- Hormonmangel im Alter macht die Scheide trockener und besonders anfällig für Entzündungen.
- Bestimmte Sexualpraktiken, die Bakterien in die Scheide einbringen oder die Scheidenschleimhaut reizen.

✓ WAS SIE TUN KÖNNEN

- Risiko für Allergien und Reizungen mindern.
- Wenn Sie feststellen, daß sie auf bestimmte Textilien oder Waschpflegeprodukte u.ä. mit Entzündung reagieren, sollten Sie diese Dinge meiden.
- Richtige Analhygiene beachten; mit dem Toilettenpapier stets von vorne nach hinten wischen.
- Risikofaktoren für Pilzinfektionen, Herpes und Warzen vermindern [→Scheidenpilz, →Herpesbläschen, →Warzen].

WANN SIE ZUM ARZT MÜSSEN

- Wenn Sie die Ursache für Ihre Beschwerden nicht kennen.
- Wenn Sie starke Beschwerden haben.

✗ WAS IHR ARZT TUN KANN

- Herausfinden der Ursache für die Beschwerden und entsprechende Behandlung.
- Bei bakteriellen Infektionen helfen Antibiotika, bei Pilzinfektionen Antimykotika.
- Achtung, häufig ist es sinnvoll, den Partner in die Behandlung mit einzubeziehen.
- In den Wechseljahren bewirken oft Hormonpräparate eine geringere Anfälligkeit für Scheidenentzündungen.
- Um bei wiederkehrenden Infektionen die Abwehrkräfte der Scheidenschleimhaut zu stärken und die Scheidenschleimhaut zu regenerieren, helfen Scheidenzäpfchen mit milchsäureproduzierenden Bakterien bzw. Yoghurttampons [→Scheidenpilz].

VORBEUGUNG

- Keine scharfen Reinigungsmittel in der Intimregion verwenden. Am besten nur mit klarem Wasser waschen.
- Wäsche aus Naturfasern tragen.
- Kondome schützen vor der Ansteckung mit Geschlechtskrankheiten.

SCHEIDENPILZ

Bakterien und Pilze sind natürlicherweise in der Vaginalschleimhaut angesiedelt und sorgen für einen leicht sauren pH-Wert in der Scheide (Säureschutzmantel). Bei ungünstigen Verhältnissen (z.B. geschwächtes Immunsystem) kommt es jedoch zu einer Verschiebung der Bakterien-Pilz-Scheidenflora in Richtung einer bestimmten Hefepilzart, des Candidapilzes. Die schnelle Ausbreitung des Pilzes (auch Scheidenpilz, Vaginalpilz, Vaginalmykose) wird zusätzlich durch das feuchtwarme Milieu in der Scheide begünstigt. Es kommt zu einer Scheidenentzündung [←] mit folgenden Beschwerden: Rötung und Schwellung der Schamlippen, leichter Ausfluß [←], weiße Beläge und starker Juckreiz. Oft wird der Partner auch angesteckt und bekommt eine Eichel- und Vorhautentzündung mit ähnlichen Symptomen. Unter ungünstigen Umständen kann sich der Hefepilz von der Scheide aus noch weiter verbreiten und z.B. auch die Darmflora befallen [→Pilzinfektion].

HÄUFIGSTE URSACHEN, DIE EINE AUSBREITUNG DER PILZE BEGÜNSTIGEN

- Feuchtigkeit, z.B. ein nasser Badeanzug.
- Veränderung des Hormonspiegels, z.B. Schwangerschaft, Einnahme der Antibabypille, Menstruation oder Klimakterium.
- Einnahme von Antibiotika oder Cortisonpräparaten.
- Diabetes.
- Zu enge oder synthetische Unterwäsche.
- Schädigung der natürlichen Pilz-Bakterien-Flora, bzw. des Säureschutzmantels, z.B. durch Intimwaschlotion, zu häufiges Duschen.
- Hoher Zuckerkonsum (Hefepilze "ernähren" sich von Zucker).

✓ WAS SIE TUN KÖNNEN

- Anwendung spezieller Mittel gegen Scheidenpilz in Form von Salben, Scheidenzäpfchen oder Vaginaltabletten, auch als Kombipackung erhältlich (z.B. mit Clotrimazol). Die Anwendung sollte für mindestens 5 Tage erfolgen und der Partner sollte auf jeden Fall mitbehandelt werden, da es sonst zu Ping-Pong-Infektionen (gegenseitige Wiederansteckung) kommen kann. Unter der medikamentösen Therapie lassen die Beschwerden in der Regel schon nach 1-2 Tagen nach.
- Bei hartnäckigen, immer wiederkehrenden Fällen Antipilzdiät durchführen: Kein Zucker und kein Fruchtzucker; dafür umso mehr Ballaststoffe zu sich nehmen.

WANN SIE ZUM ARZT MÜSSEN

- Wenn die Beschwerden zum ersten Mal auftreten.
- Wenn die Beschwerden in der Schwangerschaft auftreten.
- Wenn die Beschwerden mit den oben beschriebenen Mitteln nicht nachlassen.
- Bei gleichzeitigen Unterbauchschmerzen oder Fieber.

✗ WAS IHR ARZT TUN KANN

- Abgrenzung von anderen Pilzinfektionen oder bakteriellen Scheideninfektionen, die anders behandelt werden müßten.
- Wenn nötig, Verordnung eines stärkeren An-

tipilzmittels, auch in Form von Tabletten.
- Verordnung von Präparaten mit Milchsäure oder mit milchsäureproduzierenden Bakterien, die das natürliche Scheidenmilieu wiederherstellen.

VORBEUGUNG

- Keine übertriebene Intimhygiene.
- Unterwäsche aus Naturfaser tragen, mindestens täglich wechseln.
- Nach dem Baden die nasse Kleidung wechseln.
- Nicht zuviel Zucker essen und auf ballaststoffreiche Nahrung achten.
- Wenn Sie durch verstärkten Ausfluß [→Ausfluß] bemerken, daß Ihr Scheidenmilieu aus dem Gleichgewicht geraten ist, einen mit Naturjoghurt bestrichenen Tampon einführen und für 3-4 Stunden in der Scheide lassen. Die enthaltenen Milchsäurebakterien unterstützen die Regeneration der natürlichen Pilz-Bakterien-Flora.
- Um einer Infektion der Darmflora vorzubeugen, bei der Analhygiene nach dem Stuhlgang immer von vorne nach hinten wischen.
- Kondome schützen beim Geschlechtsverkehr vor Pilzinfektionen.

SCHILDDRÜSEN-ÜBERFUNKTION

Bei einer Schilddrüsenüberfunktion (Hyperthyreose) kommt es zu einer gesteigerten Ausschüttung der Schilddrüsenhormone Thyroxin und Trijodthyronin. Dadurch wird der gesamte Stoffwechsel gesteigert und der Grundumsatz an Energie erhöht; der ganze Organismus läuft auf Hochtouren; Körpertemperatur und Herzfrequenz werden erhöht. Der Patient klagt über Herzklopfen, Unrast, Schlaflosigkeit, Schwitzen, Zittern, Durchfall und gesteigerten Appetit ohne Gewichtszunahme. Es entsteht das genaue Gegenbild zur Schilddrüsenunterfunktion [←], außer, daß auch hier ein Kropf auftreten kann.

HÄUFIGSTE URSACHEN

- Bestimmte Stellen in der Schilddrüse (heiße Knoten) reagieren nicht mehr auf die Steuerung durch die Hirnanhangdrüse und produzieren übermäßig viele Schilddrüsenhormone.
- Eine sogenannte Autoimmunreaktion, bei der das körpereigene Abwehrsystem Stoffe produziert, die die Schilddrüse zum Wachstum (Schwellung bis zur Kropfbildung) und zur Hormonproduktion anregen. Es kommt zu einer Kropfbildung [→Schilddrüsenunterfunktion]. Bei Morbus Basedow (Basedowsche Krankheit) kommt es zusätzlich zu einem charakteristischen Hervortreten der Augäpfel und anderen Augenproblemen. Die Krankheit betrifft Frauen fünfmal häufiger als Männer und tritt oft in den Wechseljahren, der Pubertät oder während einer Schwangerschaft auf.

✓ WAS SIE TUN KÖNNEN

- Regelmäßig die vom Arzt verordneten Präparate einnehmen und regelmäßige Kontrollbesuche beim Arzt.
- Verteilen Sie Anstrengungen und Ruhepausen gleichmäßig über den Tag.
- Achten Sie auf eine vitaminreiche Ernährung.
- Reichlich trinken, aber Alkohol und Koffein meiden.
- Nicht rauchen.
- Keine ausgedehnten Sonnenbäder, keine Saunabesuche.
- Jodhaltiges meiden, weil Jod Bestandteil der Schilddrüsenhormone ist: Meeresfisch, jodhaltige Medikamente (z.B. Desinfektionsmittel).
- Nicht in Bädern mit jodhaltigem Wasser schwimmen.

- Sind die Augen in Mitleidenschaft gezogen, helfen getönte Brillengläser und künstliche Tränenflüssigkeit.

WANN SIE ZUM ARZT MÜSSEN

- Sobald Sie Verdacht auf eine Schilddrüsenfunktionsstörung haben.

X WAS IHR ARZT TUN KANN

- Bestimmung der Schilddrüsenhormonkonzentration im Blut und Untersuchung der Schilddrüse mit Ultraschall.
- Bei festgestellter Schilddrüsenüberfunktion helfen verschiedene Medikamente, z.B. Thyreostatika, die die Produktion von Schilddrüsenhormonen bremsen.
- Bei der Basedowschen Krankheit werden auch die Symptome an den Augen behandelt.

VORBEUGUNG

- Ist nicht möglich.

SCHILDDRÜSEN-UNTERFUNKTION

Bei einer Schilddrüsenunterfunktion mangelt es dem Körper an Schilddrüsenhormonen, zu wenig Thyroxin und Trijodthyronin sind im Blutkreislauf. Die Meßfühler der Hormondrüsen im Gehirn melden ständig "zuwenig Schilddrüsenhormone". Daraufhin produziert die Hirnanhangdrüse vermehrt schilddrüsenreizende Hormone. Die Schilddrüse wächst dabei, bereitet aber zunächst keine Beschwerden. Erst wenn sie viel Raum im Hals einnimmt, werden die Vergrößerungen als "dicker Hals" sichtbar und eventuell Knoten tastbar. Dann kann auch die Stimme heiser werden, und das Luftholen wird beschwerlich.

Eine Schilddrüsenunterfunktion kann angeboren sein, sie kann sich aber auch im Laufe des Lebens entwickeln. Die Beschwerden sind unterschiedlich. Je nachdem, ob es an Schilddrüsenhormonen mangelt oder ob sie ganz fehlen, treten sie stärker oder schwächer auf. Typisch für die Beschwerden ist, daß wegen der fehlenden Schilddrüsenhormone weniger Energie im Körper produziert wird und alle Vorgänge im Körper langsamer und träger ablaufen.

Folgende Beschwerden können sich bemerkbar machen: Leistungs- und Konzentrationsschwäche, Müdigkeit, ständiges Frieren. Der innere und äußere Lebensrhythmus verlangsamt sich, der Mensch wird träge, depressive Stimmungen machen ihm das Leben schwer. Diese Anzeichen werden oft von Ärzten nicht erkannt und fallen unter "unspezifische Altersbeschwerden". Ein Kropf kann, muß aber nicht auftreten. Bei ausgeprägtem Hormonmangel fällt die trockene, blasse Haut auf. Das Haar wird struppig, die Stimme rauh.
Säuglige sind auffallend ruhig, trinken schlecht und haben Verstopfung. Größere Kinder wachsen auffällig langsam, sie kommen später in die Pubertät und ihre Intelligenz kann vermindert sein. Wenn bei einem Kind die Erkrankung erst spät festgestellt wird und es die fehlenden Hormone nicht regelmäßig bekommt, kann die körperliche Entwicklung behindert sein.

Wird eine Schilddrüsenunterfunktion bei einer schwangeren Frau nicht ausreichend behandelt, kann das beim Kind zu Mißbildungen des Skeletts und des Nervensystems führen.
Fehlen die Schilddrüsenhormone völlig, werden geistig und körperlich schwer behinderte Kinder geboren (Kretins). Im Rahmen der Vorsorgeuntersuchungen wird in der ersten Le-

benswoche im Blut des Kindes die Menge an schilddrüsenstimulierendem Hormon bestimmt.

Mögliche Folgen und Komplikationen der Schilddrüsenunterfunktion sind Durchblutungsstörungen, Veränderungen von Herz und Lunge, Wasseransammlungen (Ödeme um die Augen), Eisenmangel. Nur in extrem seltenen Fällen ist eine Schilddrüsenunterfunktion der Grund für Übergewicht.

HÄUFIGSTE URSACHEN

- Unzureichende Entwicklung der Schilddrüse (häufig angeboren).
- Ausgeprägter, anhaltender Jodmangel [←].
- Angeborene Jodverwertungsstörungen.
- Gestörte Regulation der Schilddrüsenhormonfreisetzung.
- Verlust oder Schädigung des Schilddrüsengewebes, z.B. durch Operationen, Bestrahlungen oder eine Schilddrüsenentzündung.
- Bestimmte Medikamente, z.B. Schmerz- und Rheumamittel, Diabetes-Mittel, Sulfonamide können einen Kropf begünstigen.

✓ WAS SIE TUN KÖNNEN

- Regelmäßig die vom Arzt verordneten Tabletten einnehmen und regelmäßige Kontrolluntersuchungen beim Arzt.
- Jodmangel durch Ernährung und andere Maßnahmen ausgleichen [→Jodmangel].

WANN SIE ZUM ARZT MÜSSEN

- Wenn der Hals sich verdickt oder Sie knotige Veränderungen ertasten können.
- Wenn andere der oben genannten Beschwerden auftreten und auf eine Schilddrüsenstörung hinweisen.

✗ WAS IHR ARZT TUN KANN

- Er kann feststellen, ob eine Schilddrüsenunterfunktion vorliegt, welche Ursachen sie hat und Ihnen z.B. entsprechende Schilddrüsenhormone verordnen.
- Bei angeborener oder erworbener Schilddrüsenunterfunktion werden Schilddrüsenhormone verordnet, die regelmäßig eingenommen werden müssen. Man beginnt die Therapie mit niedrigen Dosen, die langsam gesteigert werden.
- Bei Jodmangel werden Kaliumjodidtabletten verordnet oder empfohlen [→Jodmangel].

VORBEUGUNG

- Für eine ausreichende Jodzufuhr sorgen [→Jodmangel].

SCHLAFSTÖRUNGEN UND PSYCHOVEGETATIVE BESCHWERDEN

Schlaf ist lebensnotwendig für die Regeneration von Körper und Geist. Auf Dauer führen Schlafstörungen zu Leistungsabfall, Gereiztheit und Unaufmerksamkeit. Das individuelle Schlafbedürfnis ist unterschiedlich und nimmt vom Säuglingsstadium zum Alter hin ständig ab. Ein Erwachsener benötigt ca. 7-8 Stunden Schlaf, ein alter Mensch meist nur noch 5-6 Stunden. Dies sollte man bedenken, wenn alte Menschen über Schlafstörungen klagen. Während der Schlafenszeit durchläuft der Mensch verschiedene Schlafphasen, die sich in ihrer Schlaftiefe unterscheiden. Bei einem normalen Schlafverlauf steigt die

Schlaftiefe nach dem Einschlafen stark an, nimmt dann ab und geht zum Morgen hin in eine mittlere konstante Schlaftiefe über. Bei **Schlafstörungen** unterscheidet man zwischen Einschlafstörungen und Durchschlafstörungen. Eine häufiges Problem älterer Menschen ist auch das zu frühe Erwachen am Morgen, also eine Durchschlafstörung.

Zu den **psychovegetativen Beschwerden** gehören Nervosität und Angst sowie depressive Verstimmungen. Bei ständiger Unruhe und gesteigertem Antrieb spricht man von **Nervosität.** Der Auslöser für Nervosität ist immer psychischer oder körperlicher Streß [→Streß]. Ein typisches Zeichen für Nervosität sind sich ständig wiederholende Betätigungen (z.B. Nägelkauen). Auch Einschlafstörungen sind häufig nervös bedingt. Daneben können noch andere körperliche Beschwerden auftreten, häufig kommt es z.B. zu Kopfschmerzen oder Magen- und Darmbeschwerden [→Magen, nervöser]. Depressive Verstimmungen führen zu Antriebslosigkeit und körperlichen Beschwerden wie Magen-Darm-Probleme, Appetitlosigkeit, Müdigkeit oder Schlafstörungen.

HÄUFIGSTE URSACHEN

- Seelische Probleme wie Familienprobleme, berufliche Sorgen, Partnerverlust, Prüfungsangst oder sehr harte geistige Arbeit.
- Überreizung durch zu langes, zu hartes Arbeiten. Zu langes Fernsehen.
- Unregelmäßige Schlafenszeiten durch Schichtarbeit oder durch die Zeitverschiebung bei einer Fernreise.
- Zu schweres Essen am Abend oder übermäßiger Genuß von Alkohol oder coffeinhaltiger Getränke.
- Schlechte Schlafbedingungen wie Lärm, schlechte Luft.
- Psychische Erkrankungen (z.B. Depressionen).
- Körperliche Erkrankungen (z.B. Schmerzen).
- Nebenwirkung von Medikamenten (z.B. Appetitzügler).
- Schlaftablettenmißbrauch.

✓ WAS SIE TUN KÖNNEN

- Am wichtigsten ist es, die Ursache für die Schlafstörungen herauszufinden und zu beseitigen.
- Vor dem Schlafen körperlich entspannen z.B. ein warmes Bad (34-36°C, am besten mit schlaffördernden Zusätzen) nehmen oder ein Glas warme Milch trinken.
- Gegen Nervosität kann autogenes Training helfen. Auch geistig entspannen, keine schwerwiegenden Probleme direkt vorm Zubettgehen diskutieren oder durchdenken.
- Wenn man nicht schlafen kann, sollte man aufstehen und sich beschäftigen (z.B. einen beruhigenden Tee kochen, lesen), bis man wieder müde ist.
- Ältere Menschen sollten nicht zu früh ins Bett gehen, auf den Mittagsschlaf verzichten und morgens früh aufstehen.
- Tees, Bäder oder Arzneimittel mit Baldrianwurzel, Melisse, Hopfen, Passionsblume wirken am Tage beruhigend und in der Nacht schlaffördernd. Insbesondere die Einschlafbereitschaft wird gefördert. Johanniskraut und Kava helfen, wenn eine depressive Stimmung Sie am Einschlafen hindert.
- Auch ein Glas Wein oder Bier kann das Einschlafen fördern. Mehr Alkohol hingegen führt zu Schlafstörungen.
- Sind die pflanzlichen Präparate nicht ausreichend wirksam, können kurzfristig rezeptfreie Präparate z.B. mit Doxylamin die Schlafstörungen beheben.
- Weitere Maßnahmen →Vorbeugung.

WANN SIE ZUM ARZT MÜSSEN

- Eine echte Schlafstörung liegt vor, wenn das Problem mindestens 3 Wochen anhält und man sich am nächsten Tag kaputt und erschöpft fühlt.
- Wenn noch andere psychische oder körperliche Beschwerden auftreten.

WAS IHR ARZT TUN KANN

- Der Arzt kann mit Ihnen gemeinsam die Ursache für Ihre Beschwerden herausfinden und eine innere Erkrankung als Ursache ausschliessen.
- Bei psychischen Problemen kann er Ihnen Therapievorschläge machen (z.B. Gesprächstherapie, Präparate mit Kava-Kava- oder Johanniskraut.) oder Sie zu einem Spezialisten schicken.
- Über die Anwendung von rezeptpflichtigen Schlafmitteln oder Präparaten gegen Angst, Unruhe und depressive Verstimmung sprechen.

VORBEUGUNG

- Für optimale Schlafbedingungen sorgen: gute Ausstattung der Betten, gut gelüftetes Schlafzimmer, nicht zu warme Raumtemperatur (nicht über 18°C), möglichst Ruhe und Dunkelheit.
- Regelmäßige Schlafenszeiten einhalten.
- Tagsüber für gesunde Ernährung, ausreichend Bewegung und frische Luft sorgen.
- Schwer verdauliche Speisen und Coffein am Abend meiden.
- Keine schwere körperliche Arbeit oder Leistungssport vor dem Schlafengehen, weil Anstrengung den Kreislauf zunächst einmal ankurbelt.
- Vor dem Schlafengehen entspannen. Keine aufregenden Filme sehen oder sehr spannende Bücher lesen. Dies gilt besonders für Kinder.
- Bei Kindern ist es wichtig, jeden Abend die gleichen "Zubettgeh-Rituale" (z.B. Spieluhr aufziehen, Geschichte vorlesen) durchzuführen.

SCHLUCKAUF

Bei einem Schluckauf zieht sich das Zwerchfell krampfartig zusammen und die Stimmritze verschließt sich plötzlich. Dadurch wird das Einströmen der Luft unterbrochen und es entstehen die typischen Schluckauf-Laute. Kurzandauernder Schluckauf ist medizinisch meist ohne Bedeutung. Ständig wiederkehrender oder langandauernder Schluckauf kann jedoch die Lebensqualität erheblich beeinträchtigen.

HÄUFIGSTE URSACHEN

- Sehr kalte oder heiße Speisen und Getränke, alkoholische Getränke.
- Überreichliche Mahlzeiten.
- Hastiges Essen, Trinken oder Rauchen.
- Starke Nervosität.
- Magen- und Darmerkrankungen.
- Chirurgische Eingriffe im Bauchraum.
- Lungenentzündung.
- Alkoholmißbrauch.
- Hepatitis.
- Schwangerschaft.
- Oft unbekannte Ursachen.

WAS SIE TUN KÖNNEN

- Abwarten, bis sich das Zwerchfell beruhigt hat. Dies geschieht am schnellsten, wenn man sich ablenkt oder ablenken läßt.
- Anwendung alter Hausmittel, die allerdings in ihrer Wirkung etwas umstritten sind:
  z.B.: mit beiden Daumen die Ohren zuhalten, gleichzeitig mit den kleinen Fingern die Nasenflügel zusammendrücken und mit geschlossenen Lippen die Backen aufblasen.
  Oder: tief einatmen und schnell etwas trinken oder möglischst laut singen.
  Oder: die Ohren zuhalten und gleichzeitig etwas Wasser trinken.

Oder: auf den Rücken legen, Knie an den Bauch heranziehen und mit beiden Händen kräftig gegen den Bauch drücken.
Oder: einen Löffel Zucker essen, Eis lutschen oder sehr trockenes Brot essen.

WANN SIE ZUM ARZT MÜSSEN

- Wenn der Schluckauf nicht vorübergeht oder immer wiederkehrt.

✗ WAS IHR ARZT TUN KANN

- Es gibt verschiedene Behandlungsmethoden, z.B. Magenspülung, Erweiterung der Speiseröhre, Medikamente (z.B. Metoclopramid) oder operative Eingriffe, die bei anhaltendem Schluckauf helfen.

SCHMERZEN

Schmerzen sind Warnsignale des Körpers, die anzeigen, daß etwas nicht in Ordnung ist. Sie sind die Folge einer Reizung bestimmter schmerzempfindlicher Nervenenden. Diese befinden sich in großer Zahl in der Haut, aber auch an allen anderen Stellen des Körpers. Diese Schmerzsensoren sind unterschiedlich empfindlich und reagieren auf verschiedene Reize (z.B. Hitze, Dehnung, Druck). So reagieren z.B. bestimmte Hautstellen auf Hitze empfindlicher als andere Stellen. Auch von Mensch zu Mensch schwankt das Schmerzempfinden stark und kann durch die Psyche beeinflußt werden. Schmerz kann als stechend, pochend, dumpf, brennend usw. empfunden werden. Die Art des Schmerzes und der Ort, an dem er auftritt, geben oft Aufschluß über die Schmerzursache. Manchmal täuscht der Schmerz jedoch auch eine andere Ursache vor. So kann z.B. bei Herzbeschwerden der linke Arm schmerzen oder bei Zahnschmerzen das Gefühl von Kopf- oder Ohrenschmerzen entstehen. Oft kommen zu starken Schmerzen noch Beschwerden wie Unruhe oder Angst hinzu.

HÄUFIGE SCHMERZEN

- Kopfschmerzen [←].
- Rückenschmerzen [←].
- Zahnschmerzen [←].
- Ohrenschmerzen [←].
- Bauchschmerzen.
- Unterleibsschmerzen [→Menstruationsbeschwerden].
- Schmerzen nach Verletzungen.

✓ WAS SIE TUN KÖNNEN

- In erster Linie sollte die Ursache behoben werden.
- Kurzfristig kann ein leichtes Schmerzmittel (z.B. mit Acetylsalicylsäure, Paracetamol oder Ibuprofen) die Beschwerden lindern. Viele Schmerzmittel wirken gleichzeitig entzündungshemmend und fiebersenkend. Es gibt auch Schmerzmittel mit krampflösenden Zusätzen oder mit B-Vitaminen bei Nervenschmerzen. Bei langfristiger Einnahme haben alle Schmerzmittel Nebenwirkungen und können sogar selbst Schmerzen auslösen. Fragen Sie dazu Ihren Arzt oder Apotheker. Schwangere sollten möglichst auf die Einnahme solcher Präparate verzichten; im Ausnahmefall können sie auf Paracetamol zurückgreifen. Auch Säuglingen und Kleinkindern kann im Ausnahmefall ein Paracetamol-Zäpfchen (in niedriger Dosierung) verabreicht werden.

WANN SIE ZUM ARZT MÜSSEN

- Wenn die Schmerzen nicht nachlassen.
- Bei starken Schmerzen.
- Wenn Sie die Ursache der Schmerzen nicht kennen.
- Wenn noch andere Beschwerden hinzu-

WAS IHR ARZT TUN KANN

kommen.

- Die Ursache der Schmerzen herausfinden.
- Feststellen, ob ein Schmerzmittel nötig ist und welches Schmerzmittel geeignet ist. Bei starken Schmerzen kann der Arzt Ihnen ein stark wirksames, rezeptpflichtiges Schmerzmittel verordnen.

VORBEUGUNG

- Die Vorbeugung richtet sich nach der Art des Schmerzes.

WER NOCH HELFEN KANN

Bundesverband
Deutsche Schmerzhilfe e.V.
Woldsenweg 3
20249 Hamburg
Tel. 040/465646

SCHNITT- UND SCHÜRFWUNDEN

Schnitt- und Schürfwunden können oberflächlich sein oder tiefer ins Gewebe gehen. Im ungünstigen Fall werden dabei größere Gefäße verletzt und es kommt zu starken Blutungen. Besonders gefährlich sind tiefere Verletzungen in der Nähe von Nerven, Sehnen oder Organen sowie in Augennähe.

Durch die offene Wunde können leicht Keime tief in die Haut und auch in die Blutbahn gelangen. Dies gilt dann besonders, wenn die Wunde verunreinigt oder durch einen schmutzigen Gegenstand verursacht wurde. Wenn sich nach einiger Zeit (ca. 24 Stunden) die Wunde entzündet und es zu Schwellung, Rötung, "Pochen", Schmerzen oder Eiteraustritt kommt, sind dies Zeichen für eine Wundinfektion. Es besteht die Gefahr einer Blutvergiftung oder, wenn kein Impfschutz besteht, einer Tetanusinfektion.

HÄUFIGSTE URSACHEN

- Stürze.
- Sportverletzungen.
- Küchenarbeit u.v.a.

WAS SIE TUN KÖNNEN

- Oberflächliche Wunden, die verschmutzt sind, gut ausbluten lassen. Schürfwunden dürfen unter klarem Wasser ausgespült werden, tiefere Wunden nicht! Anschließend eine desinfizierende Lösung (z.B. Jodlösung, Wasserstoffsuperoxidlösung) oder Präparate mit PVP-Jod auftragen und die Wunde mit einem Pflaster abdecken.
- Größere Schürfwunden nicht abdecken. Am besten mit antibiotikahaltigem Puder behandeln.
- Kleinere klaffende Wunden mit einem Pflaster oder Klammerpflaster zusammenziehen.
- An schwer zu erreichenden, schlecht klebenden Stellen Sprühpflaster verwenden.
- Blutungen mit einer möglichst sterilen Kompresse abdecken und mit leichtem Druck mit einer Mullbinde oder mit Heftpflaster befestigen (Druckverband).
- Bei empfindlicher Haut nur hautfreundliches Pflaster und Heftpflaster verwenden.
- In der Heilungsphase, nachdem sich die Wunde geschlossen hat, Auftragen einer Wund- und Heilsalbe, z.B. mit Dexpanthenol oder mit Kamillenextrakt.
- Schlecht heilende Wunden mit Antibiotikapuder oder Antibiotikasalbe behandeln, denn häufig ist bakterielle Verunreinigung an der schlechten Wundheilung schuld.
- Zur Verminderung der Narbenbildung die entstehenden Narben [←] immer geschmeidig halten, eventuell mit speziellen Narbencemes.

WANN SIE ZUM ARZT MÜSSEN

- Bei großen, klaffenden oder tiefen Wunden.
- Bei Wunden am Auge.
- Bei starken Blutungen.
- Wenn Fremdkörper oder Verunreinigungen in der Wunde sind. Achtung: Fremdkörper in der Wunde belassen, da es bei Entfernung zu starken Blutungen kommen kann!
- Beim Auftreten von Anzeichen einer Wundinfektion (siehe oben).
- Wenn Allgemeinsymptome wie Fieber, Schwäche, Schüttelfrost auftreten.
- Wenn die letzte Tetanusimpfung schon mehr als 5 Jahre zurückliegt.

✓ WAS IHR ARZT TUN KANN

- Desinfektion der Wunde.
- Klaffende Wunden klammern oder nähen.
- Fremdkörper aus der Wunde entfernen.
- Bei Gefahr einer Wundinfektion, eventuell ein Antibiotikum zum Einnehmen verordnen.
- Tetanusimpfung vornehmen, wenn Ihr Impfschutz schon zu schwach ist.

VORBEUGUNG

- Besonders wenn Kinder im Haus sind, immer Verbandmaterial bereithalten.
- Regelmäßig alle 10 Jahre zur Tetanusimpfung gehen.

SCHNUPFEN

Schnupfen beginnt meist mit einem Brennen und Kitzeln in der Nase. In diesem Stadium kommen oft Frösteln, Niesreiz und Kopfdruck hinzu. In der nächsten Phase wird vermehrt wäßriges, klares Sekret ausgeschieden. Die Augen tränen, die Nasenschleimhäute röten sich und schwellen an, dadurch ist die Nase verstopft. In der letzten Phase wird das Sekret dickflüssig und gelb. Unangenehm ist auch der schlechte oder fehlende Geruchs- und Geschmackssinn. Manchmal bilden sich Borken an der Nase und es kommt zu einer Besserung des Riechvermögens. Schnupfen kann alleine auftreten oder mit anderen Beschwerden bei einer Erkältung oder Grippe [←].

Es gibt über 200 verschiedene Schnupfenviren, die durch Tröpfcheninfektion (Niesen oder Sprechen einer erkrankten Person) oder über Hautkontakt von Mensch zu Mensch übertragen werden. Besonders leicht siedeln sich die Viren auf einer vorgeschädigten Nasenschleimhaut an, wie das z.B. bei trockener Raumluft oder bei Unterkühlung der Fall sein kann. In der Regel klingt der Schnupfen nach einigen Tagen von alleine wieder ab. Im ungünstigen Fall jedoch, können sich die Viren von der Nasenschleimhaut auf Rachen, Hals, Bronchien, Stirn- und Nebenhöhlen und über den Nasen-Ohrenkanal in den Gehörgang ausbreiten. Außerdem können sich auf der durch Viren geschwächten Schleimhaut und durch den schlechteren Sekretabfluß leicht Bakterien ansiedeln. Oft wird aus einem Schnupfen eine Nebenhöhlenentzündung (Sinusitis) mit Druckgefühl oder Schmerzen in den Kieferhöhlen. Gefährlich ist die Ausbreitung in den Bereich der Stirnhöhlen. Besonders bei Kindern kommt es auch oft zu einer Mittelohrentzündung [←]. Neben der Virusinfektion gibt es auch noch andere Ursachen für eine verstopfte oder laufende Nase.

HÄUFIGSTE URSACHEN

- Erkältung und grippale Infekte [←].
- Heuschnupfen [←].
- Umgang mit reizenden Stoffen (z.B. Staub, Chemikalien).
- Nasenpolypen (gutartige Wucherungen der Nasenschleimhaut).
- Sogenannter trockener Arzneimittelschnupfen

durch dauernde, regelmäßige Anwendung von Nasentropfen.
- Chronischer trockener Schnupfen tritt häufig bei Rauchern und reinen Mundatmern auf oder bei Personen, die beruflich Staub und Rauch ausgesetzt sind.
- Durch Gefäßerweiterung bedingter Schnupfen im Alter (sogenannter vasomotorischer Schnupfen).

✓ WAS SIE TUN KÖNNEN

- Viel trinken, um den Schleim zu verflüssigen.
- Die Raumluft anfeuchten, damit die Schleimhäute nicht austrocknen.
- Säuglingen helfen Nasentropfen aus physiologischer Kochsalzlösung oder pflanzliche ätherische Öle, die auf die Kleidung oder Bettwäsche getropft werden. (Achtung: für Säuglinge nur Präparate ohne Menthol verwenden). Bei stark verstopfter Nase Säuglingstropfen verabreichen, denn Säuglinge bekommen bei schlechter Nasenatmung Schwierigkeiten mit dem Trinken.
- Ein Dampfbad mit Kamille, Mineralsalzen oder ätherischen Ölen befeuchtet die Schleimhaut und befreit die Nase. Günstig sind Inhalatoren mit einer Nasenmaske, damit die Augen nicht gereizt werden.
- Gefäßverengende Nasentropfen oder Nasensprays bewirken ein rasches Abschwellen der Nasenschleimhaut. Es gibt sie in schwächeren Dosierungen auch schon für Säuglinge und Kleinkinder. Sie dürfen jedoch nur sparsam und nicht länger als eine Woche angewendet werden. Bei langfristigem Gebrauch kann es zu einem arzneimittelbedingten Anschwellen der Nasenschleimhaut kommen, was wiederum zum weiteren Gebrauch der Tropfen verleitet. Das kann zu einem regelrechten Teufelskreis mit Nasentropfenabhängigkeit führen.
- Als Alternative gibt es auch homöopathische Nasentropfen (mit Euphorbium) oder mineralische Nasensalben, die die Schleimhaut befeuchten und heilen.
- Tabletten allgemein gegen die Schnupfenbeschwerden enthalten meist auch noch Inhaltsstoffe gegen Kopfschmerzen und Gliederschmerzen und sollten dann eingesetzt werden, wenn diese Beschwerden auch auftreten.
- Gegen das "Laufen" der Nase helfen keine Tabletten.
- Wenn der Schleim schlecht abfließt, helfen schleimlösende Tabletten oder Tropfen mit Acetylcystein oder Ambroxol oder pflanzliche Präparate.
- Bei allergischem Schnupfen helfen vorbeugend Nasentropfen mit Cromoglicinsäure [→Allergie].
- Eine Heilsalbe zur Pflege des äußeren Nasenbereichs auftragen, wenn dieser entzündet ist.
- Therapie mit entzündungshemmenden Enzymen, z.B. Ananasenzym in Tabletten- oder Pulverform [→Enzymtherapie].

WANN SIE ZUM ARZT MÜSSEN

- Wenn die Beschwerden nicht nachlassen oder andere Beschwerden wie starke Stirnkopfschmerzen oder Ohrenschmerzen hinzukommen.

✗ WAS IHR ARZT TUN KANN

- Der Arzt kann die Ursache Ihrer Erkrankung feststellen, z.B. Nasenpolypen oder eine Nasenscheidewandverkrümmung. Nur wenn auch eine bakterielle Infektion vorliegt, werden Antibiotika verordnet.

VORBEUGUNG

- Zu erkrankten Personen Abstand halten.
- In geheizten Räumen für ausreichende Luftfeuchtigkeit sorgen.
- Weitere Maßnahmen [→Erkältung und grippale Infekte].

SCHULTER- UND ARMSCHMERZEN

Schmerzen im Bereich der Arme oder der Schulter gehören meistens zur Gruppe der rheumatischen Beschwerden [←], z.B. die Sehnenscheidenentzündung am Unterarm. Die Sehnen verbinden die Muskeln mit den Gelenken und den Knochen. Sie bewegen sich in den Sehnenscheiden. Durch bestimmte Belastungen [→Häufigste Ursachen] wird die Innenseite der Sehnenscheiden rauh, es kommt zu Reibungen und dadurch zu einer Entzündung. Es treten Schmerzen, meist beim Bewegen, auf. Manchmal kommt es auch zu einer Schwellung und zu Unbeweglichkeit. Die Sehnenscheidenentzündung zählt zu den rheumatischen Erkrankungen [→Rheuma]. Ebenfalls rheumatische Erkrankungen mit ähnlichem Erscheinungsbild und ähnlichen Ursachen sind die Schleimbeutelentzündung, das

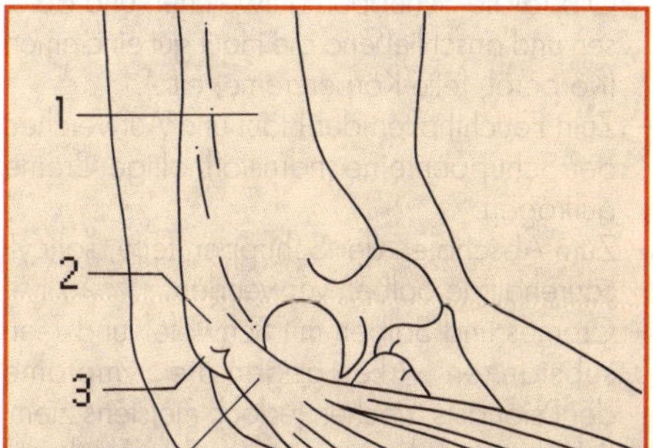

1 Oberarmknochen
2 Ansatzstelle der Sehne
3 Stelle der Schmerzempfindlichkeit (Ansatzstelle des Unterarmmuskels, an der Außenseite des Ellenbogengelenks)
4 Sehne
5 Unterarmmuskel

Schulter-Arm-Syndrom und der Tennisarm. Der Tennisarm kommt keineswegs nur bei Tennisspielern vor, sondern bei allen Personen, die den betroffenen Sehnenabschnitt chronisch überlasten oder starkem Druck aussetzen. Das Schulter-Arm-Syndrom tritt besonders im mittlerem und höherem Lebensalter auf und wird in der Schulterblattregion ausgelöst. Die Schmerzen treten bei Bewegung, aber auch bei Ruhigstellung (nachts), intensiv auf.

HÄUFIGSTE URSACHEN

- Überbeanspruchung,
- Einseitige Beanspruchung (z.B. Schreibmaschine schreiben), falsche Haltung.
- Falsche Technik oder Griffstärke bei Schlägersportarten (z.B. Tennisarm), Haus- und Gartenarbeit oder Hobby.

✓ WAS SIE TUN KÖNNEN

- Ruhigstellen oder Schonung der betroffen Region, evtl. mit einem Verband, einer Bandage oder einer Armschlinge.
- Anfangs die Entzündung kühlen, z.B. mit Kältekompressen aus der Apotheke. Ist die Entzündung abgeklungen, helfen Wärmeanwendungen als Salbe, Bad oder Pflaster [→ Rheuma].
- Auftragen einer schmerzstillenden Rheuma- oder Sportsalbe (z.B. mit Salicylsäure oder Ibuprofen).

WANN SIE ZUM ARZT MÜSSEN

- Wenn Sie starke Beschwerden haben, oder wenn die Beschwerden nicht nachlassen.

✗ WAS IHR ARZT TUN KANN

- Ruhigstellung mit einem fachmännischen Verband.

- Ultraschallbehandlung.
- Eventuell Gabe einer Cortisonspritze bei starker Entzündung.

VORBEUGUNG

- Langandauernde einseitige Tätigkeiten möglichst vermeiden.
- Bei Belastung stützende Bandagen tragen.
- Durch richtige Technik und richtige Werkzeuge oder Sportgeräte lassen sich Sehnenscheidenentzündungen oft verhindern.

SCHUPPENFLECHTE

Schuppenflechte (Psoriasis) ist eine Hautkrankheit, die meist schubweise verläuft und in der Regel zwischen dem 10. und 40. Lebensjahr zum ersten Mal auftritt Sie ist wahrscheinlich erblich und tritt familiär gehäuft auf. Besonders häufig bricht die Schuppenflechte im Herbst oder Winter aus. Es kommt zu stark geröteten Hautflecken mit silbrig-weißen Schüppchen. Die betroffenen Stellen können von punktförmig bis handtellergroß sein und jucken in der Regel nicht.

Folgende Körperteile sind besonders häufig betroffen:
- Knie, Ellenbogen.
- Gesäß, Rücken.
- Kopfhaut.
- Fingernägel (Grübchenbildung und Verfärbung).
- Hände, Füße (oft mit schmerzhaften Rissen oder Bläschen).
- In besonders schweren Fällen kann es auch zu starken Gelenkbeschwerden bis hin zur Deformierung kommen.

HÄUFIGSTE URSACHEN

An den betroffenen Stellen kommt es zu einer überdurchschnittlich schnellen Hautzellenproduktion.

Ein Krankheitsschub kann durch folgende Faktoren ausgelöst werden:
- Infektionskrankheiten (z.B. Grippe).
- Bestimmte Medikamente (z.B. Malariamittel oder Betablocker).
- Emotionale Belastung.
- Sonnenbrand.
- Hautverletzungen oder -reizungen.

✓ WAS SIE TUN KÖNNEN

- Die Krankheit ist nicht heilbar. Sie können nur die Beschwerden lindern.
- Kurze Sonnenbäder können hilfreich sein. Jedoch Sonnenbrand unbedingt vermeiden.
- Zum Geschmeidighalten der Haut mit einem Ölbad die Schuppen aufweichen und ablösen und anschließend die Haut gut eincremen (Körperöl, fette Körpercreme, etc.).
- Zum Feuchthalten der Haut und Aufweichen der Schuppen eine harnstoffhaltige Creme auftragen.
- Zum Abschälen der Schuppen fette, salicylsäurehaltige Salben verwenden.
- Cremes und Salben mit Schwefel- und Teersubstanzen wirken gegen die Symptome der Psioriasis, riechen jedoch meistens ziemlich unangenehm und verursachen Flecken.
- Bei Beschwerden auf der Kopfhaut Shampoos mit Kohleteer oder Schwefel verwenden.

WANN SIE ZUM ARZT MÜSSEN

- Beim ersten Verdacht auf Schuppenflechte.

✗ WAS IHR ARZT TUN KANN

- Sichern der Diagnose.
- Verordnung von stärker wirksamen

Psoriarispräparaten, z.B. Dithranol-Salben oder entzündungshemmende Salben.
- Bei sehr starker Psoriasis ist eine Therapie mit Tabletten notwendig. Oft kommt eine Kombinationstherapie aus Tabletten und UV-Bestrahlung zum Einsatz.

WER NOCH HELFEN KANN

Deutscher Psoriasisbund e.V.
Oberaltenallee 20a
22081 Hamburg
Tel. 040/223399

SCHWANGERSCHAFTS-ERBRECHEN

Etwa jede zweite Frau leidet in den ersten Schwangerschaftsmonaten an einer mehr oder weniger starken Übelkeit, teilweise mit Erbrechen. Häufig treten die Beschwerden morgens nach dem Aufstehen am stärksten auf. In der Regel kommt es im vierten Schwangerschaftsmonat zu einer spontanen Besserung. Nur in seltenen Fällen leiden schwangere Frauen unter sehr starkem Erbrechen mit hohen Flüssigkeitsverlusten und Gewichtsreduktion. Dieses sogenannte unstillbare Schwangerschaftserbrechen ist eine ernsthafte Erkrankung und muß stationär behandelt werden.

URSACHE

- Durch die veränderte Hormonsituation wird das "Brechzentrum" im Gehirn gereizt.

✓ WAS SIE TUN KÖNNEN

- Morgens im Bett schon eine Kleinigkeit essen und trinken und noch eine Zeitlang liegenbleiben.
- Viele kleine, leichte Mahlzeiten über den Tag verteilt einnehmen.
- Über den Tag verteilt kleine Mengen Saft, Wasser oder Kräutertee trinken.
- In manchen Fällen helfen Präparate mit Vitamin B_6.

WANN SIE ZUM ARZT MÜSSEN

- Bei sehr starkem Erbrechen oder wenn Sie abnehmen.

✗ WAS IHR ARZT TUN KANN

- Der Arzt kann feststellen, ob es sich um ein normales Schwangerschaftserbrechen handelt oder ob Sie im Krankenhaus behandelt werden müssen.

SCHWANGERSCHAFTS-TESTS

Nach dem Einnisten eines befruchteten Eies in der Gebärmutter steigt die Konzentration des Hormons HCG (Human-Chorion-Gonadotropin) in Blut und Urin stark an. Mit einem Schwangerschaftstest kann man diese erhöhte HCG-Konzentration im Urin messen. Moderne Schwangerschaftstests können direkt nach Ausbleiben der Regel oder sogar schon 10 Tage nach dem Geschlechtsverkehr eine Schwangerschaft anzeigen. Die Vorgehensweise ist bei den einzelnen Tests etwas unterschiedlich. Die Konzentration von HCG-Hormonen ist im Morgenurin direkt nach dem Aufstehen am höchsten, die meisten Tests können jedoch zu jeder Tageszeit durchgeführt werden. Bei den modernen Tests wird einfach ein Teststab oder ein Testplättchen mit Urin benetzt und nach einer kurzen Zeit kann das Ergebnis abgelesen werden. Der Test besteht aus einem Kontrollfeld, das sich verfärbt und anzeigt, ob der Test ordnungsgemäß durchgeführt wurde, und einem Ergebnisfeld, das sich nur bei einer Schwangerschaft verfärbt. Auch leichte Verfärbungen an der richtigen Stelle im Ergebnisfeld deuten auf eine Schwangerschaft hin. Der Test sollte dann jedoch nach einigen Tagen wiederholt werden. Auch wenn der Test negativ war, die Monatsblutung jedoch ausbleibt, sollte der Test wiederholt werden.

WANN SIE ZUM ARZT MÜSSEN

- Wenn der Schwangerschaftstest positiv ist.
- Wenn der Test negativ ist, die Blutungen jedoch ausbleiben.

✗ WAS IHR ARZT TUN KANN

- Der Arzt kann bei einer Schwangerschaft HCG-Hormon im Blut nachweisen.
- Der Arzt kann mit Ultraschall feststellen, ob eine Schwangerschaft vorliegt.

SCHWANGERSCHAFTSVORSORGE

→Vitaminmangel
→Mineralmangel
→Eisenmangel
→Folsäuremangel
→Magnesiummangel

SCHWINDEL

Unter Schwindel versteht man eine Störung, bei der die Betroffenen ein Gefühl des Schwankens oder Drehens haben. Es entsteht der Eindruck, man bewege sich im Raum oder Gegenstände bewegen sich um einen herum. Oft kommen Gleichgewichtsstörungen, Übelkeit, Erbrechen, Schweißausbrüche oder Schwarzsehen hinzu. Schwindel kann auch der Vorläufer einer Ohnmacht sein. Dabei kommt es zu einer kurzandauernden Bewußtlosigkeit aufgrund eines Sauerstoffmangels im Gehirn. Häufig tritt Schwindel nach plötzlichem Aufstehen oder schnellem Drehen des Kopfes auf. Schwindel kann zahlreiche Ursachen haben.

HÄUFIGSTE URSACHEN

- Niedriger oder hoher Blutdruck [←].
- Durchblutungsstörungen im Gehirn [→Arterienverkalkung].
- Migräne [→Kopfschmerzen].
- Blutarmut.
- See- oder Reisekrankheit [→Übelkeit und Erbrechen].
- Störungen des Innenohres.
- Unterzuckerung.
- Nebenwirkung bestimmter Medikamente.
- Alkoholmißbrauch.
- Fieber.

✓ WAS SIE TUN KÖNNEN

- Oft vergeht der Schwindel von alleine.
- Tabletten (z.B. mit Dimenhydrinat) oder homöopathische Präparate mit Cocculus können bei Schwindel und Reisekrankheit [→Übelkeit und Erbrechen] helfen.

WANN SIE ZUM ARZT MÜSSEN

- Ältere Menschen mit Schwindel.
- Wenn die Beschwerden sehr stark sind oder nicht vorübergehen.

✓ WAS IHR ARZT TUN KANN

- Die Ursache des Schwindels herausfinden und entsprechende Therapie einleiten.

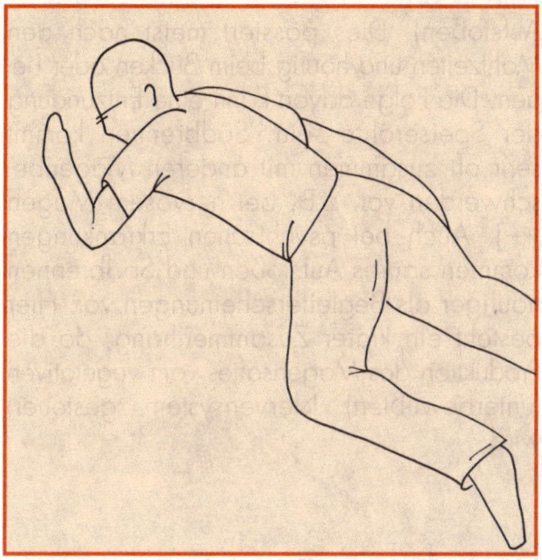

Bei Ohnmacht den Betroffenen flach auf die Erde oder das Bett legen, den Kopf zur Seite und nicht erhöht.

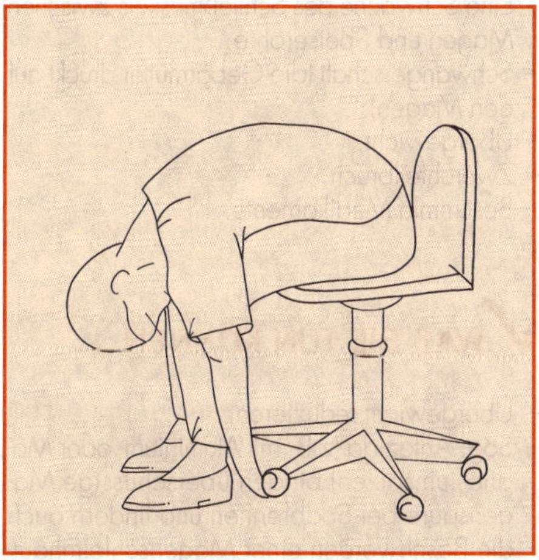

Bei Schwindel und Ohnmachtsgefühl auf einen Stuhl setzen, den Kopf möglichst tief nach unten zwischen die Knie.

VORBEUGUNG

- Langsam aufstehen und plötzliche Drehungen vermeiden

SCHWITZEN, ÜBERMÄSSIGES

Die Schweißabsonderung dient der Konstanthaltung der Körpertemperatur. Übermäßige Schweißabsonderung wird durch psychischen Streß oder körperliche Anstrengung oder Krankheit ausgelöst. Der ausgetretene Schweiß wird von Körperbakterien zersetzt, dies führt zum typischen Schweißgeruch. Das Schwitzen kann sich auf bestimmte Körperregionen, meist Achselhöhlen, Handflächen und Füße beschränken, kann aber auch den ganzen Körper betreffen. Außer einer zu hohen Außentemperatur und zu warmer Kleidung kommen eine ganze Reihe von Ursachen für übermäßiges Schwitzen in Betracht.

HÄUFIGSTE URSACHEN

- Körperliche Anstrengung, z.B. Sport, Gartenarbeit.
- Nervosität, Angst, Streß.
- Übergewicht.
- Hormonelle Umstellung: Menstruation, Schwangerschaft, Stillzeit, Wechseljahre.
- Fieber.
- Schilddrüsenüberfunktion.
- Unterzuckerung bei Diabetikern.
- Alkohol- oder Drogenentzug.
- Schwere Erkrankungen, z.B. Herzinfarkt, Blinddarmdurchbruch.
- Einnahme bestimmter Medikamente, z.B. Acetylsalicylsäure, Schilddrüsenpräparate.

✓ WAS SIE TUN KÖNNEN

- Deodorantien und desinfizierende Seifen wirken gegen die bakterielle Zersetzung des Schweißes.
- Verwendung von Antitranspirantien. Das sind Puder, Cremes oder Lösungen (z.B. mit Aluminiumverbindungen oder mit Methenamin), die schweißhemmend wirken, indem sie die

Schweißdrüsen zusammenziehen. Antitranspirantien sind nicht schädlich, solange man sie nicht zu großflächig aufträgt.
- Von innen kannn man die Schweißbildung mit Salbeitee oder Salbeidragees etwas reduzieren. Salbei hat eine zusammenziehende Wirkung auf die Schweißdrüsen.
- Bei starkem Schwitzen muß die verlorengegangene Flüssigkeit ersetzt werden [→Mineralmangel]. Viel trinken!

WANN SIE ZUM ARZT MÜSSEN

- Wenn die Beschwerden sehr stark und ungeklärter Ursache sind.
- Wenn zusätzlich Schmerzen (z.B. in der Herzgegend) auftreten.

✗ WAS IHR ARZT TUN KANN

- Herausfinden der Ursache für die Beschwerden.

VORBEUGUNG

- Keine synthetischen Textilien direkt auf der Haut tragen.
- Keine Gummischuhe oder Gummihandschuhe tragen.

SODBRENNEN

Beim Sodbrennen löst ein Überschuß an Magensäure einen brennenden Schmerz in der Mitte der Brust (oberhalb der Magengegend) aus, der in den Hals, den Rachen oder sogar in das Gesicht ausstrahlen kann. Häufig kommt es dabei auch zum Aufsteigen von saurem Magensaft in die Speiseröhre (saures Aufstoßen). Dies passiert meist nach den Mahlzeiten und häufig beim Bücken oder Liegen. Die Folge davon kann eine Entzündung der Speiseröhre sein. Sodbrennen kommt sehr oft zusammen mit anderen Magenbeschwerden vor, z.B. bei nervösem Magen [←]. Auch bei psychischen Erkrankungen kommen saures Aufstoßen und Sodbrennen häufiger als Begleiterscheinungen vor. Hier besteht ein klarer Zusammenhang, da die Produktion des Magensaftes vom vegetativen (unterbewußten) Nervensystem gesteuert wird.

HÄUFIGSTE URSACHEN

- Übermäßiger Alkohol-, Kaffee oder Zigarettenkonsum.
- Zuviel Essen und zu stark gewürztes Essen.
- Eine Schwäche des Schließmuskels zwischen Magen und Speiseröhre.
- Schwangerschaft (die Gebärmutter drückt auf den Magen).
- Übergewicht.
- Zwerchfellbruch.
- Bestimmte Medikamente.

✓ WAS SIE TUN KÖNNEN

- Übergewicht reduzieren.
- Sog. Antazida (z.B. mit Aluminium- oder Magnesiumsalzen) binden überschüssige Magensäure bei Sodbrennen und lindern auch die Beschwerden einer Magenschleimhautenzündung [←] oder eines Magengeschwüres [←]. Die Kautabletten oder Beutel mit Suspension werden etwa eine Stunde nach dem Essen und vor dem Schlafengehen gekaut bzw. geschluckt. Evtl. sind 2 Kautabletten oder Beutel erforderlich, bis das Sodbrennen verschwindet. Suspensionen wirken schneller als Kautabletten, da die enthaltene milchige Lösung schnell die Magenschleimhaut auskleidet und vor Säure schützt. Antazida sind auch in der Schwangerschaft geeignet.

WANN SIE ZUM ARZT MÜSSEN

– Wenn Sie ständig unter Sodbrennen leiden.

✗ WAS IHR ARZT TUN KANN

- Feststellen, ob eine Erkrankung Ursache des Sodbrennens ist.
- Verordnung von stärkeren Medikamenten, die die Magensäureproduktion hemmen (sog. Säureblocker).

VORBEUGUNG

- Rauchen, Kaffee- und Alkoholkonsum meiden.
- Sehr scharfe oder zitrussaure Speisen und Getränke meiden. Verzichten Sie möglichst auf Fetthaltiges und Schokolade. Essen Sie in aufrechter Haltung. Schlucken Sie mehrmals hintereinander. Halten Sie die Abendmahlzeit möglichst klein.
- Vermeiden Sie Übergewicht.
- Meiden Sie zu enge Kleidung und ständiges Sitzen.
- Beugen Sie sich möglichst nicht nach vorne.
- Heben Sie das Kopfteil des Bettes an.

SONNENBEDINGTE LANGFRISTIGE HAUTSCHÄDEN

Negative Umwelteinflüsse durch Luftverschmutzung, Ozonloch und ultraviolette Strahlung machen unserer Haut erheblich zu schaffen. Außerdem wird die Haut vieler Reisender im Urlaub extremen Belastungen ausgesetzt. Der jedes Jahr erneut zugezogene Sonnenbrand kann sich - verstärkt durch Umweltverschmutzung, Rauchen und körperliche Dauerbelastung - im Laufe eines Lebens zu einem chronischen Lichtschaden summieren. Dabei kommt es zur Schwielenbildung der Haut, vorzeitiger Hautalterung, Altersflecken und im ungünstigsten Fall zur Entwicklung von Hautkrebs. Sonnenbedingte Lichtschäden können auch bei Dauerbelastung der Haut durch Solarienbenutzung auftreten. Was vielfach nicht bekannt ist: Lange bevor es zum Sonnenbrand kommt, ist die Haut überlastet und das "Ansparen" auf einen sonnenbedingten Lichtschaden beginnt.

Besonders gefährdet sind - wie auch für Sonnenbrand - hellhäutige Menschen und Kinder. Bei diesem lichtsensiblen Personengruppen baut sich die Pigmentierung der Hautzellen nur sehr langsam auf. Damit fehlt der Haut ihr natürliches Schutzschild gegen UV-Strahlen, die Hautbräune. Und eine zu geringe Konzentration von Betacaroten (Vitamin A-Vorstufe) in der Haut führt dazu, das durch UV-Strahlung entstehende sog. freie Radikale nicht abgefangen werden, und die Zellen schädigen.

Zu den sonnenbedingten Lichtschäden kann man auch das Erscheinungsbild der Sonnenallergie oder Mallorca-Akne zählen. Auslösende Faktoren sind der UVA-Anteil des Sonnenlichtes, Emulagtoren und Konservierungsstoffe, Schweiß und andere hautreizende Einflüsse wie Sand oder Salzwasser. Es kommt zu juckenden, oft wassergefüllten Bläschen, häufig im Dekollté.

HÄUFIGSTE URSACHEN

- Zu häufige und zu lange Sonnenbäder und Solariumbesuche.
- Sonnenbaden oder Sonnen im Solarien bei bereits vorgeschädigter Haut, mit ungenügenden Lichtschutz.
- Sonne im Zusammenhang mit zusätzlichen Hautbelastungen, wie UV-Strahlung am Arbeitsplatz oder Zigarettenkonsum.

✓ WAS SIE TUN KÖNNEN

- Sonnen- und UV-Strahlenbelastung möglichst vermeiden, z.B. im Schatten bräunen.
- Die Haut immer gut mit Sonnenschutzmitteln schützen. Bei Sonnenallergie emulgatorfreie Gele verwenden.
- Den natürlichen Lichtschutz mit Betacaroten-haltigen Präparaten zum Einnehmen verbessern. Energiereiche UV-Strahlung wird aufgefangen und in Wärme umgewandelt. Es entstehten also keine freien Radikale, dadurch wird das Risiko für sonnenbedingte Lichtschäden und Hautkrebs gesenkt, wenn Betacaraten in ausreichend hoher Dosierung eingenommen wird.

WANN SIE ZUM ARZT MÜSSEN

- Bei neu auftretender Pigmentierung der Haut oder vermehrten Pigmentflecken.
- Bei schweren Sonnenbränden.

✗ WAS IHR ARZT TUN KANN

- Bestehende Hautschäden korrekt diagnostizieren.
- Für die Vorbeugung ein geeignetes Preparat empfehlen.

VORBEUGUNG

- Schon vier Wochen vor dem Urlaub hochdosierte Betacarotenpräparate einnehmen.
- Kosmetika mit UV-Filter verwenden.
- Nach dem Baden in Salzwasser möglichst immer duschen.
- Rauchen abgewöhnen, genügend Schlaf.
- Bei Neigung zu Sonnenallergie Emulgatorfreie Sonnengele verwenden.

SONNENBRAND

Die Haut reagiert auf übermäßige Sonneneinstrahlung mit einem Sonnenbrand. Es kommt zu Brennen, schmerzhafter Rötung, Schwellung oder sogar Blasenbildung auf der Haut. Die betroffenen Stellen bilden bei leichtem Druck mit dem Finger kurzzeitig eine weiße Stelle innerhalb der Rötung. Bei starkem Sonnenbrand kann es auch zu Kreislaufbeschwerden und Übelkeit kommen [→Sonnenstich]. Die Symptome treten 1-24 Stunden nach dem Sonnenbad auf. Langfristig führen häufiger Sonnenbrand und regelmäßige Sonnenbäder zu vorzeitiger Hautalterung und erhöhen das Risiko für Hautkrebserkrankungen [→sonnenbedingte Lichtschäden]. Besonders gefährdet sind Personen mit heller Haut und mit roten oder blonden Haaren oder Leberflecken [→Leber- und Pigmentflecken]. Besonders stark ist die Sonne im Schnee, am Strand und im Wasser, da es durch die hellen Flächen zu einer verstärkten Reflexion der Sonnenstrahlen kommt. Auch in großer Höhe und in südlichen Breitengraden ist die Sonneneinstrahlung deutlich wirkungsvoller als bei uns. Besonders sonnenbrandgefährdet sind die sog. Sonnenplateaus, wie Schultern, Nase und Füße. Die Haut gewöhnt sich an die Sonne, indem sie sich verdickt und den Pigment-Farbstoff Melanin einlagert, der die Haut gebräunt aussehen läßt. Eine langsame Bräunung ist gleichmäßiger und hält länger.
Verantwortlich für Bräunung und Sonnenbrand sind kurzwellige, energiereiche UV-Strahlen. Man unterscheidet UV-A Strahlen, die etwas langwelliger sind und die für die Bräunung, aber auch für Sonnenallergie [→sonnenbedingte Lichtschäden], Hautalterung und das erhöhte Hautkrebsrisiko verantwortlich sind, und die energiereicheren UV-B-Strahlen, die Hautschädigungen beim Sonnenbrand hervorrufen. Es gibt Sonnenschutzmittel, die nur die UV-B-Strahlung herausfiltern. Besonders empfindliche Personen sollten sogenannte Breitbandfilter verwenden (UV-A und UV-B).

HÄUFIGSTE URSACHEN

- Zu lange Sonnenbäder.
- Unterschätzung der Sonneneinstrahlung an bewölkten Tagen.
- Verwendung von Sonnencreme mit zu niedrigem Lichtschutzfaktor.

✓ WAS SIE TUN KÖNNEN

- Kühlen der betroffenen Stellen mit feuchten Umschlägen.
- Auftragen von antiallergischen Gelen gegen die Rötung und das Brennen. Gele sind hier besser als Salben, da sie kühlend wirken.
- Nach der akuten Phase eine feuchtigkeitsspendende Hautlotion, eventuell mit wundheilenden Stoffen, z.B. Aloe oder Dexpanthenol, auftragen.

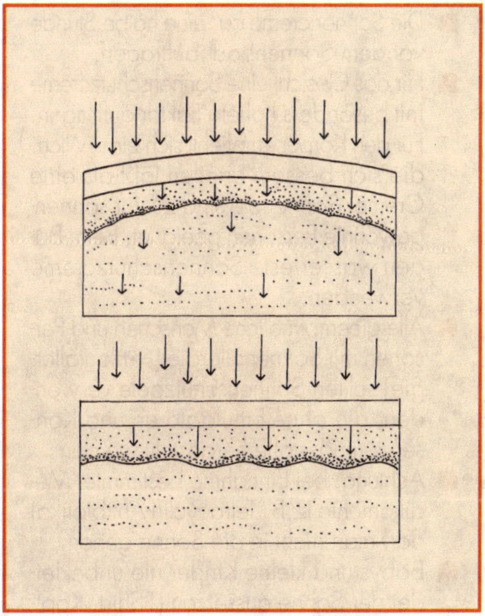

Oben: Ungeschützte Haut. Unten: Mit Sonnencreme vor dem Eindringen der UV-Strahlen geschützte Haut. Die Strahlen dringen nur bis zur Tiefe der Pigmentzellen zur Hautbräunung ein.

VORBEUGUNG

- Möglichst überhaupt keine ausgedehnten Sonnenbäder nehmen. Lieber im Schatten "sonnen" und nie in den Mittagsstunden.
- Die Dauer des Sonnenbades muß dem Hauttyp und der Region angepaßt werden. Jeden Tag darf dann das Sonnenbad etwas länger dauern. Mit Sonnencreme kann die Dauer des Sonnenbades verlängert werden. Der Lichtschutzfaktor (LSF) gibt an, wieviel mal länger man mit dieser Sonnencreme in der Sonne bleiben kann als ohne Sonnenschutzfaktor. Hellhäutige Personen sollten z.B. am Anfang nicht länger als ca. 10 Minuten in der Sonne bleiben. Mit einem Sonnenschutzmittel LSF 6 verlängert sich diese Zeit auf 60 Minuten.
- Lieber einen höheren Lichtschutzfaktor verwenden.
- Die Sonnencreme ca. eine halbe Stunde vor dem Sonnenbad auftragen.
- Für das Gesicht eine Sonnenschutzcreme mit besonders hohem Faktor auftragen. Für den Körper empfiehlt sich eine Milch, die sich besser verteilen läßt als eine Creme. Sonnenöle sind nur für sonnengewöhnte Personen geeignet. Beim Baden wasserfeste Sonnenschutzcreme verwenden.
- Allergieempfindliche Menschen und Personen mit Sonnenallergie [→Hautallergie] sollten Sonnenschutzgele verwenden, die ohne Emulgatoren und Konservierungsstoffe hergestellt werden.
- Achtung: bei Einnahme bestimmter Medikamente (z.B. Tetracyclin-Antibiotika) darf man nicht in die Sonne gehen.
- Babys und kleine Kinder nie unbekleidet der Sonne aussetzen (T-Shirt, Kopfbedeckung).

WANN SIE ZUM ARZT MÜSSEN

- Bei starken Verbrennungen (Blasenbildung, Schmerzen).
- Wenn zusätzlich Allgemeinsymptome eines Sonnenstichs oder Hitzschlages wie Fieber oder Schüttelfrost auftreten.
- Wenn kleine Kinder betroffen sind.

X WAS IHR ARZT TUN KANN

- Verordnung stärkerer entzündungshemmender Substanzen (z.B. mit Cortison).

SONNENSTICH UND HITZSCHLAG

Sonnenstich und Hitzschlag beginnen meistens mit Kopfschmerzen, Schwindel oder Übelkeit. Ein Sonnenstich entsteht durch direkte und starke Sonneneinstrahlung auf den ungeschützten Kopf. Anzeichen für einen Sonnenstich sind ein hochroter, heißer Kopf, kühle Haut, Unruhe, möglicherweise auch Erbrechen und Bewußtseinsschwund. Kinder sind besonders gefährdet. Ihre Haare schützen noch kaum, ihre Schädeldecke ist dünn. Halten sich Kleinkinder zu lange in der Sonne auf, können sie hohes Fieber bekommen. Dabei werden sie auffallend blaß.

Ein Hitzschlag kann auch ohne Sonneneinwirkung entstehen und tritt dann ein, wenn der Körper die Schweißbildung einstellt und ein Wärmestau entsteht. Man erkennt den Hitzschlag am hochroten Kopf, heißer, trockener Haut, einem stumpfen Gesichtsausdruck, taumelndem Gang und sehr hoher Kõpertemperatur. Der Betroffene kann bewußtlos werden, unbehandelt kann der Hitzschlag sogar zum Tode führen.

HÄUFIGSTE URSACHEN

- Zu lange Sonnenbestrahlung.
- Zu warme Kleidung.
- Hoher Flüssigkeitsverlust, z.B. durch zu geringe Flüssigkeitsaufnahme bei starkem Schwitzen oder bei Durchfall.
- Körperliche Anstrengung in sehr heißer Umgebung.
- Ungewohnt hohe Luftfeuchtigkeit und geringe Luftumwälzung.
- Medikamente (z.B. Antihistaminika) können das Risiko für einen Wärmestau mit Hitzschlag erhöhen.

✓ WAS SIE TUN KÖNNEN

- Zu lange Sonnenbäder vermeiden.
- An einem kühlen Ort mit erhöhtem Oberkörper hinlegen.
- In kaltem Wasser getränkte Tücher auflegen und Luft fächeln.

WANN SIE ZUM ARZT MÜSSEN

- Sofort, wenn die Symptome eines Hitzschlags auftreten.

✗ WAS IHR ARZT TUN KANN

- Abgrenzung von einer weniger schwerwiegenden Hitzeerschöpfung mit auffallender Blässe, Schwäche, kaltem Schweiß und Frösteln sowie schnellem und schwachem Puls bei normaler Körpertemperatur. In diesem Fall genügt Lagern in einem kühlen Raum und das Trinken von salzigem Wasser, um den Wasser- und Kochsalzverlust auszugleichen (einen Teelöffel Salz auf einen Liter Wasser).
- Bei einem Hitzschlag wird der Kreislauf durch verschiedene Maßnahmen wieder stabilisiert.

VORBEUGUNG

- In der Sonne eine Kopfbedeckung tragen. Dies gilt besonders für Kinder.
- Zu lange Sonnenbäder vermeiden.
- Beim Schwitzen immer für ausreichend Flüssigkeits- und Elektrolytausgleich sorgen (sehr viel trinken).
- In der Hitze zu warme Kleidung vermeiden.
- Ungewohnte körperliche Anstrengung in der Hitze vermeiden. Keine anstrengenden Sportarten in der Mittagshitze ausüben.

SPORTVERLETZUNGEN

→Bluterguß und Prellung
→Schnittwunden und Schürfwunden
→Verstauchung und Zerrung

STREß

Streß ist ein Ausdruck für Belastung und Anspannung des ganzen Organismus. Die körperliche Reaktion bei Streß läuft zunächst immer gleich ab: Die typischen Streßhormone (z.B. Adrenalin) werden vermehrt produziert und es kommt zu einer Blutdrucksteigerung. Die weitere Reaktion ist dann individuell verschieden. Manche Menschen reagieren auf die Streßhormone und die Blutdruckveränderung mit Kopfschmerzen, Schlaflosigkeit, Herzbeschwerden, Magenschmerzen, Durchfall, gereizter Haut, Allergien, Verspannungen oder Verkrampfungen. Die typischen psychischen Streßreaktionen sind nervöse Unruhe, Gereiztheit und Schlafstörungen [←].

HÄUFIGSTE URSACHEN

- Äußere Faktoren: Lärm, Umweltgifte, Reizüberflutung (z.B. durch zu langes Fernsehen).
- Innere Stressoren: Ärger, Leid, Leistungsdruck, körperliche Überanstrengung, Krankheit.

✓ WAS SIE TUN KÖNNEN

- Akzeptieren, daß ein gewisses Maß an Streß nützlich ist, um bestimmte Leistungen erbringen zu können, weil der gesamte Organismus "in Alarmbereitschaft" versetzt wird.
- Nicht zu viel vornehmen. Streß ist oft hausgemacht, durch zu hohe Anforderungen an sich selbst bei Arbeit, Haushalt oder auch in der Freizeit. Zumindest bei letzterem sollte man sich den Rat "weniger ist oft mehr" zu Herzen nehmen. Das gilt auch für Kinder.
- Generell hilft ein Terminplan, auch im Haushalt oder in der Freizeit, der mit ausreichenden Ruhepausen kalkuliert ist.
- Probleme nicht überbewerten. Nicht in gestreßtem Zustand versuchen, Probleme zu lösen. In entspanntem Zustand kann man klarer und konzentrierter denken. Hilfreich sind körperliche Entspannungstechniken, z.B. Yoga, autogenes Training oder als schnellwirksame Maßnahme ein Entspannungsbad. Beruhigende Badezusätze aus der Apotheke mit Melisse, Baldrian, Lavendel oder Heublume wirken nicht nur über die Haut, sondern werden auch über den Wasserdampf eingeatmet.
- Streß in körperliche Aktivität umsetzen: Sport treiben oder Spazierengehen oder eine körperliche Arbeit verrichten, die Ihnen Spaß macht.
- Als unterstützende Maßnahme Tropfen oder Dragees mit beruhigenden pflanzlichen Substanzen einnehmen, z.B. Johanniskraut, Kava-Kava-Wurzel, Baldrian oder Melisse.

✗ WAS IHR ARZT TUN KANN

- Ausschluß von psychischen Erkrankungen.
- Evtl. kurzzeitige medikamentöse Behandlung der Streßsymptome wie Kopfschmerzen, Schlaflosigkeit, Magenschmerzen, um den Kreislauf "Streß - körperliche Symptome - Streß" zu durchbrechen.

TROCKENES AUGE

Viele Menschen leiden ständig unter leichten Augenbeschwerden wie Brennen, Tränen, Fremdkörper- oder Trockenheitsgefühl. Häufig ist der Grund dafür ein zu trockenes Auge, verursacht durch Störungen der Tränenproduktion.

Die Tränenflüssigkeit wird von den Tränendrüsen im Auge gebildet. Sie dient der Reinigung und Feuchthaltung von Bindehaut und Hornhaut, der Ernährung der Hornhaut und enthält eine antibakterielle Komponente. Der Tränenfilm besteht aus drei Schichten, einer Fettschicht, der eigentlichen Tränenflüssigkeit und einer Schleimschicht. Durch den Lidschlag wird dieser Tränenfilm über des Auge verteilt und fließt dann über die Tränenkanälchen im Augenwinkel ab. Wird zu wenig Tränenflüssigkeit gebildet, oder verändert sich die Zusammensetzung dieses dreischichtigen Tränenfilms, kommt es zum trockenen Auge.

HÄUFIGSTE URSACHEN

- Umweltbelastungen (z.B. verrauchte Luft, trockene Luft, Ozon).
- Konzentrierte Bildschirmarbeit führt zu einer verminderten Lidschlagfrequenz, der Tränenfilm reißt und wird nicht gut über das Auge verteilt.
- Die regelmäßige Einnahme bestimmter Medikamente (z.B. Diuretika, Beta-Blocker, Adrenalin, Antihistaminika, Antibabypille) kann die Tränensekretion herabsetzen.
- Regelmäßige Verwendung von konservierten Augentropfen.
- Verletzungen oder Narben des Auges oder wenn das Lid das Auge nicht mehr richtig verschließt.

- Vitamin A-Mangel [←].
- Im Alter kommt es häufig zu einer verminderten Tränenproduktion.
- Bestimmte Allgemeinerkrankungen.

✓ WAS SIE TUN KÖNNEN

- Umweltbelastungen wie trockene Raumluft, Klimaanlagen etc. möglichst meiden. Im Winter für ausreichend feuchte Luft sorgen.
- Bei der Bildschirmarbeit etwa jede Stunde eine 5-Minuten-Pause einlegen. Dabei nicht lesen! Öfter ganz bewußt blinzeln.
- Die Augen mit einem Tränenersatzmittel regelmäßig benetzen. Es gibt zahlreiche Präparate in unkonservierten Einzeldosisbehältnissen, die zum Teil auch zu den Kontaktlinsen dazu getropft werden können.

WANN SIE ZUM ARZT MÜSSEN

- Wenn Sie starke Beschwerden haben.
- Wenn Ihre Beschwerden auch bei regelmäßiger Anwendung eines Tränenersatzmittels nicht nachlassen.

✗ WAS IHR ARZT TUN KANN

- Untersuchung der Tränenflüssigkeit und des Tränenfilmes gibt Aufschluß über mögliche Ursachen.
- Auswahl einer für Sie geeigneten Therapie.

ÜBERGEWICHT

Ca 40% der Deutschen sind zu dick. Nimmt der Mensch mehr Energie in Form von Nahrung zu sich als er tatsächlich verbraucht, wird er im Laufe der Zeit übergewichtig. Wer abnehmen will, muß entweder weniger essen als er verbraucht oder seinen Energieverbrauch, z.B. durch Sport oder körperliche Arbeit deutlich steigern. Von Übergewicht spricht man, wenn das Gewicht deutlich über dem Normalgewicht liegt. Unter **Normalgewicht** versteht man die Körpergröße in cm minus 100. Um das **Idealgewicht** zu errechnen, muß man von dem Normalgewicht bei Frauen 15% und bei Männern 10% abziehen.

Die Energiezufuhr und der Energieverbrauch des Körpers werden in Kilokalorien (kcal) oder Kilojoule (kJ) gemessen. Eine Kilokalorie entspricht 4,184 Joule. Der tägliche Kalorienbedarf eines Erwachsenen liegt bei ca. 2500 kcal oder 10000 kJ. Der genaue Wert richtet sich nach der Körpergröße und der täglichen Arbeit. Der Bedarf an Nahrungsenergie ist erhöht bei körperlicher Betätigung, im Wachstum und in der Schwangerschaft und Stillzeit. Die Nahrung sollte sich im Idealfall aus 15% Eiweiß, 30% Fett und 55% Kohlenhydraten zusammensetzen. Mit Hilfe von Kalorientabellen kann der Energiegehalt der Nahrungsmittel festgestellt werden.
Eine Fehlsteuerung der Appetit-Sättigungs-Regulation kann ebenfalls zu Übergewicht führen, da ein Sättigungsgefühl nicht mehr wahrgenommen wird. Bestimmte Eßverhaltensmuster werden bereits in der Kindheit anerzogen. Außerdem hat man in Tierversuchen herausgefunden, daß es unterschiedliche Verlanlagungen gibt. Der eine neigt mehr dazu, seinen Energieüberschuß in Fettdepots (Fettzellen) abzuspeichern, während ihn der andere in Wärmeerzeugung umsetzt. Selten stecken hinter Übergewicht ernsthafte Erkrankungen oder Hormonstörungen.

FOLGEN VON ÜBERGEWICHT

- Stoffwechselstörungen (Diabetes, Gicht, erhöhter Cholesterinspiegel).
- Das Risiko, an Bluthochdruck, Herzinfarkt, Schlaganfall, Arterienverkalkung [←], Fettleber, Thrombosen, Gelenkerkrankungen, Gallensteinen zu erkranken, steigt erheblich.

– Die Unfallgefahr und das Risiko für Komplikationen bei Operationen sind erhöht.

✓ WAS SIE TUN KÖNNEN

– Man sollte sich für das Essen immer Zeit nehmen. Gut kauen und keine anderen Tätigkeiten nebenher ausführen.
– Es sollten am besten fünf kleine Mahlzeiten am Tag eingenommen werden.
– Vor dem Essen immer ein großes Glas Flüssigkeit trinken, das mindert den Appetit.
– Bei jeder Diät sollte man sehr viel trinken.
– Jede Diät sollte von regelmäßiger, körperlicher Betätigung begleitet werden.
– Die einzig sinnvolle Diät besteht aus einer kalorienreduzierten Mischkost einer ausgewogenen Diät mit vielen frischen Produkten (z.B. Brigitte-Diät). Einseitige Diäten (z.B. Reisdiät, Hollywooddiät) sind nicht zu empfehlen, da sie meist einen Mangel an bestimmten Nährstoffen, Vitaminen oder Mineralstoffen erzeugen und nicht zu einer dauerhaften Umstellung der Ernährungsgewohnheiten führen.
– Diät-Fertiggerichte können ab und zu eine Mahlzeit ersetzen.
– Formuladiäten sind Pulver, Granulate oder Getränke mit einem genau definierten Nährstoff-, Vitamin- und Mineralstoffgehalt. Sie eignen sich nur für kurze Diäten um 2-3 Kilo abzunehmen oder um im Rahmen einer Diät einige Mahlzeiten zu ersetzen.
– Abführmittel (z.B. mit Sennesblättern), Entwässerungsmittel (z.B. Algenextrakt, Birkenblätter, Ananas-Enzym) oder Entschlackungstees (z.B. Sennesblätter und Birkenblätter) führen nur zu einer kurzfristigen, verstärkten Wasserausscheidung. Dabei können auf Dauer wichtige Mineralstoffe verloren gehen. Außerdem führt die regelmäßige Einnahme von Abführmitteln zu Darmträgheit. Eine echte Gewichtsreduzierung ist hier also nicht der Fall.
– Appetitzügler mit chemischen Wirkstoffen wirken über das Gehirn appetitdämpfend. Wegen der Nebenwirkungen können viele Patienten diese Medikamente nicht nehmen (z.B. steigt der Blutdruck bei Hypertonie an). Auch bei an sich gesunden Patienten können Nebenwirkungen auftreten, häufig Nervosität.
– Pflanzliche (z.B. Matetee) oder homöopathische Arzneimittel (z.B. Tropfen mit Helianthus tuberosus) sollen ebenfalls den Appetit senken.
– Sogenannte Fat-Blocker aus den USA enthalten keine grundsätzlich neuen Substanzen zum Abnehmen, sondern hauptsächlich Vitamine.
– Fastenkuren empfehlen sich nur unter ärztlicher Aufsicht. Falsches Fasten oder Fasten bei bestehenden Grunderkrankungen kann gravierende Folgen haben, z.B. Nierensteine, Herzschäden, Gichtanfälle usw. Auf jeden Fall bei einer Fastenkur mindestens 3 Liter täglich trinken. Trotz etwa 400g Gewichtsverlust pro Tag gilt aber auch hier: dauerhafter Erfolg ist selten, wenn nicht gleichzeitig die Ernährung umgestellt wird.
– Gemeinsam mit anderen abzunehmen (z.B. bei Weight Watchers) kann den Willen zur Gewichtsabnahme stärken.
– Wichtig ist eine dauerhafte Umstellung der Ernährung, um Eßfehler in Zukunft zu vermeiden und das niedrigere Gewicht zu halten.

VAGINALERKRANKUNGEN

→Ausfluß
→Scheidenentzündung
→Scheidenpilz

VENENBESCHWERDEN

Die Venen transportieren das Blut aus allen Körperteilen, zum Teil gegen die Schwerkraft, zum Herzen zurück. Damit das Blut dabei nicht in die falsche Richtung fließt, haben die

Venen im Abstand von 4 bis 7cm Ventilklappen, die das Zurückfließen verhindern. Außerdem unterstützt die "Muskelpumpe" den Rücktransport des Blutes; vor allem wenn die Wadenmuskeln arbeiten, werden die Venen zusammengedrückt und geleert. Bei Belastung der Venen, z.B. bei Ausübung eines stehenden Berufes oder in der Schwangerschaft, sind die Venenwände der Belastung nicht mehr gewachsen und geben nach. Durch die Erweiterung funktionieren die Venenklappen nicht mehr richtig und nur ein Teil des Blutes wird zurücktransportiert. Ein anderer Teil wird in oberflächliche Venen gedrückt, die sich dadurch ausdehnen. Es entstehen sichtbare, geschlängelte Venen, die man **Krampfadern** (Varizen) nennt. In den Krampfadern ist der Blutfluß verlangsamt, das Blut staut sich, und es sammelt sich Wasser im umliegenden Gewebe. Besonders abends sind die Beine schwer und geschwollen, schmerzen, kribbeln oder jucken. Im Laufe der Zeit nehmen auch die Venenwände Schaden und werden anfällig für Entzündungen. Häufig sind Frauen von Krampfadern betroffen, und oft nehmen die Beschwerden während der Periode zu.

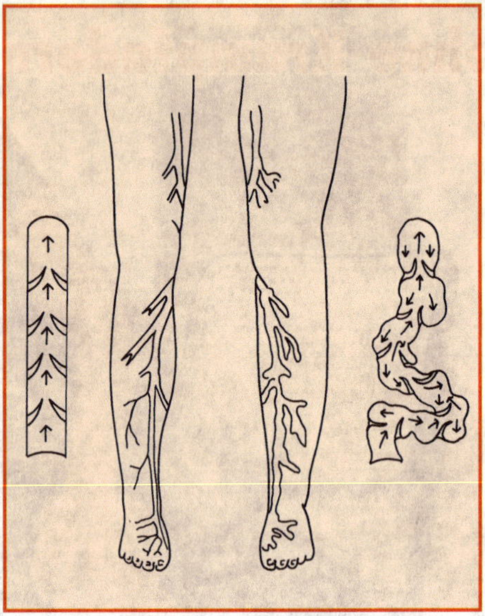

Links: Gesunde Vene mit funktionierenden Venenklappen
Rechts: Krampfader mit schadhaften, nicht mehr funktionierenden Venenklappen.

Bei den **Venenentzündungen** unterscheidet man eine oberflächliche und eine tiefe Form. Bei einer oberflächlichen Venenentzündung sind die Wände der Venen, die unmittelbar unter der Haut liegen, entzündet. Besonders anfällig sind Krampfadern. Aber auch gesunde Venen können betroffen sein.

Auslöser dafür sind Infektionen oder Verletzungen. Der von der Entzündung betroffene Venenstrang tritt leicht hervor, der Bereich ist gerötet und schmerzt bei Druck. Evtl. entsteht eine leichte Wasseransammlung im Gewebe. Bei fortgeschrittenen Krampfadern oder Venenentzündungen kann es zu Beingeschwüren oder zu einer Thrombose (Blutgerinnsel) kommen. Eine Thrombose entsteht besonders leicht bei Verletzungen, nach Operationen oder bei längerer Bettlägerigkeit. Beginnt ein Blutgerinnsel zu wandern, kann es zum lebensbedrohlichen Gefäßverschluß der Lunge (Lungenembolie) kommen.

HÄUFIGSTE URSACHEN

- Erbliche Veranlagung.
- Bewegungsarmut, überwiegend stehende oder überwiegend sitzende Tätigkeit.
- Übergewicht.
- Schwangerschaft.
- Die Einnahme der Antibabypille, besonders bei Raucherinnen und bei Frauen über 30.
- Blutstauung durch Operation, Geburt oder Bettlägerigkeit, Verstärkte Gerinnungsneigung.

✓ WAS SIE TUN KÖNNEN

- Sport treiben: Schwimmen, Laufen, Tanzen, Radfahren.
- Füße so oft wie möglich hochlagern (auch nachts).

- Übergewicht reduzieren.
- Flache Schuhe tragen.
- Alkohol und Nikotin meiden, genügend Nachtruhe.
- Stützstrümpfe oder -strumpfhosen oder speziell angepaßte Kompressionsstrümpfe tragen. Fragen Sie in Ihrer Apotheke.
- Durchblutungsfördernde oder blutgerinnungshemmende Salben und Gele (z.B. mit Roßkastaniensamen oder Heparin) oder Venenmittel zum Einnehmen lindern die Beschwerden.
- Wechselbäder oder Wechselduschen der Beine.

VORBEUGUNG

- Raucherinnen und Frauen über 30 Jahren sollten auf die Antibabypille verzichten.
- Bei Flug- oder Bahnreisen Fußgymnastik machen und viel trinken. Bei Autoreisen häufige Gymnastikpausen einlegen.
- Nach einer Operation oder Geburt möglichst schnell wieder aufstehen. Bei längerer Bettlägerigkeit, wenn möglich, Gymnastik im Bett machen.

WANN SIE ZUM ARZT MÜSSEN

- Wenn Sie Schmerzen und Schwellungen in den Beinen spüren.
- Wenn oberflächliche Krampfadern Sie kosmetisch stören.

X WAS IHR ARZT TUN KANN

- Zur Verhinderung von Ödemen werden Roßkastaniensamen- oder Rutosidpräparate zur äußerlichen Anwendung eingesetzt. Die Tropfen, Tabletten oder Kapseln lindern die Beschwerden und wirken durch ihre gefäßabdichtende Wirkung einer Wassereinlagerung entgegen.
- Verödung oder operative Entfernung ("Strippen") der Krampfadern.
- Anlegen eines Kompressionsverbandes oder Verordnung von Kompressionsstrümpfen.

VERBRENNUNGEN

Bei Verbrennungen oder Verbrühungen kommt es durch die Hitze zur Zerstörung von Körperzellen. Die dabei freiwerdenden Stoffe bewirken, daß umliegende Gefäße durchlässig werden und Blutplasmaflüssigkeit ins Gewebe austritt. Es bilden sich mit klarer Flüssigkeit gefüllte Blasen. Bei ausgedehnten Verbrennungen verliert der Körper große Mengen Gewebsflüssigkeit und dadurch wichtige Eiweiße und Salze. Dieser Flüssigkeitsverlust kann zum Schock führen. Zudem besteht bei offenen Wunden Infektionsgefahr.

Bei leichten Verbrennungen sind Rötung, Schmerzen und leichte Blasenbildung charakteristisch. Bei schweren Verbrennungen kommt es zu starken Blasenbildungen und im Extremfall zu Verkohlungen des Gewebes. Oberflächliche Verbrennungen heilen relativ schnell ab und führen meist zu keinen bleibenden Narben. Um häßliche Narbenbildung bei tiefergehenden Verbrennungen zu vermeiden, ist oft eine Hauttransplantation nötig.

Man teilt Verbrennungen danach ein, wie tief und stark die Verbrennung ist (Verbrennungen

I. bis III. Grades). Außerdem ist es wichtig, wieviel von der Hautoberfläche von der Verbrennung betroffen ist (Angabe in %). Gefährlich sind Verbrennungen, die bei Erwachsenen über 20 % und bei Kindern über 5 % der Hautoberfläche betreffen.

HÄUFIGSTE URSACHEN

- Verbrühung mit heißen Flüssigkeiten oder Dampf.
- Verbrennung an der offenen Flamme.
- Elektrische Verbrennungen.
- Sonnenbrand [←].

✓ WAS SIE TUN KÖNNEN

- Leichte, oberflächliche Verbrennungen mindestens 15 Minuten unter fließendes, kaltes Wasser halten, bis der Schmerz nachläßt. Anschließend ein Brandgel auftragen, das kühlend wirkt und die Symptome der Verbrennung lindert.
- Achtung: Verbrennungen nie mit Butter oder Mehl bestreichen und auch nicht mit Eiswürfeln direkt auf die Wunde.
- Größere Verbrennungen nur mit einem sterilen Verband abdecken. Ideal sind mit Aluminium bedampfte Kompressen oder Salbenkompressen, da diese nicht mit der Wunde verkleben.
- In der Wundheilungsphase mit Heilsalben [→Schnitt- und Schürfwunden] und in der Narbenheilungsphase evtl. mit Narbencremes behandeln.

WANN SIE ZUM ARZT MÜSSEN

- Bei großflächigen oder tiefen Verbrennungen.
- Wenn kleine Kinder betroffen sind.
- Wenn die Brandwunde nicht heilt oder sich entzündet.

Verbrennungen sofort unter kaltes, laufendes Wasser halten, mindestens 10 Minuten.

✗ WAS IHR ARZT TUN KANN

- Bei größeren Verbrennungen Stabilisierung des Kreislaufes, sowie Einleiten weiterer Maßnahmen.
- Gabe von Schmerzmitteln gegen den Verbrennungsschmerz.
- Bei Wundinfektionsgefahr Antibiotikagabe.
- Tetanusimpfung, wenn Ihre Impfung älter als 5 Jahre ist.
- Wenn nötig weitere Behandlungsmaßnahmen (Hauttransplantation).

VORBEUGUNG

- Verbrennungsgefahren von Kindern fernhalten, z.B. Kinder nicht alleine in der Küche lassen.

VERHÜTUNG

Die Auswahl des geeigneten Verhütungsmittels hängt von verschiedenen Faktoren wie z.B. Alter, Familienplanung, Sicherheit, Religion etc. ab. Bei Unsicherheiten kann ein Frauenarzt oder eine Familienberatungsstelle aufgesucht werden. Grundsätzlich unterscheidet man zwischen natürlicher, mechanischer, chemischer und hormoneller Verhütung. Manchmal ist es sinnvoll, verschiedene Verhütungsmethoden miteinander zu kombinieren. Die Sicherheit der einzelnen Verhütungsmethoden wird durch den sog. Pearl-Index angegeben. Man versteht darunter die Anzahl der unerwünschten Schwangerschaften, zu denen es kommt, wenn 100 Paare die entsprechende Verhütungsmethode über den Zeitraum eines Jahres anwenden.

NATÜRLICHE VERHÜTUNGSMETHODEN

Die Verhütung nach dem Zykluskalender (**Kalendermethode**) ist nur geeignet, wenn man einen regelmäßigen Menstruationszyklus hat. Zwischen dem 10. und 17. Zyklustag findet der Eisprung statt. An diesen Tagen darf kein Geschlechtsverkehr stattfinden oder es müssen andere Verhütungsmittel angewendet werden. Um die Zeit des Eisprungs genauer festzustellen, kann zusätzlich die morgendliche Aufwachtemperatur gemessen werden oder der Vaginalschleim untersucht werden. Der Eisprung kündigt sich durch eine um 0,3-0,5°C erhöhte Körpertemperatur und durch einen veränderten dünnflüssigen und spinnbaren Vaginalschleim an.

Vorteile der Kalendermethode:
- Keine Nebenwirkungen.

Nachteile der Kalendermethode:
- Unsicher durch Schwankungen des Eisprungs oder Unsicherheiten in der Messung. Bei Krankheit oder Streß verschieben sich der Eisprung und die Temperatur. Funktioniert nur bei mehr oder weniger regelmäßigem Zubettgehen und geregeltem Tagesablauf.
- Während der fruchtbaren Tage müssen andere Verhütungsmittel verwendet werden.

MECHANISCHE METHODEN

Kondome sollten mit chemischen Verhütungsmethoden (Spermiziden) gemeinsam verwendet werden, um die Sicherheit dieser Verhütungsmethode zu erhöhen. Neuerdings gibt es auch ein Kondom für die Frau (Femidom), das in die Scheide eingelegt wird. Die Sicherheit hängt von der Qualität der verwendeten Produkte und von der Erfahrung und Zuverlässigkeit des Anwenders ab. Für Frauen gibt es noch das **Diaphragma,** das mit einem Spermizid beschichtet und in die Scheide eingeführt wird. Ein Diaphragma muß vom Arzt angepaßt werden und kann ca. ein Jahr lang verwendet werden.

Vorteile des Kondoms:
- Nur bei Bedarf anzuwenden.
- Zusätzlicher Infektionsschutz.
- Einfach und relativ preiswert.
- Kondome sind die bisher einzige Verhütungsmethode, die vom Mann angewendet werden kann.

Nachteile des Kondoms:
- Möglichkeit der Latexallergie.
- Reduzierte Empfindlichkeit, wird oft als störend empfunden.

CHEMISCHE METHODEN

Eher unsicher ist die alleinige Verwendung von Scheidenzäpfchen oder -gelen. Diese müssen mindestens 10 Minuten vor dem Geschlechtsverkehr in die Scheide eingeführt werden, damit sie sich vollständig auflösen und verteilen.

Vorteile chemischer Methoden:
- Nur bei Bedarf anzuwenden.
- Töten Krankheitserreger ab.

Nachteile chemischer Methoden:
- Reizung der Scheidenschleimhaut.
- Nur mittelmäßig zuverlässig.
- Die Schaumbildung kann als störend empfunden werden.

INTRAUTERINPESSARE

Die **Spirale** ist eine relativ sichere Verhütungsmethode. Durch den Fremdkörperreiz der in die Gebärmutter eingebrachten Spirale wird verhindert, daß sich das befruchtete Ei in die Gebärmutterschleimhaut einnistet. Die Spirale besteht aus Kunststoff und ist mit Kupferdraht umwickelt. Sie wird vom Arzt während der Periode eingesetzt (wenn der Muttermund weiter geöffnet ist) und muß ca. alle drei Jahre gewechselt werden.

Vorteile der Spirale:
- Hohe Sicherheit ohne die Nebenwirkungen der Pille.
- Dauerhafte Verhütung über Jahre.
- Man muß sich nicht weiter um die Verhütung kümmern.

Nachteile der Spirale:
- Verstärkte und verlängerte Blutungen oder Zwischenblutungen [→Zyklusstörungen].
- Infektionsgefahr.
- Anfangs oft leichte Schmerzen.

HORMONELLE METHODEN

Es gibt eine Reihe verschiedener **Antibabypillen,** die sich in ihrer Menge der Hormone Östrogen und Gestagen unterscheiden. Es gibt Einphasenpräparate, die Östrogen und Gestagen immer in der gleichen Zusammensetzung enthalten. Bei Zwei- und Dreiphasenpräparaten muß man zwei bzw. drei verschiedene Tablettenzusammensetzungen während eines Zyklus einnehmen und man muß sich genau an die Reihenfolge in der Packung halten. Nach 21 Pillen wird eine Pause von 7 Tagen gemacht, in der es zu einer Blutung kommt. Manche Präparate enthalten zusätzlich für diese 7 Tage arzneistofffreie Tabletten (Placebos), damit man nicht aus dem Einnahmerhythmus kommt. Außerdem gibt es die sogenannte Minipille, die nur Gestagen enthält und immer zum gleichen Tageszeitpunkt eingenommen werden muß. Der Arzt muß gemeinsam mit der Patientin entscheiden, welche Pille am geeignetsten ist. Die Pille ist, wenn sie zuverlässig eingenommen wird, ein sehr sicheres Verhütungsmittel. Wird einmal eine Pille vergessen, kann die Einnahme noch bis zu 12 Stunden später erfolgen. Wird die vergessene Pille mehr als 12 Stunden später eingenommen, so ist für den Zyklus kein sicherer Empfängnisschutz mehr gegeben und es müssen zusätzliche Verhütungsmittel genommen werden. Die Einnahme muß trotzdem fortgesetzt werden, um im Zyklus zu bleiben. Verbleiben nach der vergessenen Pille weniger als sieben Tabletten in der Packung, so sollte die nächste Packung ohne einwöchige Pause angefangen werden. Die Wirksamkeit der Pille kann auch beeinträchtigt werden durch Erbrechen und Durchfall, sowie durch die Einnahme bestimmter Medikamente, z.B. Barbiturate oder Breitspektrumantibiotika. Bei kurzzeitiger Einnahme dieser Arzneimittel, sollten Sie zusätzlich andere Verhütungsmittel verwenden, bei Langzeit-Anwendung müsssen Sie auf andere Verhütungsmittel ausweichen.

Vorteile der Antibabypille:
- Hohe Sicherheit.
- Schutz vor Gebärmutter- und Eierstockkrebs.
- Wirksam auch gegen Menstruationsbeschwerden [→Zyklusstörungen] und Akne.

Nachteile der Antibabypille:
- Ständige "Arzneimittelbelastung".
- Man muß jeden Tag an die Einnahme denken.
- Erhöhtes Risiko an Durchblutungssstörungen und Herz-Kreislaufstörungen zu erkranken. Pro-

blematisch bei Raucherinnen ist z.B. das Risiko für einen möglichen Schlaganfall so stark erhöht, daß von der Pille abgesehen werden muß, besonders bei Frauen, die über 30 Jahre sind.
- Zahlreiche mögliche Nebenwirkungen (Gewichtszunahme, Übelkeit, Müdigkeit, Spannungsgefühl in den Brüsten, trockene Scheide etc.)

Eine mögliche hormonelle Alternative zur Pille ist die **Drei-Monats-Spritze.** Eine Hormonspritze, die alle drei Monate vom Arzt verabreicht wird. Nachteilig ist, daß es dabei, auch noch lange nach der letzten Spritze, häufig zu Zyklusstörungen kommt.

VERLETZUNGEN

→Bluterguß und Prellung
→Schnittwunden und Schürfwunden
→Verstauchung und Zerrung
→Verbrennung

VERSTAUCHUNG UND ZERRUNG

Verstauchungen sind Gelenkverletzungen, die durch Überschreitung des normalen Beweglichkeitsspielraumes des Gelenks (Umknicken, Verdrehen) entstehen. Man spricht dabei auch von Überdehnung bzw. Zerrung der das Gelenk umgebenden Muskeln, Bänder und Sehnen. Meist handelt es sich um eine vorübergehende Überdehnung, es kann aber auch zu Bänderrissen kommen. Häufig handelt es sich dabei um Sportverletzungen. Es treten Schmerzen auf, und manchmal läßt sich der betroffene Muskel nicht mehr richtig bewegen. Nach einiger Zeit kommt es zu einer Schwellung der betroffenen Gelenke. Außerdem bildet sich häufig auch ein Bluterguß [←].

HÄUFIGSTE URSACHEN

- Sportunfälle, Umknicken, Stürze usw.
- Ausgeleierte Bänder durch häufige Verletzungen.

✓WAS SIE TUN KÖNNEN

- Direkt nach dem Unfall sollte die betroffene Region mit Eisbeuteln, Umschlägen, Kältekompressen oder Kältespray gekühlt und möglichst hochgelagert werden.
- Kältebehandlung 24 Stunden lang fortsetzen um den Bluterguß optimal abzuschwellen.
- Auch Sportgele, z.B. mit Heparin, Arnika, Menthol oder Salicylaten wirken kühlend und abschwellend.
- Am nächsten Tag mit einer Wärmebehandlung beginnen, mit wärmewirksamen Salben oder durchblutungsfördernden Bädern oder auch Rotlicht.
- Die betroffenen Gelenke und Muskeln müssen eine Weile geschont werden. Mit der Belastung erst langsam wieder beginnen.
- Schmerzen lassen sich mit einem leichten Schmerzmittel (z.B. mit Acetylsalicylsäure) lindern.
- Therapie mit entzündungshemmenden Enzymen, z.B. Ananasenzym in Tabletten- oder Pulverform [→Enzymtherapie].

WANN SIE ZUM ARZT MÜSSEN

- Wenn das Gelenk anschwillt und die Beweglichkeit eingeschränkt ist.
- Bei ausgerenkten Ellenbogen-, Finger- oder Schultergelenken (Luxationen).

WAS IHR ARZT TUN KANN

- Untersuchung der Verletzung (z.B. Röntgen).
- Anlegen eines Kompressions- oder Stützverbandes.
- In manchen Fällen ist Einrenken oder ein operativer Eingriff notwendig.

VORBEUGUNG

- Vor dem Sport langsam aufwärmen.
- Beim Sport immer das richtige Schuhwerk tragen.
- Beim Sport Stützbandagen oder Stützstrümpfe tragen, insbesondere bei durch häufige Verletzungen ausgeleierten Bändern.
- Keine hohen Absätze tragen.

VERSTOPFUNG

Die Häufigkeit des Stuhlgangs ist individuell verschieden. Stuhlgangshäufigkeit zwischen 3 mal pro Tag bis zu 3 mal pro Woche gilt als normal. Erst bei weniger als 3 Stuhlgängen pro Woche spricht man von Verstopfung (Obstipation). Bei zu seltener Stuhlentleerung wird der Nahrungsbrei durch Wasserentzug stark eingedickt und der Stuhl wird hart. Durch das fehlende Stuhlvolumen wird die Darmentleerung schwierig und es entsteht ein Völle- oder Druckgefühl im Unterbauch. Es können auch Beschwerden wie Blähungen, Bauchschmerzen oder plötzliche Durchfälle mit Bauchkrämpfen auftreten. Treten diese Symptome öfter zusammen ohne erkennbare Ursache auf, spricht man auch von Reizdarm oder nervösem Darm.

In den meisten Fällen liegt der Verstopfung keine ernsthafte Krankheit zugrunde. Häufig werden zu früh Abführmittel eingenommen. Durch den Dauergebrauch von Abführmitteln verringert sich die Darmtätigkeit noch weiter, und es kann zu chronischen Darmerkrankungen kommen. Deshalb sollten zunächst alle anderen Maßnahmen ausgeschöpft werden. Bei den Abführmitteln sollten Präparate mit Quell- oder Füllstoffen als erstes versucht werden. Auch osmotische Abführmittel oder Glycerinzäpfchen greifen nicht direkt in die natürliche Verdauung ein. Diese Präparate können auch häufiger oder über einen längeren Zeitraum genommen werden, sie sind auch während der Schwangerschaft geeignet. Abführmittel mit anderen Wirkprinzipien, z.B. Verdauungsanregung durch Beeinflussung des Wasserhaushaltes des Darms, sollten nur kurzfristig oder in Ausnahmefällen (Reise, Krankenhaus) eingenommen werden. Auch die pflanzlichen Abführmittel dieses Wirkprinzips führen zu Wasser- und Salzverlusten. Dabei erzeugt der Verlust von Kalium erneut eine Darmträgheit. Sehr schnell kommt es zu einer Abhängigkeit von Abführmitteln und dadurch längerfristig zu Darmschleimhautschädigungen.

HÄUFIGSTE URSACHEN

- Ballaststoffarme Ernährung.
- Bewegungsarmut.
- Zu geringe Flüssigkeitsaufnahme.
- Streß.
- Gestörte Darmflora.
- Ungewohnte Lebensbedingungen, z.B. Reise, Krankenhausaufenthalt.
- Abführmittelmißbrauch bzw. Daueranwendung.
- Bestimmte Medikamente, z.B. Aluminium- oder Eisenpräparate, Psychopharmaka.
- Schwangerschaft.
- Bestimmte Erkrankungen, z.B. Diabetes.

WAS SIE TUN KÖNNEN

- Faser- und ballaststoffreiche Ernährung.

- Viel trinken.
- Regelmäßige Bewegung.
- Sauerkraut, Feigen und Trockenpflaumen wirken abführend.
- Quell- und Füllstoffe (z.B. Weizenkleie, Leinsamen, Flohsamen als Körner oder in Tablettenform) nehmen Wasser auf und erhöhen das Füllvolumen des Darmes. Dadurch wird die Darmtätigkeit angeregt. Damit diese Präparate ausreichend aufquellen können, muß dazu viel getrunken werden. Die Wirkung setzt nach ca. einem Tag ein.
- Osmotische Abführmittel sind Salze oder Zuckeraustauschstoffe, (z.B. Bittersalz, Glaubersalz, Milchzucker, Laktulose, Sorbitol), die Wasser im Darm binden. Sie werden als Pulver verwendet und die Wirkung setzt nach einigen Stunden ein. Auch hier muß ausreichend viel Flüssigkeit dazu getrunken werden. Milchzucker ist auch für Babies und Kleinkinder als Abführmittel geeignet.
- Gleitmittel (z.B. Glycerin) als Zäpfchen oder Klystier machen den Stuhl weich und besser gleitfähig. Sie wirken sehr schnell und sind auch für Babies und Kleinkinder geeignet.
- Außerdem gibt es eine Reihe chemischer (z.B. Bisacodyl, Natriumpicosulfat) und pflanzlicher (z.B. Rizinusöl, Sennesblätter, Rhabarber, Faulbaumrinde, Aloe) Abführmittel als Tabletten, Tropfen, Zäpfchen oder Tees, die den Wasser- und Elektrolythaushalt des Darms beeinflussen oder die Darmtätigkeit auf andere Weise anregen. Die Wirkung setzt nach einigen Stunden ein. Diese Abführmittel sind für eine kurzfristige Anwendung in Ausnahmefällen zu empfehlen, z.B. eignen sich die kleinen Dragees oder Tropffläschen gut zum Transport auf Reisen.

WANN SIE ZUM ARZT MÜSSEN

- Wenn Verstopfung und Durchfall im Wechsel auftreten.
- Wenn die Beschwerden anhalten.
- Wenn Blut im Stuhl erscheint.
- Wenn noch andere Beschwerden (z.B. Fieber, Schmerzen) hinzukommen.

WAS IHR ARZT TUN KANN

- Der Arzt kann feststellen, welche Ursache die Beschwerden haben.
- Der Arzt kann mit Ihnen eine für Sie geeignete Therapie mit einem Abführmittel besprechen.

VORBEUGUNG

- Stuhlgang nicht unterdrücken. Zu gleichbleibenden Uhrzeiten ausreichend Zeit für den Stuhlgang nehmen.
- Ballaststoffreiche Ernährung, viel trinken.
- Viel Bewegung.
- Keine langandauernde Einnahme von Abführmitteln.

VITAMINMANGEL, ALLGEMEIN

Vitamine sind lebensnotwendige Stoffe, die der Körper nicht oder nur in unzureichender Menge selbst herstellen kann. Vitamine oder deren Vorstufen müssen dem Körper also, im Regelfall durch die Nahrung, von außen zugeführt werden. Vorstufen, die der Körper selbst in das betreffende Vitamin umbauen kann, nennt man Provitamine. Man teilt die Vitamine in fettlösliche Vitamine (Vitamine A, D, E, K) und wasserlösliche Vitamine (B_1, B_2, B_6, B_{12}, C, H, Folsäure, Pantothensäure, Nikotinamid) ein. Fettlösliche Vitamine findet man in fetthaltigen Speisen. Bei einer Überdosierung dieser Vitamine kann es zu schweren gesundheitlichen Störungen kommen. Wasserlösliche Vitamine sind meist in kohlehydratreichen Speisen enthalten. Diese Vitamine werden bei Überdosierung einfach mit dem Urin ausgeschieden. Der Gehalt der einzelnen Lebensmittel an Vitaminen hängt von den Produktions- und Lagerbedingungen sowie von der Zubereitung dieser Lebensmittel ab. Bei einer gesunden, abwechslungsreichen Ernährung kommt es kaum zu Vitaminmangel. Der Körper kann Vitamine speichern, so daß er Schwankungen im Nahrungsangebot oder das Fehlen einzelner Vitamine eine Weile ausgleichen kann. Bei Vitaminmangel kommt es zu charakteristischen Beschwerden, je nachdem, welches Vitamin fehlt.

HÄUFIGSTE URSACHEN

- Einseitige oder unzureichende Ernährung (z.B. bei Diäten oder vorwiegender Ernährung mit Fertiggerichten).
- Erhöhter Vitaminbedarf während Schwangerschaft und Stillzeit.
- Erhöhter Vitaminbedarf durch Alkoholmißbrauch, Rauchen oder die Antibabypille.
- Erhöhter Vitaminbedarf von Säuglingen, Kindern und Jugendlichen während der Wachstumsperioden.
- Erhöhter Vitaminbedarf während körperlicher oder geistiger Streßsituationen.
- Krankheiten (z.B. schwere Infektionen, Magen-Darm- oder Krebs-Erkrankungen) oder Medikamente (z.B. Antibiotika), die die Aufnahme der Vitamine aus der Nahrung stören.

✓ WAS SIE TUN KÖNNEN

- Ein Mehrbedarf an Vitaminen, z.B. in Streßsituationen oder bei Rauchern kann in der Regel durch eine gesunde und ausgewogene Ernährung ausgeglichen werden. Eigentlich ist nur in Ausnahmefällen eine Gabe von Vitaminpräparaten nötig, z.B. wenn eine Störung der Darmflora die Aufnahme eines Vitamins aus dem Darm ins Blut verhindert.
- Bei festgestelltem Vitaminmangel sollten die fehlenden Vitamine einzeln und in der richtigen Menge zugeführt werden, die Dosierungen der einzelnen Vitamine in Multivitaminpräparaten ist oft zu gering.
- Eine Einnahme von Multivitaminpräparaten, oft mit Mineralien und Spurenelementen (z.B. als Brausetabletten) ist geeignet bei einseitiger oder unzureichender Ernährung oder bei generell erhöhtem Bedarf, z.B. bei Kindern und Jugendlichen oder auch Alkoholikern. In der Schwangerschaft ist die Einnahme eines Multivitamins nicht (unbedingt) notwendig. Wichtig ist jedoch die Versorgung mit Folsäure [→Folsäuremangel].
- Bei Diäten auf ausreichende Vitaminversorgung achten. Auch hier sind Multvitaminpäparate geeignet.

WANN SIE ZUM ARZT MÜSSEN

- Über eine Einnahme von Vitaminpräparaten in der Schwangerschaft und Stillzeit sollten Sie mit Ihrem Frauenarzt sprechen.
- Die Gabe von Vitaminpräparaten bei Säuglingen und Kleinkindern sollte der Kinderarzt entscheiden. Wichtig bei Säuglingen sind vor allem Vit. K [←] und Vit. D [←].
- Wenn Sie vorhaben, eine strenge Diät über einen längeren Zeitraum durchzuführen, sollten Sie sich regelmäßig untersuchen lassen.

VORBEUGUNG

- Ausgewogene Ernährung mit vielen frischen Produkten. Gemüse oder Obst möglichst roh oder schonend gegart essen.
- Einnahme von Multivitaminpräparaten bei unausgewogener Ernährung.

VITAMIN-/MINERAL-MANGEL IM ALTER

Bei älteren Menschen ist der Bedarf an Vitaminen und Mineralien [→Mineralmangel] erhöht. Einer der Gründe dafür ist die verminderte Aufnahme des Organismus von Vitaminen und Mineralien aus der Nahrung. Ausreichende Vitamin- und Mineralstoffversorgung

im Alter trägt zu einer stabilen Gesundheit bei und beugt vorzeitigen Alterungsprozessen vor. Dabei spielen vor allem die Vitamine A,C,E eine wichtige Rolle. Sie bewahren die Zellen vor Zerstörung durch Alterungsvorgänge. Bei den Mineralien haben Magnesium, Eisen, Selen und Ubichinon diese positive Wirkung auf die Gesunderhaltung der Zellen.
Hinweise auf einen Vitamin-/Mineralstoffmangel bei Senioren können sein:
- Appetitlosigkeit, Müdigkeit.
- Konzentrationsstörungen, Gedächtnisschwäche.
- Koordinationsstörungen.

HÄUFIGSTE URSACHEN

- Einseitige oder unzureichende Ernährung, z.B. zu viele Fertiggerichte.
- Krankheiten, z.B. Magen-Darm-Erkrankungen.
- Medikamenteneinnahme, z.B. Antibiotika.
- Appetitlosigkeit, z.B. bedingt durch mangelnde Gesellschaft oder seelische Probleme.
- Rauchen, Alkohol.

✓ WAS SIE TUN KÖNNEN

- Besonders vitaminreiche, ausgewogene Nahrung (viel Obst, Gemüse und Fisch, wenig Fett und Fleisch) zu sich nehmen, insbesondere wenn Sie weniger Hunger haben.
- Rohkost essen, auch wenn sie schwierig zu kauen ist. Gemüse nicht "verkochen".
- Ausreichend trinken, etwa 2-3 Liter am Tag, besonders günstig sind mineralhaltige Tafelwässer und vitaminreiche Fruchtsäfte.
- Nährstoffmangel vorbeugen durch Einnahme von Multivitaminpräparaten mit Mineralien; das ist besonders wichtig während und nach längerer Krankheit [→Erschöpfung].

WANN SIE ZUM ARZT MÜSSEN

- Bei Vitamin-, bzw. Mineralstoffmangel sollte Ihr Arzt entscheiden, in welcher Form und Dosierung Sie Vitaminpräparate einnehmen sollten, vor allem wenn Sie nierenkrank sind oder bereits viele Medikamente einnehmen.

VORBEUGUNG

- Bereits frühzeitig, nicht erst im Alter, auf eine ausreichende Vitaminversorgung [→Vitaminmangel] achten.
- Besonders bei Streß, Müdigkeit, körperlicher Höchstleistung, Krankheit, starkem Rauchen oder Alkoholkonsum an ausreichende Vitaminversorgung denken.

VITAMIN A-MANGEL

Vit. A (Retinol) gehört zu den fettlöslichen Vitaminen. Bei diesen muß vorsichtig dosiert werden, da sie bei Überdosierung nicht einfach mit dem Urin ausgeschieden werden können. Vit. A wird in der Darmwand aus den Carotinen gebildet. Carotine sind Provitamine, die mit der Nahrung zugeführt werden und die der Körper in das eigentliche Vit. A umwandelt. Der tägliche Bedarf beträgt bei Erwachsenen ca. 5.000 Internationale Einheiten (I.E.), eine I.E. sind 0,3µg. Kinder benötigen etwas weniger, Schwangere und Stillende etwas mehr Vit. A.

VITAMIN A IST ENTHALTEN IN

- Kohl, Spinat, Karotten (sollten gegart sein, da Vit. A aus rohem Gemüse nur sehr schlecht aufgenommen werden kann),
- Fischtran,
- Leber,
- Butter, Eiern, Milch.

VITAMIN A IST WICHTIG FÜR

- Wachstum bei Kindern,
- Sehfunktion, Sehen im Dunkeln,

- Wachstum und Aufbau von Haut und Schleimhaut.

VITAMIN A-MANGEL FÜHRT ZU

- Nachtblindheit,
- trockener Bindehaut am Auge, Hornhauttrübung,
- trockener Haut,
- Wachstumsstörungen bei Kindern,
- Appetitlosigkeit.

ÜBERDOSIERUNG FÜHRT ZU

- Übelkeit, Erbrechen, Appetitlosigkeit,
- Kopfschmerzen, Müdigkeit,
- Hautkrankheiten und Haarausfall,
- Sehstörungen ("Doppeltsehen").
- Achtung in der Schwangerschaft: Überdosierung (über 10.000 I.E. am Tag) kann zu Mißbildungen führen.

VITAMIN A-MANGEL TRITT AUF

- bei einseitigen Diäten.
- wenn Sie weder Milchprodukte noch die anderen obengenannten Lebensmittel zu sich nehmen.

VITAMIN A-PRÄPARATE

- Es sind verschiedene Präparate erhältlich, z.B. Kapseln oder Gelee bzw. Suspensionen. Bei nachgewiesenem Vit. A-Mangel sind Dosierungen von 25.000-50.000 I.E. sinnvoll.
- Zur Minderung des Krebsrisikos werden 25mg Carotin (= Provitamin A) pro Tag regelmäßig eingenommen.
- Zur Vorbeugung von Lichtschäden an der Haut werden täglich ca. 75mg schon ab 4 Wochen vor Urlaubsbeginn oder Sommersaison eingenommen.
- Zur Vorbeugung von Nachtblindheit und Sehstörungen (Hell-Dunkel-Sehen) stehen Vit.-A-haltige Augentropfen oder innerlich einzunehmende Vit.-A-Präparate zur Verfügung.
- Achtung! Schwangere sollten ohne Anraten des Arztes keine Vit. A- Präparate einnehmen, da eine höhere Dosis (über 10.000 I.E. pro Tag) zu Mißbildungen führen kann.

VITAMIN B-MANGEL

Alle B-Vitamine sind wasserlöslich, werden also bei Überdosierung mit dem Urin ausgeschieden. Die Funktionen der B-Vitamine im Körper hängen so eng zusammen, daß selten ein Mangel nur eines Vitamins dieser Gruppe auftritt. Aus diesem Grund bietet sich sowohl bei Mangelzuständen als auch bei erhöhtem Bedarf (z.B. Streß, Wachstumsphase) ein Kombinationspräparat an.

Vit. B_1 trägt zur Energiegewinnung aus der Nahrung bei und ist erforderlich für die Funktionsfähigkeit des Nervensystems. Der tägliche Bedarf hängt von der Zusammensetzung der Nahrung ab. Kohlenhydrate und Alkohol erhöhen ihn, während fettreiche Kost den Bedarf senkt. Im Durchschnitt beträgt der Tagesbedarf 1-2mg. In der Schwangerschaft und Stillzeit wird mehr Vit. B_1 benötigt. Vit. B_1 ist enthalten in Hefe, Getreide, Gemüse, Kartoffeln, Innereien.

Vit. B_2 ist notwendig für den Abbau von Fett und Eiweiß. Der tägliche Bedarf beträgt 1-2mg, in der Schwangerschaft etwas mehr. Ein Teil dieses Bedarfes wird von den Darmbakterien gebildet. Vit. B_2 ist enthalten in Hefe, Getreide, Hülsenfrüchten, Milch, Käse und Innereien.

Vit. B_6 ist im Körper wichtig für den Eiweißstoffwechsel. Der tägliche Bedarf beträgt normalerweise ca. 1-2mg, ist aber bei eiweißreicher Ernährung, in der Schwangerschaft und bei Einnahme der Antibabypille höher. Dieser erhöhte Bedarf wird jedoch in der Regel durch eine ausgewogene Ernährung gedeckt. Vit. B_6 ist enthalten in Hefe, Getreide, Bananen, Gemüse, Innereien, Milch, Eier.

Zu den B-Vitaminen gehören auch Vit. B_{12} [←], Folsäure[←], Nikotinamid[←] und Dexpanthenol.

VITAMIN B_1-MANGEL FÜHRT ZU

- Kopfschmerzen, Appetitlosigkeit, Magenschmerzen, Verstopfung, Gedächtnis- und Konzentrationsstörungen.

VITAMIN B_2-MANGEL FÜHRT ZU

- rissigen Lippen und Mundwinkel, trockener, entzündeter Haut, brennenden und juckenden Augen, Lichtscheu.

VITAMIN B_6-MANGEL FÜHRT ZU

- Appetitlosigkeit, Übelkeit, Brechreiz, entzündeter Mundschleimhaut, trockener Haut.

VITAMIN B-MANGEL TRITT AUF

- bei strengen einseitigen Diäten.
- wenn Sie all die Lebensmittel nicht essen, die das entsprechende B-Vit. enthalten.
- Vitamin B_6-Mangeltritt ernährungsbedingt so gut wie nie auf durch das häufige Vorkommen in zahlreichen Lebensmitteln.

VITAMIN B-ÜBERDOSIERUNG FÜHRT ZU

- Überreizung der Nerven bei allen B-Vitaminen, z.B. "Ameisenlaufen" in Armen und Beinen, generell Überempfindlichkeit auf Nervenreize.

VITAMIN B-PRÄPARATE

- Meist als Kombinationspräparat der drei B-Vitamine, als Dragees oder Tabletten.
- Vit. B_6 wird bei Schwangerschaftserbrechen [←] und Menstruationsbeschwerden [←] eingesetzt.
- B-Vit.-Komplexpräparate werden bei Nervenschmerzen und -entzündungen eingenommen, manchmal auch in Kombination mit Schmerzmitteln.
- Einsatz von Dexpanthenol als Creme, Salbe, Lotion, Lösung, Lutschtablette bei Entzündungen und Trockenheit von Haut und Schleimhaut.

VITAMIN B_{12}-MANGEL

Vit. B_{12} (Cyancobalamin) gehört zu den wasserlöslichen Vitaminen. Der tägliche Bedarf an Vit. B_{12} beträgt etwa 0,003mg. Da der Körper jedoch in der Leber über erhebliche Reserven an Vit. B_{12} verfügt, führt ein völliges Fehlen von B_{12} in der Nahrung erst nach mehreren Jahren zu Mangelerscheinungen.

VITAMIN B_{12} IST ENTHALTEN IN

- Muskelfleisch und Leber,
- Fisch,
- Soja,
- Eiern.

VITAMIN B_{12} IST IM KÖRPER WICHTIG FÜR

- die Bildung der roten Blutkörperchen.

VITAMIN B_{12}-MANGEL FÜHRT ZU

- Widerwillen gegen Fleisch, brennender Zunge.
- Blutarmut (Anämie), die sich durch Blässe, gelbliche Haut, Müdigkeit, Schwindel, Herzschwäche, etc. äußert.

VITAMIN B_{12}-MANGEL TRITT AUF

- bei schweren Magen-Darmerkrankungen. Dabei bildet die Magenschleimhaut den Stoff nicht mehr, der zu Aufnahme von Vit. B_{12} aus der Nahrung notwendig ist. Man nennt die Krankheit perniziöse Anämie. Zur Behandlung muß Vit. B_{12} gespritzt werden.
- bei reinen Vegetariern.

ÜBERDOSIERUNG

- Ist nicht möglich, da überschüssiges Vit. B_{12} über die Niere ausgeschieden wird.

VITAMIN B_{12}-PRÄPARATE

- Als Injektionsampullen bei Vit. B_{12}-Mangel. Auch als Tropfen, Tabletten oder Trinkampullen zur Steigerung der körperlichen und geistigen Leistungsfähigkeit.

VITAMIN C-MANGEL

Vit. C (Ascorbinsäure) gehört zu den wasserlöslichen Vitaminen und kann somit kaum überdosiert werden. Pflanzen und die meisten Tiere können Vit. C selbst produzieren. Nur der Mensch, der Affe und das Meerschweinchen müssen Vit. C über die Nahrung zu sich nehmen. Der Tagesbedarf beträgt ca. 40-60mg. Durch folgende Faktoren kann der Tagesbedarf auf bis zu 300mg erhöht werden:
- schwere körperliche Arbeit,
- Krebserkrankungen,
- Infektionskrankheiten,
- Schwangerschaft und Stillzeit,
- Stoffwechselkrankheiten (z.B. Diabetes),
- Leistungssport,
- Rauchen.

VITAMIN C IST ENTHALTEN IN

- Obst (besonders in Hagebutten, Johannisbeeren, Apfelsinen, Zitronen, Kiwis),
- Gemüse (Kartoffeln, Paprika).
- Durch Kochen kann der Vit. C-Gehalt der Nahrung herabgesetzt werden, weil Vit. C hitzeempfindlich ist.

VITAMIN C IST WICHTIG FÜR

- die Aufnahme von Folsäure und Eisen,
- die Funktion von Bindegewebe und Knochen,
- den Schutz der Zellen vor schädlichen Substanzen durch Abfangen freier Radikale,
- den Erhalt der körpereigenen Abwehrkräfte.

VITAMIN C-MANGEL FÜHRT ZU

- Schwäche, Gewichtsverlust, Hautblutungen (besonders am Zahnfleisch), schlechter Wundheilung, Blutarmut. Bei schwerer Unterversorgung spricht man von Skorbut.

VITAMIN C-MANGEL TRITT AUF

- Bei Fehlernährung,
- bei Magen-Darm-Erkrankungen, bei denen kein Vit. C aus der Nahrung mehr aufgenommen wird.

ÜBERDOSIERUNG FÜHRT ZU

- überschüssiges Vit. C wird einfach über die Niere ausgeschieden. Bei sehr großen Mengen besteht die Gefahr der Bildung von Nierensteinen.

VITAMIN C-PRÄPARATE

– Vit. C ist in zahlreichen Dosierungen und Darreichungsformen (z.B. Brausetablette, Pulver, Kapsel, Injektionsampulle) auch in Kombination mit anderen Vitaminen erhältlich.

VITAMIN D-MANGEL

Vit. D (Calciferol) kann der Körper selbst in der Haut mit Hilfe von UV- Strahlen aus dem Sonnenlicht herstellen. Durch den erhöhten Bedarf in den ersten zwei Lebensjahren reicht beim Säugling und Kleinkind die Eigenproduktion nicht aus. Sie wird zusätzlich durch zu wenig Aufenthalt im Freien und durch zu geringe UV-Strahlung wegen der Luftverschmutzung geschmälert. Daher sollten Säuglinge im ersten Lebensjahr täglich Vit. D-Tabletten bekommen. Bei Erwachsenen reicht die Eigenproduktion in der Regel aus. Ein erhöhter Bedarf besteht bei Schwangeren, Stillenden, Senioren und bei Personen mit schlecht heilenden Knochenbrüchen.

VITAMIN D-VORSTUFE IST ENTHALTEN IN

– Fischleberöl (Lebertran),
– tierischem Fett,
– Eier, Milch, Butter.

VITAMIN D IST WICHTIG FÜR

– den Calcium- und Phosphatstoffwechsel und damit für den Zahn- und Knochenaufbau.

VITAMIN D-MANGEL FÜHRT ZU

– gestörtem Calciumhaushalt [→Calciummangel] mit "Ausdünnung" der Knochenmasse, Verbiegen der Knochen, schlechten Zähnen.
– Bei Kindern entsteht das Krankheitsbild der Rachitis, eine abnorme Weichheit der Knochen mit Verformung des Skelettes. Erste Anzeichen bei Kindern sind Unruhe, Schwitzen, schlaffe Muskeln.

ÜBERDOSIERUNG DURCH MEDIKAMENTE MIT VITAMIN D FÜHRT ZU

– starkem Durst, häufigem Wasserlassen,
– Erbrechen, Durchfall,
– Kopf- und Gelenkschmerzen,
– Gefäßverkalkung,
– Nierenversagen.

VITAMIN D-MANGEL TRITT AUF BEI

– Säuglingen, deren Mutter nicht ausreichend Vit. D-haltige Nahrung zu sich nimmt. Oder bei Säuglingen, deren Milchnahrung selbst hergestellt wird; Fertigmilchnahrung ist immer mit Vit. D angereichert.
– Eventuell bei Kleinkindern.
– Eventuell bei Schwangeren, Stillenden, Senioren, Personen mit schlecht heilenden Knochenbrüchen.
– Bei Erwachsenen, an deren Haut kein Sonnenlicht kommt, bedingt durch zu wenig Aufenthalt im Freien oder durch zu geringe UV-Strahlung wegen massiver Luftverschmutzung.
– Bestimmten Krankheiten der Leber und der Niere.

VITAMIN D-PRÄPARATE

– Zur Rachitisvorbeugung gibt man Säuglingen und Kleinkindern täglich 1-2 Jahre lang eine Tablette mit 500 I.E. (I.E. = Internationale Einheit = 0,0125mg) Vit. D. Meist verordnet der Kinderarzt Kombinationen mit Fluor, die gleichzeitig der Kariesvorbeugung dienen. Die Tablette kann in Flüssigkeit aufgelöst

oder dem Kind beim Trinken in den Mund gelegt werden.
- Zur Therapie bei schon bestehendem Vit. D-Mangel stehen Tabletten mit 1000 I.E. zur Verfügung.

VITAMIN E-MANGEL

Vit. E (Tokopherol) gehört zu den fettlöslichen Vitaminen. Es hat, wie auch Vit. A und Vit. C, im Körper eine sehr wichtige Zellschutzfunktion. Der tägliche Bedarf wird auf etwa 10mg geschätzt.

VITAMIN E IST ENTHALTEN IN

- Pflanzenölen (z.B. Weizenkeimöl, Sonnenblumenöl),
- Blattgemüse,
- Milch.

VITAMIN E IST WICHTIG FÜR

- den Schutz von roten Blutkörperchen, Muskulatur und verschiedenen anderen Geweben sowie von Vit. A vor der Zerstörung durch freie Sauerstoff-Radikale (sog. Radikale Fängerfunktion).

VITAMIN E-MANGEL FÜHRT ZU

- Veränderungen der roten Blutkörperchen,
- Muskelschwäche,
- Netzhautveränderungen.

VITAMIN E-MANGEL

ist sehr selten und tritt höchstens auf bei:
- gestörter Fettaufnahme im Körper durch Stoffwechselkrankheiten,
- erhöhter geistiger oder körperlicher Arbeit.

VITAMIN E-ÜBERDOSIERUNG

- ist bisher noch nicht bekannt.

VITAMIN E-PRÄPARATE

- Vit.-E-Präparate sind in verschiedenen Dosierungen (100-1000 mg) erhältlich. Regelmäßige und hochdosierte Einnahme von Vit. E soll Erkrankungen wie Herz-Kreislaufstörungen, Arterienverkalkung [←], Streß, Impotenz, Wechseljahresbeschwerden, Menstruationsbeschwerden, Muskel- und Gelenkerkrankungen und Durchblutungsstörungen vorbeugen [→Vitamine im Alter].
- Es gibt Vit. E auch in Kombination mit anderen Vitaminen, z.B. mit Vit. C und A und in typischen Kombinations-Präparaten für die Geriatrie (zur Leistungssteigerung im Alter) mit anderen Substanzen zusammen.

VITAMIN K-MANGEL

Vit. K (Phyllochinon) gehört zu den fettlöslichen Vitaminen und wird von den Darmbakterien gebildet. Bei Neugeborenen kann während der ersten Lebenstage, wenn der Darm noch keine richtige Bakterienbesiedelung hat, ein Vit. K-Mangel auftreten. Deshalb bekommen alle Neugeborenen in der Klinik zur Vorbeugung Vit. K-Spritzen oder Lösungen. Der tägliche Vit. K-Bedarf eines Erwachsenen liegt bei etwa 2mg.

VITAMIN K IST ENTHALTEN IN

- grünem Gemüse, besonders Kohl, Eiern.

VITAMIN K IST WICHTIG FÜR

– die Blutgerinnung.

VITAMIN K-MANGEL FÜHRT ZU

– starker Blutungsneigung. Es kommt leicht zu Bildung von blauen Flecken oder zu Nasenbluten.

VITAMIN K-ÜBERDOSIERUNG FÜHRT ZU

– Blutarmut und Gelbsucht bei Neugeborenen.

VITAMIN K-MANGEL TRITT AUF BEI

– bestimmten Erkrankungen des Verdauungssystems, bei denen die Fettaufnahme gestört ist (z.B. Störungen der Gallensekretion).
– langandauernder Behandlung mit Antibiotika, die auch die Bakterien der Darmschleimhaut zerstören.
– Neugeborenen.
– Bei voll gestillten Säuglingen in der 4. bis 6. Lebenswoche. Der Mangel wird evtl. dadurch verursacht, daß gestillte Säuglinge andere Darmbakterien im Darm haben als Flaschenkinder.

VITAMIN K-PRÄPARATE

– Vit. K ist als Injektionsampulle, als Tropfen oder als Kautablette erhältlich.

WARZEN

Warzen sind scharf begrenzte, gutartige Hautwucherungen unterschiedlicher Form mit einer rauhen Oberfläche. Sie werden durch einen ansteckenden Virus hervorgerufen. Häufig betroffen sind Kinder und Jugendliche. Die Zeit von der Ansteckung bis zum Sichtbarwerden der Warze beträgt 3-4 Monate. Warzen können in bestimmten Fällen auch bösartig entarten. Man unterscheidet eine ganze Reihe von verschiedenen Warzenarten. Am häufigsten kommen die **gewöhnlichen Warzen** vor, meistens an Fingern, Ellenbogen, Knien, im Gesicht oder auf der Kopfhaut. Treten diese Warzen auf der Fußsohle auf, wachsen sie oft nach innen, und man nennt sie **Dornwarzen.** Dornwarzen können sehr schmerzhaft sein. Eine andere Warzenart sind die sehr ansteckenden, sexuell übertragbaren **Feigwarzen,** die hauptsächlich an Scheide und Schamlippen, Penis oder After auftreten. Es handelt sich dabei um kleine, weiche, rosafarbene Warzen, die nicht schmerzen. Sie stehen im Verdacht, an der Auslösung bestimmter Krebsarten beteiligt zu sein und sollten deshalb auf jeden Fall von einem Arzt untersucht werden.

Warzen sind unberechenbar und oft schwer zu behandeln. Gewöhnlich bilden sie sich mit und auch ohne Behandlung nach einigen Monaten völlig zurück. Sie können aber auch jahrelang bestehen bleiben oder immer wiederkehren.

HÄUFIGSTE URSACHEN

– Warzenviren gelangen durch kleine Verletzungen in die Haut.
– Übertragung kann direkt von Mensch zu Mensch oder auch über Gegenstände, z.B. Turnmatten, erfolgen.
– Ausbreitung kann durch Selbstansteckung beim Kratzen oder Manipulieren an der Warze erfolgen.

✓ WAS SIE TUN KÖNNEN

- Oft verschwinden die Warzen von alleine.
- Die Warze z.B. mit Salicylsäurepflaster oder -lösung, auch in Kombination mit Milchsäure, nach und nach auflösen und immer nur die oberste aufgelöste Schicht vorsichtig mit einer Feile oder einem Hornhauthobel abtragen. Das Pflaster wird dabei alle 3 Tage gewechselt, bis die Warze ganz weiß aussieht. Dieser Vorgang kann 2 Monate dauern.
- Die Homöopathie empfiehlt, eine Thuja-Tinktur auf die Warze zu tupfen.
- Außerdem gibt es zahlreiche mehr oder weniger wirksame, überlieferte "Hausrezepte", die Warzen zu vertreiben.
- An der Warze nicht selbst herumschneiden, da es dabei zu einer erneuten Infektion durch die Viren kommen kann.

WANN SIE ZUM ARZT MÜSSEN

- Bei erfolgloser Behandlung der Warzen.
- Wenn Sie älter als 45 Jahre alt sind, um einen Hautkrebs auszuschließen.
- Bei Feigwarzen wegen der ärztlich notwendigen Behandlung und wegen des Krebsrisikos.

✗ WAS IHR ARZT TUN KANN

- Der Arzt kann die Warze mit Stickstoff vereisen und abtragen oder sie chirurgisch bzw. mit Hochfrequenzstrom entfernen.

VORBEUGUNG

- Direkten Kontakt mit Warzenträgern vermeiden.
- Kondome schützen beim Geschlechtsverkehr vor Feigwarzen.

WINDELDERMATITIS

An einer Windeldermatitis sind meistens eine Hautreizung und eine Pilzinfektion beteiligt. Im Windelbereich des Babys, der ständig durch Urin und Stuhl gereizt wird, kommt es besonders leicht zu Hautreizungen, durch die sich dann Bakterien und Pilze ansiedeln können. Bei der Windeldermatitis ist meistens der Soorpilz (auch Candidapilz), für die Symptome verantwortlich. Die Haut schuppt sich und ist gerötet. Es kommt zu einem Ausschlag, der sich vom Gesäß in Richtung Genitalien/Unterbauch und Oberschenkelinnenseite ausbreitet und der in dem feuchtwarmen Windelklima schlecht abheilt. In besonders schweren Fällen gehen die Pickelchen oder Bläschen des Ausschlags auf und beginnen zu bluten. Fast jedes Baby bekommt einmal oder auch häufiger eine Windeldermatitis.

HÄUFIGSTE URSACHEN

- Zu langes Liegen in nasser Windel.
- Ungünstige Ernährung des Säuglings oder der stillenden Mutter (z.B. Zitrusfrüchte oder Fruchtsäfte).
- Hautreizung durch Allergie [←], z.B. gegen das Windelmaterial.
- Hautreizung durch Bakterien, z.B. aus dem Stuhlgang.
- Einnahme von Antibiotika.

✓ WAS SIE TUN KÖNNEN

- Haut möglichst trocken halten.
- Entzündungshemmende Badezusätze (z.B. aus Eichenrinde) verwenden.
- Verwendung von allergiegetesteten Produkten.
- Eventuell Ernährung des Babys oder der stillenden Mutter umstellen.
- Auftragen einer speziellen Wundschutzpaste (z.B. mit Lebertran/Zink oder mit Dexpanthenol

gegen die Hautreizung. Bei Verdacht auf Pilzbefall mit nystatinhaltigen Pasten behandeln (Nystatin ist ein Antipilzwirkstoff).

WANN SIE ZUM ARZT MÜSSEN

- Wenn sich der Zustand der Haut nicht bessert.
- Wenn die Haut stark blutet.

X WAS IHR ARZT TUN KANN

- Feststellen der genauen Ursache für die Windeldermatitis und feststellen, ob auch eine Pilzinfektion vorliegt.
- Verordnung von Medikamenten gegen die Pilzinfektion oder gegen eine bakterielle Infektion.

VORBEUGUNG

- Möglichst lange (ca.6 Monate) stillen.
- Bei Flaschenernährung hypoallergene Säuglingsnahrung (HA-Nahrung) verwenden.
- Sooft wie möglich Luft an den Babypo lassen (nackt strampeln lassen).
- Möglichst häufig frisch wickeln.
- Immer eine schützende Babycreme oder -paste auftragen [→Babyhaut].
- Eventuell Stoffwindeln verwenden.
- Vermeidung von Plastik- und Gummihöschen (Alternative z.B. Schafwollhöschen).

WÜRMER

Verschiedene Würmer können die Organe des Menschen befallen, dabei siedeln sich diese Parasiten vorwiegend in der Darmregion an. In Deutschland gehören Madenwürmer, Spulwürmer und Bandwürmer zu den häufigsten Wurmarten. Durch die vielen Fernreisetouristen kommen jedoch auch hier immer mehr exotische Wurmarten vor.

Madenwürmer sind kleine, weiße, ca. 1cm große Würmer, die hauptsächlich Kinder befallen. Die Infektion erfolgt über kothaltigen Staub oder verunreinigte Lebensmittel. Die weiblichen Würmer verlassen nachts den After und legen ihre Eier in der Analregion ab. Es kommt zu Juckreiz. Durch Kratzen gelangen die Eier unter die Fingernägel und von dort wieder in den Mund. Außer Juckreiz kann es zu Gewichtsabnahme oder zu Entzündungen des Darms oder der äußeren Geschlechtsorgane kommen.

Spulwürmer sind 15-35cm lange, weißliche, spitz zulaufende Würmer, die sich im Dünndarm aufhalten. Die Infektion erfolgt über kothaltigen Staub oder Salat und Gemüse, die mit Fäkalien gedüngt wurden. Bei geringem Wurmbefall treten keine Beschwerden auf. Bei starkem Wurmbefall kann es zu Bauchschmerzen, Übelkeit, Unterernährung und Blutarmut kommen.

Bandwürmer bestehen aus einem Körper mit abgeflachten Gliedern und einem Kopf mit Saugnäpfen und Haken, mit denen sie sich an der Darmwand festhalten. Es gibt verschiedene Bandwurmarten (Fischbandwurm, Hundebandwurm, Fuchsbandwurm), die unterschiedliche Beschwerden hervorrufen. Die Infektion erfolgt durch unvollständig gegartes Fleisch oder Fisch oder durch den Verzehr von ungewaschenen Waldpilzen oder Waldbeeren, die am Boden wachsen (Fuchsbandwurm). Es kann zu Bauchschmerzen, Durchfall und Gewichtsverlust kommen, im Stuhl erscheinen weiße Bandwurmstücke. Hundebandwürmer greifen die Lunge an, es kann zu Reizhusten kommen. Fuchsbandwürmer können schwere Erkrankungen verursachen. Sie greifen die Leber an und führen zunächst zu einer Gelbsucht. Im weiteren Verlauf kann es zu einer vollständigen Zerstörung der Leber kommen.

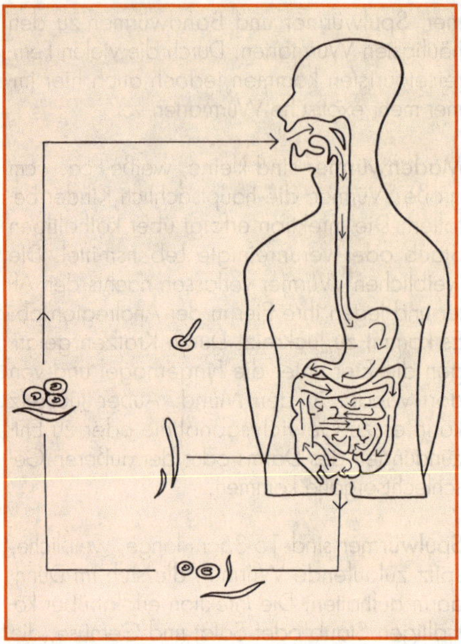

Die Infektion erfolgt über mit Fäkalien verunreinigte Nahrung. Maden, Würmer und Wurmeier werden über den Mund aufgenommen und entwickeln sich im Körper zu geschlechtsreifen Würmern, die sich weiter vermehren und Eier legen. Würmer und Eier werden mit dem Kot wieder ausgeschieden.

HÄUFIGSTE URSACHEN

- Rohe oder halbrohe Fleisch- oder Fischgerichte.
- Ungewaschene, in Bodennähe wachsende Waldbeeren, Pilze.
- Verzehr von fäkaliengedüngtem rohen Gemüse, Obst oder Salat.
- Infektion durch Madeneier, z.B. in kothaltigem Staub.
- Bei Kindern direkter Kontakt mit Spielkameraden, die Würmer haben, oder direkter Kontakt mit menschlichen sowie tierischen Exkrementen.

✓ WAS SIE TUN KÖNNEN

- Bei bekannter Wurminfektion sollte eine Wiederansteckung sowie eine Ansteckung weiterer Personen durch besondere Hygienemaßnahmen vermieden werden. Hände und Fingernägel nach dem Toilettengang gut reinigen. Handtücher, Unter- und Nachtwäsche auskochen.
- Die medikamentöse Behandlung kosequent und gewissenhaft nach Anweisung des Arztes durchführen, auch die Nachbehandlung. Evtl. weitere Familienmitglieder vorbeugend mitbehandeln.

WANN SIE ZUM ARZT MÜSSEN

- Sobald Sie Beschwerden haben, die auf eine Wurminfektion hindeuten.

✗ WAS IHR ARZT TUN KANN

- Feststellen, ob eine Wurminfektion vorliegt und um welche Wurmart es sich handelt.
- Es gibt eine Reihe gut verträglicher chemischer Wurmmittel gegen die einzelnen Wurmarten.

VORBEUGUNG

- Fleisch- und Fischgerichte, sowie mit Fäkalien gedüngte Gemüse und Salate nicht roh verzehren.
- Beeren und Waldpilze vor dem Verzehr gut warm waschen. In Gebieten mit Verbreitung des Fuchsbandwurms auf den Verzehr solcher Waldfrüchte verzichten.
- Gründliche Toilettenhygiene. Insbesondere Kinder dazu anhalten, nach Toilettenbesuch und Spiel im Freien die Hände zu waschen.
- Hunde und Katzen von Zeit zu Zeit auf Wurmbefall prüfen lassen.

ZAHNBELAG UND KARIES

Zahnbelag (**Plaque**) ist ein rauher, klebriger Belag auf den Zähnen, der aus Speichel, Bakterien und Nahrungsresten besteht. Zahnbelag ist die Hauptursache für Karies und Zahnfleischentzündungen. Mit bestimmten Farbstofftabletten läßt sich der Zahnbelag anfärben und somit sichtbar machen.

Bei starken Rauchern und Teetrinkern kommt es zu einer gelblichen, schwer entfernbaren Verfärbung auf den Zähnen (**Raucherzähne**). Dies ist vor allem ein kosmetisches Problem.

Setzen sich Mineralsalze (z.B. Calcium, Phosphat) aus dem Speichel im Zahnbelag ab, so bilden sich harte, weiße oder gelbliche Ablagerungen am Zahn, die man **Zahnstein** nennt. In dem porösen Zahnstein kann sich wiederum leicht Zahnbelag absetzen, der das Zahnfleisch angreift.

Die Bakterien auf der Zahnoberfläche bauen Kohlenhydrate, besonders Zucker, aus der Nahrung zu Säure ab. Diese Säure löst die Zahnsubstanz auf und es kommt zu **Karies** (Zahnfäule). Bereits eine Viertelstunde nach der Mahlzeit setzt die schädigende Wirkung des Zuckers ein. Dabei werden besonders die Mineralien Calcium und Phosphat aus dem Zahnschmelz herausgelöst. Nach dem Zahnschmelzmantel werden auch innere Schichten des Zahnes angegriffen. Bakterien können in das Zahnmark eindringen und dort zu Entzündungen führen. Meist kommt es dann zu stechenden Zahnschmerzen. Beginnende Karies zeigt sich durch Empfindlichkeit der Zähne gegen Heißes, Kaltes oder Süßes.

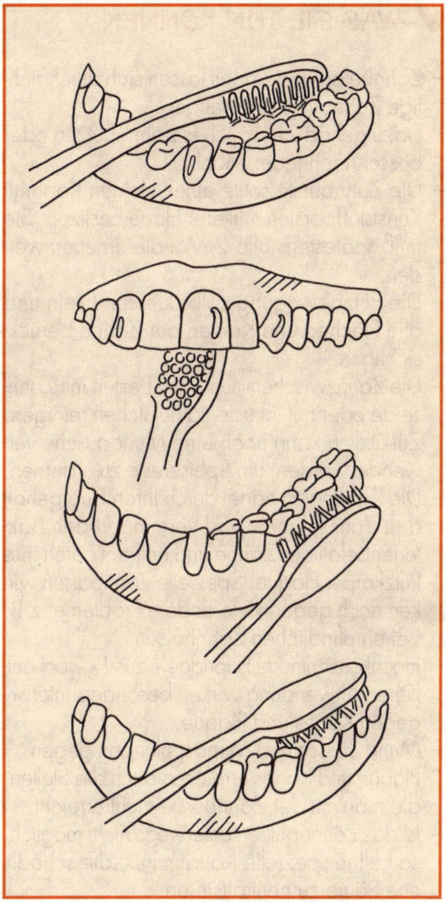

Untere Innenseite mit kleinen, kreisenden Bewegungen reinigen. Hinten beginnen. Obere Innenseite mit kleinen, senkrechten Rüttelbewegungen putzen. Dann die Außenseiten mit Vor- und Zurückbewegungen putzen. Zuletzt die Kauflächen durch waagerechte Hin- und Herbewegungen reinigen.

HÄUFIGSTE URSACHEN

- Mangelhafte Zahnpflege.
- Häufiges Naschen. Besonders gefährlich sind klebrige Süßigkeiten, die an den Zähnen haften.
- Zu wenig harter Zahnschmelz (z.B. durch Fluormangel).
- Arbeiten mit hoher Staubbelastung.

✓ WAS SIE TUN KÖNNEN

- Zahnbelag und Karies lassen sich durch richtige Zahnpflege vorbeugen.
- Dazu gehört 2x tägliches Zähneputzen oder besser nach jeder Mahlzeit.
- Die Zahnbürste sollte einen kleinen Kopf mit Kunststoffborsten mittlerer Härte besitzen. Sie muß spätestens alle 2 Monate erneuert werden.
- Die Putzbewegung sollte kreisend sein und alle Flächen und Kanten der Zähne berücksichtigen.
- Die Zahnzwischenräume am besten mit Zahnseide oder mit Interdentalbürstchen reinigen. Zusätzlich kann noch eine Mundddusche verwendet werden, um Speisereste zu entfernen.
- Die Zahnpasta härtet durch ihren Fluorgehalt den Zahnschmelz und vermindert den Bakterienbefall der Zähne und entfernt durch ihre Putzkörper Plaque. Spezielle Zahnpasten wirken noch gegen viele andere Probleme, z.B. bei empfindlichen Zahnhälsen.
- Hochkonzentrierte Fluoridgele zur 1x wöchentlichen Anwendung wirken besonders intensiv gegen Karies und Plaque.
- Mundwässer und Mundspülungen gegen Plaque und Karies erreichen auch die Stellen, die man mit der Zahnbürste nicht erreicht.
- Ist das Zähneputzen unterwegs nicht möglich, so helfen spezielle Kaugummis, die schädliche Säure zu neutralisieren.
- Aggressive Zahnpasten, die z.B. Putzkörner enthalten, oder harte Zahnbürsten sollten nur in Ausnahmefällen verwendet werden (z.B. bei Raucherzähnen), da dadurch auf Dauer Zahn und Zahnfleisch angegriffen werden.

WANN SIE ZUM ZAHNARZT MÜSSEN

- Wenn Sie Zahnschmerzen haben oder bei Heiß-Kalt-Empfindlichkeit aufgrund von Karies.
- Außerdem sollten Sie regelmäßig alle 6 Monate zum Zahnarzt gehen.

✗ WAS IHR ZAHNARZT FÜR SIE TUN KANN

- Der Zahnarzt kann Zahnbeläge und Zahnstein gründlich entfernen.
- Er kann Karies bereits im Anfangsstadium erkennen und behandeln. Die schadhafte Stelle muß sorgfältig ausgebohrt werden und mit einer geeigneten Substanz gefüllt werden.
- Durch einen Kunststoffüberzug (Versiegelung) kann er rauhe Zahnoberflächen glätten und vor Ablagerungen und Karies schützen.

VORBEUGUNG

- Die beste Vorbeugung ist eine regelmäßige und sorgfältige Zahnpflege, von den ersten Zähnen an.
- Möglichst wenig Süßigkeiten essen. Danach sofort die Zähne putzen. Vorsicht auch vor verstecktem Zucker, z.B. in Ketchup und Fruchtsäften. Auch "natürlicher" Zucker in Honig und süßen Früchten ist zahnschädlich!
- Gele, Zahnpasten und Mundwässer mit Fluorid machen die Zähne härter und widerstandsfähiger.
- Auch fluoriertes Speisesalz bewirkt diesen Effekt, da bei vermehrtem Fluorangebot im Körper generell Fluor in den Zahn eingebaut wird.
- Durch die Einnahme von Fluoridtabletten werden beim Kind auch noch nicht durchgebrochene Zähne gehärtet.
- Wer auf schöne, weiße Zähne Wert legt, sollte auf Rauchen und auf das Trinken von schwarzem Tee verzichten.

ZAHNFLEISCH-ENTZÜNDUNG

Durch verschiedene Ursachen kann es zu einer Entzündung des Zahnfleisches mit Schwellung, Rötung, evtl. bläulicher Verfärbung und Schmerzen kommen. Oft kommt es dabei zu Berührungsempfindlichkeit und erhöhter Blutungsneigung des Zahnfleisches, oder es bilden sich Zahnfleischtaschen aus.
Zahnfleischtaschen sind die Vorstufe zur Paradontose, einer Erkrankung mit Zahnfleischrückgang, Zahnlockerung und Kieferknochenschwund, mit einhergehender schmerzhafter Zahnhalsempfindlichkeit.

HÄUFIGSTE URSACHEN

- Zahnstein, Plaque und Karies unter dem Zahnfleischrand [→Zahnbelag und Karies].
- Zu harte Zahnbürste.
- Schlecht angepaßte Prothesen, Zähneknirschen.
- Hormonumstellung, z.B. während Schwangerschaft oder Klimakterium.
- Streß und Anspannung.
- Allergien des Zahnfleisches.
- Diabetes, Lebererkrankungen.
- Vitamin C-Mangel.

✓WAS SIE TUN KÖNNEN

- Durch richtige Zahnpflege Zahnbelag, Zahnstein und Karies vorbeugen [→Zahnbelag und Karies].
- Regelmäßig zum Zahnarzt, um Zahnstein entfernen zu lassen.
- Verwendung einer weniger harten Zahnbürste.
- Spülung des Zahnfleischs mit desinfizierenden und entzündungshemmenden Lösungen (z.B. mit Salbeiextrakt, Kamillenextrakt oder Hexetidin) [→Mundschleimhautentzündung].

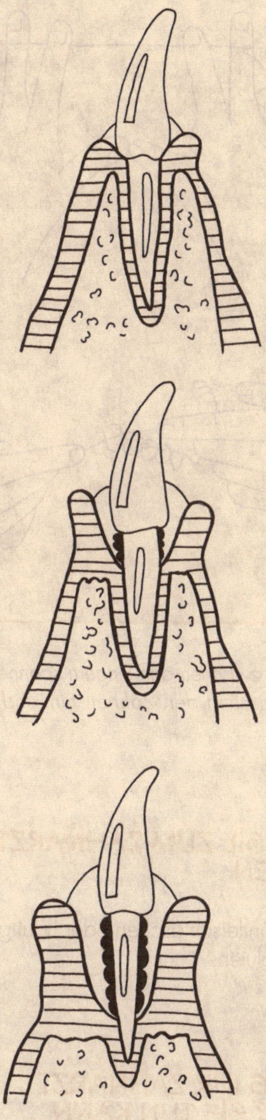

Durch Zahnbelag (Plaque) bilden sich Zahnfleischtaschen, in denen sich Keime ansiedeln können. Das Zahnfleisch entzündet sich und bildet sich zurück. Wenn die Entzündung schlimmer wird, dringt sie in die Zahnfleischtaschen ein und befällt auch die Zahnwurzel.

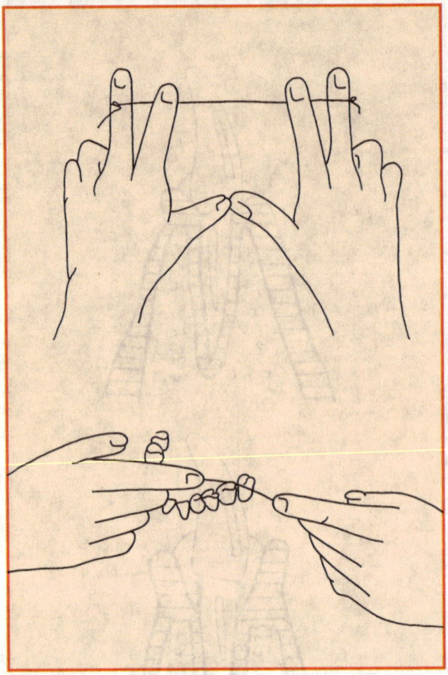

Zahnseide zwischen den Fingern spannen und vorsichtig zwischen den Zähnen hin- und herbewegen.

WANN SIE ZUM ZAHNARZT MÜSSEN

– Bei Zahnfleischtaschen oder häufigem Zahnfleischbluten.

✗ WAS IHR ZAHNARZT FÜR SIE TUN KANN

– Die Ursache der Zahnfleischentzündung und des Zahnfleischblutens feststellen.
– Zahnstein entfernen und Zahnfleischtaschen reinigen.
– Bei ersten Anzeichen einer Paradontose Behandlungsmaßnahmen einleiten.

VORBEUGUNG

- Gründliche Reinigung von Zähnen, Zahnzwischenräumen und Zahnfleischtaschen. Dabei helfen Zahnbürste, Zahnseide und Mundddusche. Auch die dritten Zähne müssen sorgfältig gepflegt werden.
- Regelmäßige Zahnarztbesuche zur Kontrolle und Behandlung des Zahnfleisches, um Zahnfleischentzündungen und Paradontose vorzubeugen.

ZAHNSCHMERZEN

Zahnschmerzen treten bei Zahnerkrankungen wie Karies oder Zahnwurzelentzündung auf oder nach Zahnbehandlungen. Die Zähne können aber auch durch andere Erkrankungen wie Nasennebenhöhlenvereiterung druck- und schmerzempfindlich werden. Zahnschmerzen sind in der Regel äußerst unangenehm. Sie können bohrend, klopfend, dumpf oder stechend sein und bei Entzündungsreaktionen oder Vereiterungen ist die Wange angeschwollen. Häufig reagieren Zähne auch auf Kaltes oder Heißes mit Schmerz. Dies kann auf eine Überempfindlichkeit der Zahnhälse oder auf eine beginnende Karieserkrankung [→Zahnbelag und Karies] oder gar Paroontose [→Zahnfleischentzündung] hinweisen. Bisher unbemerkte Karies kann bei Druckabfall plötzlich zu starken Zahnschmerzen führen, z.B. bei Flugreisen, beim Tauchen oder bei Bergtouren.

HÄUFIGSTE URSACHEN

– Karies.
– Zahnbehandlung.
– Zahnfleischentzündung [←].

- Entzündung des Zahnmarks, z.B. bei herausgefallener Plombe.
- Zahnwurzelentzündung (Zahnabszeß).
- Überempfindlichkeit der Zähne.
- Das Durchbrechen der Weisheitszähne.

Bei Kindern zusätzlich:
- Zahnschmerzen durch Neueinstellung der Zahnspange
- Fehlstellung der Zähne.
- Das Durchbrechen der Zähne bei Kindern [→Zahnungsbeschwerden].

✓ WAS SIE TUN KÖNNEN

- Vermeiden Sie bei Zahnschmerzen, daß Kaltes, Heißes direkt mit den Zähnen in Berührung kommen.
- Für kurze Zeit einen feucht-kalten Umschlag auf die Wange legen. Bei starker Schwellung Eispackungen auflegen.
- Den Akupunkturpunkt am äußeren Nagelbettwinkel des Zeigefingers fest reiben.
- Kurzfristig, bis zum nächsten Zahnarztbesuch, hilft die Einnahme eines Schmerzmittels (z.B. mit Acetylsalicylsäure, Paracetamol oder Ibuprofen). Wenn ein chirurgischer Eingriff (z.B. Zahnziehen) zu erwarten ist, sollten keine Acetylsalicylsäurepräparate eingenommen werden, da sie eine erhöhte Blutungsneigung bewirken.

WANN SIE ZUM ZAHNARZT MÜSSEN

- Wenn anhaltende oder ständig wiederkehrende Zahnschmerzen unbekannter Ursache auftreten.
- Bei Karies, Zahnfleischentzündung, Wurzelentzündung, Zahnmarkentzündung.

✗ WAS IHR ZAHNARZT FÜR SIE TUN KANN

- Die Ursache der Zahnschmerzen feststellen und beseitigen.
- Bei starken Zahnschmerzen vor oder nach einem zahnärztlichen Eingriff, kann der Zahnarzt Ihnen ein Schmerzmittel verordnen.

VORBEUGUNG

■ Sorgfältige Zahnpflege und regelmäßige Zahnarztbesuche verhindern Zahnerkrankungen und damit Zahnschmerzen.

ZAHNUNGS-BESCHWERDEN

Im Alter von ca. 6 Monaten zeigen sich beim Säugling die ersten Milchzähne. Zuerst wachsen die unteren und oberen Schneidezähne. Bis zum Alter von ca. 3 Jahren sind alle Milchzähne durchgebrochen. Während des Zahnens können folgende Beschwerden auftreten:
- Schmerzen.
- Schwellung und Rötung des Zahnfleisches.
- Verstärktes Speicheln.
- Leichtes Fieber.
- Reizbarkeit, Unausgeglichenheit.

✓ WAS SIE TUN KÖNNEN

- Ein Beißring oder Eisbeißer kann die Beschwerden lindern. Auch die Massage des geschwollenen Zahnfleisches mit dem Finger wird als lindernd empfunden.
- Lösungen oder Gele mit oberflächlichen Betäubungssubstanzen (z.B. Lidocain) lindern die Schmerzen. Außerdem enthalten diese oft zusätzlich entzündungshemmende und desinfizierende Zusätze (z.B. Kamille und Hexetidin).
- In Ausnahmefällen kann ein schmerzstillendes Zäpfchen (Paracetamol) in niedriger Dosierung gegeben werden.

- Außerdem gibt es homöopathische Kügelchen zum Einnehmen gegen Zahnungsbeschwerden.
- Veilchenwurzelstücke zum Kauen oder Lutschen sollten nicht gegeben werden, da diese oft bakteriell verunreinigt sind.

WANN SIE ZUM ARZT MÜSSEN

- Wenn die Beschwerden stark sind und nicht sicher ist, ob sie vom Zahnen kommen.

VORBEUGUNG

- Ist nicht möglich.

ZITTERN

Unter Zittern (Tremor) versteht man eine unwillkürliche, schnell aufeinanderfolgende Anspannung und Entspannung der Muskeln. Häufig sind Hände, Füße, Kiefer, Kopf oder Stimme davon betroffen. Fast jeder Mensch bekommt ab und zu durch einen Adrenalinstoß (z.B. bei Aufregung) das Zittern. Alte Menschen leiden häufig unter Zittern von Händen, Kopf und Stimme. Diese Form des Zitterns ist nicht krankhaft, aber erblich bedingt. Ansonsten kann Zittern viele Ursachen haben.

HÄUFIGSTE URSACHEN

- Kälte.
- Emotionale Anspannung (Wut, Erregung, Angst, Streß).
- Alterszittern.
- Koffeinmißbrauch.
- Alkohol-, Tabletten- oder Drogenentzug.
- Nebenwirkung einiger Medikamente (z.B. Psychopharmaka).
- Unterzuckerung (z.B. bei sportlicher Anstrengung).
- Parkinson-Krankheit (eine Erkrankung des zentralen Nervensystems).
- Schilddrüsenüberfunktion.
- Epileptische Anfälle.
- Erkrankungen des Gehirns.
- Psychische Erkrankungen (z.B. Panikattacken).

✓ WAS SIE TUN KÖNNEN

- Die Therapie richtet sich nach der Ursache der Beschwerden.
- Es gibt eine rezeptfreie Wirksubstanz in Tablettenform, die das Zittern der Muskeln mildern kann.

WANN SIE ZUM ARZT MÜSSEN

- Wenn Zittern plötzlich und ohne Grund auftritt.
- Wenn Sie mit Ihrem Arzt über die Beschwerden sprechen wollen.

✗ WAS IHR ARZT TUN KANN

- Der Arzt kann die Ursache der Beschwerden feststellen.
- In einige Fällen helfen Medikamente (z.B. Betablocker), das Zittern zu bekämpfen.

ZYKLUSSTÖRUNGEN

Die erste Menstruation tritt etwa mit 12-13 Jahren auf. Die letzte Menstruation (Menopause) kommt meist zwischen dem 48. und 52. Lebensjahr. Während der Schwangerschaft und meist auch während der Stillzeit findet keine Monatsblutung statt. Ein Zyklus, der Zeitraum vom ersten Tag der letzten Menstruation bis zum letzten Tag vor der nächsten Menstruation, dauert ungefähr 29 Tage. Bei diesen Daten gibt es jedoch große individuelle Schwankungen. Wenn sich bei einer Frau nach einiger Zeit die Regel eingependelt hat, bleiben Dauer und Stärke der Blutung und Abstand zwischen den einzelnen Blutungen mehr oder weniger konstant. Durch verschiedene Ursachen kann es jedoch zu folgenden Störungen kommen:

- Zu lange Zyklen (mehr als 30 Tage) oder völliges Ausbleiben der Regel.
- Zu kurze Zyklen (weniger als 22 Tage) oder Zwischenblutungen (meistens schwache, dunkle Schmierblutungen).
- Zu starke (mehr als 6 Tampons pro Tag) oder zu lange (mehr als 7 Tage) Blutungen.
- Zu kurze oder zu leichte Blutungen.

Sehr schwache Blutungen sind nur selten Zeichen einer Krankheit. Anders ist es bei zu starken/zu langen Blutungen, diese sind meistens organischer bzw. krankhafter Ursache. Der starke Blutverlust kann zu Schwächegefühl, Schwindel und Kreislaufbeschwerden führen.

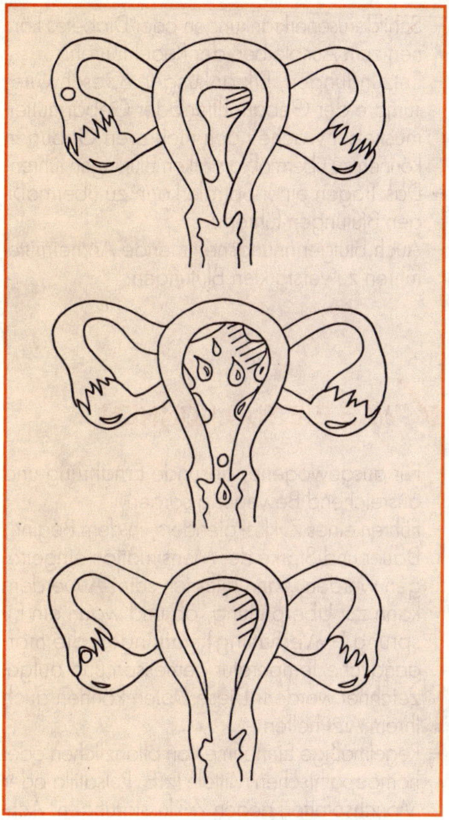

1 Nach dem Eisprung bereitet sich die Gebärmutterschleimhaut auf die Einnistung einer befruchteten Eizelle vor.
2 Es hat keine Befruchtung stattgefunden, die Gebärmutterschleimhaut und die unbefruchtete Eizelle werden abgestoßen (= Menstruation).
3 Nach der Menstruation, vor dem Eisprung, ist die Gebärmutterschleimhaut glatt und wenig ausgeprägt.

HÄUFIGSTE URSACHEN

- Psychische Belastung wie Streß, Kummer, Partnerschaftsprobleme.
- Körperliche Belastungen, z.B. Leistungssport, Fehlernährung, Diäten usw.
- Hormonstörungen.
- Fehlbildungen oder Erkrankungen der Geschlechtsorgane.
- Fehlfunktion der Hormonsteuerungsorgane im Gehirn (z.B. bei Mädchen, deren erste Periode ausbleibt).
- Durch die Einnahme der Antibabypille kann es zu einer sehr schwachen Monatsblutung kommen. Nach Absetzen der Pille kann vorübergehend die Regel ausbleiben. Außerdem kann die Antibabypille Zwischenblutungen hervorrufen.
- Im Rahmen einer Frühschwangerschaft können sehr schwache Blutungen auftreten.
- Bei fehlendem oder sehr "frühem" Eisprung kann der Zyklus verkürzt sein.
- Arzneimittel, z.B. bestimmte Psychopharmaka oder Krebstherapeutika, können zum Ausbleiben der Menstruation führen.

- Schilddrüsenerkrankungen oder Diabetes können zum Ausbleiben der Regel führen.
- Entzündungen, Erkrankungen, Geschwüre, Tumore der Gebärmutter oder Gebärmuttermuskelschwäche nach mehreren Geburten können zu übermäßig starken Blutungen führen.
- Das Tragen einer Spirale kann zu übermäßigen Blutungen führen.
- Auch blutgerinnungshemmende Arzneimittel führen zu verstärkten Blutungen.

✓ WAS SIE TUN KÖNNEN

- Für ausgewogene, gesunde Ernährung und ausreichend Bewegung sorgen.
- Führen eines Zykluskalenders, in dem Beginn, Dauer und Stärke der Menstruation eingetragen werden, kann hilfreich sein. Außerdem kann zur Überprüfung, ob und wann ein Eisprung [→Verhütung] stattfindet, die morgendliche Temperatur gemessen und aufgezeichnet werden. Diese Daten können auch Ihrem Arzt helfen.
- Regelmäßige Einnahme von pflanzlichen oder homöopathischen Mitteln (z.B. Pulsatilla oder Mönchspfeffer) gegen Zyklusstörungen. Achtung, einige dieser Mittel dürfen nicht in der Schwangerschaft eingenommen werden, da sie abtreibende Wirkung haben können.
- Moorganzbäder oder -sitzbäder stabilisieren das seelische und körperliche Wohlbefinden und auch die hormonellen Kreisläufe.

WANN SIE ZUM ARZT MÜSSEN

- Wenn die Menstruation plötzlich ausbleibt.
- Wenn die Menstruation sich stark in Menge und Dauer verändert.
- Wenn die erste Menstruation ausbleibt.
- Wenn Zwischenblutungen auftreten.
- Wenn die Blutungen sehr stark sind.
- Wenn in der Schwangerschaft oder während der Wechseljahre plötzlich Blutungen auftreten.

✗ WAS IHR ARZT TUN KANN

- Feststellen der Ursache für die Zyklusstörung und entsprechende Therapie.
- Der Arzt entscheidet über eine Behandlung der Zyklusstörungen, z.B. bei starken Blutungen oder Kinderwunsch.
- Mit Ausnahme von zu starken Blutungen, die zu hohen Blutverlusten führen können, müssen Zyklusstörungen nicht unbedingt behandelt werden. Eine Behandlung ist jedoch erforderlich, wenn ein Kinderwunsch besteht oder wenn z.B. für die Verhütung ein regelmäßiger Zyklus gewünscht wird.

VORBEUGUNG

- Körperlichen und psychischen Streß vermeiden

ARZNEIMITTEL

- Wann anwenden?
- Wann nicht anwenden?
- Welche Nebenwirkungen?
- Was beachten?
- Wie dosieren?
- Welche Wirkstoffe?
- Was kostet es?

Abwehrsteigerung

Echinacea Hevert purp. forte

Wann anwenden?

Unspezifische Steigerung der Immunabwehr; Schleimhautentzündung, besonders bei Erkältungsinfekten; chronische Magenschleimhautentzündung.

Wann nicht anwenden?

Progrediente [fortschreitende] Systemerkrankung wie Tuberkulose, Leukosen [Sammelbezeichnung für Blutkrebs], Kollagenosen [Bindegewebsentzündungen], multiple Sklerose.

Was beachten?

Enthält 22 Vol.-% Alkohol.

Wie dosieren?

- *Tropf.*: Erwachsene und Kinder über 1 Jahr nehmen bei chronischen, rezidivierenden [periodisch wiederkehren] Erkrankungen 3-4 mal täglich 20 Tropfen vor dem Essen ein, möglichst in 1 Glas heißem Wasser. Säuglinge und Kleinkinder unter 1 Jahr erhalten 3 mal täglich 5 Tropfen bei chronischen, beziehungsweise 3 mal 10 Tropfen bei akuten Erkrankungen.

Welche Wirkstoffe?

- *Tropf.*: 100g Tropf. enth.: Auszug aus Echinacea purpurea (Frischpflanzenpreßsaft) 80g.

Was kostet es?	DM
30 ml Tropf.	5,50
50 ml Tropf.	9,50
100 ml Tropf.	17,45
200 ml Tropf.	29,99

Hersteller?

Fa. Hevert in Sobernheim

Esberitox® N

Wann anwenden?

Zur Therapie akuter und chronischer Atemwegsinfekte; Begleittherapie zu einer Antibiotikabehandlung bei schweren bakteriellen Infekten wie Bronchitis, Angina, Pharyngitis [Entzündung im Rachenbereich], Sinusitis [Nasennebenhöhlenentzündung]; bakterielle Hautinfektionen; Herpes simplex labialis [an den Lippen]. Vorübergehende Abwehrschwäche mit gehäuften Infekten.

Was beachten?

- *Lösung:* Enthält Alkohol! (29 Vol.-%).

Wie dosieren?

- *Tbl.*: Erwachsene : 3 mal täglich 3 Tabletten einnehmen oder im Munde zergehen lassen. Säuglinge und Kinder nach Alter: 3 mal täglich 1-2 Tabletten.
- *Lösung:* Erwachsene : 3 mal täglich 50 Tropfen Säuglinge und Kinder je nach Alter: 3 mal täglich 10-25 Tropfen Bei Herpes labialis [an den Lippen] kann die Lösung zusätzlich zur Einnahme mehrmals täglich auf die erkrankten Stellen (Mundbereich) aufgetragen werden.
- *Zäpfchen:* Säuglinge täglich 1 Zäpfchen, Kinder ab 1 Jahr täglich 2 Zäpfchen, Erwachsene mehrmals täglich 1 Zäpfchen.

Welche Wirkstoffe?

- *Tbl.*: 1 Tbl. enth.: 0,215ml alkohol.-wässr. Auszug (1:11) entspr.: Herb. Thujae occid. herb. 2mg;
Rad Echinaceae purpureae 7,5mg: Rad. Baptisiae tinctoriae rad. 10mg. Auszugsmittel Ethanol 30% (V/V): Gesamtgehalt Glykoproteine/ Polysaccharide 50µg ± 40µg.
- *Lösung:* 1ml Lsg. enth.: 0,43ml alkohol.-wässr. Auszug (1:11) entspr.: Herb. Thujae occid. herb. 4mg; Rad. Echinaceae purpureae rad. 15mg; Rad. Baptisiae tinctoriae rad. 20mg; Auszugsmittel Ethanol 30% (V/V); Gesamtgehalt Glykoproteine/Polysaccharide 100µg ± 80µg.
- *Zäpfchen:* 1 Zäpfch. enth.: 0,215ml alkohol.-wässr. Auszug (1:11) entspr.: Herb. Thujae occid. herb. 2mg; Rad. Echinaceae purpureae rad. 7,5mg; Rad. Baptisiae tinctoriae rad. 10mg. Auszugsmittel Ethanol 30% (V/V); Gesamtgehalt Glykoproteine/Polysaccharide 70µg ± 60µg.

Was kostet es?	DM
50 Tbl.	9,50
100 Tbl.	17,65
20 ml Lsg.	7,90
50 ml Lsg.	15,80
100 ml Lsg.	25,85
10 Supp.	9,35

Hersteller?

Fa. Schaper & Brümmer in Salzgitter

Influex®

Wann anwenden?

Das Anwendungsgebiete entspricht den Arzneimittelbildern der Einzelbestandteile, dazu gehört: Unspezifische Reiztherapie zur Steigerung der körpereigenen Abwehrkräfte bei allen grippalen Infekten, septischen [bakteriellen] Prozessen.

Wann nicht anwenden?

Bei Bienengiftüberempfindlichkeit.

Welche Nebenwirkungen?

Hinweis: Es können vorübergehend Erstverschlimmerungen vorkommen, die jedoch unbedenklich sind.

Vorsicht!

- *Flüssige Verd. z. Einn.:* Enthält 46,2 Vol.-% Alkohol.

Wie dosieren?

- *Tabletten zum Einnehmen:* 3-4 mal täglich 2-5 Tabletten. Kinder unter 6 Jahren 1-3 Tabletten vor den Mahlzeiten auf der Zunge zergehen lassen.
- *Flüssige Verd. z. Einn.:* 3-4 mal täglich 30 Tropfen. Kinder unter 6 Jahren 15 Tropfen in etwas Flüssigkeit vor den Mahlzeiten einnehmen.
- *Flüssige Verd. z. Inj.:* Mehrmals wöchentlich 1 Ampulle. In akuten Fällen täglich 1-2 Ampullen intramuskulär oder subcutan [unter die Haut] von Ihrem Arzt injizieren lassen.

Welche Wirkstoffe?

- *Tabletten zum Einnehmen:* 1 Tbl. enth.: Aconitum napellus Trit. D4 60mg, Apis mellifica Trit. D3 40mg, Echinacea Trit. D1 120mg, Lachesis mutus Trit. D5 12mg.
- *Flüssige Verd. z. Einn.:* 100ml enth.: Aconitum napellus Dil. D4 15ml, Apis mellifica Dil. D3 10ml, Echinacea Ø 30ml, Lachesis mutus Dil. D6 30ml.
- *Flüssige Verd. z. Inj.:* 1 Amp. zu 2ml enth.: Echinacea Dil. D3 400mg, Eupatorium perfoliatum Dil. D3 200mg, Gelsemium sempervirens Dil. D3 200mg, Lachesis mutus Dil. D10 300mg.

Was kostet es?	DM
100 Tbl.	16,18
50 ml Flüssige Verd. z. Einn.	15,36
100 ml Flüssige Verd. z. Einn.	24,45
10 Brechamp. zu 2ml	14,51

Hersteller?

Fa. Steigerwald in Darmstadt

TAIGA WURZEL EXTRAKT Dr. HEBERER

Taiga-Wurzel Extrakt Dr. Heberer

Wann anwenden?

Schwächezustände, Überanstrengung, funktionelle Störungen, Rekonvaleszenz [Genesungszeit nach Krankheit], Grippe-Vorbeugung.

Wie dosieren?

- *Tropf.:* 3 mal täglich etwa 25 Tropfen

Welche Wirkstoffe?

- *Tropf.:* Enth.: Flüssiger Extrakt aus der Wurzel des Eleutherokokkus-Strauches (Eleutherococcus senticosus maximus) 1:1.

Was kostet es?	DM
50 ml	22,68
100 ml	39,82

Hersteller?

Fa. Mewes in Höhr-Grenzhausen

Thymowied® Thymus-Dragees

Wann anwenden?

Allgemeine Abwehrschwäche, Viruserkrankungen, rezidivierende bakterielle Infektionen (durch Bakterien hervorgerufende, periodisch wiederkehrende Infektionen). Als Zusatztherapie bei rheumatischen Erkrankungen. Zur allgemeinen Revitalisierung.

Wann nicht anwenden?

Bis zu 6 Monaten nach intensiver Behandlung mit Kortikosteroiden und Derivaten [Cortisonen und Abkömmlingen] ist die Wirkung von Thymusextrakten stark reduziert, deshalb nicht angezeigt. Salicylhaltige Arzneimittel heben ebenfalls die Wirkung auf.

Welche Nebenwirkungen?

Bei Behandlungsbeginn kann es zu leichter Abführwirkung kommen, die sich in der Regel nach einigen Tagen normalisiert.

Wie dosieren?

Zur allgemeinen Abwehrstärkung täglich 2-3 Dragees mit etwas Flüssigkeit vor dem Frühstück einnehmen; zur verstärkten Immuntherapie 3 mal täglich 4-5 Dragees vor den Mahlzeiten einnehmen; innerhalb der Karzinomtherapie [Tumortherapie] kann die Tagesdosis bis zu 3 mal 10 Dragees gesteigert werden.

Welche Wirkstoffe?

1 Drg. enth.: Thymus-Pulver (entfettet, lyophilisiert) 200mg.

Was kostet es?	DM
60 Drg.	31,11
300 Drg.	118,84
500 Drg.	188,78

Hersteller?

Fa. Wiedemann in Münsing-Ambach

Wiedimmun®

Wann anwenden?

Zur allgemeinen Immunstimulierung, Erkältungskrankheiten, grippale Infekte, Bronchitis und als unspezifische Reiztherapie bei Infektionen aller Art.

Wann nicht anwenden?
Chronische progrediente Entzündung (Tuberkulose), Leukämie, Diabetes mellitus [Zuckerkrankheit], Überempfindlichkeit gegen Korbblütler.

Wie dosieren?
- *Inj.-Lsg.:* Täglich 1-2 ml intramuskulär, intrakutan oder subkutan vom Arzt injizieren lassen.

Welche Wirkstoffe?
- *Inj.-Lsg.:* 1 Amp. zu 2ml enth.: Echinacea angustifolia D1 0,4ml,
Lachesis muta D10 0,3ml, Eupatorium perfoliatum D3 0,2ml, Gelsemium D4 0,2ml, Aconitum D4 0,3ml.

Was kostet es?	DM
10 Amp.	29,31
50 Amp.	116,91

Hersteller?
Fa. Wiedemann in Münsing-Ambach

Zinkorotat 20, -POS®

Wann anwenden?
Orale Zinksubstitution bei Zinkmangelerscheinungen wie z.B. Wundheilungsstörungen und bei Akne vulgaris; zur Aktivierung des Immunsystems bei Abwehrschwäche (z.B. langdauernde Infekte); zur begleitenden Behandlung bei Diabetes mellitus (Zuckerkrankheit); virile (männliche) Potenzstörungen.

Wann nicht anwenden?
Akutes Nierenversagen. Schwere Nierenparenchymschäden (Nierenorgangewebeschäden) .

Wie dosieren?
Zur Zinksubstitution: 3 mal täglich 1-2 Tabletten zu 20mg einnehmen. Andere Anwendungsgebiete: Anfangsdosis 3 mal täglich 1 Tablette zu 40mg oder 1-2 Tabletten zu 20mg, zur Dauerbehandlung 1-3 mal täglich 1 Tablette zu 40mg beziehungsweise 1-2 Tabletten 20mg.

Welche Wirkstoffe?
- *20 Tbl.:* 1 Tbl. enth.: Zinkorotat·$2H_2O$ 20mg (entspr. 3,2mg Zink).
- *POS® Tbl.:* 1 Tbl. enth.: Zinkorotat·$2H_2O$ 40mg (entspr. 6,3mg Zink).

Was kostet es?	DM
20 Tbl. zu 20mg	7,73
50 Tbl. zu 20mg	16,23
100 Tbl. zu 20mg	28,50
20 Tbl. POS®	8,53
50 Tbl. POS®	17,96
100 Tbl. POS®	31,56

Hersteller?
Fa. Ursapharm in Saarbrücken

Information der Redaktion:

Echinacea-ratiopharm

toxi-loges

Akne

Akneroxid® 5, -10, -L

Wann anwenden?
- *5 Gel:* Akne vulgaris.
- *10 Gel:* Akne vulgaris, insbesondere an Brust und Rükken. Ferner Akne, die auf die 5%ige Benzoylperoxidzubereitung (wie z.B. Akneroxid® 5 Gel) nicht ausreichend anspricht.
- *L Susp.:* Akne vulgaris.

Wann nicht anwenden?
Während der Anwendung von Akneroxid 5 und Akneroxid 10 darf man sich keiner starker Sonnenbestrahlung aussetzen. Vorsicht bei trockener und sebostatischer [fettarmer] Haut des Atopikers [allergieempfindlichen Patienten] sowie bei erodierter [stark gewebegeschädigter] Haut.

Welche Nebenwirkungen?
Zu Beginn der Behandlung können leichtes Brennen und Hautreizungen auftreten. Absetzen, falls Rötung und Brennen länger als 5 Tage anhalten. Kontaktallergien sind selten.
Akneroxid 5 und Akneroxid 10 Gel: Gelegentlich stärkeres Austrocknen der Haut.

Was beachten?
Die Präparate dürfen nicht in die Augen gelangen und nicht auf Schleimhäute, im Bereich der Mund-, Nasen- und Augenwinkel aufgetragen werden. Wegen ihrer Bleichwirkung sollen die Präparate nicht an den Augenbrauen, im Bartbereich und an der Stirnhaargrenze angewandt werden und dürfen nicht mit farbigen Textilien in Berührung kommen. Nicht gleichzeitig mit anderen hautreizenden Hautpräparaten anwenden.

Wie dosieren?
Akneroxid 5 und Akneroxid 10 Gel: 1-2mal täglich nach Reinigung der Haut dünn auf die erkrankten Hautpartien auftragen. Besonders anfangs die Häufigkeit der Anwendung je nach Hautempfindlichkeit individuell vornehmen.
Akneroxid L Suspension : 2mal täglich auf die angefeuchtete Haut auftragen und verreiben. Nach 1-2 Minuten gründlich abspülen. Näheres siehe Packungsbeilage.

Welche Wirkstoffe?
- *5 Gel:* 100g enth.: Benzoylperoxid 5g.
- *10 Gel:* 100g Gel enth.: Benzoylperoxid 10g.
- *L Susp.:* 100g Susp. enth.: Benzoylperoxid 4g.

Akne

Was kostet es? DM

50 g Gel 5%	14,73
50 g Gel 10%	16,50
100 g Susp.	20,08

Hersteller?
Fa. Hermal in Reinbek

Aknichthol® Creme

Wann anwenden?
Entzündliche gereizte Akne vulgaris [einfache Akne]. Für empfindliche Haut bei großflächiger Anwendung.

Wann nicht anwenden?
Überempfindlichkeit gegen sulfonierte [Schwefel enthaltende] Schieferöle, wie z.B: Ammoniumbituminosulfonat und/oder Natriumbituminosulfonat sowie Propylenglykol.

Welche Nebenwirkungen?
Einzelfälle: Unverträglichkeitsreaktionen der Haut.

Wie dosieren?
2-3 mal täglich dünn auftragen.

Welche Wirkstoffe?
100g Creme enth.: Natriumbituminosulfonat (Ichthyol®-Natrium), hell 1g.

Was kostet es? DM

25 g Creme	17,33
50 g Creme	28,04

Hersteller?
Fa. Ichthyol in Hamburg

Aknichthol® N Lotio

Wann anwenden?
Akne vulgaris [einfache Akne], Rosazea [chronische fleckige Rötung der Haut, verursacht u. a. durch Gefäßerweiterung]. Für normale Haut.

Wann nicht anwenden?
Nachgewiesene Überempfindlichkeit gegen sulfonierte [Schwefel enthaltende] Schieferöle, wie z.B. Ammonium- und/oder Natriumbituminosulfonat sowie Salicylsäure [Arzneistoff zur äußeren und inneren Anwendung] und Salicylaten [Salzen des Arzneistoffs Salicylsäure]. Nicht anwenden bei Säuglingen, keine großflächige Anwendung, bei Niereninsuffizienz [Nierenschwäche]. Augenkontakt vermeiden.

Schwangerschaft?
Großflächige Anwendung vermeiden.

Stillzeit?
Nicht im Brustbereich anwenden.

Welche Nebenwirkungen?
Einzelfälle: Unverträglichkeitsreaktionen der Haut oder Kontaktallergie.

Wie dosieren?
- *Lotio:* 2 mal täglich auftragen.

Welche Wirkstoffe?
- *Lotio:* 100g enth.: Natriumbituminosulfonat (Ichthyol®-Natrium), hell 1g,
Salicylsäure 0,5g,

Was kostet es? DM

50 g Lotio u. ca. 60 Spezialtupfer	30,98

Hersteller?
Fa. Ichthyol in Hamburg

Aknichthol® soft N Lotio

Wann anwenden?
Akne vulgaris [einfache Akne], Rosazea [chronische fleckige Rötung der Haut, verursacht u. a. durch Gefäßerweiterung]. Für empfindliche Haut.

Wann nicht anwenden?
Nachgewiesene Überempfindlichkeit gegen sulfonierte [Schwefel enthaltende] Schieferöle, wie z.B. Ammonium- und/oder Natriumbituminosulfonat sowie Salicylsäure [Arzneistoff zur äußeren und inneren Anwendung] und Salicylaten [Salzen des Arzneistoffs Salicylsäure]. Nicht anwenden bei Säuglingen, keine großflächige Anwendung, bei Niereninsuffizienz [Nierenschwäche]. Augenkontakt vermeiden. Überempfindlichkeit gegen Wollwachs.

Schwangerschaft?
Großflächige Anwendung vermeiden.

Stillzeit?
Nicht im Brustbereich anwenden.

Welche Nebenwirkungen?
Einzelfälle: Unverträglichkeitsreaktionen der Haut oder Kontaktallergie.

Wie dosieren?
- *Lotio:* 2-3 mal täglich auftragen.

Welche Wirkstoffe?
- *Lotio:* 100g enth.: Natriumbituminosulfonat (Ichthyol®-Natrium), hell 1g,
Salicylsäure 0,5g.

Was kostet es? DM

50 g soft N Lotio u. ca. 60 Spezialtupfer	33,51

Hersteller?
Fa. Ichthyol in Hamburg

Benzaknen® 5, -10, -W

Wann anwenden?
- *5 Gel:* Alle Formen der Akne in milder bis mittlerer Ausprägung.
- *10 Gel:* Alle Formen der Akne schwerer Ausprägung.
- *W Suspension:* Zur Behandlung aller Formen der Akne in

leichter Ausprägung sowie zur unterstützenden Therapie bei Akne mittlerer bis schwerer Ausprägung.

Wann nicht anwenden?

Überempfindlichkeit gegen einen der Inhaltsstoffe.

Welche Nebenwirkungen?

Der Therapiebeginn kann bei empfindlichen Patienten mit leichter Hautrötung und Brennen verbunden sein. Diese Begleiterscheinungen klingen normalerweise nach wenigen Tagen ab. Ein Schälen der Haut ist bei der Behandlung erwünscht und fördert die Heilung. Bei länger andauernder Behandlung kann es bei besonders veranlagten Patienten zu einer stärkeren Austrocknung der Haut kommen. Sollten die Anbehandlungserscheinungen wie z.B. Spannen oder Austrocknen der Haut, Rötungen und Brennen zu stark werden, länger als eine Woche anhalten oder allergische Reaktionen auftreten, ist der Arzt aufzusuchen und das Präparate gegebenenfalls abzusetzen. Nach Abklingen der akuten Erscheinungen kann die Behandlung in den meisten Fällen mit weniger häufigem Auftragen fortgesetzt werden. In Zweifelsfällen ist der behandelnde Arzt aufzusuchen.

Was beachten?

Darf nicht in die Augen oder auf die Schleimhäute gebracht werden.

Wie dosieren?

Benzaknen 5, 10: 1-2 mal täglich auf die erkrankten Hautpartien auftragen. Benzaknen W: auf die erkrankten Hautpartien auftragen, verreiben, anschließend abwaschen und abtrocknen.

Welche Wirkstoffe?

- *5 Gel:* 1g enth.: Benzoylperoxid 50mg.
- *10 Gel:* 1g enth.: Benzoylperoxid 100mg.
- *W Suspension:* 1ml enth.: Benzoylperoxid 50mg.

Was kostet es?	DM
25 g 5 Gel	9,49
50 g 5 Gel	14,73
100 g 5 Gel	20,82
25 g 10 Gel	10,76
50 g 10 Gel	16,50
2 x 50g 10 Gel	23,35
50 g W Susp.	14,73
100 g W Susp.	20,82
2 x 100g W Susp. (Doppelpack)	29,43

Hersteller?

Fa. Galderma in Freiburg

Hydro Cordes®

Wann anwenden?

Zur Behandlung und Nachbehandlung abheilender Dermatosen [Hautkrankheiten] bei seborrhoischem [fettigem] Hauttyp, zum Beispiel Akne, Rosazea [Hautkrankheit mit erweiterten Gefäßen im Gesicht], seborrhoisches [fettiges] Ekzem.

Wie dosieren?

- *Creme:* 2-3x täglich dünn auftragen und leicht einreiben.

Welche Wirkstoffe?

- *Creme:* 100g Creme enth.: Allantoin 0,2g, Dexpanthenol 2g, Ethyllinolat 0,5g.

Was kostet es?	DM
50 g Creme	14,95
150 g Creme	29,97

Hersteller?

Fa. Ichthyol in Hamburg

Sebopona®

Wann anwenden?

Seborrhoe [krankhaft gesteigerte Absonderung der Talgdrüsen], insbesondere Akne. Seifenunverträglichkeit, Reinigung und Pflege kranker und empfindlicher Haut.

Was beachten?

Sebopona darf nicht in die Augen gelangen.

Wie dosieren?

- *Waschlotio:* Zum Waschen beziehungsweise zu Teilbädern ca. 5ml, zu Vollbädern ca. 15ml. Näheres siehe Packungsbeilage.

Welche Wirkstoffe?

- *Waschlotio:* Sodium Laureth Sulfate; Cocamidopropyl Betaine; Isopropyl Alcohol; Sulfuric Acid.; 5-Brom-5-Nitro-1,3-Dioxane (Konservierungsmittel); Fragrance; Water.

Was kostet es?	DM
100 ml	7,27
500 ml	22,45
1000 ml	32,38

Hersteller?

Fa. Hermal in Reinbek

Zinkorotat 20, -POS®

Wann anwenden?

Orale Zinksubstitution bei Zinkmangelerscheinungen wie z.B. Wundheilungsstörungen und bei Akne vulgaris; zur Aktivierung des Immunsystems bei Abwehrschwäche (z.B. langdauernde Infekte); zur begleitenden Behandlung bei Diabetes mellitus (Zuckerkrankheit); virile (männliche) Potenzstörungen.

Wann nicht anwenden?

Akutes Nierenversagen. Schwere Nierenparenchymschäden (Nierenorgangewebeschäden) .

Wie dosieren?

Zur Zinksubstitution: 3 mal täglich 1-2 Tabletten zu 20mg einnehmen. Andere Anwendungsgebiete: Anfangsdosis 3 mal täglich 1 Tablette zu 40mg oder 1-2 Tabletten zu 20mg, zur Dauerbehandlung 1-3 mal täglich 1 Tablette

Akne

zu 40mg beziehungsweise 1-2 Tabletten 20mg.

Welche Wirkstoffe?

- *20 Tbl.:* 1 Tbl. enth.: Zinkorotat·$2H_2O$ 20mg (entspr. 3,2mg Zink).
- *POS® Tbl.:* 1 Tbl. enth.: Zinkorotat·$2H_2O$ 40mg (entspr. 6,3mg Zink).

Was kostet es?	DM
20 Tbl. zu 20mg	7,73
50 Tbl. zu 20mg	16,23
100 Tbl. zu 20mg	28,50
20 Tbl. POS®	8,53
50 Tbl. POS®	17,96
100 Tbl. POS®	31,56

Hersteller?

Fa. Ursapharm in Saarbrücken

Information der Redaktion:

Ultra Clearasil Benzoylperoxid

Allergie

s.a. Heuschnupfen
s.a. Hautallergien

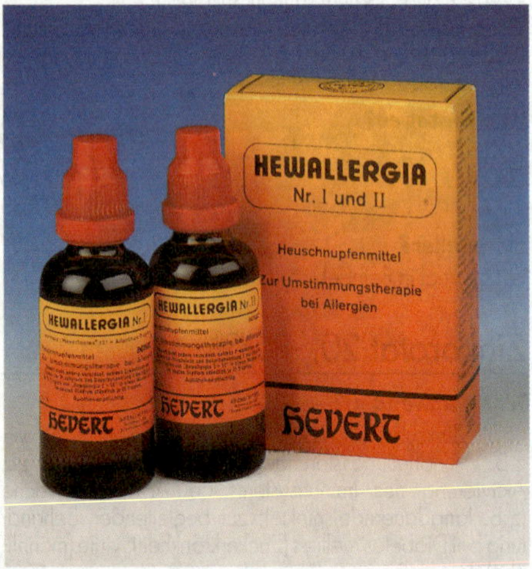

Hewallergia

Wann anwenden?

Zur vorbeugenden Behandlung und Umstimmungstherapie von allergischen Erkrankungen, wie Heuschnupfen, asthmatischen Beschwerden. Rhinitis [Schnupfen] aller Formen, auch chronische "Stinknase". Bei Stockschnupfen und vermindertem Riechvermögen.

Was beachten?

Hewallergia Tropfen machen nicht müde und können auch von Autofahrern unbedenklich eingenommen werden. Bei alljährlich wiederkehrendem Heuschnupfen empfiehlt sich eine rechtzeitige vorbeugende Behandlung schon Anfang des Jahres. -Hewallergia I enth. 46 Vol.-% Alkohol! Hewallergia II enth. 41 Vol.-% Alkohol!

Wie dosieren?

- *Tropfen:* Erwachsene und Kinder nehmen zur Prophylaxe [Vorbeugung] und Dauerbehandlung 4 mal täglich von beiden Flaschen jeweils 25 Tropfen in etwas Wasser ein. Im akuten Stadium stündlich je 25 Tropfen.

Welche Wirkstoffe?

- *Tropfen:* Hewallergia I: 100ml Trpf. enth.: Acidum sarcolacticum D4,
Ailanthus glandulosa D3, Barium chloratum D6, Camphora D4, Latrodectus mactans D12, Marum verum D2 aa 5ml. Apis D3, Echinacea D1, Galphimia glauca D3, Kalium bichromicum D4, Magnesium chloratum D3, Verbascum D1 aa 11,7ml. Hewallergia II: 100ml Trpf. enth.: Aurum chloratum D6 10ml, Eupatorium perf. D4 5ml, Galphimia glauca D4 75ml, Hydrastis D4 5ml.

Was kostet es?	DM
2 mal 50ml Tropf.	27,32
2 mal 100ml Tropf.	45,48

Hersteller?

Fa. Hevert in Sobernheim

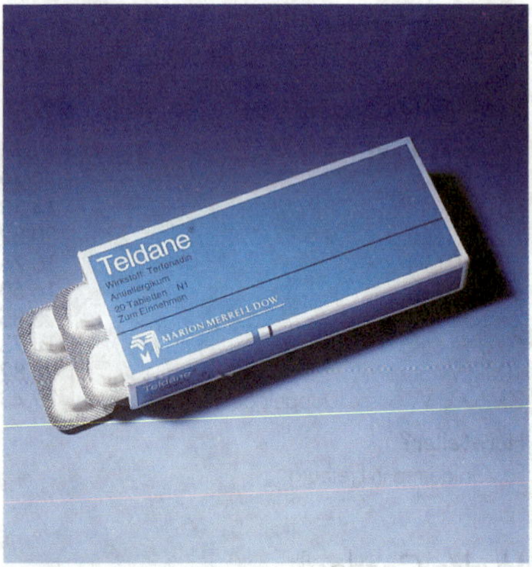

Teldane® K Suspension

Wann anwenden?

Allergischer Schnupfen (Heuschnupfen), Pruritus [Juckreiz], allergische Ekzeme und andere allergische Hauterkrankungen (zum Beispiel Nesselsucht), Neurodermitis.

Wann nicht anwenden?
Darf nicht bei Patienten mit schweren Leberfunktionsstörungen (Leberzirrhose, Gelbsucht) angewendet werden. In den vorgenannten Fällen kann es ebenso wie bei gleichzeitiger Einnahme von Ketoconazol, Itraconazol und Makrolidantibiotika wie Clarythromycin, Erythromycin, Josamycin und Troleandomycin zu einer Verzögerung der Ausscheidung kommen, die in Einzelfällen zu einer QT-Verlängerung im EKG und/oder zum Teil schwerwiegenden, von der Kammer ausgehenden ventrikulären (eine Herzkammer betreffenden) Herzrhythmusstörungen führen kann. Bei bekannter QT-Zeitverlängerung, wie sie zum Beispiel bei manchen Herzerkrankungen oder unter Behandlung mit anderen Medikamenten auftreten kann (siehe dortige Gebrauchsinformation) sollte Teldane nicht eingenommen werden. Eine Hypokaliämie [Kaliummangel], bedingt zum Beispiel durch wasserausscheidende Medikamente (Entwässerungsmittel), sollte vor einer Teldane-Therapie ausgeglichen sein. Falls erforderlich, ist ein Arzt zu Rate zu ziehen. Beim Auftreten von Schwindelgefühlen oder Herzklopfen sollte das Präparat abgesetzt und ein Arzt um Rat gefragt werden.

Schwangerschaft?
Kontraindiziert, nicht anwenden!

Stillzeit?
Kontraindiziert, nicht anwenden!

Welche Nebenwirkungen?
Vereinzelt Kopfschmerz oder leichte Störungen im Gastrointestinaltrakt (Magen-Darm-Bereich). Sehr selten allergische Hautreaktionen.

Wie dosieren?
1,5-2,2mg pro kg Körpergewicht Tagesdosis. Einnahme morgens und abends. Kinder von 1-3Jahren morgens 2,5ml, abends 1,25ml, Kinder von 3-6Jahren 2x täglich 2,5ml, Kinder von 6-9 Jahren 2x täglich 5ml, Kinder von 9-12Jahren 2- 3x täglich 5ml. Erwachsene und Kinder ab 12Jahren 2x täglich 10ml. Die empfohlene Dosis sollte nicht überschritten werden.

Welche Wirkstoffe?
5ml enth.: Terfenadin 30mg.

Was kostet es?

	DM
120 ml	19,63

Hersteller?
Fa. Marion Merrell Dow in Berlin

Analprobleme

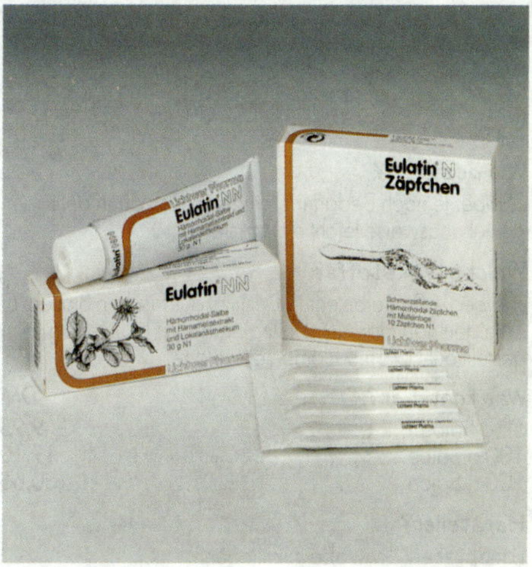

Eulatin NN Salbe, -N Zäpfchen

Wann anwenden?
- *NN Salbe:* Ekzeme am After und gegen Afterjucken.
- *N Zäpfchen:* Afterjucken, Afterrisse.

Wann nicht anwenden?
- *NN Salbe:* Bekannte Allergie gegen einen der Inhaltsstoffe (zum Beispiel Paragruppenallergie).

Welche Nebenwirkungen?
- *NN Salbe:* Überempfindlichkeitsreaktionen (selten).

Wie dosieren?
- *NN Salbe:* 2-3 mal täglich am beziehungsweise im After auftragen.
- *N Zäpfchen:* 2 mal täglich 1 Zäpfchen (Analtampon) einführen.

Welche Wirkstoffe?
- *NN Salbe:* 100g Salbe enth:. Hamamelisrindenfluidextrakt (1:1) 3,0g,
Bas. Bismutgallat 5,0g, Benzocain 3,0g.
- *N Zäpfchen:* 1 Zäpfchen enth.: Lidocain 30mg, Bas. Bismutgallat 100mg.

Was kostet es?

	DM
30 g Salbe	11,27
60 g Salbe	15,59
10 Zäpfchen	16,12

Hersteller?
Fa. Lichtwer in Berlin

Analprobleme

Hametum®

Wann anwenden?
Oberflächliche Hautdefekte wie Schürf- und Schnittwunden. Verbrühungen und Verbrennungen leichteren Grades sowie Sonnenbrand. Trockene, spröde, rissige, aufgesprungene Haut (auch Altershaut). Wundsein bei Säuglingen.

Wie dosieren?
- *Salbe:* Je nach Bedarf mehrmals täglich dünn auftragen beziehungsweise leicht einmassieren.

Welche Wirkstoffe?
- *Salbe:* 100g Salbe enth.: Destillat aus frischen Blättern u. Zweigen von Hamamelis virginiana (1:1,6) 6,25g, eingestellt auf 0,75mg Hamamelisketone.

Was kostet es?	DM
50 g Salbe	9,95
100 g Salbe	19,10
200 g Salbe	30,65

Hersteller?
Fa. Spitzner/Schwabe in Ettlingen

Hevertolax Phyto

Wann anwenden?
Obstipation [Verstopfung].

Wann nicht anwenden?
Darmverschluß, akut-entzündliche Erkrankungen des Darmes (z.B. Morbus Crohn); abdominale [vom Unterbauch kommende] Schmerzen unbekannter Ursache. Kinder unter 12 Jahren.

Schwangerschaft?
Kontraindiziert, nicht anwenden!

Welche Nebenwirkungen?
In Einzelfällen krampfartige Magen-Darm-Beschwerden. Bei chronischem Gebrauch/Mißbrauch: Elektrolytverluste (besonders Kalium), Albuminurie [zuviel Eiweiß im Urin] und Hämaturie [rote Blutkörperchen im Urin].

Was beachten?
Nicht ununterbrochen über längere Zeit (mehr als 2 Wochen) einnehmen. Enthält 14 Vol.-% Alkohol.

Wie dosieren?
- *Tropf.:* Abends und gegebenenfalls zusätzlich morgens individuell 1-2 Meßlöffel nach dem Essen in 1 Tasse heißes Wasser oder Tee geben und trinken.

Welche Wirkstoffe?
- *Tropf.:* 100ml enth.: Extr. Sennae, entspr. 300mg Hydroxyanthracenderivaten, ber. als Sennosid B.

Was kostet es?	DM
30 ml	4,20
100 ml	9,80

Hersteller?
Fa. Hevert in Sobernheim

Leukona®-Wundsalbe

Wann anwenden?
Alle Arten von Geschwüren, Dekubitus [Wundliegen], bei chronisch venösen Stauungen.

Wie dosieren?
Zur Wundbehandlung: Dünn auftragen. Bei umfangreicheren Wundflächen: Mullauflage messerrückendick bestreichen. Anwendungsdauer 2-5 Tage, beziehungsweise bis zur Abheilung.

Welche Wirkstoffe?
100g enth.: Hamamelisrindenwasser 12,5g, Allantoin 2g, Lebertran 35g.

Was kostet es?	DM
50 g	9,28

Hersteller?
Fa. Dr. Atzinger in Passau

Marolderm Salbe

Wann anwenden?
Schürfwunden, Bagatellverletzungen, chronische Ulcera [Geschwüre], Dekubitus [Wundliegen], Analfissuren [Einrisse an der Afterschleimhaut], Hauttransplantationen, banale Brandwunden, zur Regeneration der Hautzellen nach Verbrennungen, Windelerythem [entzündliche Hautrötung, die durch Windeln hervorgerufen wird], Epithelläsionen [Schädigungen der oberen Haut- oder Schleimhautschicht], Prophylaxe [Vorbeugung] und Behandlung von Hautentzündungen durch Röntgenstrahlen oder Sonnenbrand, Vorbeugung von Brustrhagaden [Risse in der Brusthaut].

Welche Nebenwirkungen?
In seltenen Fällen kann es bei besonders veranlagten Personen zu allergischen Reaktionen kommen.

Wie dosieren?
- *Salbe:* Auf Wunden oder entzündliche Hautstellen auftragen.

Welche Wirkstoffe?
- *Salbe:* 1g Salbe enth.: Dexpanthenol 50mg.

Was kostet es?	DM
50 g Salbe	4,40
100 g Salbe	7,90

Hersteller?
Fa. Dermapharm in Gräfelfing

Obstinol®, -mild

Wann anwenden?

- Emulsion: Zur kurzfristigen Anwendung bei Stuhlverstopfung. Zur Erleichterung des Stuhlgangs bei schmerzhaften Erkrankungen des Enddarms wie Hämorrhoiden und Analfissuren [Einrisse an der Afterschleimhaut]. Zur Unterstützung von Diätkuren bei Übergewicht.
- mild Emulsion: Zur kurzfristigen Anwendung für empfindliche Patienten und bei leichteren Verstopfungen. Bei Kindern und bei Patienten im vorgerückten Alter, bei längerem Krankenlager, während der Schwangerschaft und im Wochenbett.

Wann nicht anwenden?

Bewußtseinsstörungen, Schluck- und Magenentleerungsstörungen, Ileus [Darmverschluß]. Kinder unter 3 Jahren. Überempfindlichkeit gegenüber Alkyl-4-hydroxybenzoaten (Paragruppenallergie).
Zusätzlich für - Emulsion: Bekannte zurückliegende oder bestehende Hauterkrankungen sowie Überempfindlichkeit gegen Phenolphthalein. Akute Erkrankungen im Bauchraum.

Welche Nebenwirkungen?

Elektrolytverluste, insbesondere Kalium [Salzverluste]. Überempfindlichkeitsreaktionen.
Bei Dauermedikation kann eine Ablagerung von Paraffin im Organismus nicht ausgeschlossen werden.
Zusätzlich für - Emulsion: Gelegentlich Hautreaktionen, die mit einer Überpigmentierung und Juckreiz einhergehen können und die Rötung und Bläschen oder Nässen zur Folge haben. Sehr selten Nesselsucht, Quincke-Ödem [Wasseransammlung im Gewebe, z.B. im Gesicht, ausgelöst durch Allergie] und Stevens-Johnson-Syndrom und vom Unterbauch kommende Krämpfe. Nierenschäden mit Hämoglobinanämie [zuwenig rote Blutkörperchen], Albuminurie [zuviel Eiweiß im Urin], Hämaturie [rote Blutkörperchen im Urin] und Proteinurie [Ausscheidung von Eiweiß im Urin] oder Anurie [zu wenig Harnfluß]. In Einzelfällen Lyell-Syndrom [Syndrom der verbrühten Haut], Nagelveränderungen, allergische Reaktionen, kardialer Schock [vom Herz kommender Schock], Perikardreiben, anginoneurotisches Ödem, Lupus erythematodesähnliche Krankheitsbilder [tuberkulöse Erkrankung der Haut], Harnröhrenentzündung, Konjunktivitis [Bindehautentzündung], Entzündung der Mundschleimhaut sowie Schwellungen und Geschwürsbildungen der Eichel, außerdem Hämorrhagien [Blutungen], Hämolyse und nicht thrombozytopenische Purpura [durch Mangel an Thrombozyten bedingte Blutfleckenkrankheit].

Wie dosieren?

Erwachsene: 1/2-1 Eßlöffel abends. Kinder: 1/2-1 Teelöffel abends. Bei Bedarf früh nüchtern zu wiederholen - oder 2-3mal täglich.

Welche Wirkstoffe?

- Emulsion: 15g (1 Eßl.) enth.: 0,15g Phenolphthalein, 5,25g dickflüssig. Paraffin.
- mild Emulsion: 15g (1 Eßl.) enth.: Dickflüssig. Paraffin 5,25g.

Was kostet es?

	DM
200 ml Emuls.	11,35
325 ml Emuls.	17,26
200 ml Emuls. mild	11,35

Hersteller?

Fa. Thiemann in Waltrop

Perivar® N Filmtbl., -N forte Filmtbl.

Wann anwenden?

Beschwerden bei Krampfadern oder Venenschwäche wie Spannungs- und Schweregefühl, Schmerzen, Juckreiz, Flüssigkeitsansammlungen im Gewebe.
Zusätzlich für - N forte Filmtbl.: Beschwerden bei Hämorrhoidal-Leiden.

Wann nicht anwenden?

Schwere Formen von Bluthochdruck, stark beschleunigte Herzschlagfolge (Tachykardie) und bei Überempfindlichkeit gegen einen der Inhaltsstoffe.

Welche Nebenwirkungen?

Sehr selten leichte Magen-Darm-Beschwerden, Kopfschmerzen oder allergische Hautreaktionen.

Wie dosieren?

Je nach Stärke der Beschwerden: 2 mal täglich 1 Filmtablette Perivar N/Perivar N forte vorzugsweise zu den Mahlzeiten. Bei akuten Beschwerden kann eine anfängliche Erhöhung der Tagesdosis den therapeutischen Erfolg beschleungen.

Welche Wirkstoffe?

- N Filmtbl.: 1 Filmtbl. enth.: Troxerutin 150mg, Heptaminolhydrochlorid 200mg, Ginkgo biloba Tr.-Extrakt 7mg.
- N forte Filmtbl.: 1 Filmtbl. enth.: Troxerutin 300mg, Heptaminolhydrochlorid 300mg, Ginkgo biloba Tr.-Extrakt 14mg.

Was kostet es?

	DM
50 Filmtbl. N	26,30
100 Filmtbl. N	43,50
20 Filmtbl. N forte	17,32
50 Filmtbl. N forte	37,82
100 Filmtbl. N forte	68,52

Hersteller?

Fa. Intersan in Ettlingen

Analprobleme

Rectoparin® Supp., -Supp. Tamp, -Salbe N, -Kombipackung, -Gel

Wann anwenden?

- *Supp.:* Analfissuren [Einrisse an der Afterschleimhaut], Analekzeme, Juckreiz, Brennen und Schmerzen, Entzündungen und Ekzeme der Analgegend, Intertrigo [Wundsein in den Körperfalten, z.B. in der Leistengegend].
- *Salbe N:* Brennen, Juckreiz, Analfissuren [Einrisse an der Afterschleimhaut] und Analekzeme.
- *Gel:* Analfissuren [Einrisse an der Afterschleimhaut] und Rhagaden [Hautriß, Schrunde], zum Beispiel juckenden und oder nässenden Ausschlägen im Analbereich, Brennen und Schmerzen, Entzündungen und Ekzeme der Analgegend, Intertrigo [Wundsein in den Körperfalten, z.B. in der Leistengegend].

Wann nicht anwenden?

Wie bei allen extern anzuwendenden Arzneimitteln kann bei besonders disponierten Patienten im Einzelfall eine Überempfindlichkeitsreaktion auftreten. Keine Anwendung bei stark blutenden Hämorrhoiden.

Welche Nebenwirkungen?

In sehr seltenen Fällen allergische Reaktionen. Nach Absetzen des Präparates klingen diese in der Regel schnell wieder ab.

Was beachten?

Die Behandlung sollte in der Norm nicht länger als 4 Wochen dauern. Sollte während der Zeit keine wesentliche Linderung der Beschwerden eingetreten sein, beziehungsweise bei anhaltenden Blutungen, ist unbedingt - um andere ernsthafte Erkrankungen auszuschließen - ein Arzt aufzusuchen.

Wie dosieren?

- *Supp.:* Im allgemeinen werden die Zäpfchen möglichst 2 mal täglich, morgens und abends beziehungsweise nach jeder Stuhlentleerung angewendet.
- *Salbe N: -Salbe N mit Dispenser:* Im allgemeinen mehrmals täglich auftragen. Die Anwendung erfolgt am besten nach dem Stuhlgang. Es ist empfehlenswert, vor dem Schlafengehen eine größere Salbenmenge unter Abdekkung mit Watte oder eines Mullappens einzustreichen und aufzutragen.
- *Gel:* Mehrmals täglich besonders nach jedem Stuhlgang, auf die Entzündungen im Analbereich auftragen.

Welche Wirkstoffe?

- *Supp.:* 1 Supp. enth.: bas. Wismutnitrat 100mg, Dexpanthenol 100mg, Procain-HCl 4mg.
- *Supp. Tamp:* 1 Supp. m. Mull enth.: bas. Wismutnitrat 100mg, Dexpanthenol 100mg, Procain-HCl 4mg.
- *Salbe N:* 100g Salbe enth.: Lidocain-HCl 3,5g, Dexpanthenol 0,5g.
- *Salbe N mit Dispenser:* 100g Salbe enth.: Lidocain-HCl 3,5g, Dexpanthenol 0,5g.
- *Kombipackung:* Enth.: 10 Suppositorien u. 30g Salbe N
- *Gel:* 100g Gel enth.: Procain-HCl 0,2g, Dexpanthenol 5,0g. Gelgrundlage enth. einen hautfreundl. Rückfetter.

Was kostet es?	DM
10 Zäpfchen	7,54
10 Zäpfchen Tamp	18,53
30 g Salbe N	11,81
50 g Salbe N	18,34
100 g Salbe N	36,24
30 g Salbe N m. Disp.	14,57
50 g Salbe N m. Disp.	23,44
1 Kombipack. m. 30g Salbe N u. 10 Zäpf. (N1+N1)	14,55
30 g Gel	13,51
50 g Gel	20,60
100 g Gel	38,50

Hersteller?

Fa. Dermapharm in Gräfelfing

Tannosynt® flüssig

Wann anwenden?

Entzündliche, nässende und juckende Hauterkrankungen, z.B.: Windeldermatitis [entzündliche Hautreaktion, die durch den Wärmestau von Windeln hervorgerufen wird], Intertrigo [Wundsein in den Körperfalten, z.B. am Bauch], Verbrennungen 1. Grades, Juckreiz -speziell im Genital-Anal-Bereich-, Hyperhidrosis [übermäßige Schweißabsonderung], Adjuvans [unterstützende Therapie] bei der Mykosetherapie [Therapie bei Pilzerkrankungen] und bei infektiösen Exanthemen [Ausschläge] wie z.B. Windpocken, Masern, Röteln.

Wann nicht anwenden?

Anwendung am Auge. Als Vollbad bei schweren Herz- und Kreislaufstörungen, Hypertonie [Bluthochdruck], fieberhaften Erkrankungen oder Tuberkulose sowie größeren Hautverletzungen und akuten unklaren Hauterkrankungen.

Welche Nebenwirkungen?

In Einzelfällen leichte Hautreizungen möglich.

Was beachten?

Nicht unverdünnt anwenden.

Wie dosieren?

Voll-, Sitz- und Teilbäder, Waschungen, Umschläge. Verdünnung 1:1000 bis 1:5000. (Näheres siehe Packungsbeilage).

Welche Wirkstoffe?

100g enth.: Gerbstoff, synthetisch 40g.

Was kostet es?	DM
100 g (flüssig) wässriges Konzentrat	10,81
250 g (flüssig) wässriges Konzentrat	21,70
500 g (flüssig) wässriges Konzentrat	39,95

Hersteller?

Fa. Hermal in Reinbek

Tannosynt® Lotio

Wann anwenden?

Entzündete, nässende und juckende Hauterkrankungen, z.B.: Windeldermatitis [entzündliche Hautreaktion, die durch den Wärmestau von Windeln hervorgerufen wird], Intertrigo [Wundsein in den Körperfalten, z.B. am Bauch], Verbrennungen 1. Grades, Juckreiz- speziell im Genital-Anal-Bereich-, Hyperhidrosis [übermäßige Schweißabsonderung], Adjuvans [unterstützende Therapie] bei der Mykosetherapie [Therapie bei Pilzerkrankungen] und bei infektiösen Exanthemen [Ausschläge] wie z.B. Windpocken, Masern, Röteln.

Wann nicht anwenden?

Anwendung am Auge.
Überempfindlichkeit gegen Parabene.

Welche Nebenwirkungen?

In Einzelfällen leichte Hautreizungen möglich.

Wie dosieren?

1-2mal täglich auftragen, vorher kräftig schütteln.

Welche Wirkstoffe?

100g enth.: Gerbstoff, synthetisch 1g.

Was kostet es?	DM
100 g Lotio (Schüttelmixtur)	13,40

Hersteller?

Fa. Hermal in Reinbek

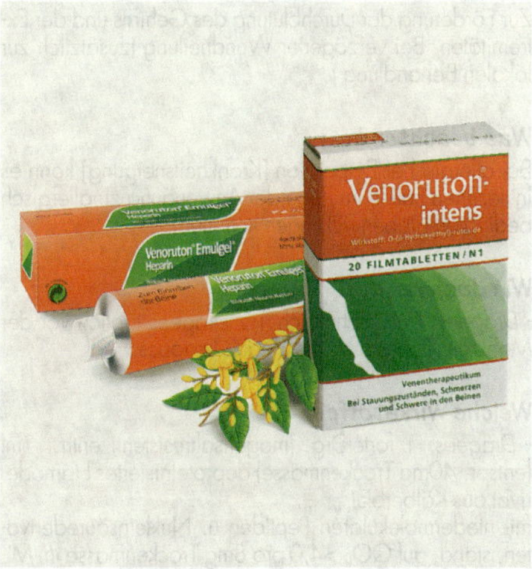

Venoruton®-intens

Wann anwenden?

Bei Stauungszuständen, Schmerzen und Schwere in den Beinen.

Wann nicht anwenden?

Bekannte Unverträglichkeit gegen das Präparat.

Schwangerschaft?

Kontraindiziert [d.h. nicht anwenden] im 1. Drittel.

Stillzeit?

Spuren des Wirkstoffs, die bei Tierversuchen in der Muttermilch gefunden wurden, sind nicht von klinischer Bedeutung.

Welche Nebenwirkungen?

Sehr selten leichte Nebenwirkungen wie allergische Hautreaktionen, leichte Magen-Darm-Störungen, Flush, Gesichtsröte oder Kopfschmerzen, die nach Absetzen des Präparates rasch abklingen.

Wie dosieren?

- *Filmtbl.:* 1-2 mal täglich 1 Filmtablette unzerkaut morgens beziehungsweise morgens und abends mit etwas Flüssigkeit einnehmen. Einzelgabe und Tagesmenge können, falls in besonderen Fällen erforderlich, ohne weiteres erhöht werden.

Welche Wirkstoffe?

- *Filmtbl.:* 1 Filmtbl. enth.: O-(β-Hydroxyethyl)-rutoside 500mg.

Was kostet es?	DM
20 Filmtbl.	27,22
50 Filmtbl.	61,04
100 Filmtbl.	110,69

Hersteller?

Fa. Zyma in München

Veno SL® 300

Wann anwenden?

Stauungsbeschwerden in den Beinen infolge Erkrankungen der Venen.

Wie dosieren?

- *Kaps.:* Zu Beginn der Behandlung und in schweren Fällen 3mal täglich 1-2 Kaps. nach den Mahlzeiten unzerkaut mit Flüssigkeit einnehmen; nach Bedarf kann Dosierung bis zu 1mal täglich 1 Kaps. reduziert werden.

Welche Wirkstoffe?

- *Kaps.:* 1 Kaps. enth.: Troxerutin 300mg.

Was kostet es?	DM
50 Kaps.	24,71
100 Kaps.	43,17

Analprobleme

Hersteller?
Fa. Ursapharm in Saarbrücken

Venostasin®-Gel

Wann anwenden?
Venenbeschwerden sowie Schwellungen, Schweregefühl, Prellungen, Blutergüsse.

Wann nicht anwenden?
Überempfindlichkeit gegen Salicylate [Salze des Arzneistoffs Salicylsäure] oder einen anderen Bestandteil des Gels. Vorsicht bei Nierenfunktionsstörungen, stillenden Müttern, Säuglingen und Kleinkindern sowie Langzeitbehandlung und großen Flächen.

Schwangerschaft?
Kontraindiziert, nicht anwenden!

Welche Nebenwirkungen?
Selten Hautreizungen, in Einzelfällen Kontaktallergie.

Wie dosieren?
Mehrmals täglich auf die betroffenen Hautpartien auftragen und eventuell leicht einmassieren. Bei Ulcus cruris [Geschwür] [am Unterschenkel] nur die periulcerösen [um das Geschwür liegenden] Partien einstreichen.

Welche Wirkstoffe?
100g enth.: Aescin 1g,
Heparin-Na 5000 I.E., (2-Hydroxyethyl)-salicylat 5g.

Was kostet es?	DM
40 g	11,87
100 g	25,89

Hersteller?
Fa. Klinge in München

Information der Redaktion:

Haemo-Exhirud

Posterisan

Arterienverkalkung, altersbedingt

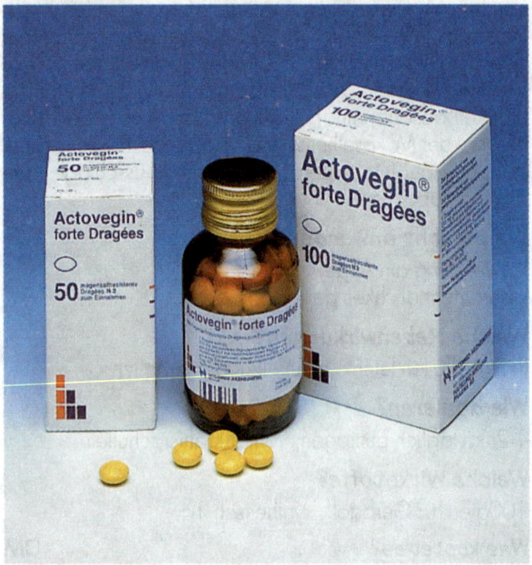

Actovegin® forte Dragees

Wann anwenden?
Zur Förderung der Durchblutung des Gehirns und der Extremitäten. Bei verzögerter Wundheilung (zusätzlich zur lokalen Behandlung).

Was beachten?
Bei allergischer Disposition [Krankheitsneigung] kann es in seltenen Fällen im Zuge der Anwendung zu allergisch bedingten Nebenwirkungen kommen.

Wie dosieren?
- *Dragees:* Durchschnittlich 1-2 Dragees täglich vor der Mahlzeit. Tagesdosis bis 3mal 2 Dragees.

Welche Wirkstoffe?
- *Dragees:* 1 forte-Drg. (magensaftresistent) enth.: 1ml (entspr. 40mg Trockenmasse) deproteinisiertes Hämoderivat aus Kälberblut
mit niedermolekularen Peptiden u. Nukleinsäurederivaten, stand. auf QO_2 >4,0 pro 8mg Trockenmasse im Mikrospirometer nach Warburg.

Was kostet es?	DM
50 Drg.	96,67
100 Drg.	170,37

Hersteller?
Fa. Nycomed Arzneimittel in Ismaning

Antihypertonicum S Schuck

Wann anwenden?

Hypertonie [Bluthochdruck], Arteriosklerose [Arterienverkalkung].

Wann nicht anwenden?

Frischer Herzinfarkt, tachykarde Arrhythmie [mit zu langsamem Herzschlag einhergehende Herzrhythmusstörung], Magen-Darm-Ulzera [Magen-Darm-Geschwür], Epilepsie.

Welche Nebenwirkungen?

Bei starker Überdosierung oder übermäßiger Einnahme zentralnervöse [vom Zentralnervensystem ausgehende] Beschwerden, gastrointestinale [von Magen und Darm kommende] Störungen, Tachykardie [Steigerung der Herzfrequenz auf über 100 Schläge pro Minute].

Was beachten?

Beeinflußt den Blutdruck. Reaktionsvermögen kann beeinträchtigt werden!

Wie dosieren?

- *Drg.:* 3 mal täglich je 1-2 Dragees zum Essen.

Welche Wirkstoffe?

- *Drg.:* 1 Drg. enth.: Extr. Fol. Betulae (aquos. sicc. 6:1) 20mg,
Extr. Herba Crataegi sicc. (1,6% Flavonoide, ber. als Hyperosid) 20mg, Extr. Fruct. Crataegi (spir. sicc. 2,5:1) 20mg, Extr. Herb. Visci albi (aquos. sicc. 6:1) 25mg, Extr. Fol. Oleae europ. (spir. sicc. 5,5:1) 30mg, Extr. Fol. Rhododendri (spir. sicc. 3:1) 12,5mg, Rutosid 3 H_2O 10mg, Proxyphyllin 40mg.

Was kostet es?	DM
50 Drg.	13,40
200 Drg.	42,50

Hersteller?

Fa. Schuck in Schwaig b. Nürnberg

Crataegus Verla®

Wann anwenden?

Druck- und Beklemmungsgefühl in der Herzgegend. Noch nicht digitalisbedürftiges [herzmittelbedürftiges] Altersherz.

Was beachten?

- *Lsg.:* Enthält 38 Vol.-% Alkohol.

Wie dosieren?

- *Tbl.:* 2 mal täglich 1-2 Filmtabletten mit etwas Flüssigkeit unzerkaut vor den Mahlzeiten einnehmen.
- *Lsg.:* 2 mal täglich 10-20 Tropfen mit etwas Flüssigkeit vor den Mahlzeiten einnehmen.

Welche Wirkstoffe?

- *Tbl.:* 1 Filmtbl. enth.: Weißdorntrockenextrakt aus Blättern mit Blüten 188,8mg (stand. 2,65% Flavonoide berechnet als Hyperosid).
- *Lsg.:* 100g Lsg. enth.: Weißdornflüssigextrakt aus Blättern mit Blüten (stand. 0,9-1,1% Flavonoide berechnet als Hyperosid).

Was kostet es?	DM
30 Filmtbl.	7,90
50 Filmtbl.	10,86
100 Filmtbl.	18,25
30 ml Lsg.	10,70
50 ml Lsg.	16,50
100 ml Lsg.	29,60

Hersteller?

Fa. Verla-Pharm in Tutzing

Craton® forte Ginkgo-biloba Filmtabletten

Wann anwenden?

Schwindel, Kopfschmerzen, Ohrensausen, Konzentrations- und Gedächtnisschwäche und Nachlassen der intellektuellen Leistungsfähigkeit infolge ungenügender Durchblutung des Gehirns. Krampfartige Schmerzen in der Wadenmuskulatur beim Gehen infolge Arterienverkalkung. Taubheitsgefühl, Kälteempfinden und Blässe an den Zehen wegen unzureichender Blutversorgung des Gewebes. Arterielle Durchblutungsstörungen im höheren Lebensalter.

Wann nicht anwenden?

Überempfindlichkeit gegen einen der Bestandteile.

Welche Nebenwirkungen?

Sehr selten können leicht Magen-Darm-Beschwerden, Kopfschmerzen oder allergische Hautreaktionen auftreten.

Was beachten?

1 Filmtablette entspricht 0,007 BE [Diabetiker-Einheit] und ist daher für Diabetiker geeignet.

Wie dosieren?

- *Filmtabletten:* 3-4mal täglich 1 Filmtablette unzerkaut mit etwas Flüssigkeit einnehmen.

Welche Wirkstoffe?

- *Filmtabletten:* 1 Filmtablette enth.: Trockenextrakt aus Ginkgo-biloba-Blättern (50:1) 30mg, eingestellt auf 24% Ginkgoflavonglykoside und 6% Terpenlactone (Ginkgolide, Bilobalid).

Was kostet es?	DM
40 Filmtabletten	18,85
100 Filmtabletten	39,95
200 Filmtabletten	69,95

Hersteller?

Fa. Spitzner in Ettlingen

Arterienverkalkung, altersbedingt

Ginkopur®

Wann anwenden?

Hirnleistungsstörungen. Periphere [die Extremitäten = Arme + Beine betreffende], arterielle Durchblutungsstörungen mit erhaltener Restdurchblutung, z.B. intermittierendes Hinken (krampfartige Schmerzen in der Wadenmuskulatur beim Gehen). Unterstützende Behandlung eines infolge Zervikalsyndroms [Erkrankung der Halswirbelsäule] beeinträchtigeten Hörvermögens.

Wann nicht anwenden?

Überempfindlichkeit gegen Ginkgo-biloba-Extrakte.

Welche Nebenwirkungen?

Sehr selten leichte Magen-Darm-Beschwerden, Kopfschmerzen, allergische Hautreaktionen.

Wie dosieren?

- *Filmtbl.*: 3 mal täglich 1 Filmtablette unzerkaut mit etwas Flüssigkeit einnehmen.

Welche Wirkstoffe?

- *Filmtbl.*: 1 Filmtbl. enth.: Trockenextrakt aus Ginkgo biloba-Blättern (50:1) 40mg, eingestellt auf 9,6mg Ginkgoflavonglykoside und 2,4mg Terpenlactone (Ginkgolide, Bilobalid).

Was kostet es?

	DM
20 Filmtbl.	12,35
50 Filmtbl.	28,00
100 Filmtbl.	49,50
200 Filmtbl.	96,00

Hersteller?

Fa. Klinge-Nattermann Puren in München

Kaveri® forte Tropf., -Filmtabletten

Wann anwenden?

Zur symptomatischen Behandlung von Gedächtnisstörungen, Konzentrationsstörungen, Schwindel, Ohrensausen, Kopfschmerzen. Verbesserung der schmerzfreien Gehstrecke bei peripherer [die Extremitäten betreffender] arterieller Verschlußkrankheit insbesondere zusätzlich zu physikalisch-therapeutischen Maßnahmen z.B. Gehtraining. Schwindel, Tinnitus [Ohrgeräusche] gefäßbedingter und altersbedingter Genese [Ursache].

Wann nicht anwenden?

Überempfindlichkeit gegen Ginkgo-biloba-Zubereitungen.

Welche Nebenwirkungen?

Sehr selten Magen-Darm-Beschwerden, Kopfschmerzen oder allergische Hautreaktionen.

Was beachten?

- *Tropf.*: Enthält 57 Vol. % Alkohol.

Wie dosieren?

- *Tropf.*: 3 mal täglich 1ml mit etwas Flüssigkeit einnehmen.
- *Filmtabletten*: 3 mal täglich 1 Filmtablette mit etwas Flüssigkeit einnehmen.

Welche Wirkstoffe?

- *Tropf.*: 1ml enth.: Trockenextrakt aus Ginkgo biloba-Blättern (35-67:1) 40mg, entspr. 10,0mg Ginkgo-Flavonglycosiden u. 2,4mg Terpenlactonen (Ginkgolide, Bilobalid);
Auszugsmittel: 60% (V/V) Aceton.
- *Filmtabletten*: 1 Filmtbl. enth.: Trockenextrakt aus Ginkgo biloba-Blättern (35-67:1) 50mg, entspr. 12,5mg Ginkgo-Flavonglykosiden u. 3mg Terpenlactonen (Ginkgolide, Bilobalid); Auszugsmittel: 60% (V/V) Aceton.

Was kostet es?

	DM
50 ml forte Tropf.	29,90
100 ml forte Tropf.	55,50
2 x 100ml forte Tropf.	96,00
50 forte Filmtbl.	29,90
100 forte Filmtbl.	55,50

Hersteller?
Fa. Lichtwer in Berlin

Sedariston® Tropfen

Wann anwenden?
Vegetative Dystonie [vom vegetativem Nervensystem kommende nervöse Störung mit verschiedenen Beschwerden wie Unruhe, Einschlafstörungen, Magendruck, Schwindelgefühl, Herzklopfen und Herzbeklemmung].

Welche Nebenwirkungen?
Photosensibilisierung [Steigerung der Lichtempfindlichkeit der Haut] ist möglich, insbesondere bei hellhäutigen Personen.

Was beachten?
Enthält 52,9 Vol.-% Alkohol!

Wie dosieren?
3 mal täglich 20 Tropfen in Flüssigkeit einnehmen. Für Kinder richtet sich die Dosierung nach dem Alter. In der Regel für Kinder von 2-5 Jahren 3 mal täglich 4-7 Tropfen, bis zu 12 Jahren 3 mal täglich 7-10 Tropfen.

Welche Wirkstoffe?
1ml Flüssigk. (= 27 Tropf.) enth.: Alkohol. Auszüge (Extraktionsmittel: Ethanol 54,7 Vol.%) aus:
Europäischer Baldrianwurzel (Valerianae radix; 1:10) 0,2ml, Johanniskraut (Hyperici herba) 0,15-0,2ml entspr. 1,5µg Hypericin, Melissenblätter (Melissae folium; 1:5) 0,2ml.

Was kostet es?

	DM
30 ml	15,40
50 ml	21,60
100 ml	38,80

Hersteller?
Fa. Steiner in Berlin

Information der Redaktion:

Godamed

HerzASS-ratiopharm

Babyhaut

Hermal®-Oel

Wann anwenden?
Trockene Haut, Juckreiz, Altershaut, Wundsein bei Säuglingen und Kranken.

Wie dosieren?
2-3mal täglich auftragen.

Welche Wirkstoffe?
100g enth.: Sojaöl 95,3g,
Pflanzenlecithin 2,5g, Polidocanol 2g, Duftstoff.

Was kostet es?

	DM
100 ml Öl	10,99

Hersteller?
Fa. Hermal in Reinbek

Bindehautreizung

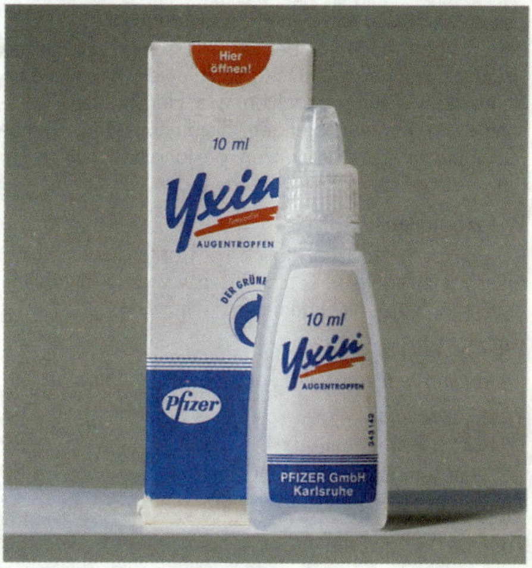

Yxin®

Wann anwenden?
Zur Schleimhautabschwellung bei Reizungen der Augen z.B. durch Rauch, Wind, gechlortes Wasser, Licht und bei allergischen Reizungen, wie z.B. Heufieber und Blütenstaubüberempfindlichkeit.

Wann nicht anwenden?
Engwinkelglaukom [Grüner Star]. Rhinitis sicca [Schnupfen, trocken]. Bei schweren Herz-Kreislauf-Erkrankungen wie z.B. koronare [herzkranzgefäßbedingte] Herzkrankheiten, Hypertonie [Bluthochdruck], Phäochromozytom [Tumor des Nebennierenmarks, der mit Chromsalzen färbbar ist]. Stoffwechselstörungen wie z.B. bei Hyper-

Bindehautreizung

thyreose [Schilddrüsenüberfunktion], Diabetes,- sowie bei Patienten, die mit MAO- Hemmern [Medikament gegen Parkinsonerkrankung] und anderen potentiell blutdrucksteigernden Medikamenten behandelt werden, Anwendung nur nach sorgfältiger Nutzen-/Risikoabwägung. Kinder unter 2 Jahre. Bei ausbleibender Besserung, Verschlechterung, Augenreizungen durch Infektion, Fremdkörper oder chemischen Hornhautschädigung, Augenschmerzen, Kopfschmerzen, Sehverlust, Flockensehen, starker Augenrötung, Schmerzen bei Lichteinfall oder Sehen von Doppelbildern sollte ein Arzt aufgesucht werden. Yxin sollte nicht mit weichen Kontaktlinsen in Berührung kommen.

Schwangerschaft?

Wegen systemischer Nebenwirkungen nur nach strenger Indikationsstellung, nur nach Rücksprache mit Ihrem Arzt anwenden!

Stillzeit?

Wegen systemischer Nebenwirkungen nur nach strenger Indikationsstellung, nur nach Rücksprache mit Ihrem Arzt anwenden!

Welche Nebenwirkungen?

Selten: Reaktive Hyperämie (Steigerung der Durchblut. eines Organs nach vorübergeh. Drosselung der Blutversorgung). Brennende Schmerzen, Hinweis: Mögliche systemische Wirkung beachten wie Herzklopfen, Kopfschmerzen, Rhytmusstörungen, Blutdruckanstieg, Tremor (Zittern). Schwäche, Schwitzen, pektanginöse [durch Angina pectoris ausgelöste] Beschwerden.

Wie dosieren?

- *Augentropfen:* 2-3 mal täglich 1-2 Tropfen in den Bindehautsack einträufeln. Kontaktlinsen vor dem Einträufeln entfernen. Spitze nicht berühren.

Welche Wirkstoffe?

- *Augentropfen:* 1ml enth.: Tetryzolin-HCl 0,5mg.

Was kostet es?

	DM
1 Fl. m. 10ml Augentropf.	6,89
10 Yxinetten (Augentropf.) à 0,5ml	8,80

Hersteller?

Fa. Pfizer in Karlsruhe

Blähungen und Völlegefühl

Aristochol® Konzentrat Kapseln

Wann anwenden?

Subakute [weniger akute] Erkrankungen des Gallenwegssystems (mit Ausnahme der weiter unten genannten Erkrankungen). Beschwerden nach abgelaufener Hepatitis [Leberentzündung], Verdauungsstörungen -insbesondere Beschwerden nach der Nahrungsaufnahme- verursacht durch verminderte Gallen- beziehungsweise Pankreassekretion [Produktion und Abgabe von Enzymen durch die Bauchspeicheldrüse].

Wann nicht anwenden?

Akut-entzündliche Darmerkrankungen wie z.B. Morbus Crohn, Colitis ulcerosa [Entzündung des Dickdarms mit eitriger Geschwürbildung], Appendizitis [Blinddarmentzündung], abdominale [vom Unterbauch kommende] Schmerzen unbekannter Ursache, Ileus [Darmverschluß], Kinder unter 12 Jahre. Schwere Leberfunktionsstörungen, Cholestase [Stauung der Gallenflüssigkeit in der Gallenblase], Gallenblasenempyem [Eiteransammlung in der Gallenblase]. Bei Gallensteinleiden nur nach Rücksprache mit einem Arzt anzuwenden!

Schwangerschaft?

Kontraindiziert, nicht anwenden!

Stillzeit?

Kontraindiziert, nicht anwenden!

Welche Nebenwirkungen?

In Einzelfällen können krampfartige Magen-Darm-Beschwerden auftreten, in diesen Fällen das Präparat nicht erneut einnehmen. Bei längerem Gebrauch Magenbeschwerden bedingt durch den Anteil an Javanischer Gelbwurz. Bei chronischem Gebrauch/Mißbrauch: Elektrolytverluste [Salzverluste], insbesondere Kalium-Verluste, Albuminurie [zuviel Eiweiß im Urin], Hämaturie [rote Blutkörperchen im Urin], Pseudomelanosis coli. Durch Kaliumverlust Störung der Herzfunktion und Muskelschwäche möglich, insbesondere bei gleichzeitiger Einnahme von Herzglykosiden [Herzmittel bei Herzschwäche], Diuretika [Entwässerungsmitteln] und Nebennierenrindensteroiden. Hinweis: Im Laufe der Behandlung kann eine harmlose Rotfärbung des Harns auftreten.

Vorsicht!

Eine über die kurzdauernde Anwendung hinausgehende Einnahme anthranoidhaltiger Arzneimittel kann zu einer Verstärkung der Darmträgheit führen.

Wie dosieren?

1 mal täglich 1 Kapsel mit reichlich Flüssigkeit.

Welche Wirkstoffe?

1 Kaps. enth.: Tr.-Extrakte aus: Schöllkraut 15-20mg entspr.
Chelidonin 0,065mg, Javanischer Gelbwurz 1,65-2,1mg entspr. Dicinnamoylmethanderivate 0,15mg, ber. als Curcumin. Ethanol. Tr.-Extr. aus Kap-Aloe 100-125mg entspr. Hydroxyanthracenderivate 25mg, ber. als wasserfreies Barbaloin. Weitere Bestandteile: Methylhydroxyethylcellulose (10.000 cP, 2% Lsg.) 40mg, Lactose, Magnesiumstearat, *Farbst.:* E 127, E 132, E 171, E 172 (Kapselhülle).

Was kostet es?

	DM
20 Kaps.	10,36
50 Kaps.	24,04
100 Kaps.	43,46

Hersteller?

Fa. Steiner in Berlin

Carvomin® forte

Wann anwenden?
Beschwerden im Magen-Darm-Bereich wie Appetitlosigkeit, Völlegefühl, Blähungen, Übelkeit und leichte Magen-Darm-Krämpfe.

Wann nicht anwenden?
Allergie gegenüber Benediktenkraut und anderen Korbblütlern, hypersekretorischer Reizmagen, akute Gastritis. Bei Gallensteinleiden nur nach Rücksprache mit einem Arzt anwenden.

Welche Nebenwirkungen?
Die in Angelikawurzel enthaltenen Furocumarine machen die Haut lichtempfindlicher und können im Zusammenhang mit UV-Bestrahlung zu Hautentzündungen führen. Für die Dauer der Anwendung sollte auf längere Sonnenbäder und intensive UV-Bestrahlung verzichtet werden. Allergische Reaktionen sind möglich.

Was beachten?
Enthält 45 Vol.-% Alkohol.

Wie dosieren?
- *Tropf.*: 1-4 mal täglich 2ml ($^1/_2$ Teelöffel).

Welche Wirkstoffe?
- *Tropf.*: Gehalt je 100g: 100g ethanolisch-wäßriger Auszug aus Angelikawurzeln 2,6g,
Benediktenkraut 8,7g, Pfefferminzblättern 8,7g.

Was kostet es?	DM
20 ml	6,45
50 ml	13,65
100 ml	24,50

Hersteller?
Fa. Pharma Wernigerode in Wernigerode

Cholarist®

Wann anwenden?
Spasmen [Krämpfe] im Bereich des Gallenwegssystems und des Gastrointestinaltraktes [Magen-Darm-Bereich].

Wie dosieren?
- *Tbl.*: 3 mal täglich 1-2 Tabletten einnehmen.

Welche Wirkstoffe?
- *Tbl.*: 1 Tbl. enth.: Tr.-Extrakt (5-7:1) aus Schöllkraut (Chelidonii herba) 100- 150mg entspr. 3mg Gesamtalkaloide, berechnet als Chelidonin.
Weit. Bestandteile: Lactose, Magnesiumstearat, Polyplasdone.

Was kostet es?	DM
20 Tbl.	10,19
50 Tbl.	23,58
100 Tbl.	40,07

Hersteller?
Fa. Steiner in Berlin

Chol-Kugeletten® Neu

Wann anwenden?
Krampfartige Beschwerden im Bereich der Gallenwege und des Magen-Darm- Traktes. Erkrankung bei denen eine leichte Defäkation [Stuhlentleerung] mit weichem Stuhl erwünscht ist.

Wann nicht anwenden?
Chol-Kugeletten® Neu sollen nicht angewendet werden bei akut-entzündlichen Erkrankung des Magen-Darm-Traktes, Darmverschluß [Ileus].

Schwangerschaft?
Keine Einnahme!

Stillzeit?
Keine Einnahme!

Welche Nebenwirkungen?
Nebenwirkungen sind bei kurzfristiger Einnahme selten. Bei längerdauernder oder hochdosierter Anwendung kommt es häufig zum Verlust von Kalium und anderen Elektrolyten [Salzen]. Dies kann zu Störungen der Herzfunktion und zu Muskelschwäche führen, insbesondere bei gleichzeitiger Einnahme von harntreibenden Mitteln und Nebennierenrindenhormonen. Die Empfindlichkeit gegenüber Herzglykosiden wird dadurch verstärkt. Gutartige Pigmenteinlagerungen in die Darmschleimhaut sind möglich. Im Laufe der Behandlung kann eine harmlose Rotfärbung des Harns auftreten.

Wie dosieren?
- *Drg.*: Jugendliche ab 15 Jahren und Erwachsene nehmen mittags 1, abends 1-2 Dragees; die Tageshöchstdosis beträgt 3 Dragees.

Welche Wirkstoffe?
- *Drg.*: 1 Drg. enth.: 50mg Schöllkraut-Trockenextrakt, standardisiert auf 1,05mg Gesamtalkaloide, berechnet als Chelidonin,
50mg Aloe-Trockenextrakt, standisiert auf 10mg Hydroxyanthracenderivate, berechnet als Aloin.

Was kostet es?	DM
30 Drg.	15,05
50 Drg.	24,10
100 Drg.	46,20

Hersteller?
Fa. Dolorgiet in Sankt Augustin

Cholspasminase® N

Wann anwenden?
Zur Behandlung von Verdauungsstörungen, die durch einen Mangel an Verdauungsenzymen bei einer gestörten Funktion der Bauchspeicheldrüse hervorgerufen werden.

Wann nicht anwenden?
Akute Pankreatitis [Bauchspeicheldrüsenentzündung], akute Schübe einer chronischen Pankreatitis [Bauchspeicheldrüsenentzündung] während der floriden [stark ent-

Blähungen und Völlegefühl

wickelten] Erkrankungsphase.

Wie dosieren?

- *Filmtbl.:* Richtdosis 1 oder 2 Filmtabletten pro Mahlzeit - entsprechend 20.000 oder 40.000 E. Lipase [fettspaltendes Enzym]. Die erforderliche Dosis kann jedoch auch erheblich höher sein.

Welche Wirkstoffe?

- *Filmtbl.:* 1 magensaftresistente Filmtbl. enth.: Pankreatin (aus Schweinepankreas) m.
Lipase 20000 E., Amylase 12000 E., Proteasen 900 E., (E.: Einheiten n. Ph. Eur.).

Was kostet es?	DM
50 Filmtbl.	25,88
100 Filmtbl.	47,15

Hersteller?

Fa. Lipha in Essen

Chol-Spasmoletten®

Wann anwenden?

Schmerzhafte Krampfzustände der Gallenwege. Herabsetzung des normalen und krankhaft veränderten Tonus (Spannungszustand von Gewebe, Gefäßen, Muskeln) des Verschlußmuskels der Gallenwege.

Wann nicht anwenden?

Überempfindlichkeit gegen einen der Inhaltsstoffe. Schwere Leberfunktionsstörungen, entzündlich tumorösen [tumorartigen] und allergischen Darmerkrankungen mit Durchfallneigung, Darmverschluß, schwere Niereninsuffizienz [Nierenschwäche], organisch bedingter Verschluß der Gallenwege, eitriger Gallenblasenentzündung.

Schwangerschaft?

Kontraindiziert, nicht anwenden in der Frühschwangerschaft, strenge Indikationstellung, nur nach Rücksprache mit Ihrem Arzt anwenden in der Spätschwangerschaft.

Stillzeit?

Kontraindiziert, nicht anwenden!

Welche Nebenwirkungen?

Vereinzelt Diarrhoen [Durchfälle], die durch Dosisreduktion zu beheben sind. Vereinzelt Völlegefühl, Verstopfung, Magendrücken und Überempfindlichkeitsreaktionen (Hautveränderungen) möglich.

Wie dosieren?

- *Drg.:* Erwachsene nehmen 3 mal 1 Dragee pro Tag jeweils zu den Mahlzeiten unzerkaut mit etwas Flüssigkeit ein.

Welche Wirkstoffe?

- *Drg.:* 1 Drg. enth.: Hymecromon 400mg.

Was kostet es?	DM
30 Drg.	13,85
50 Drg.	21,16
100 Drg.	37,69

Hersteller?

Fa. Dolorgiet in Sankt Augustin

Cotazym 10 000, -20 000, -30 000

Wann anwenden?

Störung der exokrinen [auf die Drüsen bezogenen] Pankreasfunktion (Bauchspeicheldrüsenfunktion), die mit einer Maldigestion [Verdauungsstörung] einhergehen.

Wann nicht anwenden?

Akute Pankreatitis [Bauchspeicheldrüsenentzündung] und akute Schübe einer chronischen Pankreaserkrankung.

Wie dosieren?

Während jeder Mahlzeit 2-4 Kapseln Cotazym 10 000 beziehungsweise 1-2 Kapseln Cotazym 20 000 beziehungsweise 1 Kapsel Cotazym 30 000 unzerkaut mit etwas Flüssigkeit einnehmen. Bei Bedarf auch mehr.

Welche Wirkstoffe?

- *10 000 Kaps.:* 1 Kaps. (mit magensaftresistenten Pellets) enth.: Pankreatin 154,4mg (entspr. 10 000 FIP-E. Lipase, 6250 FIP-E. Amylase, 375 FIP-E. Protease).
- *20 000 Kaps.:* 1 Kaps. (mit magensaftresistenten Pellets) enth.: Pankreatin 308,7mg (entspr. 20 000 FIP-E. Lipase, 12 500 FIP-E. Amylase, 750 FIP-E. Protease).
- *30 000 Kaps.:* 1 Kaps. (mit magensaftresistenten Pellets) enth.: Pankreatin 463mg (entspr. 30 000 FIP-E. Lipase, 18 750 FIP-E. Amylase, 1125 FIP-E. Protease).

Was kostet es?	DM
50 Kaps. zu 10 000 FIP.-E.	25,89
100 Kaps. zu 10 000 FIP.-E.	45,48
200 Kaps. zu 10 000 FIP.-E.	87,16
50 Kaps. zu 20 000 FIP.-E.	45,89
100 Kaps. zu 20 000 FIP.-E.	86,99
200 Kaps. zu 20 000 FIP.-E.	163,00
50 Kaps. zu 30 000 FIP.-E.	65,40
100 Kaps. zu 30 000 FIP.-E.	123,97
200 Kaps. zu 30 000 FIP.-E.	229,52

Hersteller?

Fa. Thiemann in Waltrop

Enzym-Lefax® N

Wann anwenden?
Meteorismus [Gasbildung im Magen-Darm-Bereich], Völlegefühl bei gleichzeitigem Enzymmangel.

Welche Nebenwirkungen?
Vorübergehende Reizung der Mundschleimhaut (Einzelfälle).

Wie dosieren?
- *Kautbl.*: 3 mal täglich 1-2 Tabletten zerkaut zu den Mahlzeiten einnehmen.

Welche Wirkstoffe?
- *Kautbl.*: 1 Kautbl. enth.: Dimeticon-3000-Siliciumdioxid 97:3 (Simethicon) 41,2mg,
Pankreatin 50mg (stand.: auf Triacylglycerollipase 2200 F.I.P.-E., Protease mind. 100 F.I.P.-E., Amylase mind. 1800 F.I.P.-E.).

Was kostet es?	DM
20 Kautbl.	8,80
50 Kautbl.	20,85
100 Kautbl.	37,55
200 Kautbl.	70,25

Hersteller?
Fa. Asche in Hamburg

Helianthus tuberosus

Wann anwenden?
Adipositas [Fettleibigkeit], Obstipation [Verstopfung], Meteorismus [Gasbildung im Darm].

Was beachten?
Enth. 51 Vol.-% Alkohol.

Wie dosieren?
- *Tropfen:* 3 mal täglich 10 bis 20 Tropfen - pur oder mit etwas Wasser - langsam vor dem Essen einnehmen.

Welche Wirkstoffe?
- *Tropfen:* 100ml enth.: Helianthus tuberosus D1 dil. 100ml.

Was kostet es?	DM
30 ml Tropf.	21,25
100 ml Tropf.	41,00

Hersteller?
Fa. Plantina in Heidelberg

Hepar-POS® Kaps.

Wann anwenden?
Dyspeptische Beschwerden (Verdauungsstörungen, Übelkeit, Völlegefühl, Oberbauchschmerz).

Wann nicht anwenden?
Allergie gegen Artischocken und andere Korbblütler. Verschluß der Gallenwege. Vorsicht bei Gallensteinleiden.

Wie dosieren?
- *Kaps.*: 3 mal täglich 1 Kapsel zu den Mahlzeiten unzerkaut mit Flüssigkeit einnehmen. Bei Bedarf kann die Dosis auf 4 mal täglich 1 Kapsel erhöht werden. Die Einnahme über einen längeren Zeitraum ist zu empfehlen.

Welche Wirkstoffe?
- *Kaps.*: 1 Kaps. enth.: Wässr. Trockenextr. aus Artischokkenblättern 400mg (Droge: Extr. = 3,8-5,5:1).

Was kostet es?	DM
50 Kaps.	29,80
100 Kaps. (2x50)	54,50

Hersteller?
Fa. Ursapharm in Saarbrücken

Arzneimittel

Blähungen und Völlegefühl

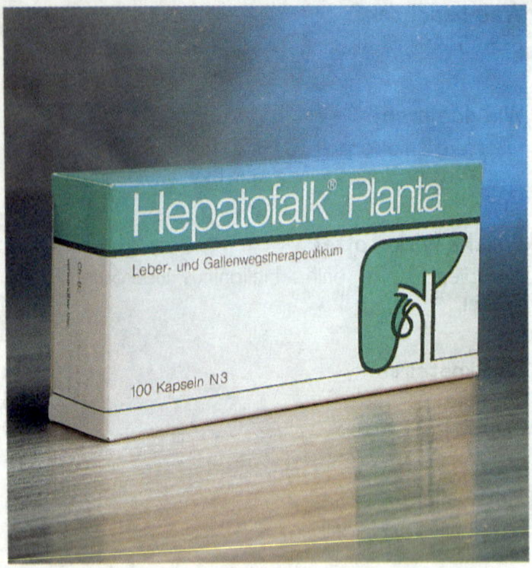

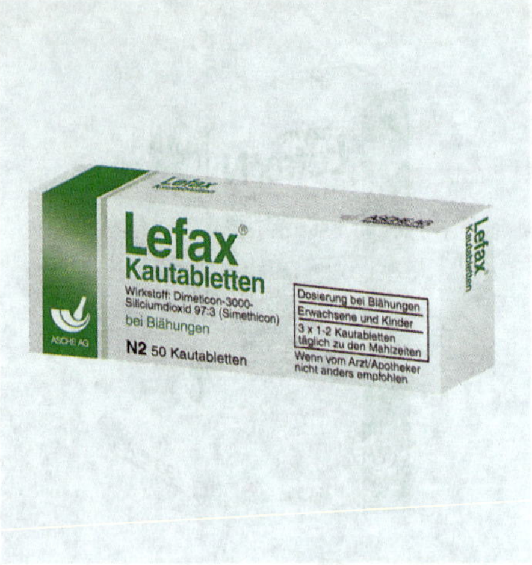

Hepatofalk® Planta

Wann anwenden?
Krampfartige Beschwerden im Bereich der Gallenwege und des Magen-Darm-Traktes. Dyspeptische [durch Verdauungsprobleme bedingte] Beschwerden.

Wann nicht anwenden?
Verschluß der Gallenwege. Vorsicht bei Gallensteinleiden.

Welche Nebenwirkungen?
Vereinzelt leicht abführende Wirkung. Bei längerem Gebrauch vereinzelt Magenbeschwerden.

Wie dosieren?
- *Kaps.*: 3 mal täglich 2 Kapseln vor den Mahlzeiten, unzerkaut mit Flüssigkeit; Erhaltungsdosis oder in leichteren Fällen 3 mal täglich 1 Kapsel einnehmen.

Welche Wirkstoffe?
- *Kaps.*: 1 Kaps. enth.: 132,1mg-162,8mg Trockenextrakt aus Mariendistelfrüchten (43%-53% Silymarin, berechn. als Silybin),
90-100mg Trockenextrakt aus Schöllkraut (2,0%-2,2% Gesamtalkaloide, berechn. als Chelidonin), 25mg Trokkenextrakt aus Javanischer Gelbwurz, entspr. 54% nativem Extrakt (28,6:1).

Was kostet es?	DM
100 Kaps.	64,95

Hersteller?
Fa. Falk in Freiburg

Lefax® Kautbl., -Lutschpastillen, -liquid, -Tropfen

Wann anwenden?
Meteorismus [Gasbildung im Magen-Darm-Bereich] mit gastrointestinalen [von Magen und Darm kommenden] Beschwerden wie Blähungen, Völlegefühl und Spannungsgefühl im Oberbauch. Bei verstärkter Gasbildung nach Operationen.

Welche Nebenwirkungen?
- *liquid:* Enthält als Konservierungsmittel Parahydroxybenzoesäureester. Bei Personen, die gegen diese Stoffe besonders empfindlich sind, können allergische Reaktionen hervorgerufen werden.

Was beachten?
- *Kautbl.:* 1 Kautablette enthält 0,55g Zucker (entspricht 0,05 BE [Diabetiker- Einheiten]).
- *Lutschpastillen:* 1 Lutschpastille enthält 0,41g Zucker (entspricht 0,03 BE [Diabetiker- Einheiten]).

Wie dosieren?
- *Kautbl.:* 3 mal täglich 1-2 Tabletten zerkaut zu den Mahlzeiten einnehmen. Zur Vorbereitung diagnostischer Untersuchungen im Bauchbereich: Am Tag vor der Untersuchung nehmen Erwachsene 3 mal 2 Kautabletten, am Morgen des Untersuchungstages 2 Kautabletten ein.
- *Lutschpastillen:* 3 mal täglich 1 Pastille nach den Mahlzeiten und bei Bedarf auch vor dem Schlafengehen lutschen. Zur Vorbereitung diagnostischer Untersuchungen: Am Tag vor der Untersuchung 3 mal 1 Pastille, am Morgen des Untersuchungstages 1 Pastille lutschen.
- *liquid:* Erwachsene und Schulkinder täglich 3 mal 1-2 Teelöffel Lefax liquid einnehmen. Kleinkinder bis zum 6. Lebensjahr täglich 3-5 mal 1 Teelöffel Lefax liquid nach den Mahlzeiten einnehmen. Zur Vorbereitung diagnostischer Untersuchungen im Bauchbereich: Am Tag vor der

Untersuchung 3 mal 2 Teelöffel Lefax liquid, am Morgen des Untersuchungstages 2 Teelöffel einnehmen.
- *Tropfen:* Säuglinge und Flaschenkinder erhalten 2 Pumpstöße in jedem Fläschchen oder in Flüssigkeit, Kleinkinder 3 mal täglich 2 Pumpstöße. Erwachsene nehmen 3 mal täglich 2-4 Pumpstöße zu oder nach den Mahlzeiten in 1 Glas Wasser ein, bei Bedarf zusätzlich auch vor dem Schlafengehen. Zur Vorbereitung diagnostischer Untersuchungen im Bauchbereich werden von Erwachsenen am Tag vor der Untersuchung 3 mal 4-6 Pumpstöße (nach jeder Mahlzeit) und am Morgen des Untersuchungstages 4-6 Pumpstöße eingenommen.

Welche Wirkstoffe?
- *Kautbl.:* 1 Kautbl. enth.: Dimeticon-3000-Siliciumdioxid 97:3 (Simethicon) 42mg.
- *Lutschpastillen:* 1 Pastille enth.: Dimeticon (Simethicon) 100mg.
- *liquid:* 5ml enth.: Dimeticon-3000-Siliciumdioxid 97:3 (Simethicon) 41,2mg.
- *Tropfen:* 1ml (2 Pumpstöße) enth.: Dimeticon-3000-Siliciumdioxid 97:3 (Simethicon) 41,2mg.

Was kostet es?	DM
20 Kautbl.	7,00
50 Kautbl.	14,44
100 Kautbl.	24,99
20 Pastillen	8,90
50 Pastillen	17,20
100 Pastillen	29,70
200 ml liquid	11,78
50 ml Tropf.	14,73
100 ml Tropf.	29,46

Hersteller?
Fa. Asche in Hamburg

Leukona®-Mintöl

Wann anwenden?
Magen-, Darm- und Gallenbeschwerden, Erkältungskrankheiten der oberen Luftwege.

Wann nicht anwenden?
Schwere Leberfunktionsstörungen. Verschluß der Gallenwege. Gallenblasenentzündung. Bei Säuglingen und Kleinkindern nicht zur Inhalation verwenden oder im Bereich von Hals und Gesicht auftragen.

Wie dosieren?
Magen-Darm- und Gallenbeschwerden : 1-2 mal täglich 3-5 Tropfen auf Zucker geträufelt im Mund zergehen lassen. Zur Inhalation: 2-3 Tropfen in siedend heißes Wasser geben und einatmen.
Äußerl.: Mehrmals täglich (2-4 mal) auf die Haut auftragen und verreiben. Bei Kleinkindern 5-15 Tropfen auf Brust und Rücken einreiben.

Welche Wirkstoffe?
10g enth.: Pfefferminzöl 10g.

Was kostet es?	DM
10 ml	8,48

Hersteller?
Fa. Dr. Atzinger in Passau

Lomatol® Dragees, -Tropfen

Wann anwenden?
Funktionelle Magen-Darm-Beschwerden mit Störungen im normalen Bakterienhaushalt des Darmes, Fäulnis- und Gärungsdyspepsien [Verdauungsstörungen], krampfartigen Beschwerden im Magen-Darm-Bereich sowie der Gallenblase und -wege, Empfindlichkeit gegen schwer verdauliche Speisen (Völlegefühl), Blähungen, Meteorismus [abnorme Gasansammlung im Magen-Darm-Trakt], Roemheldsyndrom [funktionelle Herzbeschwerden durch Blähungen im Oberbauch und Zwerchfellhochstand] und Appetitlosigkeit.
Zusätzlich für - Tropfen: Besondere Anwendungsgebiete bei Säuglingen und Kleinkindern: Ernährungsbedingte Verdauungsstörungen, Blähbauch, Nabelkoliken, Speikinder.

Wie dosieren?
- *Dragees:* 3 mal täglich 1-2 Dragees vor den Mahlzeiten mit etwas Flüssigkeit einnehmen.
- *Tropfen:* 3 mal täglich vor den Mahlzeiten 10-30 Tropfen in lauwarmer Flüssigkeit einnehmen. Säuglinge erhalten 2 mal täglich 1-3 Tropfen mit Kamillentee aus dem Flaschensauger. Kleinkinder bis zu 5 Jahre enthalten 5-10 Tropfen im lauwarmem Kamillentee.

Welche Wirkstoffe?
- *Dragees:* 1 Drg. enth.: Trockenextrakt aus Pfefferminzblättern (5,5:1) (Auszugsmittel Wasser) 120mg, Trockenextrakt aus Kümmel (6,5:1) (Auszugsmittel Wasser) 80mg, Trockenextrakt aus Wermutkraut (5,5:1) (Auszugsmittel Wasser) 40mg, Kümmelöl 2,4mg, Pfefferminzöl 2,4mg.
- *Tropfen:* 100ml enth.: Ethanolisch-wäßr. Auszug (Auszugsmittel Ethanol 45% V/V) 95,85g aus: Pfefferminzblätter 9,26g, Fenchel 8,13g, Kümmel 3,78g, Wermutkraut 1,92g.

Was kostet es?	DM
50 Drg.	15,36
100 Drg.	27,24
20 ml Tropfen	10,60
50 ml Tropfen	15,04

Hersteller?
Fa. Lomapharm in Emmerthal

Information der Redaktion:

sab simplex

Blase, gereizte

Cystium® Solidago Lsg.

Wann anwenden?
Durchspülung bei entzündlichen Erkrankungen der ableitenden Harnwege.

Was beachten?
Keine Durchspülungstherapie bei Ödemen infolge eingeschränkter Herz- oder Nierentätigkeit. Auf reichlich Flüssigkeitszufuhr ist zu achten.

Wie dosieren?
- *Lsg.*: 3 mal täglich 5ml (1 Teelöffel) vor den Mahlzeiten einnehmen.

Welche Wirkstoffe?
- *Lsg.*: 100g enth.: 10g Trockenextr. aus Goldrutenkraut (Verhältnis Droge: nativer Extr. = 5,5-6,5:1). 5ml ≙ ca. 3g Droge.

Was kostet es?

	DM
100 ml	12,35
250 ml	27,90

Hersteller?
Fa. Pharma Wernigerode in Wernigerode

Harntee-Steiner®

Wann anwenden?
Zur Durchspülung bei entzündlichen Erkrankungen der ableitenden Harnwege.

Wann nicht anwenden?
Keine Durchspülungstherapie bei Ödemen [Wasseransammlung im Gewebe] infolge eingeschränkter Herz- oder Nierentätigkeit.

Was beachten?
1,2g Tee-Granulat enthalten 0,05 BE [Diabetiker-Einheiten]-saccharosefrei- und den Zuckerersatzstoff Aspartam.

Wie dosieren?
- *Tee-Gran.*: 5 mal täglich 1 Teelöffel mit reichlich Flüssigkeit einnehmen.

Welche Wirkstoffe?
- *Tee-Gran.*: 1,2g Tee-Gran. (Instanttee) enth.: standardisierte Tr.-Extrakte aus Birkenblätter (Betulae folium; 4-7:1) 230mg,
Orthosiphonblätter (Orthosiphonis folium; 5-7:1) 150mg, Goldrutenkraut (Solidaginis herba; 5-7:1) 150mg. Weit. Bestandteile: Maltodextrin, Fenchelöl als Aromastoff. Enth. Aspartam.

Was kostet es?

	DM
30 g Tee-Gran.	11,75
60 g Tee-Gran.	19,90

Hersteller?
Fa. Steiner in Berlin

Solidago Steiner®

Wann anwenden?
Zur Durchspülung bei entzündlichen Erkrankungen der ableitenden Harnwege.

Wann nicht anwenden?
Keine Durchspülungstherapie bei Ödemen infolge eingeschränkter Herz- oder Nierentätigkeit.

Wie dosieren?
- *Tbl.*: 3-5 mal täglich 1 Tablette mit reichlich Flüssigkeit einnehmen.

Welche Wirkstoffe?
- *Tbl.*: 1 Tbl. enth.: standardisierter Tr.-Extrakt (5-7:1) aus Goldrutenkraut (Solidago-virgaurea-Kraut) 300mg.
Weit. Bestandteile: Polyplasdone, Magnesiumstearat.

Was kostet es?

	DM
20 Tbl.	19,30
60 Tbl.	45,10

Hersteller?
Fa. Steiner in Berlin

Blasenschwäche

Inconturina® SR

Wann anwenden?
Blasenschwäche, Reizblase, Bettnässen.

Wann nicht anwenden?
Keine Durchspülungstherapie bei Ödemen [Wasseransammlungen im Gewebe].

Was beachten?
Enthält 27 Volumenprozent Alkohol.

Wie dosieren?
- *Tropf.*: 3 mal täglich 20-25 Tropfen; Kinder dem Alter entsprechend weniger.

Welche Wirkstoffe?
- *Tropf.*: 100g enth.: Flüssig-Extrakt aus Goldrutenkraut ([1:1], Auszugsm.: ger. Wasser) 24,89g, Flüssig-Extrakt aus Gewürzsumachwurzelrinde ([1:1], Auszugsm.: Ethanol 30% ([m/m]) 19,56g.

Was kostet es?

	DM
30 ml Tropf.	14,50
100 ml Tropf.	38,80
250 ml Tropf.	66,40

Hersteller?
Fa. OTW in Ettlingen

Blutdruck, hoher

Antihypertonicum S Schuck

Wann anwenden?
Hypertonie [Bluthochdruck], Arteriosklerose [Arterienverkalkung].

Wann nicht anwenden?
Frischer Herzinfarkt, tachykarde Arrhythmie [mit zu langsamem Herzschlag einhergehende Herzrhythmusstörung], Magen-Darm-Ulzera [Magen-Darm-Geschwür], Epilepsie.

Welche Nebenwirkungen?
Bei starker Überdosierung oder übermäßiger Einnahme zentralnervöse [vom Zentralnervensystem ausgehende] Beschwerden, gastrointestinale [von Magen und Darm kommende] Störungen, Tachykardie [Steigerung der Herzfrequenz auf über 100 Schläge pro Minute].

Was beachten?
Beeinflußt den Blutdruck. Reaktionsvermögen kann beeinträchtigt werden!

Wie dosieren?
- *Drg.*: 3 mal täglich je 1-2 Dragees zum Essen.

Welche Wirkstoffe?
- *Drg.*: 1 Drg. enth.: Extr. Fol. Betulae (aquos. sicc. 6:1) 20mg,
Extr. Herba Crataegi sicc. (1,6% Flavonoide, ber. als Hyperosid) 20mg, Extr. Fruct. Crataegi (spir. sicc. 2,5:1) 20mg, Extr. Herb. Visci albi (aquos. sicc. 6:1) 25mg, Extr. Fol. Oleae europ. (spir. sicc. 5,5:1) 30mg, Extr. Fol. Rhododendri (spir. sicc. 3:1) 12,5mg, Rutosid 3 H_2O 10mg, Proxyphyllin 40mg.

Was kostet es?	DM
50 Drg.	13,40
200 Drg.	42,50

Hersteller?
Fa. Schuck in Schwaig b. Nürnberg

Crataegus Verla®

Wann anwenden?
Druck- und Beklemmungsgefühl in der Herzgegend. Noch nicht digitalisbedürftiges [herzmittelbedürftiges] Altersherz.

Was beachten?
- *Lsg.*: Enthält 38 Vol.-% Alkohol.

Wie dosieren?
- *Tbl.*: 2 mal täglich 1-2 Filmtabletten mit etwas Flüssigkeit unzerkaut vor den Mahlzeiten einnehmen.
- *Lsg.*: 2 mal täglich 10-20 Tropfen mit etwas Flüssigkeit vor den Mahlzeiten einnehmen.

Welche Wirkstoffe?
- *Tbl.*: 1 Filmtbl. enth.: Weißdorntrockenextrakt aus Blättern mit Blüten 188,8mg (stand. 2,65% Flavonoide berechnet als Hyperosid).
- *Lsg.*: 100g Lsg. enth.: Weißdornflüssigextrakt aus Blättern mit Blüten (stand. 0,9-1,1% Flavonoide berechnet als Hyperosid).

Was kostet es?	DM
30 Filmtbl.	7,90
50 Filmtbl.	10,86
100 Filmtbl.	18,25
30 ml Lsg.	10,70
50 ml Lsg.	16,50
100 ml Lsg.	29,60

Hersteller?
Fa. Verla-Pharm in Tutzing

Craton® forte Ginkgo-biloba Filmtabletten

Wann anwenden?
Schwindel, Kopfschmerzen, Ohrensausen, Konzentrations- und Gedächtnisschwäche und Nachlassen der intellektuellen Leistungsfähigkeit infolge ungenügender Durchblutung des Gehirns. Krampfartige Schmerzen in der Wadenmuskulatur beim Gehen infolge Arterienverkalkung. Taubheitsgefühl, Kälteempfinden und Blässe an den Zehen wegen unzureichender Blutversorgung des Gewebes. Arterielle Durchblutungsstörungen im höheren Lebensalter.

Wann nicht anwenden?
Überempfindlichkeit gegen einen der Bestandteile.

Welche Nebenwirkungen?
Sehr selten können leicht Magen-Darm-Beschwerden, Kopfschmerzen oder allergische Hautreaktionen auftreten.

Was beachten?
1 Filmtablette entspricht 0,007 BE [Diabetiker-Einheit] und ist daher für Diabetiker geeignet.

Wie dosieren?
- *Filmtabletten:* 3-4mal täglich 1 Filmtablette unzerkaut mit etwas Flüssigkeit einnehmen.

Welche Wirkstoffe?
- *Filmtabletten:* 1 Filmtablette enth.: Trockenextrakt aus Ginkgo-biloba-Blättern (50:1) 30mg, eingestellt auf 24% Ginkgoflavonglykoside und 6% Terpenlactone (Ginkgolide, Bilobalid).

Was kostet es?	DM
40 Filmtabletten	18,85
100 Filmtabletten	39,95
200 Filmtabletten	69,95

Hersteller?
Fa. Spitzner in Ettlingen

Blutdruck, niedriger

Circuvit® E Tropf., -5 Tbl., -25 Tbl.

Wann anwenden?
Hypotonie [niedriger Blutdruck], die im Stehtest mit Beschwerden wie Blässe, Schweißausbruch, Flimmern oder Schwarzwerden vor den Augen sowie mit deutlichem Bludruckabfall ohne Herzfrequenzanstieg einhergehen.

Wann nicht anwenden?
Überempfindlichkeit gegen Etilefrinhydrochlorid. Anstieg v. Blutdruck und Herzfrequenz, Hypertonie [Bluthochdruck], Thyreotoxikose [Überfunktion der Schilddrüse], Phäochromozytom [Tumor des Nebennierenmarks, der mit Chromsalzen färbbar ist], Engwinkelglaukom [Grüner Star], Entleerungsstörungen der Harnblase, insbesondere bei Prostataadenom (Vergrößerung der Vorsteherdrüse) mit Restharnbildung. Sklerotische Gefäßveränderungen, koronare [herzkranzgefäßbedingte] Herzkrankheit, tachykarde Herzrhythmusstörungen, Überempfindlichkeit gegenüber Alkyl-4- hydroxy-benzoaten (Parabenen). Vorsicht ist geboten bei: Diabetes mellitus [Zuckerkrankheit], Hyperkalzämie [erhöhter Kalziumgehalt des Blutes], Hypokaliämie [Kaliummangel], schweren Nierenfunktionsstörungen, Cor pulmonale [Erkrankung des Herzens, durch Drucksteigerung in der Lunge].

Schwangerschaft?
Kontraindiziert, nicht anwenden im 1. Drittel der Schwangerschaft. Ab dem 4. Schwangerschaftsmonat strenge Indikationsstellung, nur nach Rücksprache mit Ihrem Arzt anwenden!

Stillzeit?
Kontraindiziert, nicht anwenden!

Welche Nebenwirkungen?
Herzklopfen, Unruhe, Schlaflosigkeit, Schwitzen, Schwindelgefühl und Unverträglichkeit im Magen-Darm-Bereich, pektanginöse [die Angina pectoris betreffend] Beschwerden, Tachykardie [Steigerung der Herzfrequenz auf über 100 Schläge pro Minute], ventrikuläre [eine Herzkammer betreffende] Herzrhythmusstörungen so wie überschießendem Blutdruckanstieg (eventuell mit Kopfschmerzen und Muskelzittern. In solchen Fällen ist vor der weiteren Einnahme unbedingt der Arzt zu befragen. Aufgrund des Gehaltes an Alkyl-4- hydroxybenzoaten (Parabenen) können bei entsprechned veranlagten Patienten in Einzelfällen Überempfindlichkeitsreaktionen auftreten.

Wie dosieren?
Circuvit E Tropfen: Schulkinder und Erwachsene als mittlere Tagesdosis 30mg (20-50mg), d.h. circa 3 mal täglich 25 Tropfen. Circuvit E5 Tabletten: Erwachsene und Schulkinder 2 mal täglich 2-3 Tabletten. Circuvit E25 Tabletten: Erwachsene und Schulkinder 1-2 Tabletten.

Welche Wirkstoffe?
- *Tropf.*: 1 ml enth.: 7,5mg (±)-Etilefrinhydrochlorid.
- *5 Tbl.*: 1 Tbl. enth.: 5mg (±)-Etilefrinhydrochlorid.
- *25 Tbl.*: 1 Tbl. enth.: 25mg (±)-Etilefrinhydrochlorid.

Was kostet es?	DM
30 ml	13,40
50 ml	19,90
100 ml	35,95
20 Tbl.	5,35
50 Tbl.	10,75
100 Tbl.	19,55
20 Tbl.	9,95
50 Tbl.	22,90
100 Tbl.	39,85

Hersteller?
Fa. Pharma Wernigerode in Wernigerode

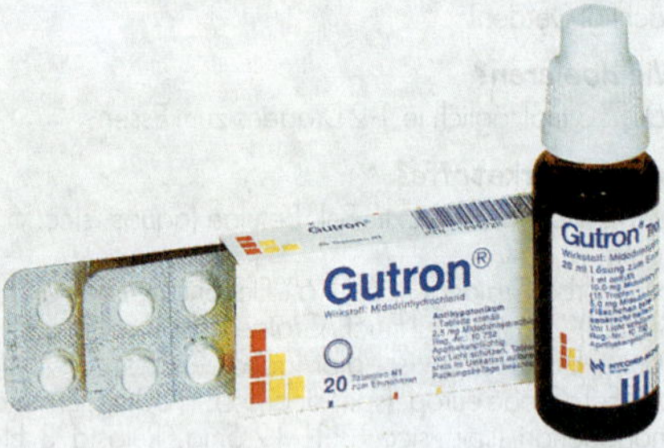

Gutron®

Wann anwenden?
Orthostatische Hypotonie [bei Lagewechsel auftretender niedriger Blutdruck] sowie Hypotonie [niedriger Blutdruck] bei Wetterfühligkeit.

Wann nicht anwenden?
Absolute Kontraindikationen [Gegenanzeigen]: Hypertonie [Bluthochdruck], Phäochromozytom [Erkrankung des Nebennierenmarks], obliterierende und spastische Gefäßerkrankungen, Engwinkelglaukom [Grüner Star], Prostataadenom mit Restharnbildung [Gutartige Geschwulst im Prostatabereich], Abflußbehinderungen in den Harnwegen, z.B. durch Harnsteine, Thyreotoxikose [Überfunktion der Schilddrüse].
Relative Kontraindikationen [Gegenanzeigen]: Schwere organische Herz- und Gefäßveränderungen, Herzrhythmusstörungen.

Schwangerschaft?
Strenge Indikationsstellung, nur nach Rücksprache mit Ihrem Arzt anwenden!

Stillzeit?
Strenge Indikationsstellung, nur nach Rücksprache mit Ihrem Arzt anwenden!

Welche Nebenwirkungen?
Seltene Nebenwirkungen: pilomotorische Reaktionen [Aufstellen der Haare Gänsehaut], besonders im Bereich der Nacken- und Kopfhaut, Kältegefühl, ventrikuläre [eine Herzkammer betreffende] Rhythmusstörungen.
Gelegentliche Nebenwirkungen: Harndrang.

Was beachten?
Vorsichtig dosieren bei schweren organischen Herz- und Gefäßveränderungen. Rhythmusstörungen.

Wie dosieren?
- *Tbl.:* Durchschnittlich 2mal täglich 1 Tablette jeweils abends vor dem Schlafengehen und morgens nach dem Aufstehen einnehmen. Im Einzelfall kann auf 2mal $^1/_2$ Tablette reduziert werden.
- *Tropf.:* Durchschnittlich 2mal täglich 7 Tropfen jeweils abends vor dem Schlafengehen und morgens nach dem Aufstehen einnehmen. Im Einzelfall kann auf 2mal 3 Tropfen reduziert werden.

Welche Wirkstoffe?
- *Tbl.:* 1 Tbl. enth.: 2,5mg Midodrin-HCl.
- *Tropf.:* 1ml Tropflsg. enth.: 10,0mg Midodrin-HCl.

Was kostet es?	DM
20 Tbl.	21,51
50 Tbl.	50,36
100 Tbl.	92,43
20 ml	60,80

Hersteller?
Fa. Nycomed Arzneimittel in Ismaning

Leukona®-Tonikum-Bad

Wann anwenden?
Kreislaufstörungen, niedriger Blutdruck, periphere Durchblutungsstörungen [die Extremitäten betreffend], vegetative Dystonie [vom vegetativen, d.h. unterbewußten, Nervensystem kommende Kreislaufstörung], Nervenschwäche.

Wann nicht anwenden?
Vorsicht bei großen Hautverletzungen, akuten unklaren Hauterkrankungen, schweren, fieberhaften und infektiösen Erkrankungen, Herzinsuffizienz [Herzschwäche] und Hypertonie [Bluthochdruck]. Nicht anwenden bei Säuglingen und Kleinkindern.

Schwangerschaft?
Nicht anwenden.

Stillzeit?
Nicht anwenden.

Welche Nebenwirkungen?
Sehr selten geringfügige Hautreizungen.

Vorsicht!
Bäderkonzentrate mit Campher sollen nicht in die Augen und auf Schleimhäute gebracht werden; insbesondere ist bei Säuglingen und Kleinkindern ein Kontakt mit der Nasenschleimhaut zu vermeiden.

Wie dosieren?
30ml auf 1 Vollbad dosieren.

Welche Wirkstoffe?
100g enth.: Rosmarinöl 22,5g,
Campher 12,5g, Eukalyptusöl 1,5g.

Was kostet es?	DM
250 ml	17,95
720 ml	44,90

Hersteller?
Fa. Dr. Atzinger in Passau

Information der Redaktion:

Carnigen

Effortil

Katovit(Rp)

Novadral

Bluterguß und Prellung

Dolobene® Gel

Wann anwenden?
Schwellungen, Blutergüsse und Entzündungen nach stumpfen Verletzungen der Muskeln, Sehnen und Gelenke. Weichteilrheumatismus. Akute Neuralgien, Arm- und Schultersteife.

Wann nicht anwenden?
Allergie gegen einen der Inhaltsstoffe. Schwere Leber- und Nierenfunktionsstörungen. Kreislauflabilität. Anwendung bei Kindern unter 5 Jahren. Asthma. Nicht zusammen mit dem Wirkstoff Sulindac anwenden.

Schwangerschaft?
Kontraindiziert, nicht anwenden!

Stillzeit?
Kontraindiziert, nicht anwenden!

Welche Nebenwirkungen?
Lokale Reizwirkung an der Haut. Allergische Hauterscheinungen, in Einzelfällen allergische Sofortreaktionen mit

Bluterguß und Prellung

Urtikaria [Nesselsucht] und Quincke-Ödem [Wasseransammelung im Gewebe, z.B. im Gesicht, ausgelöst durch Allergie].

Was beachten?
Nicht auf Schleimhäute, offene Wunden oder auf kranke oder vorgeschädigte Haut aufbringen.

Wie dosieren?
2-4mal täglich dünn auftragen. Bei Anwendung unter Verbänden: Verband erst dann anlegen, wenn das Gel weitgehend in die Haut eingezogen und der enhaltene Alkohol verdunstet ist.

Welche Wirkstoffe?
100g Gel enth.: Dimethylsulfoxid (DMSO) 15,0g, Heparin-Na 50.000 I.E., Dexpanthenol 2,5g.

Was kostet es?	DM
50 g	12,80
100 g	19,26
150 g	24,90
195 g/ 200ml (Spender)	32,94

Hersteller?
Fa. Merckle in Ulm

Dolo-Rubriment® Salbe

Wann anwenden?
Symptomatische Behandlung von rheumatischen, entzündlichen, degenerativen und traumatischen Erkrankungen des Muskel-, Sehnen- und Gelenksystems, z. B. Muskel- und Gelenkrheumatismus, Entzündung der Sehnen und Sehnenscheiden, Bandscheibenschäden, Ischias, Schulter-Nackensteife, Muskelverspannungen, Prellungen, Zerrungen, Verstauchungen, Schleimbeutelentzündungen, Nachbehandlung von Knochenbrüchen, Beschwerden durch Nervenentzündungen.

Wann nicht anwenden?
Bei Säuglingen und Kleinkindern Langzeitbehandlung auf großen Flächen vermeiden. Ekzeme und Hautverletzungen, entzündliche Hauterkrankungen, dekompensierte [unbehandelte] Herz-, Leber- und Nierenerkrankungen, arterielle Gefäßverschlüsse, schwere diabetische Mikroangiopathie [Erkrankungen der kleinen Gefäße].

Schwangerschaft?
Langzeitbehandlung auf großen Flächen vermeiden.

Was beachten?
Nicht auf Schleimhäute bringen! Nach Anwendung Hände waschen!

Wie dosieren?
2-3mal täglich in dünner Schicht über dem Erkrankungsgebiet auftragen und leicht einmassieren.

Welche Wirkstoffe?
100g enth.: (2-Hydroxyethyl)-salicylat 10g, Benzylnicotinat 0,75g, Heparin-Na 10000 I.E. (Heparin aus Intestinalmucosa vom Schwein).

Was kostet es?	DM
40 g Salbe	10,75
100 g Salbe	19,67

Hersteller?
Fa. Nordmark in Uetersen

Harzer Franzbranntwein, -mit Fichtennadelöl

Wann anwenden?
Zum Vorbeugen bei Gefahr des Wundliegens und bei mangelhafter Hautdurchblutung. Zur Unterstützung bei der Therapie von Zerrungen, Prellungen, Verstauchungen, Muskel- und Gelenkschmerzen.

Wann nicht anwenden?
Offene Hautwunden, geschädigte Haut, zum Beispiel bei Verbrennungen. Bei Säuglingen und Kleinkindern nicht im Bereich des Gesichts, speziell der Nase, auftragen.

Welche Nebenwirkungen?
Hautreizungen sind bei längerer Anwendung möglich.

Was beachten?
Nur zur äußerlichen Anwendung. Vor Feuer schützen! Gut verschlossen aufbewahren. Nicht zum Einnehmen. Nicht auf verletze Haut oder auf Schleimhäute am Auge auftragen.

Wie dosieren?
Einmal bis mehrmals täglich je nach Bedarf einige Tropfen bis einige ml auf die betroffenen Stellen auftragen und in die Haut einmassieren.

Welche Wirkstoffe?
- *Lösung:* Gehalt je 100g: 1,8g Menthol u. 0,36g Campher.
- *mit Fichtennadelöl:* Gehalt je 100g: 0,12g Campher und 0,8g Fichtennadelöl.

Was kostet es?	DM
200 ml Lösung	7,54
500 ml mit Fichtennadelöl	15,84

Hersteller?
Fa. Pharma Wernigerode in Wernigerode

Hepathromb® 30000, -60000

Wann anwenden?
Zur unterstützenden Behandlung bei: akuten Schwellungszuständen nach stumpfen Traumen [Verletzungen], Venenbeschwerden, sofern diese nicht durch Druckverband oder Kompressionsstrümpfe behandelt werden können.

Wann nicht anwenden?
Bei Überempfindlichkeit gegen Heparin und dessen Zubereitungsformen sowie gegen Parabene oder einen der anderen Bestandteile. Nicht auf offene Wunden auftra-

gen.

Welche Nebenwirkungen?

In Einzelfällen allergische beziehungsweise pseudoallergische Reaktionen.

Wie dosieren?

2-3 mal täglich auftragen.

Welche Wirkstoffe?

- *30000 Creme:* 100g Creme enth.: Heparin-Natrium 30 000 I.E.

- *60000 Creme:* 100g Creme enth.: Heparin-Natrium 60 000 I.E.

Was kostet es?

	DM
50 g 30000 Creme	6,89
100 g 30000 Creme	11,59
50 g 60000 Creme	8,95
100 g 60000 Creme	15,85

Hersteller?

Fa. LAW in Leipzig

Perivar® Venensalbe

Wann anwenden?

Venenbeschwerden sowie bei akuten Schwellungszuständen nach stumpfen Traumen (Prellungen, Blutergüsse).

Welche Nebenwirkungen?

In Einzelfällen allergische beziehungsweise pseudoallergische [scheinbarallergisch] Reaktionen (allergische Gefäßentzündung).

Wie dosieren?

2-3 mal täglich etwa 1-2 Wochen lang dünn auf die betroffene Körperstelle auftragen.

Welche Wirkstoffe?

100g enth.: 60.000 I.E. Heparin-Na.

Was kostet es?

	DM
100 g Salbe	16,45

Hersteller?

Fa. Intersan in Ettlingen

Rheumabene Gel

Wann anwenden?

Rheumatische Beschwerden der Muskeln, Sehnen und Gelenke wie zum Beispiel Bursitis [Schleimbeutelentzündung], Tendinitis [Sehnenentzündung], Tendovaginitis [Entzündung des Sehnengleitgewebes], Synovitis [Entzündung der Gelenkkapsel], Arthritis [Gelenkentzündung], Myogelosen [Verhärtungen in der Muskulatur], Myositis [Muskelentzündung], Fibrositis [verschiedene Formen des Weichteilrheumatismus]; stumpfe Traumen wie zum Beispiel Prellungen, Quetschungen, Verstauchungen, Zerrungen, Hämatome [Blutergüsse].

Wann nicht anwenden?

Schwere Leber- und Nierenfunktionsstörungen. Kreislauflabilität. Keine Anwendung bei Kindern unter 5 Jahren.

Schwangerschaft?

Kontraindiziert, nicht anwenden!

Stillzeit?

Kontraindiziert, nicht anwenden!

Welche Nebenwirkungen?

Lokale Reizwirkungen an Haut. Allergische Hauterscheinungen, in Einzelfällen allergische Sofortreaktion mit Urtikaria [Nesselsucht] und Quincke-Ödem [Wasseransammlung im Gewebe, z.B. im Gesicht, ausgelöst durch Allergie].

Was beachten?

Nicht auf Schleimhäute, offene Wunden oder auf kranke oder vorgeschädigte Haut bringen. Vor dem Anlegen von Verbänden darauf achten, daß das Rheumabene Gel weitgehend in die Haut eingezogen ist.

Wie dosieren?

- *Gel:* 2-4mal täglich dünn auftragen.

Welche Wirkstoffe?

- *Gel:* 100g Gel enth.: Dimethylsulfoxid 10g.

Was kostet es?

	DM
50 g	8,90
100 g	12,80
150 g	17,65
1000 g Dose für Spender	89,88
Pumpe für Spender	69,99

Hersteller?

Fa. Merckle in Ulm

Venoruton® Emulgel® Heparin

Wann anwenden?

Zur unterstützenden Behandlung bei Venenbeschwerden, sofern diese nicht durch Kompression behandelt werden kann sowie bei akuten Schwellungszuständen nach stumpfen Verletzungen (Sport- und Unfallverletzungen wie z.B. Blutergüsse, Prellungen, Quetschungen und Zerrungen).

Schwangerschaft?

Bisher keine Hinweis auf teratogene [die Erbmasse des Embryos schädigende] oder embryotoxische Risiken.

Welche Nebenwirkungen?

In Einzelfällen allergische beziehungsweise pseudoallergische Reaktionen wie Vasculitis allergica [Entzündung im Bereich der kleinen arteriellen und venösen Blutgefäße].

Was beachten?

Primäre therapeutische Maßnahme bei der oberflächlichen Venenentzündung der unteren Extremitäten ist die Kompressionsbehandlung.

Bluterguß und Prellung

Wie dosieren?
2-3 mal täglich auf das Erkrankungsgebiet auftragen und, leicht einreiben. Zur untrstptzenden Behandlung Therapie bei akuten Schwellungszuständen bis zu 10 Tagen.

Welche Wirkstoffe?
100g Gel enth.: 60.000 I.E. Heparin-Na.

Was kostet es?

	DM
100 g Gel	14,90

Hersteller?
Fa. Zyma in München

Calciummangel

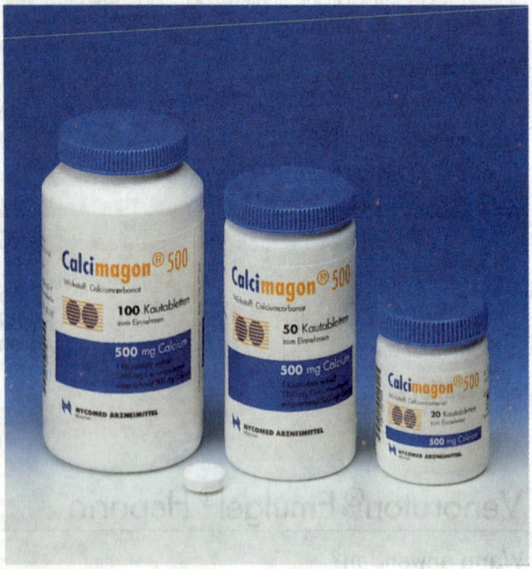

Calcimagon® 500

Wann anwenden?
Therapie und Prophylaxe [Vorbeugung] von Calciummangelzuständen und bei erhöhten krankheitsbedingtem Calciumbedarf.

Wann nicht anwenden?
Hyperkalzämie [erhöhter Kalziumgehalt des Blutes] und Hyperkalzurie [vermehrte Kalziumausscheidung im Urin] z.B. bei Überfunktion der Nebenschilddrüsen, Calcium-Nierensteine, Vitamin-D-Überdosierung, Calcium-abbauende Tumoren wie z.B. Knochenmetastasen, schwere Nierenfunktionsstörungen und Immobilisations-Osteoporose [Knochengewebsschwund mit Bewegungsunfähigkeit]. Patienten mit Sorbitintoleranz [Unverträglichkeit gegenüber Fructose, bzw. Süßstoff Sorbit] z.B. aus Fructose-1,6-diphosphatasemangel. Bei Kindern: Nicht anwenden!

Welche Nebenwirkungen?
Verstopfung, Blähungen, Säurebildung als Reaktion auf die Einnahme, Hyperkalzurie [vermehrte Kalziumausscheidung im Urin]. Bei Anwendung hoher Dosen kann es auch zu Hyperkalzämie [erhöhter Kalziumgehalt des Blutes] und zu Alkalose [Abnahme des Säuregehaltes des Blutes] kommen. Der Calciumspiegel des Blutes und die Calciumausscheidung mit dem Urin sollten regelmäßig überwacht werden.

Wie dosieren?
- *Kautbl.*: Erwachsene kauen unabhängig von den Mahlzeiten 3 mal täglich 1 Tablette.

Welche Wirkstoffe?
- *Kautbl.*: 1 Kautbl. enth.: 1260mg Calciumcarbonat entspr. 500mg Calcium.
Weitere Bestandteile: Sorbitol, Poly(1-vinyl-2-pyrrolidon), MMG 35000-45000, Magnesiumstearat, Aspartam, Glycerol (mono, di) Fettsäure (C18) Ester.

Was kostet es?

	DM
20 Kautbl.	9,95
50 Kautbl.	22,55
100 Kaubtl.	39,85

Hersteller?
Fa. Nycomed Arzneimittel in Ismaning

Calcium Dago®-Steiner

Wann anwenden?
Calciummangelzustände, Osteoporose [Knochengewebsschwund], Tetanie [Krampfneigung der Muskeln], allergische Erkrankungen. Erhöhter Calciumbedarf während der Gravidität [Schwangerschaft], Laktation [Milchproduktion] und im Wachstumsalter.

Wann nicht anwenden?
Hyperkalzämie [erhöhter Kalziumgehalt des Blutes], Hyperkalzurie [vermehrte Kalziumausscheidung im Urin], primärer Hyperparathyreoidismus [Erkrankung der Nebenschilddrüsen], Vitamin-D-Intoxikation [Vergiftung], diffuses Plasmozytom [diagnostisch nicht genau abgrenzbare Geschwulst der Plasmazellen des Knochenmarks], Knochenmetastasen, Nierenkalksteine, Nephrokalzinose [Kalksalzablagerung in der Niere], Immobilisationsosteoporose [mit Unbeweglichkeit einhergehende Osteoporose, d.h. Knochenschwund].

Welche Nebenwirkungen?
Hyperkalzämie [erhöhter Kalziumgehalt des Blutes] und Hyperkalzurie [vermehrte Kalziumausscheidung im Urin] bei Einnahme über längere Zeit möglich.

Was beachten?
Bei Nierenfunktionsstörungen Daueranwendung vermeiden. Für Diabetiker: 3g Granulat enthalten 1,737g insulinabhängige Kohlenhydrate als Saccharose = 0,14 BE [Diabetiker-Einheiten].

Wie dosieren?

- *Gran.:* 3 mal täglich 1-2 Meßlöffel Granulat (3-6g) in einem halben Glas Flüssigkeit einnehmen. Bei Bedarf mit Süßstoff oder Zucker nachsüßen.

Welche Wirkstoffe?

- *Gran.:* 1 Dosis (3g) Gran. enth.: Calciumcarbonat 400mg (entspr. 160mg Calcium-Ionen).

Weitere Bestandteile: Citronensäure 850mg, Saccharose 1,737g.

Was kostet es?	DM
100 g Dose Gran.	7,77
250 g Dose Gran.	17,24

Hersteller?

Fa. Steiner in Berlin

Calcium Verla® Filmtabletten, -500 Brausetabletten

Wann anwenden?

- *Filmtabletten:* Vorbeugung und Behandlung von Calcium-Mangelzuständen, beziehungsweise bei erhöhtem Calcium-Bedarf während Wachstumsphasen, Schwangerschaft, Stillzeit und im Alter; Osteoporose [Knochengewebsschwund], Behandlung von Krampfzuständen/-Tetanie [Krampfneigung der Muskeln], Behandlung allergischer Reaktionen.

- *500 Brausetabletten:* Zur Vorbeugung eines Calciummangels bei erhöhtem Bedarf (zum Beispiel Wachstumsalter, Schwangerschaft, Stillzeit). Zur unterstützenden Behandlung der Osteoporose [Knochengewebsschwund].

Wann nicht anwenden?

Niereninsuffizienz [Nierenschwäche] mit Anurie [zu wenig Harnfluß], Exsikkose [Austrocknung], Hypercalcämie [zuviel Calcium im Blut], schwere Hypercalciurie [zuviel Calcium im Urin] und Nierensteine.

Zusätzlich für - Filmtabletten: Schwere Nierenfunktionsstörung mit Ausscheidungshemmung, Flüssigkeitsmangel des Körpers, Calciumüberschuß im Blut, schwere Hypercalciurie [übermäßige Calcium-Ausscheidung über den Harn], Nierensteine.

Zusätzlich für - 500 Brausetabletten: Schwere Niereninsuffizienz [Nierenschwäche], Hypercalcämie [zuviel Calcium im Blut], Hypercalciurie [zuviel Calcium im Urin], primärer Hyperparathyreoidismus [Erkrankung der Nebenschilddrüsen], Vitamin D-Überdosierung, diffuses Plasmozytom [Geschwulst der Plasmazellen des Knochenmarks], Knochenmetastasen, Calciumnierensteine, Nephrocalcinose [Kalksalzablagerung im Nierengewebe], Immobilisationsosteoporose [durch Unbeweglichkeit ausgelöste Osteoporose, das heißt Knochenschwund] und Hypophosphatämie [Phosphatmangel].

Welche Nebenwirkungen?

- *Filmtabletten:* In seltenen Fällen sind leichte Magen-Darm-Störungen möglich.

- *500 Brausetabletten:* Bei hoher Dosierung Obstipation [Verstopfung] möglich. Bei Niereninsuffizienz [Nierenschwäche] und langfristiger Einnahme hoher Dosen Hypercalcämie [zuviel Calcium im Blut], Hypercalciurie [zuviel Calcium im Urin] sowie metabolische Acidose [den Stoffwechsel betreffende Übersäuerung] und Phosphatverarmung möglich. Deshalb sollte der Calciumspiegel des Blutes und die Ausscheidung von Calcium durch den Urin regelmäßig kontrolliert werden.

Wie dosieren?

- *Filmtabletten:* Erwachsene nehmen 3 mal täglich 1-2 Filmtabletten, Kinder, je nach Alter, 1-3 mal täglich 1 Filmtablette mit Flüssigkeit ein.

- *500 Brausetabletten:* 1-2 mal täglich 1-2 Brausetabletten in 1 Glas Wasser gelöst und möglichst auf nüchternen Magen, das heißt unabhängig von den Mahlzeiten einnehmen.

Welche Wirkstoffe?

- *Filmtabletten:* 1 Filmtbl. enth.: Calciumphosphat 250mg,

Calciumcitrat·$4H_2O$ 200mg, Calcium-Gehalt 3,5mmol = 139,1mg.

- *500 Brausetabletten:* 1 Brausetbl. enth.: 1250,0mg Calciumcarbonat, entspr. 500mg ionisiertem Calcium.

Was kostet es?	DM
20 Filmtbl.	4,31
50 Filmtbl.	9,52
100 Filmtbl.	17,42
20 Brausetbl.	12,59
50 Brausetbl.	27,93

Hersteller?

Fa. Verla-Pharm in Tutzing

Calciummangel

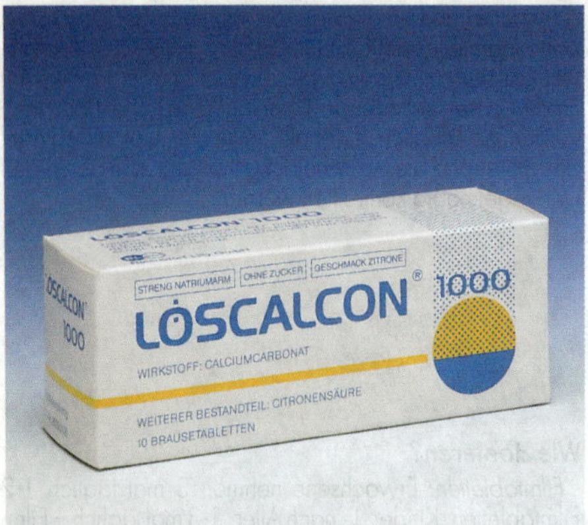

Löscalcon® 500, -1000

Wann anwenden?

Calciummangel bei Tetanie [Krampfneigung der Muskeln], und Osteoporose [Knochengewebsschwund]; Prophylaxe [Vorbeugung] bei erhöhtem Calciumbedarf während der Schwangerschaft und Stillzeit sowie im Wachstumsalter.

Wann nicht anwenden?

Nierenkalksteine, Nephrocalzinose [Ablagerung von Kalksalzen in der Niere], Immobilisations-Osteoporose im akuten Schub [akuter Schub von Knochenschwund infolge körperlicher Ruhigstellung], Hypercalcämie [erhöhter Calciumspiegel im Blut], primärer Hyperparathyreoidismus [Überfunktion der Nebenschilddrüse], Vitamin-D-Überdosierung, diffuses Plasmozytom [Wucherung bestimmter Zellen des Knochenmarks], Knochenmetastasen [Tochtergeschwülste in den Knochen], schwere Hyperkalzurie [stark erhöhte Calciumkonzentration im Urin], Niereninsuffizienz [Nierenfunktionsstörungen], metabolische Alkalose [stoffwechselbedingte Untersäuerung des Blutes], chronische Harnwegsinfekte mit harnstoffspaltenden Bakterien (Gefahr einer Struvitsteinbildung).

Welche Nebenwirkungen?

Hyperkalzämie [erhöhter Kalziumgehalt des Blutes], Hyperkalzurie [vermehrte Kalziumausscheidung im Urin]. Regelmäßige Überwachung des Calcium- Blutspiegels und der Calcium-Ausscheidung durch den Urin ist daher erforderlich. Gelegentlich Magen- und Darm-Störungen.

Was beachten?

Von einer Kombinationsbehandlung mit Vitamin D wird abgeraten (außer bei spezieller Indikationsstellung [nur nach Rücksprache mit Ihrem Arzt!]).
Zusätzlich für - 500 Brausetbl.: 1 Brausetablette enth. 5,3mg Natrium (entsprechend 13,5mg Kochsalz).
Zusätzlich für - 1000 Brausetbl.: 1 Brausetablette enth. 5,1mg Natrium (entsprechend 13,0mg Kochsalz).

Wie dosieren?

- *500 Brausetbl.:* 2-4 Brausetabletten täglich. Kinder je nach Alter täglich 1-2 Brausetabletten.
- *1000 Brausetbl.:* 1-2 Brausetabletten täglich. Eine Brausetablette wird in einem Glas Wasser (ca. 200ml) aufgelöst und sofort getrunken. Wenn die trinkfertige Lösung länger steht, kann es zur Bildung eines Niederschlages kommen. In einem solchen Fall sollte die Flüssigkeit vor dem Trinken umgerührt werden.

Welche Wirkstoffe?

- *500 Brausetbl.:* 1 Brausetbl. enth.: Calciumcarbonat 1250mg (entspr. 500mg Ca^{2+}).
- *1000 Brausetbl.:* 1 Brausetbl. enth.: Calciumcarbonat 2500mg (entspr. 1000mg Ca^{2+}).

Was kostet es?	DM
20 Brausetbl. zu 500mg	12,59
50 Brausetbl. zu 500mg	27,93
100 Brausetbl. zu 500mg	51,05
20 Brausetbl. zu 1000mg	22,55
50 Brausetbl. zu 1000mg	50,03
100 Brausetbl. zu 1000mg	91,40

Hersteller?

Fa. Beiersdorf-Lilly in Hamburg

Durchfall

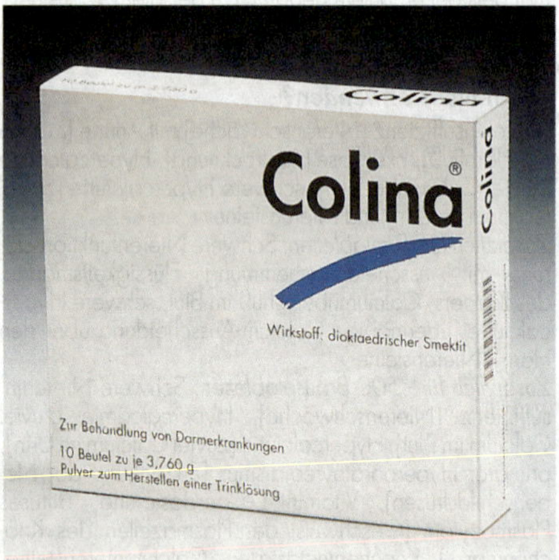

Colina®

Wann anwenden?

Akute und chronische Durchfälle. Zur symptomatischen [symptomorientierten] Behandlung von Erkrankungen der Speiseröhre und des Magen-Darm-Traktes. Bei akutem Durchfall mit hohem Fieber zur Abklärung einen Arzt aufsuchen; das gleiche gilt, wenn trotz Behandlung mit Colina am 3. Tag noch keine Besserung der Beschwerden aufgetreten ist. Diese Behandlung ist kein Ersatz für eine eventuell notwendige Flüssigkeits- und Elektrolytzufuhr [Salzzufuhr]. Diabetiker müssen eine Tagesdosis von 3-4 Beuteln mit ca. 0,2 BE [Diabetiker- Einheiten] im Diätplan berücksichtigen.

Welche Nebenwirkungen?

In seltenen Fällen kann eine Verstopfungsneigung auftreten beziehungsweise eine bereits bestehende Stuhlträgheit verstärkt werden. In der Regel kann die Behandlung nach Dosisreduktion fortgesetzt werden.

Wie dosieren?

- *Pulv.:* Im allgemeinen nehmen Erwachsene 3-4 mal täglich den Inhalt 1 Beutels ein. Bei akuten Durchfällen kann die Dosierung zu Therapiebeginn verdoppelt werden. Kinder bekommen altersgemäß: - bis 6 Monate 1-2 mal täglich den halben Inhalt 1 Beutels, - über 6 Monate bis 5 Jahre 3 mal täglich den halben Inhalt 1 Beutels, - über 5 Jahre 2-3 mal täglich den Inhalt 1 Beutels. Die verordnete Menge Pulver in $^1/_2$ Glas Wasser einrühren und zügig einnehmen. Bei Erkrankung der Speiseröhre und des Magens erfolgt die Einnahme am besten ca. $1^1/_2$ Stunde nach dem Essen, ansonsten zwischen den Mahlzeiten.

Welche Wirkstoffe?

- *Pulv.:* 1 Btl. m. 3,760g Pulv. enth.: 3,00g Smectit.

Was kostet es?

	DM
10 Btl. Pulver	9,95
20 Btl. Pulver	16,40
50 Btl. Pulver	35,85

Hersteller?

Fa. Intersan in Ettlingen

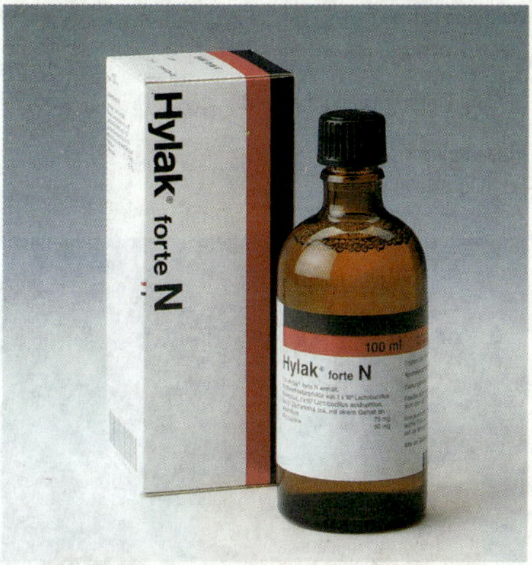

Hylak® forte N

Wann anwenden?

Wiederherstellung der physiologischen Dünn- und Dickdarmflora, während und nach Antibiotika-, Sulfonamid- und Strahlentherapie, akute und chronische Diarrhoen [Durchfälle], Meteorismus [Gasbildung im Darm], Obstipation [Verstopfung], Gärungs- und Fäulnisdyspepsien [Verdauungsstörungen], Gastroenteritis [Magen-Darm-Entzündung], Colitis [Entzündung des Dickdarms].

Schwangerschaft?

Die Einnahme während der Schwangerschaft sollte nur auf ärztliche Empfehlung erfolgen.

Welche Nebenwirkungen?

Bei Patienten mit erhöhter Magensäureproduktion sollte die Tagesdosis von 150 Tropfen auf mehr als 3 Einzelgaben verteilt werden.

Was beachten?

Verfalldatum beachten!

Wie dosieren?

- *Tropfen:* Erwachsene: In den ersten Tagen 3 mal täglich vor oder während der Mahlzeit 50 Tropfen beziehungsweise 2ml in reichlich Flüssigkeit (nicht in Milch) einnehmen, nach Besserung der Beschwerden kann die Dosis auf die Hälfte verringert werden. Säuglinge und Kinder nehmen 3 mal täglich 20-25 Tropfen in reichlich Flüssigkeit (nicht in Milch) ein.

Welche Wirkstoffe?

- *Tropfen:* 1ml enth.: Stoffwechselprod. v. Lactobacillus helveticus 1x 10^9,
Lactobacillus acidophilus 1x 10^7, Escherichia coli 8x 10^7, mit Gehalt an: Milchsäure 75mg, Milchzucker 50mg.

Was kostet es?

	DM
50 ml Tropf.	15,36
100 ml Tropf.	26,78
250 ml Tropf. (mit Meßbecher)	56,90

Hersteller?
Fa. Merckle in Ulm

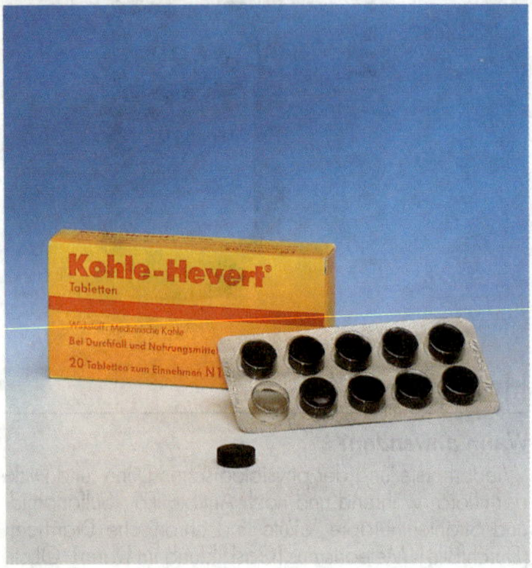

Kohle-Hevert

Wann anwenden?
Bei Durchfall sowie Vergiftungen durch Nahrungsmittel, Schwermetalle und Arzneimittel.

Wann nicht anwenden?
Fieberhafte Diarrhoe [Durchfall]. Vergiftungen durch Pflanzenschutzmittel.

Wie dosieren?
- *Tbl.:* Erwachsene nehmen bei Durchfall 3-4 mal täglich 2-4 Tabletten in viel Flüssigkeit zerfallen ein, Kinder die Hälfte. Bei Vergiftungen kann die Dosis ohne Bedenken bis auf 50 Tabletten, die in Flüssigkeit zu einem Brei verrührt sind, erhöht werden. In diesem Fall ist zuzüglich die Einnahme eines salinischen Abführmittels wie Natriumsulfat 30-60 Minuten später zu empfehlen.

Welche Wirkstoffe?
- *Tbl.:* 1 Tbl. enth.: Carbo medicinalis 250mg.

Was kostet es?

	DM
20 Tbl.	4,83
50 Tbl.	11,81
300 Tbl.	35,59

Hersteller?
Fa. Hevert in Sobernheim

Perenterol®

Wann anwenden?
Akute und chronische Diarrhoe [Durchfall]. Sommer- und Reisediarrhoe, Enterokolitis [Dünn- und Dickdarmentzündung mit Durchfall]. Durchfälle bei Antibiotika- und Chemotherapie, Akne.

Welche Nebenwirkungen?
In Einzelfällen Überempfindlichkeitsreaktionen wie Juckreiz, Urtikaria [Nesselsucht], Exanthem [Ausschlag] sowie Quincke-Ödem [Wasseransammlung im Gewebe, z.B. im Gesicht, ausgelöst durch Allergie].

Was beachten?
Werden während der Therapie mikrobiologische Stuhluntersuchungen durchgeführt, so sollte dem untersuchenden Institut die Einnahme von Perenterol mitgeteilt werden, da die Kapseln lebensfähige Hefezellen enthalten.

Wie dosieren?
- *Kaps.:* Erwachsene, Kinder und Säuglinge nehmen bei akuten Darmerkrankungen 3 mal täglich 2 Kapseln ein. Zur Stoßtherapie kann die tägliche Einnahme bis auf 3 mal 4 Kapseln gesteigert werden. Bei chronischen Darmerkrankungen, zur Vorbeugung von Durchfällen und während einer Antibiotika-Therapie nehmen Erwachsene, Kinder und Säuglinge 3 mal täglich 1 Kapsel ein. Die Dosis kann bei Bedarf unbedenklich erhöht werden, da Perenterol auch bei Langzeitbehandlung untoxisch [ungiftig] ist. Akne: Es ist eine mindestens 3monatige Therapie erforderlich (14 Tage 3 mal 2 Kapseln täglich, danach 3 mal 1 Kapseln täglich). Kapseln unzerkaut einnehmen oder auseinanderziehen und den Inhalt der Nahrung beigeben. Nach Abklingen der Beschwerden beziehungsweise Durchfälle soll Perenterol noch einige Tage weiter eingenommen werden.

Welche Wirkstoffe?
- *Kaps.:* 1 Kaps. (150mg) enth.: Saccharomyces boulardii 50mg.

Was kostet es?

	DM
20 Kaps.	15,80
50 Kaps.	36,70
100 Kaps.	67,36

Hersteller?
Fa. Thiemann in Waltrop

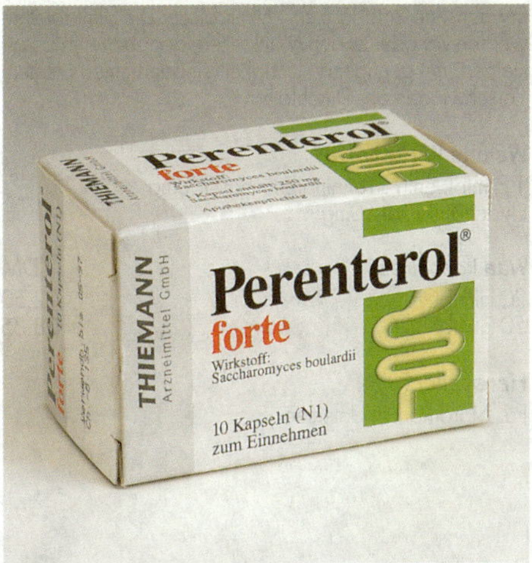

Perenterol® forte

Wann anwenden?

Zur symptomatischen [symptomorientierten] Behandlung akuter Durchfallerkrankungen. Zur Vorbeugung und symptomatischen [symptomorientierten] Behandlung von Reisediarrhoen sowie Diarrhoen [Durchfällen] unter Sondenernährung.

Wann nicht anwenden?

Säuglinge und Kleinkinder sind in jedem Fall von einer Selbstmedikation auszuschließen, sie erfordern die Rücksprache mit dem Arzt. Bei Durchfällen, die länger als 2 Tage dauern oder mit Blutbeimengungen oder Temperaturerhöhungen einhergehen, ist die Rücksprache mit dem Arzt erforderlich.

Welche Nebenwirkungen?

In Einzelfällen Überempfindlichkeitsreaktionen wie Juckreiz, Urtikaria [Nesselsucht], Exanthem [Ausschlag] sowie Quincke-Ödem [Wasseransammlungen im Gewebe, z.B. im Gesicht, ausgelöst durch Allergie]. Die Einnahme kann Blähungen verursachen.

Was beachten?

Bei Durchfallerkrankungen muß, besonders bei Kindern, auf Ersatz von Flüssigkeit und Elektrolyten als wichtigste therapeutische Maßnahme geachtet werden. Werden während einer Therapie mikrobiologische Stuhluntersuchungen durchgeführt, so sollte die Einnahme dem Untersuchungslabor mitgeteilt werden, da sonst falsch-positive Befunde erstellt werden könnten.

Wie dosieren?

- *Kaps.:* Kinder ab 2 Jahre und Erwachsene nehmen zur Behandlung von Durchfallerkrankungen 1-2 mal täglich 1 Kapsel ein. Die Dosierung für Säuglinge und Kleinkinder wird vom Arzt festgelegt. Zur Vorbeugung von Reisediarrhoen: beginnend 5 Tage vor der Abreise 1-2 Kapseln täglich einnehmen. Bei sondennahrungsbedingter Diarrhoe ist jeweils der Inhalt von 2 Kapseln pro Liter Nährlösung zu geben. Die Kapseln unzerkaut einnehmen. Nach Abklingen der Beschwerden beziehungsweise Durchfälle soll Perenterol forte noch einige Tage weiter eingenommen werden.

Welche Wirkstoffe?

- *Kaps.:* 1 forte Kaps. enth.: Saccharomyces boulardii 250mg.

Was kostet es?	DM
10 forte Kaps.	12,80
20 forte Kaps.	24,75
50 forte Kaps.	54,60
100 forte Kaps.	99,90

Hersteller?

Fa. Thiemann in Waltrop

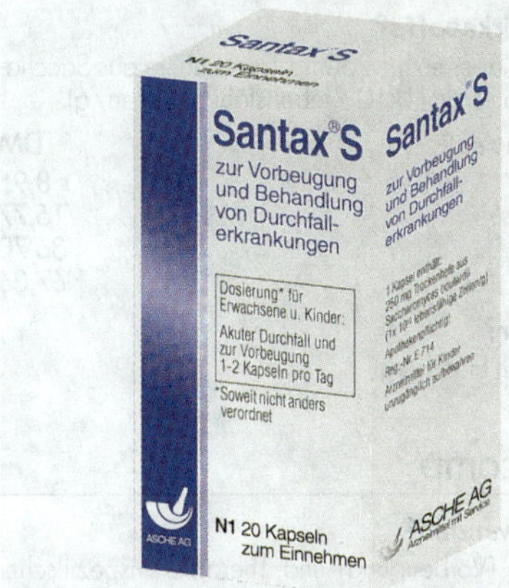

Santax® S

Wann anwenden?

Akute Diarrhoe [Durchfall]. Prophylaxe [Vorbeugung] und Therapie von Reisediarrhoe. Diarrhoe [Durchfall] unter Sondenernährung.

Wann nicht anwenden?

Bei Überempfindlichkeit gegen Hefen. Hinweis: Säuglinge und Kleinkinder von einer Selbstmedikation ausschließen.

Welche Nebenwirkungen?

In Einzelfällen Blähungen, Überempfindlichkeitsreaktionen wie Juckreiz, Urtikaria [Nesselsucht], Exanthem [Ausschlag] sowie Quincke-Ödem [Wasseransammlung im Gewebe, z.B. im Gesicht, ausgelöst durch Allergie].

Durchfall

Was beachten?
Bei mikrobiologischen Stuhluntersuchungen während der Behandlung sollte dem Institut die Einnahme von Santax S mitgeteilt werden, denn die Kapseln enthalten lebensfähige Hefezellen. Bei Durchfallerkrankungen muß, insbesondere bei Kindern, auf Einsatz von Flüssigkeit und Elektrolyten als wichtigste therapeutische Maßnahme geachtet werden. Bei Durchfällen, die länger als 2 Tage andauern oder mit Blutbeimengungen oder Temperaturerhöhungen einhergehen, sollte ein Arzt aufgesucht werden. Durchfälle bei Säuglingen und Kleinkindern erfordern die Rücksprache mit dem Arzt.

Wie dosieren?
-*Kaps.:* Erwachsene und Kinder ab 2 Jahren: Akute Diarrhoe [Durchfall] täglich 1-2 Kapseln; Prophylaxe [Vorbeugung] und Therapie von Reisediarrhoe 1-2 Kapseln täglich beginnend 5 Tage vor der Abreise; sondenernährungsbedingte Diarrhoe [Durchfall] 2 Kapseln je Liter Nähr-Lösung. Nach Abklingen der Durchfallerkrankung soll Santax® S noch einige Tage weiter eingenommen werden, um den Behandlungserfolg zu sichern.

Welche Wirkstoffe?
-*Kaps.:* 1 Kaps. enth.: 250mg Trockenhefe aus Saccharomyces boulardii (1×10^{10} lebensfähige Zellen/g).

Was kostet es?	DM
10 Kaps.	8,95
20 Kaps.	15,77
50 Kaps.	36,70
100 Kaps.	67,36

Hersteller?
Fa. Asche in Hamburg

Tannacomp®

Wann anwenden?
Prophylaxe [Vorbeugung] und Therapie unspezifischer Diarrhöen [Durchfälle], wie sie z.B. bei Reisen in warme Länder, Ernährungsumstellung, plötzlichem Klimawechsel und akuten Magen-Darm-Störungen auftreten können. Stuhlregulierung bei Anus praeter [künstlicher Darmausgang].

Schwangerschaft?
Schwangere sollten vor Anwendung von Tannacomp in jedem Fall einen Arzt befragen.

Welche Nebenwirkungen?
Allergische Reaktionen auf Ethacridinlactat und den Albuminanteil des Tanninalbuminates sind nicht auszuschließen.

Wie dosieren?
Dosis und Häufigkeit der Gabe richten sich nach dem Schweregrad des Durchfalls. Erwachsene nehmen 4mal täglich 1-2 Filmtabletten ein, Kinder von 6-14 Jahren 3-4mal täglich 1 Filmtablette, Kinder von 1-6 Jahren 4mal täglich 1/2 Filmtablette, Säuglinge ab 3 Monaten 2-3mal täglich 1/2 Filmtablette. Zur Vorbeugung nehmen Erwachsene 2mal täglich 1 Filmtablette. Die Filmtabletten werden vor oder zu den Mahlzeiten, gegebenenfalls zerkleinert, mit genügend Flüssigkeit eingenommen bis zum Verschwinden des Durchfalls.

Welche Wirkstoffe?
1 Filmtbl. enth.: Tanninalbuminat 500mg, Ethacridinlactat 50mg.

Was kostet es?	DM
20 Filmtbl.	12,50
50 Filmtbl.	28,35

Hersteller?
Fa. Nordmark in Uetersen

Information der Redaktion:

Buscopan

Kohle

Oralpädon

Symbioflor 1

Uzara

Eisenmangel

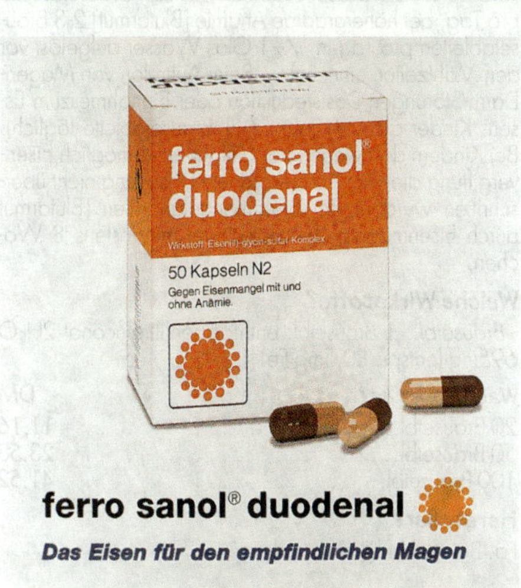

ferro sanol® duodenal Kaps.

Wann anwenden?
Eisenmangel, besonders Eisenmangelanämien [Blutarmut durch Eisenmangel], in der Schwangerschaft und Stillzeit, im Kindesalter, bei eisenarmer Diät, nach chronischen und akuten Blutverlusten, zum Beispiel bei Regelblutungen, nach Operationen und Blutspenden.

Wann nicht anwenden?
Hämochromatosen [Eisenspeicherkrankheit], chronische Hämolysen [krankhafter Abbau der roten Blutkörperchen]. Sideroachrestische [auf Störungen des Eisenabbaus beruhende Blutarmut], Bleianämien [Blutarmut durch Bleivergiftung], Thalassämien [Blutarmut durch krankhaften Abbau der roten Blutkörperchen].

Welche Nebenwirkungen?
Intestinale [vom Darm kommende] Störungen. Obstipation [Verstopfung].

Wie dosieren?
- *Kaps.*: Erwachsene und Kinder ab 6 Jahren nehmen täglich 1 Kapsel zwischen den Mahlzeiten unzerkaut mit genügend Wasser ein, bei schwerem Eisenmangel kann die Dosis auf je 1 Kapsel morgens und abends erhöht werden. Zur Auffüllung des Eisendepots soll die Einnahme von 1 Kapsel täglich noch 10 Wochen lang fortgesetzt werden unter Kontrolle der Eisen- und Ferritinwerte.

Welche Wirkstoffe?
- *Kaps.*: 1 Kaps. enth.: Eisen(II)-glycin-sulfat-Komplex 567,7mg (entspr. 100mg Fe-II).

Was kostet es?	DM
20 Kaps.	13,02
50 Kaps.	27,51
100 Kaps.	48,45

Hersteller?
Fa. Sanol in Monheim

Folsäure-Hevert

Wann anwenden?
Folsäuremangel. Gesteigerter Folsäurebedarf, z.B. in der Schwangerschaft und Stillzeit, bei chronischem Blutverlust oder Einnahme von Kontrazeptiva [empfängnisverhütende Mittel].

Wann nicht anwenden?
Megaloblastenanämie [Blutarmuterkrankung] infolge isolierten Vitamin B_{12}- Mangels.

Welche Nebenwirkungen?
In Einzelfällen können allergische Reaktionen mit Juckreiz, Hautauschlag, Atembeschwerden und Schock auftreten. Nach hohen Dosierungen kann die Krampfbereitschaft unter zusätzlicher Therapie mit Antiepileptika zunehmen. Nach hohen Dosen wurden in Einzelfällen Störungen im Magen-Darm-Trakt, Alpträume, Erregung und Depression beobachtet.

Wie dosieren?
- *Tbl.*: Erwachsene bei Folsäuremangelzuständen 1-3 mal täglich 1 Tablette über einen Zeitraum von 3-4 Wochen, Kinder die Hälfte.

Welche Wirkstoffe?
- *Tbl.*: 1 Tbl. enth.: Folsäure 5mg.

Was kostet es?	DM
20 Tbl.	13,90
100 Tbl.	44,41

Hersteller?
Fa. Hevert in Sobernheim

Arzneimittel

Eisenmangel

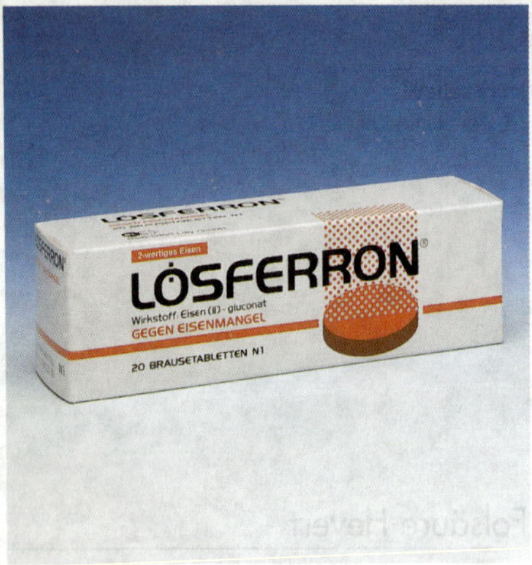

Lösferron®

Wann anwenden?

Nachgewiesene Eisenmangelzustände - insbesondere Eisenmangelanämien [Blutarmut durch Eisenmangel] - verursacht durch: vermehrten Eisenverlust (z.B. bei verstärkten Regelblutungen, nach Operationen, Blutspenden, bei Blutungen infolge Erkrankungen des Verdauungstraktes), erhöhten Eisenbedarf (z.B. in der Schwangerschaft), verminderte Eisenresorption [Eisenaufnahme] (z.B. nach Entfernung von Magen- oder Darmabschnitten).

Wann nicht anwenden?

Bei Eisenverwertungsstörungen (sideroachrestische Anämien [auf gestörtem Eiseneinbau beruhende], Bleianämien, Thalassämien [Mittelmeeranämie], Poryphyria cutanea tarda [Stoffwechselstörung mit Hautreaktionen] und Eisenüberladung des Körpers soll Lösferron nicht angewendet werden. Nicht anwenden bei Säuglingen.

Welche Nebenwirkungen?

Magen-Darm-Störungen, wie z.B. Oberbauchbeschwerden, Übelkeit, Erbrechen, Verstopfung oder Durchfall können auftreten. Bei der Einnahme von Eisenpräparaten kann es während der Behandlung zu einer unbedenklichen Schwarzfärbung des Stuhles kommen. In seltenen Fällen kann bei Einnahme von flüssigen Eisenpräparaten eine Zahnverfärbung auftreten, die durch intensive Reinigung der Zähne zu beseitigen bzw. durch Verwendung eines Strohhalmes vermeidbar ist. In seltenen Fällen können Überempfindlichkeitsreaktionen (z.B. Hauterscheinungen) auftreten.

Was beachten?

Lösferron ist für Diabetiker geeignet. Bei kochsalzarmer Diät bitte beachten: 1 Brausetablette enth. 0,22g Natrium (≙ 0,56g Kochsalz).

Wie dosieren?

- *Brausetbl.:* Erwachsene normalerweise 1 Brausetablette pro Tag, bei höhergradige Anämie [Blutarmut] 2-3 Brausetabletten pro Tag in $^1/_2$-1 Glas Wasser aufgelöst vor den Mahlzeiten einnehmen. Beim Auftreten von Magen-Darm-Störungen Dosisreduktion oder Einnahme zum Essen. Kinder ab $1^1/_2$ Jahr $^1/_2$-1 Brausetablette täglich). Bei Kindern darf wegen der Gefahr einer möglich Eisenvergiftung die vom Arzt verordnete Dosierung nicht überschritten werden. Bei Eisenmangelanämien [Blutarmut durch Eisenmangel] Therapiedauer mindestens 8 Wochen.

Welche Wirkstoffe?

- *Brausetbl.:* 1 Brausetbl. enth.: Eisen(II)-gluconat·$2H_2O$ 695mg (entspr. 80,5mg Fe^{++}).

Was kostet es?	DM
20 Brausetbl.	11,16
50 Brausetbl.	23,58
100 Brausetbl.	41,52

Hersteller?

Fa. Beiersdorf-Lilly in Hamburg

Rulofer® N Filmtbl., -Kapseln

Wann anwenden?

Manifeste [deutlich erkennbar] und larvierte [versteckt] Eisenmangelanämien [Blutarmut durch Eisenmangel], wie akute und chronische Blutungsanämien, Eisenmangel in der Wachstumsperiode, Schwangerschaft und Stillzeit, Rekonvaleszenz [Genesungszeit nach Krankheit] nach Infekten, ernährungsbedingte Eisenmangelanämien,

Wann nicht anwenden?

Eisenkumulation wie z.B. Hämochromatosen [Eisenspeicherkrankheit mit Verfärbung von Haut und Organen] und chronische Hämolysen [krankhafter Abbau der roten Blutkörperchen]. Eisenverwertungsstörungen wie z.B. sideroachrestische [auf gestörten Eiseneinbau beruhende] Anämien, Bleianämien [Blutarmut durch Bleivergiftung], Thalassämien [Blutarmut durch krankhaften Abbau der roten Blutkörperchen, häufig in Mittelmeergebieten].

Welche Nebenwirkungen?

Gelegentlich treten gastrointestinale [von Magen und Darm kommende] Störungen und Verstopfung (ausgleichende Ernährung) auf. Eine während der Einnahme auftretende Dunkelfärbung des Stuhls ist normal und unbedenklich.

Wie dosieren?

- *Filmtbl.:* Kinder nehmen 1-2mal und Erwachsene 2-4mal täglich morgens nüchtern beziehungsweise jeweils 1 Stunde vor den Mahlzeiten 1 Filmtablette mit etwas Flüssigkeit ein. Wenn erforderlich nehmen Erwachsene zu Beginn der Therapie, je nach Hb-Wert, 3-4mal täglich 2 Filmtabletten ein.

- *Kapseln:* Erwachsene nehmen täglich 1 Kapsel morgens nüchtern mit etwas Flüssigkeit ein. Wenn erforderlich können zu Beginn der Therapie, je nach Hb-Wert, täglich 2

Kapseln eingenommen werden (morgens nüchtern beziehungsweise 1 Stunde vor dem Mittag- oder Abendessen). Die Kapseln ungeöffnet und unzerkaut schlucken.

Welche Wirkstoffe?

- *Filmtbl.*: 1 Filmtbl. enth.: 160mg Eisen(II)-fumarat=50mg Eisen(II).
- *Kapseln:* 1 Kaps. enth.: 480mg Eisen(II)-fumarat=150mg Eisen(II).

Was kostet es?	DM
20 Filmtbl.	7,73
50 Filmtbl.	14,16
100 Filmtbl.	22,39
20 Kaps.	16,19
50 Kaps.	32,66
100 Kaps.	56,99

Hersteller?

Fa. Lomapharm in Emmerthal

Vitaferro®-Tropfen

Wann anwenden?

Alle Formen des exogenen [von außen entstandenen] Eisenmangels, nach akuten und chronischen Blutverlusten, bei versteckten Eisenmangelzuständen, zum Beispiel bei Blutspendern, bei vielen Frauen im gebärfähigen Alter, bei durch Eisenmangel bedingten vegetativ dystonen Zuständen [vom vegetativen, d.h. unterbewußten Nervensystem kommende Störungen der Spannungszustände der Muskulatur], bei Mattigkeit und leichter Erschöpfbarkeit und nach Operationen. Prophylaktische Eisengabe bei Schwangeren und stillenden Müttern.

Wann nicht anwenden?

Schwere Fälle akut entzündlicher Erkrankungen des Leber- und Nierengewebes, Eisenverwertungsstörungen und Eisenkumulation.

Welche Nebenwirkungen?

Gastrointestinale [vom Magen und Darm kommende] Störungen und Verstopfung, Schwarzfärbung des Stuhls.

Was beachten?

Enthält 7 Vol.-% Alkohol. Enthält 42% Zucker. Vorsicht bei Diabetikern! Je Dosis (35 Tropfen) werden bis zu 1g Zucker ≙ ca. 0,08 BE [Diabetiker-Einheiten], eingenommen, diese Menge muß angerechnet werden.

Wie dosieren?

Säuglinge und Kinder bis zu 6 Jahren: 3 mal täglich 3-15 Tropfen, Kinder 7-14 Jahren: 3 mal täglich 15-25 Tropfen, Erwachsene 3 mal täglich 25-35 Tropfen mit ausreichend Flüssigkeit (kein schwarzer Tee, Milch) bei guter Verträglichkeit vor oder zu dem Essen, sonst nach der Mahlzeit einnehmen.

Welche Wirkstoffe?

Gehalt je 100g: 4,27g Eisen(II)-chlorid·4H_2O. 1g (ca. 25 Tr.) ≙ 12mg Fe(II).

Was kostet es?	DM
30 ml	4,00
100 ml	10,70

Hersteller?

Fa. Pharma Wernigerode in Wernigerode

Information der Redaktion:

Plastulen

Ekzeme

s.a. Neurodermitis

Aqua·non Hermal®

Wann anwenden?

Wasserabweisender medizinischer Hautschutz.

Wie dosieren?

- *Emulsion:* Mehrmals täglich auftragen, insbesondere vor Kontakt mit Wasser.

Welche Wirkstoffe?

- *Emulsion:* Dimethicone;

Phenyl Dimethicone; Stearic Acid; Palmitic acid; Saflower Oil; Allantoin; Cetyl Palmitate; Glycerin; Tromethamine; Mineral Oil; Acrylate/C 10-30 Alkyl Acrylate Crosspolymer; *Konservierungsmittel:* Quaternium 15; Fragrance (Duftstoff); Sodium o-Phenylphenate; Water.

Was kostet es?	DM
100 ml Emuls.	12,65

Hersteller?

Fa. Hermal in Reinbek

Balneum Hermal®, -F

Wann anwenden?

- *flüssiger Badezusatz:* Zur unterstützenden Behandlung von Dermatosen [Hautkrankheiten] mit trockener und leicht juckender Haut wie z.B. atopisches Ekzem (Neurodermitis), Psoriasis [Schuppenflechte], Ichthyosis [Fischschuppenkrankheit], Pruritus senilis [alterbedingter Juckreiz], Ekzeme wie Windelekzem, Waschekzem, chronisches Ekzem.
- *F Flüssiger Badezusatz:* Zur unterstützenden Behandlung bei trockener, schuppender, juckender und empfindlicher Haut wie z.B. atopischem Ekzem (Neurodermitis), Psoriasis [Schuppenflechte], Ichthyosis [Fischschuppenkrankheit].

Wann nicht anwenden?

Überempfindlichkeit gegen den Inhaltsstoff Propylenglycol. Fieberhafte Erkrankungen. Tuberkulose. Schwere Herz- und Kreislaufinsuffizienz [Kreislaufschwäche], Hypertonie [Bluthochdruck]. Größere Hautverletzungen und

Ekzeme

akute unklare Hautkrankheiten. Frische Psoriasis pustulosa-Formen [Schuppenflechte mit Pustelbildung].

Welche Nebenwirkungen?
In Einzelfällen Rötung, Juckreiz, Brennen.
Zusätzlich für -F Flüssiger Badezusatz: In sehr seltenen Fällen kann es zu einer Follikulitis [Haarbalgentzündung] kommen.

Was beachten?
Balneum Hermal, -F darf unverdünnt nicht mit den Augen in Berührung gebracht werden.

Wie dosieren?
Im allgemeinen 2-3 Voll-, Teil- oder Duschbäder wöchentlich. Nähere Angaben siehe Packungsbeilage.

Welche Wirkstoffe?
- *flüssiger Badezusatz:* 100g enth.: Sojabohnenöl 84,75g.
- *F Flüssiger Badezusatz:* 100g enth.: Erdnußöl 46,45g, α-Dodecyl-ϖ-hydroxypoly(oxyethylen) 4, dünnfl. Paraffin 47,0g.

Was kostet es?

	DM
150 ml flüssiger Badezusatz (zum Duschen)	9,95
200 ml flüssiger Badezusatz	12,97
500 ml flüssiger Badezusatz	23,94
1000 ml flüssiger Badezusatz	40,74
200 ml F flüssiger Badezusatz	13,46
500 ml F flüssiger Badezusatz	24,43
1000 ml F flüssiger Badezusatz	43,50

Hersteller?
Fa. Hermal in Reinbek

Balneum Hermal® Plus

Wann anwenden?
Zur unterstützenden Behandlung aller Hauterkrankungen, die mit Austrocknung einhergehen, insbesondere wenn diese von Juckreiz begleitet sind wie z.B. atopisches Ekzem (Neurodermitis), chronisches Ekzem, Altersjuckreiz. Zur unterstützenden Behandlung der Schuppenflechte.

Wann nicht anwenden?
Überempfindlichkeit gegen die Inhaltsstoffe. Fieberhafte Erkrankungen, Tuberkulose, schwere Herz- und Kreislaufstörungen, Hypertonie [Bluthochdruck]. Größere Hautverletzungen und akute unklare Hautkrankheiten. Frische Psoriasis pustola-Formen [Schuppenflechte mit Pustelbildung].

Welche Nebenwirkungen?
In Einzelfällen Rötung, Juckreiz und Brennen.

Was beachten?
Das Präparat darf unverdünnt nicht mit den Augen in Berührung gebracht werden.

Wie dosieren?
- *Flüssiger Badezusatz:* Im allgemeinen 2-3 Voll-, Teil- oder Duschbäder wöchentlich. Näheres siehe Packungsbeilage.

Welche Wirkstoffe?
- *Flüssiger Badezusatz:* 100g enth.: Sojabohnenöl 82,95g,
Polidocanol 15,0g.

Was kostet es?

	DM
200 ml flüssiger Badezusatz	14,66
500 ml flüssiger Badezusatz	28,45
1000 ml flüssiger Badezusatz	46,28

Hersteller?
Fa. Hermal in Reinbek

Basodexan®, -S, -Soft

Wann anwenden?
- *Creme:* Unterstützende Behandlung bei Ichthyosis [Fischschuppenkrankheit], Xerodermie [trockene Haut], Hyperkeratosis [übermäßige Verhornung der Haut] sowie anderen Zuständen von trockener, rauher Haut. Nachbehandlung abgeklungener Hauterkrankungen und für die cortikoidfreie Therapie bei chronischen Hauterkrankungen.
- *S Salbe:* Ichthyosis [Fischschuppenkrankheit]. Nachbehandlung weitgehend abgeklungener Hauterkrankungen (z.B. trockenes Ekzem, Psoriasis [Schuppenflechte]), Austrocknungsekzeme.
- *Soft Creme:* Zur unterstützenden Behandlung von trockenen, schuppenden Hautzuständen, wie z.B. bei Neurodermitis, Ekzemen, die mit Austrocknung der Haut einhergehen, Kontaktekzem [Kontaktüberempfindlichkeit], oder bei Verhornungsstörungen im Bereich der Haarfollikel [Haarwurzel] und bei Fischschuppenkrankheit. Zur zeitlich begrenzten Nachbehandlung leichter Formen der Neurodermitis.

Welche Nebenwirkungen?
- *Creme:* Selten Rötung und Juckreiz.
- *S Salbe:* Selten Rötung, Brennen, Jucken oder Schuppung.
- *Soft Creme:* In seltenen Fällen Brennen und Juckreiz. In Einzelfällen Bläschenbildung und Spannungsgefühl.

Was beachten?
Auf die behandelten Bezirke keine anderen Arzneimittel und keine Kosmetika auftragen, da Harnstoff die Freisetzung und Aufnahme anderer Wirkstoffe in die Haut beeinflussen kann.

Wie dosieren?
- *Creme:* 2mal täglich dünn auf die Haut auftragen und gleichmäßig verreiben.
- *S Salbe:* 2mal täglich dünn auf die Haut auftragen und gleichmäßig verreiben. In der Regel ist eine Behandlungszeit von 2-4 Wochen erforderlich.
- *Soft Creme:* Die Creme 2mal täglich dünn auf die erkrankten Hautflächen auftragen und gleichmäßig verreiben. In der Regel ist eine Anwendungszeit von 2 Wochen erforderlich.

Welche Wirkstoffe?
- *Creme:* 1g Creme enth.: 100mg Harnstoff.
- *S Salbe:* 1g Salbe enth.: 100mg Harnstoff.
- *Soft Creme:* 1g Creme enth.: 100mg Harnstoff.

Was kostet es?

	DM
50 g Creme	19,90
100 g Creme	32,58
200 g (2x100g) Creme	55,81
50 g Salbe	19,90
100 g Salbe	32,58
200 g Salbe (2x100g)	55,81
50 g Soft Creme	19,90
100 g Soft Creme	32,58
200 g (2x100g) Soft Creme	55,81

Hersteller?
Fa. Hermal in Reinbek

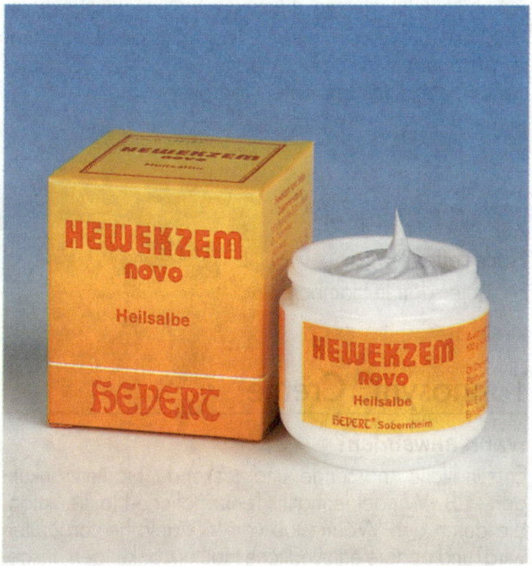

Hewekzem novo® Heilsalbe

Wann anwenden?
Ekzeme, Pyodermien [oberflächliche oder tiefere Erkrankungen der Haut und ihrer Anhangsgebilde], Akne, Pilzaffektionen [Pilzerkrankungen], chronische Schuppenflechte.

Wann nicht anwenden?
Überempfindlichkeit gegen Korbblütler (Kamille, Echinacea).

Wie dosieren?
Mehrmals täglich die befallenen Hautstellen mit wenig Salbe bedecken.

Welche Wirkstoffe?
100g Salbe enth.: Oleum Chamomillae 1g, Panthenol 2g, Vitamin A-palmitat 200.000 I.E., DL-α-Tocopherolacetat 200mg (Vitamin E), Echinacea Urtinktur 2g, Sarsaparilla D1 2g.

Was kostet es?

	DM
20 g	5,38
40 g	10,36
70 g	15,15

Hersteller?
Fa. Hevert in Sobernheim

HTH Hautregulativ

Wann anwenden?
Bei rauher, trockener Haut - oft auch bei sich schuppender Haut an allen Körperstellen.

Wie dosieren?
Regelmäßig morgens und abends nach dem Waschen auf trockene und rauhe Hautstellen auftragen und einmassieren. Eine Anwendung zwischendurch empfiehlt sich, wenn die kritischen Hautpartien längere Zeit Wasser oder anderen austrocknenden Einflüssen ausgesetzt wurden.

Welche Wirkstoffe?
100g enth.: Carbamid 10g, Milchsäure 5g, Betain·1H_2O 5g sowie Emulgatoren und einen allergiegetesteten Duftstoff. Die Emulsion ist auf einen pH-Wert von etwa 3,5 eingestellt. Sie enthält kein Konservierungsmittel.

Was kostet es?

	DM
100 g	15,67

Hersteller?
Fa. Galderma in Freiburg

Hydro Cordes®

Wann anwenden?
Zur Behandlung und Nachbehandlung abheilender Dermatosen [Hautkrankheiten] bei seborrhoischem [fettigem] Hauttyp, zum Beispiel Akne, Rosazea [Hautkrankheit mit erweiterten Gefäßen im Gesicht], seborrhoisches [fettiges] Ekzem.

Wie dosieren?
- *Creme:* 2-3x täglich dünn auftragen und leicht einreiben.

Welche Wirkstoffe?
- *Creme:* 100g Creme enth.: Allantoin 0,2g, Dexpanthenol 2g, Ethyllinolat 0,5g.

Was kostet es?

	DM
50 g Creme	14,95
150 g Creme	29,97

Hersteller?
Fa. Ichthyol in Hamburg

Ekzeme

Lipo Cordes® Creme

Wann anwenden?
Behandlung und Nachbehandlung abheilender Dermatosen [Hautkrankheiten] bei trockener, fettarmer Haut (zum Beispiel chronisches Ekzem, Neurodermitis, Psoriasis [Schuppenflechte], sebostatischer [fettarmer] Hauttyp, Ichthyosis [Fischschuppenkrankheit]).

Welche Nebenwirkungen?
Selten Unverträglichkeitsreaktionen der Haut.

Wie dosieren?
- *Creme:* 2-3x täglich dünn auftragen und leicht einreiben. Bei extremer Hautaustrocknung auch häufiger.

Welche Wirkstoffe?
- *Creme:* 100g enth.: Allantoin 0,2g, Dexpanthenol 2g, Ethyllinolat 0,5g.

Was kostet es?	DM
50 g Creme	15,49
150 (3x50) g Creme	32,98

Hersteller?
Fa. Ichthyol in Hamburg

Optiderm®

Wann anwenden?
Zur Feuchtigkeitsregulierung der Hornschicht, Fettung und Juckreizstillung als unterstützende Behandlung bei Hauterkrankungen mit trockener und/oder juckender Haut wie z.B. atopisches Ekzem (Neurodermitis), Exsikkationsekzem (Austrocknungsschäden durch Waschmittel etc.) sowie zur Weiter- und Nachbehandlung der genannten Hauterkrankungen.

Wann nicht anwenden?
Akute Erythrodermie [Hauterkrankung unterschiedlicher Ursache, mit starker Rötung], akut entzündliche, nässende und infizierte Hautprozzese.

Welche Nebenwirkungen?
In seltenen Fällen auf entzündeter Haut Brennen, Rötung, Juckreiz, Pustelbildung.

Wie dosieren?
- *Creme:* 2mal täglich gleichmäßig dünn auftragen. Anwendungsdauer: durchschnittlich 3 Wochen.

Welche Wirkstoffe?
- *Creme:* 100g Creme enth.: Harnstoff 5,0g; Polidocanol 3,0g.

Was kostet es?	DM
50 g Creme	15,80
100 g Creme	29,50
200 g Creme (2x100g)	53,20

Hersteller?
Fa. Hermal in Reinbek

pH5-Eucerin® Pflege-Salbe

Wann anwenden?
Zur intensiven Hautschutzpflege, insbesondere bei trokkener, rauher und rissiger Haut, zur Prophylaxe [Vorbeugung] und Pflege, vor allem bei stark beanspruchter Haut, bei berufsbedingten chronischen Belastungen der Haut sowie zur Pflege der empfindlichen Babyhaut, nach Rücksprache mit dem Arzt auch zur unterstützenden Pflege bei Hauterkrankungen.

Wie dosieren?
2-3 mal täglich auf die Haut auftragen und leicht einreiben.

Welche Wirkstoffe?
Volldeklaration: Water,
Paraffin Oil, Microcrystalline Wax, Glycerin, Lanolin Alcohol, Paraffin, Isopropyl Myristate, Ceresin, Aluminium Stearates, Citric acid, Decyl Oleate, Diammonium Citrate, Magnesium Stearate, Magnesium Sulfate, Octyldodecanol, Sodium Benzoate, Fragrance.

Pack:
50 ml
100 ml
800 ml (2 Dosen je 400ml)

Hersteller?
Fa. Beiersdorf in Hamburg

Tannosynt® Creme

Wann anwenden?
Entzündliche, nässende und juckende Hauterkrankungen, z.B. Windeldermatitis [entzündliche Hautreaktion, die durch den Wärmestau von Windeln hervorgerufen wird] und andere entzündliche Hauterkrankungen, insbesondere mit intertriginöser Lokalisation [in den Körperfalten, z.B. am Bauch, angesiedelter Ausbreitung].

Wann nicht anwenden?
Anwendung am Auge. Bei Überempfindlichket gegen einen der Inhaltsstoffe.

Welche Nebenwirkungen?
Leichte Hautreizungen sind in Einzelfall möglich. Sensibilisierungen [Allergieauslösungen] wurden bisher nicht beschrieben.

Wie dosieren?
Bis zur Abheilung 1-2 mal täglich dünn auf die erkrankten Hautstellen auftragen.

Welche Wirkstoffe?
100g Creme enth.: Gerbstoff, synthetisch 1g.

Was kostet es?	DM
20 g Creme	9,50
50 g Creme	18,88
100 g Creme	34,35

Hersteller?
Fa. Hermal in Reinbek

Ureotop® Creme, -Salbe

Wann anwenden?
Übermäßige Verhornung, leichtere Formen der Ichthyosis [Fischschuppenkrankheit], Rückfallvorbeugung und Dauerbehandlung bei Ichthyosis. Verhornungsstörungen der Haarzellen, trockene, spröde, gerötete Haut.

Wann nicht anwenden?
Nicht anwenden bei Patienten mit Überempfindlichkeit gegenüber einen der Inhaltsstoffe.

Welche Nebenwirkungen?
In seltenen Fällen kann es zu allergischen Reaktionen gegenüber den Inhaltsstoffen kommen, sowie zu Hautreizungen wie Brennen, Röten, Jucken oder Schuppen.

Wie dosieren?
Bis zum Abklingen der Symptome 1-2 mal täglich auf die gereinigte trockene Haut auftragen und gründlich einmassieren. Okklusivverbände [nicht drückende Deckverbände] nach Angaben des Arztes.

Welche Wirkstoffe?
- *Creme:* 1g O/W - Creme enth.: 120mg Harnstoff (=Urea),
2-Phenoxyethanol 10mg als Konservierungsmittel.
- *Salbe:* 1g Salbe enth.: 120mg Harnstoff (=Urea).

Was kostet es?	DM
50 g Creme	13,90
100 g Creme	22,45
50 g Salbe	13,90
100 g Salbe	22,45

Hersteller?
Fa. Dermapharm in Gräfelfing

Windol Milch, -Creme, -Salbe, -Fettsalbe

Wann anwenden?
Ekzeme, Dermatitiden [Hautentzündungen] und Neurodermitis.

Wann nicht anwenden?
Unverträglichkeit.

Welche Nebenwirkungen?
In seltenen Fällen Überempfindlichkeit.

Wie dosieren?
1-3 mal täglich dünn auftragen.

Welche Wirkstoffe?
- *Milch:* 1g enth.: 0,05g Bufexamac.
- *Creme:* 1g enth.: 0,05g Bufexamac.
- *Salbe:* 1g enth.: 0,05g Bufexamac.
- *Fettsalbe:* 1g enth.: 0,05g Bufexamac.

Was kostet es?	DM
50 g Milch	18,85
100 g Milch	32,45
20 g Creme	9,50
50 g Creme	18,85
100 g Creme	32,45
20 g Salbe	9,50
50 g Salbe	18,85
100 g Salbe	32,45
20 g Fettsalbe	9,50
50 g Fettsalbe	18,85
100 g Fettsalbe	32,45

Hersteller?
Fa. Dermapharm in Gräfelfing

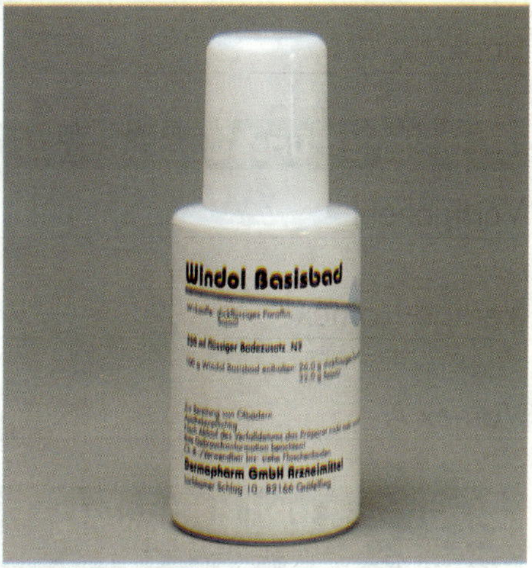

Windol Basisbad

Wann anwenden?
Unterstützende Behandlung von Hautkrankheiten mit trockener, juckender Haut (zum Beispiel durch innere Faktoren verursachtes Ekzem, Psoriasis [Schuppenflechte], Ichthyosis [Fischschuppenkrankheit], Pruritus senilis [altersbedingter Juckreiz], Windelekzem, Waschekzem).

Wann nicht anwenden?
Frische Psoriasis-pustulosa [Pustelartige Schuppenflechte] Formen. Vollbäder nur mit Vorsicht anwenden bei größeren Hautverletzungen und akuten Hautkrankheiten, schweren fieberhaften und infektiösen Erkrankungen, Herzinsuffizienz [Herzschwäche] und Hypertonie [Bluthochdruck].

Wie dosieren?
Anwendung als Voll-, Teil-, Kinder-, Säuglings- und Duschbad 2-3 mal pro Woche; Dosierung nach Gebrauchsanweisung.

Ekzeme

Welche Wirkstoffe?
100g enth.: dickfl. Paraffin 26,0g, Sojaöl 32,0g.

Was kostet es?

	DM
250 ml	12,95
500 ml	22,90

Hersteller?
Fa. Dermapharm in Gräfelfing

Information der Redaktion:

Eubos

Linola

Erbrechen und Übelkeit

Vertigoheel

Vertigo-Vomex

Vomex A

Erkältung und grippale Infekte

s.a. Schnupfen
s.a. Halsschmerzen
s.a. Husten
s.a .Heiserkeit
s.a. Fieber und Gliederschmerzen

Apothekers Naturmenthol

Wann anwenden?
Kopfschmerz, Migräne und Erkältung.

Wie dosieren?
Stirn, Schläfen, Brustbereich oder Handrücken sparsam bestreichen.

Welche Wirkstoffe?
Menthae pip., natürliches.

Was kostet es?

	DM
1 Stück	8,95

Hersteller?
Fa. Pfleger in Bamberg

Echinacea Hevert purp. forte

Wann anwenden?
Unspezifische Steigerung der Immunabwehr; Schleimhautentzündung, besonders bei Erkältungsinfekten; chronische Magenschleimhautentzündung.

Wann nicht anwenden?
Progrediente [fortschreitende] Systemerkrankung wie Tuberkulose, Leukosen [Sammelbezeichnung für Blutkrebs], Kollagenosen [Bindegewebsentzündungen], multiple Sklerose.

Was beachten?
Enthält 22 Vol.-% Alkohol.

Wie dosieren?
- *Tropf.:* Erwachsene und Kinder über 1 Jahr nehmen bei chronischen, rezidivierenden [periodisch wiederkehren] Erkrankungen 3-4 mal täglich 20 Tropfen vor dem Essen ein, möglichst in 1 Glas heißem Wasser. Säuglinge und Kleinkinder unter 1 Jahr erhalten 3 mal täglich 5 Tropfen bei chronischen, beziehungsweise 3 mal 10 Tropfen bei akuten Erkrankungen.

Welche Wirkstoffe?
- *Tropf.:* 100g Tropf. enth.: Auszug aus Echinacea purpurea (Frischpflanzenpreßsaft) 80g.

Was kostet es?

	DM
30 ml Tropf.	5,50
50 ml Tropf.	9,50
100 ml Tropf.	17,45
200 ml Tropf.	29,99

Hersteller?
Fa. Hevert in Sobernheim

Gelomyrtol®, -forte

Wann anwenden?
Akute und chronische Bronchitis und Entzündung der Nasennebenhöhlen.

Schwangerschaft?
Insbesonders im 1. Trimenon [Drittel] der Schwangerschaft nur auf ausdrückliche Anweisung des Arztes einnehmen.

Welche Nebenwirkungen?
In Einzelfällen Magen-Darm-Beschwerden, in Bewegung setzen vorhandener Nieren- und Gallensteine. Überempfindlichkeitsreaktionen.

Wie dosieren?
Bei akut-entzündlichen Krankheitsbildern 4-5 mal täglich 2 Kapseln (3-4 mal täglich 1 Kapsel forte) 1/2 Stunde vor dem Essen mit einem kalten Getränk, die letzte Dosis vor dem Schlafengehen zur Erleichterung der Nachtruhe einnehmen. Zur Weiter- beziehungsweise Dauerbehandlung nehme man 3 mal täglich 2 Kapseln (2 mal täglich 1 Kapsel forte) ein. Für Kinder unter 10 Jahren empfiehlt sich die Hälfte der Erwachsenendosis.

Welche Wirkstoffe?

- *Kaps.:* 1 dünndarml. Gelatinekaps. enth.: 120mg Myrtol stand. auf mind. 30mg Limonen, 30mg Cineol u. 8mg α-Pinen.
- *forte Kaps.:* 1 dünndarmlösl. Gelatinekaps. enth.: 300mg Myrtol stand. auf mind. 75mg Limonen, 75mg Cineol u. 20mg α-Pinen.

Was kostet es?	DM
20 Kaps.	4,93
50 Kaps.	9,14
100 Kaps.	16,23
20 forte Kaps.	10,06
50 forte Kaps.	22,93
100 forte Kaps.	40,71

Hersteller?

Fa. Pohl-Boskamp in Hohenlockstedt

Influex®

Wann anwenden?

Das Anwendungsgebiete entspricht den Arzneimittelbildern der Einzelbestandteile, dazu gehört: Unspezifische Reiztherapie zur Steigerung der körpereigenen Abwehrkräfte bei allen grippalen Infekten, septischen [bakteriellen] Prozessen.

Wann nicht anwenden?

Bei Bienengiftüberempfindlichkeit.

Welche Nebenwirkungen?

Hinweis: Es können vorübergehend Erstverschlimmerungen vorkommen, die jedoch unbedenklich sind.

Vorsicht!

- *Flüssige Verd. z. Einn.:* Enthält 46,2 Vol.-% Alkohol.

Wie dosieren?

- *Tabletten zum Einnehmen:* 3-4 mal täglich 2-5 Tabletten. Kinder unter 6 Jahren 1-3 Tabletten vor den Mahlzeiten auf der Zunge zergehen lassen.
- *Flüssige Verd. z. Einn.:* 3-4 mal täglich 30 Tropfen. Kinder unter 6 Jahren 15 Tropfen in etwas Flüssigkeit vor den Mahlzeiten einnehmen.
- *Flüssige Verd. z. Inj.:* Mehrmals wöchentlich 1 Ampulle. In akuten Fällen täglich 1-2 Ampullen intramuskulär oder subcutan [unter die Haut] von Ihrem Arzt injizieren lassen.

Welche Wirkstoffe?

- *Tabletten zum Einnehmen:* 1 Tbl. enth.: Aconitum napellus Trit. D4 60mg, Apis mellifica Trit. D3 40mg, Echinacea Trit. D1 120mg, Lachesis mutus Trit. D5 12mg.
- *Flüssige Verd. z. Einn.:* 100ml enth.: Aconitum napellus Dil. D4 15ml, Apis mellifica Dil. D3 10ml, Echinacea Ø 30ml, Lachesis mutus Dil. D6 30ml.
- *Flüssige Verd. z. Inj.:* 1 Amp. zu 2ml enth.: Echinacea Dil. D3 400mg, Eupatorium perfoliatum Dil. D3 200mg, Gelsemium sempervirens Dil. D3 200mg, Lachesis mutus Dil. D10 300mg.

Was kostet es?	DM
100 Tbl.	16,18
50 ml Flüssige Verd. z. Einn.	15,36
100 ml Flüssige Verd. z. Einn.	24,45
10 Brechamp. zu 2ml	14,51

Hersteller?

Fa. Steigerwald in Darmstadt

Ipalat® gegen Katarrhe der Atemwege Pastillen (-zuckerfrei)

Wann anwenden?

- *Pastillen (-zuckerfrei):* Erkrankungen der Atemwege, wie Verschleimung, Heiserkeit, Hustenreiz, Raucherkatarrh.

Wann nicht anwenden?

- *Pastillen (-zuckerfrei):* Nicht anwenden bei Überempfindlichkeit gegen ätherische Öle.

Welche Nebenwirkungen?

- *Pastillen (-zuckerfrei):* Gelegentlich: Überempfindlichkeitsreaktionen der Haut, der Atemwege und des Magen-Darm-Bereichs. Vereinzelt: Magenbeschwerden, Übelkeit.

Wie dosieren?

- *Pastillen (-zuckerfrei):* Bei Bedarf mehrmals täglich 1-3 Pastillen im Mund zergehen lassen.

Welche Wirkstoffe?

- *Pastillen (-zuckerfrei):* 1 Pastille enth.: 7,5mg Primelwurzelextrakt (4:1; Ethanol 20%).

Was kostet es?	DM
40 Past.	7,30

Hersteller?

Fa. Pfleger in Bamberg

Leukona-Eukalpin-Bad®

Wann anwenden?

Adjuvans [unterstützende Therapie] bei akuten und chronischen Erkrankungen der Luftwege.

Wann nicht anwenden?

Asthma bronchiale. Säuglinge und Kleinkinder. Vorsicht bei großen Hautverletzungen, akuten unklaren Hauterkrankungen, schweren fieberhaften und infektiösen Erkrankungen, Herzinsuffizienz [Herzschwäche] und Hypertonie [Bluthochdruck]. Vorsicht bei Überempfindlichkeit gegen ätherische Öle.

Wie dosieren?

30ml auf 1 Vollbad dosieren.

Welche Wirkstoffe?

100g enth.: Eukalyptusöl 20g, Fichtennadelöl 4g.

Erkältung und grippale Infekte

Was kostet es? DM
250 ml 17,95
720 ml 44,90

Hersteller?
Fa. Dr. Atzinger in Passau

Leukona®-Mintöl

Wann anwenden?
Magen-, Darm- und Gallenbeschwerden, Erkältungskrankheiten der oberen Luftwege.

Wann nicht anwenden?
Schwere Leberfunktionsstörungen. Verschluß der Gallenwege. Gallenblasenentzündung. Bei Säuglingen und Kleinkindern nicht zur Inhalation verwenden oder im Bereich von Hals und Gesicht auftragen.

Wie dosieren?
Magen-Darm- und Gallenbeschwerden : 1-2 mal täglich 3-5 Tropfen auf Zucker geträufelt im Mund zergehen lassen. Zur Inhalation: 2-3 Tropfen in siedend heißes Wasser geben und einatmen.
Äußerl.: Mehrmals täglich (2-4 mal) auf die Haut auftragen und verreiben. Bei Kleinkindern 5-15 Tropfen auf Brust und Rücken einreiben.

Welche Wirkstoffe?
10g enth.: Pfefferminzöl 10g.

Was kostet es? DM
10 ml 8,48

Hersteller?
Fa. Dr. Atzinger in Passau

Leukona®-Sauna-Konzentrat

Wann anwenden?
Zur Durchblutung, nervösen Herzbeschwerden, nichtakutem Gelenkrheumatismus, Atemwegserkrankungen, bei Kreislaufstörungen und vorbeugend bei Erkältungskrankheiten.

Wann nicht anwenden?
Das Präparat soll nicht angewendet werden bei größeren Hautverletzungen, akuten unklaren Hautkrankheiten, schweren fieberhaften und infektiösen Erkrankungen, Herzinsuffizienz [Herzschwäche], Hypertonie [Bluthochdruck], Überempfindlichkeit gegen ätherische Öle, Asthma bronchiale und Keuchhusten, hochgradiger Arterienverkalkung, Epilepsie, schweren Erkrankungen des Nierengewebes.

Welche Nebenwirkungen?
Reizerscheinungen an Haut und Schleimhäuten. Gefahr der Verstärkung von Bronchospasmen [Bronchialkrämpfen]!

Welche Wirkstoffe?
100g enth.: Eukalyptusöl 42,5g,
Fichtennadelöl 8g, Campher 7,25g, Menthol 1,5g, Thymianöl 0,75g.

Was kostet es? DM
150 ml 16,95

Hersteller?
Fa. Dr. Atzinger in Passau

Lomabronchin® N Tropfen

Wann anwenden?
Husten, akute und chronische Erkrankungen der Atmungsorgane, spastische [krampfartige] Bronchitis; Bronchialasthma.

Was beachten?
Enthält 55 Vol.-% Alkohol.

Wie dosieren?
3 mal täglich 30 Tropfen in lauwarmem Wasser, Kinder bis 2 Jahre erhalten 3 mal täglich 3-15 Tropfen in lauwarmem Wasser, sonst 3 mal täglich 20 Tropfen.

Welche Wirkstoffe?
50ml enth.: Echinacea Ø 10ml,
Drosera D4 15ml, Yerba santa D4 10ml, Ephedra D4 5ml, Ipecacuanha D6 5ml, Rumex D4 5ml.

Was kostet es? DM
50 ml 18,60

Hersteller?
Fa. Lomapharm in Emmerthal

Maltyl®

Wann anwenden?
Adjuvante [unterstützende] Therapie von bakteriellen Entzündungen der Schleimhautoberflächen von Mund, Hals und Rachen.

Welche Nebenwirkungen?
nicht bekannt.

Wie dosieren?
- Lsg.: Mit unverdünnter Maltyl® Gurgellösung (1 Eßlöffel) etwa 15-30 Sekunden lang spülen beziehungsweise gurgeln. Anwendung morgens und abends nach den Mahlzeiten, bei Bedarf häufiger.

Welche Wirkstoffe?
- Lsg.: 100ml Lsg. enth.: Dequaliniumchlorid 10mg.

Was kostet es? DM
200 ml 8,80

Hersteller?
Fa. Merckle in Ulm

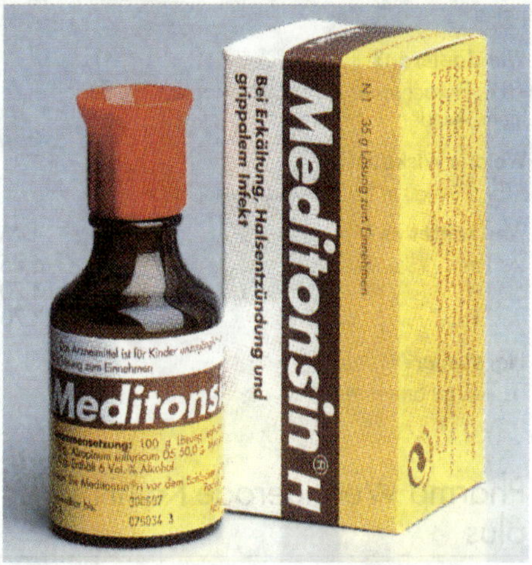

Meditonsin® H

Wann anwenden?

Akute katarrhalische Halsentzündung, Seitenstrangangina, aufkommende Erkältungskrankheiten, grippale Infekte.

Vorsicht!

Enthält 6 Volumenprozent Alkohol!

Wie dosieren?

- *Lösung:* Erwachsene und Kinder über 12 Jahre: Am 1. Tag stündlich 20 Tropfen bis zu 10mal, ab 2. Tag 2-stündlich 10 Tropfen bis zu 5 mal. Kinder (6-12 Jahre): Die Hälfte der Erwachsenen-Dosierung. Kleinkinder (ab vollendetem 1.-6. Lebensjahr): Am 1. Tag 2-4 Tropfen stündlich bis zu 10 mal, ab 2. Tag 2-4 Tropfen alle 2 Stunden bis zu 5mal.

Welche Wirkstoffe?

- *Lösung:* 100g enth.: Aconitum D5 10g, Atropinum sulfuricum D5 50g, Mercurius cyanatus D8 40g.

Was kostet es?	**DM**
35 g Lsg.	11,81
70 g Lsg.	21,54

Hersteller?

Fa. Medice in Iserlohn

Mirfusot® 25 Sirup, -50 Tropfen

Wann anwenden?

Zur Behandlung von Symptomen der Bronchitis und des Keuchhustens sowie Katarrhen [Schleimhautentzündungen] der oberen Luftwege.

Was beachten?

- *25 Sirup:* Enthält 10,2 Vol.-% Alkohol. 100g enthalten 52,5g Sorbit. 4ml enthalten 2,5g Sorbit= 0,2 BE [Diabetiker-Einheiten].

- *50 Tropfen:* Enthält 19 Volumenprozent Alkohol. 100g enthalten 35g Sorbit. 2ml enthalten 0,8g Sorbit= 0,07 BE [Diabetiker-Einheiten].

Wie dosieren?

- *25 Sirup:* Nach Bedarf 1-3 mal täglich 4-8ml mit Hilfe des beiliegenden Meßbechers einnehmen.

- *50 Tropfen:* Nach Bedarf 1-3 mal täglich 2-4ml mit Hilfe des beiliegenden Meßbechers einnehmen.

Welche Wirkstoffe?

- *25 Sirup:* 100g enth.: Thymianfluidextrakt (Thymi extractum fluidum DAB 9) 25g,

- *50 Tropfen:* 100g enth.: Thymianfluidextrakt (Thymi extractum fluidum DAB 9) 50g,

Was kostet es?	**DM**
100 ml Sirup	12,44
50 ml Tropf.	19,90

Hersteller?

Fa. Merckle in Ulm

Nisylen®

Wann anwenden?

Fieberhafte Erkältungskrankheiten, grippale Infekte und zur Vorbeugung von viralen Infekten.

Wann nicht anwenden?

Kinder unter 12 Jahren (aufgrund des Alkoholgehaltes). Bei Lebererkrankungen nur auf ärztlichen Rat.

Was beachten?

Enthält 45 Vol.-% Alkohol.

Wie dosieren?

- *Lsg.:* Bei akuten Beschwerden in den ersten 1-2 Tagen stündlich 10 Tropfen bis zum Eintritt einer Besserung. Zur nachfolgenden Behandlung 3 mal täglich 20-30 Tropfen einnehmen. Zur Vorbeugung von Infekten sind 3 mal täglich 20-30 Tropfen zu empfehlen.

Welche Wirkstoffe?

- *Lsg.:* 100g Lsg. enth.: Aconitum D3 10g, Gelsemium D3 10g, Ipecacuanha D3 10g, Phosphorus D5 10g, Bryonia D2 10g, Eupatorium perfoliatum D1 10g, Weitere Bestandteile: Eucalyptus globulus Ø=D1.

Was kostet es?	**DM**
30 ml Lsg.	13,10

Hersteller?

Fa. DHU in Karlsruhe

Erkältung und grippale Infekte

Optipect® N Tropfen

Wann anwenden?
Erkrankung der Atemwege mit Husten, Bronchitis, Alters-Bronchitis, Erkältungsinfekten.

Wann nicht anwenden?
Verschluß der Gallenwege, Gallenblasenentzündung, schwere Leberschäden.

Welche Nebenwirkungen?
Aufgrund des Mentholgehaltes selten Hautreaktionen.

Was beachten?
Enth. 48,5 Vol.-% Alkohol!

Wie dosieren?
3-4 mal täglich 15-20 Tropfen möglichst in heißem Zukkerwasser einnehmen.

Welche Wirkstoffe?
0,5g (ca. 15 Tropf.) enth.: Campher 2,5mg,
Menthol 4,15mg, Pfefferminzöl 1,65mg.

Was kostet es?	DM
30 ml Tropf.	9,95

Hersteller?
Fa. Thiemann in Waltrop

Optipect® Neo Dragees

Wann anwenden?
Erkrankung der Atemwege, Husten, Bronchitis und grippale Infekte.

Wann nicht anwenden?
Verschluß der Gallenwege, Gallenblasenentzündung, schwere Leberschäden.

Welche Nebenwirkungen?
Aufgrund des Mentholgehaltes selten Hautreaktionen.

Wie dosieren?
- *Dragees:* 3-5mal täglich 1-2 Dragees im Munde zergehen lassen.

Welche Wirkstoffe?
- *Dragees:* 1 Drg. enth.: Campher 0,1mg,
Menthol 3,2mg, Pfefferminzöl 2,8mg.

Was kostet es?	DM
50 Drg.	9,95

Hersteller?
Fa. Thiemann in Waltrop

Panthenol 100mg Jenapharm

Wann anwenden?
Adjuvante [unterstützende] Behandlung von Schleimhauterkrankungen (entzündliche Erkrankung der oberen Atemwege), Therapie von Pantothensäure [Vitamin]-Mangelzuständen (Parästhesien [Taubheitsgefühl, Kribbeln]).

Wie dosieren?
- *Tbl.:* Erwachsene: 2-4 Tabletten täglich (bei Bedarf auch mehr), Kinder: 1-3 Tabletten täglich.

Welche Wirkstoffe?
- *Tbl.:* Gehalt je Tbl.: Dexpanthenol 100mg.

Was kostet es?	DM
20 Tbl.	6,45
50 Tbl.	14,70
100 Tbl.	27,70

Hersteller?
Fa. Jenapharm in Jena

Pharma Wernigerode Kamillan® plus

Wann anwenden?
Äußerliche Anwendung: Entzündliche Erkrankungen von Mund- und Rachenhöhle, Kehlkopf, Nase, Kieferhöhlen. Schlecht heilende Wunden aller Art, Verbrennungen, Geschwüre, Unterschenkelgeschwür ("Offenes Bein") und Fisteln. Innere Anwendung: Erkrankungen des Magen-Darm-Traktes einschließlich der Gallenwege, die mit akuten Krämpfen und Kolikschmerzen einhergehen.

Wann nicht anwenden?
Überempfindlichkeit gegen einen der Inhaltstoffe.

Was beachten?
Enthält 50 Vol.-% Alkohol.

Wie dosieren?
- *Lsg.:* Gesichtsdampfbad: Mehrmals täglich 1/2-1 Eßlöffel auf 1 Liter heißes Wasser. Gurgeln: 1 Teelöffel auf ein Glas lauwarmes Wasser mehrmals täglich je nach Bedarf. Inhalieren: Mehrmals tgl. 1/2-1 Eßlöffel auf 1 Liter heißes Wasser und ca. 5 minuten inhalieren. Bei Verwendung des Kamillan plus Inhalators sind 1/2-1 Eßlöffel und ca. 300ml Wasser ausreichend. Bedienungsanleitung beachten! Pinselung des Zahnfleisches und der Haut: Einige Tropfen unverdünnt mit Pinsel oder Wattestäbchen. Spülungen der Haut und des Ohres, Teilbäder, Umschläge, Waschungen im Scheidenbereich: 1/2-1 Eßlöffel auf 1 Liter körperwarmes Wasser. Zum Einnehmen: 1-3 mal täglich 1/2-1 Teelöffel auf Wasser oder Tee.

Welche Wirkstoffe?
- *Lsg.:* Gehalt je 100 g: 100g ethanolisch-wäßrigen Auszug aus 12g Kamillenblüten und
5g Schafgarbenkraut.

Was kostet es?	DM
50 ml	6,30
100 ml	11,45
100 ml u. Inhalator	19,80
200 ml	17,45
100 ml + 8 Sitzbadfolien	17,95

Hersteller?
Fa. Pharma Wernigerode in Wernigerode

Pharma Wernigerode Kamillan® supra

Wann anwenden?
Äußerlich: Haut- und Schleimhautentzündungen sowie bakterielle Hauterkrankungen einschließlich der Mundhöhle und des Zahnfleisches. Entzündliche Erkrankungen und Reizzustände der Luftwege (Inhalationen). Erkrankungen im Anal- und Genitalbereich (Bäder und Spülungen). Innerlich: Krämpfe und entzündliche Erkrankungen des Magen-Darm-Traktes.

Vorsicht!
Enthält 48 Vol.-% Alkohol.

Wie dosieren?
Gesichtsdampfbad und Inhalation: 1-3 mal täglich $^1/_2$-1 Eßlöffel auf ca. 1 Liter Wasser; bei Verwendung des Kamillan Inhalators sind ca. 300ml heißes Wasser ausreichend; Mundspülen und Gurgeln: mehrmals täglich 20-30 Tropfen auf $^1/_2$ Glas Wasser; Pinselung: mehrmals täglich unverdünnt; Säuglings-Bäder: 1 mal täglich $^1/_2$-1 Eßlöffel auf ca. 10 Liter Wasser; Sitzbäder, Spülungen, Umschläge, Waschungen, Teilbäder: 1- mehrmals täglich $^1/_2$-1 Eßlöffel auf ca. 1 Liter Wasser. Zum Einnehmen: bis zu 4 mal täglich auf 1 Glas Wasser bei Säuglingen und Kleinkindern: 10 Tropfen Schulkindern 20 Tropfen; Erwachsene 30 Tropfen.

Welche Wirkstoffe?
Gehalt je 100g: 100g ethanolisch-wäßr. Auszug aus Kamillenblüten (1:2) mit mind. 180mg ätherischem Öl. 1g≙ca. 30 Tropf.

Was kostet es?	DM
30 ml	5,70
100 ml	14,20

Hersteller?
Fa. Pharma Wernigerode in Wernigerode

Pinimenthol® N

Wann anwenden?
Akute und chronischen Bronchitis, Erkältungskrankheiten und katarrhalische Erkrankungen der oberen und unteren Luftwege (Schleimhautentzündungen der oberen Atmungsorgane).

Wann nicht anwenden?
Bei Säuglingen und Kleinkindern nicht im Bereich des Gesichtes, speziell der Nase, auftragen. Nicht anwenden bei Asthma bronchiale, Keuchhusten.

Welche Nebenwirkungen?
An Haut und Schleimhäuten können verstärkte Reizerscheinungen auftreten. Bronchospasmen [Bronchialkrämpfe] können verstärkt werden.

Was beachten?
Bei Säuglingen und Kleinkindern sollte Pinimenthol®-S Salbe verwendet werden.

Wie dosieren?
- *Salbe:* Einreibung: 2 bis 4mal täglich einen 3-4cm langen Salbenstrang Pinimenthol N auf Brust, Rücken, Hals und Nacken verreiben oder leicht einmassieren. Hinweis: Nicht in oder unter der Nase anwenden!
-Inhalation: Einen etwa 5cm langen Salbenstrang Pinimenthol N in den bereits mit heißem Wasser gefüllten Inhalator geben und die ätherischen Dämpfe mehrere Minuten lang einatmen. Die Wirkung der Inhalation wird durch die Verwendung des dafür vorgesehenen Pinimenthol-Thermoinhalators intensiviert. Falls die Inhalation anfangs als zu heiß empfunden wird, kann der Abstand zwischen Nase und Inhalatoröffnung variiert werden. Die Inhalation kann täglich bis zu zweimal wiederholt werden. Wegen der Verbrühungsgefahr durch heißes Wasser sollen Kinder nie unbeaufsichtigt inhalieren.

Welche Wirkstoffe?
- *Salbe:* 100g enth.: Eucalyptusöl 20g, Kiefernnadelöl 17,78g, Menthol 2,72g.

Was kostet es?	DM
20 g Salbe	7,60
40 g Salbe	10,75
100 g Salbe + Inhalator	24,75
100 g Salbe	19,55

Hersteller?
Fa. Spitzner in Ettlingen

Pinimenthol® S mild

Wann anwenden?
Erkältungskrankheiten (Husten, Schnupfen, Schleimhautentzündung der oberen Luftwege). aküte und chronischen Bronchitis.

Wann nicht anwenden?
Bei Säuglingen und Kleinkindern nicht im Bereich des Gesichts, speziell der Nase auftragen. Asthma bronchiale, Keuchhusten.

Welche Nebenwirkungen?
In sehr seltenen Fällen können an Haut und Schleimhäuten Reizerscheinungen auftreten. Bronchospasmen [Bronchialkrämpfe] können verstärkt werden.

Wie dosieren?
- *Salbe:* Einen 2-3 cm langen Salbenstrang 2-4 mal täglich auf Brust und Rücken einreiben, beziehungsweise zum Inhalieren in ein Gefäß mit heißem Wasser geben.

Welche Wirkstoffe?
- *Salbe:* 100g enth.: Eucalyptusöl 14,2g, Kiefernnadelöl 10,8g.

Was kostet es?	DM
20 g Salbe	7,60
40 g Salbe	10,75
100 g Salbe	19,55

Hersteller?
Fa. Spitzner in Ettlingen

Erkältung und grippale Infekte

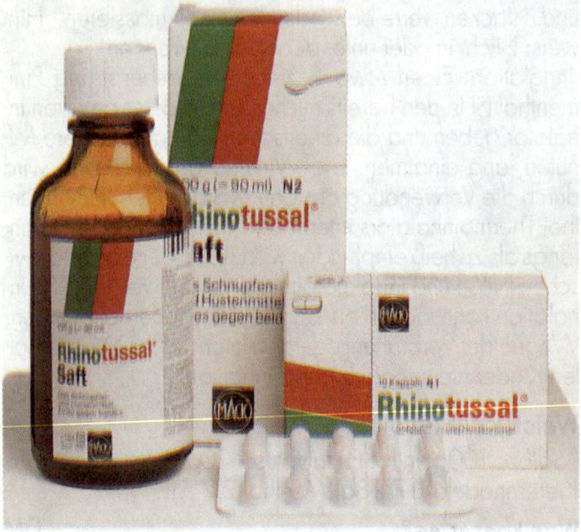

Rhinotussal® Kapseln, -Saft

Wann anwenden?

Husten und Schnupfen bei Erkältungskrankheiten, Grippe und allergisch bedingte Entzündung der Nasenschleimhaut und der übrigen Luftwege.

Wann nicht anwenden?

Thyreotoxikose [Überfunktion der Schilddrüse], Phäochromocytom [Nebennierenerkrankung], Engwinkelglaukom [Grüner Star], Prostatavergrößerung mit Restharnbildung. Hypertonie [Bluthochdruck], Überempfindlichkeit gegen die Inhaltsstoffe, gleichzeitige Behandlung mit MAO-Hemmern. Hinweis: Vorsichtig dosieren bei schweren organischen Herz- und Gefäßveränder., Rhythmusstör. Bei Schilddrüsenerkrankungen, Diabetes mellitus [Zuckerkrankheit] nur unter ärztlicher Kontrolle. Bei Kleinkindern Dosierung exakt beachten (zentrale Erregung möglich).

Schwangerschaft?

Sorgfältige Indikationsstellung, nur nach Rücksprache mit Ihrem Arzt anwenden!

Welche Nebenwirkungen?

In seltenen Fällen kann es während der Therapie mit Rhinotussal® Saft zu Magen-Darm-Beschwerden, Übelkeit, Mundtrockenheit, Erbrechen, Sodbrennen, Appetitlosigkeit, zentralnervösen Störungen, Müdigkeit, Sehstörungen, Auslösung eines grünen Stars, Schwindel, Schwächegefühl, Schlafstörungen, Nervosität, Unruhe, Zittern, Herzklopfen, Herzrhythmusstörungen, Brustengegefühl, Blutdruckanstieg, Kopfschmerz, Beschwerden beim Wasserlassen, Überempfindlichkeitsreaktionen (z.B. Hautreaktionen), bei entsprechend veranlagten Patienten auch aufgrund des Gehalts an Parabenen, und sehr selten zu Blutbildveränderungen kommen. Bei Kleinkindern und älteren Patienten sind zentrale Erregungszustände nach Überdosierung möglich. Dieses Arzneimittel kann auch bei bestimmungsgemäßem Gebrauch das Reaktionsvermögen so weit verändern, daß die Fähigkeit zur aktiven Teilnahme am Straßenverkehr oder zum Bedienen von Maschinen beeinträchtigt wird. Dies gilt in verstärktem Maße im Zusammenwirken mit Alkohol.
Zusätzlich für - Kapseln: Pektanginöse [die Angina pectoris betreffend] Beschwerden
Zusätzlich für - Saft: Muskeltremor.

Was beachten?

Reaktionsvermögen kann beeinträchtigt werden!

Wie dosieren?

Kapseln Jugendliche über 12 Jahre und Erwachsene morgens und abends 1 Kapseln Saft: morgens und abends: Kinder von 1-6 Jahren 1 Meßlöffel, Kinder von 6-12 Jahren 2 Meßlöffel, Jugendliche ab 12Jahren und Erwachsene 3 Meßlöffel.

Welche Wirkstoffe?

- *Kapseln:* 1 Kaps. enth.: Dextromethorphanhydrobromid (Dextromethorphan) 20mg,
Phenylephrin-HCl 20mg, Carbinoxaminmaleat 4mg.
- *Saft:* 100g (=90ml) Saft enth.: 500mg Dextromethorphan-Poly(styrol,divinylbenzol)sulfonat (entspr. 120mg Dextromethorphan), 1700,0mg DL-Norephedrin-Poly(-styrol, divinylbenzol)sulfonat, entspr. 300mg DL-Norephedrin (Phenylpropanolamin), 64mg Carbinoxamin-Poly(styrol,divinylbenzol)sulfonat, entspr. Carbinoxamin 24mg.

Was kostet es?	DM
10 Kaps.	11,66
20 Kaps.	20,75
100 g Saft	11,66

Hersteller?

Fa. Mack, Illertissen in Karlsruhe

Sanopinwern®

Wann anwenden?

Zur Inhalation bei Erkrankungen der oberen Luftwege.

Wann nicht anwenden?

Asthma bronchiale, Keuchhusten. Bei Säuglingen und Kleinkindern nicht im Bereich des Gesichts, speziell der Nase, auftragen.

Welche Nebenwirkungen?

Atemnot, Hustenreiz, Schwindelgefühl und Kopfschmerzen, verstärkte Reizerscheinungen an den Schleimhäuten, Bronchospasmen [Bronchialkrämpfe] können verstärkt werden.

Was beachten?

Nicht zum Einnehmen, nicht in die Nase träufeln!

Wie dosieren?

- *Tropf.:* Zur Inhalation mehrmals täglich 1-5 Tropfen mit

0,5 Liter heißem Wasser übergießen und die Dämpfe einatmen. Bei Kindern über Nacht einige Tropfen auf ein Tuch oder Kleidungsstück in der Nähe der Atmungsorgane geben.

Welche Wirkstoffe?

- *Tropf.*: Gehalt je 100g: 74g Koniferenöl 50,, 25g Campherbaumöl.

Was kostet es? DM

20 ml 9,80
20 ml u. Inhalator 16,85

Hersteller?

Fa. Pharma Wernigerode in Wernigerode

Thymiverlan®

Wann anwenden?

Symptome der Bronchitis und des Keuchhustens, Schleimhautentzündung der oberen Luftwege.

Was beachten?

Enth. 15-19 Vol.-% Alkohol.

Wie dosieren?

- *Lsg.*: Erwachsene 1-3 mal täglich 3ml. Kinder 1-3 mal täglich 1-2ml.

Welche Wirkstoffe?

- *Lsg.*: 1ml Lsg. enth.: Thymianfluidextrakt (DAB 10) 496,7mg.

Was kostet es? DM

50 ml 5,35
100 ml 9,50

Hersteller?

Fa. Verla-Pharm in Tutzing

Information der Redaktion:

Babix

Bronchicum

Bronchoforton

Emser Pastillen mit Menthol N

Emser Pastillen

Heumann Bronchialtee Solubifix

Isla-Moos

Soledum

Transpulmin

Transpulmin

Wick VapoRub

Erschöpfung

Aktivanad®-N Saft

Wann anwenden?

Rekonvaleszenz [Genesungszeit] nach Erkrankungen, Operationen und Geburten, Abgeschlagenheit und Erschöpfung, Leistungsschwäche.

Welche Nebenwirkungen?

Keine, falls nicht eine besondere Überempfindlichkeit gegen Coffein vorliegt.

Was beachten?

- *Saft:* 1 Eßlöffel (15ml) enth. 5,7g Kohlenhydrate.

Vorsicht!

- *Saft:* Dieses Arzneimittel enth. 11 Vol.-% Alkohol. Bei Beachtung der Dosierungsanleitung werden bei jeder Einnahme bis zu 1,3g Alkohol zugeführt.

Wie dosieren?

- *Saft:* Erwachsene 3mal täglich 15ml (ca. 1 Eßlöffel), Jugendliche 2mal täglich 15ml. Bei Neigung zu Einschlafstörungen letzte Einnahme in den frühen Nachmittagsstunden.

Welche Wirkstoffe?

- *Saft:* 100ml enth.: Leberextrakt 1,75g, Hefeextrakt 0,75g, Coffein 0,375g.

Was kostet es? DM

200 ml Saft 12,80
500 ml Saft 23,95
1000 ml (2x 500) Saft 41,90

Hersteller?

Fa. Nordmark in Uetersen

Glutamin-Verla®

Wann anwenden?

Nervöse Erschöpfung, Ermüdbarkeit, Konzentrations- und Leistungsschwäche bei Erwachsenen und Kindern.

Erschöpfung

Wann nicht anwenden?

Bei schweren krankhaften Trieb- und Affektsteigerungen [Handlungsbereitschaft].

Welche Nebenwirkungen?

Bei hoher Dosierung können motorische Unruhe und Schlafstörungen auftreten.

Wie dosieren?

2-8 Dragees oder 1 Teelöffel Granulat täglich. Dragees und Granulat werden unzerkaut nur morgens und mittags eingenommen.

Welche Wirkstoffe?

- *Drg.:* 1 magensaftresistentes Drg. enth.: L-(+)-Glutaminsäure 0,33g.
- *Granulat:* 1 Teel. enth.: L-(+)-Glutaminsäure 2g.

Was kostet es?	DM
50 Drg.	8,20
100 Drg.	13,95
200 g Granulat	32,55

Hersteller?

Fa. Verla-Pharm in Tutzing

Medivitan® N

Wann anwenden?

Vitaminmangelzustände. Erhöhter Vitaminbedarf bei Alkoholabusus (Alkoholmißbrauch), Magen-/Darmresektion (operative Entfernung des Magens bzw. Darms), Strahlenbehandlung, Chemotherapie, antibiotischer Therapie.

Wann nicht anwenden?

Schwere Überleitungsstörungen. Akut dekompensierte [unbehandelte] Herzinsuffizienz [Herzschwäche].

Welche Nebenwirkungen?

Zentralnervöse Störungen (Einschlafstörungen, Erregung, Depression) (selten bei hohen Dosen). Magen-Darm-Störungen (selten bei hohen Dosen). Allergische Reaktion (Einzelfälle). Schwindel. Erbrechen. Benommenheit, Krämpfe. Bradykardie [Herzrhythmusstörung, zu langsamer Herzschlag], Rhythmusstörungen. Schock.

Wie dosieren?

- *Inj.-Lsg.:* Je nach Krankheitsbild unterschiedliche Dosierung. Siehe Packungsbeilage.

Welche Wirkstoffe?

- *Inj.-Lsg.:* 4ml Inj.-Lsg. I enth.: Hydroxocobalamin 1000µg,
Folsäure, Mononatriumsalz 1,1mg, Pyridoxin-HCl 5mg. 1ml Inj.-Lsg. II enth.: Lidocain-HCl H_2O-frei 24mg als Lokalanästhetikum.

Was kostet es?	DM
3 Doppelbrechamp.	28,35
6 Doppelbrechamp.	49,90
12 Doppelbrechamp.	94,35
3 Fertigspritzen	31,25
6 Fertigspritzen	55,00
12 Fertigspritzen	100,00

Hersteller?

Fa. Medice in Iserlohn

3N-Lecithin®

Wann anwenden?

Bei hoher körperlicher und geistiger Beanspruchung, Erschöpfungszuständen, Nervosität, Schlaflosigkeit, verzögerter Rekonvaleszenz [Genesungszeit nach Krankheit] und Alterserscheinungen.

Was beachten?

Für Diabetiker geeignet.

Vorsicht!

Enthält 18 Vol.-% Alkohol.

Wie dosieren?

- *Emulsion:* Erwachsene am 1. und 2. Tag je 2-3 Teelöffel, danach 2-3xtgl. 1 Eßlöffel. Kinder 3xtgl. 1 Teelöffel.

Welche Wirkstoffe?

- *Emulsion:* Gehalt je 100g: Pflanzenlecithin 10,0g.

Was kostet es?	DM
200 ml	11,98

Hersteller?

Fa. Pharma Wernigerode in Wernigerode

Vitamin A+E-Hevert

Wann anwenden?

Prophylaxe [Vorbeugung] und Therapie von Vitamin A- und Vitamin E-Mangel; Nachtblindheit; zur Muskelstärkung.

Wann nicht anwenden?

Hypervitaminose [zu hohe Vitaminwerte] A; Retinoid [Abkömmling der Vitamin-A- Säure]-Therapie. Zur Vermeidung einer Hypervitaminose (Vitamin A) sind behandlungsfreie Intervalle einzuschalten.

Wie dosieren?

- *Drg.:* Täglich 1 Dragee. Nur in besonderen Fällen (z.B. bei augenheilkundlicher Indikation) können höhere Dosen sinnvoll sein.

Welche Wirkstoffe?

- *Drg.:* 1 Drg. enth.: Retinolacetat 3000 I.E., DL-α-Tocopherolacetat 70mg.

Was kostet es?	DM
20 Drg.	5,89
50 Drg.	11,81
100 Drg.	21,70

Hersteller?

Fa. Hevert in Sobernheim

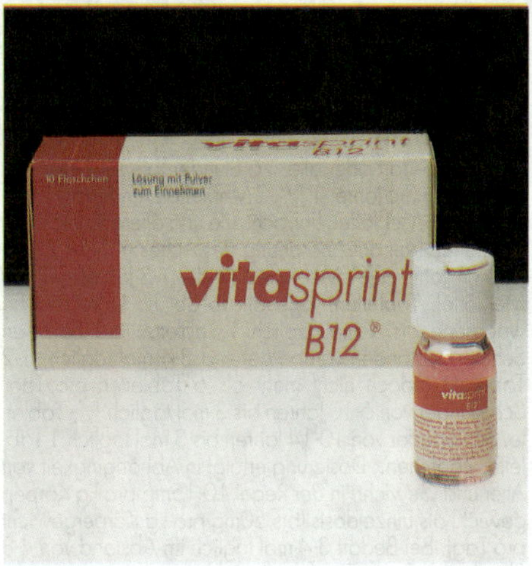

Vitasprint B_{12}® Fl., -Kaps.

Wann anwenden?
Wiederherstellung der körperlich und geistigen Leistungsfähigkeit bei Überlastung, Streß, nach schwerer Erkrankung Operationen, Bestrahlungsserien, ferner im Alter und bei Lern- und Konzentrationsschwierigkeiten von hypermotorischen Kindern zur Aktivierung von Leistungssportlern.

Welche Nebenwirkungen?
Sehr selten Überempfindlichkeitsreaktionen gegen Parabene (nur in den Fläschchen) oder einen der anderen Inhaltsstoffe.

Was beachten?
Vitasprint B_{12} Trinkflaschen sind mit Sorbit gesüßt und enthalten keinen Alkohol; daher auch für Diabetiker und Alkoholiker geeignet (1 Flasche entspricht ca. 0,1 BE [Diabetiker-Einheiten]).

Wie dosieren?
Täglich 1 Trinkflasche oder 3 mal täglich 1 Kapsel einnehmen.

Welche Wirkstoffe?
- *Fl.*: 1 Fl. enth.: L-Glutamin 60mg, DL-O-Phosphoserin 40mg, Cyanocobalamin (Vit. B_{12}) 500µg.
- *Kaps.*: 1 Kaps. enth.: L-Glutamin 30mg, DL-O-Phosphoserin 30mg, Cyanocobalamin (Vit. B_{12}) 200µg.

Was kostet es?	DM
10 Trinkfl.	29,90
30 Trinkfl.	74,90
100 Trinkfl.	199,85
20 Kaps.	16,95
50 Kaps.	40,50
100 Kaps.	69,95

Hersteller?
Fa. Brenner-Efeka Pharma in Münster

Fieber und Gliederschmerzen

Acesal®

Wann anwenden?
Leichte bis mäßig starke Schmerzen sowie Fieber. Rheumatische Erkrankungen wie Gelenkrheuma, chronische Polyarthritis [gleichzeitige Entzündung von 5 oder mehr Gelenken], akute Reizzustände infolge einer Gelenkerkrankung und Weichteilrheumatismus.

Wann nicht anwenden?
Bei bekannter Analgetika [Schmerzmittel]-Unverträglichkeit, z.B. bei schon einmal aufgetretenem Arzneimittel-Asthma oder arzneimittelbedingten Hautreaktionen. Allgemein bei Allergieneigung. Allgemein bei Asthma bronchiale [Bronchialasthma]. Bei Heuschnupfen, Nasenpolypen, chronischen Atemwegsinfektionen. Bei chronischen und rezidivierenden [periodisch wiederkehrenden] Magen- und Zwölffingerdarmbeschwerden. Bei genetisch bedingtem Mangel an Glukose-6-Phosphat-Dehydrogenase. Bei vorgeschädigter Niere mögliche Verschlechterung der Nierenfunktion. Bei schweren Leberfunktionsstörungen. Bei Herzinsuffizienz [Herzschwäche]. Bei gleichzeitiger Therapie mit gerinnungshemmenden Arzneimitteln (z.B. Cumarinderivate, Heparinpräparate mit Ausnahme niedrig dosierter Heparin- Therapie). Nicht bei gleichzeitiger Anwendung des antiepileptischen Wirkstoffs Valproinsäure geben, besonders nicht bei Säuglingen und Kleinkindern. Hinweis: Bei Kindern und Jugendlichen mit fieberhaften Erkrankungen nur, wenn andere Maßnahmen nicht wirken, wegen Gefahr des Reye- Syndroms [Leber-Hirn-Erkrankung].
Hämorrhagische Diathese [zu spontanen, schwer stillbaren Blutungen tendierende Blutungsneigung]. Magen-Darm-Ulzera [Geschwüre].

Schwangerschaft?
Kontraindiziert, nicht anwenden im 3. Trimenon. Strenge Indikationsstellung, das heißt nur nach Rücksprache mit Ihren Arzt im 1. und 2. Trimenon [Drittel]

Stillzeit?
Kontraindiziert, nicht anwenden, bei hoher Dosierung. Strenge Indikationsstellung, das heißt nur nach Rücksprache mit Ihrem Arzt bei niedriger Dosierung anwenden.

Welche Nebenwirkungen?
Störungen des Zentralnervensystems wie Kopfschmerzen, Schwindel, Erbrechen, Tinnitus [Ohrgeräusche], Sehstörungen oder Somnolenz [Schläfrigkeit] bei langfristiger oder chronischer Anwendung. Häufig gastrointestinale [vom Magen und Darm kommende] Beschwerden wie Magenschmerzen, Mikroblutungen. Selten Magenblutungen und -ulzerationen [Geschwüre]. Gelegentlich Übelkeit, Erbrechen, Durchfälle. Leberfunktionsstörungen

Fieber und Gliederschmerzen

(Einzelfälle). Störungen des Säure-Basen-Haushaltes. Natrium- und Wasserretention [Zurückhaltung von Natrium und Wasser] mit Ödemen [Wasseransammelungen im Gewebe]. Hypoglykämie [Unterzuckerung]. Nierenfunktionsstörungen (Einzelfälle). Überempfindlichkeitsreaktionen, z.B. Hautreaktionen, Bronchospasmus [Bronchialkrampf], Analgetikaasthma [arzneimittelbedingtes Asthma].

Was beachten?

Vorsicht bei Leberzirrhose. Nicht auf nüchternen Magen einnehmen.

Wie dosieren?

- *Tbl.:* Erwachsene nehmen bei Schmerzen und Fieber bis zu 3 mal täglich 1-2 Tabletten in Abständen von 4-5 Stunden (maximal 6 Tabletten pro Tag) ein. Bei entzündlich rheumatischen Erkrankungen kann die Dosis beim Erwachsenen auf ärztliche Anweisung bis auf 10 Tabletten am Tag erhöht werden.

Welche Wirkstoffe?

- *Tbl.:* 1 Tbl. enth.: Acetylsalicylsäure 500mg.

Was kostet es?	DM
20 Tbl.	4,50
50 Tbl.	8,90

Hersteller?

Fa. Oranienburger Pharmawerk in Oranienburg

Enelfa® Saft, -Tabletten, -S 125 Supp., -250 Supp., -500 Supp.

Wann anwenden?

Leichte bis mäßig starke Schmerzen und Fieber.

Wann nicht anwenden?

Überempfindlichkeit gegen einen der Inhaltsstoffe. Personen mit Sorbit-(Fructose-) intoleranz (Saft). Neugeborene. Genetisch bedingter Mangel an Glukose-6-phosphat-Dehydrogenase wegen der Gefahr hämolytischer Anämie [Blutarmut durch krankhaft erhöhten Zerfall der roten Blutkörperchen]. Hinweis: Vorsichtig dosieren bei: Leberfunktionsstörungen (zum Beispiel durch chronischen Alkoholmißbrauch, Leberentzündungen). Vorsichtig dosieren bei: Nierenfunktionsstörungen. Vorsichtig dosieren bei Meulengracht-Gilbert-Syndrom.

Schwangerschaft?

Kontraindiziert, nicht anwenden!

Stillzeit?

Kontraindiziert, nicht anwenden!

Welche Nebenwirkungen?

Überempfindlichkeitsreaktionen (sehr selten Hautreaktionen, in Einzelfällen Quincke-Ödem [Wasseransammlung im Gewebe, z.B. im Gesicht, ausgelöst durch Allergie], Atemnot, Schweißausbruch, Übelkeit, Blutdruckabfall bis hin zum Schock; äußerst selten Thrombozytopenie [Mangel an Thrombozyten], Leukopenie [krankhafte Verminderung der weißen Blutkörperchen], in Einzelfällen Agranulozytose [Verminderung bestimmter Blutzellen], Panzytopenie [Verminderung von Blutzellen aller Art], Bronchospasmen [Bronchialkrämpfe]). Überdosierung kann zu schweren Leberschäden führen.

Wie dosieren?

Saft: Bei Bedarf oder alle 4-6 Stunden bis zu 4 mal täglich. Kinder 3-6 Jahre: 1 1/2-2 Meßlöffel. Kinder 6-12 Jahre: 2-2 1/2 Meßlöffel. Erwachsene und ältere Kinder: 3-5 Meßlöffel. Nur auf Anordnung des Arztes: Kinder 2 Monate - 1 Jahr: 1/2-1 Meßlöffel. Kinder 1-3 Jahre: 1-1 1/2 Meßlöffel. **Tabletten:** Jugendliche ab 15 Jahre und Erwachsene bis 4 mal täglich 1 Tablette, bei stärkeren Schmerzzuständen vorübergehend 3-4 mal täglich, 1-2 Tabletten jedoch nicht mehr als 6 Tabletten pro Tag, Schulkinder von 6-10 Jahren bis 3 mal täglich 1/2 Tablette. Schulkinder von 10-14 Jahren bis 3 mal täglich 1 Tablette. **Zäpfchen.:** Dosierung erfolgt in Abhängingkeit von Alter und Gewicht, in der Regel 10-15mg pro kg Körpergewicht als Einzeldosis (bis 50mg pro kg Körpergewicht pro Tag). Bei Bedarf 3-4 mal täglich im Abstand von 4-8 Stunden 1 Enelfa-Zäpfchen und zwar bei Säuglingen Zäpfchen zu je 125mg, Kinder (1-5 Jahre) Zäpfchen zu je 250mg, Schulkinder (ab 6 Jahre) Zäpfchen zu je 500mg.

Welche Wirkstoffe?

- *Saft:* 100ml enth.: Paracetamol 2g.
KH: 1 Meßl. enth. 1,27g KH (=0,1 BE).
- *Tabletten:* 1 Tbl. enth.: Paracetamol 500mg.
- *S 125 Supp.:* 1 Supp. enth.: Paracetamol 125mg.
- *250 Supp.:* 1 Supp. enth.: Paracetamol 250mg.
- *500 Supp.:* 1 Supp. enth.: Paracetamol 500mg.

Was kostet es?	DM
100 ml Saft	7,39
10 Tbl.	1,97
30 Tbl.	4,32
10 Zäpf. zu 125mg	3,11
10 Zäpf. zu 250mg	3,55
10 Zäpf. zu 500mg	4,14

Hersteller?

Fa. Dolorgiet in Sankt Augustin

Nisylen®

Wann anwenden?

Fieberhafte Erkältungskrankheiten, grippale Infekte und zur Vorbeugung von viralen [durch Viren bedingte] Infekten.

Wann nicht anwenden?

Kinder unter 12 Jahren (aufgrund des Alkoholgehaltes). Bei Lebererkrankungen nur auf ärztlichen Rat.

Was beachten?

Enthält 45 Vol.-% Alkohol.

Wie dosieren?

- *Lsg.:* Bei akuten Beschwerden in den ersten 1-2 Tagen stündlich 10 Tropfen bis zum Eintritt einer Besserung. Zur nachfolgenden Behandlung 3 mal täglich 20-30 Tropfen einnehmen. Zur Vorbeugung von Infekten sind 3 mal täglich 20-30 Tropfen zu empfehlen.

Welche Wirkstoffe?

- *Lsg.*: 100g Lsg. enth.: Aconitum D3 10g, Gelsemium D3 10g, Ipecacuanha D3 10g, Phosphorus D5 10g, Bryonia D2 10g, Eupatorium perfoliatum D1 10g, Weitere Bestandteile: Eucalyptus globulus Ø=D1.

Was kostet es?	DM
30 ml Lsg.	13,10

Hersteller?

Fa. DHU in Karlsruhe

Octadon® P

Wann anwenden?

Leichte bis mäßig starke Schmerzen.

Wann nicht anwenden?

Hinweis: Niedrig dosieren (ca. 100mg pro Einzeldosis bei: Tachyarrhythmien [Herzrhythmusstörungen, zu schneller Herzschlag], Leberzirrhose, Hyperthyreose [Schilddrüsenüberfunktion], Angstsyndrom [Angstzustände], Leberfunktionsstörungen (z.B. durch chronischen Alkoholmißbrauch, Leberentzündung), Meulengracht-Gilbert-Syndrom, Niereninsuffizienz [Nierenschwäche]. Genetisch bedingter Mangel an Glucose-6-phosphat-Dehydrogenase mit Gefahr einer hämolytischen Anämie [durch Hämoglobinzersetzung bedingte Blutarmut].

Schwangerschaft?

Strenge Indikationsstellung, insbesondere im 1. Trimenon [Drittel].

Stillzeit?

Strenge Indikationsstellung. Das Befinden und Verhalten des Säuglings kann beeinträchtigt werden. Die Plasmahalbwertszeit [Zeit, bis nur noch die halbe Arzneimittelmenge im Blut ist] beträgt beim Säugling ca. 100 Stunden. Erst mit 5-6 Monaten werden Eliminationsraten [Ausscheidungsraten] des Erwachsenen erreicht (Halbwertszeit 5 Stunden).

Welche Nebenwirkungen?

Muskeltremor [Muskelzittern] (Dosierung über 200mg), Schlaflosigkeit, innere Unruhe, Kopfschmerzen (Dosierung über 200mg), Reizbarkeit (Dosierung über 200mg). Bei abruptem Absetzen nach längerem hochdosierten, nicht bestimmungsgemäßen Gebrauch: Kopfschmerzen, Müdigkeit, Muskelschmerzen, Nervosität, vegetative Symptome [d.h. unterbewußte, vom Nervensystem kommende Symptome]. Gastrointestinale [von Magen und Darm kommende] Beschwerden, Tachykardie [Steigerung der Herzfrequenz auf über 100 Schläge pro Minute], in Einzelfällen allergische Reaktionen. Überdosierung: Leberzellnekrosen [Absterben der Leberzellen], Nierenschäden. Überempfindlichkeitsreaktionen wie z.B. sehr selten Hautreaktionen wie Urtikaria [Nesselsucht]; Bronchospasmen [Bronchialkrämpfe]; äußerst selten Thrombozytopenie [Mangel an Thrombozyten]; Leukopenie [krankhafte Verminderung der weißen Blutkörperchen]; in Einzelfällen Agranulozytose, Panzytopenie [Schwund von Blutzellen aller Art]; in Einzelfällen Quincke-Ödem [Wasseransammlung im Gewebe, z.B. im Gesicht, ausgelöst durch Allergie], Atemnot, Schweißausbruch, Übelkeit, Blutdruckabfall bis zum Schock.

Wie dosieren?

- *Tbl.*: Erwachsene und Jugendliche : 1-2 Tabletten, bei Bedarf kann die Dosis auf 3-4 Tabletten erhöht werden.

Welche Wirkstoffe?

- *Tbl.*: 1 Tbl. enth.: Paracetamol 350mg, Coffein 50mg.

Was kostet es?	DM
10 Tbl.	3,90
20 Tbl.	6,30

Hersteller?

Fa. Thiemann in Waltrop

Prontopyrin® plus

Wann anwenden?

Leichte bis mäßig starke Schmerzen wie Kopf- und Gliederschmerzen, auch bei Erkältungskrankheiten

Wann nicht anwenden?

Protopyrin® plus darf nicht angewendet werden bei Überempfindlichkeit gegen die Inhaltsstoffe, bei bekanntem genetisch bedingten Glucose-6-Phosphat- Dehydrogenase-Mangel (Gefahr von Blutbildveränderungen, z. B. hämolytische Anämie). Prontopyrin® plus darf bei Säuglingen und Kleinkindern nicht angewendet werden. Nur unter besonderen Vorsichtsmaßnahmen, d.h. mit einer Dosisverringerung oder einer Verlängerung der Abstände zwischen den einzelnden Einnahmen kann Prontopyrin® plus bei folgenden Krankheiten angewendet werden (relative Kontraindikation): Leberfunktionsstörungen (z. B. durch chronischen Alkoholmißbrauch, Leberentzündungen), Nierenfunktionsstörungen, Gilbert-Syndrom (Meulengracht-Krankheit). Patienten mit Magen- oder Zwölffingerdarmgeschwüren sowie Schilddrüsenüberfunktion sollten Prontopyrin® plus nur auf ärztliche Verordnung einnehmen.

Schwangerschaft?

Besonders im 1. Drittel nicht ohne ärztlichen Rat.

Stillzeit?

Das Befinden und Verhalten des Säuglings kann durch das mit der Muttermilch aufgenommene Coffein beeinträchtigt werden.

Welche Nebenwirkungen?

Die Einnahme von Protopyrin® plus kann selten zu Hautrötungen und sehr selten zu Überempfindlichkeitsreaktionen mit Hautausschlägen führen; äußerst selten wurde über allergiebedingte Störungen der Blutbildung, z.B. einer Verminderung der Blutplättchen (Thrombozytopenie) oder der weißen Blutkörperchen (Leukopenie bis hin zur Agranulozytose) oder aller Blutzellen (Panzytopenie), berichtet; in Einzelfällen sind Überempfindlichkeitsreaktionen wie Schwellungen im Gesicht, Atemnot, Schweißaus-

Fieber und Gliederschmerzen

bruch, Übelkeit, Blutdruckabfall bis hin zum Schock beschrieben worden. In Einzelfällen kann bei entsprechend veranlagten Personen ein Bronchiospasmus (Analgetika-Asthma) ausgelöst werden. Der Coffeinanteil kann zu Schlaflosigkeit, innerer Unruhe, Herzrasen und Magenbeschwerden führen.

Was beachten?

Die gewohnheitsmäßige Einnahme von Schmerzmitteln ist gefährlich. Sie kann zu irreparablen Gesundheitsschäden führen. Ohne ärztliche Verordnung soll Prontopyrin® plus nur zur Behandlung akuter Schmerzen eingenommen werden.

Wie dosieren?

- *Tbl.:* Zur kurzfristigen Anwendung ohne ärztliche Überwachung bei Erwachsenen und Jugendlichen 1-3 mal täglich 1 Tablette. Die maximale Tagesdosis liegt bei 4 Tabletten. Zur Anwendung unter ärztlicher Überwachung bei Erwachsenen und Jugendlichen 1-3 mal täglich 2 Tabletten. Die maximale Tagesdosis liegt bei 8 Tabletten. Die Tabletten sind mit etwas Flüssigkeit unzerkaut leicht zu schlucken. Für die Dosierung bei Kindern von 6-12 Jahren liegt nicht genügend Erkentnissmaterial vor.

Welche Wirkstoffe?

- *Tbl.:* 1 Tbl. enth.: 400mg Paracetamol,
50mg Coffein,

Was kostet es?

	DM
20 Tbl.	5,66

Hersteller?

Fa. Mack, Illertissen in Karlsruhe

Rhinotussal® Kapseln, -Saft

Wann anwenden?

Husten und Schnupfen bei Erkältungskrankheiten, grippale Infekte und allergisch bedingte Entzündung der Naseschleimhaut und der übrigen Luftwege.

Wann nicht anwenden?

Thyreotoxikose [Überfunktion der Schilddrüse], Phäochromocytom [Nebennierenerkrankung], Engwinkelglaukom [Grüner Star], Prostatavergrößerung mit Restharnbildung. Hypertonie [Bluthochdruck], Überempfindlichkeit gegen die Inhaltsstoffe, gleichzeitige Behandlung mit MAO-Hemmern. Hinweis: Vorsichtig dosieren bei schweren organischen Herz- und Gefäßveränder., Rhythmusstör. Bei Schilddrüsenerkrankungen, Diabetes mellitus [Zuckerkrankheit] nur unter ärztlicher Kontrolle. Bei Kleinkindern Dosierung exakt beachten (zentrale Erregung möglich).

Schwangerschaft?

Sorgfältige Indikationsstellung, nur nach Rücksprache mit Ihrem Arzt anwenden!

Welche Nebenwirkungen?

In seltenen Fällen kann es während der Therapie mit Rhinotussal® Saft zu Magen-Darm-Beschwerden, Übelkeit, Mundtrockenheit, Erbrechen, Sodbrennen, Appetitlosigkeit, zentralnervösen Störungen, Müdigkeit, Sehstörungen, Auslösung eines grünen Stars, Schwindel, Schwächegefühl, Schlafstörungen, Nervosität, Unruhe, Zittern, Herzklopfen, Herzrhythmusstörungen, Brustengegefühl, Blutdruckanstieg, Kopfschmerz, Beschwerden beim Wasserlassen, Überempfindlichkeitsreaktionen (z.B. Hautreaktionen), bei entsprechend veranlagten Patienten auch aufgrund des Gehalts an Parabenen, und sehr selten zu Blutbildveränderungen kommen. Bei Kleinkindern und älteren Patienten sind zentrale Erregungszustände nach Überdosierung möglich. Dieses Arzneimittel kann auch bei bestimmungsgemäßem Gebrauch das Reaktionsvermögen so weit verändern, daß die Fähigkeit zur aktiven Teilnahme am Straßenverkehr oder zum Bedienen von Maschinen beeinträchtigt wird. Dies gilt in verstärktem Maße im Zusammenwirken mit Alkohol.

Zusätzlich für - Kapseln: Pektanginöse [die Angina pectoris betreffend] Beschwerden

Zusätzlich für - Saft: Muskeltremor.

Was beachten?

Reaktionsvermögen kann beeinträchtigt werden!

Wie dosieren?

Kapseln Jugendliche über 12 Jahre und Erwachsene morgens und abends 1 Kapseln Saft: morgens und abends: Kinder von 1-6 Jahren 1 Meßlöffel, Kinder von 6-12 Jahren 2 Meßlöffel, Jugendliche ab 12Jahren und Erwachsene 3 Meßlöffel.

Welche Wirkstoffe?

- *Kapseln:* 1 Kaps. enth.: Dextromethorphanhydrobromid (Dextromethorphan) 20mg,
Phenylephrin-HCl 20mg, Carbinoxaminmaleat 4mg.
- *Saft:* 100g (=90ml) Saft enth.: 500mg Dextromethorphan-Poly(styrol,divinylbenzol)sulfonat (entspr. 120mg Dextromethorphan), 1700,0mg DL-Norephedrin-Poly(-styrol, divinylbenzol)sulfonat, entspr. 300mg DL-Norephedrin (Phenylpropanolamin), 64mg Carbinoxamin-Poly(styrol,divinylbenzol)sulfonat, entspr. Carbinoxamin 24mg.

Was kostet es?

	DM
10 Kaps.	11,66
20 Kaps.	20,75
100 g Saft	11,66

Hersteller?

Fa. Mack, Illertissen in Karlsruhe

Information der Redaktion:

Contramutan

Doregrippin

Grippostad

Kontagripp

metavirulent

Viburcol

Wick DayMed Erkältungsmedizin für den Tag

Wick MediNait

Folsäure-Mangel

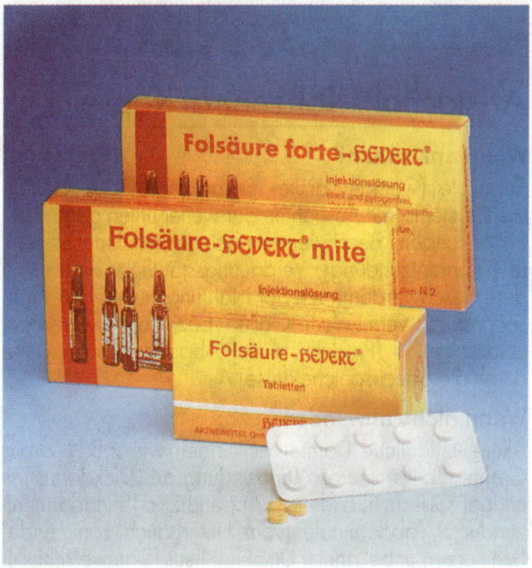

Folsäure-Hevert

Wann anwenden?
Folsäuremangel. Gesteigerter Folsäurebedarf, z.B. in der Schwangerschaft und Stillzeit, bei chronischem Blutverlust oder Einnahme von Kontrazeptiva [empfängnisverhütende Mittel].

Wann nicht anwenden?
Megaloblastenanämie [Blutarmuterkrankung] infolge isolierten Vitamin B_{12}- Mangels.

Welche Nebenwirkungen?
In Einzelfällen können allergische Reaktionen mit Juckreiz, Hautauschlag, Atembeschwerden und Schock auftreten. Nach hohen Dosierungen kann die Krampfbereitschaft unter zusätzlicher Therapie mit Antiepileptika zunehmen. Nach hohen Dosen wurden in Einzelfällen Störungen im Magen-Darm-Trakt, Alpträume, Erregung und Depression beobachtet.

Wie dosieren?
- *Tbl.*: Erwachsene bei Folsäuremangelzuständen 1-3 mal täglich 1 Tablette über einen Zeitraum von 3-4 Wochen, Kinder die Hälfte.

Welche Wirkstoffe?
- *Tbl.*: 1 Tbl. enth.: Folsäure 5mg.

Was kostet es?	DM
20 Tbl.	13,90
100 Tbl.	44,41

Hersteller?
Fa. Hevert in Sobernheim

Fußpilz

Candio-Hermal®

Wann anwenden?
- *Creme:* Nystatinempfindliche Hefepilzinfektionen der Haut, des Übergangsepithels (Lippen, Genitalbereich), der Nägel und des behaarten Kopfes, sekundäre Hefepilzbesiedlung (weder fettend noch austrocknend).
- *Paste:* Nystatinempfindliche, auch chronisch verlaufende und nässende Hefepilzinfektionen der Haut und intertriginösen [in den Körperfalten angesiedelten, z.B. in der Leistengegend] Räumen, gut haftend, trocknend.
- *Softpaste:* Nässende Hefepilzinfektionen der Haut bei Windeldermatitis [entzündliche Hautreaktion, die durch den Wärmestau von Windeln hervorgerufen wird] oder Windelsoor [Pilzbefall im Bereich der Windeln] auf wunder Haut.
- *Salbe:* Nystatinempfindliche, nichtnässende Hefepilzinfektionen der Haut, der Nägel und der Haarfollikel [Haarwurzel], auch bei sekundärem [durch eine vorausgegangene Erkrankung ausgelöstem] Hefebefall.

Welche Nebenwirkungen?
In seltenen Fällen kann es bei örtlicher Anwendung zu Überempfindlichkeitsreaktionen (Brennen, Rötung) kommen.

Wie dosieren?
Creme, Paste, Salbe: 2-3 mal täglich auftragen, in schweren Fällen sogar stündlich. *Softpaste:* 3-5 mal täglich gleichmäßig dünn auftragen. Näheres siehe Packungsbeilage.

Welche Wirkstoffe?
- *Creme:* 100g enth.: Nystatin 10 Mio. I.E.
- *Paste:* 100g enth.: Nystatin 10 Mio. I.E.
- *Softpaste:* 100g Paste enth.: Nystatin 10 Mio. I.E.
- *Salbe:* 100g enth.: Nystatin 10 Mio. I.E.

Was kostet es?	DM
20 g Creme	14,15
50 g Creme	27,13
20 g Paste	14,15
50 g Paste	27,13
20 g Softpaste	14,15

Fußpilz

50 g Softpaste	26,47
20 g Salbe	14,15
50 g Salbe	27,13

Hersteller?

Fa. Hermal in Reinbek

Lokalicid® Creme, -Pumpspray, -Puder, -Lösung

Wann anwenden?

Dermatomykosen [durch Hautpilze verursachte Hautkrankheiten], verursacht durch Dermatophyten [Hautpilze], Hefen, Schimmelpilze und andere Pilze, Pityriasis versicolor [die Farbe wechselnde kleieförmige Schuppung], Erythrasma durch Corynebacterium. Hauterkrankungen, die durch die genannten Pilze zusätzlich infiziert sind.

Welche Nebenwirkungen?

Selten Hautreaktionen, meist vorübergehend, z. B. Rötung, Brennen, Reizung, Schuppung.

Wie dosieren?

Lösung 2-3mal täglich auf die erkrankte Stelle dünn auftragen, Creme einreiben. Pumpspray: 2mal täglich dünn aufsprühen. Puder: zur Unterstützung der Lokaltherapie mit Creme, Lösung oder Pumpspray bei Pilzerkrankungen der Haut beziehungsweise in den Hautfalten 1-2mal täglich pudern. Behandlungsdauer bis zu 4 Wochen je nach Ausmaß und Lokalisation [Ausbreitung, Verteilung] der Erkrankung.

Welche Wirkstoffe?

- *Creme:* 100g enth.: Clotrimazol 1g.
- *Pumpspray:* 100ml enth.: Clotrimazol 1g.
- *Puder:* 100g enth.: Clotrimazol 1g.
- *Lösung:* 100ml enth.: Clotrimazol 1g.

Was kostet es?	DM
20 g Creme	6,95
50 g Creme	14,95
30 ml Pumpspray	9,71
30 g Puder (Streudose)	9,71
30 ml Lsg.	9,80

Hersteller?

Fa. Dermapharm in Gräfelfing

Nystaderm Creme, -Paste

Wann anwenden?

Nystatinempfindliche Hefepilzinfektionen der Haut.

Wann nicht anwenden?

Spezifische Hautprozesse (Syphilis), Tuberkulose, Impfreaktionen, periorale Dermatitis [Entzündung der Haut im äußeren Mundbereich] und Rosazea [chronische Hautkrankheit infolge Erweiterung der Blutgefäße]).

Welche Nebenwirkungen?

In sehr seltenen Fällen kann es zu Überempfindlichkeitsreaktionen kommen.

Wie dosieren?

2-4 mal täglich dünn auftragen.

Welche Wirkstoffe?

- *Creme:* 1g Creme enth.: 100.000 I.E. Nystatin.
- *Paste:* 1g Paste enth.: 100.000 I.E. Nystatin.

Was kostet es?	DM
20 g Creme	12,29
50 g Creme	21,23
20 g Paste	12,80
50 g Paste	21,70
100 g Paste	37,62

Hersteller?

Fa. Dermapharm in Gräfelfing

Gallenbeschwerden

Aristochol® Konzentrat Kapseln

Wann anwenden?

Subakute [weniger akute] Erkrankungen des Gallenwegssystems (mit Ausnahme der weiter unten genannten Erkrankungen). Beschwerden nach abgelaufener Hepatitis [Leberentzündung], Verdauungsstörungen -insbesondere Beschwerden nach der Nahrungsaufnahme- verursacht durch verminderte Gallen- beziehungsweise Pankreassekretion [Produktion und Abgabe von Enzymen durch die Bauchspeicheldrüse].

Wann nicht anwenden?

Akut-entzündliche Darmerkrankungen wie z.B. Morbus Crohn, Colitis ulcerosa [Entzündung des Dickdarms mit eitriger Geschwürbildung], Appendizitis [Blinddarmentzündung], abdominale [vom Unterbauch kommende] Schmerzen unbekannter Ursache, Ileus [Darmverschluß], Kinder unter 12 Jahre. Schwere Leberfunktionsstörungen, Cholestase [Stauung der Gallenflüssigkeit in der Gallenblase], Gallenblasenempyem [Eiteransammlung in der Gallenblase]. Bei Gallensteinleiden nur nach Rücksprache mit einem Arzt anzuwenden!

Schwangerschaft?

Kontraindiziert, nicht anwenden!

Stillzeit?

Kontraindiziert, nicht anwenden!

Welche Nebenwirkungen?

In Einzelfällen können krampfartige Magen-Darm-Beschwerden auftreten, in diesen Fällen das Präparat nicht erneut einnehmen. Bei längerem Gebrauch Magenbeschwerden bedingt durch den Anteil an Javanischer Gelbwurz. Bei chronischem Gebrauch/Mißbrauch: Elektrolytverluste [Salzverluste], insbesondere Kalium-Verluste, Albuminurie [zuviel Eiweiß im Urin], Hämaturie [rote Blutkörperchen im Urin], Pseudomelanosis coli. Durch Kaliumverlust Störung der Herzfunktion und Muskelschwäche möglich, insbesondere bei gleichzeitiger Einnahme von Herzglykosiden [Herzmittel bei Herzschwäche], Diuretika [Entwässerungsmitteln] und Nebennierenrindensteroiden. Hinweis: Im Laufe der Behandlung kann eine harmlose Rotfärbung des Harns auftreten.

Vorsicht!
Eine über die kurzdauernde Anwendung hinausgehende Einnahme anthranoidhaltiger Arzneimittel kann zu einer Verstärkung der Darmträgheit führen.

Wie dosieren?
1 mal täglich 1 Kapsel mit reichlich Flüssigkeit.

Welche Wirkstoffe?
1 Kaps. enth.: Tr.-Extrakte aus: Schöllkraut 15-20mg entspr.
Chelidonin 0,065mg, Javanischer Gelbwurz 1,65-2,1mg entspr. Dicinnamoylmethanderivate 0,15mg, ber. als Curcumin. Ethanol. Tr.-Extr. aus Kap-Aloe 100-125mg entspr. Hydroxyanthracenderivate 25mg, ber. als wasserfreies Barbaloin. Weitere Bestandteile: Methylhydroxyethylcellulose (10.000 cP, 2% Lsg.) 40mg, Lactose, Magnesiumstearat, *Farbst.:* E 127, E 132, E 171, E 172 (Kapselhülle).

Was kostet es?	DM
20 Kaps.	10,36
50 Kaps.	24,04
100 Kaps.	43,46

Hersteller?
Fa. Steiner in Berlin

Aristochol® N Tropfen

Wann anwenden?
Verdauungsstörungen -insbesondere Beschwerden nach der Nahrungsaufnahme- verursacht durch verminderte Gallen- beziehungsweise Pankreassekretion [Produktion und Abgabe von Enzymen durch die Bauchspeicheldrüse]. Chronische und subakute [weniger akute] Erkrankungen des Gallenwegssystems wie Gallenblasenleiden und Gallenwegsdyskinesie, Postcholezystektomie [nach operativer Entfernung der Gallenblase]-Syndrom. Funktionelle, posthepatitische [nach einer Leberentzündung auftretende] Beschwerden.

Wann nicht anwenden?
Ileus [Darmverschluß]. Cholestase [Stauung der Gallenflüssigkeit in der Gallenblase], Gallenblasenempyem [Eiteransammlung in der Gallenblase]. Bekannte Überempfindlichkeit gegen Schafgarbe und andere Korbblütler. Bei Gallensteinleiden nur nach Rücksprache mit einem Arzt anwennden!

Welche Nebenwirkungen?
Superazide [durch zuviel Magensäure verursachte] Magenbeschwerden sind möglich.

Was beachten?
Enthält ca. 53,0 Vol.-% Alkohol.

Wie dosieren?
3 mal täglich 13-20 Tropfen in Wasser verdünnt einnehmen. Zur kurmäßigen Nachbehandlung 3 mal täglich 13 Tropfen einnehmen.

Welche Wirkstoffe?
1ml Flüssigk. (= 27 Tropf.) enth.: Tinkturen (1:7) aus: Schöllkraut (Chelidonii herba) 0,16-0,215ml entspr. Chelidonin 20µg,
Schafgarbenkraut (Millefolii herba) 0,17ml, Löwenzahn-Ganzpflanze (Taraxaci radix cum herba) 0,17ml, Ruhrkrautblüten (Stoechados flos), 0,15ml, Wermutkraut (Absinthii herba) 0,05ml.

Was kostet es?	DM
30 ml Tropf.	14,50
50 ml Tropf.	20,26
100 ml Tropf.	35,88

Hersteller?
Fa. Steiner in Berlin

Cholarist®

Wann anwenden?
Spasmen [Krämpfe] im Bereich des Gallenwegssystems und des Gastrointestinaltraktes [Magen-Darm-Bereich].

Wie dosieren?
- *Tbl.:* 3 mal täglich 1-2 Tabletten einnehmen.

Welche Wirkstoffe?
- *Tbl.:* 1 Tbl. enth.: Tr.-Extrakt (5-7: 1) aus Schöllkraut (Chelidonii herba) 100- 150mg entspr. 3mg Gesamtalkaloide, berechnet als Chelidonin.
Weit. Bestandteile: Lactose, Magnesiumstearat, Polyplasdone.

Was kostet es?	DM
20 Tbl.	10,19
50 Tbl.	23,58
100 Tbl.	40,07

Hersteller?
Fa. Steiner in Berlin

Chol-Kugeletten® Neu

Wann anwenden?
Krampfartige Beschwerden im Bereich der Gallenwege und des Magen-Darm- Traktes. Erkrankung bei denen eine leichte Defäkation [Stuhlentleerung] mit weichem Stuhl erwünscht ist.

Wann nicht anwenden?
Chol-Kugeletten® Neu sollen nicht angewendet werden bei akut-entzündlichen Erkrankung des Magen-Darm-Traktes, Darmverschluß [Ileus].

Gallenbeschwerden

Schwangerschaft?
Keine Einnahme!

Stillzeit?
Keine Einnahme!

Welche Nebenwirkungen?
Nebenwirkungen sind bei kurzfristiger Einnahme selten. Bei längerdauernder oder hochdosierter Anwendung kommt es häufig zum Verlust von Kalium und anderen Elektrolyten [Salzen]. Dies kann zu Störungen der Herzfunktion und zu Muskelschwäche führen, insbesondere bei gleichzeitiger Einnahme von harntreibenden Mitteln und Nebennierenrindenhormonen. Die Empfindlichkeit gegenüber Herzglykosiden wird dadurch verstärkt. Gutartige Pigmenteinlagerungen in die Darmschleimhaut sind möglich. Im Laufe der Behandlung kann eine harmlose Rotfärbung des Harns auftreten.

Wie dosieren?
- *Drg.*: Jugendliche ab 15 Jahren und Erwachsene nehmen mittags 1, abends 1-2 Dragees; die Tageshöchstdosis beträgt 3 Dragees.

Welche Wirkstoffe?
- *Drg.*: 1 Drg. enth.: 50mg Schöllkraut-Trockenextrakt, standardisiert auf 1,05mg Gesamtalkaloide, berechnet als Chelidonin,
50mg Aloe-Trockenextrakt, standisiert auf 10mg Hydroxyanthracenderivate, berechnet als Aloin.

Was kostet es?	DM
30 Drg.	15,05
50 Drg.	24,10
100 Drg.	46,20

Hersteller?
Fa. Dolorgiet in Sankt Augustin

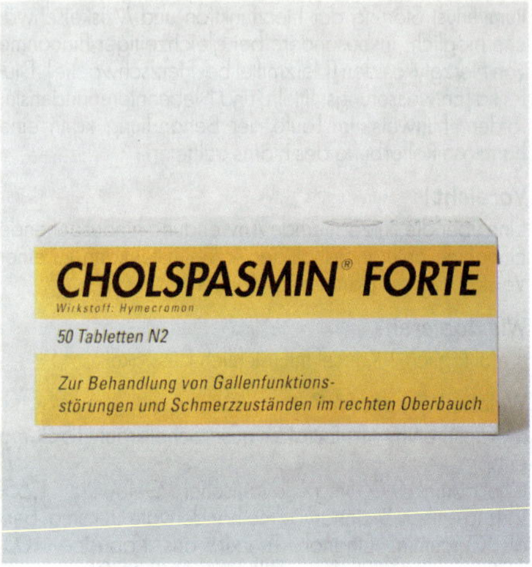

Cholspasmin® forte

Wann anwenden?
Dyskinesien [durch Fehlfunktion der Gallenwegsmuskulatur] und Krampfzustände im Gallenwegsbereich, entzündliche Gallenwegserkrankungen und Gallensteinleiden, nach Gallenblasenoperationen und diagnostischen Untersuchungen der Gallenblase.

Wann nicht anwenden?
Mechanischer Gallengangsverschluß, entzündliche Darmerkrankungen, Niereninsuffizienz [Nierenschwäche], Überempfindlichkeit gegen den Wirkstoff Hymecromon.

Schwangerschaft?
Strenge Indikationsstellung, nur nach Rücksprache mit Ihrem Arzt anwenden.

Stillzeit?
Strenge Indikationsstellung, nur nach Rücksprache mit Ihrem Arzt anwenden.

Welche Nebenwirkungen?
Vereinzelt Diarrhoen [Durchfälle], die durch Dosisreduktion zu beheben sind. In Einzelfällen Völlegefühl, Verstopfung, Magendrücken und Überempfindlichkeitsreaktionen (Hautveränderungen) möglich.

Wie dosieren?
- *Tbl.*: 2-3 mal täglich 1 Tablette unzerkaut mit etwas Flüssigkeit zu den Mahlzeiten einnehmen.

Welche Wirkstoffe?
- *Tbl.*: 1 Tbl. enth.: Hymecromon 400mg.

Was kostet es?	DM
20 Tbl.	9,86
50 Tbl.	21,16
100 Tbl.	37,69

Hersteller?
Fa. Lipha in Essen

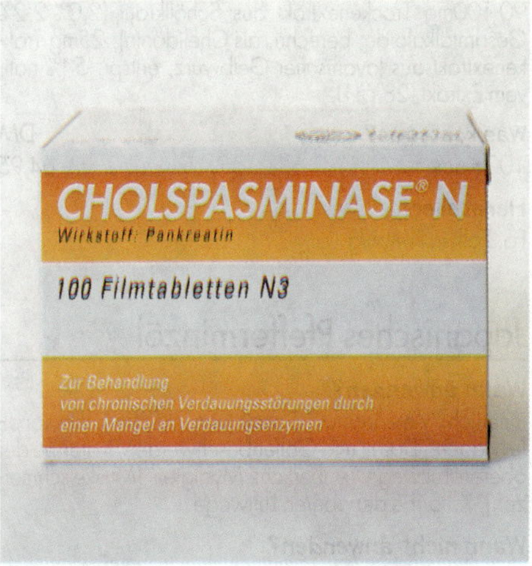

Cholspasminase® N

Wann anwenden?
Zur Behandlung von Verdauungsstörungen, die durch einen Mangel an Verdauungsenzymen bei einer gestörten Funktion der Bauchspeicheldrüse hervorgerufen werden.

Wann nicht anwenden?
Akute Pankreatitis [Bauchspeicheldrüsenentzündung], akute Schübe einer chronischen Pankreatitis [Bauchspeicheldrüsenentzündung] während der floriden [stark entwickelten] Erkrankungsphase.

Wie dosieren?
- *Filmtbl.*: Richtdosis 1 oder 2 Filmtabletten pro Mahlzeit - entsprechend 20.000 oder 40.000 E. Lipase [fettspaltendes Enzym]. Die erforderliche Dosis kann jedoch auch erheblich höher sein.

Welche Wirkstoffe?
- *Filmtbl.*: 1 magensaftresistente Filmtbl. enth.: Pankreatin (aus Schweinepankreas) m.
Lipase 20000 E., Amylase 12000 E., Proteasen 900 E., (E.: Einheiten n. Ph. Eur.).

Was kostet es?	DM
50 Filmtbl..	25,88
100 Filmtbl..	47,15

Hersteller?
Fa. Lipha in Essen

Chol-Spasmoletten®

Wann anwenden?
Schmerzhafte Krampfzustände der Gallenwege. Herabsetzung des normalen und krankhaft veränderten Tonus (Spannungszustand von Gewebe, Gefäßen, Muskeln) des Verschlußmuskels der Gallenwege.

Wann nicht anwenden?
Überempfindlichkeit gegen einen der Inhaltsstoffe. Schwere Leberfunktionsstörungen, entzündlich tumorösen [tumorartigen] und allergischen Darmerkrankungen mit Durchfallneigung, Darmverschluß, schwere Niereninsuffizienz [Nierenschwäche], organisch bedingter Verschluß der Gallenwege, eitriger Gallenblasenentzündung.

Schwangerschaft?
Kontraindiziert, nicht anwenden in der Frühschwangerschaft, strenge Indikationstellung, nur nach Rücksprache mit Ihrem Arzt anwenden in der Spätschwangerschaft.

Stillzeit?
Kontraindiziert, nicht anwenden!

Welche Nebenwirkungen?
Vereinzelt Diarrhoen [Durchfälle], die durch Dosisreduktion zu beheben sind. Vereinzelt Völlegefühl, Verstopfung, Magendrücken und Überempfindlichkeitsreaktionen (Hautveränderungen) möglich.

Wie dosieren?
- *Drg.*: Erwachsene nehmen 3 mal 1 Dragee pro Tag jeweils zu den Mahlzeiten unzerkaut mit etwas Flüssigkeit ein.

Welche Wirkstoffe?
- *Drg.*: 1 Drg. enth.: Hymecromon 400mg.

Was kostet es?	DM
30 Drg.	13,85
50 Drg.	21,16
100 Drg.	37,69

Hersteller?
Fa. Dolorgiet in Sankt Augustin

Divalol® W Tropfen

Wann anwenden?
Durch zuwenig Magensäure verursachte Beschwerden im Gefolge von Erkrankungen der Gallenwege.

Wann nicht anwenden?
Verschluß der Gallenwege, Gallenblasenentzündung, schwere Leberschäden. Vorsicht bei Gallensteinleiden. Nicht bei Säuglingen und Kleinkindern anwenden.

Welche Nebenwirkungen?
Bei empfindlichen Personen beziehungsweise bei längerem Gebrauch können Magenbeschwerden auftreten.

Wie dosieren?
Jugendliche und Erwachsene nehmen 3 mal täglich 5-10 Tropfen, Kinder 3 mal täglich 2-5 Tropfen. Die gesamte

Gallenbeschwerden

Tagesdosis kann auch auf einmal eingenommen werden; sie beträgt für Jugendliche und Erwachsene 15-30 Tropfen und für Kinder 6-15 Tropfen.

Welche Wirkstoffe?

Gehalt je 100g: Spissumextrakt aus Curcumae xanth. rhizoma 17,85g,
Pfefferminzöl 24,00g.

Was kostet es?	DM
10 ml	7,45
30 ml	14,90

Hersteller?

Fa. Pharma Wernigerode in Wernigerode

Hepar-POS® Kaps.

Wann anwenden?

Dyspeptische Beschwerden (Verdauungsstörungen, Übelkeit, Völlegefühl, Oberbauchschmerz).

Wann nicht anwenden?

Allergie gegen Artischocken und andere Korbblütler. Verschluß der Gallenwege. Vorsicht bei Gallensteinleiden.

Wie dosieren?

- *Kaps.*: 3 mal täglich 1 Kapsel zu den Mahlzeiten unzerkaut mit Flüssigkeit einnehmen. Bei Bedarf kann die Dosis auf 4 mal täglich 1 Kapsel erhöht werden. Die Einnahme über einen längeren Zeitraum ist zu empfehlen.

Welche Wirkstoffe?

- *Kaps.*: 1 Kaps. enth.: Wässr. Trockenextr. aus Artischokkenblättern 400mg (Droge: Extr. = 3,8-5,5:1).

Was kostet es?	DM
50 Kaps.	29,80
100 Kaps. (2x50)	54,50

Hersteller?

Fa. Ursapharm in Saarbrücken

Hepatofalk® Planta

Wann anwenden?

Krampfartige Beschwerden im Bereich der Gallenwege und des Magen-Darm-Traktes. Dyspeptische [durch Verdauungsprobleme bedingte] Beschwerden.

Wann nicht anwenden?

Verschluß der Gallenwege. Vorsicht bei Gallensteinleiden.

Welche Nebenwirkungen?

Vereinzelt leicht abführende Wirkung. Bei längerem Gebrauch vereinzelt Magenbeschwerden.

Wie dosieren?

- *Kaps.*: 3 mal täglich 2 Kapseln vor den Mahlzeiten, unzerkaut mit Flüssigkeit; Erhaltungsdosis oder in leichteren Fällen 3 mal täglich 1 Kapsel einnehmen.

Welche Wirkstoffe?

- *Kaps.*: 1 Kaps. enth.: 132,1mg-162,8mg Trockenextrakt aus Mariendistelfrüchten (43%-53% Silymarin, berechn. als Silybin),
90-100mg Trockenextrakt aus Schöllkraut (2,0%-2,2% Gesamtalkaloide, berechn. als Chelidonin), 25mg Trokkenextrakt aus Javanischer Gelbwurz, entspr. 54% nativem Extrakt (28,6:1).

Was kostet es?	DM
100 Kaps.	64,95

Hersteller?

Fa. Falk in Freiburg

Japanisches Pfefferminzöl

Wann anwenden?

Innerlich: Meteorismus [Gasbildung im Darm], funktionelle Magen-, Darm- und Gallenbeschwerden, Katarrhe der oberen Luftwege. Äußerlich: Myalgien [Muskelschmerzen], Katarrhe der oberen Luftwege.

Wann nicht anwenden?

Innere Anwendung: Verschluß der Gallenwege, Gallenblasenentzündung, schwere Leberschäden. Vorsicht bei Gallensteinleiden. Säuglinge und Kleinkindern

Welche Nebenwirkungen?

Bei empfindlichen Personen Magenbeschwerden.

Wie dosieren?

1-3 Tropfen auf Zucker oder in Flüssigkeit einnehmen. Zum Gurgeln einige Tropfen in ein Glas Wasser, zur Zahnfleischmassage unverdünnt anwenden, zur Inhalation 3-4 Tropfen in heißes Wasser geben und Dämpfe einatmen. Zur äußerlichen Anwendung die betroffenen Stellen mehrmals täglich mit einigen Tropfen einreiben und einmassieren.

Welche Wirkstoffe?

Gehalt je 100g: 100g Minzöl.

Was kostet es?	DM
10 ml	5,83

Hersteller?

Fa. Pharma Wernigerode in Wernigerode

Leukona®-Mintöl

Wann anwenden?

Magen-, Darm- und Gallenbeschwerden, Erkältungskrankheiten der oberen Luftwege.

Wann nicht anwenden?

Schwere Leberfunktionsstörungen. Verschluß der Gallenwege. Gallenblasenentzündung. Bei Säuglingen und Kleinkindern nicht zur Inhalation verwenden oder im Bereich von Hals und Gesicht auftragen.

Wie dosieren?
Magen-Darm- und Gallenbeschwerden : 1-2 mal täglich 3-5 Tropfen auf Zucker geträufelt im Mund zergehen lassen. Zur Inhalation: 2-3 Tropfen in siedend heißes Wasser geben und einatmen.
Äußerl.: Mehrmals täglich (2-4 mal) auf die Haut auftragen und verreiben. Bei Kleinkindern 5-15 Tropfen auf Brust und Rücken einreiben.

Welche Wirkstoffe?
10g enth.: Pfefferminzöl 10g.

Was kostet es?	DM
10 ml	8,48

Hersteller?
Fa. Dr. Atzinger in Passau

Poikicholan® 100

Wann anwenden?
Zur Verbesserung der Leberfunktion.

Welche Nebenwirkungen?
Vereinzelt wird eine leicht laxierende [abführende] Wirkung beobachtet.

Wie dosieren?
- *Filmtbl.*: Zu Behandlungsbeginn und in schweren Fällen 2 mal täglich 2 Filmtabletten, als Erhaltungsdosis 2 mal täglich 1 Filmtablette.

Welche Wirkstoffe?
- *Filmtbl.*: 1 Drg. enth.: 100mg Silymarin, berechnet als Silibinin,
in 133,3-142,8mg Trockenextr. aus Mariendistelfrüchten.

Was kostet es?	DM
50 Filmtbl.	37,27
100 Filmtbl.	61,19

Hersteller?
Fa. Lomapharm in Emmerthal

Gedächtnisschwäche

Aktivanad®-N Saft

Wann anwenden?
Rekonvaleszenz [Genesungszeit] nach Erkrankungen, Operationen und Geburten, Abgeschlagenheit und Erschöpfung, Leistungsschwäche.

Welche Nebenwirkungen?
Keine, falls nicht eine besondere Überempfindlichkeit gegen Coffein vorliegt.

Was beachten?
- *Saft:* 1 Eßlöffel (15ml) enth. 5,7g Kohlenhydrate.

Vorsicht!
- *Saft:* Dieses Arzneimittel enth. 11 Vol.-% Alkohol. Bei Beachtung der Dosierungsanleitung werden bei jeder Einnahme bis zu 1,3g Alkohol zugeführt.

Wie dosieren?
- *Saft:* Erwachsene 3mal täglich 15ml (ca. 1 Eßlöffel), Jugendliche 2mal täglich 15ml. Bei Neigung zu Einschlafstörungen letzte Einnahme in den frühen Nachmittagsstunden.

Welche Wirkstoffe?
- *Saft:* 100ml enth.: Leberextrakt 1,75g,
Hefeextrakt 0,75g, Coffein 0,375g.

Was kostet es?	DM
200 ml Saft	12,80
500 ml Saft	23,95
1000 ml (2x 500) Saft	41,90

Hersteller?
Fa. Nordmark in Uetersen

Ginkopur®

Wann anwenden?
Hirnleistungsstörungen. Periphere [die Extremitäten = Arme + Beine betreffende], arterielle Durchblutungsstörungen mit erhaltener Restdurchblutung, z.B. intermittierendes Hinken [krampfartige Schmerzen in der Wadenmuskulatur beim Gehen] Unterstützende Behandlung eines infolge Zervikalsyndroms [Erkrankung der Halswirbelsäule] beeinträchtigten Hörvermögens.

Wann nicht anwenden?
Überempfindlichkeit gegen Ginkgo-biloba-Extrakte.

Welche Nebenwirkungen?
Sehr selten leichte Magen-Darm-Beschwerden, Kopfschmerzen, allergische Hautreaktionen.

Wie dosieren?
- *Filmtbl.*: 3 mal täglich 1 Filmtablette unzerkaut mit etwas Flüssigkeit einnehmen.

Welche Wirkstoffe?
- *Filmtbl.*: 1 Filmtbl. enth.: Trockenextrakt aus Ginkgo biloba-Blättern (50:1) 40mg, eingestellt auf 9,6mg Ginkgoflavonglykoside und 2,4mg Terpenlactone (Ginkgolide, Bilobalid).

Was kostet es?	DM
20 Filmtbl.	12,35
50 Filmtbl.	28,00
100 Filmtbl.	49,50
200 Filmtbl.	96,00

Hersteller?
Fa. Klinge-Nattermann Puren in München

Gedächtnisschwäche

Glutamin-Verla®

Wann anwenden?
Nervöse Erschöpfung, Ermüdbarkeit, Konzentrations- und Leistungsschwäche bei Erwachsenen und Kindern.

Wann nicht anwenden?
Bei schweren krankhaften Trieb- und Affektsteigerungen [Handlungsbereitschaft].

Welche Nebenwirkungen?
Bei hoher Dosierung können motorische Unruhe und Schlafstörungen auftreten.

Wie dosieren?
2-8 Dragees oder 1 Teelöffel Granulat täglich. Dragees und Granulat werden unzerkaut nur morgens und mittags eingenommen.

Welche Wirkstoffe?
- *Drg.*: 1 magensaftresistentes Drg. enth.: L-(+)-Glutaminsäure 0,33g.
- *Granulat:* 1 Teel. enth.: L-(+)-Glutaminsäure 2g.

Was kostet es?	DM
50 Drg.	8,20
100 Drg.	13,95
200 g Granulat	32,55

Hersteller?
Fa. Verla-Pharm in Tutzing

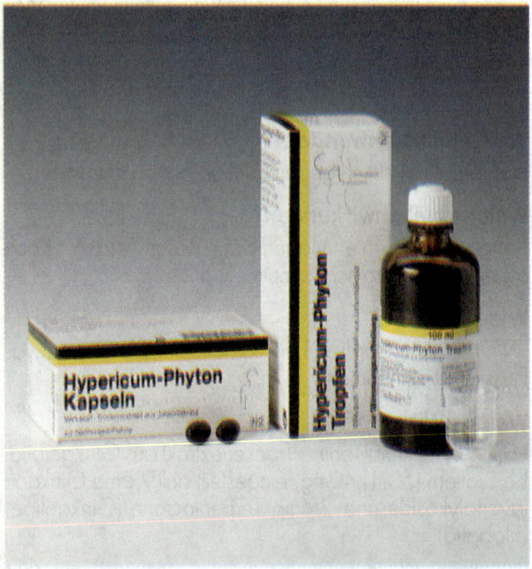

Hypericum-Phyton Kaps., -Tropf.

Wann anwenden?
Psychovegetative [Psychisch ausgelöst, das vegetative Nervensystem betreffende] Störungen, Angst und/oder nervöse Unruhe.

Welche Nebenwirkungen?
Eine Photosensibilisierung [Steigerung der Lichtempfindlichkeit der Haut] ist möglich, vor allem bei hellhäutigen Personen.

Was beachten?
- *Tropf.*: Die Tropfen enthalten keinen Alkohol!

Wie dosieren?
- *Kaps.*: 3 mal täglich 1-2 Kapseln unzerkaut mit etwas Flüssigkeit zu den Mahlzeiten einnehmen.
- *Tropf.*: 3 mal täglich 2-4ml mit etwas Flüssigkeit zu den Mahlzeit einnehmen.

Welche Wirkstoffe?
- *Kaps.*: 1 Kaps. enth.: Trockenextr. aus Johanniskraut 225-237mg (6-7:1), entspr. 0,1375mg Hypericin.
- *Tropf.*: 100ml Lsg. enth.: Trockenextr. aus Johanniskraut 2,7-3g (6-7:1), entspr. 9,5mg Gesamthypericin.

Was kostet es?	DM
60 Kaps.	18,50
100 ml Tropf.	24,20
200 ml Tropf.	39,40

Hersteller?
Fa. Merckle in Ulm

Kaveri® forte Tropf., -Filmtabletten

Wann anwenden?
Zur symptomatischen Behandlung von Gedächtnisstörungen, Konzentrationsstörungen, Schwindel, Ohrensausen, Kopfschmerzen. Verbesserung der schmerzfreien Gehstrecke bei peripherer [die Extremitäten betreffender] arterieller Verschlußkrankheit insbesondere zusätzlich zu physikalisch-therapeutischen Maßnahmen z.B. Gehtraining. Schwindel, Tinnitus [Ohrgeräusche] gefäßbedingter und altersbedingter Genese [Ursache].

Wann nicht anwenden?
Überempfindlichkeit gegen Ginkgo-biloba-Zubereitungen.

Welche Nebenwirkungen?
Sehr selten Magen-Darm-Beschwerden, Kopfschmerzen oder allergische Hautreaktionen.

Was beachten?
- *Tropf.*: Enthält 57 Vol. % Alkohol.

Wie dosieren?
- *Tropf.*: 3 mal täglich 1ml mit etwas Flüssigkeit einnehmen.
- *Filmtabletten:* 3 mal täglich 1 Filmtablette mit etwas Flüssigkeit einnehmen.

Welche Wirkstoffe?
- *Tropf.*: 1ml enth.: Trockenextrakt aus Ginkgo biloba-Blättern (35-67:1) 40mg, entspr. 10,0mg Ginkgo-Flavonglycosiden u. 2,4mg Terpenlactonen (Ginkgolide, Bilobalid);
Auszugsmittel: 60% (V/V) Aceton.
- *Filmtabletten:* 1 Filmtbl. enth.: Trockenextrakt aus Ginkgo

biloba-Blättern (35-67:1) 50mg, entspr. 12,5mg Ginkgo-Flavonglykosiden u. 3mg Terpenlactonen (Ginkgolide, Bilobalid); Auszugsmittel: 60% (V/V) Aceton.

Was kostet es?

	DM
50 ml forte Tropf.	29,90
100 ml forte Tropf.	55,50
2 x 100ml forte Tropf.	96,00
50 forte Filmtbl.	29,90
100 forte Filmtbl.	55,50

Hersteller?

Fa. Lichtwer in Berlin

Medivitan® N

Wann anwenden?

Vitaminmangelzustände. Erhöhter Vitaminbedarf bei Alkoholabusus (Alkoholmißbrauch), Magen-/Darmresektion (operative Entfernung des Magens bzw. Darms), Strahlenbehandlung, Chemotherapie, antibiotischer Therapie.

Wann nicht anwenden?

Schwere Überleitungsstörungen. Akut dekompensierte [unbehandelte] Herzinsuffizienz [Herzschwäche].

Welche Nebenwirkungen?

Zentralnervöse Störungen (Einschlafstörungen, Erregung, Depression) (selten bei hohen Dosen). Magen-Darm-Störungen (selten bei hohen Dosen). Allergische Reaktion (Einzelfälle). Schwindel. Erbrechen. Benommenheit, Krämpfe. Bradykardie [Herzrhythmusstörung, zu langsamer Herzschlag], Rhythmusstörungen. Schock.

Wie dosieren?

- *Inj.-Lsg.:* Je nach Krankheitsbild unterschiedliche Dosierung. Siehe Packungsbeilage.

Welche Wirkstoffe?

- *Inj.-Lsg.:* 4ml Inj.-Lsg. I enth.: Hydroxocobalamin 1000μg,
Folsäure, Mononatriumsalz 1,1mg, Pyridoxin-HCl 5mg. 1ml Inj.-Lsg. II enth.: Lidocain-HCl H_2O-frei 24mg als Lokalanästhetikum.

Was kostet es?

	DM
3 Doppelbrechamp.	28,35
6 Doppelbrechamp.	49,90
12 Doppelbrechamp.	94,35
3 Fertigspritzen	31,25
6 Fertigspritzen	55,00
12 Fertigspritzen	100,00

Hersteller?

Fa. Medice in Iserlohn

3N-Lecithin®

Wann anwenden?

Bei hoher körperlicher und geistiger Beanspruchung, Erschöpfungszuständen, Nervosität, Schlaflosigkeit, verzögerter Rekonvaleszenz [Genesungszeit nach Krankheit] und Alterserscheinungen.

Was beachten?

Für Diabetiker geeignet.

Vorsicht!

Enthält 18 Vol.-% Alkohol.

Wie dosieren?

- *Emulsion:* Erwachsene am 1. und 2. Tag je 2-3 Teelöffel, danach 2-3xtgl. 1 Eßlöffel. Kinder 3xtgl. 1 Teelöffel.

Welche Wirkstoffe?

- *Emulsion:* Gehalt je 100g: Pflanzenlecithin 10,0g.

Was kostet es?

	DM
200 ml	11,98

Hersteller?

Fa. Pharma Wernigerode in Wernigerode

Vitasprint B_{12}® Fl., -Kaps.

Wann anwenden?

Wiederherstellung der körperlich und geistigen Leistungsfähigkeit bei Überlastung, Streß, nach schwerer Erkrankung Operationen, Bestrahlungsserien, ferner im Alter und bei Lern- und Konzentrationsschwierigkeiten von hypermotorischen Kindern zur Aktivierung von Leistungssportlern.

Welche Nebenwirkungen?

Sehr selten Überempfindlichkeitsreaktionen gegen Parabene (nur in den Fläschchen) oder einen der anderen Inhaltsstoffe.

Was beachten?

Vitasprint B_{12} Trinkflaschen sind mit Sorbit gesüßt und enthalten keinen Alkohol; daher auch für Diabetiker und Alkoholiker geeignet (1 Flasche entspricht ca. 0,1 BE [Diabetiker-Einheiten]).

Wie dosieren?

Täglich 1 Trinkflasche oder 3 mal täglich 1 Kapsel einnehmen.

Welche Wirkstoffe?

- *Fl.:* 1 Fl. enth.: L-Glutamin 60mg,
DL-O-Phosphoserin 40mg, Cyanocobalamin (Vit. B_{12}) 500μg.
- *Kaps.:* 1 Kaps. enth.: L-Glutamin 30mg, DL-O-Phosphoserin 30mg, Cyanocobalamin (Vit. B_{12}) 200μg.

Was kostet es?

	DM
10 Trinkfl.	29,90
30 Trinkfl.	74,90
100 Trinkfl.	199,85
20 Kaps.	16,95
50 Kaps.	40,50
100 Kaps.	69,95

Hersteller?

Fa. Brenner-Efeka Pharma in Münster

Haarprobleme

Gelacet® N

Wann anwenden?

Wachstumsstörungen der Haare und Nägel. Veränderungen des Nagelbildes, z.B. Aufsplittern, Rillen, Ablösungen des Nagels. Adjuvans [unterstützende Therapie] bei der Behandlung von Onychomykosen [Nagelpilzen] und nach Nagelextraktionen [Nagelentfernungen].

Wann nicht anwenden?

Schwere Nieren- und Leberschäden sowie Aminosäurenstoffwechselstörungen. Therapie mit anderen Vitamin-A-Präparaten soll vermieden werden.

Wie dosieren?

Erwachsene: 1. täglich 1 Beutel Pulver oder 9 Kapseln über 3 Wochen einnehmen, 2. zwei Wochen Pause, 3. wie 1., 4. Erhaltungsdosis über mehrere Wochen oder Monate: 3 Kapseln täglich beziehungsweise alle 3 Tage 1 Beutel Pulver. Kinder: Siehe Packungsbeilage. Den Beutelinhalt mit Joghurt oder einer geringen Menge konzentrierten Fruchtsaftes laut Packungsbeilage einnehmen.

Welche Wirkstoffe?

- *Kaps.:* 1 Kaps. enth.: Retinolacetat (Vit. A) 1000 I.E., L-Cystin 7,0mg, Gelatine (incl. Kapselgel.) 745,5mg.
- *Pulv.:* 1 Btl. (7,105g) enth.: Gelatine 7,0g, Retinolacetat (Vit. A) 9000 I.E., L-Cystin 0,07g.

Was kostet es?	DM
63 Kaps.	18,06
189 Kaps.	44,41
21 Btl. Pulv.	26,78

Hersteller?

Fa. Hermal in Reinbek

Selukos

Wann anwenden?

Kopfschuppen, Kleienpilzflechte [Pityriasis versicolor].

Wann nicht anwenden?

Überempfindlichkeit gegen Alkyl-4-hydroxybenzoaten (Parabene). Offene Verletzungen oder akute Entzündungen der Kopfhaut.

Stillzeit?

Soll nicht am Körper, insbesondere nicht an der Brust angewendet werden.

Welche Nebenwirkungen?

Fettiges Haar, Reizungen auf entzündeter oder erodierter [stark gewebegeschädigter] Kopfhaut, Reizungen der Augen bei Benetzung, vereinzelt reversibler [umkehrbar, heilbar] Haarausfall; selten orange oder graue Verfärbung der Haare, die durch sorgfältiges Auswaschen vermeidbar ist. Bei Kleienpilzflechte [Pityriasis versicolor]: Austrocknungen der Haut; unangenehmer Geruch möglich.

Wie dosieren?

- *Suspension:* Zur Kopfwäsche, 1-2mal pro Woche: 2-5ml: bei Kleienpilzflechte: 1mal täglich bis zur Schaumbildung über 2 Wochen anwenden.

Welche Wirkstoffe?

- *Suspension:* 100ml enth.: Selen(IV)-sulfid 2,5g.

Was kostet es?	DM
1 Fl. 100ml Susp.	15,80

Hersteller?

Fa. Pharmacia in Erlangen

Halsschmerzen

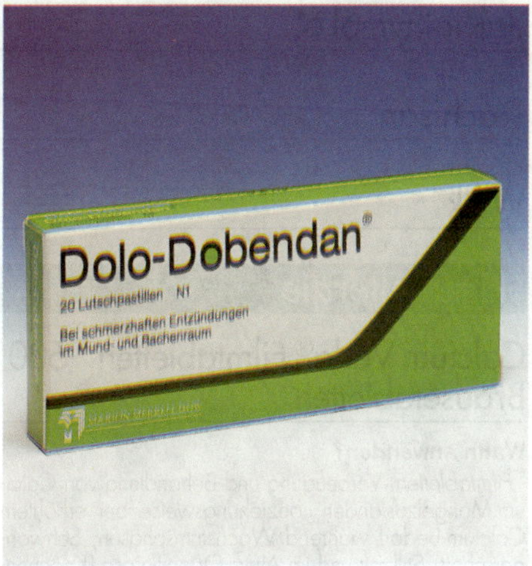

Dolo-Dobendan®

Wann anwenden?
Entzündungen und Infektionen im Mund- und Rachenraum, insbesondere schmerzhafte Zustände.

Wann nicht anwenden?
Bei Kindern unter 6 Jahren.

Was beachten?
1 Pastille enthält 2,1g Kohlenhydrate (0,16 BE [Diabetiker-Einheiten]).

Wie dosieren?
- *Lutschpastillen:* Erwachsene und Kinder ab 12 Jahre je nach Bedarf alle 2 Stunden 1 Lutschpastille. Tagesdosis bis zu 8 Pastillen. Kinder 6-12 Jahre je nach Bedarf alle 4 Stunden 1 Lutschpastille. Tagesdosis bis zu 4 Pastillen. Die Pastillen langsam im Mund zergehen lassen.

Welche Wirkstoffe?
- *Lutschpastillen:* 1 Past. enth.: Cetylpyridiniumchlorid·1H_2O 1,4mg,
Benzocain 10mg.

Was kostet es?

	DM
20 Lutschpast.	8,18
50 Lutschpast.	18,34

Hersteller?
Fa. Marion Merrell Dow in Berlin

Maltyl®

Wann anwenden?
Adjuvante [unterstützende] Therapie von bakteriellen Entzündungen der Schleimhautoberflächen von Mund, Hals und Rachen.

Welche Nebenwirkungen?
nicht bekannt.

Wie dosieren?
- *Lsg.:* Mit unverdünnter Maltyl® Gurgellösung (1 Eßlöffel) etwa 15-30 Sekunden lang spülen beziehungsweise gurgeln. Anwendung morgens und abends nach den Mahlzeiten, bei Bedarf häufiger.

Welche Wirkstoffe?
- *Lsg.:* 100ml Lsg. enth.: Dequaliniumchlorid 10mg.

Was kostet es?

	DM
200 ml	8,80

Hersteller?
Fa. Merckle in Ulm

Meditonsin® H

Wann anwenden?
Akute katarrhalische Halsentzündung, Seitenstrangangina, aufkommende Erkältungskrankheiten, grippale Infekte.

Vorsicht!
Enthält 6 Volumenprozent Alkohol!

Wie dosieren?
- *Lösung:* Erwachsene und Kinder über 12 Jahre: Am 1. Tag stündlich 20 Tropfen bis zu 10mal, ab 2. Tag 2-stündlich 10 Tropfen bis zu 5 mal. Kinder (6-12 Jahre): Die Hälfte der Erwachsenen-Dosierung. Kleinkinder (ab vollendetem 1.-6. Lebensjahr): Am 1. Tag 2-4 Tropfen stündlich bis zu 10 mal, ab 2. Tag 2-4 Tropfen alle 2 Stunden bis zu 5mal.

Welche Wirkstoffe?
- *Lösung:* 100g enth.: Aconitum D5 10g,
Atropinum sulfuricum D5 50g, Mercurius cyanatus D8 40g.

Was kostet es?

	DM
35 g Lsg.	11,81
70 g Lsg.	21,54

Hersteller?
Fa. Medice in Iserlohn

Tonsiotren® H

Wann anwenden?
Akute Mandelentzündungen sowie chronische und chronisch-wiederkehrende Angina, Vergrößerung der Rachenmandeln im Kindesalter und Behandlung nach operativer Entfernung der Mandeln.

Halsschmerzen

Wann nicht anwenden?
Überempfindlichkeit gegen Chrom. Bei Schilddrüsenerkrankungen nur auf ärztlichen Rat.

Welche Nebenwirkungen?
Nach Anwendung kann verstärkt Speichelfluß auftreten: Niedriger dosieren oder absetzen.

Wie dosieren?
- *Lutschtbl.:* Bei akuten Beschwerden in den ersten 1-2 Tagen stündlich 1-2 Tabletten bis zum Eintritt einer Besserung. Zur nachfolgenden Behandlung oder bei chronischer Angina 3 mal täglich 1-2 Tabletten einnehmen. Kinder unter 12 Jahren nehmen bei akuten Beschwerden in den ersten 1-2 Tagen alle 2 Stunden 1 Tablette. Zur nachfolgenden Behandlung oder bei chronischer Angina 3 mal täglich 1 Tablette einnehmen. Bei Vergrößerung der Rachenmandeln im Kindesalter 3 mal täglich 1 Tablette. Die Behandlungsdauer sollte mindestens 6-8 Wochen betragen. Bei chronisch wiederkehrender Angina mehrere Kuren im Jahr über je 6-8 Wochen. Die Tabletten langsam im Mund zergehen lassen.

Welche Wirkstoffe?
- *Lutschtbl.:* 1 Lutschtbl. enth.: Atropinum sulf. D5 12,5mg, Hepar sulfuris D3 10,0mg, Kalium bichromicum D4 50,0mg, Silicea D2 5,0mg, Mercurius bijodatus D8 25,0mg.

Was kostet es?	DM
60 Lutschtbl.	12,20

Hersteller?
Fa. DHU in Karlsruhe

Information der Redaktion:

Chlorhexamed

Dobendan

Dolo-Dobendan

Dorithricin

Frubienzym

Hexoral

Hexoraletten

Lemocin

Mallebrin

Salviathymol N

Trachisan

Wick

Hautallergie

Calcium Verla® Filmtabletten, -500 Brausetabletten

Wann anwenden?
- *Filmtabletten:* Vorbeugung und Behandlung von Calcium-Mangelzuständen, beziehungsweise bei erhöhtem Calcium-Bedarf während Wachstumsphasen, Schwangerschaft, Stillzeit und im Alter; Osteoporose [Knochengewebsschwund], Behandlung von Krampfzuständen/-Tetanie [Krampfneigung der Muskeln], Behandlung allergischer Reaktionen.
- *500 Brausetabletten:* Zur Vorbeugung eines Calciummangels bei erhöhtem Bedarf (zum Beispiel Wachstumsalter, Schwangerschaft, Stillzeit). Zur unterstützenden Behandlung der Osteoporose [Knochengewebsschwund].

Wann nicht anwenden?
Niereninsuffizienz [Nierenschwäche] mit Anurie [zu wenig Harnfluß], Exsikkose [Austrocknung], Hypercalcämie [zuviel Calcium im Blut], schwere Hypercalciurie [zuviel Calcium im Urin] und Nierensteine.
Zusätzlich für - Filmtabletten: Schwere Nierenfunktionsstörung mit Ausscheidungshemmung, Flüssigkeitsmangel des Körpers, Calciumüberschuß im Blut, schwere Hypercalciurie [übermäßige Calcium-Ausscheidung über den Harn], Nierensteine.
Zusätzlich für - 500 Brausetabletten: Schwere Niereninsuffizienz [Nierenschwäche], Hypercalcämie [zuviel Calcium im Blut], Hypercalciurie [zuviel Calcium im Urin], primärer Hyperparathyreoidismus [Erkrankung der Nebenschilddrüsen], Vitamin D-Überdosierung, diffuses Plasmozytom [Geschwulst der Plasmazellen des Knochenmarks], Knochenmetastasen, Calciumnierensteine, Nephrocalcinose [Kalksalzablagerung im Nierengewebe], Immobilisationsosteoporose [durch Unbeweglichkeit ausgelöste Osteoporose, das heißt Knochenschwund] und Hypophosphatämie [Phosphatmangel].

Welche Nebenwirkungen?
- *Filmtabletten:* In seltenen Fällen sind leichte Magen-Darm-Störungen möglich.
- *500 Brausetabletten:* Bei hoher Dosierung Obstipation [Verstopfung] möglich. Bei Niereninsuffizienz [Nierenschwäche] und langfristiger Einnahme hoher Dosen Hypercalcämie [zuviel Calcium im Blut], Hypercalciurie [zu-

viel Calcium im Urin] sowie metabolische Acidose [den Stoffwechsel betreffende Übersäuerung] und Phosphatverarmung möglich. Deshalb sollte der Calciumspiegel des Blutes und die Ausscheidung von Calcium durch den Urin regelmäßig kontrolliert werden.

Wie dosieren?

- *Filmtabletten:* Erwachsene nehmen 3 mal täglich 1-2 Filmtabletten, Kinder, je nach Alter, 1-3 mal täglich 1 Filmtablette mit Flüssigkeit ein.
- *500 Brausetabletten:* 1-2 mal täglich 1-2 Brausetabletten in 1 Glas Wasser gelöst und möglichst auf nüchternen Magen, das heißt unabhängig von den Mahlzeiten einnehmen.

Welche Wirkstoffe?

- *Filmtabletten:* 1 Filmtbl. enth.: Calciumphosphat 250mg,
Calciumcitrat·4H_2O 200mg, Calcium-Gehalt 3,5mmol = 139,1mg.
- *500 Brausetabletten:* 1 Brausetbl. enth.: 1250,0mg Calciumcarbonat, entspr. 500mg ionisiertem Calcium.

Was kostet es?

	DM
20 Filmtbl.	4,31
50 Filmtbl.	9,52
100 Filmtbl.	17,42
20 Brausetbl.	12,59
50 Brausetbl.	27,93

Hersteller?

Fa. Verla-Pharm in Tutzing

Cetaphil® Reinigungslotion

Wann anwenden?

Schonende Hautreinigung bei erkrankter Haut - wenn Dermatosen (Hautkrankheiten) wie atopische Dermatitis, Psoriasis (Schuppenflechte), Ichthyosis (Fischschuppenkrankheit) oder seborrhoische und ekzematöse Erkrankungen als Ursache zugrunde liegen -, bei sehr empfindlicher Haut - wenn eine starke Beanspruchung der Haut durch Beruf oder Umwelt besteht, die Haut sehr trocken ist, Seifenüberempfindlichkeit oder gar Seifenverbot vorliegt -, bei alterabhängig empfindlicher Haut - wenn es sich um den Windelbereich bei Säuglingen und Kleinkindern handelt oder um die trockene Haut älterer Menschen -, bei jahreszeitabhängig empfindlicher Haut - wenn es um die Reinigung gereizter Haut geht, die Wind, Kälte oder starker Sonneneinstrahlung ausgesetzt ist.

Wann nicht anwenden?

Überempfindlichkeit gegen einen der Inhaltsstoffe.

Wie dosieren?

Cetaphil auf die zu reinigenden Hautpartien auftragen und leicht verreiben. Ohne Wasser: Die behandelten Stellen mit weichen Kosmetiktüchern sanft abwischen. Mit Wasser: Nach Anwendung die behandelten Stellen mit Wasser abspülen und anschließend abtrocknen.

Welche Wirkstoffe?

Reinigungslotion enth.: Hilfsst.: Komplex aus Cetylalkohol,
Stearylalkohol u. Natriumlaurylsulfat; Propylenglykol, Butyl-4-hydroxybenzoat, Methyl-4-hydroxybenzoat, Propyl-4-hydroxybenzoat, ger. Wasser. Duftstoff- u. seifenfrei.

Was kostet es?

	DM
200 ml	14,90

Hersteller?

Fa. Galderma in Freiburg

Hermal®-Oel

Wann anwenden?

Trockene Haut, Juckreiz, Altershaut, Wundsein bei Säuglingen und Kranken.

Wie dosieren?

2-3mal täglich auftragen.

Welche Wirkstoffe?

100g enth.: Sojaöl 95,3g,
Pflanzenlecithin 2,5g, Polidocanol 2g, Duftstoff.

Was kostet es?

	DM
100 ml Öl	10,99

Hersteller?

Fa. Hermal in Reinbek

Ichtho®-Bad

Wann anwenden?

Unterstützende Behandlung bei juckenden und entzündlichen Dermatosen [Hautkrankheiten] (z.B. Ekzeme, Psoriasis [Schuppenflechte], Akne, Arzneimittelexanthem [arzneimittelbedingter Ausschlag], Impetigo [Eiterflechte], Pruritus [Juckreiz]). Wundnachbehandlung, Hyperhidrosis [vermehrte Schweißabsonderung], Perniosis [Gewebsschädigung bzw. Frostbeulen durch Kälte], Akrozyanose [bläuliche Verfärbung von Fingern und Zehen], Mikrozirkulationsstörungen der Haut. Adjuvans [unterstützende Therapie] bei Erkrankungen des Skelettmuskel-Apparates (z.B. Arthrose [Gelenkerkrankung], Spondylose [degenerative, nichtentzündliche Erkrankung von Wirbelsäule, bzw. Wirbelkörper], Periarthritis [Entzündung der ein Gelenk umgebende Weichteile], Lumbago [Hexenschuß], Zervikal [Nacken, Hals betreffend]- und Lumbalsyndrom [Lendensyndrom bzw. -schmerzen], Tendinose [Erkrankung der Sehnenansätze an den Knochen]), Adjuvans [unterstützende Therapie] bei Pelvipathie [Beckenerkrankungen].

Wann nicht anwenden?

Nachgewiesene Überempfindlichkeit gegenüber sulfonierten Schieferölen [Schwefel enthaltenden], wie z.B. Ammonium- und/oder Natriumbituminosulfonat. Schwere fieberhafte und infektiöse Erkrankungen. Schwere Herzinsuffizienz [Herzschwäche]. Schwere Hypertonie [Bluthochdruck]. Größere Hautverletzungen, akute unkla-

Hautallergie

re Hauterkrankungen. In konzentrierter Form nicht mit den Augen in Berührung bringen!

Welche Nebenwirkungen?
Selten Unverträglichkeitsreaktionen der Haut.

Wie dosieren?
2-3 Voll-, Sitz- oder Teilbäder oder unverdünnt pro Woche anwenden.

Welche Wirkstoffe?
100g enth.: Ammoniumbituminosulfonat (Ichthyol®), hell 72g.

Was kostet es?	DM
130 g (6 Bäder)	31,49
400 g (2x200)	78,73
600 g	111,68

Hersteller?
Fa. Ichthyol in Hamburg

Leukona®-Stoffwechsel-Bad

Wann anwenden?
Allergien, Urticaria [Nesselsucht], Adipositas [Fettleibigkeit]; zur Belebung der Tätigkeit der Nierenepithelien [oberste Zellschicht der Nieren], wirkt günstig auf das Stoffwechselgeschehen.

Wann nicht anwenden?
Vorsicht bei großen Hautverletzungen, akuten unklaren Hauterkrankungen, schweren, fieberhaften und infektiösen Erkrankungen, Herzinsuffizienz [Herzschwäche] und Hypertonie [Bluthochdruck].

Wie dosieren?
30ml auf 1 Vollbad dosieren.

Welche Wirkstoffe?
100g enth.: Wacholderbeeröl 22,0g.

Was kostet es?	DM
250 ml	19,50
720 ml	49,90

Hersteller?
Fa. Dr. Atzinger in Passau

Tannosynt® Creme

Wann anwenden?
Entzündliche, nässende und juckende Hauterkrankungen, z.B. Windeldermatitis [entzündliche Hautreaktion, die durch den Wärmestau von Windeln hervorgerufen wird] und andere entzündliche Hauterkrankungen, insbesondere mit intertriginöser Lokalisation [in den Körperfalten, z.B. am Bauch, angesiedelter Ausbreitung].

Wann nicht anwenden?
Anwendung am Auge. Bei Überempfindlichket gegen einen der Inhaltsstoffe.

Welche Nebenwirkungen?
Leichte Hautreizungen sind in Einzelfall möglich. Sensibilisierungen [Allergieauslösungen] wurden bisher nicht beschrieben.

Wie dosieren?
Bis zur Abheilung 1-2 mal täglich dünn auf die erkrankten Hautstellen auftragen.

Welche Wirkstoffe?
100g Creme enth.: Gerbstoff, synthetisch 1g.

Was kostet es?	DM
20 g Creme	9,50
50 g Creme	18,88
100 g Creme	34,35

Hersteller?
Fa. Hermal in Reinbek

Tannosynt® flüssig

Wann anwenden?
Entzündliche, nässende und juckende Hauterkrankungen, z.B.: Windeldermatitis [entzündliche Hautreaktion, die durch den Wärmestau von Windeln hervorgerufen wird], Intertrigo [Wundsein in den Körperfalten, z.B. am Bauch], Verbrennungen 1. Grades, Juckreiz -speziell im Genital-Anal-Bereich-, Hyperhidrosis [übermäßige Schweißabsonderung], Adjuvans [unterstützende Therapie] bei der Mykosetherapie [Therapie bei Pilzerkrankungen] und bei infektiösen Exanthemen [Ausschläge] wie z.B. Windpocken, Masern, Röteln.

Wann nicht anwenden?
Anwendung am Auge. Als Vollbad bei schweren Herz- und Kreislaufstörungen, Hypertonie [Bluthochdruck], fieberhaften Erkrankungen oder Tuberkulose sowie größeren Hautverletzungen und akuten unklaren Hauterkrankungen.

Welche Nebenwirkungen?
In Einzelfällen leichte Hautreizungen möglich.

Was beachten?
Nicht unverdünnt anwenden.

Wie dosieren?
Voll-, Sitz- und Teilbäder, Waschungen, Umschläge. Verdünnung 1:1000 bis 1:5000. (Näheres siehe Packungsbeilage).

Welche Wirkstoffe?
100g enth.: Gerbstoff, synthetisch 40g.

Was kostet es?	DM
100 g (flüssig) wässriges Konzentrat	10,81
250 g (flüssig) wässriges Konzentrat	21,70
500 g (flüssig) wässriges Konzentrat	39,95

Hersteller?
Fa. Hermal in Reinbek

Tannosynt® Lotio

Wann anwenden?

Entzündete, nässende und juckende Hauterkrankungen, z.B.: Windeldermatitis [entzündliche Hautreaktion, die durch den Wärmestau von Windeln hervorgerufen wird], Intertrigo [Wundsein in den Körperfalten, z.B. am Bauch], Verbrennungen 1. Grades, Juckreiz- speziell im Genital-Anal-Bereich-, Hyperhidrosis [übermäßige Schweißabsonderung], Adjuvans [unterstützende Therapie] bei der Mykosetherapie [Therapie bei Pilzerkrankungen] und bei infektiösen Exanthemen [Ausschläge] wie z.B. Windpocken, Masern, Röteln.

Wann nicht anwenden?

Anwendung am Auge.
Überempfindlichkeit gegen Parabene.

Welche Nebenwirkungen?

In Einzelfällen leichte Hautreizungen möglich.

Wie dosieren?

1-2mal täglich auftragen, vorher kräftig schütteln.

Welche Wirkstoffe?

100g enth.: Gerbstoff, synthetisch 1g.

Was kostet es?	DM
100 g Lotio (Schüttelmixtur)	13,40

Hersteller?

Fa. Hermal in Reinbek

Information der Redaktion:

Anaesthesulf

Parfenac

Hautpflege

Leukona®-Öl-Bad

Wann anwenden?

Bei trockener und empfindlicher Haut. Rauhe, schuppige und strapazierte Haut wird regeneriert und normalisiert. Enthält keine Konservierungsstoffe und ist deshalb besonders für die allergisch reagierende Haut zu empfehlen.

Wie dosieren?

Je nach Bedarf, in der Regel alle 2-3 Tage, anwenden. Pro Vollbad werden ca. 20ml verwendet. Bei sehr trockener Haut kann die Dosierung entsprechend erhöht werden. Die Badetemperatur sollte max 37°C betragen.

Welche Wirkstoffe?

89% hochwertige, pflegende u. rückfettende Öle: Sojaöl,
Paraffinöl;

Was kostet es?	DM
250 ml	13,95
1000 ml	49,25

Hersteller?

Fa. Dr. Atzinger in Passau

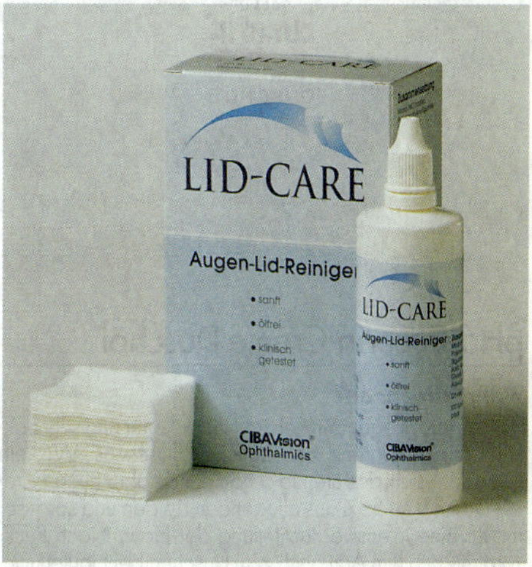

Lid-Care

Wann anwenden?

Zur täglichen Reinigung. Befreit das Augenlid und Lidrand mit dem milden Schaum gründlich von Verkrustungen.

Wie dosieren?

Pad mit einigen Tropfen Lid-Care befeuchten und zwischen den Fingern das gefaltete Pad reiben, bis sich ein milder Schaum bildet. Augen reinigen und mit lauwarmem Wasser nachspülen und die Augenlider trocknen.

Welche Wirkstoffe?

Ist pH-neutral und enthält keine Duft- und Farbstoffe und ist steril.

Was kostet es?	DM
120 ml Lid-Reiniger + 100 Pads	19,96

Hersteller?

Fa. Ciba Vision Ophthalmics in Weßling

Hautpflege

pH5-Eucerin Creme Duschöl

Wann anwenden?
Zur intensiv pflegenden Reinigung trockener und sehr trockener Haut während des täglichen Duschens. Wie ein Ölbad, besteht das cremig-schäumende pH5-Euerin Creme Duschöl zu 55% aus pflegenden Lipiden und sorgt somit für eine intensive Rückfettung der Haut. Nach Rücksprache mit dem Arzt auch zum Duschen bei Hauterkrankungen geeignet.

Welche Wirkstoffe?
Volldeklaration: Soybean Oil,
MIPA-Laureth Sulfate, Laureth-4, Castor Oil, Cocoamid-DEA, Poloxamer 101, Fragrance, Panthenol, Bisabolol, Lanolin Alcohol, BHT, Citric acid, Diammonium Citrate, Water, Propyl Gallate.

Pack:
200 ml

Hersteller?
Fa. Beiersdorf in Hamburg

pH5-Eucerin® Creme Ölbad

Wann anwenden?
Zum Schutz und zur Pflege bei sehr trockener, problematischer Haut. Das Ölbad erhöht den Fett- und Feuchtigkeitsgehalt der Haut und stellt das physiologische Gleichgewicht bei schuppiger, rauher, rissiger oder zu Juckreiz und Entzündungen neigender Haut wieder her.

Wie dosieren?
20ml auf ein Vollbad.

Welche Wirkstoffe?
Volldeklaration: Soybean Oil,
Paraffin Oil, Isohexadecane, Fragrance. MIPA-Laureth Sulfate, Laureth-4, Octyldodecanol, Cocamide DEA, Castor Oil, Coconut Acid, Lanolin Alcohol (Eucerit®), Ascorbyl Palmitate, Propyl Gallate, Citric acid, Water. Frei von Farb- und Konservierungsstoffen.

Pack:
200 ml
500 ml

Hersteller?
Fa. Beiersdorf in Hamburg

pH5-Eucerin® Pflege-Salbe

Wann anwenden?
Zur intensiven Hautschutzpflege, insbesondere bei trockener, rauher und rissiger Haut, zur Prophylaxe [Vorbeugung] und Pflege, vor allem bei stark beanspruchter Haut, bei berufsbedingten chronischen Belastungen der Haut sowie zur Pflege der empfindlichen Babyhaut, nach Rücksprache mit dem Arzt auch zur unterstützenden Pflege bei Hauterkrankungen.

Wie dosieren?
2-3 mal täglich auf die Haut auftragen und leicht einreiben.

Welche Wirkstoffe?
Volldeklaration: Water,
Paraffin Oil, Microcrystalline Wax, Glycerin, Lanolin Alcohol, Paraffin, Isopropyl Myristate, Ceresin, Aluminium Stearates, Citric acid, Decyl Oleate, Diammonium Citrate, Magnesium Stearate, Magnesium Sulfate, Octyldodecanol, Sodium Benzoate, Fragrance.

Pack:
50 ml
100 ml
800 ml (2 Dosen je 400ml)

Hersteller?
Fa. Beiersdorf in Hamburg

Hautprobleme

Aqua·non Hermal®

Wann anwenden?
Wasserabweisender medizinischer Hautschutz.

Wie dosieren?
- *Emulsion:* Mehrmals täglich auftragen, insbesondere vor Kontakt mit Wasser.

Welche Wirkstoffe?
- *Emulsion:* Dimethicone;
Phenyl Dimethicone; Stearic Acid; Palmitic acid; Saflower Oil; Allantoin; Cetyl Palmitate; Glycerin; Tromethamine; Mineral Oil; Acrylate/C10-30 Alkyl Acrylate Crosspolymer; *Konservierungsmittel:* Quaternium 15; Fragrance (Duftstoff); Sodium o-Phenylphenate; Water.

Was kostet es?	DM
100 ml Emuls.	12,65

Hersteller?
Fa. Hermal in Reinbek

Balneum Hermal®, -F

Wann anwenden?
- *flüssiger Badezusatz:* Zur unterstützenden Behandlung von Dermatosen [Hautkrankheiten] mit trockener und leicht juckender Haut wie z.B. atopisches Ekzem (Neurodermitis), Psoriasis [Schuppenflechte], Ichthyosis [Fischschuppenkrankheit], Pruritus senilis [alterbedingter Juckreiz], Ekzeme wie Windelekzem, Waschekzem, chronisches Ekzem.
- *F Flüssiger Badezusatz:* Zur unterstützenden Behandlung bei trockener, schuppender, juckender und empfindlicher Haut wie z.B. atopischem Ekzem (Neurodermitis), Psoriasis [Schuppenflechte], Ichthyosis [Fischschuppenkrankheit].

Wann nicht anwenden?
Überempfindlichkeit gegen den Inhaltsstoff Propylenglycol. Fieberhafte Erkrankungen. Tuberkulose. Schwere Herz- und Kreislaufinsuffizienz [Kreislaufschwäche], Hypertonie [Bluthochdruck]. Größere Hautverletzungen und akute unklare Hautkrankheiten. Frische Psoriasis pustulosa-Formen [Schuppenflechte mit Pustelbildung].

Welche Nebenwirkungen?
In Einzelfällen Rötung, Juckreiz, Brennen.
Zusätzlich für -F Flüssiger Badezusatz: In sehr seltenen Fällen kann es zu einer Follikulitis [Haarbalgentzündung] kommen.

Was beachten?
Balneum Hermal, -F darf unverdünnt nicht mit den Augen in Berührung gebracht werden.

Wie dosieren?
Im allgemeinen 2-3 Voll-, Teil- oder Duschbäder wöchentlich. Nähere Angaben siehe Packungsbeilage.

Hautprobleme

Welche Wirkstoffe?
- *flüssiger Badezusatz:* 100g enth.: Sojabohnenöl 84,75g.
- *F Flüssiger Badezusatz:* 100g enth.: Erdnußöl 46,45g, α-Dodecyl-ϖ-hydroxypoly(oxyethylen) 4, dünnfl. Paraffin 47,0g.

Was kostet es?	DM
150 ml flüssiger Badezusatz (zum Duschen)	9,95
200 ml flüssiger Badezusatz	12,97
500 ml flüssiger Badezusatz	23,94
1000 ml flüssiger Badezusatz	40,74
200 ml F flüssiger Badezusatz	13,46
500 ml F flüssiger Badezusatz	24,43
1000 ml F flüssiger Badezusatz	43,50

Hersteller?
Fa. Hermal in Reinbek

Balneum Hermal® Plus

Wann anwenden?
Zur unterstützenden Behandlung aller Hauterkrankungen, die mit Austrocknung einhergehen, insbesondere wenn diese von Juckreiz begleitet sind wie z.B. atopisches Ekzem (Neurodermitis), chronisches Ekzem, Altersjuckreiz. Zur unterstützenden Behandlung der Schuppenflechte.

Wann nicht anwenden?
Überempfindlichkeit gegen die Inhaltsstoffe. Fieberhafte Erkrankungen, Tuberkulose, schwere Herz- und Kreislaufstörungen, Hypertonie [Bluthochdruck]. Größere Hautverletzungen und akute unklare Hautkrankheiten. Frische Psoriasis pustola-Formen [Schuppenflechte mit Pustelbildung].

Welche Nebenwirkungen?
In Einzelfällen Rötung, Juckreiz und Brennen.

Was beachten?
Das Präparat darf unverdünnt nicht mit den Augen in Berührung gebracht werden.

Wie dosieren?
- *Flüssiger Badezusatz:* Im allgemeinen 2-3 Voll-, Teil- oder Duschbäder wöchentlich. Näheres siehe Packungsbeilage.

Welche Wirkstoffe?
- *Flüssiger Badezusatz:* 100g enth.: Sojabohnenöl 82,95g,
Polidocanol 15,0g.

Was kostet es?	DM
200 ml flüssiger Badezusatz	14,66
500 ml flüssiger Badezusatz	28,45
1000 ml flüssiger Badezusatz	46,28

Hersteller?
Fa. Hermal in Reinbek

Cetaphil® Reinigungslotion

Wann anwenden?
Schonende Hautreinigung bei erkrankter Haut - wenn Dermatosen (Hautkrankheiten) wie atopische Dermatitis, Psoriasis (Schuppenflechte), Ichthyosis (Fischschuppenkrankheit) oder seborrhoische und ekzematöse Erkrankungen als Ursache zugrunde liegen -, bei sehr empfindlicher Haut - wenn eine starke Beanspruchung der Haut durch Beruf oder Umwelt besteht, die Haut sehr trocken ist, Seifenüberempfindlichkeit oder gar Seifenverbot vorliegt -, bei alterabhängig empfindlicher Haut - wenn es sich um den Windelbereich bei Säuglingen und Kleinkindern handelt oder um die trockene Haut älterer Menschen -, bei jahreszeitabhängig empfindlicher Haut - wenn es um die Reinigung gereizter Haut geht, die Wind, Kälte oder starker Sonneneinstrahlung ausgesetzt ist.

Wann nicht anwenden?
Überempfindlichkeit gegen einen der Inhaltsstoffe.

Wie dosieren?
Cetaphil auf die zu reinigenden Hautpartien auftragen und leicht verreiben. Ohne Wasser: Die behandelten Stellen mit weichen Kosmetiktüchern sanft abwischen. Mit Wasser: Nach Anwendung die behandelten Stellen mit Wasser abspülen und anschließend abtrocknen.

Welche Wirkstoffe?
Reinigungslotion enth.: Hilfsst.: Komplex aus Cetylalkohol,
Stearylalkohol u. Natriumlaurylsulfat; Propylenglykol, Butyl-4-hydroxybenzoat, Methyl-4-hydroxybenzoat, Propyl-4-hydroxybenzoat, ger. Wasser. Duftstoff- u. seifenfrei.

Was kostet es?	DM
200 ml	14,90

Hersteller?
Fa. Galderma in Freiburg

Hermal®-Oel

Wann anwenden?
Trockene Haut, Juckreiz, Altershaut, Wundsein bei Säuglingen und Kranken.

Wie dosieren?
2-3mal täglich auftragen.

Welche Wirkstoffe?
100g enth.: Sojaöl 95,3g,
Pflanzenlecithin 2,5g, Polidocanol 2g, Duftstoff.

Was kostet es?	DM
100 ml Öl	10,99

Hersteller?
Fa. Hermal in Reinbek

HTH Hautregulativ

Wann anwenden?

Bei rauher, trockener Haut - oft auch bei sich schuppender Haut an allen Körperstellen.

Wie dosieren?

Regelmäßig morgens und abends nach dem Waschen auf trockene und rauhe Hautstellen auftragen und einmassieren. Eine Anwendung zwischendurch empfiehlt sich, wenn die kritischen Hautpartien längere Zeit Wasser oder anderen austrocknenden Einflüssen ausgesetzt wurden.

Welche Wirkstoffe?

100g enth.: Carbamid 10g,
Milchsäure 5g, Betain· $1H_2O$ 5g sowie Emulgatoren und einen allergiegetesteten Duftstoff. Die Emulsion ist auf einen pH-Wert von etwa 3,5 eingestellt. Sie enthält kein Konservierungsmittel.

Was kostet es?

	DM
100 g	15,67

Hersteller?

Fa. Galderma in Freiburg

Leukona®-Öl-Bad

Wann anwenden?

Bei trockener und empfindlicher Haut. Rauhe, schuppige und strapazierte Haut wird regeneriert und normalisiert. Enthält keine Konservierungsstoffe und ist deshalb besonders für die allergisch reagierende Haut zu empfehlen.

Wie dosieren?

Je nach Bedarf, in der Regel alle 2-3 Tage, anwenden. Pro Vollbad werden ca. 20ml verwendet. Bei sehr trockener Haut kann die Dosierung entsprechend erhöht werden. Die Badetemperatur sollte max 37°C betragen.

Welche Wirkstoffe?

89% hochwertige, pflegende u. rückfettende Öle: Sojaöl,
Paraffinöl;

Was kostet es?

	DM
250 ml	13,95
1000 ml	49,25

Hersteller?

Fa. Dr. Atzinger in Passau

Leukona®-Stoffwechsel-Bad

Wann anwenden?

Allergien, Urticaria [Nesselsucht], Adipositas [Fettleibigkeit]; zur Belebung der Tätigkeit der Nierenepithelien [oberste Zellschicht der Nieren], wirkt günstig auf das Stoffwechselgeschehen.

Wann nicht anwenden?

Vorsicht bei großen Hautverletzungen, akuten unklaren Hauterkrankungen, schweren, fieberhaften und infektiösen Erkrankungen, Herzinsuffizienz [Herzschwäche] und Hypertonie [Bluthochdruck].

Wie dosieren?

30ml auf 1 Vollbad dosieren.

Welche Wirkstoffe?

100g enth.: Wacholderbeeröl 22,0g.

Was kostet es?

	DM
250 ml	19,50
720 ml	49,90

Hersteller?

Fa. Dr. Atzinger in Passau

Nubral® Creme

Wann anwenden?

Bei trockener Haut; kann daher unterstützend bei der Neurodermitis-Behandlung verwenden werden.

Wann nicht anwenden?

Überempfindlichkeitreaktionen gegen einen der Inhaltsstoffe.

Welche Nebenwirkungen?

Irritationen der Haut (Hautreizungen) bei der Behandlung akuter entzündlicher Hauterkrankungen sind möglich.

Wie dosieren?

- *Creme:* Dosierung mit Einzel- und Tagesgaben: 1 oder mehrmals täglich auf die erkrankten Hautstellen auftragen. Dünn auftragen und einmassieren. Die Dauer der Anwendung ist individuell.

Welche Wirkstoffe?

- *Creme:* Enth.: 10% Harnstoff.

Was kostet es?

	DM
75 g Creme	18,78
150 g Creme	32,10
2 x 150g Creme Doppelpack	55,00

Hersteller?

Fa. Galderma in Freiburg

Optiderm®

Wann anwenden?

Zur Feuchtigkeitsregulierung der Hornschicht, Fettung und Juckreizstillung als unterstützende Behandlung bei Hauterkrankungen mit trockener und/oder juckender Haut wie z.B. atopisches Ekzem (Neurodermitis), Exsikkationsekzem (Austrocknungsschäden durch Waschmittel etc.) sowie zur Weiter- und Nachbehandlung der genannten Hauterkrankungen.

Hautprobleme

Wann nicht anwenden?
Akute Erythrodermie [Hauterkrankung unterschiedlicher Ursache, mit starker Rötung], akut entzündliche, nässende und infizierte Hautprozzese.

Welche Nebenwirkungen?
In seltenen Fällen auf entzündeter Haut Brennen, Rötung, Juckreiz, Pustelbildung.

Wie dosieren?
- *Creme:* 2mal täglich gleichmäßig dünn auftragen. Anwendungsdauer: durchschnittlich 3 Wochen.

Welche Wirkstoffe?
- *Creme:* 100g Creme enth.: Harnstoff 5,0g; Polidocanol 3,0g.

Was kostet es?

	DM
50 g Creme	15,80
100 g Creme	29,50
200 g Creme (2x100g)	53,20

Hersteller?
Fa. Hermal in Reinbek

Sebopona®

Wann anwenden?
Seborrhoe [krankhaft gesteigerte Absonderung der Talgdrüsen], insbesondere Akne. Seifenunverträglichkeit, Reinigung und Pflege kranker und empfindlicher Haut.

Was beachten?
Sebopona darf nicht in die Augen gelangen.

Wie dosieren?
- *Waschlotio:* Zum Waschen beziehungsweise zu Teilbädern ca. 5ml, zu Vollbädern ca. 15ml. Näheres siehe Packungsbeilage.

Welche Wirkstoffe?
- *Waschlotio:* Sodium Laureth Sulfate;
Cocamidopropyl Betaine; Isopropyl Alcohol; Sulfuric Acid.; 5-Brom-5-Nitro-1,3-Dioxane (Konservierungsmittel); Fragrance; Water.

Was kostet es?

	DM
100 ml	7,27
500 ml	22,45
1000 ml	32,38

Hersteller?
Fa. Hermal in Reinbek

Thymowied® Thymus-Dragees

Wann anwenden?
Allgemeine Abwehrschwäche, Viruserkrankungen, rezidivierende bakterielle Infektionen (durch Bakterien hervorgerufende, periodisch wiederkehrende Infektionen). Als Zusatztherapie bei rheumatischen Erkrankungen. Zur allgemeinen Revitalisierung.

Wann nicht anwenden?
Bis zu 6 Monaten nach intensiver Behandlung mit Kortikosteroiden und Derivaten [Cortisonen und Abkömmlingen] ist die Wirkung von Thymusextrakten stark reduziert, deshalb nicht angezeigt. Salicylhaltige Arzneimittel heben ebenfalls die Wirkung auf.

Welche Nebenwirkungen?
Bei Behandlungsbeginn kann es zu leichter Abführwirkung kommen, die sich in der Regel nach einigen Tagen normalisiert.

Wie dosieren?
Zur allgemeinen Abwehrstärkung täglich 2-3 Dragees mit etwas Flüssigkeit vor dem Frühstück einnehmen; zur verstärkten Immuntherapie 3 mal täglich 4-5 Dragees vor den Mahlzeiten einnehmen; innerhalb der Karzinomtherapie [Tumortherapie] kann die Tagesdosis bis zu 3 mal 10 Dragees gesteigert werden.

Welche Wirkstoffe?
1 Drg. enth.: Thymus-Pulver (entfettet, lyophilisiert) 200mg.

Was kostet es?

	DM
60 Drg.	31,11
300 Drg.	118,84
500 Drg.	188,78

Hersteller?
Fa. Wiedemann in Münsing-Ambach

Ureotop® Creme, -Salbe

Wann anwenden?
Übermäßige Verhornung, leichtere Formen der Ichthyosis [Fischschuppenkrankheit], Rückfallvorbeugung und Dauerbehandlung bei Ichthyosis. Verhornungsstörungen der Haarzellen, trockene, spröde, gerötete Haut.

Wann nicht anwenden?
Nicht anwenden bei Patienten mit Überempfindlichkeit gegenüber einen der Inhaltsstoffe.

Welche Nebenwirkungen?
In seltenen Fällen kann es zu allergischen Reaktionen gegenüber den Inhaltsstoffen kommen, sowie zu Hautreizungen wie Brennen, Röten, Jucken oder Schuppen.

Wie dosieren?
Bis zum Abklingen der Symptome 1-2 mal täglich auf die gereinigte trockene Haut auftragen und gründlich einmassieren. Okklusivverbände [nicht drückende Deckverbände] nach Angaben des Arztes.

Welche Wirkstoffe?
- *Creme:* 1g O/W - Creme enth.: 120mg Harnstoff (=Urea),
2-Phenoxyethanol 10mg als Konservierungsmittel.
- *Salbe:* 1g Salbe enth.: 120mg Harnstoff (=Urea).

Was kostet es?

	DM
50 g Creme	13,90
100 g Creme	22,45

50 g Salbe	13,90
100 g Salbe	22,45

Hersteller?
Fa. Dermapharm in Gräfelfing

Windol Milch, -Creme, -Salbe, -Fettsalbe

Wann anwenden?
Ekzeme, Dermatitiden [Hautentzündungen] und Neurodermitis.

Wann nicht anwenden?
Unverträglichkeit.

Welche Nebenwirkungen?
In seltenen Fällen Überempfindlichkeit.

Wie dosieren?
1-3 mal täglich dünn auftragen.

Welche Wirkstoffe?
-*Milch:* 1g enth.: 0,05g Bufexamac.
-*Creme:* 1g enth.: 0,05g Bufexamac.
-*Salbe:* 1g enth.: 0,05g Bufexamac.
-*Fettsalbe:* 1g enth.: 0,05g Bufexamac.

Was kostet es?	DM
50 g Milch	18,85
100 g Milch	32,45
20 g Creme	9,50
50 g Creme	18,85
100 g Creme	32,45
20 g Salbe	9,50
50 g Salbe	18,85
100 g Salbe	32,45
20 g Fettsalbe	9,50
50 g Fettsalbe	18,85
100 g Fettsalbe	32,45

Hersteller?
Fa. Dermapharm in Gräfelfing

Windol Basisbad

Wann anwenden?
Unterstützende Behandlung von Hautkrankheiten mit trokkener, juckender Haut (zum Beispiel durch innere Faktoren verursachtes Ekzem, Psoriasis [Schuppenflechte], Ichthyosis [Fischschuppenkrankheit], Pruritus senilis [altersbedingter Juckreiz], Windelekzem, Waschekzem).

Wann nicht anwenden?
Frische Psoriasis-pustulosa [Pustelartige Schuppenflechte] Formen. Vollbäder nur mit Vorsicht anwenden bei größeren Hautverletzungen und akuten Hautkrankheiten, schweren fieberhaften und infektiösen Erkrankungen, Herzinsuffizienz [Herzschwäche] und Hypertonie [Bluthochdruck].

Wie dosieren?
Anwendung als Voll-, Teil-, Kinder-, Säuglings- und Duschbad 2-3 mal pro Woche; Dosierung nach Gebrauchsanweisung.

Welche Wirkstoffe?
100g enth.: dickfl. Paraffin 26,0g,
Sojaöl 32,0g.

Was kostet es?	DM
250 ml	12,95
500 ml	22,90

Hersteller?
Fa. Dermapharm in Gräfelfing

Zinkorotat 20, -POS®

Wann anwenden?
Orale Zinksubstitution bei Zinkmangelerscheinungen wie z.B. Wundheilungsstörungen und bei Akne vulgaris; zur Aktivierung des Immunsystems bei Abwehrschwäche (z. B. langdauernde Infekte); Zuckerkrankheit; virile (männliche) Potenzstörungen.

Wann nicht anwenden?
Akutes Nierenversagen. Schwere Nierenparenchymschäden (Nierenorgangewebeschäden).

Wie dosieren?
Zur Zinksubstitution: 3 mal täglich 1-2 Tabletten zu 20mg einnehmen. Andere Anwendungsgebiete: Anfangsdosis 3 mal täglich 1 Tablette zu 40mg oder 1-2 Tabletten zu 20mg, zur Dauerbehandlung 1-3 mal täglich 1 Tablette zu 40mg beziehungsweise 1-2 Tabletten 20mg.

Welche Wirkstoffe?
- *20 Tbl.*: 1 Tbl. enth.: Zinkorotat·$2H_2O$ 20mg (entspr. 3,2mg Zink).
- *POS® Tbl.*: 1 Tbl. enth.: Zinkorotat·$2H_2O$ 40mg (entspr. 6,3mg Zink).

Was kostet es?	DM
20 Tbl. zu 20mg	7,73
50 Tbl. zu 20mg	16,23
100 Tbl. zu 20mg	28,50
20 Tbl. POS®	8,53
50 Tbl. POS®	17,96
100 Tbl. POS®	31,56

Hersteller?
Fa. Ursapharm in Saarbrücken

Information der Redaktion:

sebamed

Arzneimittel

Heiserkeit

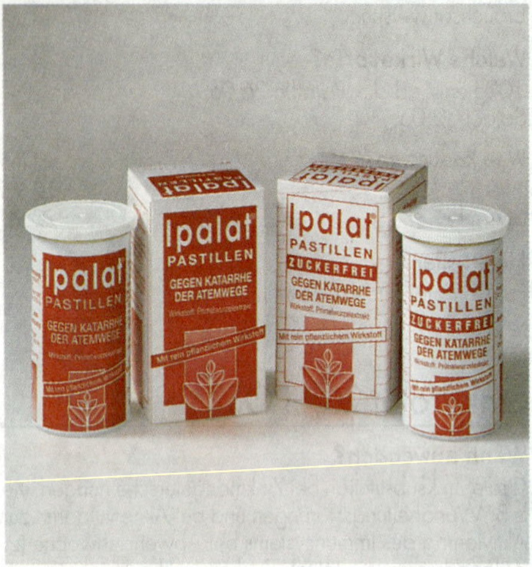

Ipalat® gegen Katarrhe der Atemwege Pastillen (-zuckerfrei)

Wann anwenden?

- Pastillen (-zuckerfrei): Erkrankungen der Atemwege, wie Verschleimung, Heiserkeit, Hustenreiz, Raucherkatarrh.

Wann nicht anwenden?

- Pastillen (-zuckerfrei): Nicht anwenden bei Überempfindlichkeit gegen ätherische Öle.

Welche Nebenwirkungen?

- Pastillen (-zuckerfrei): Gelegentlich: Überempfindlichkeitsreaktionen der Haut, der Atemwege und des Magen-Darm-Bereichs. Vereinzelt: Magenbeschwerden, Übelkeit.

Wie dosieren?

- Pastillen (-zuckerfrei): Bei Bedarf mehrmals täglich 1-3 Pastillen im Mund zergehen lassen.

Welche Wirkstoffe?

- Pastillen (-zuckerfrei): 1 Pastille enth.: 7,5mg Primelwurzelextrakt (4:1; Ethanol 20%).

Was kostet es?	DM
40 Past.	7,30

Hersteller?

Fa. Pfleger in Bamberg

Meditonsin® H

Wann anwenden?

Akute katarrhalische Halsentzündung, Seitenstrangangina, aufkommende Erkältungskrankheiten, grippale Infekte.

Vorsicht!

Enthält 6 Volumenprozent Alkohol!

Wie dosieren?

- Lösung: Erwachsene und Kinder über 12 Jahre: Am 1. Tag stündlich 20 Tropfen bis zu 10mal, ab 2. Tag 2-stündlich 10 Tropfen bis zu 5 mal. Kinder (6-12 Jahre): Die Hälfte der Erwachsenen-Dosierung. Kleinkinder (ab vollendetem 1.-6. Lebensjahr): Am 1. Tag 2-4 Tropfen stündlich bis zu 10 mal, ab 2. Tag 2-4 Tropfen alle 2 Stunden bis zu 5mal.

Welche Wirkstoffe?

- Lösung: 100g enth.: Aconitum D5 10g, Atropinum sulfuricum D5 50g, Mercurius cyanatus D8 40g.

Was kostet es?	DM
35 g Lsg.	11,81
70 g Lsg.	21,54

Hersteller?

Fa. Medice in Iserlohn

Tonsiotren® H

Wann anwenden?

Akute Mandelentzündungen sowie chronische und chronisch-wiederkehrende Angina, Vergrößerung der Rachenmandeln im Kindesalter und Behandlung nach operativer Entfernung der Mandeln.

Wann nicht anwenden?

Überempfindlichkeit gegen Chrom. Bei Schilddrüsenerkrankungen nur auf ärztlichen Rat.

Welche Nebenwirkungen?

Nach Anwendung kann verstärkt Speichelfluß auftreten: Niedriger dosieren oder absetzen.

Wie dosieren?

- Lutschtbl.: Bei akuten Beschwerden in den ersten 1-2 Tagen stündlich 1-2 Tabletten bis zum Eintritt einer Besserung. Zur nachfolgenden Behandlung oder bei chronischer Angina 3 mal täglich 1-2 Tabletten einnehmen. Kinder unter 12 Jahren nehmen bei akuten Beschwerden in den ersten 1-2 Tagen alle 2 Stunden 1 Tablette. Zur nachfolgenden Behandlung oder bei chronischer Angina 3 mal täglich 1 Tablette einnehmen. Bei Vergrößerung der Rachenmandeln im Kindesalter 3 mal täglich 1 Tablette. Die Behandlungsdauer sollte mindestens 6-8 Wochen betragen. Bei chronisch wiederkehrender Angina mehrere Kuren im Jahr über je 6-8 Wochen. Die Tabletten langsam im Mund zergehen lassen.

Welche Wirkstoffe?

- Lutschtbl.: 1 Lutschtbl. enth.: Atropinum sulf. D5 12,5mg, Hepar sulfuris D3 10,0mg, Kalium bichromicum D4 50,0mg, Silicea D2 5,0mg, Mercurius bijodatus D8 25,0mg.

Was kostet es? DM

60 Lutschtbl. 12,20

Hersteller?

Fa. DHU in Karlsruhe

Herpesbläschen

Acerpes

Wann anwenden?

Zur lindernden Behandlung von Schmerzen und Juckreiz bei rezidivierendem Herpes labialis (immer wiederkehrendem Hautausschlag im Lippenbereich).

Wann nicht anwenden?

Darf nicht am Auge, sollte nicht im Mund und in der Scheide angewendet werden. Bei schweren Störungen der körpereigenen Immunabwehr konsultieren Sie Ihren Arzt vor Behandlungsbeginn.

Welche Nebenwirkungen?

Vorübergehend können Brennen oder Stechen auf den behandelten Hautabschnitten auftreten. Gelegentlich Rötung, Eintrocknung, Juckreiz und Abschuppung. Selten Kontaktdermatitis (Hautentzündung, die durch Kontakt mit bestimmten Stoffen entsteht).

Wie dosieren?

- *Creme:* 5xtgl. alle 4 Std. auf die infizierten Hautbereiche dünn auftragen.

Welche Wirkstoffe?

- *Creme:* 1g Creme enth.: Aciclovir 50mg.

Was kostet es? DM

2 g 13,40

Hersteller?

Fa. Hexal® AG in Holzkirchen

Calcium Verla® Filmtabletten, -500 Brausetabletten

Wann anwenden?

- *Filmtabletten:* Vorbeugung und Behandlung von Calcium-Mangelzuständen, beziehungsweise bei erhöhtem Calcium-Bedarf während Wachstumsphasen, Schwangerschaft, Stillzeit und im Alter; Osteoporose [Knochengewebsschwund], Behandlung von Krampfzuständen/-Tetanie [Krampfneigung der Muskeln], Behandlung allergischer Reaktionen.

- *500 Brausetabletten:* Zur Vorbeugung eines Calciummangels bei erhöhtem Bedarf (zum Beispiel Wachstumsalter, Schwangerschaft, Stillzeit). Zur unterstützenden Behandlung der Osteoporose [Knochengewebsschwund].

Wann nicht anwenden?

Niereninsuffizienz [Nierenschwäche] mit Anurie [zu wenig Harnfluß], Exsikkose [Austrocknung], Hypercalcämie [zuviel Calcium im Blut], schwere Hypercalciurie [zuviel Calcium im Urin] und Nierensteine.

Zusätzlich für - Filmtabletten: Schwere Nierenfunktionsstörung mit Ausscheidungshemmung, Flüssigkeitsmangel des Körpers, Calciumüberschuß im Blut, schwere Hypercalciurie [übermäßige Calcium-Ausscheidung über den Harn], Nierensteine.

Zusätzlich für - 500 Brausetabletten: Schwere Niereninsuffizienz [Nierenschwäche], Hypercalcämie [zuviel Calcium im Blut], Hypercalciurie [zuviel Calcium im Urin], primärer Hyperparathyreoidismus [Erkrankung der Nebenschilddrüsen], Vitamin D-Überdosierung, diffuses Plasmozytom [Geschwulst der Plasmazellen des Knochenmarks], Knochenmetastasen, Calciumnierensteine, Nephrocalcinose [Kalksalzablagerung im Nierengewebe], Immobilisationsosteoporose [durch Unbeweglichkeit ausgelöste Osteoporose, das heißt Knochenschwund] und Hypophosphatämie [Phosphatmangel].

Welche Nebenwirkungen?

- *Filmtabletten:* In seltenen Fällen sind leichte Magen-Darm-Störungen möglich.

- *500 Brausetabletten:* Bei hoher Dosierung Obstipation [Verstopfung] möglich. Bei Niereninsuffizienz [Nierenschwäche] und langfristiger Einnahme hoher Dosen Hypercalcämie [zuviel Calcium im Blut], Hypercalciurie [zuviel Calcium im Urin] sowie metabolische Acidose [den Stoffwechsel betreffende Übersäuerung] und Phosphatverarmung möglich. Deshalb sollte der Calciumspiegel des Blutes und die Ausscheidung von Calcium durch den Urin regelmäßig kontrolliert werden.

Wie dosieren?

- *Filmtabletten:* Erwachsene nehmen 3 mal täglich 1-2 Filmtabletten, Kinder, je nach Alter, 1-3 mal täglich 1 Filmtablette mit Flüssigkeit ein.

- *500 Brausetabletten:* 1-2 mal täglich 1-2 Brausetabletten in 1 Glas Wasser gelöst und möglichst auf nüchternen

Herpesbläschen

Magen, das heißt unabhängig von den Mahlzeiten einnehmen.

Welche Wirkstoffe?

- *Filmtabletten:* 1 Filmtbl. enth.: Calciumphosphat 250mg, Calciumcitrat·4H_2O 200mg, Calcium-Gehalt 3,5mmol = 139,1mg.
- *500 Brausetabletten:* 1 Brausetbl. enth.: 1250,0mg Calciumcarbonat, entspr. 500mg ionisiertem Calcium.

Was kostet es?	DM
20 Filmtbl.	4,31
50 Filmtbl.	9,52
100 Filmtbl.	17,42
20 Brausetbl.	12,59
50 Brausetbl.	27,93

Hersteller?
Fa. Verla-Pharm in Tutzing

Lomaherpan® Creme

Wann anwenden?
Herpes simplex-Infektionen der Haut und Schleimhaut.

Wie dosieren?
2-4mal täglich pro cm² Hautfläche 1-2mm beziehungsweise 10-20mg Creme auftragen.

Welche Wirkstoffe?
5g enth.: Trockenextrakt aus Melissenblättern (Droge: Extrakt/70:1) 0,05g.
Benzylalkohol, Cetostearylalkoholpolyethylenglykolether (Cetomacrogol 1000), Ethylenglycolmono (di)-stearat, Weißes Vaselin.

Was kostet es?	DM
5 g Creme	13,97

Hersteller?
Fa. Lomapharm in Emmerthal

Medivitan® N

Wann anwenden?
Vitaminmangelzustände. Erhöhter Vitaminbedarf bei Alkoholabusus (Alkoholmißbrauch), Magen-/Darmresektion (operative Entfernung des Magens bzw. Darms), Strahlenbehandlung, Chemotherapie, antibiotischer Therapie.

Wann nicht anwenden?
Schwere Überleitungsstörungen. Akut dekompensierte [unbehandelte] Herzinsuffizienz [Herzschwäche].

Welche Nebenwirkungen?
Zentralnervöse Störungen (Einschlafstörungen, Erregung, Depression) (selten bei hohen Dosen). Magen-Darm-Störungen (selten bei hohen Dosen). Allergische Reaktion (Einzelfälle). Schwindel. Erbrechen. Benommenheit, Krämpfe. Bradykardie [Herzrhythmusstörung, zu langsamer Herzschlag], Rhythmusstörungen. Schock.

Wie dosieren?
- *Inj.-Lsg.:* Je nach Krankheitsbild unterschiedliche Dosierung. Siehe Packungsbeilage.

Welche Wirkstoffe?
- *Inj.-Lsg.:* 4ml Inj.-Lsg. I enth.: Hydroxocobalamin 1000µg,
Folsäure, Mononatriumsalz 1,1mg, Pyridoxin-HCl 5mg. 1ml Inj.-Lsg. II enth.: Lidocain-HCl H_2O-frei 24mg als Lokalanästhetikum.

Was kostet es?	DM
3 Doppelbrechamp.	28,35
6 Doppelbrechamp.	49,90
12 Doppelbrechamp.	94,35
3 Fertigspritzen	31,25
6 Fertigspritzen	55,00
12 Fertigspritzen	100,00

Hersteller?
Fa. Medice in Iserlohn

Herz-Kreislaufbeschwerden (nicht organisch)

Crataegus Verla®

Wann anwenden?
Druck- und Beklemmungsgefühl in der Herzgegend. Noch nicht digitalisbedürftiges [herzmittelbedürftiges] Altersherz.

Was beachten?
- *Lsg.:* Enthält 38 Vol.-% Alkohol.

Wie dosieren?
- *Tbl.:* 2 mal täglich 1-2 Filmtabletten mit etwas Flüssigkeit unzerkaut vor den Mahlzeiten einnehmen.
- *Lsg.:* 2 mal täglich 10-20 Tropfen mit etwas Flüssigkeit vor den Mahlzeiten einnehmen.

Welche Wirkstoffe?
- *Tbl.:* 1 Filmtbl. enth.: Weißdorntrockenextrakt aus Blättern mit Blüten 188,8mg (stand. 2,65% Flavonoide berechnet als Hyperosid).
- *Lsg.:* 100g Lsg. enth.: Weißdornflüssigextrakt aus Blättern mit Blüten (stand. 0,9-1,1% Flavonoide berechnet als Hyperosid).

Was kostet es?	DM
30 Filmtbl.	7,90
50 Filmtbl.	10,86
100 Filmtbl.	18,25
30 ml Lsg.	10,70
50 ml Lsg.	16,50
100 ml Lsg.	29,60

Hersteller?
Fa. Verla-Pharm in Tutzing

Craton® forte Ginkgo-biloba Filmtabletten

Wann anwenden?
Schwindel, Kopfschmerzen, Ohrensausen, Konzentrations- und Gedächtnisschwäche und Nachlassen der intellektuellen Leistungsfähigkeit infolge ungenügender Durchblutung des Gehirns. Krampfartige Schmerzen in der Wadenmuskulatur beim Gehen infolge Arterienverkalkung. Taubheitsgefühl, Kälteempfinden und Blässe an den Zehen wegen unzureichender Blutversorgung des Gewebes. Arterielle Durchblutungsstörungen im höheren Lebensalter.

Wann nicht anwenden?
Überempfindlichkeit gegen einen der Bestandteile.

Welche Nebenwirkungen?
Sehr selten können leicht Magen-Darm-Beschwerden, Kopfschmerzen oder allergische Hautreaktionen auftreten.

Was beachten?
1 Filmtablette entspricht 0,007 BE [Diabetiker-Einheit] und ist daher für Diabetiker geeignet.

Wie dosieren?
- *Filmtabletten:* 3-4mal täglich 1 Filmtablette unzerkaut mit etwas Flüssigkeit einnehmen.

Welche Wirkstoffe?
- *Filmtabletten:* 1 Filmtablette enth.: Trockenextrakt aus Ginkgo-biloba-Blättern (50:1) 30mg, eingestellt auf 24% Ginkgoflavonglykoside und 6% Terpenlactone (Ginkgolide, Bilobalid).

Was kostet es?	DM
40 Filmtabletten	18,85
100 Filmtabletten	39,95
200 Filmtabletten	69,95

Hersteller?
Fa. Spitzner in Ettlingen

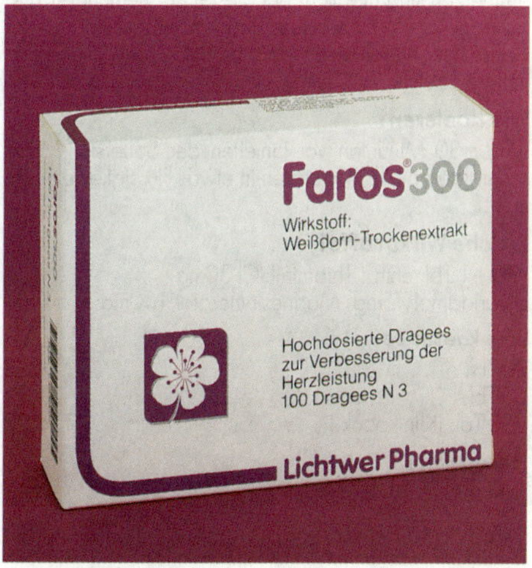

Faros® 300

Wann anwenden?
Nachlassende Leistungsfähigkeit des Herzens.

Was beachten?
Bei unverändertem Fortbestehen der Krankheitssymptome über 6 Wochen oder bei Ansammlung von Wasser in den Beinen ist eine Rücksprache mit dem Arzt zu empfehlen. Bei Schmerzen in der Herzgegend, die in die Arme, den Oberbauch oder in die Halsgegend ausstrahlen können, oder bei Atemnot ist eine ärztliche Abklärung zwingend erforderlich.

Wie dosieren?
- *Drg.:* 3 mal täglich 1 Dragee vor den Mahlzeiten mit etwas Flüssigkeit einnehmen.

Welche Wirkstoffe?
- *Drg.:* 1 Drg. enth.: Weißdorn-Tr.-Extrakt aus Blättern u. Blüten 300mg
stand. auf 2,2% Flavonoide, bestimmt nach DAB 10.

Was kostet es?	DM
50 Drg.	21,60
100 Drg.	36,59

Hersteller?
Fa. Lichtwer in Berlin

Herz-Kreislaufbeschwerden (nicht organisch)

Oxygenabund®

Wann anwenden?
Sauerstoff-Mehrschritt-Therapie.

Welche Nebenwirkungen?
Vereinzelt können Reizungen im Verdauungstrakt auftreten, auch mit leichter Diarrhoe [Durchfall]. Leichte Kopfschmerzen sind möglich. Bei diesen Erscheinungen Therapie zunächst abbrechen und nach Beseitigung der Symptome einschleichender, erneuter Therapiebeginn mit $^1/_2$ Tablette.

Wie dosieren?
- *Tbl.:* 30 Minunten vor Einleiten der Sauerstoff-Mehrschritt-Therapie 1-2 Tabletten in etwas Flüssigkeit einnehmen.

Welche Wirkstoffe?
- *Tbl.:* 1 Tbl. enth.: Thiamin-HCl 30mg,
Dipyridamol 75mg, Magnesiumorotat 100mg.

Was kostet es?	DM
20 Tbl.	14,78
50 Tbl.	31,17
250 Tbl. (Klinikpack.)	116,02

Hersteller?
Fa. Herbert in Wiesbaden

Information der Redaktion:

Crataegutt

Crataegutt

Diacard

Korodin Herz·Kreislauf·Tropfen

Magnesiocard

Miroton

Tromcardin

Heuschnupfen

Allergocrom® Augentropfen

Wann anwenden?
Unspezifische Reizzustände der Augenbindehaut, bei denen eine allergische Ursache zugrunde liegt.

Wann nicht anwenden?
Kontaktlinsen sollen nicht getragen werden.

Schwangerschaft?
Während der ersten 3 Monate sollte die Behandlung vermieden werden.

Welche Nebenwirkungen?
In seltenen Fällen Augenbrennen, Fremdkörpergefühl und Bindehautödem.

Wie dosieren?
4 mal täglich 1 Tropfen in den Bindehautsack eintropfen. Für Kinder und Erwachsene gilt die gleiche Dosierung.

Welche Wirkstoffe?
1 ml isot. Lsg. enth.: Cromoglicinsäure, Dinatriumsalz 20mg,
Benzalkoniumchlorid (Konservierungsmittel) 0,05mg.

Was kostet es?	DM
10 ml	8,80
1 Kombipack. mit 10ml Augentropf. u. 15 ml Nasenspray N1 + N1	18,20

Hersteller?
Fa. Ursapharm in Saarbrücken

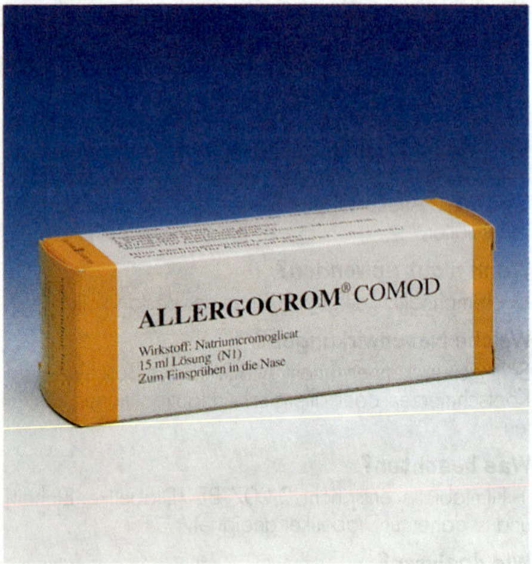

Allergocrom® Comod® Nasenspray

Wann anwenden?
Ganzjährige allergische Rhinitis [Schnupfen], saisonale allergische Rhinitis [Schnupfen].

Schwangerschaft?

Sollte im 1. Drittel nicht angewandt werden.

Welche Nebenwirkungen?

Selten Kopfschmerzen, Geschmacksirritationen oder leichte Reizerscheinungen in der Nase. In Einzelfällen Nasenbluten, Schleimhautulzerationen (Schleimhautverletzungen), Husten, Atemnot oder Überempfindlichkeitsreaktionen (Hautausschlag, Gelenkschmerzen Zungenschwellung).

Wie dosieren?

Kinder und Erwachsene 4 mal täglich 1 Sprühstoß in jedes Nasenloch (bei Bedarf 6 mal täglich).

Welche Wirkstoffe?

1 Sprühstoß (0,14ml) enth.: Cromoglicinsäure, Dinatriumsalz 2,8mg.

Was kostet es?	DM
15 ml	13,90

Hersteller?

Fa. Ursapharm in Saarbrücken

Calcium Dago®-Steiner

Wann anwenden?

Calciummangelzustände, Osteoporose [Knochengewebsschwund], Tetanie [Krampfneigung der Muskeln], allergische Erkrankungen. Erhöhter Calciumbedarf während der Gravidität [Schwangerschaft], Laktation [Milchproduktion] und im Wachstumsalter.

Wann nicht anwenden?

Hyperkalzämie [erhöhter Kalziumgehalt des Blutes], Hyperkalzurie [vermehrte Kalziumausscheidung im Urin], primärer Hyperparathyreoidismus [Erkrankung der Nebenschilddrüsen], Vitamin-D-Intoxikation [Vergiftung], diffuses Plasmozytom [diagnostisch nicht genau abgrenzbare Geschwulst der Plasmazellen des Knochenmarks], Knochenmetastasen, Nierenkalksteine, Nephrokalzinose [Kalksalzablagerung in der Niere], Immobilisationsosteoporose [mit Unbeweglichkeit einhergehende Osteoporose, d.h. Knochenschwund].

Welche Nebenwirkungen?

Hyperkalzämie [erhöhter Kalziumgehalt des Blutes] und Hyperkalzurie [vermehrte Kalziumausscheidung im Urin] bei Einnahme über längere Zeit möglich.

Was beachten?

Bei Nierenfunktionsstörungen Daueranwendung vermeiden. Für Diabetiker: 3g Granulat enthalten 1,737g insulinabhängige Kohlenhydrate als Saccharose = 0,14 BE [Diabetiker-Einheiten].

Wie dosieren?

- *Gran.*: 3 mal täglich 1-2 Meßlöffel Granulat (3-6g) in einem halben Glas Flüssigkeit einnehmen. Bei Bedarf mit Süßstoff oder Zucker nachsüßen.

Welche Wirkstoffe?

- *Gran.*: 1 Dosis (3g) Gran. enth.: Calciumcarbonat 400mg (entspr. 160mg Calcium-Ionen).
Weitere Bestandteile: Citronensäure 850mg, Saccharose 1,737g.

Was kostet es?	DM
100 g Dose Gran.	7,77
250 g Dose Gran.	17,24

Hersteller?

Fa. Steiner in Berlin

Diabenyl-Rhinex®

Wann anwenden?

Symptomatische Behandlung des allergischen Schnupfens.

Wann nicht anwenden?

Rhinitis sicca [Schnupfen, trocken], Engwinkelglaukom [Grüner Star]. Säuglinge. Bei Kindern unter 3 Jahren vorsichtig dosieren, mögliche systemische [durch die Aufnahme des Wirkstoffes in den Blutkreislauf entstehende] Wirkungen beachten.

Welche Nebenwirkungen?

Bei besonders empfindlichen Patienten örtliche Schleimhautreizungen (kurzzeitiges Brennen). Nach Abklingen der Wirkung kann in seltenen Fällen eine vermehrte Durchblutung der Nasenschleimhaut einsetzen. Die Aufnahme des Inhaltsstoffes Naphazolin [Stoff mit gefäßverengender Wirkung] durch die Nasenschleimhaut in den Blutkreislauf kann zu unerwünschten Herz-Kreislauf- Wirkungen führen, z.B. Tachykardie [Steigerung der Herzfrequenz auf über 100/min], Bluthochdruck, Herzklopfen und Kopfschmerzen.

Was beachten?

Die Behandlung ist nach höchstens 10 Tagen zu beenden oder für 5 Tage zu unterbrechen, da es bei Dauergebrauch zum Auftreten eines nervösen gefäßbedingtem Schnupfens und schließlich zum Schwund der Nasenschleimhaut kommen kann.

Wie dosieren?

- *Tropf.*: Bei Bedarf mehrmals täglich 2-4 Tropfen in jedes Nasenloch einträufeln. Bei Kindern (besonders unter 3 Jahren) vorsichtig dosieren nur 1-2 Tropfen in jedes Nasenloch träufeln.

Welche Wirkstoffe?

- *Tropf.*: Gehalt je 100 g: Diphenhydramin-HCl 0,1g, Naphazolin-HCl 0,03g, Benzalkoniumchlorid 0,02g.

Was kostet es?	DM
10 ml	6,50

Hersteller?

Fa. Pharma Wernigerode in Wernigerode

Heuschnupfen

Hewallergia

Wann anwenden?

Zur vorbeugenden Behandlung und Umstimmungstherapie von allergischen Erkrankungen, wie Heuschnupfen, asthmatischen Beschwerden. Rhinitis [Schnupfen] aller Formen, auch chronische "Stinknase". Bei Stockschnupfen und vermindertem Riechvermögen.

Was beachten?

Hewallergia Tropfen machen nicht müde und können auch von Autofahrern unbedenklich eingenommen werden. Bei alljährlich wiederkehrendem Heuschnupfen empfiehlt sich eine rechtzeitige vorbeugende Behandlung schon Anfang des Jahres. -Hewallergia I enth. 46 Vol.-% Alkohol! Hewallergia II enth. 41 Vol.-% Alkohol!

Wie dosieren?

- *Tropfen:* Erwachsene und Kinder nehmen zur Prophylaxe [Vorbeugung] und Dauerbehandlung 4 mal täglich von beiden Flaschen jeweils 25 Tropfen in etwas Wasser ein. Im akuten Stadium stündlich je 25 Tropfen.

Welche Wirkstoffe?

- *Tropfen:* Hewallergia I: 100ml Trpf. enth.: Acidum sarcolacticum D4,
Ailanthus glandulosa D3, Barium chloratum D6, Camphora D4, Latrodectus mactans D12, Marum verum D2 aa 5ml. Apis D3, Echinacea D1, Galphimia glauca D3, Kalium bichromicum D4, Magnesium chloratum D3, Verbascum D1 aa 11,7ml. Hewallergia II: 100ml Trpf. enth.: Aurum chloratum D6 10ml, Eupatorium perf. D4 5ml, Galphimia glauca D4 75ml, Hydrastis D4 5ml.

Was kostet es?	DM
2 mal 50ml Tropf.	27,32
2 mal 100ml Tropf.	45,48

Hersteller?

Fa. Hevert in Sobernheim

Hismanal®, -Tropfen

Wann anwenden?

Heuschnupfen und andere allergische Erkrankungen wie perenniale Rhinitis [chronisch allergischer Schnupfen], allergische Conjunctivitis [Bindehautentzündung des Auges], Urticaria [Nesselsucht] und andere (symptomatische [symptomorientierte] Behandlung). Nicht geeignet zur Behandlung vitaler [lebensbedrohender] anaphylaktischer [allergischer] Akutsituationen.

Wann nicht anwenden?

Nicht mit Ketoconazol, Itraconazol, Miconazol; Erythromycin oder Josamycin (oral/parenteral [in die Vene, in den Muskel oder unter die Haut]) anwenden. Nicht zusammen mit Arzneimitteln einnehmen, die Chinin enthalten (z.B. Arzneimittel gegen nächtliche Wadenkrämpfe oder Malaria).
Zusätzlich für - Tbl.: Kinder unter 6 Jahre.
Zusätzlich für - Tropfen: Kinder unter 2 Jahre.

Schwangerschaft?

Besonders strenge Indikationsstellung, nur nach Rücksprache mit Ihrem Arzt anwenden!

Stillzeit?

Kontraindiziert, nicht anwenden!

Welche Nebenwirkungen?

Leichte Gewichtszunahme bei längerfristiger Einnahme möglich. Selten Überempfindlichkeitsreaktionen wie Angio-Oedem [Schwellung, die durch Flüssigkeitsaustritt aus dem Gefäßsystem entstanden ist], Bronchospasmus [Bronchialkrampf], Lichtempfindlichkeit, Juckreiz, Ausschlag, anaphylaktische [allergische] Reaktionen. In Einzelfällen Krämpfe, leichte Parästhesien [Taubheitsgefühl, Kribbeln], Myalgien [Muskelschmerzen], Arthralgien [Gelenkschmerzen], Oedeme [Wasseransammlungen im Gewebe], Stimmungsbeeinträchtigung, Schlaflosigkeit, Alpträume, Transaminasenanstiege [Anstiege bestimmter Leberwerte] und Hepatitis [Leberentzündung] (Kausalzusammenhang [ursächlicher Zusammenhang] mit Hismanal unklar).

Was beachten?

Patienten unter Herztherapie oder Diabetiker sollten während der Einnahme von Hismanal ärztlich überwacht werden. Dosierung exakt beachten! Nicht bei deutlichen Leberfunktionsstörungen, angeborenem QT-Syndrom, zusammen mit Arzneimitteln mit QT-Verlängerung (einschließlich Antiarrhythmika [Arzneimittel bei Herzrhythmusstörungen], Terfenadin und Erythromycin) und unkorrigierter Hypokaliämie [Kaliummangel] anwenden.
Zusätzlich für - Tropfen: Enthält 5,38 Vol.-% Alkohol!

Wie dosieren?

- *Tbl.:* Erwachsene: 1 mal täglich 1 Tablette, Kinder von 6-12 Jahren: 1 mal täglich $^1/_2$ Tablette.
- *Tropfen:* Kinder ab 2 Jahren: 1 mal täglich 1 ml (entspricht 2mg Astemizol) pro 10kg Körpergewicht. Erwachsene: 1 mal täglich 5ml (entspricht 10mg Astemizol) einnehmen. Behandlungszeit nach Beschwerdedauer, im allgemein 4-6 Wochen ausreichend.

Welche Wirkstoffe?

- *Tbl.:* 1 Tbl. enth.: Astemizol 10mg.
- *Tropfen:* 1ml Susp. enth.: Astemizol 2mg.

Was kostet es?	DM
10 Tbl.	18,85
30 Tbl.	49,37
100 Tbl.	141,81
30 ml Susp. (Tropf.)	19,63

Hersteller?

Fa. Janssen in Neuss

Imidin® N Nasenspray, -N Nasentropfen, -N Nasengel, -S Nasentropfen für Säuglinge

Wann anwenden?

Zum Abschwellen der Nasenschleimhaut bei akutem Schnupfen, bei anfallsweise auftretendem Fließschnupfen sowie zur kurzfristigen unterstützenden Behandlung von allergischem Schnupfen wie Heuschnupfen. Bei chronischem Schnupfen darf die Anwendung wegen Gefahr des Schwunds der Nasenschleimhaut nur auf besonderes ärztliches Anraten erfolgen. -Nasenspray/Nasentropfen: Für Erwachsene und Schulkinder bestimmt.

Wann nicht anwenden?

Trockene Entzündungen der Nasenschleimhaut, erhöhter Augeninnendruck, Anwendung bei Säuglingen und Kleinkindern unter 6 Jahren.

Welche Nebenwirkungen?

Leichte Reizerscheinungen, verstärkte Schleimhautschwellung, gelegentlich Kopfschmerzen, Schlaflosigkeit oder Müdigkeit, Herzklopfen. Eine mögliche systeme Wirkung muß beobachtet werden. (Blutdruck und Puls).

Wie dosieren?

Imidin N Nasenspray: Bis zu 3 mal täglich je 1 Sprühstoß in jede Nasenöffnung. Imidin N Nasentropfen: Bis zu 3 mal täglich 1-2 Tropfen in jede Nasenöffnung. Imidin N Nasengel: 1- mehrmals täglich, jedoch nicht öfter als 4 mal täglich in jede Nasenöffnung. Imidin S Nasentropfen für Säuglinge: Säuglinge nach Bedarf bis zu 3 mal täglich 1 Tropfen, bei Kleinkindern nach Bedarf bis zu 3 mal täglich 1-2 Tropfen in jede Nasenöffnung einbringen.
Hinweis: Imidin N Nasengel/N Nasenspray/N Nasentropfen/S Nasentropfen für Säuglinge: Dauergebrauch von schleimhautabschwellenden Schnupfenmitteln kann zu chronischer Schwellung der Nasenschleimhaut führen. Tritt nach zweiwöchiger Anwendung keine Besserung ein, ist vor Fortsetzung der Behandlung der Arzt zu befragen.
Imidin S Nasentropfen für Säuglinge: Bei untergewichtigen Säuglingen oder Frühgeborenen darf die Dosis nur nach Anweisung des Arztes erfolgen. Empfohlene Dosierung und Anwendungszeiten nicht überschreiten! Bei Säuglingen sollen die Tropfen ohne ärztliche Empfehlung nicht länger als 3 Tage angewendet werden. Tritt bei Kleinkindern nach 7tägiger Behandlung keine Besserung ein, ist vor Fortsetzung der Behandlung ein Arzt aufzusuchen.
-*N Nasenspray:* Bis zu 3 mal täglich 1 Sprühstoß in jede Nasenöffnung.
-*N Nasentropfen:* Bis zu 3 mal täglich 1-2 Tropfen in jede Nasenöffnung.
-*N Nasengel:* Ein- oder mehrmals täglich, nicht öfter als 4 mal täglich in jede Nasenöffnung.

Welche Wirkstoffe?

-*N Nasenspray:* 1ml Lsg. enth.: 1,0mg Xylometazolin-HCl. Konservierungsm.: 0,2mg Benzalkoniumchlorid.
-*N Nasentropfen:* 1ml Lsg. enth.: 1,0mg Xylometazolin-HCl. Konservierungsm.: 0,2mg Benzalkoniumchlorid.
-*N Nasengel:* 1g Gel enth.: 1,0mg Xylometazolin-HCl. Konservierungsm.: 0,2mg Benzalkoniumchlorid.
-*S Nasentropfen für Säuglinge:* 1ml Lsg. enth.: 0,5mg Xylometazolin-HCl. Konservierungsm. Benzalkoniumchlorid.

Was kostet es?

	DM
10 ml Spray	5,22
10 ml Lsg.	5,22
10 g Gel	5,22
10 ml S Lsg.	3,89

Hersteller?

Fa. Pharma Wernigerode in Wernigerode

Nifint® Nasensalbe

Wann anwenden?

Katarrhe [nässende Entzündung] der oberen Luftwege.

Wann nicht anwenden?

Auf keinen Fall geeignet für Säuglinge und Kleinkinder unter 2 Jahren (Kollapsgefahr). Patienten mit Asthma bronchiale sowie bei Haut- und Kinderkrankheiten mit Exanthemen [Hautausschlägen]. Nicht bei blutigen Krusten im Bereich der Nase anwenden.

Schwangerschaft?

Kontraindiziert, nicht anwenden!

Stillzeit?

Kontraindiziert, nicht anwenden!

Welche Nebenwirkungen?

In Einzelfällen allergische Hauterscheinungen. Gelegentlich lokale Mißempfindungen wie Brennen und trockene Nase.

Was beachten?

Salbe nicht am Auge, auf Wunden oder stark gereizter Haut anwenden.

Wie dosieren?

Mehrmals täglich eine etwa linsengroße Salbenmenge in beide Nasenöffnungen einführen und gleichmäßig verteilen.

Welche Wirkstoffe?

1g Salbe enth.: Menthol 10mg.

Was kostet es?

	DM
10 g Salbe	6,41

Hersteller?

Fa. Merckle in Ulm

Nisylen®

Wann anwenden?

Fieberhafte Erkältungskrankheiten, grippale Infekte und zur Vorbeugung von viralen Infekten.

Heuschnupfen

Wann nicht anwenden?
Kinder unter 12 Jahren (aufgrund des Alkoholgehaltes). Bei Lebererkrankungen nur auf ärztlichen Rat.

Was beachten?
Enthält 45 Vol.-% Alkohol.

Wie dosieren?
- *Lsg.:* Bei akuten Beschwerden in den ersten 1-2 Tagen stündlich 10 Tropfen bis zum Eintritt einer Besserung. Zur nachfolgenden Behandlung 3 mal täglich 20-30 Tropfen einnehmen. Zur Vorbeugung von Infekten sind 3 mal täglich 20-30 Tropfen zu empfehlen.

Welche Wirkstoffe?
- *Lsg.:* 100g Lsg. enth.: Aconitum D3 10g, Gelsemium D3 10g, Ipecacuanha D3 10g, Phosphorus D5 10g, Bryonia D2 10g, Eupatorium perfoliatum D1 10g, Weitere Bestandteile: Eucalyptus globulus Ø=D1.

Was kostet es?	DM
30 ml Lsg.	13,10

Hersteller?
Fa. DHU in Karlsruhe

Thymowied® Thymus-Dragees

Wann anwenden?
Allgemeine Abwehrschwäche, Viruserkrankungen, rezidivierende bakterielle Infektionen (durch Bakterien hervorgerufende, periodisch wiederkehrende Infektionen). Als Zusatztherapie bei rheumatischen Erkrankungen. Zur allgemeinen Revitalisierung.

Wann nicht anwenden?
Bis zu 6 Monaten nach intensiver Behandlung mit Kortikosteroiden und Derivaten [Cortisonen und Abkömmlingen] ist die Wirkung von Thymusextrakten stark reduziert, deshalb nicht angezeigt. Salicylhaltige Arzneimittel heben ebenfalls die Wirkung auf.

Welche Nebenwirkungen?
Bei Behandlungsbeginn kann es zu leichter Abführwirkung kommen, die sich in der Regel nach einigen Tagen normalisiert.

Wie dosieren?
Zur allgemeinen Abwehrstärkung täglich 2-3 Dragees mit etwas Flüssigkeit vor dem Frühstück einnehmen; zur verstärkten Immuntherapie 3 mal täglich 4-5 Dragees vor den Mahlzeiten einnehmen; innerhalb der Karzinomtherapie [Tumortherapie] kann die Tagesdosis bis zu 3 mal 10 Dragees gesteigert werden.

Welche Wirkstoffe?
1 Drg. enth.: Thymus-Pulver (entfettet, lyophilisiert) 200mg.

Was kostet es?	DM
60 Drg.	31,11
300 Drg.	118,84
500 Drg.	188,78

Hersteller?
Fa. Wiedemann in Münsing-Ambach

Yxin®

Wann anwenden?
Zur Schleimhautabschwellung bei Reizungen der Augen z.B. durch Rauch, Wind, gechlortes Wasser, Licht und bei allergischen Reizungen, wie z.B. Heufieber und Blütenstaubüberempfindlichkeit.

Wann nicht anwenden?
Engwinkelglaukom [Grüner Star]. Rhinitis sicca [Schnupfen, trocken]. Bei schweren Herz-Kreislauf-Erkrankungen wie z.B. koronare [herzkranzgefäßbedingte] Herzkrankheiten, Hypertonie [Bluthochdruck], Phäochromozytom [Tumor des Nebennierenmarks, der mit Chromsalzen färbbar ist]. Stoffwechselstörungen wie z.B. bei Hyperthyreose [Schilddrüsenüberfunktion], Diabetes,- sowie bei Patienten, die mit MAO- Hemmern [Medikament gegen Parkinsonerkrankung] und anderen potentiell blutdrucksteigernden Medikamenten behandelt werden, Anwendung nur nach sorgfältiger Nutzen-/Risikoabwägung. Kinder unter 2 Jahre. Bei ausbleibender Besserung, Verschlechterung, Augenreizungen durch Infektion, Fremdkörper oder chemischen Hornhautschädigung, Augenschmerzen, Kopfschmerzen, Sehverlust, Flockensehen, starker Augenrötung, Schmerzen bei Lichteinfall oder Sehen von Doppelbildern sollte ein Arzt aufgesucht werden. Yxin sollte nicht mit weichen Kontaktlinsen in Berührung kommen.

Schwangerschaft?
Wegen systemischer Nebenwirkungen nur nach strenger Indikationsstellung, nur nach Rücksprache mit Ihrem Arzt anwenden!

Stillzeit?
Wegen systemischer Nebenwirkungen nur nach strenger Indikationsstellung, nur nach Rücksprache mit Ihrem Arzt anwenden!

Welche Nebenwirkungen?
Selten: Reaktive Hyperämie. Brennende Schmerzen. Hinweis: Mögliche systemische Wirkung beachten wie Herzklopfen, Kopfschmerzen, Rhythmusstörungen, Blutdruckanstieg, Tremor, Schwäche, Schwitzen, pektanginöse [durch Angina pectoris ausgelöste] Beschwerden.

Wie dosieren?
- *Augentropfen:* 2-3 mal täglich 1-2 Tropfen in den Bindehautsack einträufeln. Kontaktlinsen vor dem Einträufeln entfernen. Spitze nicht berühren.

Welche Wirkstoffe?
- *Augentropfen:* 1ml enth.: Tetryzolin-HCl 0,5mg.

Was kostet es?	DM
1 Fl. m. 10ml Augentropf.	6,89
10 Yxinetten (Augentropf.) à 0,5ml	8,80

Hersteller?

Fa. Pfizer in Karlsruhe

Information der Redaktion:

Vibrocil

Vividrin

Hexenschuß und Ischias

Araniforce®-forte

Wann anwenden?

Arthrosis deformans [Gelenkerkrankung], Bandscheibenschaden, degenerative [abnutzende] Prozesse der Gelenke, Knie- und Hüftarthrosen (-gelenkerkrank.).

Vorsicht!

Enthält 46 Vol.-% Alkohol; Packungsbeilage beachten!

Wie dosieren?

Erwachsene 3 mal täglich 30-50 Tropfen , Kinder 3 mal täglich 10-20 Tropfen, gegebenenfalls mit etwas Wasser verdünnt einnehmen.

Welche Wirkstoffe?

100ml enth.: Acidum silicicum D8 10ml, Alchemilla vulgaris ex herba siccata Ø 20ml, Calcium carbonicum Hahnemanni D8 10ml, Calcium phosphoricum D8 10ml, Equisetum arvense ex herba siccata Ø 20ml, Ilex aquifolium e foliis siccatis Ø 20ml, Symphytum officinale D6 9ml, Tuberculinum Koch D100 1ml.

Was kostet es?

	DM
50 ml	16,18
100 ml	26,90
200 ml	43,90

Hersteller?

Fa. Weber & Weber in Inning/A.

Dolgit® Creme

Wann anwenden?

Zur äußerlichen und unterstützenden Behandlung bei Muskelrheumatismus, degenerativen schmerzhaften Arthrosen [Gelenkerkrankungen], entzündlichen rheumatischen Erkrankungen der Gelenke und der Wirbelsäule, Schwellung beziehungsweise Entzündung der gelenknahen Weichteile (zum Beispiel Schleimbeutel, Sehnen, Sehnenscheiden, Bänder und Gelenkkapsel), Schultersteife, Kreuzschmerzen, Hexenschuß, Sport- und Unfallverletzungen wie Prellungen, Verstauchungen, Zerrungen.

Wann nicht anwenden?

Überempfindlichkeit gegenüber Ibuprofen oder anderen Stoffen des gleichen Wirkmechanismus. Patienten mit Überempfindlichkeit gegenüber Propylenglycol, Methyl-4-hydroxybenzoat-Natrium, Patienten mit allergischer Diathese [Neigung], nicht auf offene Wunden oder Schleimhäute. Kinder unter 6 Jahren.

Schwangerschaft?

Kontraindiziert, nicht anwenden im 3. Trimenon [Drittel]. Strenge Indikationstellung, nur nach Rücksprache mit Ihrem Arzt anwenden im 1. und 2. Trimenon [Drittel]. Nicht großflächig, nicht über längere Zeit anwenden.

Stillzeit?

Strenge Indikationsstellung, nur nach Rücksprache mit Ihrem Arzt anwenden! Nicht großflächig, nicht über längere Zeit anwenden.

Welche Nebenwirkungen?

In seltenen Fällen Hautrötungen, Jucken, Brennen, Hautausschlag auch mit Pustel- und Quaddelbildung. Bronchospastische Reaktionen können bei entsprechend prädisponierten [für einen Krankheitsfall begünstigten] Patienten in äußerst seltenen Fällen auftreten.

Wie dosieren?

3-4mal täglich bei Bedarf auch öfter, einen 4-10cm langen Creme-Strang auftragen und großflächig in die Haut einreiben.

Welche Wirkstoffe?

100g enth.: 5g Ibuprofen.

Was kostet es?

	DM
50 g	11,25
100 g	19,00
500 g	64,45

Hersteller?

Fa. Dolorgiet in Sankt Augustin

Dolo-Rubriment® Salbe

Wann anwenden?

Symptomatische Behandlung von rheumatischen, entzündlichen, degenerativen und traumatischen Erkrankungen des Muskel-, Sehnen- und Gelenksystems, z. B. Muskel- und Gelenkrheumatismus, Entzündung der Sehnen und Sehnenscheiden, Bandscheibenschäden, Ischias, Schulter-Nackensteife, Muskelverspannungen, Prellungen, Zerrungen, Verstauchungen, Schleimbeutelentzündungen, Nachbehandlung von Knochenbrüchen, Beschwerden durch Nervenentzündungen.

Wann nicht anwenden?

Bei Säuglingen und Kleinkindern Langzeitbehandlung auf großen Flächen vermeiden. Ekzeme und Hautverletzungen, entzündliche Hauterkrankungen, dekompensierte [unbehandelte] Herz-, Leber- und Nierenerkrankungen, arterielle Gefäßverschlüsse, schwere diabetische Mikroangiopathie [Erkrankungen der kleinen Gefäße].

Hexenschuß und Ischias

Schwangerschaft?
Langzeitbehandlung auf großen Flächen vermeiden.

Was beachten?
Nicht auf Schleimhäute bringen! Nach Anwendung Hände waschen!

Wie dosieren?
2-3mal täglich in dünner Schicht über dem Erkrankungsgebiet auftragen und leicht einmassieren.

Welche Wirkstoffe?
100g enth.: (2-Hydroxyethyl)-salicylat 10g, Benzylnicotinat 0,75g, Heparin-Na 10000 I.E. (Heparin aus Intestinalmucosa vom Schwein).

Was kostet es?	DM
40 g Salbe	10,75
100 g Salbe	19,67

Hersteller?
Fa. Nordmark in Uetersen

Forapin® E Liniment, -Salbe

Wann anwenden?
Rheumatische Muskel- und Gelenkschmerzen, Ischias, Sehnenscheiden- und Gelenkentzündungen, Kälteschäden, Prophylaxe [Vorbeugung] und Therapie von Sportschäden.

Wann nicht anwenden?
Bienengiftallergie, Überempfindlichkeit gegen Parabene (betrifft nur das Forapin® E Liniment). Bei Säuglingen und Kleinkindern sowie bei Patienten mit Nierenfunktionsstörungen keine Langzeitbehandlung auf großen Flächen.

Schwangerschaft?
Keine Langzeitbehandlung auf großen Flächen.

Stillzeit?
Keine Anwendung im Brustbereich.

Welche Nebenwirkungen?
Gelegentlich übermäßige Hautrötung, in Einzelfällen Überempfindlichkeitsreaktionen (Hautreaktionen, Atemnot, Übelkeit, Schwindel, sehr selten schwerwiegende Kreislaufreaktionen).

Wie dosieren?
- *Liniment:* 2 mal täglich eine 1-3mm dicke Schicht Liniment [flüssiges Einreibemittel] auftragen und erst nach Auftreten eines Hautreizes vollständig einmassieren.
- *Salbe:* 2 mal täglich einen 5-15cm langen Salbenstrang auftragen, verteilen und erst nach Auftreten eines Hautreizes vollständig einmassieren. Liniment und Salbe: Bei Behandlungsbeginn, besonders bei Kindern, leichtgewichtigen oder empfindlichen Personen zunächst geringe Mengen anwenden, um auf eine eventuelle Unverträglichkeit zu testen.

Welche Wirkstoffe?
- *Liniment:* 100 g Liniment enth.: Lyophilisiertes Bienengift 0,9mg, Bornylsalicylat 1,5g, Methylnicotinat 2,0g.
- *Salbe:* 100 g Salbe enth.: Lyophilisiertes Bienengift 3,0mg, Benzylnicotinat 1,0g, Bornylsalicylat 3,0g.

Was kostet es?	DM
100 g Liniment	13,06
50 g Salbe mit Einreibeverschluß	13,06
100 g Salbe mit Einreibeverschluß	22,20

Hersteller?
Fa. Mack, Illertissen in Karlsruhe

Lomarheumin® N-Creme

Wann anwenden?
Die Anwendungsgebiete entsprechen dem homöopathischen Arzneimittelbild. Dazu gehören: Gelenkrheumatismus; Verrenkungen, Verstauchungen, Lähmigkeit.

Wie dosieren?
Ein- bis zweimal täglich die Creme für eine Hautfläche von 10x10cm anwenden.

Welche Wirkstoffe?
100g nichtfettende Creme enth.: Ledum palustre D1 20,0g.

Was kostet es?	DM
50 g	19,90
100 g	34,90

Hersteller?
Fa. Lomapharm in Emmerthal

Phytodolor® Tinktur

Wann anwenden?
Akute und subakute [weniger akute] rheumatische Erkrankungen zum Beispiel Lumbago [Hexenschuß], Ischialgien sowie Neuralgien.

Welche Nebenwirkungen?
In seltenen Fällen Magen- und Darmbeschwerden sowie Überempfindlichkeitsreaktionen.

Vorsicht!
Enthält 45,6 Vol.-% Alkohol. Bei Beachtung der Dosierungsanleitung werden bei jeder Einnahme (40 Tropfen) bis zu 0,7g Alkohol zugeführt. Ein gesundheitliches Risiko besteht unter anderem bei Leberkranken, Alkoholkranken, Epileptikern, Hirngeschädigten, Schwangeren und Kindern. Die Wirkung anderer Arzneimittel kann beeinträchtigt oder verstärkt werden.

Wie dosieren?
- *zum Einnehmen:* 3-4 mal täglich 20-30 Tropfen bei starken Schmerzen mehrmals täglich 40 Tropfen in etwas Flüssigkeit einnehmen.

Welche Wirkstoffe?
- *zum Einnehmen:* 100ml enth.: Standardisierte alkohol. Frischpflanzenauszüge aus: Eschenrinde (ca. 4,5:1) 20ml,

Zitterpappelrinde u. -blättern (ca. 4,5:1) 60ml, Echtem Goldrutenkraut (ca. 4,8:1) 20ml.

Was kostet es? DM

100 ml Tinkt. z. Einn.	25,12
200 ml Tinkt. z. Einn.	43,49

Hersteller?

Fa. Steigerwald in Darmstadt

Rubriment®-N Öl

Wann anwenden?

Rheumatische Erkrankungen der Gelenke, Muskeln und Nerven. Schleimbeutelentzündungen, Erfrierungsschäden, periphere [die Extremitäten betreffende] Durchblutungsstörungen, Segmenttherapie [bestimmte Massagearten], zur Sportmassage.

Wann nicht anwenden?

Entzündliche Hauterkrankungen, Ekzeme und Hautverletzungen, dekompensierte [unbehandelte] Herz-, Leber- und Nierenerkrankungen, arterielle Gefäßverschlüsse und schwere diabetische Mikroangiopathie (Gefäßkrankheit, durch Zuckerkrankheit bedingt). Bei Säuglingen und Kleinkindern nicht im Bereich des Gesichts, speziell der Nase, auftragen (Campher).

Welche Nebenwirkungen?

Bei überempfindlichen Patienten eventuell verstärkte Hautreaktion. Kontaktekzem [Kontaktüberempfindlichkeit] (Campher) möglich.

Was beachten?

Nicht auf Schleimhäute (Augenbindehaut!) bringen.

Wie dosieren?

Haut über dem erkrankten Gebiet mehrmals täglich einreiben.

Welche Wirkstoffe?

100ml enth.: Benzylnicotinat 2,0g, (2-Hydroxyethyl)-salicylat 1,8g, Campher 3,0g.

Was kostet es? DM

100 ml	11,81

Hersteller?

Fa. Nordmark in Uetersen

Hühneraugen und Hornhaut

Collomack®

Wann anwenden?

Hühneraugen, Hyperkeratosen [übermäßige Verhornung der Haut], Schwielen, Warzen.

Wann nicht anwenden?

Nicht auf Muttermale, behaarte Warzen, Warzen im Genitalbereich und im Gesicht auftragen. Nicht für Säuglinge und Patienten mit Niereninsuffizienz [Nierenfunktionsstörung].

Schwangerschaft?

Kontraindiziert, nicht anwenden!

Stillzeit?

Kontraindiziert im Brustbereich.

Welche Nebenwirkungen?

Selten lokale Reizung der gesunden Haut. In Einzelfällen Kontaktallergie.

Wie dosieren?

-Lsg.: Zum Auftragen auf die Haut: 1 Tropfen jeweils morgens und abends auftragen.

Welche Wirkstoffe?

-Lsg.: 10 g enth.: Salicylsäure 2g, Milchsäure 0,5g, Polidocanol 0,2g.

Was kostet es? DM

10 ml Lsg.	6,16

Hersteller?

Fa. Mack, Illertissen in Karlsruhe

Husten

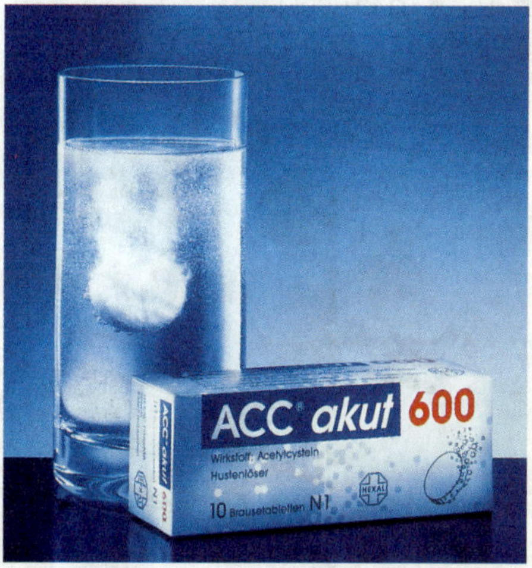

ACC® akut(Rp)

Wann anwenden?

Mit starker Schleimsekretion einhergehende akute und chronische Erkrankung der Luftwege.

Wann nicht anwenden?

Überempfindlichkeit. Bei Neugeborenen nur bei lebenswichtiger Indikation und unter strengster ärztlicher Kontrolle. Kinder älter als 14 Jahre.

Husten

Schwangerschaft?
Sollte nicht angewendet werden.

Stillzeit?
Sollte nicht angewendet werden.

Welche Nebenwirkungen?
Selten Stomatitis [Entzündung der Mundschleimhaut], Kopfschmerzen, Tinnitus [Ohrgeräusche]. Vereinzelt Sodbrennen, Übelkeit, Erbrechen, Durchfall, allergische Reaktionen, Bronchospasmus [Bronchialkrampf], Blutungen, Minderung der Blutplättchenaggregation.

Wie dosieren?
Erwachsene und Jugendliche älter als 14 Jahre: 600mg. Kinder von 6-14 Jahre: 300-400mg. Kinder von 2-5 Jahre: 200-300mg. Kinder kleiner als 2 Jahre: 100mg. Bei Mukoviszidose [zu zäher Bronchialschleim] (Körpergewicht größer als 30kg) eventuell bis 800mg. Die Wirkung wird durch Flüssigkeitszufuhr unterstützt. Weitere Einzelheiten siehe Fach- Gebrauchsinformation.

Welche Wirkstoffe?
- *akut Brausetbl.:* 1 Brausetbl. enth.: 600mg Acetylcystein. Sonstige wirksame Bestandteile:

Was kostet es?	DM
6 Brausetbl. akut 600mg	9,50

Hersteller?
Fa. Hexal® AG in Holzkirchen

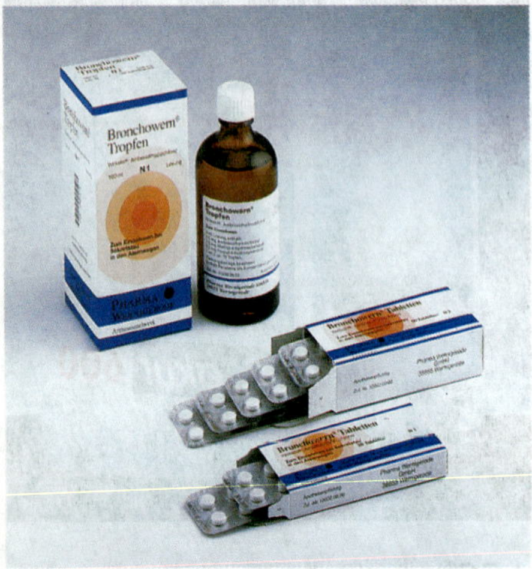

Bronchowern Tropfen, -Tabletten

Wann anwenden?
Erkrankungen der Atemwege mit krankhafter Veränderung der Schleimmenge und -zähigkeit, wie bei akuten und chronischen Entzündungen der Bronchialschleimhaut, asthmoider Bronchitis, Bronchialasthma mit Störungen des Schleimauswurfes, krankhafte Erweiterung der Bronchien sowie zur Unterstützung der Schleimlösung bei Entzündungen des Nasen-Rachenraumes.

Schwangerschaft?
Kontraindiziert, nicht anwenden im 1. Trimenon [Drittel], da für den Menschen keine Erfahrungen vorliegen.

Stillzeit?
Über die Milchgängigkeit des Wirkstoffes ist nichts bekannt, bei einer Behandlung während der Stillzeit sind mögliche unerwünschte Wirkungen bei Säuglingen zu berücksichtigen.

Welche Nebenwirkungen?
Magen-Darm-Beschwerden oder allergische Reaktionen, wie zum Beispiel Hautausschlag, Gesichtsschwellungen, Atemnot, Temperaturanstieg mit Schüttelfrost (selten). In einem Fall wurde über das Auftreten einer Anaphylaxie [allergische Reaktion] berichtet. Aufgrund des Gehaltes an Alkyl-4-hydroxybenzoaten (Konservierungsmittel) können bei entsprechend veranlagten Patienten Überempfindlichkeitsreaktionen auftreten.

Wie dosieren?
Einn. nach den Mahlzeit.
- *Tropfen:* Kinder bis zu 2 Jahre 2 mal täglich 1ml, 2-5 Jahre 3 mal täglich 1ml, 5-12 Jahre 2-3mal täglich 2ml, über 12 Jahre und Erwachsene 3 mal täglich 2ml oder 2 mal täglich 4ml.
- *Tabletten:* 3 mal täglich nach dem Essen.

Welche Wirkstoffe?
- *Tropfen:* 1ml Lsg. enth.: 7,5mg Ambroxol-HCl.
- *Tabletten:* 1 Tbl. enth.: 30mg Ambroxol-HCl.

Was kostet es?	DM
100 ml	10,70
20 Tbl.	7,60
50 Tbl.	15,80

Hersteller?
Fa. Pharma Wernigerode in Wernigerode

Eucabal®-Hustensaft

Wann anwenden?
Bei Schleimhautentzündungen der oberen Luftwege; insbesondere bei verschiedenen Formen der akuten und chronischen Bronchitis.

Welche Nebenwirkungen?
In Einzelfällen können bei entsprechend veranlagten Patienten Überempfindlichkeitsreaktionen aufgrund des Gehaltes an Alkyl-4-hydroxybenzoaten auftreten.

Was beachten?
1 Teelöffel (5ml) entsprechen 0,25 BE.

Vorsicht!
Enthält 6,5% (V/V) Alkohol

Wie dosieren?
Säuglinge und Kleinkinder 3-5 mal täglich 1 Teelöffel. Schulkinder 3-5 mal täglich 1 Eßlöffel. Erwachsene 3-5 mal täglich 1-2 Eßlöffel.

Welche Wirkstoffe?
100g enth.: Spitzwegerichextrakt 3g;
Thymianfluidextrakt 15g;

Was kostet es?	DM
100 ml	9,37
250 ml	17,95

Hersteller?
Fa. Esparma in Magdeburg

Eucabal®-Hustentropfen

Wann anwenden?
Erkältungskrankheiten der Luftwege, verbunden mit krampfartigem Husten.

Vorsicht!
Enthält Alkohol 31,7% (V/V).

Wie dosieren?
Säuglinge (ab 6. Monat) und Kleinkinder bis zu 3 mal täglich 3-5 Tropfen. Vorschulkinder 3 mal täglich 5-10 Tropfen. Schulkinder 3 mal täglich 10-15 Tropfen. Erwachsene 3-5 mal täglich 15-20 Tropfen in etwas Wasser, Tee oder auf Zucker einnehmen.

Welche Wirkstoffe?
100g enth.: Sonnentaufluidextrakt 14g;
Thymianfluidextrakt 21g;

Was kostet es?	DM
20 ml	9,83

Hersteller?
Fa. Esparma in Magdeburg

Gelomyrtol®, -forte

Wann anwenden?
Akute und chronische Bronchitis und Entzündung der Nasennebenhöhlen.

Schwangerschaft?
Insbesonders im 1. Trimenon [Drittel] der Schwangerschaft nur auf ausdrückliche Anweisung des Arztes einnehmen.

Welche Nebenwirkungen?
In Einzelfällen Magen-Darm-Beschwerden, in Bewegung setzen vorhandener Nieren- und Gallensteine. Überemp-

findlichkeitsreaktionen.

Wie dosieren?

Bei akut-entzündlichen Krankheitsbildern 4-5 mal täglich 2 Kapseln (3-4 mal täglich 1 Kapsel forte) 1/2 Stunde vor dem Essen mit einem kalten Getränk, die letzte Dosis vor dem Schlafengehen zur Erleichterung der Nachtruhe einnehmen. Zur Weiter- beziehungsweise Dauerbehandlung nehme man 3 mal täglich 2 Kapseln (2 mal täglich 1 Kapsel forte) ein. Für Kinder unter 10 Jahren empfiehlt sich die Hälfte der Erwachsenendosis.

Welche Wirkstoffe?

- *Kaps.:* 1 dünndarml. Gelatinekaps. enth.: 120mg Myrtol
stand. auf mind. 30mg Limonen, 30mg Cineol u. 8mg α-Pinen.
- *forte Kaps.:* 1 dünndarmlösl. Gelatinekaps. enth.: 300mg Myrtol stand. auf mind. 75mg Limonen, 75mg Cineol u. 20mg α-Pinen.

Was kostet es?	DM
20 Kaps.	4,93
50 Kaps.	9,14
100 Kaps.	16,23
20 forte Kaps.	10,06
50 forte Kaps.	22,93
100 forte Kaps.	40,71

Hersteller?

Fa. Pohl-Boskamp in Hohenlockstedt

Ipalat® gegen Katarrhe der Atemwege Pastillen (-zuckerfrei)

Wann anwenden?

- *Pastillen (-zuckerfrei):* Erkrankungen der Atemwege, wie Verschleimung, Heiserkeit, Hustenreiz, Raucherkatarrh.

Wann nicht anwenden?

- *Pastillen (-zuckerfrei):* Nicht anwenden bei Überempfindlichkeit gegen ätherische Öle.

Welche Nebenwirkungen?

- *Pastillen (-zuckerfrei):* Gelegentlich: Überempfindlichkeitsreaktionen der Haut, der Atemwege und des Magen-Darm-Bereichs. Vereinzelt: Magenbeschwerden, Übelkeit.

Wie dosieren?

- *Pastillen (-zuckerfrei):* Bei Bedarf mehrmals täglich 1-3 Pastillen im Mund zergehen lassen.

Welche Wirkstoffe?

- *Pastillen (-zuckerfrei):* 1 Pastille enth.: 7,5mg Primelwurzelextrakt (4:1; Ethanol 20%).

Was kostet es?	DM
40 Past.	7,30

Hersteller?

Fa. Pfleger in Bamberg

Japanisches Pfefferminzöl

Wann anwenden?

Innerlich: Meteorismus [Gasbildung im Darm], funktionelle Magen-, Darm- und Gallenbeschwerden, Katarrhe der oberen Luftwege. Äußerlich: Myalgien [Muskelschmerzen], Katarrhe der oberen Luftwege.

Wann nicht anwenden?

Innere Anwendung: Verschluß der Gallenwege, Gallenblasenentzündung, schwere Leberschäden. Vorsicht bei Gallensteinleiden. Säuglinge und Kleinkindern

Welche Nebenwirkungen?

Bei empfindlichen Personen Magenbeschwerden.

Wie dosieren?

1-3 Tropfen auf Zucker oder in Flüssigkeit einnehmen. Zum Gurgeln einige Tropfen in ein Glas Wasser, zur Zahnfleischmassage unverdünnt anwenden, zur Inhalation 3-4 Tropfen in heißes Wasser geben und Dämpfe einatmen. Zur äußerlichen Anwendung die betroffenen Stellen mehrmals täglich mit einigen Tropfen einreiben und einmassieren.

Welche Wirkstoffe?

Gehalt je 100g: 100g Minzöl.

Was kostet es?	DM
10 ml	5,83

Hersteller?

Fa. Pharma Wernigerode in Wernigerode

Lomabronchin® N Tropfen

Wann anwenden?

Husten, akute und chronische Erkrankungen der Atmungsorgane, spastische [krampfartige] Bronchitis; Bronchialasthma.

Was beachten?

Enthält 55 Vol.-% Alkohol.

Wie dosieren?

3 mal täglich 30 Tropfen in lauwarmem Wasser, Kinder bis 2 Jahre erhalten 3 mal täglich 3-15 Tropfen in lauwarmem Wasser, sonst 3 mal täglich 20 Tropfen.

Welche Wirkstoffe?

50ml enth.: Echinacea Ø 10ml,
Drosera D4 15ml, Yerba santa D4 10ml, Ephedra D4 5ml, Ipecacuanha D6 5ml, Rumex D4 5ml.

Was kostet es?	DM
50 ml	18,60

Hersteller?

Fa. Lomapharm in Emmerthal

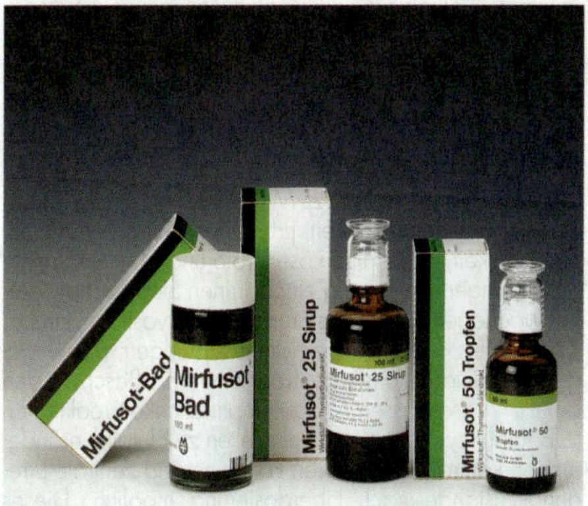

Mirfusot® 25 Sirup, -50 Tropfen

Wann anwenden?

Zur Behandlung von Symptomen der Bronchitis und des Keuchhustens sowie Katarrhen [Schleimhautentzündungen] der oberen Luftwege.

Was beachten?

- *25 Sirup:* Enthält 10,2 Vol.-% Alkohol. 100g enthalten 52,5g Sorbit. 4ml enthalten 2,5g Sorbit= 0,2 BE [Diabetiker-Einheiten].
- *50 Tropfen:* Enthält 19 Volumenprozent Alkohol. 100g enthalten 35g Sorbit. 2ml enthalten 0,8g Sorbit= 0,07 BE [Diabetiker-Einheiten].

Wie dosieren?

- *25 Sirup:* Nach Bedarf 1-3 mal täglich 4-8ml mit Hilfe des beiliegenden Meßbechers einnehmen.
- *50 Tropfen:* Nach Bedarf 1-3 mal täglich 2-4ml mit Hilfe des beiliegenden Meßbechers einnehmen.

Welche Wirkstoffe?

- *25 Sirup:* 100g enth.: Thymianfluidextrakt (Thymi extractum fluidum DAB 9) 25g,
- *50 Tropfen:* 100g enth.: Thymianfluidextrakt (Thymi extractum fluidum DAB 9) 50g.

Was kostet es?

	DM
100 ml Sirup	12,44
50 ml Tropf.	19,90

Hersteller?

Fa. Merckle in Ulm

Optipect® Hustengetränk Citro

Wann anwenden?

Erkrankungen der Luftwege im Rahmen einer akuten Erkältungskrankheit, wenn diese mit vermehrter Schleimbildung und erschwertem Abhusten verbunden sind.

Wann nicht anwenden?

Überempfindlichkeit gegen Acetylcystein. Anwendung in Kombination mit hustenstillenden Mitteln nur nach Rücksprache mit Ihrem Arzt. Bei Kindern unter 2 Jahren nur unter ärztlicher Kontrolle anwenden. Hinweis: Sollte nicht von Patienten mit Phenylketonurie (Störung des Aminosäurestoffwechsels) angewendet werden, da der Süßstoff Aspartam zu Phenylalanin verstoffwechselt wird.

Schwangerschaft?

Sollte nicht eingenommen werden.

Stillzeit?

Sollte nicht eingenommen werden.

Welche Nebenwirkungen?

Sehr vereinzelt können Sodbrennen, Übelkeit, Erbrechen und Durchfall auftreten. In seltenen Fällen Kopfschmerzen, Mundschleimhautentzündungen und Ohrgeräusche. In Einzelfällen allergische Reaktionen z.B. Juckreiz, Quaddelbildung, Hautausschlag, Herzschlagbeschleunigung und Blutdrucksenkung. Vereinzelt Blutungen zum Teil im Rahmen von Überempfindlichkeitsreaktionen. Eine Minderung der Blutplättchenaggregation (Zusammenkleben der Blutplättchen) in Gegenwart von Acetylcystein ist durch verschiedene Untersuchungen bestätigt worden, wobei die Bedeutung für den Patienten gegenwärtig noch nicht beurteilt werden kann.

Was beachten?

Wenn sich die Erkrankung nach einer Woche nicht gebessert hat oder sogar verschlechtert hat, ist ein Arzt aufzusuchen.

Wie dosieren?

Kinder von 6-14 Jahren 2mal täglich 1 Brausetablette. Erwachsene 3mal täglich 1 Brausetablette. Die Brausetabletten werden in einem Glas Wasser aufgelöst und die Lösung getrunken. Hinweis: Die schleimlösende Wirkung wird durch die Flüssigkeitszufuhr unterstützt. Bei akuten Erkrankungen liegt die Behandlungsdauer im allgemeinen bei 5 bis 7 Tagen.

Welche Wirkstoffe?

1 Brausetablette enth.: 200mg Acetylcystein.

Was kostet es?

	DM
20 Brausetabletten	12,80

Hersteller?

Fa. Thiemann in Waltrop

Optipect® N Tropfen

Wann anwenden?

Erkrankung der Atemwege mit Husten, Bronchitis, Alters-Bronchitis, Erkältungsinfekten.

Wann nicht anwenden?

Verschluß der Gallenwege, Gallenblasenentzündung, schwere Leberschäden.

Husten

Welche Nebenwirkungen?
Aufgrund des Mentholgehaltes selten Hautreaktionen.

Was beachten?
Enth. 48,5 Vol.-% Alkohol!

Wie dosieren?
3-4 mal täglich 15-20 Tropfen möglichst in heißem Zukkerwasser einnehmen.

Welche Wirkstoffe?
0,5g (ca. 15 Tropf.) enth.: Campher 2,5mg,
Menthol 4,15mg, Pfefferminzöl 1,65mg.

Was kostet es?	DM
30 ml Tropf.	9,95

Hersteller?
Fa. Thiemann in Waltrop

Optipect® Neo Dragees

Wann anwenden?
Erkrankung der Atemwege, Husten, Bronchitis und grippale Infekte.

Wann nicht anwenden?
Verschluß der Gallenwege, Gallenblasenentzündung, schwere Leberschäden.

Welche Nebenwirkungen?
Aufgrund des Mentholgehaltes selten Hautreaktionen.

Wie dosieren?
- *Dragees:* 3-5mal täglich 1-2 Dragees im Munde zergehen lassen.

Welche Wirkstoffe?
- *Dragees:* 1 Drg. enth.: Campher 0,1mg,
Menthol 3,2mg, Pfefferminzöl 2,8mg.

Was kostet es?	DM
50 Drg.	9,95

Hersteller?
Fa. Thiemann in Waltrop

Rhinopront® Kapseln, -Saft

Wann anwenden?
Schnupfen und Nebenhöhlenkatarrh bei Erkältungen, Rhinitis vasomotorica (nervösem Schnupfen) und Heuschnupfen.

Wann nicht anwenden?
Thyreotoxikose [Überfunktion der Schilddrüse], Phäochromocytom [Nebennierenerkrankung], Engwinkelglaukom [Grüner Star], Prostataadenom [Harnröhrendrüsenwucherung im Prostatabereich] mit Restharnbildung, Hypertonie [Bluthochdruck], Überempfindlichkeit gegen die Inhaltsstoffe, gleichzeitige Behandlung mit MAO-Hemmern. Hinweis: Vorsichtig dosieren bei schweren organischen Herz- und Gefäßveränderungen, Rhythmusstörungen. Bei Schilddrüsenerkrankungen, Diabetes mellitus [Zuckerkrankheit] nur unter Kontrolle. Bei Kleinkindern Dosierung exakt beachten (zentrale Erregung möglich.

Schwangerschaft?
Sorgfältige Indikationsabwägung.

Welche Nebenwirkungen?
In seltenen Fällen kann es zu Magen-Darm-Beschwerden, Übelkeit, Mundtrockenheit, Erbrechen, Sodbrennen, Appetitlosigkeit, zentralnervösen Störungen, Müdigkeit, Sehstörungen, Auslösung eines grünen Stars, Schwindel, Schwächegefühl, Schlafstörungen, Nervosität, Unruhe, Zittern, Herzklopfen, Herzrhythmusstörungen, Brustengegefühl, Blutdruckanstieg, Kopfschmerz, Beschwerden beim Wasserlassen, Überempfindlichkeitsreaktionen (z.B. Hautreaktionen) und sehr selten zu Blutbildveränderungen kommen. Bei älteren Patienten sind zentrale Erregungszustände nach Überdosierung möglich. Dieses Arzneimittel kann auch bei bestimmungsgemäßem Gebrauch das Reaktionsvermögen so weit verändern, daß die Fähigkeit zur aktiven Teilnahme am Straßenverkehr oder zum Bedienen von Maschinen beeinträchtigt wird.

Was beachten?
Reaktionsvermögen kann beeinträchtigt werden!

Wie dosieren?
Jugendliche über 12 Jahre und Erwachsene morgens und abends 1 Kapsel oder 3 Meßlöffel Saft, Kinder von 1-5 Jahren morgens und abends 1 Meßlöffel Saft, Kinder von 6-12 Jahren 2 Meßlöffel Saft.

Welche Wirkstoffe?
- *Kapseln:* 1 Kaps. enth.: Phenylephrin-HCl 20mg, Carbinoxamin 4mg.
- *Saft:* 100g (=90ml) Saft enth.: 1700,0mg DL-Norephedrin-Poly(styrol, divinylbenzol)sulfonat, entspr. DL-Norephedrin (Phenylpropanolamin) 300,0mg, Carbinoxamin-Poly(styrol,divinylbenzol)sulfonat 64,0mg, entspr. Carbinoxamin 24,0mg.

Was kostet es?	DM
10 Kaps.	8,80
20 Kaps.	16,76
100 g Saft	8,80

Hersteller?
Fa. Mack, Illertissen in Karlsruhe

Rhinotussal® Kapseln, -Saft

Wann anwenden?
Husten und Schnupfen bei Erkältungskrankheiten, grippale Infekte und allergisch bedingte Entzündung der Nasenschleimhaut und der übrigen Luftwege.

Wann nicht anwenden?
Thyreotoxikose [Überfunktion der Schilddrüse], Phäochromocytom [Nebennierenerkrankung], Engwinkelglaukom [Grüner Star], Prostatavergrößerung mit Restharnbildung. Hypertonie [Bluthochdruck], Überempfindlichkeit gegen die Inhaltsstoffe, gleichzeitige Behandlung mit MAO-Hemmern. Hinweis: Vorsichtig dosieren bei

schweren organischen Herz- und Gefäßveränder., Rhythmusstör. Bei Schilddrüsenerkrankungen, Diabetes mellitus [Zuckerkrankheit] nur unter ärztlicher Kontrolle. Bei Kleinkindern Dosierung exakt beachten (zentrale Erregung möglich).

Schwangerschaft?
Sorgfältige Indikationsstellung, nur nach Rücksprache mit Ihrem Arzt anwenden!

Welche Nebenwirkungen?
In seltenen Fällen kann es während der Therapie mit Rhinotussal® Saft zu Magen-Darm-Beschwerden, Übelkeit, Mundtrockenheit, Erbrechen, Sodbrennen, Appetitlosigkeit, zentralnervösen Störungen, Müdigkeit, Sehstörungen, Auslösung eines grünen Stars, Schwindel, Schwächegefühl, Schlafstörungen, Nervosität, Unruhe, Zittern, Herzklopfen, Herzrhythmusstörungen, Brustengegefühl, Blutdruckanstieg, Kopfschmerz, Beschwerden beim Wasserlassen, Überempfindlichkeitsreaktionen (z.B. Hautreaktionen), bei entsprechend veranlagten Patienten auch aufgrund des Gehalts an Parabenen, und sehr selten zu Blutbildveränderungen kommen. Bei Kleinkindern und älteren Patienten sind zentrale Erregungszustände nach Überdosierung möglich. Dieses Arzneimittel kann auch bei bestimmungsgemäßem Gebrauch das Reaktionsvermögen so weit verändern, daß die Fähigkeit zur aktiven Teilnahme am Straßenverkehr oder zum Bedienen von Maschinen beeinträchtigt wird. Dies gilt in verstärktem Maße im Zusammenwirken mit Alkohol.
Zusätzlich für - Kapseln: Pektanginöse [die Angina pectoris betreffend] Beschwerden
Zusätzlich für - Saft: Muskeltremor.

Was beachten?
Reaktionsvermögen kann beeinträchtigt werden!

Wie dosieren?
Kapseln Jugendliche über 12 Jahre und Erwachsene morgens und abends 1 Kapseln Saft: morgens und abends: Kinder von 1-6 Jahren 1 Meßlöffel, Kinder von 6-12 Jahren 2 Meßlöffel, Jugendliche ab 12Jahren und Erwachsene 3 Meßlöffel.

Welche Wirkstoffe?
- Kapseln: 1 Kaps. enth.: Dextromethorphanhydrobromid (Dextromethorphan) 20mg,
Phenylephrin-HCl 20mg, Carbinoxaminmaleat 4mg.
- Saft: 100g (=90ml) Saft enth.: 500mg Dextromethorphan-Poly(styrol,divinylbenzol)sulfonat (entspr. 120mg Dextromethorphan), 1700,0mg DL-Norephedrin-Poly(styrol, divinylbenzol)sulfonat, entspr. 300mg DL-Norephedrin (Phenylpropanolamin), 64mg Carbinoxamin-Poly(styrol,divinylbenzol)sulfonat, entspr. Carbinoxamin 24mg.

Was kostet es?	DM
10 Kaps.	11,66
20 Kaps.	20,75
100 g Saft	11,66

Hersteller?
Fa. Mack, Illertissen in Karlsruhe

Thymiverlan®

Wann anwenden?
Symptome der Bronchitis und des Keuchhustens, Katarrhe der oberen Luftwege.

Was beachten?
Enth. 15-19 Vol.-% Alkohol.

Wie dosieren?
- Lsg.: Erwachsene 1-3 mal täglich 3ml. Kinder 1-3 mal täglich 1-2ml.

Welche Wirkstoffe?
- Lsg.: 1ml Lsg. enth.: Thymianfluidextrakt (DAB 10) 496,7mg.

Was kostet es?	DM
50 ml	5,35
100 ml	9,50

Hersteller?
Fa. Verla-Pharm in Tutzing

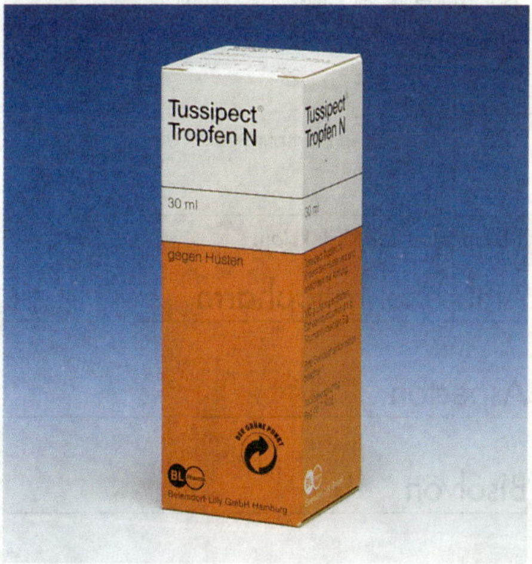

Tussipect® A

Wann anwenden?
Schleimlösende Therapie bei akuten und chronischen Atemwegserkrankungen, die mit einer Störung der Schleimbildung und des Schleimtransportes einhergehen.

Husten

Wann nicht anwenden?

Asthmatiker, die auf Sulfit überempfindlich reagieren.

Schwangerschaft?

Nicht im 1. Drittel der Schwangerschaft anwenden. Strenge Indikationsstellung, nur nach Rücksprache mit Ihrem Arzt im 2. und 3. Drittel anwenden!

Stillzeit?

Strenge Indikationsstellung, nur nach Rücksprache mit Ihrem Arzt anwenden!

Welche Nebenwirkungen?

Selten Magen-Darm-Beschwerden (Übelkeit und Durchfall), Unverträglichkeitsreaktionen (z.B. Hautausschlag und/oder Schleimhautreaktionen, Gesichtsschwellungen, Atemnot, Temperaturanstieg mit Schüttelfrost). In Einzelfällen anaphylaktischer [allergischer] Schock. Bei Asthmatikern: Überempfindlichkeitsreaktionen, die sich als Erbrechen, Durchfall, keuchende Atmung, akuter Asthmaanfall, Bewußtseinsstörungen oder Schock äußern können.

Wie dosieren?

- *Lsg.*: Erwachsene und Jugendliche über 14 Jahre: 2-3 mal täglich 4ml Lösung in den ersten 2-3 Tagen, dann 2 mal täglich 4ml Lösung oder 3 mal 2ml Lösung. Kinder: Bis 2 Jahre: 2 mal täglich 1ml Lösung. 2-5 Jahre: 3 mal täglich 1ml Lösung. Über 5 Jahre: 2-3 mal täglich 2ml Lösung.

Welche Wirkstoffe?

- *Lsg.*: 1ml enth.: Ambroxol-HCl 7,5mg.

Was kostet es?	DM
100 ml Lsg.	11,89

Hersteller?

Fa. Beiersdorf-Lilly in Hamburg

Information der Redaktion:

Ambroxol-ratiopharm

Aspecton

Bisolvon

Melrosum

Monapax

Mucophlogat

Mucosolvan

Prospan

Sedotussin

Silomat

Sinupret

Soledum

stas

Thymipin

Insektenstiche

Calcimagon® 500

Wann anwenden?

Therapie und Prophylaxe [Vorbeugung] von Calciummangelzuständen und bei erhöhtem krankheitsbedingtem Calciumbedarf.

Wann nicht anwenden?

Hyperkalzämie [erhöhter Kalziumgehalt des Blutes] und Hyperkalzurie [vermehrte Kalziumausscheidung im Urin] z.B. bei Überfunktion der Nebenschilddrüsen, Calcium-Nierensteine, Vitamin-D-Überdosierung, Calcium-abbauende Tumoren wie z.B. Knochenmetastasen, schwere Nierenfunktionsstörungen und Immobilisations-Osteoporose [Knochengewebsschwund mit Bewegungsunfähigkeit]. Patienten mit Sorbitintoleranz [Unverträglichkeit gegenüber Fructose, bzw. Süßstoff Sorbit] z.B. aus Fructose-1,6-diphosphatasemangel. Bei Kindern: Nicht anwenden!

Welche Nebenwirkungen?

Verstopfung, Blähungen, Säurebildung als Reaktion auf die Einnahme, Hyperkalzurie [vermehrte Kalziumausscheidung im Urin]. Bei Anwendung hoher Dosen kann es auch zu Hyperkalzämie [erhöhter Kalziumgehalt des Blutes] und zu Alkalose [Abnahme des Säuregehaltes des Blutes] kommen. Der Calciumspiegel des Blutes und die Calciumausscheidung mit dem Urin sollten regelmäßig überwacht werden.

Wie dosieren?

- *Kautbl.*: Erwachsene kauen unabhängig von den Mahlzeiten 3 mal täglich 1 Tablette.

Welche Wirkstoffe?
- *Kautbl.:* 1 Kautbl. enth.: 1260mg Calciumcarbonat entspr. 500mg Calcium.
Weitere Bestandteile: Sorbitol, Poly(1-vinyl-2-pyrrolidon), MMG 35000-45000, Magnesiumstearat, Aspartam, Glycerol (mono, di) Fettsäure (C18) Ester.

Was kostet es?	DM
20 Kautbl.	9,95
50 Kautbl.	22,55
100 Kaubtl.	39,85

Hersteller?
Fa. Nycomed Arzneimittel in Ismaning

Calcium Dago®-Steiner

Wann anwenden?
Calciummangelzustände, Osteoporose [Knochengewebsschwund], Tetanie [Krampfneigung der Muskeln], allergische Erkrankungen. Erhöhter Calciumbedarf während der Gravidität [Schwangerschaft], Laktation [Milchproduktion] und im Wachstumsalter.

Wann nicht anwenden?
Hyperkalzämie [erhöhter Kalziumgehalt des Blutes], Hyperkalzurie [vermehrte Kalziumausscheidung im Urin], primärer Hyperparathyreoidismus [Erkrankung der Nebenschilddrüsen], Vitamin-D-Intoxikation [Vergiftung], diffuses Plasmozytom [diagnostisch nicht genau abgrenzbare Geschwulst der Plasmazellen des Knochenmarks], Knochenmetastasen, Nierenkalksteine, Nephrokalzinose [Kalksalzablagerung in der Niere], Immobilisationsosteoporose [mit Unbeweglichkeit einhergehende Osteoporose, d.h. Knochenschwund].

Welche Nebenwirkungen?
Hyperkalzämie [erhöhter Kalziumgehalt des Blutes] und Hyperkalzurie [vermehrte Kalziumausscheidung im Urin] bei Einnahme über längere Zeit möglich.

Was beachten?
Bei Nierenfunktionsstörungen Daueranwendung vermeiden. Für Diabetiker: 3g Granulat enthalten 1,737g insulinabhängige Kohlenhydrate als Saccharose = 0,14 BE [Diabetiker-Einheiten].

Wie dosieren?
- *Gran.:* 3 mal täglich 1-2 Meßlöffel Granulat (3-6g) in einem halben Glas Flüssigkeit einnehmen. Bei Bedarf mit Süßstoff oder Zucker nachsüßen.

Welche Wirkstoffe?
- *Gran.:* 1 Dosis (3g) Gran. enth.: Calciumcarbonat 400mg (entspr. 160mg Calcium-Ionen).
Weitere Bestandteile: Citronensäure 850mg, Saccharose 1,737g.

Was kostet es?	DM
100 g Dose Gran.	7,77
250 g Dose Gran.	17,24

Hersteller?
Fa. Steiner in Berlin

Calcium Verla® Filmtabletten, -500 Brausetabletten

Wann anwenden?
- *Filmtabletten:* Vorbeugung und Behandlung von Calcium-Mangelzuständen, beziehungsweise bei erhöhtem Calcium-Bedarf während Wachstumsphasen, Schwangerschaft, Stillzeit und im Alter; Osteoporose [Knochengewebsschwund], Behandlung von Krampfzuständen/-Tetanie [Krampfneigung der Muskeln], Behandlung allergischer Reaktionen.
- *500 Brausetabletten:* Zur Vorbeugung eines Calciummangels bei erhöhtem Bedarf (zum Beispiel Wachstumsalter, Schwangerschaft, Stillzeit). Zur unterstützenden Behandlung der Osteoporose [Knochengewebsschwund].

Wann nicht anwenden?
Niereninsuffizienz [Nierenschwäche] mit Anurie [zu wenig Harnfluß], Exsikkose [Austrocknung], Hypercalcämie [zuviel Calcium im Blut], schwere Hypercalciurie [zuviel Calcium im Urin] und Nierensteine.
Zusätzlich für - Filmtabletten: Schwere Nierenfunktionsstörung mit Ausscheidungshemmung, Flüssigkeitsmangel des Körpers, Calciumüberschuß im Blut, schwere Hypercalciurie [übermäßige Calcium-Ausscheidung über den Harn], Nierensteine.
Zusätzlich für - 500 Brausetabletten: Schwere Niereninsuffizienz [Nierenschwäche], Hypercalcämie [zuviel Calcium im Blut], Hypercalciurie [zuviel Calcium im Urin], primärer Hyperparathyreoidismus [Erkrankung der Nebenschilddrüsen], Vitamin D-Überdosierung, diffuses Plasmozytom [Geschwulst der Plasmazellen des Knochenmarks], Knochenmetastasen, Calciumnierensteine, Nephrocalcinose [Kalksalzablagerung im Nierengewebe], Immobilisationsosteoporose [durch Unbeweglichkeit ausgelöste Osteoporose, das heißt Knochenschwund] und Hypophosphatämie [Phosphatmangel].

Welche Nebenwirkungen?
- *Filmtabletten:* In seltenen Fällen sind leichte Magen-Darm-Störungen möglich.
- *500 Brausetabletten:* Bei hoher Dosierung Obstipation [Verstopfung] möglich. Bei Niereninsuffizienz [Nierenschwäche] und langfristiger Einnahme hoher Dosen Hypercalcämie [zuviel Calcium im Blut], Hypercalciurie [zuviel Calcium im Urin] sowie metabolische Acidose [den Stoffwechsel betreffende Übersäuerung] und Phosphatverarmung möglich. Deshalb sollte der Calciumspiegel des Blutes und die Ausscheidung von Calcium durch den Urin regelmäßig kontrolliert werden.

Wie dosieren?
- *Filmtabletten:* Erwachsene nehmen 3 mal täglich 1-2 Filmtabletten, Kinder, je nach Alter, 1-3 mal täglich 1 Filmtablette mit Flüssigkeit ein.
- *500 Brausetabletten:* 1-2 mal täglich 1-2 Brausetabletten in 1 Glas Wasser gelöst und möglichst auf nüchternen

Insektenstiche

Magen, das heißt unabhängig von den Mahlzeiten einnehmen.

Welche Wirkstoffe?
- *Filmtabletten:* 1 Filmtbl. enth.: Calciumphosphat 250mg,
Calciumcitrat·4H_2O 200mg, Calcium-Gehalt 3,5mmol = 139,1mg.
- *500 Brausetabletten:* 1 Brausetbl. enth.: 1250,0mg Calciumcarbonat, entspr. 500mg ionisiertem Calcium.

Was kostet es?	DM
20 Filmtbl.	4,31
50 Filmtbl.	9,52
100 Filmtbl.	17,42
20 Brausetbl.	12,59
50 Brausetbl.	27,93

Hersteller?
Fa. Verla-Pharm in Tutzing

Löscalcon® 500, -1000

Wann anwenden?
Calciummangel bei Tetanie [Krampfneigung der Muskeln], und Osteoporose [Knochengewebsschwund]; Prophylaxe [Vorbeugung] bei erhöhtem Calciumbedarf während der Schwangerschaft und Stillzeit sowie im Wachstumsalter.

Wann nicht anwenden?
Nierenkalksteine, Nephrocalzinose [Ablagerung von Kalksalzen in der Niere], Immobilisations-Osteoporose im akuten Schub [akuter Schub von Knochenschwund infolge körperlicher Ruhigstellung], Hypercalcämie [erhöhter Calciumspiegel im Blut], primärer Hyperparathyreoidismus [Überfunktion der Nebenschilddrüse], Vitamin-D-Überdosierung, diffuses Plasmozytom [Wucherung bestimmter Zellen des Knochenmarks], Knochenmetastasen [Tochtergeschwülste in den Knochen], schwere Hyperkalzurie [stark erhöhte Calciumkonzentration im Urin], Niereninsuffizienz [Nierenfunktionsstörungen], metabolische Alkalose [stoffwechselbedingte Untersäuerung des Blutes], chronische Harnwegsinfekte mit harnstoffspaltenden Bakterien (Gefahr einer Struvitsteinbildung).

Welche Nebenwirkungen?
Hyperkalzämie [erhöhter Kalziumgehalt des Blutes], Hyperkalzurie [vermehrte Kalziumausscheidung im Urin]. Regelmäßige Überwachung des Calcium- Blutspiegels und der Calcium-Ausscheidung durch den Urin ist daher erforderlich. Gelegentlich Magen- und Darm-Störungen.

Was beachten?
Von einer Kombinationsbehandlung mit Vitamin D wird abgeraten (außer bei spezieller Indikationsstellung [nur nach Rücksprache mit Ihrem Arzt!]).
Zusätzlich für - 500 Brausetbl.: 1 Brausetablette enth. 5,3mg Natrium (entsprechend 13,5mg Kochsalz).
Zusätzlich für - 1000 Brausetbl.: 1 Brausetablette enth. 5,1mg Natrium (entsprechend 13,0mg Kochsalz).

Wie dosieren?
- *500 Brausetbl.:* 2-4 Brausetabletten täglich. Kinder je nach Alter täglich 1-2 Brausetabletten.
- *1000 Brausetbl.:* 1-2 Brausetabletten täglich. Eine Brausetablette wird in einem Glas Wasser (ca. 200ml) aufgelöst und sofort getrunken. Wenn die trinkfertige Lösung länger steht, kann es zur Bildung eines Niederschlages kommen. In einem solchen Fall sollte die Flüssigkeit vor dem Trinken umgerührt werden.

Welche Wirkstoffe?
- *500 Brausetbl.:* 1 Brausetbl. enth.: Calciumcarbonat 1250mg (entspr. 500mg Ca^{2+}).
- *1000 Brausetbl.:* 1 Brausetbl. enth.: Calciumcarbonat 2500mg (entspr. 1000mg Ca^{2+}).

Was kostet es?	DM
20 Brausetbl. zu 500mg	12,59
50 Brausetbl. zu 500mg	27,93
100 Brausetbl. zu 500mg	51,05
20 Brausetbl. zu 1000mg	22,55
50 Brausetbl. zu 1000mg	50,03
100 Brausetbl. zu 1000mg	91,40

Hersteller?
Fa. Beiersdorf-Lilly in Hamburg

Information der Redaktion:

Calcium-Sandoz

Fenistil

Systral

Tavegil

Jodmangel

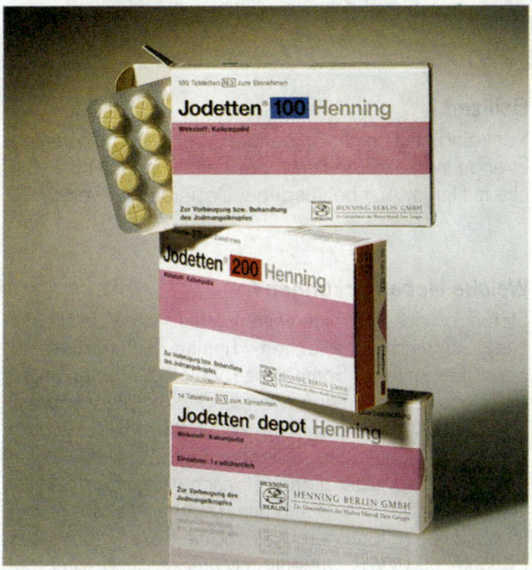

Jodetten® 100 Henning, -200 Henning, -depot Henning

Wann anwenden?

Bei Jodmangel.

Wann nicht anwenden?

Jodüberempfindlichkeit, manifeste [deutlich erkennbare] Hyperthyreose [Schilddrüsenüberfunktion], latente [verborgene] Hyperthyreose [Schilddrüsenüberfunktion], fokale [punktartige] und diffuse Autonomien der Schilddrüse sowie autonome Adenome [regellos Schilddrüsenhormon produzierende Bezirke]. Bei Jodetten® depot zusätzlich echte Jodallergie und Dermatitis herpetiformis Duhring.

Schwangerschaft?

Prophylaxe [Vorbeugung] beziehungsweise Therapie fortführen.

Welche Nebenwirkungen?

Bei Vorliegen einer Schilddrüsenautonomie [unkontrollierte Hormonsynthese], autonomes Adenom [regellos Schilddrüsenhormon produzierende Bezirke], oder bei Morbus Basedow [Schilddrüsenerkrankung, bei der die Augen hervortreten], kann die Zufuhr von Jodid eine Schilddrüsenüberfunktion auslösen. Jodetten® depot: Bei Jodüberempfindlichkeit kann die Einnahme von Jodetten® depot zu Fieber, Hautausschlag, Jucken und Brennen der Augen, Reizhusten, Durchfall oder Kopfschmerzen führen. In diesem Fall ist die Tabletteneinnahme zu beenden.

Wie dosieren?

- *100 Henning Tbl.*: Zur Vorbeugung Säuglinge und Kinder 1/2-1, Jugendliche und Erwachsene 1-2, in Schwangerschaft und Stillzeit 2, zur Behandlung Neugeborener, Kinder und Jugendlicher 1-2 Tabletten, Erwachsene 3-5 Tabletten täglich einnehmen.
- *200 Henning Tbl.*: Zur Vorbeugung bei Jugendlichen und Erwachsenen: 1/2-1 Tabletten, in Schwangerschaft und Stillzeit 1 Tablette pro Tag. Therapie: Erwachsene 1 1/2-2 1/2 Tabletten pro Tag, Kinder und Jugendliche 1/2-1 Tablette pro Tag.
- *depot Henning Tbl.*: Zur Prophylaxe [Vorbeugung]: Bei Kindern und Erwachsenen 1 Tablette wöchentlich. Eine Dosissteigerung auf 2 (oder 3) Tabletten pro Woche ist möglich. Die Dosierung für Kleinkinder (unter 6 Jahren) beträgt 1/2 Tablette pro Woche.

Welche Wirkstoffe?

- *100 Henning Tbl.*: 1 Tbl. enth.: 130,8µg Kaliumjodid (entspr. 100µg Jod).
- *200 Henning Tbl.*: 1 Tbl. enth.: Kaliumiodid 262µg (entspr. 200µg Jod).
- *depot Henning Tbl.*: 1 Tbl. enth.: 2mg Kaliumjodid (entspr. 1,53mg Jodid).

Was kostet es?	DM
50 Tbl. 100	4,78
100 Tbl. 100	8,75
50 Tbl. 200	8,06
100 Tbl. 200	14,10
14 Tbl. depot	9,97
28 Tbl. depot	17,39

Hersteller?

Fa. Henning Berlin in Berlin

Information der Redaktion:

Jodid

Kaliummangel

Kalinor

Arzneimittel

Kopfschmerzen

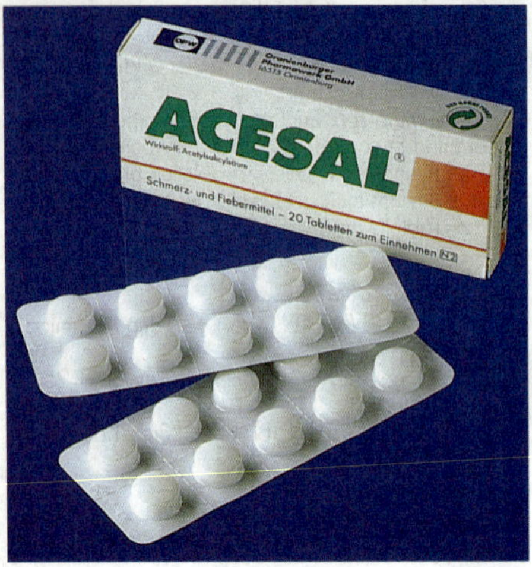

Acesal®

Wann anwenden?
Leichte bis mäßig starke Schmerzen sowie Fieber. Rheumatische Erkrankungen wie Gelenkrheuma, chronische Polyarthritis [gleichzeitige Entzündung von 5 oder mehr Gelenken], akute Reizzustände infolge einer Gelenkerkrankung und Weichteilrheumatismus.

Wann nicht anwenden?
Bei bekannter Analgetika [Schmerzmittel]-Unverträglichkeit, z.B. bei schon einmal aufgetretenem Arzneimittel-Asthma oder arzneimittelbedingten Hautreaktionen. Allgemein bei Allergieneigung. Allgemein bei Asthma bronchiale [Bronchialasthma]. Bei Heuschnupfen, Nasenpolypen, chronischen Atemwegsinfektionen. Bei chronischen und rezidivierenden [periodisch wiederkehrenden] Magen- und Zwölffingerdarmbeschwerden. Bei genetisch bedingtem Mangel an Glukose-6-Phosphat-Dehydrogenase. Bei vorgeschädigter Niere mögliche Verschlechterung der Nierenfunktion. Bei schweren Leberfunktionsstörungen. Bei Herzinsuffizienz [Herzschwäche]. Bei gleichzeitiger Therapie mit gerinnungshemmenden Arzneimitteln (z.B. Cumarinderivate, Heparinpräparate mit Ausnahme niedrig dosierter Heparin- Therapie). Nicht bei gleichzeitiger Anwendung des antiepileptischen Wirkstoffs Valproinsäure geben, besonders nicht bei Säuglingen und Kleinkindern. Hinweis: Bei Kindern und Jugendlichen mit fieberhaften Erkrankungen nur, wenn andere Maßnahmen nicht wirken, wegen Gefahr des Reye- Syndroms [Leber-Hirn-Erkrankung].
Hämorrhagische Diathese [zu spontanen, schwer stillbaren Blutungen tendierende Blutungsneigung]. Magen-Darm-Ulzera [Geschwüre].

Schwangerschaft?
Kontraindiziert, nicht anwenden im 3. Trimenon. Strenge Indikationsstellung, das heißt nur nach Rücksprache mit Ihren Arzt im 1. und 2. Trimenon [Drittel]

Stillzeit?
Kontraindiziert, nicht anwenden, bei hoher Dosierung. Strenge Indikationsstellung, das heißt nur nach Rücksprache mit Ihrem Arzt bei niedriger Dosierung anwenden.

Welche Nebenwirkungen?
Störungen des Zentralnervervensystems wie Kopfschmerzen, Schwindel, Erbrechen, Tinnitus [Ohrgeräusche], Sehstörungen oder Somnolenz [Schläfrigkeit] bei langfristiger oder chronischer Anwendung. Häufig gastrointestinale [vom Magen und Darm kommende] Beschwerden wie Magenschmerzen, Mikroblutungen. Selten Magenblutungen und -ulzerationen [Geschwüre]. Gelegentlich Übelkeit, Erbrechen, Durchfälle. Leberfunktionsstörungen (Einzelfälle). Störungen des Säure-Basen-Haushaltes. Natrium- und Wasserretention [Zurückhaltung von Natrium und Wasser] mit Ödemen [Wasseransammelungen im Gewebe]. Hypoglykämie [Unterzuckerung]. Nierenfunktionsstörungen (Einzelfälle). Überempfindlichkeitsreaktionen, z.B. Hautreaktionen, Bronchospasmus [Bronchialkrampf], Analgetikaasthma [arzneimittelbedingtes Asthma].

Was beachten?
Vorsicht bei Leberzirrhose. Nicht auf nüchternen Magen einnehmen.

Wie dosieren?
- Tbl.: Erwachsene nehmen bei Schmerzen und Fieber bis zu 3 mal täglich 1-2 Tabletten in Abständen von 4-5 Stunden (maximal 6 Tabletten pro Tag) ein. Bei entzündlich rheumatischen Erkrankungen kann die Dosis beim Erwachsenen auf ärztliche Anweisung bis auf 10 Tabletten am Tag erhöht werden.

Welche Wirkstoffe?
- Tbl.: 1 Tbl. enth.: Acetylsalicylsäure 500mg.

Was kostet es?	DM
20 Tbl.	4,50
50 Tbl.	8,90

Hersteller?
Fa. Oranienburger Pharmawerk in Oranienburg

Apothekers Naturmenthol

Wann anwenden?
Kopfschmerz, Migräne und Erkältung.

Wie dosieren?
Stirn, Schläfen, Brustbereich oder Handrücken sparsam bestreichen.

Welche Wirkstoffe?
Menthae pip., natürliches.

Was kostet es?

	DM
1 Stück	8,95

Hersteller?
Fa. Pfleger in Bamberg

Enelfa® Saft, -Tabletten, -S 125 Supp., -250 Supp., -500 Supp.

Wann anwenden?
Leichte bis mäßig starke Schmerzen und Fieber.

Wann nicht anwenden?
Überempfindlichkeit gegen einen der Inhaltsstoffe. Personen mit Sorbit-(Fructose-) intoleranz (Saft). Neugeborene. Genetisch bedingter Mangel an Glukose-6-phosphat-Dehydrogenase wegen der Gefahr hämolytischer Anämie [Blutarmut durch krankhaft erhöhten Zerfall der roten Blutkörperchen]. Hinweis: Vorsichtig dosieren bei: Leberfunktionsstörungen (zum Beispiel durch chronischen Alkoholmißbrauch, Leberentzündungen). Vorsichtig dosieren bei: Nierenfunktionsstörungen. Vorsichtig dosieren bei Meulengracht-Gilbert-Syndrom.

Schwangerschaft?
Kontraindiziert, nicht anwenden!

Stillzeit?
Kontraindiziert, nicht anwenden!

Welche Nebenwirkungen?
Überempfindlichkeitsreaktionen (sehr selten Hautreaktionen, in Einzelfällen Quincke-Ödem [Wasseransammlung im Gewebe, z.B. im Gesicht, ausgelöst durch Allergie], Atemnot, Schweißausbruch, Übelkeit, Blutdruckabfall bis hin zum Schock; äußerst selten Thrombozytopenie [Mangel an Thrombozyten], Leukopenie [krankhafte Verminderung der weißen Blutkörperchen], in Einzelfällen Agranulozytose [Verminderung bestimmter Blutzellen], Panzytopenie [Verminderung von Blutzellen aller Art], Bronchospasmen [Bronchialkrämpfe]). Überdosierung kann zu schweren Leberschäden führen.

Wie dosieren?
Saft: Bei Bedarf oder alle 4-6 Stunden bis zu 4 mal täglich. Kinder 3-6 Jahre: 1 1/2-2 Meßlöffel. Kinder 6-12 Jahre: 2-2 1/2 Meßlöffel. Erwachsene und ältere Kinder: 3-5 Meßlöffel. Nur auf Anordnung des Arztes: Kinder 2 Monate - 1 Jahr: 1/2-1 Meßlöffel. Kinder 1-3 Jahre: 1-1 1/2 Meßlöffel. **Tabletten:** Jugendliche ab 15 Jahre und Erwachsene bis 4 mal täglich 1 Tablette, bei stärkeren Schmerzzuständen vorübergehend 3-4 mal täglich, 1-2 Tabletten jedoch nicht mehr als 6 Tabletten pro Tag, Schulkinder von 6-10 Jahren bis 3 mal täglich 1/2 Tablette. Schulkinder von 10-14 Jahren bis 3 mal täglich 1 Tablette. **Zäpfchen.:** Dosierung erfolgt in Abhängingkeit von Alter und Gewicht, in der Regel 10-15mg pro kg Körpergewicht als Einzeldosis (bis 50mg pro kg Körpergewicht pro Tag). Bei Bedarf 3-4 mal täglich im Abstand von 4-8 Stunden 1 Enelfa-Zäpfchen und zwar bei Säuglingen Zäpfchen zu je 125mg, Kinder (1-5 Jahre) Zäpfchen zu je 250mg, Schulkinder (ab 6 Jahre) Zäpfchen zu je 500mg.

Welche Wirkstoffe?
- *Saft:* 100ml enth.: Paracetamol 2g.
KH: 1 Meßl. enth. 1,27g KH (=0,1 BE).
- *Tabletten:* 1 Tbl. enth.: Paracetamol 500mg.
- *S 125 Supp.:* 1 Supp. enth.: Paracetamol 125mg.
- *250 Supp.:* 1 Supp. enth.: Paracetamol 250mg.
- *500 Supp.:* 1 Supp. enth.: Paracetamol 500mg.

Was kostet es?

	DM
100 ml Saft	7,39
10 Tbl.	1,97
30 Tbl.	4,32
10 Zäpf. zu 125mg	3,11
10 Zäpf. zu 250mg	3,55
10 Zäpf. zu 500mg	4,14

Hersteller?
Fa. Dolorgiet in Sankt Augustin

Kopfschmerzen

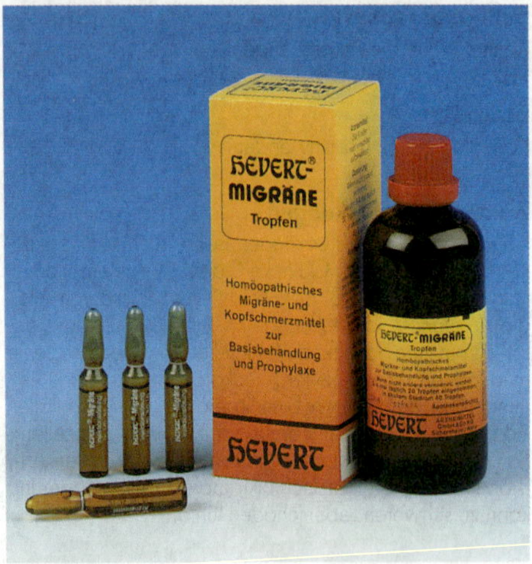

Hevert-Migräne

Wann anwenden?
Migräneartige Kopfschmerzen.

Wann nicht anwenden?
Bei Glaukom [grüner Star], Tachyarrhythmie [Herzrhythmusstörung, zu schneller Herzschlag] oder Prostatahypertrophie [Vergrößerung der Prostata durch Zellvergrößerung] sollten täglich nicht mehr als 3 mal 20 Tropfen eingenommen werden.

Welche Nebenwirkungen?
Charakteristische Wirkung des Atropins, wie Mydriasis [krankhafte Erweiterung der Pupille], Mundtrockenheit, Herzklopfen oder motorische [bewegungs] Unruhe können auf Grund der hohen Dosierung als unerwünscht erscheinen.

Was beachten?
Enthält 34 Vol.-% Alkohol.

Wie dosieren?
- *Tropf.*: 3-4 mal täglich 20 Tropfen einnehmen, in akutem Stadium 40 Tropfen

Welche Wirkstoffe?
- *Tropf.*: 100ml enth.: Rutin wasserlösl. Ø-D1 1ml, Aconitum D3 10ml, Iris D3 10ml, Glonoinum D3 10ml, Atropin. sulf. D3 10ml, Gelsemium D3 10ml, Secale cornutum D3 10ml.

Was kostet es?	DM
50 ml Tropf.	17,49
100 ml Tropf.	28,22
200 ml Tropf	49,38

Hersteller?
Fa. Hevert in Sobernheim

Japanisches Pfefferminzöl

Wann anwenden?
Innerlich: Meteorismus [Gasbildung im Darm], funktionelle Magen-, Darm- und Gallenbeschwerden, Katarrhe der oberen Luftwege. Äußerlich: Myalgien [Muskelschmerzen], Katarrhe der oberen Luftwege.

Wann nicht anwenden?
Innere Anwendung: Verschluß der Gallenwege, Gallenblasenentzündung, schwere Leberschäden. Vorsicht bei Gallensteinleiden. Säuglinge und Kleinkindern

Welche Nebenwirkungen?
Bei empfindlichen Personen Magenbeschwerden.

Wie dosieren?
1-3 Tropfen auf Zucker oder in Flüssigkeit einnehmen. Zum Gurgeln einige Tropfen in ein Glas Wasser, zur Zahnfleischmassage unverdünnt anwenden, zur Inhalation 3-4 Tropfen in heißes Wasser geben und Dämpfe einatmen. Zur äußerlichen Anwendung die betroffenen Stellen mehrmals täglich mit einigen Tropfen einreiben und einmassieren.

Welche Wirkstoffe?
Gehalt je 100g: 100g Minzöl.

Was kostet es?	DM
10 ml	5,83

Hersteller?
Fa. Pharma Wernigerode in Wernigerode

Lomarheumin® N-Creme

Wann anwenden?
Die Anwendungsgebiete entsprechen dem homöopathischen Arzneimittelbild. Dazu gehören: Gelenkrheumatismus; Verrenkungen, Verstauchungen, Lähmigkeit.

Wie dosieren?
Ein- bis zweimal täglich die Creme für eine Hautfläche von 10x10cm anwenden.

Welche Wirkstoffe?
100g nichtfettende Creme enth.: Ledum palustre D1 20,0g.

Was kostet es?	DM
50 g	19,90
100 g	34,90

Hersteller?
Fa. Lomapharm in Emmerthal

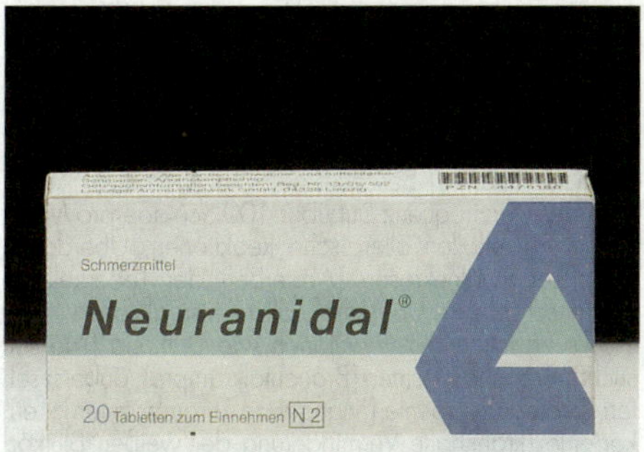

Neuranidal® Schmerztabletten

Wann anwenden?

Alle Formen schwacher und mittelstarker Schmerzen, wie Kopfschmerz verschiedener Ursache, Migräne, Wund- und Zahnschmerzen, schmerzhafte Regelblutungen.

Wann nicht anwenden?

Bei Magen- und Zwölffingerdarmgeschwüren, erhöhter Blutungsneigung, Glucose-6-Phophat-Dehydrogenase-Mangel [erblich bedingte Stoffwechselerkrankung], Überempfindlichkeit gegenüber Paracetamol, Salicylaten [Salzen des Arzneistoffs Salicylsäure] oder einen der anderen Inhaltsstoffe, bei Säuglingen und Kleinkindern nicht anwenden. Nur nach Befragen des Arztes anwenden: bei Bronchialasthma, bei gleichzeitiger Anwendung von Antikoagulantien [Gerinnungshemmende Mittel] (Ausnahme bei niedrig dosierter Heparin-Therapie), bei Überempfindlichkeit gegen andere Entzündungshemmer/Antirheumamittel oder andere allergieauslösende Stoffe (Notfallbereitschaft), bei chronischen und wiederkehrenden Magen- und Zwölffingerdarmbeschwerden, bei schweren Leberfunktionsstörungen, bei angeborenem vermehrten Gehalt des Gallenfarbstoffs Bilirubin im Blut (Gilbert-Syndrom oder Meulengrachtkrankheit), bei Schilddrüsenüberfunktion und Herzinsuffizienz, bei vorgeschädigter Niere, bei Kindern und Jugendlichen mit fieberhaften Erkrankungen wenn andere Maßnahmen nicht wirken. (Vorsicht bei lang anhaltendem Erbrechen kann dies eine Zeichen des Reye-Syndroms sein (einer sehr seltenen, aber unter Umständen lebensbedrohlichen Krankheit); unbedingt sofortige ärztliche Hilfe erforderlich). Vorsicht, bei prädisponierten [zu dieser Krankheit neigenden] Patienten kann unter Umständen ein Gichtanfall ausgelöst werden.

Schwangerschaft?

Nach der 36. Woche bei hoher Dosierung im letzten Drittel nicht anwenden. Im 1. und 2. Drittel sowie im letzten Drittel bis zur 37. Woche (bei niedriger Dosierung) nur nach Rücksprache mit dem Arzt anwenden.

Stillzeit?

In höherer Dosierung nicht anwenden; niedrig dosiert nur nach Befragen des Arztes.

Welche Nebenwirkungen?

Häufig Magen- und Darmbeschwerden oder Mikroblutungen. Bei Auftreten von schwarzem Stuhl (Teerstuhl) ist der Arzt zu benachrichtigen. In Ausnahmefällen Blutarmut. Gelegentlich Übelkeit, Erbrechen, Durchfälle. Selten Magenblutung und Magengeschwüre oder Überempfindlichkeitsreaktionen, Hautrötungen, sehr selten allergische Hautausschläge (Exantheme). Äußerst selten Störungen der Blutbildung (allergische Thrombozytopenie [Mangel an Thrombozyten], Leukopenie [krankhafte Verminderung der weißen Blutkörperchen], in Einzelfällen Agranulozytose [Leukozytenzerstörung] oder Panzytopenie [Schwund von Blutzellen aller Art]). In Einzelfällen Leber- und Nierenfunktionsstörungen, Hypoglykämie [Unterzuckerung], sowie besonders schwere Hautreaktionen (bis hin zum Erythema exsudativum multiforme), Verkrampfung der Muskulatur der Atemwege bei entsprechend veranlagten Patienten, weitergehende Überempfindlichkeitsreaktionen. Der Anstieg bestimmter Leberfunktionswerte (Transaminasen) ist reversibel [umkehrbar, heilbar]. Bei längerdauernder oder chronischer Anwendung können Störungen im zentralen Nervensystem wie Kopfschmerzen, Schwindel, Erbrechen, Ohrenklingen (Tinnitus), Sehstörungen, Schläfrigkeit oder Eisenmangelzustände sowie bei entsprechender Veranlagung Störungen des Säure-Base-Haushalts, Natrium- und Wasseransammlung vorkommen. Die Langzeitanwendung kann zusammmen mit anderen nierenschädigenden Substanzen bei vorbestehender Nierenschädigung oder einer erblichen Veranlagung, die zu einer Nierenschädigung führen, zu einem erhöhten Erkrankungs-Risiko für eine Analgetika-Nephropathie [Nierenleiden bedingt durch Schmerzmittelgabe], einer Schädigung der Nieren, unter Umständen mit Nierenversagen führen. Durch Coffein Schlaflosigkeit, innere Uhnruhe, Tachykardie [Beschleunigung des Herzschlags].

Was beachten?

Nicht über längere Zeit und oder in höheren Dosen nicht ohne Befragen des Arztes bzw. Zahnarztes anwenden. Überdosierung führt zu Leber- und Nierenschädigungen. Ohne ärztliche Verordnung nur zur Behebung akuter Schmerzen einnehmen. Die häufigere Einnhame soll vermieden werden bei Zuckerkrankheit, Alkoholismus, Rheumatherapie, Flüssigkeitsmagnel/größerem Wasserverlust, chronisch zu niedrigem Blutdruck, Verletzungen. Bei längerem nichtbestimmungsgemäßen, hochdosiertem Gebrauch können Kopfschmerzen auftreten, die nicht durch erhöhte Dosen des Arzneimittels behandelt werden dürfen. Allergiker sowie Patienten mit Asthma oder Nasenpolypen reagieren häufiger als andere Kranke auf

Kopfschmerzen

nichtsteroidale Antirheumatika mit Asthmanfällen, örtlicher Haut- oder Schleimhautschwellung. Bei Einnahme vor operativen Eingriffen ist der Arzt bzw. Zahnarzt zu befragen. Nicht gemeinsam mit Alkohol einnehmen!

Wie dosieren?

- *Tbl.:* Bei kurzfristiger Anwendung ohne ärztliche oder zahnärztliche Überwachung: Erwachsene und Jugendliche bis 3 mal täglich 1 Tablette. Unter ärztlicher Überwachung: Erwachsene und Jugendliche 1-2 Tabletten je nach Schmerzintensität bis 3 mal täglich. Kinder zwischen 6-14 Jahren $^1/_2$-1 Tablette je nach Schmerzintensität bis 3 mal täglich. Bei Leber- oder Nierenfunktionsstörungen sowie bei Gilbert-Syndrom oder Meulengracht-Krankheit größere Einnahmeabstände oder verringerte Menge erforderlich.

Welche Wirkstoffe?

- *Tbl.:* 1 Tbl. enth.: Acetylsalicylsäure 0,3g, Paracetamol 0,2g, Coffein 0,05g.

Was kostet es?	DM
10 Tbl.	2,75
20 Tbl.	4,90
30 Tbl.	6,95

Hersteller?

Fa. LAW in Leipzig

Octadon® P

Wann anwenden?

Leichte bis mäßig starke Schmerzen.

Wann nicht anwenden?

Hinweis: Niedrig dosieren (ca. 100mg pro Einzeldosis bei: Tachyarrhythmien [Herzrhythmusstörungen, zu schneller Herzschlag], Leberzirrhose, Hyperthyreose [Schilddrüsenüberfunktion], Angstsyndrom [Angstzustände], Leberfunktionsstörungen (z.B. durch chronischen Alkoholmißbrauch, Leberentzündung), Meulengracht-Gilbert-Syndrom, Niereninsuffizienz [Nierenschwäche]. Genetisch bedingter Mangel an Glucose-6-phosphat-Dehydrogenase mit Gefahr einer hämolytischen Anämie [durch Hämoglobinzersetzung bedingte Blutarmut].

Schwangerschaft?

Strenge Indikationsstellung, insbesondere im 1. Trimenon [Drittel].

Stillzeit?

Strenge Indikationsstellung. Das Befinden und Verhalten des Säuglings kann beeinträchtigt werden. Die Plasmahalbwertszeit [Zeit, bis nur noch die halbe Arzneimittelmenge im Blut ist] beträgt beim Säugling ca. 100 Stunden. Erst mit 5-6 Monaten werden Eliminationsraten [Ausscheidungsraten] des Erwachsenen erreicht (Halbwertszeit 5 Stunden).

Welche Nebenwirkungen?

Muskeltremor [Muskelzittern] (Dosierung über 200mg), Schlaflosigkeit, innere Unruhe, Kopfschmerzen (Dosierung über 200mg), Reizbarkeit (Dosierung über 200mg). Bei abruptem Absetzen nach längerem hochdosierten, nicht bestimmungsgemäßen Gebrauch: Kopfschmerzen, Müdigkeit, Muskelschmerzen, Nervosität, vegetative Symptome [d.h. unterbewußte, vom Nervensystem kommende Symptome]. Gastrointestinale [von Magen und Darm kommende] Beschwerden, Tachykardie [Steigerung der Herzfrequenz auf über 100 Schläge pro Minute], in Einzelfällen allergische Reaktionen. Überdosierung: Leberzellnekrosen [Absterben der Leberzellen], Nierenschäden. Überempfindlichkeitsreaktionen wie z.B. sehr selten Hautreaktionen wie Urtikaria [Nesselsucht]; Bronchospasmen [Bronchialkrämpfe]; äußerst selten Thrombozytopenie [Mangel an Thrombozyten]; Leukopenie [krankhafte Verminderung der weißen Blutkörperchen]; in Einzelfällen Agranulozytose, Panzytopenie [Schwund von Blutzellen aller Art]; in Einzelfällen Quincke-Ödem [Wasseransammlung im Gewebe, z.B. im Gesicht, ausgelöst durch Allergie], Atemnot, Schweißausbruch, Übelkeit, Blutdruckabfall bis zum Schock.

Wie dosieren?

- *Tbl.:* Erwachsene und Jugendliche : 1-2 Tabletten, bei Bedarf kann die Dosis auf 3-4 Tabletten erhöht werden.

Welche Wirkstoffe?

- *Tbl.:* 1 Tbl. enth.: Paracetamol 350mg, Coffein 50mg.

Was kostet es?	DM
10 Tbl.	3,90
20 Tbl.	6,30

Hersteller?

Fa. Thiemann in Waltrop

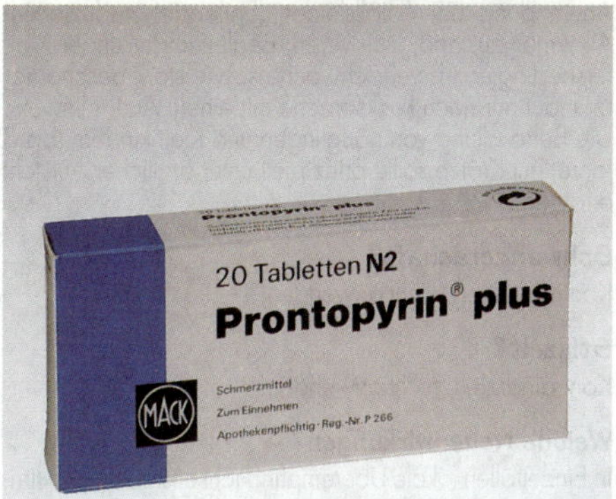

Prontopyrin® plus

Wann anwenden?

Leichte bis mäßig starke Schmerzen wie Kopf- und Gliederschmerzen, auch bei Erkältungskrankheiten.

Wann nicht anwenden?

Protopyrin® plus darf nicht angewendet werden bei Überempfindlichkeit gegen die Inhaltsstoffe, bei bekanntem genetisch bedingten Glucose-6-Phosphat- Dehydrogenase-Mangel (Gefahr von Blutbildveränderungen, z. B. hämolytische Anämie). Prontopyrin® plus darf bei Säuglingen und Kleinkindern nicht angewendet werden. Nur unter besonderen Vorsichtsmaßnahmen, d.h. mit einer Dosisverringerung oder einer Verlängerung der Abstände zwischen den einzelnden Einnahmen kann Prontopyrin® plus bei folgenden Krankheiten angewendet werden (relative Kontraindikation): Leberfunktionsstörungen (z. B. durch chronischen Alkoholmißbrauch, Leberentzündungen), Nierenfunktionsstörungen, Gilbert-Syndrom (Meulengracht-Krankheit). Patienten mit Magen- oder Zwölffingerdarmgeschwüren sowie Schilddrüsenüberfunktion sollten Prontopyrin® plus nur auf ärztliche Verordnung einnehmen.

Schwangerschaft?

Besonders im 1. Drittel nicht ohne ärztlichen Rat.

Stillzeit?

Das Befinden und Verhalten des Säuglings kann durch das mit der Muttermilch aufgenommene Coffein beeinträchtigt werden.

Welche Nebenwirkungen?

Die Einnahme von Protopyrin® plus kann selten zu Hautrötungen und sehr selten zu Überempfindlichkeitsreaktionen mit Hautausschlägen führen; äußerst selten wurde über allergiebedingte Störungen der Blutbildung, z.B. einer Verminderung der Blutplättchen (Thrombozytopenie) oder der weißen Blutkörperchen (Leukopenie bis hin zur Agranulozytose) oder aller Blutzellen (Panzytopenie), berichtet; in Einzelfällen sind Überempfindlichkeitsreaktionen wie Schwellungen im Gesicht, Atemnot, Schweißausbruch, Übelkeit, Blutdruckabfall bis hin zum Schock beschrieben worden. In Einzelfällen kann bei entsprechend veranlagten Personen ein Bronchiospasmus (Analgetika-Asthma) ausgelöst werden. Der Coffeinanteil kann zu Schlaflosigkeit, innerer Unruhe, Herzrasen und Magenbeschwerden führen.

Was beachten?

Die gewohnheitsmäßige Einnahme von Schmerzmitteln ist gefährlich. Sie kann zu irreparablen Gesundheitsschäden führen. Ohne ärztliche Verordnung soll Prontopyrin® plus nur zur Behandlung akuter Schmerzen eingenommen werden.

Wie dosieren?

- *Tbl.*: Zur kurzfristigen Anwendung ohne ärztliche Überwachung bei Erwachsenen und Jugendlichen 1-3 mal täglich 1 Tablette. Die maximale Tagesdosis liegt bei 4 Tabletten. Zur Anwendung unter ärztlicher Überwachung bei Erwachsenen und Jugendlichen 1-3 mal täglich 2 Tabletten. Die maximale Tagesdosis liegt bei 8 Tabletten. Die Tabletten sind mit etwas Flüssigkeit unzerkaut leicht zu schlucken. Für die Dosierung bei Kindern von 6-12 Jahren liegt nicht genügend Erkentnissmaterial vor.

Welche Wirkstoffe?

- *Tbl.*: 1 Tbl. enth.: 400mg Paracetamol, 50mg Coffein,

Was kostet es?	**DM**
20 Tbl.	5,66

Hersteller?

Fa. Mack, Illertissen in Karlsruhe

Information der Redaktion:

Aktren

Alka-Seltzer

Aspirin

Aspirin

ASS+C-ratiopharm

ASS-ratiopharm

ben-u-ron

Kopfschmerzen

Boxazin

Dolormin

Doppel-Spalt

Eu-Med

Neuralgin

Optalidon

Paracetamol von ct

Paracetamolplus-ratiopharm

Paracetamol Stada

Saridon

Spalt

Thomapyrin

tispol

Togal

Vivimed

Vivimed

Krätze

Jacutin®

Wann anwenden?

- *Emulsion:* Krätze.
- *Gel:* Kopfläuse und Filzläuse, Krätze.

Wann nicht anwenden?

Überempfindlichkeit gegen Parabene (Konservierungsmittel) oder einen der übrigen Inhaltsstoffe. Anwendung bei Anfallsleiden (Epilepsie), reduziertem Allgemeinzustand, schweren Begleiterkrankungen, altersbedingter Abwehrschwäche sowie stark geschädigter Haut nur nach Rücksprache mit einem Arzt. Hinweis: Die Behandlung von Säuglingen und Kleinkindern (bis 3 Jahre) mit Krätze sollte prinzipiell unter ärztlicher Aufsicht erfolgen.

Schwangerschaft?

Kontraindiziert, nicht anwenden!

Stillzeit?

Kontraindiziert, nicht anwenden!

Welche Nebenwirkungen?

In Einzelfällen lokale Überempfindlichkeitsreaktionen (Irritationen, Juckreiz, Rötung).

Was beachten?

Während der Anwendung kein Aufenthalt in der warmen Räumen, keine heißen Bäder, kein heißes Fönen der Haare. Der Kontakt mit den Augen und den Schleimhäuten ist zu vermeiden. Jacutin darf von Kindern nicht abgeleckt werden. Hände von Nichtinfizierten, die bei der Einreibung helfen, schützen. Keine Anwendung zusammen mit Seifen, Syndets und stark fetthaltigen äußerlich anzuwendenden Produkten. Insbesondere Seifen bzw. Syndets nicht zum Abwaschen des Präparates verwenden! Die Anwendungsempfehlungen sind streng zu befolgen, um Überdosierungserscheinungen zu vermeiden.
Bei unsachgemäßer Anwendung (z.B. zu häufiges Auftragen, Ablecken der behandelten Haut, versehentliche Einnahme, Verwendung übergroßer Mengen) können Überdosierungserscheinungen (wie z.B. Übelkeit, Kopfschmerz, Schwindel, Benommenheit, Verwirrtheitszustände, Übererregbarkeit) auftreten. Bei versehentlicher Einnahme oder bei Auftreten von Überdosierungserscheinungen ist sofort der Arzt aufzusuchen.

Wie dosieren?

Gel: Anwendung bei Läusen: Nach einer Kopfwäsche Jacutin Gel sorfältig in das noch feuchte Haar einreiben, es wird ca. 1 Eßlöffel benötigt. Nach der Anwendung sind die Hände zu waschen. Das Gel muß 3 Tage im Haar verbleiben, danach oder bei der nächsten Kopfwäsche auswaschen. *Emulsion* beziehungsweise *Gel*: Anwendung bei Krätze: Erwachsene und Kinder /Jugendliche (ab 10 Jahren): an 3 aufeinanderfolgenden Abenden Jacutin am ganzen Körper einreiben -den Kopf ausgenommen- und am darauffolgenden Morgen abwaschen. Kinder: 3-10 Jahre: an 2 aufeinanderfolgenden Tagen Jacutin am ganzen Körper -den Kopf ausgenommen- einreiben und jeweils nach einer Einwirkungszeit von 3 Stunden abwaschen. Säuglinge und Kleinkinder bis zu 3 Jahren: Prinzipiell ist eine Behandlung unter ärztlicher Aufsicht anzuraten. Behandlungschema: 1. Tag untere Körperhälfte mit Jacutin einreiben und nach 3 Stunden abwaschen. 2. Tag obere Körperhälfte -Kopf ausgenommen- mit Jacutin einreiben und nach 3 Stunden abwaschen. 3. Tag Behandlung wie am 1. Tag. 4. Tag Behandlung wie am 2. Tag. Näheres siehe Packungsbeilage.

Welche Wirkstoffe?
- *Emulsion:* 10g (= 9,9ml) enth.: Lindan 30mg.
- *Gel:* 100g enth.: Lindan 0,3g.

Was kostet es?	DM
100 ml Emuls.	10,37
200 ml Emuls.	17,86
50 g Gel	12,20

Hersteller?
Fa. Hermal in Reinbek

Läuse

Jacutin®

Wann anwenden?
- *Emulsion:* Krätze.
- *Gel:* Kopfläuse und Filzläuse, Krätze.

Wann nicht anwenden?
Überempfindlichkeit gegen Parabene (Konservierungsmittel) oder einen der übrigen Inhaltsstoffe.
Anwendung bei Anfallsleiden (Epilepsie), reduziertem Allgemeinzustand, schweren Begleiterkrankungen, altersbedingter Abwehrschwäche sowie stark geschädigter Haut nur nach Rücksprache mit einem Arzt. Hinweis: Die Behandlung von Säuglingen und Kleinkindern (bis 3 Jahre) mit Krätze sollte prinzipiell unter ärztlicher Aufsicht erfolgen.

Schwangerschaft?
Kontraindiziert, nicht anwenden!

Stillzeit?
Kontraindiziert, nicht anwenden!

Welche Nebenwirkungen?
In Einzelfällen lokale Überempfindlichkeitsreaktionen (Irritationen, Juckreiz, Rötung).

Was beachten?
Während der Anwendung kein Aufenthalt in der warmen Räumen, keine heißen Bäder, kein heißes Fönen der Haare. Der Kontakt mit den Augen und den Schleimhäuten ist zu vermeiden. Jacutin darf von Kindern nicht abgeleckt werden. Hände von Nichtinfizierten, die bei der Einreibung helfen, schützen. Keine Anwendung zusammen mit Seifen, Syndets und stark fetthaltigen äußerlich anzuwendenden Produkten. Insbesondere Seifen bzw. Syndets nicht zum Abwaschen des Präparates verwenden! Die Anwendungsempfehlungen sind streng zu befolgen, um Überdosierungserscheinungen zu vermeiden.
Bei unsachgemäßer Anwendung (z.B. zu häufiges Auftragen, Ablecken der behandelten Haut, versehentliche Einnahme, Verwendung übergroßer Mengen) können Überdosierungserscheinungen (wie z.B. Übelkeit, Kopfschmerz, Schwindel, Benommenheit, Verwirrtheitszustände, Übererregbarkeit) auftreten. Bei versehentlicher Einnahme oder bei Auftreten von Überdosierungserscheinungen ist sofort der Arzt aufzusuchen.

Wie dosieren?
Gel: Anwendung bei Läusen: Nach einer Kopfwäsche Jacutin Gel sorfältig in das noch feuchte Haar einreiben, es wird ca. 1 Eßlöffel benötigt. Nach der Anwendung sind die Hände zu waschen. Das Gel muß 3 Tage im Haar verbleiben, danach oder bei der nächsten Kopfwäsche auswaschen. *Emulsion* beziehungsweise *Gel:* Anwendung bei Krätze: Erwachsene und Kinder /Jugendliche (ab 10 Jahren): an 3 aufeinanderfolgenden Abenden Jacutin am ganzen Körper einreiben -den Kopf ausgenommen- und am darauffolgenden Morgen abwaschen. Kinder: 3-10 Jahre: an 2 aufeinanderfolgenden Tagen Jacutin am ganzen Körper -den Kopf ausgenommen- einreiben und jeweils nach einer Einwirkungszeit von 3 Stunden abwaschen. Säuglinge und Kleinkinder bis zu 3 Jahren: Prinzipiell ist eine Behandlung unter ärztlicher Aufsicht anzuraten. Behandlungschema: 1. Tag untere Körperhälfte mit Jacutin einreiben und nach 3 Stunden abwaschen. 2. Tag obere Körperhälfte -Kopf ausgenommen- mit Jacutin einreiben und nach 3 Stunden abwaschen. 3. Tag Behandlung wie am 1. Tag. 4. Tag Behandlung wie am 2. Tag. Näheres siehe Packungsbeilage.

Welche Wirkstoffe?
- *Emulsion:* 10g (= 9,9ml) enth.: Lindan 30mg.
- *Gel:* 100g enth.: Lindan 0,3g.

Was kostet es?	DM
100 ml Emuls.	10,37
200 ml Emuls.	17,86
50 g Gel	12,20

Hersteller?
Fa. Hermal in Reinbek

Jacutin® N

Wann anwenden?
Befall mit Kopf-, Filz- und Kleiderläusen und deren Nissen [Eier von Läusen].

Wann nicht anwenden?
Bekannte Allergien gegen einen der Inhaltsstoffe. Säuglinge sollten nicht mit Jacutin N behandelt werden.

Stillzeit?
Kontraindiziert, nicht anwenden!

Welche Nebenwirkungen?
Gelegentlich wurde über örtliche Sensibilitätsstörungen [Überempfindlichkeit der Sinnesnerven] durch Pyrethroide [Inhaltsstoff] berichtet. Gelegentlich können Juckreiz und Rötung mit dem Gefühl leichten Brennens auftreten. Bei versehentlichem Kontakt mit den Augen und den Schleimhäuten kann es zu Reizungen kommen, dann sofort mit kaltem Wasser spülen.

Was beachten?
Nur zur äußerlichen Anwendung. Jacutin N ist schädlich für Kaltblüter (Näheres siehe Packungsbeilage). Achtung: Der Behälter steht unter Druck. Vor Erwärmung über 50°C (z.B. durch Sonnenbestrahlung) schützen. Dose nicht ge-

Läuse

waltsam öffnen. Nicht gegen eine Flamme oder auf glühende Körper (z.B. Heizplatten) sprühen. Nur in entleertem Zustand wegwerfen, nicht verbrennen.

Wie dosieren?

- *Spray:* Gemäß Packungsbeilage.

Welche Wirkstoffe?

- *Spray:* 1 Sprühdose mit 90g (145ml) Lsg. u. Treibmittel enth.: Allethrin I 0,594g, Piperonylbutoxid 2,376g.

Was kostet es? DM

90 g Spray 19,90

Hersteller?

Fa. Hermal in Reinbek

Leberflecken und Pigmentflecken

Carotaben®

Wann anwenden?

Pigmentstörungen (z.B. Weißfleckenkrankheit, sogenannte Vitiligo [Minderpigmentierung der Haut besonders Gesäß, Hände, Gesicht, Rumpf]; dunkle Hautflekken, sogenannte Hyperpigmentierungen), polymorphe Lichtdermatosen [vielgestaltige, durch Licht hervorgerufene Hautkrankheiten].

Wann nicht anwenden?

Leberschäden. Bei eingeschränkter Nierenfunktion ist das Präparat vorsichtig anzuwenden.

Welche Nebenwirkungen?

In seltenen Fällen kann es zu Stuhlunregelmäßgkeiten kommen, die jedoch keine Unterbrechung der Behandlung erfordern.

Wie dosieren?

- *Kaps.:* Gemäß Packungsbeilage anwenden.

Welche Wirkstoffe?

- *Kaps.:* 1 Kaps. enth.: Betacaroten 25mg.

Was kostet es? DM

20 Kaps. 14,95
100 Kaps. 64,70

Hersteller?

Fa. Hermal in Reinbek

Magen, nervöser

Cholspasminase® N

Wann anwenden?

Zur Behandlung von Verdauungsstörungen, die durch einen Mangel an Verdauungsenzymen bei einer gestörten Funktion der Bauchspeicheldrüse hervorgerufen werden.

Wann nicht anwenden?

Akute Pankreatitis [Bauchspeicheldrüsenentzündung], akute Schübe einer chronischen Pankreatitis [Bauchspeicheldrüsenentzündung] während der floriden [stark entwickelten] Erkrankungsphase.

Wie dosieren?

- *Filmtbl.:* Richtdosis 1 oder 2 Filmtabletten pro Mahlzeit - entsprechend 20.000 oder 40.000 E. Lipase [fettspaltendes Enzym]. Die erforderliche Dosis kann jedoch auch erheblich höher sein.

Welche Wirkstoffe?

- *Filmtbl.:* 1 magensaftresistente Filmtbl. enth.: Pankreatin (aus Schweinepankreas) m.
Lipase 20000 E., Amylase 12000 E., Proteasen 900 E., (E.: Einheiten n. Ph. Eur.).

Was kostet es? DM

50 Filmtbl. 25,88
100 Filmtbl. 47,15

Hersteller?

Fa. Lipha in Essen

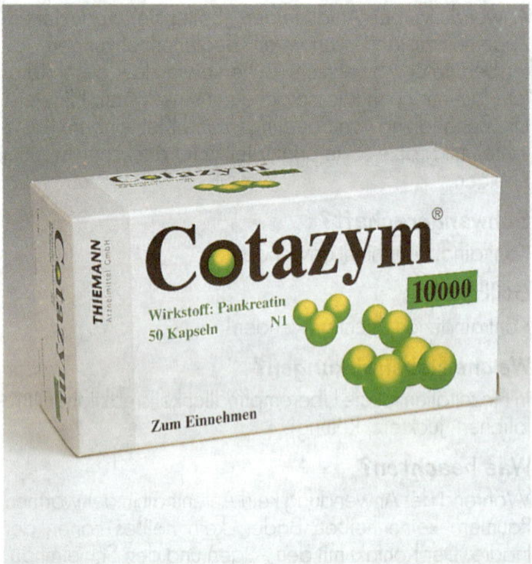

Cotazym 10 000, -20 000, -30 000

Wann anwenden?

Störung der exokrinen [auf die Drüsen bezogenen] Pankreasfunktion (Bauchspeicheldrüsenfunktion), die mit einer Maldigestion [Verdauungsstörung] einhergehen.

Wann nicht anwenden?

Akute Pankreatitis [Bauchspeicheldrüsenentzündung] und akute Schübe einer chronischen Pankreaserkrankung.

Wie dosieren?

Während jeder Mahlzeit 2-4 Kapseln Cotazym 10 000 beziehungsweise 1-2 Kapseln Cotazym 20 000 beziehungsweise 1 Kapsel Cotazym 30 000 unzerkaut mit etwas Flüssigkeit einnehmen. Bei Bedarf auch mehr.

Welche Wirkstoffe?

- *10 000 Kaps.:* 1 Kaps. (mit magensaftresistenten Pellets) enth.: Pankreatin 154,4mg (entspr. 10 000 FIP-E. Lipase, 6250 FIP-E. Amylase, 375 FIP-E. Protease).
- *20 000 Kaps.:* 1 Kaps. (mit magensaftresistenten Pellets) enth.: Pankreatin 308,7mg (entspr. 20 000 FIP-E. Lipase, 12 500 FIP-E. Amylase, 750 FIP-E. Protease).
- *30 000 Kaps.:* 1 Kaps. (mit magensaftresistenten Pellets) enth.: Pankreatin 463mg (entspr. 30 000 FIP-E. Lipase, 18 750 FIP-E. Amylase, 1125 FIP-E. Protease).

Was kostet es?	DM
50 Kaps. zu 10 000 FIP.-E.	25,89
100 Kaps. zu 10 000 FIP.-E.	45,48
200 Kaps. zu 10 000 FIP.-E.	87,16
50 Kaps. zu 20 000 FIP.-E.	45,89
100 Kaps. zu 20 000 FIP.-E.	86,99
200 Kaps. zu 20 000 FIP.-E.	163,00
50 Kaps. zu 30 000 FIP.-E.	65,40
100 Kaps. zu 30 000 FIP.-E.	123,97
200 Kaps. zu 30 000 FIP.-E.	229,52

Hersteller?

Fa. Thiemann in Waltrop

Gelofalk®

Wann anwenden?

Magenschleimhautentzündungen. Behandlung der Symptome: Sodbrennen, saures Aufstoßen, Schmerzen im Oberbauchbereich, Magenbeschwerden durch Diätfehler und Medikamenteneinnahme.

Wann nicht anwenden?

Schwere Nierenfunktionsstörungen.
Hinweis: Patienten mit Fruktoseintoleranz [Fruktoseunverträglichkeit] beziehungsweise Fruktose-1,6-Diphosphatase-Mangel sollten beachten, daß 1 Beutel 0,5 g Sorbit und 2,5 g Saccharose enthält. Nur nach Rücksprache mit dem Arzt anwenden bei Hypophosphatämie [Phosphatmangel], Obstipation [Verstopfung] und Dickdarmstenosen [Dickdarmverengungen].

Welche Nebenwirkungen?

Bei wenigen Patienten kann eine Verstopfungsneigung auftreten beziehungsweise eine bereits bestehende Stuhlträgheit verstärkt werden. Bei Patienten mit eingeschränkter Nierenfunktion und bei langfristiger Einnahme in hohen Dosen kann ein Anstieg des Aluminium- und Magnesium-Spiegels auftreten und es kann zu Aluminiumeinlagerungen, vor allem im Nerven- und Knochengewebe, kommen. Phosphatverarmung bei diesen Patient ist möglich. Bei solchen Kranken empfehlen sich regelmäßige Kontrollen der Aluminium- und Magnesium-Spiegel. Aufgrund des Gehaltes an Alkyl-4-hydroxybenzoaten [Parabenen] können bei entsprechend veranlagten Patienten Überempfindlichkeitsreaktionen auftreten.

Was beachten?

Zur weiteren Information erhalten Sie auf Anforderung unsere Patientenbroschüre.

Wie dosieren?

- *Susp.:* Erwachsene nehmen jeweils 1-1 1/2 Stunde nach den Hauptmahlzeiten 1 Beutel und vor dem Schlafengehen 2 Beutel unverdünnt oder in etwas Flüssigkeit oder mit breiförmiger Nahrung verrührt ein. Diabetiker müssen pro Beutel 0,2 BE [Diabetiker-Einheiten] im Diätplan berücksichtigen.

Welche Wirkstoffe?

- *Susp.:* 1 Btl. zu 15,8 g Susp. enth.: Dioktaedrischer Smektit aus Calla di Sapone (Sardinien) 2,5g, Aluminiumhydroxid-Gel 4,067g, entspr. 0,425g Al_2O_3; Magnesiumhydroxid 0,651g, entspr. 0,45g MgO.

Was kostet es?	DM
20 Btl. Susp.	18,58
50 Btl. Susp.	40,94

Hersteller?

Fa. Falk in Freiburg

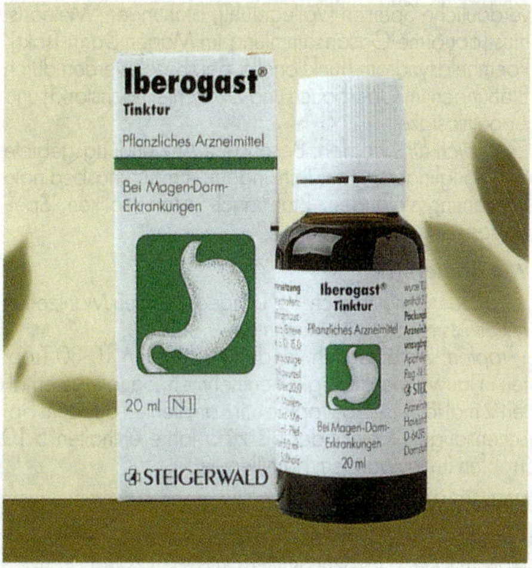

Iberogast® Tinktur

Wann anwenden?

Störungen der Magen-Darm-Bewegung und -Funktion, Gastritis [Magenschleimhautentzündung], Spasmen [Krämpfe] des Magens und des Darmes.

Wie dosieren?

- *Tinktur zum Einnehmen:* Erwachsene 3 mal täglich 20 Tropfen, Kinder 3 mal täglich 10 Tropfen vor oder zu den Mahlzeiten in etwas Flüssigkeit (empfehlenswert ist lauwarmes Wasser) einnehmen.

Magen, nervöser

Welche Wirkstoffe?

- Tinktur zum Einnehmen: 100ml enth.: Alkoholischer Frischpflanzenauszug aus: Iberis amara (6:10) 15,0ml, Alkohol. Drogenauszüge aus: Angelikawurzel (3,5:10) 10ml, Kamillenblüten (3,5:10) 20ml, Kümmel (3,5:10) 10ml, Mariendistelfrüchten (3,5:10) 10ml, Melissenblättern (3,5:10) 10ml, Pfefferminzblättern (3,5:10) 5ml, Schöllkraut (3,5:10) 10ml, Süßholzwurzel (3,5:10) 10ml. Enthält 31,0 Vol.-% Alkohol.

Was kostet es?	DM
20 ml Tinkt. z. Einnehmen	9,25
50 ml Tinkt. z. Einnehmen	15,80
100 ml Tinkt. z. Einnehmen	28,70

Hersteller?

Fa. Steigerwald in Darmstadt

Lomatol® Dragees, -Tropfen

Wann anwenden?

Funktionelle Magen-Darm-Beschwerden mit Störungen im normalen Bakterienhaushalt des Darmes, Fäulnis- und Gärungsdyspepsien [Verdauungsstörungen], krampfartigen Beschwerden im Magen-Darm-Bereich sowie der Gallenblase und -wege, Empfindlichkeit gegen schwer verdauliche Speisen (Völlegefühl), Blähungen, Meteorismus [abnorme Gasansammlung im Magen-Darm-Trakt], Roemheldsyndrom [funktionelle Herzbeschwerden durch Blähungen im Oberbauch und Zwerchfellhochstand] und Appetitlosigkeit.
Zusätzlich für - Tropfen: Besondere Anwendungsgebiete bei Säuglingen und Kleinkindern: Ernährungsbedingte Verdauungsstörungen, Blähbauch, Nabelkoliken, Speikinder.

Wie dosieren?

- Dragees: 3 mal täglich 1-2 Dragees vor den Mahlzeiten mit etwas Flüssigkeit einnehmen.
- Tropfen: 3 mal täglich vor den Mahlzeiten 10-30 Tropfen in lauwarmer Flüssigkeit einnehmen. Säuglinge erhalten 2 mal täglich 1-3 Tropfen mit Kamillentee aus dem Flaschensauger. Kleinkinder bis zu 5 Jahre enthalten 5-10 Tropfen im lauwarmem Kamillentee.

Welche Wirkstoffe?

- Dragees: 1 Drg. enth.: Trockenextrakt aus Pfefferminzblättern (5,5:1) (Auszugsmittel Wasser) 120mg,
Trockenextrakt aus Kümmel (6,5:1) (Auszugsmittel Wasser) 80mg, Trockenextrakt aus Wermutkraut (5,5:1) (Auszugsmittel Wasser) 40mg, Kümmelöl 2,4mg, Pfefferminzöl 2,4mg.
- Tropfen: 100ml enth.: Ethanolisch-wäßr. Auszug (Auszugsmittel Ethanol 45% V/V) 95,85g aus: Pfefferminzblätter 9,26g, Fenchel 8,13g, Kümmel 3,78g, Wermutkraut 1,92g.

Was kostet es?	DM
50 Drg.	15,36
100 Drg.	27,24
20 ml Tropfen	10,60
50 ml Tropfen	15,04

Hersteller?

Fa. Lomapharm in Emmerthal

Information der Redaktion:

Kreon

Magenschleimhautentzündung

Echinacea Hevert purp. forte

Wann anwenden?

Unspezifische Steigerung der Immunabwehr; Schleimhautentzündung, besonders bei Erkältungsinfekten; chronische Magenschleimhautentzündung.

Wann nicht anwenden?

Progrediente [fortschreitende] Systemerkrankung wie Tuberkulose, Leukosen [Sammelbezeichnung für Blutkrebs], Kollagenosen [Bindegewebsentzündungen], multiple Sklerose.

Was beachten?

Enthält 22 Vol.-% Alkohol.

Wie dosieren?

- Tropf.: Erwachsene und Kinder über 1 Jahr nehmen bei chronischen, rezidivierenden [periodisch wiederkehren] Erkrankungen 3-4 mal täglich 20 Tropfen vor dem Essen ein, möglichst in 1 Glas heißem Wasser. Säuglinge und Kleinkinder unter 1 Jahr erhalten 3 mal täglich 5 Tropfen bei chronischen, beziehungsweise 3 mal 10 Tropfen bei akuten Erkrankungen.

Welche Wirkstoffe?

- Tropf.: 100g Tropf. enth.: Auszug aus Echinacea purpurea (Frischpflanzenpreßsaft) 80g.

Was kostet es?	DM
30 ml Tropf.	5,50
50 ml Tropf.	9,50
100 ml Tropf.	17,45
200 ml Tropf.	29,99

Hersteller?

Fa. Hevert in Sobernheim

Gastripan®, -Gel

Wann anwenden?

Zur symptomatischen [symptomorientierten] Therapie bei Sodbrennen und säurebedingten Magenbeschwerden.

Wann nicht anwenden?

Bei Überempfindlichkeit gegen einen der Inhaltsstoffe. Bei eingeschränkter Nierenfunktion (Kreatinin-Clearance weniger als 30ml pro Minute) nur unter regelmäßiger Kontrolle des Magnesium- und Aluminiumblutpiegels einnehmen. Ein gesundheitliches Risiko besteht bei Patienten mit angeborener Fructose-Unverträglichkeit.

Welche Nebenwirkungen?

Häufig: Weiche Stühle. Einzelfälle: Durchfälle.
Zusätzlich für - Gel: Aufgrund des Gehaltes an Alkyl-4-hydroxybenzoaten (Parabene) können bei entsprechend veranlagten Patienten Überempfindlichkeitsreaktionen auftreten.

Was beachten?

Der Aluminiumspiegel sollte bei langfristigem Gebrauch regelmäßig kontrolliert werden und 40µg pro Liter nicht überschreiten.

Wie dosieren?

- *Tbl.:* Bei Magen- und Zwölffingerdarmgeschwüren mehrmals täglich zwischen den Mahlzeiten und vor dem Schlafengehen 1 Tablette zerkaut einnehmen oder lutschen. Behandlung auch nach eingetretener Beschwerdefreiheit mindestens 4 Wochen fortsetzen. Bei Sodbrennen und säurebedingten Magenbeschwerden bei Bedarf mehrmals täglich 1 Tablette zerkaut einnehmen oder lutschen. Bei Bedarf kann etwas Flüssigkeit nachgetrunken werden.
- *Gel:* Bei Magen- und Zwölffingerdarmgeschwüren mehrmals täglich zwischen den Mahlzeiten und vor dem Schlafengehen den Inhalt eines Beutels unverdünnt einnehmen. Beutel vor Gebrauch kräftig durchkneten! Behandlung auch nach eingetretener Beschwerdefreiheit mindestens 4 Wochen fortsetzen. Bei Sodbrennen und säurebedingten Magenbeschwerden bei Bedarf mehrmals täglich den Inhalt eines Beutels einnehmen. Bei Bedarf kann etwas Flüssigkeit nachgetrunken werden.

Welche Wirkstoffe?

- *Tbl.:* 1 Tbl. enth.: Magaldrat, H_2O-frei 800mg.
- *Gel:* 1 Beutel enth.: Magaldrat, H_2O-frei 800mg.

Was kostet es?	DM
20 Tbl.	7,75
50 Tbl.	18,60
100 Tbl.	29,35
20 Beutel zu 10ml	16,70
50 Beutel zu 10ml	36,60

Hersteller?

Fa. Merckle in Ulm

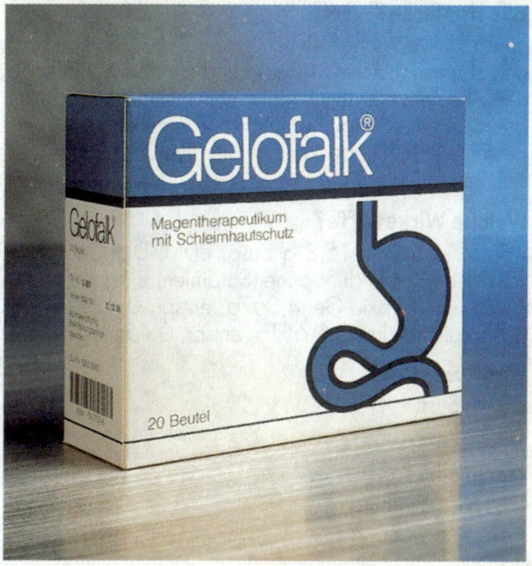

Gelofalk®

Wann anwenden?

Magenschleimhautentzündungen. Behandlung der Symptome: Sodbrennen, saures Aufstoßen, Schmerzen im Oberbauchbereich, Magenbeschwerden durch Diätfehler und Medikamenteneinnahme.

Wann nicht anwenden?

Schwere Nierenfunktionsstörungen.
Hinweis: Patienten mit Fruktoseintoleranz [Fruktoseunverträglichkeit] beziehungsweise Fruktose-1,6-Diphosphatase-Mangel sollten beachten, daß 1 Beutel 0,5 g Sorbit und 2,5 g Saccharose enthält. Nur nach Rücksprache mit dem Arzt anwenden bei Hypophosphatämie [Phosphatmangel], Obstipation [Verstopfung] und Dickdarmstenosen [Dickdarmverengungen].

Welche Nebenwirkungen?

Bei wenigen Patienten kann eine Verstopfungsneigung auftreten beziehungsweise eine bereits bestehende Stuhlträgheit verstärkt werden. Bei Patienten mit eingeschränkter Nierenfunktion und bei langfristiger Einnahme in hohen Dosen kann ein Anstieg des Aluminium- und Magnesium-Spiegels auftreten und es kann zu Aluminiumeinlagerungen, vor allem im Nerven- und Knochengewebe, kommen. Phosphatverarmung bei diesen Patient ist möglich. Bei solchen Kranken empfehlen sich regelmäßige Kontrollen der Aluminium- und Magnesium-Spiegel. Aufgrund des Gehaltes an Alkyl-4-hydroxybenzoaten [Parabenen] können bei entsprechend veranlagten Patienten Überempfindlichkeitsreaktionen auftreten.

Was beachten?

Zur weiteren Information erhalten Sie auf Anforderung unsere Patientenbroschüre.

Magenschleimhautentzündung

Wie dosieren?

- *Susp.*: Erwachsene nehmen jeweis 1-1 $^1/_2$ Stunde nach den Hauptmahlzeiten 1 Beutel und vor dem Schlafengehen 2 Beutel unverdünnt oder in etwas Flüssigkeit oder mit breiförmiger Nahrung verrührt ein. Diabetiker müssen pro Beutel 0,2 BE [Diabetiker-Einheiten] im Diätplan berücksichtigen.

Welche Wirkstoffe?

- *Susp.*: 1 Btl. zu 15,8 g Susp. enth.: Dioktaedrischer Smektit aus Calla di Sapone (Sardinien) 2,5g, Aluminiumhydroxid-Gel 4,067g, entspr. 0,425g Al_2O_3; Magnesiumhydroxid 0,651g, entspr. 0,45g MgO.

Was kostet es?

	DM
20 Btl. Susp.	18,58
50 Btl. Susp.	40,94

Hersteller?

Fa. Falk in Freiburg

Information der Redaktion:

Buscopan

Magnesiummangel

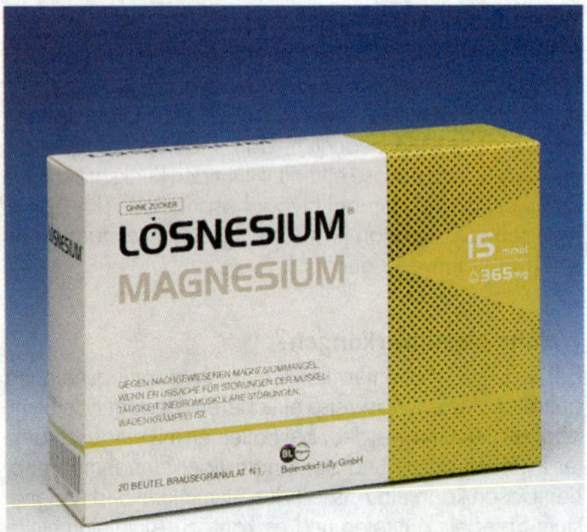

Lösnesium®

Wann anwenden?

Nachgewiesener Magnesiummangel, wenn er die Ursache für Störungen der Muskeltätigkeit (wie z.B. neuromuskuläre [durch die Nerven ausgelöste muskuläre] Störungen, Wadenkrämpfe) ist.

Wann nicht anwenden?

Bei Nierenfunktionsstörungen und bei zu langsamem Herzschlag führenden Störungen der Erregungsleitung des Herzens sollte Lösnesium nicht angewendet werden. Es sollte auch überprüft werden, ob sich aus der Lage des Mineralhaushaltes wie z.B. Magnesiumüberschuß oder Kaliumüberschuß eine Gegenanzeige ergibt. Weiterhin ist die Anwendung von Lösnesium bei Myasthenia gravis [einer seltenen Muskelerkrankung], starkem Wasserverlust, metabolischer Alkalose [den Stoffwechsel betreffende Verschiebung des pH-Wertes], bei chronischen Harnwegsinfekten mit harnstoffspaltenden Bakterien (Gefahr einer Struvitsteinbildung) und bei bestimmten Harnsteinleiden (Calcium-Magnesium-Ammoniumphosphat-Steine) nicht angezeigt.

Welche Nebenwirkungen?

Bei höherer Dosierung (ab 2-3 Beutel/Tag) kann es zu Stuhlerweichung kommen, die sich nach Reduktion der Dosierung spontan zurückbildet.

Wie dosieren?

- *Brausegran.*: Die Dosierung ist abhängig vom Grad des Magnesiummangels. Die mittlere Tagesdosis beträgt 1-2 Beutel (15-30 mmol Magnesium-Ionen). Erwachsene und Jugendliche 1-2 mal täglich 1 Beutel, Kinder ab 6 Jahren 1 mal täglich $^1/_2$-1 Beutel. Bei schweren Magnesiummangelzuständen können höhere Dosierung unter Überwachung des Elektrolythaushaltes angezeigt sein. Der Inhalt eines Beutels wird in etwa $^1/_2$ Glas Wasser gelöst und gleich nach dem Auflösen getrunken. Die Dauer der Behandlung ist von der Ausprägung des zugrundeliegenden Magnesiummangels abhängig. Dauer und Dosierung einer längerfristigen Magnesiumzufuhr müssen ärztlich überwacht werden.

Welche Wirkstoffe?

- *Brausegran.*: 1 Btl. enth.: Leichtes basisches Magnesiumcarbonat 670mg,
leichtes Magnesiumoxid 342mg (entspr. 15mmol Magnesium-Ionen).

Was kostet es?

	DM
20 Btl. Brausegran.	19,70
50 Btl. Brausegran.	40,43

Hersteller?

Fa. Beiersdorf-Lilly in Hamburg

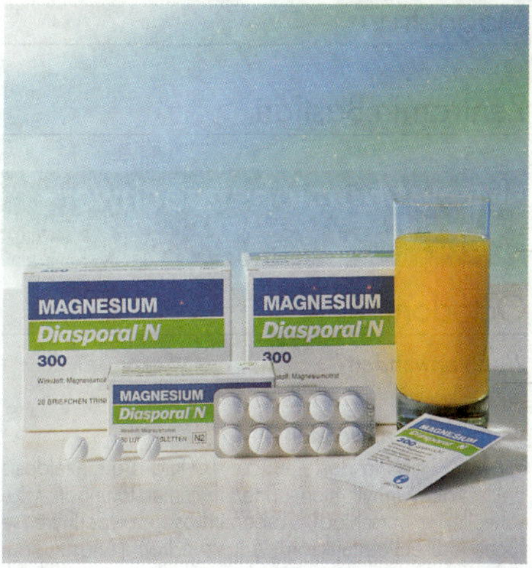

Magnesium-Diasporal® N 300 Granulat, -Lutschtabletten

Wann anwenden?

Magnesiummangelzustände, z.B. bei Krampfzuständen der Skelett- und Eingeweide-Muskulatur, nächtlichen Wadenkrämpfe, Muskelverspannungen, Krämpfen im Magen-Darm-Bereich, nervenbedingter Übererregbarkeit, kindlichen Nabelkrämpfe. Lärmempfindlichkeit, Migräne, Übererregbarkeit, Kopfdruck, Schwindel, Konzentrationschwäche, Nervosität. Zur Verbesserung der Verträglichkeit der "Pille" (orale Kontrazeptiva), bei Schwangerschaftskrämpfen, schmerzhafter Monatsblutung. Magnesiummangel bei Fastenkuren, einseitiger Ernährung. Zur Verbesserung der Verträglichkeit von Digitalis-Präparaten (Herzmittel).

Wann nicht anwenden?

Schwere Ausscheidungsstörungen der Niere.

Welche Nebenwirkungen?

In seltenen Fällen kann es zur Stuhlerweichung kommen.

Was beachten?

Magnesium-Diasporal® N 300 Trinkgranulat ergibt mit Wasser oder Fruchtsaft ein wohlschmeckendes Getränk, am Abend fördert es die Schlafbereitschaft.

Wie dosieren?

- *300 Granulat:* 1 Briefchen täglich.
- *Lutschtabletten:* 3 Tabletten täglich.

Welche Wirkstoffe?

- *300 Granulat:* 1 Briefchen Trinkgran. (5g) enth.: Magnesiumcitrat (ber. wasserfrei) 1830mg, Magnesiumgehalt: 295,7mg = 12mmol = 24mval.
- *Lutschtabletten:* 1 Lutschtbl. enth.: Magnesiumcitrat 610mg (ber. wasserfrei), Magnesiumgehalt: 98,6mg = 4mmol = 8mval.

Was kostet es?

	DM
20 Briefch. N 300 Gran.	16,88
50 Briefch. N 300 Gran.	34,62
100 Briefch. N 300 Gran.	59,62
50 Lutschtbl.	13,85
100 Lutschtbl.	24,90

Hersteller?

Fa. Protina in Ismaning

Magnesium Verla®

Wann anwenden?

N Dragee/N Konz.: Magnesiummangel bei einseitiger Ernährung, Diät, während der Schwangerschaft und Stillzeit, bei Einnahme von Kontrazeptiva [empfängnisverhütende Mittel]. Latente [verborgene] und normocalcämische Tetanie [Krampfneigung der Muskeln bei normal hohem Calciumgehalt im Blut], Myalgie [Muskelschmerz], nächtliche Wadenkrämpfe, Spasmen [Krämpfe] cerebraler [vom Gehirn kommender und peripherer [die Extremitäten betreffender] Gefäße, Migräne. Adjuvans bei Cephalgie [unterstützende Therapie bei Kopfschmerzen], essentieller Hypertonie [Bluthochdruck]. Allgemeine Arteriosklerose [Arterienverkalkung].

Brausetb./Kautbl.: Nachgewiesener Magnesiummangel, wenn er die Ursache für Störungen der Muskeltätigkeit (neuromuskuläre Störung, Wadenkrämpfe) ist.

Wann nicht anwenden?

N Dragee/N Konz.: Schwere Niereninsuffizienz [Nierenschwäche] mit Anurie [zu wenig Harnfluß], Exsikkose [Austrocknung], Calcium-Magnesium-Ammoniumphosphatsteine. *Kautbl./Brausetbl.:* Bei Nierenfunktionsstörungen nur unter ärztlicher Kontrolle einnehmen. Schwere Nierenfunktionsstörungen, AV-Block.
Enthält 0,154 Sorbitol/Brausetablette bzw. 0,197g Sorbitol/Kautablette.
Bei Säuglingen und Kleinkindern wegen der Möglichkeit einer bisher nicht erkannten Fructose-Unverträglichkeit und bei jugendlichen und erwachsenen Patienten mit angeborener Fructose- Unverträglichkeit nur nach Rücksprache mit Ihrem Arzt anwenden.

Welche Nebenwirkungen?

Brausetbl./Kautbl.: Bei hoher Dosierung kann es zu weichen Stühlen kommen, die jedoch unbedenklich sind. Bei hochdosierter und länger andauernder Einnahme können Müdigkeitserscheinungen auftreten. Dies kann ein Hinweis darauf sein, daß bereits eine erhöhte Magnesium-

Magnesiummangel

Konzentration im Blut erreicht ist.

Was beachten?

Verwertbare Kohlenhydrate - *N Konz.*: 0,23 BE [Brot-Einheiten] (2,8g). -*Brausetbl./Kautbl.*: 0,02 BE [Brot-Einheiten].

Wie dosieren?

- *N Drg.*: Erwachsene nehmen 3 mal täglich 1-3 Dragees unzerkaut ein.
- *N Konz.*: Erwachsene und ältere Kinder trinken 1-3 mal täglich 1 Beutelinhalt, Kinder bis zum 10. Lebensjahr 1 mal täglich 1 Beutelinhalt, verrührt in 1 Glas Wasser, Tee oder Fruchtsaft.
- *Brausetbl.*: Erwachsene und Jugendliche nehmen 1-3 mal täglich 1 Brausetablette, Kinder ab 6 Jahre 1 mal täglich 1 Brausetablette, gelöst in 1 Glas Wasser.
- *Kautbl.*: Erwachsene und Jugendliche zerkauen 1-3 mal täglich 1 Kautablette, Kinder ab 6 Jahre 1-3 mal täglich $^1/_2$ Kautablette.

Welche Wirkstoffe?

- *N Drg.*: 1 Drg. enth.: Magnesium-L-hydrogenglutamat 90mg (ber. wasserfrei), Trimagnesiumdicitrat205mg (ber. wasserfrei) Magnesiumgehalt: 1,65mmol/3,3mval/40mg.
- *N Konz.*: 1 Btl. (5g) enth.: Magnesium-L-hydrogenaspartat 1442mg (ber. wasserfrei). Magnesiumgehalt: 5mmol/10mval/121,5mg.
- *Brausetbl.*: 1 Brausetbl. enth.: Magnesium-L-hydrogenaspartat·$2H_2O$ 1623mg. Magnesiumgehalt: 5mmol/10mval/121,5mg.
- *Kautbl.*: 1 Kautbl. enth.: Magnesium-DL-hydrogenaspartat·$4H_2O$ 1803mg. Magnesiumgehalt: 5mmol/10mval/121,5mg.

Was kostet es?	DM
50 Drg.	7,87
100 Drg.	13,55
200 Drg.	23,35
20 Btl.	8,65
50 Btl.	17,80
100 Btl.	30,75
20 Brausetbl.	8,72
50 Brausetbl.	17,91
20 Kautbl.	7,99
50 Kautbl.	16,99
100 Kautbl.	29,97

Hersteller?

Fa. Verla-Pharm in Tutzing

Information der Redaktion:

Biomagnesin

magnerot

Magnetrans

Zentramin Bastian

Menstruationsbeschwerden

Octadon® P

Wann anwenden?

Leichte bis mäßig starke Schmerzen.

Wann nicht anwenden?

Hinweis: Niedrig dosieren (ca. 100mg pro Einzeldosis bei: Tachyarrhythmien [Herzrhythmusstörungen, zu schneller Herzschlag], Leberzirrhose, Hyperthyreose [Schilddrüsenüberfunktion], Angstsyndrom [Angstzustände], Leberfunktionsstörungen (z.B. durch chronischen Alkoholmißbrauch, Leberentzündung), Meulengracht-Gilbert-Syndrom, Niereninsuffizienz [Nierenschwäche]. Genetisch bedingter Mangel an Glucose-6-phosphat-Dehydrogenase mit Gefahr einer hämolytischen Anämie [durch Hämoglobinzersetzung bedingte Blutarmut].

Schwangerschaft?

Strenge Indikationsstellung, insbesondere im 1. Trimenon [Drittel].

Stillzeit?

Strenge Indikationsstellung. Das Befinden und Verhalten des Säuglings kann beeinträchtigt werden. Die Plasmahalbwertszeit [Zeit, bis nur noch die halbe Arzneimittelmenge im Blut ist] beträgt beim Säugling ca. 100 Stunden. Erst mit 5-6 Monaten werden Eliminationsraten [Ausscheidungsraten] des Erwachsenen erreicht (Halbwertszeit 5 Stunden).

Welche Nebenwirkungen?

Muskeltremor [Muskelzittern] (Dosierung über 200mg), Schlaflosigkeit, innere Unruhe, Kopfschmerzen (Dosierung über 200mg), Reizbarkeit (Dosierung über 200mg). Bei abruptem Absetzen nach längerem hochdosierten, nicht bestimmungsgemäßen Gebrauch: Kopfschmerzen, Müdigkeit, Muskelschmerzen, Nervosität, vegetative Symptome [d.h. unterbewußte, vom Nervensystem kommende Symptome]. Gastrointestinale [von Magen und Darm kommende] Beschwerden, Tachykardie [Steigerung der Herzfrequenz auf über 100 Schläge pro Minute], in Einzelfällen allergische Reaktionen. Überdosierung: Leberzellnekrosen [Absterben der Leberzellen], Nierenschäden. Überempfindlichkeitsreaktionen wie z.B. sehr selten Hautreaktionen wie Urtikaria [Nesselsucht]; Bronchospasmen [Bronchialkrämpfe]; äußerst selten Thrombozytopenie [Mangel an Thrombozyten]; Leukopenie [krankhafte Verminderung der weißen Blutkörperchen]; in Einzelfällen Agranulozytose, Panzytopenie [Schwund von Blutzellen aller Art]; in Einzelfällen Quincke-Ödem [Wasseransammlung im Gewebe, z.B. im

Gesicht, ausgelöst durch Allergie], Atemnot, Schweißausbruch, Übelkeit, Blutdruckabfall bis zum Schock.

Wie dosieren?

- *Tbl.:* Erwachsene und Jugendliche : 1-2 Tabletten, bei Bedarf kann die Dosis auf 3-4 Tabletten erhöht werden.

Welche Wirkstoffe?

- *Tbl.:* 1 Tbl. enth.: Paracetamol 350mg, Coffein 50mg.

Was kostet es?	DM
10 Tbl.	3,90
20 Tbl.	6,30

Hersteller?

Fa. Thiemann in Waltrop

Prontopyrin® plus

Wann anwenden?

Leichte bis mäßig starke Schmerzen wie Kopf- und Gliederschmerzen, auch bei Erkältungskrankheiten.

Wann nicht anwenden?

Protopyrin® plus darf nicht angewendet werden bei Überempfindlichkeit gegen die Inhaltsstoffe, bei bekanntem genetisch bedingten Glucose-6-Phosphat- Dehydrogenase-Mangel (Gefahr von Blutbildveränderungen, z. B. hämolytische Anämie). Prontopyrin® plus darf bei Säuglingen und Kleinkindern nicht angewendet werden. Nur unter besonderen Vorsichtsmaßnahmen, d.h. mit einer Dosisverringerung oder einer Verlängerung der Abstände zwischen den einzelnden Einnahmen kann Prontopyrin® plus bei folgenden Krankheiten angewendet werden (relative Kontraindikation): Leberfunktionsstörungen (z. B. durch chronischen Alkoholmißbrauch, Leberentzündungen), Nierenfunktionsstörungen, Gilbert-Syndrom (Meulengracht-Krankheit). Patienten mit Magen- oder Zwölffingerdarmgeschwüren sowie Schilddrüsenüberfunktion sollten Prontopyrin® plus nur auf ärztliche Verordnung einnehmen.

Schwangerschaft?

Besonders im 1. Drittel nicht ohne ärztlichen Rat.

Stillzeit?

Das Befinden und Verhalten des Säuglings kann durch das mit der Muttermilch aufgenommene Coffein beeinträchtigt werden.

Welche Nebenwirkungen?

Die Einnahme von Protopyrin® plus kann selten zu Hautrötungen und sehr selten zu Überempfindlichkeitsreaktionen mit Hautausschlägen führen; äußerst selten wurde über allergiebedingte Störungen der Blutbildung, z.B. einer Verminderung der Blutplättchen (Thrombozytopenie) oder der weißen Blutkörperchen (Leukopenie bis hin zur Agranulozytose) oder aller Blutzellen (Panzytopenie), berichtet; in Einzelfällen sind Überempfindlichkeitsreaktionen wie Schwellungen im Gesicht, Atemnot, Schweißausbruch, Übelkeit, Blutdruckabfall bis hin zum Schock beschrieben worden. In Einzelfällen kann bei entsprechend veranlagten Personen ein Bronchiospasmus (Analgetika-Asthma) ausgelöst werden. Der Coffeinanteil kann zu Schlaflosigkeit, innerer Unruhe, Herzrasen und Magenbeschwerden führen.

Was beachten?

Die gewohnheitsmäßige Einnahme von Schmerzmitteln ist gefährlich. Sie kann zu irreparablen Gesundheitsschäden führen. Ohne ärztliche Verordnung soll Prontopyrin® plus nur zur Behandlung akuter Schmerzen eingenommen werden.

Wie dosieren?

- *Tbl.:* Zur kurzfristigen Anwendung ohne ärztliche Überwachung bei Erwachsenen und Jugendlichen 1-3 mal täglich 1 Tablette. Die maximale Tagesdosis liegt bei 4 Tabletten. Zur Anwendung unter ärztlicher Überwachung bei Erwachsenen und Jugendlichen 1-3 mal täglich 2 Tabletten. Die maximale Tagesdosis liegt bei 8 Tabletten. Die Tabletten sind mit etwas Flüssigkeit unzerkaut leicht zu schlucken. Für die Dosierung bei Kindern von 6-12 Jahren liegt nicht genügend Erkenntnismaterial vor.

Welche Wirkstoffe?

- *Tbl.:* 1 Tbl. enth.: 400mg Paracetamol, 50mg Coffein,

Was kostet es?	DM
20 Tbl.	5,66

Hersteller?

Fa. Mack, Illertissen in Karlsruhe

Mineralmangel

s.a.Calciummangel
s.a.Eisenmangel
s.a.Kaliummangel
s.a. Magnesiummangel
s.a. Jodmangel

Fluoretten® 0,25mg, -0,5mg, -0,75mg, -1mg

Wann anwenden?

Zur Vorbeugung der Zahnkaries bei Kindern, Jugendlichen, Erwachsenen.

Wann nicht anwenden?

Wenn bereits eine ausreichende Fluoridzufuhr durch Trink- oder Mineralwasser erfolgt. Bei Unverträglichkeit gegenüber Milchzucker und Galaktose; Frühgeborene und unterentwickelte Neugeborene (Mangelgeborene) sollten solange sie nicht gedeihen, kein Fluorid erhalten.

Welche Nebenwirkungen?

Bei bestimmungsgemäßem Gebrauch keine. Bei ständiger Überdosierung von Fluorid in den ersten Lebensjahren kann sich eine Zahnfluorose mit Schmelzdefekten am bleibenden Gebiß und bei sehr erheblicher, langfristiger Überdosierung können sich Störungen des Knochenaufbaus entwickeln.

Mineralmangel

Was beachten?

Der Kalzium- und Magnesiumgehalt in der Milch oder Milchprodukten vermindert die Aufnahme von Fluorid nicht wesentlich.

Wie dosieren?

Täglich 1 Tablette vor dem Schlafengehen im Mund zergehen lassen.

- *0,25mg Tbl.:* Kinder im 1. und 2. Lebensjahr (Säuglinge bekommen die Tablette zerdrückt mit der Nahrung). Entfällt, wenn in dieser Zeit eine kombinierte Rachitis- und Kariesvorbeugung mit Vitamin D und Fluorid durchgeführt wird.
- *0,5mg Tbl.:* Kinder im 3. Lebensjahr.
- *0,75mg Tbl.:* Kinder vom 4. bis 6. Lebensjahr.
- *1mg Tbl.:* Kinder ab dem 7. Lebensjahr, Jugendliche und Erwachsene. Bei einem Fluoridgehalt über 0,3 mg/Liter Trinkwasser muß die Fluoridgabe angepaßt werden. Es wird bei Fluoridtabletten mit der nächst geringeren Dosis verabreicht; in den ersten beiden Lebensjahren ist in diesem Fall die Fluoridgabe entbehrlich. Ab einem Fluoridgehalt des Trinkwassers von über 0,7 mg/Liter muß Fluorid zusätzlich verabreicht werden. Bitte Fragen Sie Ihren Arzt, Zahnarzt oder Apotheker. Auskunft über den Fluoridgehalt des Trinkwassers erteilt das zuständige Wasserwerk.

Welche Wirkstoffe?

- *0,25mg Tbl.:* 1 Tbl. enth.: Natriumfluorid 0,553mg (entspr. 0,25mg Fluorid).
- *0,5mg Tbl.:* 1 Tbl. enth.: Natriumfluorid 1,106mg (entspr. 0,5mg Fluorid).
- *0,75mg Tbl.:* 1 Tbl. enth.: Natriumfluorid 1,659mg (entspr. 0,75mg Fluorid).
- *1mg Tbl.:* 1 Tbl. enth.: Natriumfluorid 2,212mg (entspr. 1mg Fluorid).

Was kostet es?	DM
300 Tbl. zu 0,25mg	11,75
300 Tbl. zu 0,5mg	13,65
300 Tbl. zu 0,75mg	15,15
300 Tbl. zu 1mg	16,40

Hersteller?

Fa. Albert-Roussel in Wiesbaden

Lösnesium®

Wann anwenden?

Nachgewiesener Magnesiummangel, wenn er die Ursache für Störungen der Muskeltätigkeit (wie z.B. neuromuskuläre [durch die Nerven ausgelöste muskuläre] Störungen, Wadenkrämpfe) ist.

Wann nicht anwenden?

Bei Nierenfunktionsstörungen und bei zu langsamem Herzschlag führenden Störungen der Erregungsleitung des Herzens sollte Lösnesium nicht angewendet werden. Es sollte auch überprüft werden, ob sich aus der Lage des Mineralhaushaltes wie z.B. Magnesiumüberschuß oder Kaliumüberschuß eine Gegenanzeige ergibt. Weiterhin ist die Anwendung von Lösnesium bei Myasthenia gravis [einer seltenen Muskelerkrankung], starkem Wasserverlust, metabolischer Alkalose [den Stoffwechsel betreffende Verschiebung des pH-Wertes], bei chronischen Harnwegsinfekten mit harnstoffspaltenden Bakterien (Gefahr einer Struvitsteinbildung) und bei bestimmten Harnsteinleiden (Calcium-Magnesium-Ammoniumphosphat-Steine) nicht angezeigt.

Welche Nebenwirkungen?

Bei höherer Dosierung (ab 2-3 Beutel/Tag) kann es zu Stuhlerweichung kommen, die sich nach Reduktion der Dosierung spontan zurückbildet.

Wie dosieren?

- *Brausegran.:* Die Dosierung ist abhängig vom Grad des Magnesiummangels. Die mittlere Tagesdosis beträgt 1-2 Beutel (15-30 mmol Magnesium-Ionen). Erwachsene und Jugendliche 1-2 mal täglich 1 Beutel, Kinder ab 6 Jahren 1 mal täglich 1/2-1 Beutel. Bei schweren Magnesiummangelzuständen können höhere Dosierung unter Überwachung des Elektrolythaushaltes angezeigt sein. Der Inhalt eines Beutels wird in etwa 1/2 Glas Wasser gelöst und gleich nach dem Auflösen getrunken. Die Dauer der Behandlung ist von der Ausprägung des zugrundeliegenden Magnesiummangels abhängig. Dauer und Dosierung einer längerfristigen Magnesiumzufuhr müssen ärztlich überwacht werden.

Welche Wirkstoffe?

- *Brausegran.:* 1 Btl. enth.: Leichtes basisches Magnesiumcarbonat 670mg,

leichtes Magnesiumoxid 342mg (entspr. 15mmol Magnesium-Ionen).

Was kostet es?	DM
20 Btl. Brausegran	19,70
50 Btl. Brausegran	40,43

Hersteller?

Fa. Beiersdorf-Lilly in Hamburg

Mundschleimhautentzündung

Candio-Hermal® Dragees, -Fertigsuspension

Wann anwenden?

- *Dragees:* Auf den Wirkstoff Nystatin ansprechende Darminfektionen durch pathogene [krankmachende] Hefepilze oder übermäßige Ansiedlung von Geotrichum candidum [hefeähnlicher Pilz].
- *Fertigsuspension:* Nystatinempfindliche Hefepilzinfektionen der Mundhöhle, des Nasen- und Rachenraumes, der Speiseröhre und des Magens, Hefebesiedlung von Magen- und Zwölffingerdarmgeschwüren.

Welche Nebenwirkungen?

In sehr seltenen Fällen kann es bei örtlicher Anwendung zu Überempfindlichkeitsreaktionen kommen. In Einzelfällen allergische Reaktionen, z.B. an der Haut in Form von Juckreiz, Brennen, Rötung, Pusteln.

Was beachten?
- Fertigsuspension: Unter Berücksichtigung der BE [Diabetiker-Einheiten] ist die Fertigsuspension auch für Diabetiker geeignet. Die Osmolarität [osmotische Molekülkonzentration] beträgt ca. 3.470 mOsmol/kg. Bei Frühgeborenen sollte das Präparat daher nur mit besonders Vorsicht angewendet werden.

Wie dosieren?
- Dragees: 3 mal täglich 1-2 Dragee unzerkaut mit Flüssigkeit. In besonderen Fällen kann auch höher dosiert werden.
- Fertigsuspension: 3-6 mal täglich, in schweren Fällen alle 2 Stunden, jeweils 1 ml. Näheres siehe Packungsbeilage.

Welche Wirkstoffe?
- Dragees: 1 Drg. enth.: Nystatin 500000 I.E.
- Fertigsuspension: 1ml enth.: Nystatin 100000 I.E.

Was kostet es?	DM
50 Drg.	71,97
100 Drg.	123,07
24 ml	14,73
50 ml	27,16

Hersteller?
Fa. Hermal in Reinbek

Candio-Hermal® Mundgel

Wann anwenden?
Mundsoor [grauweißer Belag der Mundschleimhaut].

Welche Nebenwirkungen?
In seltenen Fällen bei örtlicher Anwendung Überempfindlichkeitsreaktionen (Brennen, Rötung) sowie allergische Hautreaktionen. Lokale Reizungen möglich.

Wie dosieren?
3-5 mal täglich eine haselnußgroße Menge im Mund verteilen nach den Mahlzeiten. Näheres siehe Packungsbeilage.

Welche Wirkstoffe?
100g enth.: Nystatin 25 Mio. I.E.,
Konservierungsmittel: Methyl-4-hydroxybenzoat 0,4g,

Was kostet es?	DM
20 g Mundgel	12,65
40 g Mundgel	23,15

Hersteller?
Fa. Hermal in Reinbek

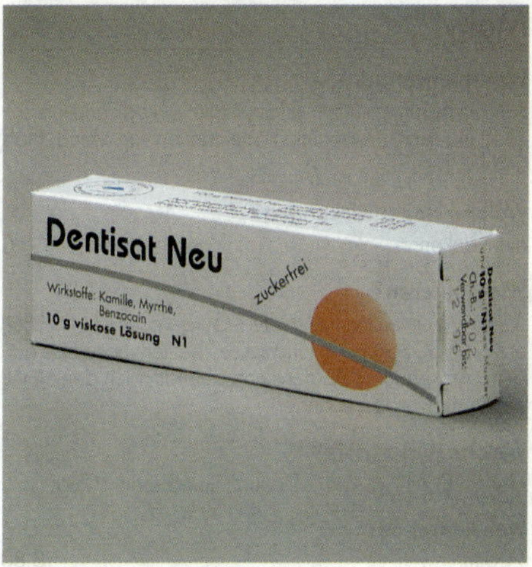

Dentisat® Neu

Wann anwenden?
Zahnungsbeschwerden des Kleinkindes, Entzündung des Zahnfleisches und der Mundschleimhaut, Druckschmerz durch Zahnprothesen.

Welche Nebenwirkungen?
Selten Überempfindlichkeitsreaktionen gegen Benzocain.

Wie dosieren?
- viskose Lsg.: Bei Zahnungsbeschwerden des Kleinkindes 4-5 mal täglich nach den Mahlzeiten eine kleine Menge Dentisat Neu auf die schmerzhafte Stelle auftragen und leicht einmassieren. Bei Entzündung und entzündlichen Schwellungen des Zahnfleisches und der Mundschleimhaut 4-5 mal täglich je nach Ausdehnung der erkrankten Stelle, etwas Dentisat Neu auftragen. Die Anwendung erfolgt am besten jeweils nach den Mahlzeiten und dem Zähneputzen. Zur Vorbeugung und Nachbehandlung 1 mal täglich nach der morgendlichen oder abendlichen Zahnpflege wenig Dentisat Neu mit der Fingerkuppe einreiben.

Welche Wirkstoffe?
- viskose Lsg.: 100g viskose Lsg.: Kamille Urtinktur 10g, Myrrhe Urtinktur 2,5g, Benzocain 0,6g.

Was kostet es?	DM
10 g viskose Lsg.	6,95

Hersteller?
Fa. Dermapharm in Gräfelfing

Mundschleimhautentzündung

Maltyl®

Wann anwenden?
Adjuvante [unterstützende] Therapie von bakteriellen Entzündungen der Schleimhautoberflächen von Mund, Hals und Rachen.

Welche Nebenwirkungen?
nicht bekannt.

Wie dosieren?
- Lsg.: Mit unverdünnter Maltyl® Gurgellösung (1 Eßlöffel) etwa 15-30 Sekunden lang spülen beziehungsweise gurgeln. Anwendung morgens und abends nach den Mahlzeiten, bei Bedarf häufiger.

Welche Wirkstoffe?
- Lsg.: 100ml Lsg. enth.: Dequaliniumchlorid 10mg.

Was kostet es?	DM
200 ml	8,80

Hersteller?
Fa. Merckle in Ulm

Nystaderm Mundgel, -S

Wann anwenden?
Nystatinempfindliche Hefepilzinfektionen der Mundhöhle (Mundsoor [grauweißer Belag der Mundschleimhaut]), der Speiseröhre und des Magen/Darmtraktes.

Wann nicht anwenden?
Spezifische Hautprozesse (Syphilis, Tuberkulose, Impfreaktionen, periorale Dermatitis [Entzündung der Haut im äußeren Mundbereich] und Rosazea [chronische Hautkrankheit im Gesicht infolge Erweiterung der Blutgefäße]).

Welche Nebenwirkungen?
In sehr seltenen Fällen Überempfindlichkeitsreaktionen.

Wie dosieren?
3-6 mal täglich 1ml.

Welche Wirkstoffe?
- Mundgel: 1ml Mundgel enth.: 100.000 I.E. Nystatin.
- S: 1ml Suspension enth.: 100.000 I.E. Nystatin.

Was kostet es?	DM
25 ml Mundgel	10,55
50 ml Mundgel	19,63
24 ml Susp. S mit Dosierpipette	10,75
24 ml Susp. S mit Dosierpumpe	10,75
48 ml Susp. S mit Dosierpumpe	19,55

Hersteller?
Fa. Dermapharm in Gräfelfing

Nystaderm-Filmtabletten

Wann anwenden?
Nystatinempfindliche Hefepilzinfektionen des Magen-Darmtraktes.

Wann nicht anwenden?
Spezifische Hautprozesse (Syphilis, Tuberkulose, Impfreaktionen, periorale Dermatitis [Entzündung der Haut im äußeren Mundbereich] und Rosazea [chronische Hautkrankheit infolge Erweiterung der Blutgefäße]).

Wie dosieren?
3 mal 1-2 Filmtabletten täglich einnehmen.

Welche Wirkstoffe?
1 Filmtbl. enth.: 500.000 I.E. Nystatin.

Was kostet es?	DM
20 Filmtbl.	28,35
50 Filmtbl.	54,20
100 Filmtbl.	99,25

Hersteller?
Fa. Dermapharm in Gräfelfing

Parodontal F5® med

Wann anwenden?
Entzündung des Zahnfleisches und der Mundschleimhaut. Zahnfleischmassagen.

Wann nicht anwenden?
Allergie gegen einen der Inhaltsstoffe.

Schwangerschaft?
Kontraindiziert, nicht anwenden!

Stillzeit?
Kontraindiziert, nicht anwenden!

Welche Nebenwirkungen?
Kontaktekzeme [Kontaktüberempfindlichkeit] in seltenen Fällen.

Was beachten?
Enthält 65 Vol.-% Alkohol. Nicht zum Einnehmen!

Wie dosieren?
- Lösung: Mundspülung: 15-20 Tropfen auf 1/3 Glas lauwarmes Wasser. Zahnfleischmassage: unverdünnt anwenden.

Welche Wirkstoffe?
- Lösung: Gehalt je 100 g: Thymol 0,36g, Phenylsalicylat 0,5g, Minzöl 0,5g, Eugenol 0,25g, Nelkenöl 0,25g, Dalmatinisches Salbeiöl 0,5g.

Pack:
20 ml
100 ml

Hersteller?
Fa. Pharma Wernigerode in Wernigerode

Pharma Wernigerode Kamillan® supra

Wann anwenden?
Äußerlich: Haut- und Schleimhautentzündungen sowie bakterielle Hauterkrankungen einschließlich der Mundhöhle und des Zahnfleisches. Entzündliche Erkrankungen und Reizzustände der Luftwege (Inhalationen). Erkrankungen im Anal- und Genitalbereich (Bäder und Spülungen). Innerlich: Krämpfe und entzündliche Erkrankungen des Magen-Darm-Traktes.

Vorsicht!
Enthält 48 Vol.-% Alkohol.

Wie dosieren?
Gesichtsdampfbad und Inhalation: 1-3 mal täglich $^1/_2$-1 Eßlöffel auf ca. 1 Liter Wasser; bei Verwendung des Kamillan Inhalators sind ca. 300ml heißes Wasser ausreichend; Mundspülen und Gurgeln: mehrmals täglich 20-30 Tropfen auf $^1/_2$ Glas Wasser; Pinselung: mehrmals täglich unverdünnt; Säuglings-Bäder: 1 mal täglich $^1/_2$-1 Eßlöffel auf ca. 10 Liter Wasser; Sitzbäder, Spülungen, Umschläge, Waschungen, Teilbäder: 1- mehrmals täglich $^1/_2$-1 Eßlöffel auf ca. 1 Liter Wasser. Zum Einnehmen: bis zu 4 mal täglich auf 1 Glas Wasser bei Säuglingen und Kleinkindern: 10 Tropfen Schulkindern 20 Tropfen; Erwachsene 30 Tropfen.

Welche Wirkstoffe?
Gehalt je 100g: 100g ethanolisch-wäßr. Auszug aus Kamillenblüten (1:2) mit mind. 180mg ätherischem Öl. 1g≙ca. 30 Tropf.

Was kostet es?	DM
30 ml	5,70
100 ml	14,20

Hersteller?
Fa. Pharma Wernigerode in Wernigerode

Nagelerkrankungen

BIO-H-TIN®, -5mg Tabletten

Wann anwenden?
Therapie und Prophylaxe [Vorbeugung] von Biotinmangelzuständen, die ernährungsmäßig nicht behoben werden können und sich an Nägeln (brüchige, weiche, splitternde Nägel), Haar (Haarausfall, mangelnde Haarqualität) und Haut äußern können.

Wie dosieren?
- *Tabletten:* 1 Tablette täglich vor den Mahlzeiten mit Flüssigkeit einnehmen.
- *5mg Tabletten:* $^1/_2$ Tablette täglich vor den Mahlzeiten mit Flüssigkeit einnehmen.

Welche Wirkstoffe?
- *Tabletten:* 1 Tbl. enth.: 2,5mg Biotin.
- *5mg Tabletten:* 1 Tbl. enth.: 5mg Biotin.

Was kostet es?	DM
40 Tbl. 2,5mg	47,50
120 Tbl. 2,5mg	117,65
20 Tbl. 5mg	36,60
50 Tbl. 5mg	76,00

Hersteller?
Fa. Dr. Engelfried + Dr. Bartel Pharma in München

Gelacet® N

Wann anwenden?
Wachstumsstörungen der Haare und Nägel. Veränderungen des Nagelbildes, z.B. Aufsplittern, Rillen, Ablösungen des Nagels. Adjuvans [unterstützende Therapie] bei der Behandlung von Onychomykosen [Nagelpilzen] und nach Nagelextraktionen [Nagelentfernungen].

Wann nicht anwenden?
Schwere Nieren- und Leberschäden sowie Aminosäurenstoffwechselstörungen. Therapie mit anderen Vitamin-A-Präparaten soll vermieden werden.

Wie dosieren?
Erwachsene: 1. täglich 1 Beutel Pulver oder 9 Kapseln über 3 Wochen einnehmen, 2. zwei Wochen Pause, 3. wie 1., 4. Erhaltungsdosis über mehrere Wochen oder Monate: 3 Kapseln täglich beziehungsweise alle 3 Tage 1 Beutel Pulver. Kinder: Siehe Packungsbeilage. Den Beutelinhalt mit Joghurt oder einer geringen Menge konzentrierten Fruchtsaftes laut Packungsbeilage einnehmen.

Welche Wirkstoffe?
- *Kaps.:* 1 Kaps. enth.: Retinolacetat (Vit. A) 1000 I.E., L-Cystin 7,0mg, Gelatine (incl. Kapselgel.) 745,5mg.
- *Pulv.:* 1 Btl. (7,105g) enth.: Gelatine 7,0g, Retinolacetat (Vit. A) 9000 I.E., L-Cystin 0,07g.

Was kostet es?	DM
63 Kaps.	18,06
189 Kaps.	44,41
21 Btl. Pulv.	26,78

Hersteller?
Fa. Hermal in Reinbek

Nagelpilz

Nagelpilz

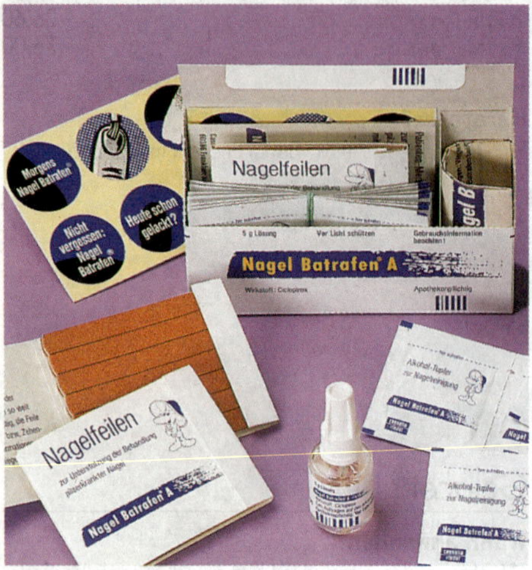

Nagel Batrafen® A

Wann anwenden?
Pilzerkrankungen der Nägel.

Wann nicht anwenden?
Nicht bei Kindern anwenden.

Schwangerschaft?
Kontraindiziert, nicht anwenden!

Stillzeit?
Kontraindiziert, nicht anwenden!

Welche Nebenwirkungen?
In sehr seltenen Fällen bei Kontakt mit der um den Nagel liegenden Haut: Rötung und Schuppung.

Wie dosieren?
- *Lsg.:* Im ersten Monat jeden zweiten Tag in dünner Schicht auf den erkrankten Nagel auftragen. Damit wird erreicht, daß der Nagel mit dem Wirkstoff aufgesättigt wird. Im zweiten Behandlungsmonat kann die Anwendung dann auf mindestens 2 mal wöchentlich, ab dem dritten Behandlungsmonat auf 1 mal wöchentlich verringert werden.

Welche Wirkstoffe?
- *Lsg.:* 1g enth.: Ciclopirox 80mg.

Was kostet es?	DM
1 Fl. 2,5g Lsg.	36,83
1 Fl. 5g Lsg.	67,17

Hersteller?
Fa. Cassella-Riedel in Frankfurt am Main

Neurodermitis

Balneum Hermal®, -F

Wann anwenden?
- *flüssiger Badezusatz:* Zur unterstützenden Behandlung von Dermatosen [Hautkrankheiten] mit trockener und leicht juckender Haut wie z.B. atopisches Ekzem (Neurodermitis), Psoriasis [Schuppenflechte], Ichthyosis [Fischschuppenkrankheit], Pruritus senilis [alterbedingter Juckreiz], Ekzeme wie Windelekzem, Waschekzem, chronisches Ekzem.
- *F Flüssiger Badezusatz:* Zur unterstützenden Behandlung bei trockener, schuppender, juckender und empfindlicher Haut wie z.B. atopischem Ekzem (Neurodermitis), Psoriasis [Schuppenflechte], Ichthyosis [Fischschuppenkrankheit].

Wann nicht anwenden?
Überempfindlichkeit gegen den Inhaltsstoff Propylenglycol. Fieberhafte Erkrankungen. Tuberkulose. Schwere Herz- und Kreislaufinsuffizienz [Kreislaufschwäche], Hypertonie [Bluthochdruck]. Größere Hautverletzungen und akute unklare Hautkrankheiten. Frische Psoriasis pustulosa-Formen [Schuppenflechte mit Pustelbildung].

Welche Nebenwirkungen?
In Einzelfällen Rötung, Juckreiz, Brennen.
Zusätzlich für -F Flüssiger Badezusatz: In sehr seltenen Fällen kann es zu einer Follikulitis [Haarbalgentzündung] kommen.

Was beachten?
Balneum Hermal, -F darf unverdünnt nicht mit den Augen in Berührung gebracht werden.

Wie dosieren?
Im allgemeinen 2-3 Voll-, Teil- oder Duschbäder wöchentlich. Nähere Angaben siehe Packungsbeilage.

Welche Wirkstoffe?
- *flüssiger Badezusatz:* 100g enth.: Sojabohnenöl 84,75g.
- *F Flüssiger Badezusatz:* 100g enth.: Erdnußöl 46,45g, α-Dodecyl-ϖ-hydroxypoly(oxyethylen) 4, dünnfl. Paraffin 47,0g.

Was kostet es?	DM
150 ml flüssiger Badezusatz (zum Duschen)	9,95
200 ml flüssiger Badezusatz	12,97
500 ml flüssiger Badezusatz	23,94
1000 ml flüssiger Badezusatz	40,74
200 ml F flüssiger Badezusatz	13,46
500 ml F flüssiger Badezusatz	24,43
1000 ml F flüssiger Badezusatz	43,50

Hersteller?
Fa. Hermal in Reinbek

Balneum Hermal® Plus

Wann anwenden?

Zur unterstützenden Behandlung aller Hauterkrankungen, die mit Austrocknung einhergehen, insbesondere wenn diese von Juckreiz begleitet sind wie z.B. atopisches Ekzem (Neurodermitis), chronisches Ekzem, Altersjuckreiz. Zur unterstützenden Behandlung der Schuppenflechte.

Wann nicht anwenden?

Überempfindlichkeit gegen die Inhaltsstoffe. Fieberhafte Erkrankungen, Tuberkulose, schwere Herz- und Kreislaufstörungen, Hypertonie [Bluthochdruck]. Größere Hautverletzungen und akute unklare Hautkrankheiten. Frische Psoriasis pustola-Formen [Schuppenflechte mit Pustelbildung].

Welche Nebenwirkungen?

In Einzelfällen Rötung, Juckreiz und Brennen.

Was beachten?

Das Präparat darf unverdünnt nicht mit den Augen in Berührung gebracht werden.

Wie dosieren?

- *Flüssiger Badezusatz:* Im allgemeinen 2-3 Voll-, Teil- oder Duschbäder wöchentlich. Näheres siehe Packungsbeilage.

Welche Wirkstoffe?

- *Flüssiger Badezusatz:* 100g enth.: Sojabohnenöl 82,95g,
Polidocanol 15,0g.

Was kostet es?	DM
200 ml flüssiger Badezusatz	14,66
500 ml flüssiger Badezusatz	28,45
1000 ml flüssiger Badezusatz	46,28

Hersteller?

Fa. Hermal in Reinbek

Nubral® Creme

Wann anwenden?

Bei trockener Haut; kann daher unterstützend bei der Neurodermitis-Behandlung verwenden werden.

Wann nicht anwenden?

Überempfindlichkeitreaktionen gegen einen der Inhaltsstoffe.

Welche Nebenwirkungen?

Irritationen der Haut (Hautreizungen) bei der Behandlung akuter entzündlicher Hauterkrankungen sind möglich.

Wie dosieren?

- *Creme:* Dosierung mit Einzel- und Tagesgaben: 1 oder mehrmals täglich auf die erkrankten Hautstellen auftragen. Dünn auftragen und einmassieren. Die Dauer der Anwendung ist individuell.

Welche Wirkstoffe?

- *Creme:* Enth.: 10% Harnstoff.

Was kostet es?	DM
75 g Creme	18,78
150 g Creme	32,10
2 x 150g Creme Doppelpack	55,00

Hersteller?

Fa. Galderma in Freiburg

Optiderm®

Wann anwenden?

Zur Feuchtigkeitsregulierung der Hornschicht, Fettung und Juckreizstillung als unterstützende Behandlung bei Hauterkrankungen mit trockener und/oder juckender Haut wie z.B. atopisches Ekzem (Neurodermitis), Exsikkationsekzem (Austrocknungsschäden durch Waschmittel etc.) sowie zur Weiter- und Nachbehandlung der genannten Hauterkrankungen.

Wann nicht anwenden?

Akute Erythrodermie [Hauterkrankung unterschiedlicher Ursache, mit starker Rötung], akut entzündliche, nässende und infizierte Hautprozzese.

Welche Nebenwirkungen?

In seltenen Fällen auf entzündeter Haut Brennen, Rötung, Juckreiz, Pustelbildung.

Wie dosieren?

- *Creme:* 2mal täglich gleichmäßig dünn auftragen. Anwendungsdauer: durchschnittlich 3 Wochen.

Welche Wirkstoffe?

- *Creme:* 100g Creme enth.: Harnstoff 5,0g;
Polidocanol 3,0g.

Was kostet es?	DM
50 g Creme	15,80
100 g Creme	29,50
200 g Creme (2x100g)	53,20

Hersteller?

Fa. Hermal in Reinbek

Osteoporose

Calcimagon® 500

Wann anwenden?

Therapie und Prophylaxe [Vorbeugung] von Calciummangelzuständen und bei erhöhtem krankheitsbedingtem Calciumbedarf.

Wann nicht anwenden?

Hyperkalzämie [erhöhter Kalziumgehalt des Blutes] und Hyperkalzurie [vermehrte Kalziumausscheidung im Urin] z.B. bei Überfunktion der Nebenschilddrüsen, Calcium-Nierensteine, Vitamin-D-Überdosierung, Calcium-ab-

Osteoporose

bauende Tumoren wie z.B. Knochenmetastasen, schwere Nierenfunktionsstörungen und Immobilisations-Osteoporose [Knochengewebsschwund mit Bewegungsunfähigkeit]. Patienten mit Sorbitintoleranz [Unverträglichkeit gegenüber Fructose, bzw. Süßstoff Sorbit] z.B. aus Fructose-1,6-diphosphatasemangel. Bei Kindern: Nicht anwenden!

Welche Nebenwirkungen?

Verstopfung, Blähungen, Säurebildung als Reaktion auf die Einnahme, Hyperkalzurie [vermehrte Kalziumausscheidung im Urin]. Bei Anwendung hoher Dosen kann es auch zu Hyperkalzämie [erhöhter Kalziumgehalt des Blutes] und zu Alkalose [Abnahme des Säuregehaltes des Blutes] kommen. Der Calciumspiegel des Blutes und die Calciumausscheidung mit dem Urin sollten regelmäßig überwacht werden.

Wie dosieren?

- *Kautbl.*: Erwachsene kauen unabhängig von den Mahlzeiten 3 mal täglich 1 Tablette.

Welche Wirkstoffe?

- *Kautbl.*: 1 Kautbl. enth.: 1260mg Calciumcarbonat entspr. 500mg Calcium.

Weitere Bestandteile: Sorbitol, Poly(1-vinyl-2-pyrrolidon), MMG 35000-45000, Magnesiumstearat, Aspartam, Glycerol (mono, di) Fettsäure (C18) Ester.

Was kostet es?	DM
20 Kautbl.	9,95
50 Kautbl.	22,55
100 Kaubtl.	39,85

Hersteller?

Fa. Nycomed Arzneimittel in Ismaning

Calcium Dago®-Steiner

Wann anwenden?

Calciummangelzustände, Osteoporose [Knochengewebsschwund], Tetanie [Krampfneigung der Muskeln], allergische Erkrankungen. Erhöhter Calciumbedarf während der Gravidität [Schwangerschaft], Laktation [Milchproduktion] und im Wachstumsalter.

Wann nicht anwenden?

Hyperkalzämie [erhöhter Kalziumgehalt des Blutes], Hyperkalzurie [vermehrte Kalziumausscheidung im Urin], primärer Hyperparathyreoidismus [Erkrankung der Nebenschilddrüsen], Vitamin-D-Intoxikation [Vergiftung], diffuses Plasmozytom [diagnostisch nicht genau abgrenzbare Geschwulst der Plasmazellen des Knochenmarks], Knochenmetastasen, Nierenkalksteine, Nephrokalzinose [Kalksalzablagerung in der Niere], Immobilisationsosteoporose [mit Unbeweglichkeit einhergehende Osteoporose, d.h. Knochenschwund].

Welche Nebenwirkungen?

Hyperkalzämie [erhöhter Kalziumgehalt des Blutes] und Hyperkalzurie [vermehrte Kalziumausscheidung im Urin] bei Einnahme über längere Zeit möglich.

Was beachten?

Bei Nierenfunktionsstörungen Daueranwendung vermeiden. Für Diabetiker: 3g Granulat enthalten 1,737g insulinabhängige Kohlenhydrate als Saccharose = 0,14 BE [Diabetiker-Einheiten].

Wie dosieren?

- *Gran.*: 3 mal täglich 1-2 Meßlöffel Granulat (3-6g) in einem halben Glas Flüssigkeit einnehmen. Bei Bedarf mit Süßstoff oder Zucker nachsüßen.

Welche Wirkstoffe?

- *Gran.*: 1 Dosis (3g) Gran. enth.: Calciumcarbonat 400mg (entspr. 160mg Calcium-Ionen).

Weitere Bestandteile: Citronensäure 850mg, Saccharose 1,737g.

Was kostet es?	DM
100 g Dose Gran.	7,77
250 g Dose Gran.	17,24

Hersteller?

Fa. Steiner in Berlin

Calcium Verla® Filmtabletten, -500 Brausetabletten

Wann anwenden?

- *Filmtabletten:* Vorbeugung und Behandlung von Calcium-Mangelzuständen, beziehungsweise bei erhöhtem Calcium-Bedarf während Wachstumsphasen, Schwangerschaft, Stillzeit und im Alter; Osteoporose [Knochengewebsschwund], Behandlung von Krampfzuständen/-Tetanie [Krampfneigung der Muskeln], Behandlung allergischer Reaktionen.

- *500 Brausetabletten:* Zur Vorbeugung eines Calciummangels bei erhöhtem Bedarf (zum Beispiel Wachstumsalter, Schwangerschaft, Stillzeit). Zur unterstützenden Behandlung der Osteoporose [Knochengewebsschwund].

Wann nicht anwenden?

Niereninsuffizienz [Nierenschwäche] mit Anurie [zu wenig Harnfluß], Exsikkose [Austrocknung], Hypercalcämie [zuviel Calcium im Blut], schwere Hypercalciurie [zuviel Calcium im Urin] und Nierensteine.

Zusätzlich für - Filmtabletten: Schwere Nierenfunktionsstörung mit Ausscheidungshemmung, Flüssigkeitsmangel des Körpers, Calciumüberschuß im Blut, schwere Hypercalciurie [übermäßige Calcium-Ausscheidung über den Harn], Nierensteine.

Zusätzlich für - 500 Brausetabletten: Schwere Niereninsuffizienz [Nierenschwäche], Hypercalcämie [zuviel Calcium im Blut], Hypercalciurie [zuviel Calcium im Urin], primärer Hyperparathyreoidismus [Erkrankung der Nebenschilddrüsen], Vitamin D-Überdosierung, diffuses Plasmozytom [Geschwulst der Plasmazellen des Knochenmarks], Knochenmetastasen, Calciumnierensteine, Nephrocalcinose [Kalksalzablagerung im Nierengewebe], Immobilisationsosteoporose [durch Unbeweglichkeit ausgelöste Osteoporose, das heißt Knochenschwund] und Hypophosphatämie [Phosphatmangel].

Welche Nebenwirkungen?

- Filmtabletten: In seltenen Fällen sind leichte Magen-Darm-Störungen möglich.

- 500 Brausetabletten: Bei hoher Dosierung Obstipation [Verstopfung] möglich. Bei Niereninsuffizienz [Nierenschwäche] und langfristiger Einnahme hoher Dosen Hypercalcämie [zuviel Calcium im Blut], Hypercalciurie [zuviel Calcium im Urin] sowie metabolische Acidose [den Stoffwechsel betreffende Übersäuerung] und Phosphatverarmung möglich. Deshalb sollte der Calciumspiegel des Blutes und die Ausscheidung von Calcium durch den Urin regelmäßig kontrolliert werden.

Wie dosieren?

- Filmtabletten: Erwachsene nehmen 3 mal täglich 1-2 Filmtabletten, Kinder, je nach Alter, 1-3 mal täglich 1 Filmtablette mit Flüssigkeit ein.

- 500 Brausetabletten: 1-2 mal täglich 1-2 Brausetabletten in 1 Glas Wasser gelöst und möglichst auf nüchternen Magen, das heißt unabhängig von den Mahlzeiten einnehmen.

Welche Wirkstoffe?

- Filmtabletten: 1 Filmtbl. enth.: Calciumphosphat 250mg,
Calciumcitrat·$4H_2O$ 200mg, Calcium-Gehalt 3,5mmol = 139,1mg.

- 500 Brausetabletten: 1 Brausetbl. enth.: 1250,0mg Calciumcarbonat, entspr. 500mg ionisiertem Calcium.

Was kostet es?	DM
20 Filmtbl.	4,31
50 Filmtbl.	9,52
100 Filmtbl.	17,42
20 Brausetbl.	12,59
50 Brausetbl.	27,93

Hersteller?

Fa. Verla-Pharm in Tutzing

Löscalcon® 500, -1000

Wann anwenden?

Calciummangel bei Tetanie [Krampfneigung der Muskeln], und Osteoporose [Knochengewebsschwund]; Prophylaxe [Vorbeugung] bei erhöhtem Calciumbedarf während der Schwangerschaft und Stillzeit sowie im Wachstumsalter.

Wann nicht anwenden?

Nierenkalksteine, Nephrocalzinose [Ablagerung von Kalksalzen in der Niere], Immobilisations-Osteoporose im akuten Schub [akuter Schub von Knochenschwund infolge körperlicher Ruhigstellung], Hypercalcämie [erhöhter Calciumspiegel im Blut], primärer Hyperparathyreoidismus [Überfunktion der Nebenschilddrüse], Vitamin-D-Überdosierung, diffuses Plasmozytom [Wucherung bestimmter Zellen des Knochenmarks], Knochenmetastasen [Tochtergeschwülste in den Knochen], schwere Hyperkalzurie [stark erhöhte Calciumkonzentration im Urin], Niereninsuffizienz [Nierenfunktionsstörungen], metabolische Alkalose [stoffwechselbedingte Untersäuerung des Blutes], chronische Harnwegsinfekte mit harnstoffspaltenden Bakterien (Gefahr einer Struvitsteinbildung).

Welche Nebenwirkungen?

Hyperkalzämie [erhöhter Kalziumgehalt des Blutes], Hyperkalzurie [vermehrte Kalziumausscheidung im Urin]. Regelmäßige Überwachung des Calcium- Blutspiegels und der Calcium-Ausscheidung durch den Urin ist daher erforderlich. Gelegentlich Magen- und Darm-Störungen.

Was beachten?

Von einer Kombinationsbehandlung mit Vitamin D wird abgeraten (außer bei spezieller Indikationsstellung [nur nach Rücksprache mit Ihrem Arzt!]).
Zusätzlich für - 500 Brausetbl.: 1 Brausetablette enth. 5,3mg Natrium (entsprechend 13,5mg Kochsalz).
Zusätzlich für - 1000 Brausetbl.: 1 Brausetablette enth. 5,1mg Natrium (entsprechend 13,0mg Kochsalz).

Wie dosieren?

- 500 Brausetbl.: 2-4 Brausetabletten täglich. Kinder je nach Alter täglich 1-2 Brausetabletten.

- 1000 Brausetbl.: 1-2 Brausetabletten täglich. Eine Brausetablette wird in einem Glas Wasser (ca. 200ml) aufgelöst und sofort getrunken. Wenn die trinkfertige Lösung länger steht, kann es zur Bildung eines Niederschlages kommen. In einem solchen Fall sollte die Flüssigkeit vor dem Trinken umgerührt werden.

Welche Wirkstoffe?

- 500 Brausetbl.: 1 Brausetbl. enth.: Calciumcarbonat 1250mg (entspr. 500mg Ca^{2+}).

- 1000 Brausetbl.: 1 Brausetbl. enth.: Calciumcarbonat 2500mg (entspr. 1000mg Ca^{2+}).

Was kostet es?	DM
20 Brausetbl. zu 500mg	12,59
50 Brausetbl. zu 500mg	27,93
100 Brausetbl. zu 500mg	51,05
20 Brausetbl. zu 1000mg	22,55
50 Brausetbl. zu 1000mg	50,03
100 Brausetbl. zu 1000mg	91,40

Hersteller?

Fa. Beiersdorf-Lilly in Hamburg

Pilzinfektionen

s.a. Fußpilz
s.a. Nagelpilz
s.a. Mundschleimhautentzündung

Candio-Hermal® Dragees, -Fertigsuspension

Wann anwenden?

- Dragees: Auf den Wirkstoff Nystatin ansprechende Darminfektionen durch pathogene [krankmachende] Hefepilze oder übermäßige Ansiedlung von Geotrichum

Pilzinfektionen

candidum [hefeähnlicher Pilz].
- *Fertigsuspension:* Nystatinempfindliche Hefepilzinfektionen der Mundhöhle, des Nasen- und Rachenraumes, der Speiseröhre und des Magens, Hefebesiedlung von Magen- und Zwölffingerdarmgeschwüren.

Welche Nebenwirkungen?

In sehr seltenen Fällen kann es bei örtlicher Anwendung zu Überempfindlichkeitsreaktionen kommen. In Einzelfällen allergische Reaktionen, z.B. an der Haut in Form von Juckreiz, Brennen, Rötung, Pusteln.

Was beachten?

- *Fertigsuspension:* Unter Berücksichtigung der BE [Diabetiker-Einheiten] ist die Fertigsuspension auch für Diabetiker geeignet. Die Osmolarität [osmotische Molekülkonzentration] beträgt ca. 3.470 mOsmol/kg. Bei Frühgeborenen sollte das Präparat daher nur mit besonders Vorsicht angewendet werden.

Wie dosieren?

- *Dragees:* 3 mal täglich 1-2 Dragee unzerkaut mit Flüssigkeit. In besonderen Fällen kann auch höher dosiert werden.
- *Fertigsuspension:* 3-6 mal täglich, in schweren Fällen alle 2 Stunden, jeweils 1 ml. Näheres siehe Packungsbeilage.

Welche Wirkstoffe?

- *Dragees:* 1 Drg. enth.: Nystatin 500000 I.E.
- *Fertigsuspension:* 1 ml enth.: Nystatin 100000 I.E.

Was kostet es?	DM
50 Drg.	71,97
100 Drg.	123,07
24 ml	14,73
50 ml	27,16

Hersteller?

Fa. Hermal in Reinbek

Candio-Hermal®

Wann anwenden?

- *Creme:* Nystatinempfindliche Hefepilzinfektionen der Haut, des Übergangsepithels (Lippen, Genitalbereich), der Nägel und des behaarten Kopfes, sekundäre Hefepilzbesiedlung (weder fettend noch austrocknend).
- *Paste:* Nystatinempfindliche, auch chronisch verlaufende und nässende Hefepilzinfektionen der Haut und intertriginösen [in den Körperfalten angesiedelten, z.B. in der Leistengegend] Räumen, gut haftend, trocknend.
- *Softpaste:* Nässende Hefepilzinfektionen der Haut bei Windeldermatitis [entzündliche Hautreaktion, die durch den Wärmestau von Windeln hervorgerufen wird] oder Windelsoor [Pilzbefall im Bereich der Windeln] auf wunder Haut.
- *Salbe:* Nystatinempfindliche, nichtnässende Hefepilzinfektionen der Haut, der Nägel und der Haarfollikel [Haarwurzel], auch bei sekundärem [durch eine vorausgegangene Erkrankung ausgelöstem] Hefebefall.

Welche Nebenwirkungen?

In seltenen Fällen kann es bei örtlicher Anwendung zu Überempfindlichkeitsreaktionen (Brennen, Rötung) kommen.

Wie dosieren?

Creme, Paste, Salbe: 2-3 mal täglich auftragen, in schweren Fällen sogar stündlich. *Softpaste:* 3-5 mal täglich gleichmäßig dünn auftragen. Näheres siehe Packungsbeilage.

Welche Wirkstoffe?

- *Creme:* 100g enth.: Nystatin 10 Mio. I.E.
- *Paste:* 100g enth.: Nystatin 10 Mio. I.E.
- *Softpaste:* 100g Paste enth.: Nystatin 10 Mio. I.E.
- *Salbe:* 100g enth.: Nystatin 10 Mio. I.E.

Was kostet es?	DM
20 g Creme	14,15
50 g Creme	27,13
20 g Paste	14,15
50 g Paste	27,13
20 g Softpaste	14,15
50 g Softpaste	26,47
20 g Salbe	14,15
50 g Salbe	27,13

Hersteller?

Fa. Hermal in Reinbek

Candio-Hermal® Mundgel

Wann anwenden?

Mundsoor [grauweißer Belag der Mundschleimhaut].

Welche Nebenwirkungen?

In seltenen Fällen bei örtlicher Anwendung Überempfindlichkeitsreaktionen (Brennen, Rötung) sowie allergische Hautreaktionen. Lokale Reizungen möglich.

Wie dosieren?

3-5 mal täglich eine haselnußgroße Menge im Mund verteilen nach den Mahlzeiten. Näheres siehe Packungsbeilage.

Welche Wirkstoffe?

100g enth.: Nystatin 25 Mio. I.E.,
Konservierungsmittel: Methyl-4-hydroxybenzoat 0,4g,

Was kostet es?	DM
20 g Mundgel	12,65
40 g Mundgel	23,15

Hersteller?

Fa. Hermal in Reinbek

Cetaphil® Reinigungslotion

Wann anwenden?

Schonende Hautreinigung bei erkrankter Haut - wenn Dermatosen (Hautkrankheiten) wie atopische Dermatitis, Psoriasis (Schuppenflechte), Ichthyosis (Fischschuppenkrankheit) oder seborrhoische und ekzematöse Erkrankungen als Ursache zugrunde liegen -, bei sehr empfindlicher Haut - wenn eine starke Beanspruchung der Haut durch Beruf oder Umwelt besteht, die Haut sehr trocken ist, Seifenüberempfindlichkeit oder gar Seifenverbot vorliegt -, bei alterabhängig empfindlicher Haut - wenn es sich um den Windelbereich bei Säuglingen und Kleinkindern handelt oder um die trockene Haut älterer Menschen -, bei jahreszeitabhängig empfindlicher Haut - wenn es um die Reinigung gereizter Haut geht, die Wind, Kälte oder starker Sonneneinstrahlung ausgesetzt ist.

Wann nicht anwenden?
Überempfindlichkeit gegen einen der Inhaltsstoffe.

Wie dosieren?
Cetaphil auf die zu reinigenden Hautpartien auftragen und leicht verreiben. Ohne Wasser: Die behandelten Stellen mit weichen Kosmetiktüchern sanft abwischen. Mit Wasser: Nach Anwendung die behandelten Stellen mit Wasser abspülen und anschließend abtrocknen.

Welche Wirkstoffe?
Reinigungslotion enth.: Hilfsst.: Komplex aus Cetylalkohol,
Stearylalkohol u. Natriumlaurylsulfat; Propylenglykol, Butyl-4-hydroxybenzoat, Methyl-4-hydroxybenzoat, Propyl-4-hydroxybenzoat, ger. Wasser. Duftstoff- u. seifenfrei.

Was kostet es?	DM
200 ml	14,90

Hersteller?
Fa. Galderma in Freiburg

Lokalicid® Creme, -Pumpspray, -Puder, -Lösung

Wann anwenden?
Dermatomykosen [durch Hautpilze verursachte Hautkrankheiten], verursacht durch Dermatophyten [Hautpilze], Hefen, Schimmelpilze und andere Pilze, Pityriasis versicolor [die Farbe wechselnde kleieförmige Schuppung], Erythrasma durch Corynebacterium. Hauterkrankungen, die durch die genannten Pilze zusätzlich infiziert sind.

Welche Nebenwirkungen?
Selten Hautreaktionen, meist vorübergehend, z. B. Rötung, Brennen, Reizung, Schuppung.

Wie dosieren?
Lösung 2-3mal täglich auf die erkrankte Stelle dünn auftragen, Creme einreiben. Pumpspray: 2mal täglich dünn aufsprühen. Puder: zur Unterstützung der Lokaltherapie mit Creme, Lösung oder Pumpspray bei Pilzerkrankungen der Haut beziehungsweise in den Hautfalten 1-2mal täglich pudern. Behandlungsdauer bis zu 4 Wochen je nach Ausmaß und Lokalisation [Ausbreitung, Verteilung] der Erkrankung.

Welche Wirkstoffe?
- *Creme:* 100g enth.: Clotrimazol 1g.
- *Pumpspray:* 100ml enth.: Clotrimazol 1g.
- *Puder:* 100g enth.: Clotrimazol 1g.
- *Lösung:* 100ml enth.: Clotrimazol 1g.

Was kostet es?	DM
20 g Creme	6,95
50 g Creme	14,95
30 ml Pumpspray	9,71
30 g Puder (Streudose)	9,71
30 ml Lsg.	9,80

Hersteller?
Fa. Dermapharm in Gräfelfing

Nagel Batrafen® A

Wann anwenden?
Pilzerkrankungen der Nägel.

Wann nicht anwenden?
Nicht bei Kindern anwenden.

Schwangerschaft?
Kontraindiziert, nicht anwenden!

Stillzeit?
Kontraindiziert, nicht anwenden!

Welche Nebenwirkungen?
In sehr seltenen Fällen bei Kontakt mit der um den Nagel liegenden Haut: Rötung und Schuppung.

Wie dosieren?
- *Lsg.:* Im ersten Monat jeden zweiten Tag in dünner Schicht auf den erkrankten Nagel auftragen. Damit wird erreicht, daß der Nagel mit dem Wirkstoff aufgesättigt wird. Im zweiten Behandlungsmonat kann die Anwendung dann auf mindestens 2 mal wöchentlich, ab dem dritten Behandlungsmonat auf 1 mal wöchentlich verringert werden.

Welche Wirkstoffe?
- *Lsg.:* 1g enth.: Ciclopirox 80mg.

Was kostet es?	DM
1 Fl. 2,5g Lsg.	36,83
1 Fl. 5g Lsg.	67,17

Hersteller?
Fa. Cassella-Riedel in Frankfurt am Main

Nystaderm Kombipackung, -Vaginaltabletten

Wann anwenden?
Nystatinempfindliche Hefepilzinfektionen des Vaginalbereiches.

Wann nicht anwenden?
Spezifische Hautprozesse (Syphilis, Tuberkulose, Impfreaktionen, periorale Dermatitis [Entzündung der Haut im

Pilzinfektionen

äußeren Mundbereich] und Rosazea [chronische Hautkrankheit infolge Erweiterung der Blutgefäße]).

Wie dosieren?

1-2 mal 1 Vaginal-Tablette vor dem Schlafengehen einführen.

Welche Wirkstoffe?

- *Kombipackung:* Siehe Vaginaltbl. und Creme.
- *Vaginaltabletten:* 1 Vaginaltbl. enth.: 100.000 I.E. Nystatin.

Was kostet es? DM

1 Kombipack. (12 Vaginaltbl. + 20g Creme)	22,45
12 Vaginaltbl.	12,74

Hersteller?

Fa. Dermapharm in Gräfelfing

Nystaderm Mundgel, -S

Wann anwenden?

Nystatinempfindliche Hefepilzinfektionen der Mundhöhle (Mundsoor [grauweißer Belag der Mundschleimhaut]), der Speiseröhre und des Magen/Darmtraktes.

Wann nicht anwenden?

Spezifische Hautprozesse (Syphilis, Tuberkulose, Impfreaktionen, periorale Dermatitis [Entzündung der Haut im äußeren Mundbereich] und Rosazea [chronische Hautkrankheit im Gesicht infolge Erweiterung der Blutgefäße]).

Welche Nebenwirkungen?

In sehr seltenen Fällen Überempfindlichkeitsreaktionen.

Wie dosieren?

3-6 mal täglich 1 ml.

Welche Wirkstoffe?

- *Mundgel:* 1 ml Mundgel enth.: 100.000 I.E. Nystatin.
- *S:* 1 ml Suspension enth.: 100.000 I.E. Nystatin.

Was kostet es? DM

25 ml Mundgel	10,55
50 ml Mundgel	19,63
24 ml Susp. S mit Dosierpipette	10,75
24 ml Susp. S mit Dosierpumpe	10,75
48 ml Susp. S mit Dosierpumpe	19,55

Hersteller?

Fa. Dermapharm in Gräfelfing

Nystaderm Creme, -Paste

Wann anwenden?

Nystatinempfindliche Hefepilzinfektionen der Haut.

Wann nicht anwenden?

Spezifische Hautprozesse (Syphilis), Tuberkulose, Impfreaktionen, periorale Dermatitis [Entzündung der Haut im äußeren Mundbereich] und Rosazea [chronische Hautkrankheit infolge Erweiterung der Blutgefäße]).

Welche Nebenwirkungen?

In sehr seltenen Fällen kann es zu Überempfindlichkeitsreaktionen kommen.

Wie dosieren?

2-4 mal täglich dünn auftragen.

Welche Wirkstoffe?

- *Creme:* 1g Creme enth.: 100.000 I.E. Nystatin.
- *Paste:* 1g Paste enth.: 100.000 I.E. Nystatin.

Was kostet es? DM

20 g Creme	12,29
50 g Creme	21,23
20 g Paste	12,80
50 g Paste	21,70
100 g Paste	37,62

Hersteller?

Fa. Dermapharm in Gräfelfing

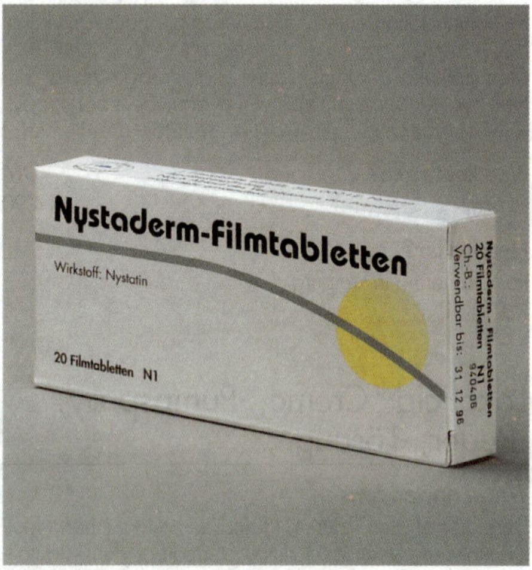

Nystaderm-Filmtabletten

Wann anwenden?

Nystatinempfindliche Hefepilzinfektionen des Magen-Darmtraktes.

Wann nicht anwenden?

Spezifische Hautprozesse (Syphilis, Tuberkulose, Impfreaktionen, periorale Dermatitis [Entzündung der Haut im äußeren Mundbereich] und Rosazea [chronische Hautkrankheit infolge Erweiterung der Blutgefäße]).

Wie dosieren?

3 mal 1-2 Filmtabletten täglich einnehmen.

Welche Wirkstoffe?

1 Filmtbl. enth.: 500.000 I.E. Nystatin.

Was kostet es?

	DM
20 Filmtbl.	28,35
50 Filmtbl.	54,20
100 Filmtbl.	99,25

Hersteller?

Fa. Dermapharm in Gräfelfing

Pinal®-N Paste

Wann anwenden?

Oberflächliche Schürfwunden, chronisch nässende Hauterkrankungen an den Gliedmaßen, Schweißfüße, dyshidrotische Ekzeme [durch Veränderung der Schweißmenge oder -zusammensetzung hervorgerufene Ekzeme], chronische Gehörgangsekzeme, durch Pilze hervorgerufene Erkrankungen und deren Ekzeme, Ekzeme im äußeren Afterbereich, Wundsein in Körperfalten.

Wann nicht anwenden?

Bei Säuglingen, Kleinkindern und Patienten mit Nierenfunktionsstörungen Langzeitbehandlung und Anwendung auf großen Flächen vermeiden. Nicht anwenden bei Überempfindlichkeit gegen Salicylsäure und Salicylate.

Schwangerschaft?

Keine Langzeitbehandlung und Anwendung auf großen Flächen.

Welche Nebenwirkungen?

Im akuten Entzündungsstadium eventuell Verursachung einer vorübergehenden Hautreizung. In Einzelfällen Kontaktallergie.

Wie dosieren?

- *Paste:* Alle 1-2 Tage dünn bis messerrückendick auf die erkrankten Hautstellen auftragen. Bei Hyperhidrosis pedum [vermehrter Schweißabsonderung an den Füßen] abends einreiben.

Welche Wirkstoffe?

- *Paste:* 100g enth.: Salicylsäure 0,4g,
Zinkoxid 50g, N-(2-Hydroxyethyl)-10-undecenamid 2g.

Was kostet es?

	DM
40 g Paste	9,20
100 g Paste	13,95

Hersteller?

Fa. Dr. Atzinger in Passau

Tannosynt® flüssig

Wann anwenden?

Entzündliche, nässende und juckende Hauterkrankungen, z.B.: Windeldermatitis [entzündliche Hautreaktion, die durch den Wärmestau von Windeln hervorgerufen wird], Intertrigo [Wundsein in den Körperfalten, z.B. am Bauch], Verbrennungen 1. Grades, Juckreiz -speziell im Genital-Anal-Bereich-, Hyperhidrosis [übermäßige Schweißabsonderung], Adjuvans [unterstützende Therapie] bei der Mykosetherapie [Therapie bei Pilzerkrankungen] und bei infektiösen Exanthemen [Ausschläge] wie z.B. Windpocken, Masern, Röteln.

Wann nicht anwenden?

Anwendung am Auge. Als Vollbad bei schweren Herz- und Kreislaufstörungen, Hypertonie [Bluthochdruck], fieberhaften Erkrankungen oder Tuberkulose sowie größeren Hautverletzungen und akuten unklaren Hauterkrankungen.

Welche Nebenwirkungen?

In Einzelfällen leichte Hautreizungen möglich.

Was beachten?

Nicht unverdünnt anwenden.

Wie dosieren?

Voll-, Sitz- und Teilbäder, Waschungen, Umschläge. Verdünnung 1:1000 bis 1:5000. (Näheres siehe Packungsbeilage).

Welche Wirkstoffe?

100g enth.: Gerbstoff, synthetisch 40g.

Was kostet es?

	DM
100 g (flüssig) wässriges Konzentrat	10,81
250 g (flüssig) wässriges Konzentrat	21,70
500 g (flüssig) wässriges Konzentrat	39,95

Hersteller?

Fa. Hermal in Reinbek

Tannosynt® Lotio

Wann anwenden?

Entzündete, nässende und juckende Hauterkrankungen, z.B.: Windeldermatitis [entzündliche Hautreaktion, die durch den Wärmestau von Windeln hervorgerufen wird], Intertrigo [Wundsein in den Körperfalten, z.B. am Bauch], Verbrennungen 1. Grades, Juckreiz- speziell im Genital-Anal-Bereich-, Hyperhidrosis [übermäßige Schweißabsonderung], Adjuvans [unterstützende Therapie] bei der Mykosetherapie [Therapie bei Pilzerkrankungen] und bei infektiösen Exanthemen [Ausschläge] wie z.B. Windpocken, Masern, Röteln.

Wann nicht anwenden?

Anwendung am Auge.
Überempfindlichkeit gegen Parabene.

Welche Nebenwirkungen?

In Einzelfällen leichte Hautreizungen möglich.

Wie dosieren?

1-2mal täglich auftragen, vorher kräftig schütteln.

Welche Wirkstoffe?

100g enth.: Gerbstoff, synthetisch 1g.

Was kostet es?

	DM
100 g Lotio (Schüttelmixtur)	13,40

Hersteller?

Fa. Hermal in Reinbek

Blasenentleerungsstörungen

Information der Redaktion:

Azuprostat

Bazoton

Harzol

Rheumatische Beschwerden

Araniforce®-forte

Wann anwenden?
Arthrosis deformans [Gelenkerkrankung], Bandscheibenschaden, degenerative [abnutzende] Prozesse der Gelenke, Knie- und Hüftarthrosen (-gelenkerkrank.)

Vorsicht!
Enthält 46 Vol.-% Alkohol; Packungsbeilage beachten!

Wie dosieren?
Erwachsene 3 mal täglich 30-50 Tropfen , Kinder 3 mal täglich 10-20 Tropfen, gegebenenfalls mit etwas Wasser verdünnt einnehmen.

Welche Wirkstoffe?
100ml enth.: Acidum silicicum D8 10ml,
Alchemilla vulgaris ex herba siccata Ø 20ml, Calcium carbonicum Hahnemanni D8 10ml, Calcium phosphoricum D8 10ml, Equisetum arvense ex herba siccata Ø 20ml, Ilex aquifolium e foliis siccatis Ø 20ml, Symphytum officinale D6 9ml, Tuberculinum Koch D100 1ml.

Was kostet es?	DM
50 ml	16,18
100 ml	26,90
200 ml	43,90

Hersteller?
Fa. Weber & Weber in Inning/A.

Bromelain-POS®

Wann anwenden?
Akute postoperative und posttraumatische Schwellungszustände (z.B. Gelenkprellung), Nasennebenhöhlenentzündung (Sinusitis). Venenbeschwerden.

Wann nicht anwenden?
In sehr seltenen Fällen auftretende Allergie gegen proteolytische [eiweißabbauende] Enzyme aus Ananas comosus klingt nach Absetzen des Präparates im allgemeinen rasch ab. Schwere angeborene oder erworbene Blutgerinnungsstörungen (zum Beispiel Bluterkrankheit, bei schweren Leberschädigungen, bei Dialysepatienten).

Welche Nebenwirkungen?
In Einzelfällen weicher oder flüssiger Stuhlgang.

Wie dosieren?
-Tbl.: Als Normaldosis 3 mal täglich 1 Tablette, in besonderen Fällen 3 mal täglich 2 Tabletten jeweils $^1/_2$ Stunde vor den Mahlzeiten (nicht nach den Mahlzeiten) unzerkaut mit Flüssigkeit einnehmen. Mindesttagesdosis: 2 mal täglich 1 Tablette.

Welche Wirkstoffe?
-Tbl.: 1 magensaftresistente Tbl.(farbstoff- und lactosefrei) enth.: Bromelain stand. mind. 500 F.I.P.-Einheiten.

Was kostet es?	DM
20 Tbl.	23,24
50 Tbl.	50,57
100 Tbl.	93,12

Hersteller?
Fa. Ursapharm in Saarbrücken

Dolgit® Creme

Wann anwenden?
Zur äußerlichen und unterstützenden Behandlung bei Muskelrheumatismus, degenerativen schmerzhaften Arthrosen [Gelenkerkrankungen], entzündlichen rheumatischen Erkrankungen der Gelenke und der Wirbelsäule, Schwellung beziehungsweise Entzündung der gelenknahen Weichteile (zum Beispiel Schleimbeutel, Sehnen, Sehnenscheiden, Bänder und Gelenkkapsel), Schultersteife, Kreuzschmerzen, Hexenschuß, Sport- und Unfallverletzungen wie Prellungen, Verstauchungen, Zerrungen.

Wann nicht anwenden?
Überempfindlichkeit gegenüber Ibuprofen oder anderen Stoffen des gleichen Wirkmechanismus. Patienten mit Überempfindlichkeit gegenüber Propylenglycol, Methyl-4-hydroxybenzoat-Natrium, Patienten mit allergischer Diathese [Neigung], nicht auf offene Wunden oder Schleimhäute. Kinder unter 6 Jahren.

Schwangerschaft?
Kontraindiziert, nicht anwenden im 3. Trimenon [Drittel]. Strenge Indikationstellung, nur nach Rücksprache mit Ihrem Arzt anwenden im 1. und 2. Trimenon [Drittel]. Nicht großflächig, nicht über längere Zeit anwenden.

Stillzeit?
Strenge Indikationsstellung, nur nach Rücksprache mit Ihrem Arzt anwenden! Nicht großflächig, nicht über längere Zeit anwenden.

Welche Nebenwirkungen?
In seltenen Fällen Hautrötungen, Jucken, Brennen, Hautausschlag auch mit Pustel- und Quaddelbildung. Bronchospastische Reaktionen können bei entsprechend prädisponierten [für einen Krankheitsfall begünstigten] Patienten in äußerst seltenen Fällen auftreten.

Wie dosieren?
3-4mal täglich bei Bedarf auch öfter, einen 4-10cm langen Creme-Strang auftragen und großflächig in die Haut einreiben.

Welche Wirkstoffe?
100g enth.: 5g Ibuprofen.

Was kostet es?	DM
50 g	11,25
100 g	19,00
500 g	64,45

Hersteller?
Fa. Dolorgiet in Sankt Augustin

Dolobene® Gel

Wann anwenden?
Schwellungen, Blutergüsse und Entzündungen nach stumpfen Verletzungen der Muskeln, Sehnen und Gelenke. Weichteilrheumatismus. Akute Neuralgien, Arm- und Schultersteife.

Wann nicht anwenden?
Allergie gegen einen der Inhaltsstoffe. Schwere Leber- und Nierenfunktionsstörungen. Kreislauflabilität. Anwendung bei Kindern unter 5 Jahren. Asthma. Nicht zusammen mit dem Wirkstoff Sulindac anwenden.

Schwangerschaft?
Kontraindiziert, nicht anwenden!

Stillzeit?
Kontraindiziert, nicht anwenden!

Welche Nebenwirkungen?
Lokale Reizwirkung an der Haut. Allergische Hauterscheinungen, in Einzelfällen allergische Sofortreaktionen mit Urtikaria [Nesselsucht] und Quincke-Ödem [Wasseransammelung im Gewebe, z.B. im Gesicht, ausgelöst durch Allergie].

Was beachten?
Nicht auf Schleimhäute, offene Wunden oder auf kranke oder vorgeschädigte Haut aufbringen.

Wie dosieren?
2-4mal täglich dünn auftragen. Bei Anwendung unter Verbänden: Verband erst dann anlegen, wenn das Gel weitgehend in die Haut eingezogen und der enhaltene Alkohol verdunstet ist.

Welche Wirkstoffe?
100g Gel enth.: Dimethylsulfoxid (DMSO) 15,0g, Heparin-Na 50.000 I.E., Dexpanthenol 2,5g.

Was kostet es?	DM
50 g	12,80
100 g	19,26
150 g	24,90
195 g/ 200ml (Spender)	32,94

Hersteller?
Fa. Merckle in Ulm

Dolo-Rubriment® Salbe

Wann anwenden?
Symptomatische Behandlung von rheumatischen, entzündlichen, degenerativen und traumatischen Erkrankungen des Muskel-, Sehnen- und Gelenksystems, z. B. Muskel- und Gelenkrheumatismus, Entzündung der Sehnen und Sehnenscheiden, Bandscheibenschäden, Ischias, Schulter-Nackensteife, Muskelverspannungen, Prellungen, Zerrungen, Verstauchungen, Schleimbeutelentzündungen, Nachbehandlung von Knochenbrüchen, Beschwerden durch Nervenentzündungen.

Wann nicht anwenden?
Bei Säuglingen und Kleinkindern Langzeitbehandlung auf großen Flächen vermeiden. Ekzeme und Hautverletzungen, entzündliche Hauterkrankungen, dekompensierte [unbehandelte] Herz-, Leber- und Nierenerkrankungen, arterielle Gefäßverschlüsse, schwere diabetische Mikroangiopathie [Erkrankungen der kleinen Gefäße].

Schwangerschaft?
Langzeitbehandlung auf großen Flächen vermeiden.

Was beachten?
Nicht auf Schleimhäute bringen! Nach Anwendung Hände waschen!

Wie dosieren?
2-3mal täglich in dünner Schicht über dem Erkrankungsgebiet auftragen und leicht einmassieren.

Rheumatische Beschwerden

Welche Wirkstoffe?
100g enth.: (2-Hydroxyethyl)-salicylat 10g, Benzylnicotinat 0,75g, Heparin-Na 10000 I.E. (Heparin aus Intestinalmucosa vom Schwein).

Was kostet es?	DM
40 g Salbe	10,75
100 g Salbe	19,67

Hersteller?
Fa. Nordmark in Uetersen

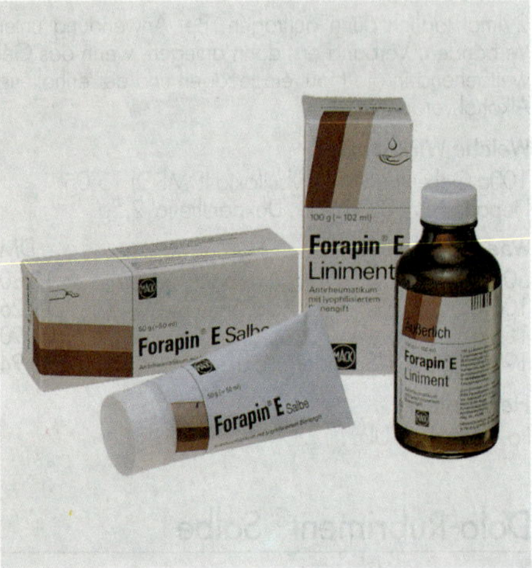

Forapin® E Liniment, -Salbe

Wann anwenden?
Rheumatische Muskel- und Gelenkschmerzen, Ischias, Sehnenscheiden- und Gelenkentzündungen, Kälteschäden, Prophylaxe [Vorbeugung] und Therapie von Sportschäden.

Wann nicht anwenden?
Bienengiftallergie, Überempfindlichkeit gegen Parabene (betrifft nur das Forapin® E Liniment). Bei Säuglingen und Kleinkindern sowie bei Patienten mit Nierenfunktionsstörungen keine Langzeitbehandlung auf großen Flächen.

Schwangerschaft?
Keine Langzeitbehandlung auf großen Flächen.

Stillzeit?
Keine Anwendung im Brustbereich.

Welche Nebenwirkungen?
Gelegentlich übermäßige Hautrötung, in Einzelfällen Überempfindlichkeitsreaktionen (Hautreaktionen, Atemnot, Übelkeit, Schwindel, sehr selten schwerwiegende Kreislaufreaktionen).

Wie dosieren?
- *Liniment:* 2 mal täglich eine 1-3mm dicke Schicht Liniment [flüssiges Einreibemittel] auftragen und erst nach Auftreten eines Hautreizes vollständig einmassieren.
- *Salbe:* 2 mal täglich einen 5-15cm langen Salbenstrang auftragen, verteilen und erst nach Auftreten eines Hautreizes vollständig einmassieren. Liniment und Salbe: Bei Behandlungsbeginn, besonders bei Kindern, leichtgewichtigen oder empfindlichen Personen zunächst geringe Mengen anwenden, um auf eine eventuelle Unverträglichkeit zu testen.

Welche Wirkstoffe?
- *Liniment:* 100 g Liniment enth.: Lyophilisiertes Bienengift 0,9mg, Bornylsalicylat 1,5g, Methylnicotinat 2,0g.
- *Salbe:* 100 g Salbe enth.: Lyophilisiertes Bienengift 3,0mg, Benzylnicotinat 1,0g, Bornylsalicylat 3,0g.

Was kostet es?	DM
100 g Liniment	13,06
50 g Salbe mit Einreibeverschluß	13,06
100 g Salbe mit Einreibeverschluß	22,20

Hersteller?
Fa. Mack, Illertissen in Karlsruhe

Harzer Franzbranntwein, -mit Fichtennadelöl

Wann anwenden?
Zum Vorbeugen bei Gefahr des Wundliegens und bei mangelhafter Hautdurchblutung. Zur Unterstützung bei der Therapie von Zerrungen, Prellungen, Verstauchungen, Muskel- und Gelenkschmerzen.

Wann nicht anwenden?
Offene Hautwunden, geschädigte Haut, zum Beispiel bei Verbrennungen. Bei Säuglingen und Kleinkindern nicht im Bereich des Gesichts, speziell der Nase, auftragen.

Welche Nebenwirkungen?
Hautreizungen sind bei längerer Anwendung möglich.

Was beachten?
Nur zur äußerlichen Anwendung. Vor Feuer schützen! Gut verschlossen aufbewahren. Nicht zum Einnehmen. Nicht auf verletze Haut oder auf Schleimhäute am Auge auftragen.

Wie dosieren?
Einmal bis mehrmals täglich je nach Bedarf einige Tropfen bis einige ml auf die betroffenen Stellen auftragen und in die Haut einmassieren.

Welche Wirkstoffe?
- *Lösung:* Gehalt je 100g: 1,8g Menthol u. 0,36g Campher.
- *mit Fichtennadelöl:* Gehalt je 100g: 0,12g Campher und 0,8g Fichtennadelöl.

Was kostet es?	DM
200 ml Lösung	7,54
500 ml mit Fichtennadelöl	15,84

Hersteller?
Fa. Pharma Wernigerode in Wernigerode

Ichtho®-Bad

Wann anwenden?
Unterstützende Behandlung bei juckenden und entzündlichen Dermatosen [Hautkrankheiten] (z.B. Ekzeme, Psoriasis [Schuppenflechte], Akne, Arzneimittelexanthem [arzneimittelbedingter Ausschlag], Impetigo [Eiterflechte], Pruritus [Juckreiz]). Wundnachbehandlung, Hyperhidrosis [vermehrte Schweißabsonderung], Perniosis [Gewebsschädigung bzw. Frostbeulen durch Kälte], Akrozyanose [bläuliche Verfärbung von Fingern und Zehen], Mikrozirkulationsstörungen der Haut. Adjuvans [unterstützende Therapie] bei Erkrankungen des Skelettmuskel-Apparates (z.B. Arthrose [Gelenkerkrankung], Spondylose [degenerative, nichtentzündliche Erkrankung von Wirbelsäule, bzw. Wirbelkörper], Periarthritis [Entzündung der ein Gelenk umgebende Weichteile], Lumbago [Hexenschuß], Zervikal [Nacken, Hals betreffend]- und Lumbalsyndrom [Lendensyndrom bzw. -schmerzen], Tendinose [Erkrankung der Sehnenansätze an den Knochen]), Adjuvans [unterstützende Therapie] bei Pelvipathie [Beckenerkrankungen].

Wann nicht anwenden?
Nachgewiesene Überempfindlichkeit gegenüber sulfonierten Schieferölen [Schwefel enthaltenden], wie z.B. Ammonium- und/oder Natriumbituminosulfonat. Schwere fieberhafte und infektiöse Erkrankungen. Schwere Herzinsuffizienz [Herzschwäche]. Schwere Hypertonie [Bluthochdruck]. Größere Hautverletzungen, akute unklare Hauterkrankungen. In konzentrierter Form nicht mit den Augen in Berührung bringen!

Welche Nebenwirkungen?
Selten Unverträglichkeitsreaktionen der Haut.

Wie dosieren?
2-3 Voll-, Sitz- oder Teilbäder oder unverdünnt pro Woche anwenden.

Welche Wirkstoffe?
100g enth.: Ammoniumbituminosulfonat (Ichthyol®), hell 72g.

Was kostet es?	DM
130 g (6 Bäder)	31,49
400 g (2x200)	78,73
600 g	111,68

Hersteller?
Fa. Ichthyol in Hamburg

Leukona®-Jod-Bad

Wann anwenden?
Atherosklerose [allg. Arterienverkalkung], Neuralgien, Ischias, Bandscheibenschäden und zur Verkürzung grippaler Infekte.

Wann nicht anwenden?
Vorsicht bei großen Hautverletzungen und akuten Hautkrankheiten, schweren fieberhaften und infektiösen Erkrankungen, Herzinsuffizienz [Herzschwäche] und Hypertonie [Bluthochdruck]. Nicht anwenden bei manifester oder latenter Hyperthyreose [deutlich erkennbarer oder verborgener Schilddrüsenüberfunktion], Jodüberempfindlichkeit, fokalen und diffusen Autonomien in der Schilddrüse [unkontrolliertes Wachstum], autonomen Adenomen [unkontrolliert wachsenden Geschwülsten], Dermatitis herpetiformis Duhring [Hauterkrankung mit juckenden roten Bläschen an Schultern, Gesäß, Armen, Beinen].

Schwangerschaft?
Strenge Indikationsstellung, nur nach Rücksprache mit Ihrem Arzt anwenden!

Stillzeit?
Strenge Indikationsstellung, nur nach Rücksprache mit Ihrem Arzt anwenden!

Welche Nebenwirkungen?
Sehr selten Überempfindlichkeitsreaktionen.

Wie dosieren?
30ml auf 1 Vollbad dosieren.

Welche Wirkstoffe?
100g enth.: Gesamtjod 4,0g; davon freies Jod 1,5-2,0g.

Was kostet es?	DM
250 ml	19,50
720 ml	44,90

Hersteller?
Fa. Dr. Atzinger in Passau

Leukona®-Rheuma-Bad N

Wann anwenden?
Subakutes [weniger akutes] rheumatisches Fieber, Infektarthritis [Gelenkentzündung, durch Infektion verursacht], subakutes Stadium einer chronischen Polyarthritis [gleichzeitige Entzündung von 5 oder mehr Gelenken], akute rheumatische Wirbelsäulenbeschwerden.

Wann nicht anwenden?
Vorsicht bei großen Hautverletzungen, akuten unklaren Hauterkrankungen, schweren, fieberhaften und infektiösen Erkrankungen, Herzinsuffizienz [Herzschwäche] und Hypertonie [Bluthochdruck]. Überempfindlichkeit gegen ätherische Öle. Nicht anwenden bei Säuglingen und Kleinkindern.

Schwangerschaft?
Strenge Indikationsstellung, nur nach Rücksprache mit Ihrem Arzt anwenden, besonders in den letzten 3 Monaten!

Rheumatische Beschwerden

Wie dosieren?
30ml auf 1 Vollbad dosieren.

Welche Wirkstoffe?
100g enth.: Methylsalicylat 15g,
ger. Terpentinöl 10g, Fichtennadelöl 1,5g.

Was kostet es?	DM
250 ml	19,50
720 ml	49,90

Hersteller?
Fa. Dr. Atzinger in Passau

Leukona®-Rheumasalbe

Wann anwenden?
Rheuma, zur Massage, akut entzündliche Schwellungen nach Unfällen, Erkältungskrankheiten, Frostschäden.

Wann nicht anwenden?
Geschädigte Haut, Überempfindlichkeit gegen ätherische Öle. Bei Säuglingen und Kleinkindern nicht im Bereich des Gesichts, speziell der Nase, auftragen.

Welche Nebenwirkungen?
Kontaktekzem [allergische Hautreaktion], bei wiederholter großflächiger Anwendung Vergiftungserscheinungen möglich.

Wie dosieren?
Je nach Erkrankung einreiben oder auftragen und abdekken.

Welche Wirkstoffe?
100g enth.: Campher 18,0g,
ger. Terpentinöl 6,0g, Rosmarinöl 2,5g.

Was kostet es?	DM
50 g Salbe	7,97
100 g Salbe	14,03

Hersteller?
Fa. Dr. Atzinger in Passau

Leukona®-Sauna-Konzentrat

Wann anwenden?
Zur Durchblutung, bei nervösen Herzbeschwerden, nichtakutem Gelenkrheumatismus, Atemwegserkrankungen, bei Kreislaufstörungen und vorbeugend bei Erkältungskrankheiten.

Wann nicht anwenden?
Das Präparat soll nicht angewendet werden bei größeren Hautverletzungen, akuten unklaren Hautkrankheiten, schweren fieberhaften und infektiösen Erkrankungen, Herzinsuffizienz [Herzschwäche], Hypertonie [Bluthochdruck], Überempfindlichkeit gegen ätherische Öle, Asthma bronchiale und Keuchhusten, hochgradiger Arterienverkalkung, Epilepsie, schweren Erkrankungen des Nierengewebes.

Welche Nebenwirkungen?
Reizerscheinungen an Haut und Schleimhäuten. Gefahr der Verstärkung von Bronchospasmen [Bronchialkrämpfen]!

Welche Wirkstoffe?
100g enth.: Eukalyptusöl 42,5g,
Fichtennadelöl 8g, Campher 7,25g, Menthol 1,5g, Thymianöl 0,75g.

Was kostet es?	DM
150 ml	16,95

Hersteller?
Fa. Dr. Atzinger in Passau

Leukona®-Stoffwechsel-Bad

Wann anwenden?
Allergien, Urticaria [Nesselsucht], Adipositas [Fettleibigkeit]; zur Belebung der Tätigkeit der Nierenepithelien [obertse Zellschicht der Nieren], wirkt günstig auf das Stoffwechselgeschehen.

Wann nicht anwenden?
Vorsicht bei großen Hautverletzungen, akuten unklaren Hauterkrankungen, schweren, fieberhaften und infektiösen Erkrankungen, Herzinsuffizienz [Herzschwäche] und Hypertonie [Bluthochdruck].

Wie dosieren?
30ml auf 1 Vollbad dosieren.

Welche Wirkstoffe?
100g enth.: Wacholderbeeröl 22,0g.

Was kostet es?	DM
250 ml	19,50
720 ml	49,90

Hersteller?
Fa. Dr. Atzinger in Passau

Leukona®-Sulfomoor Bad® N, -Teilbad N

Wann anwenden?
Primär chronische Polyarthritis [gleichzeitige Entzündung von 5 oder mehr Gelenken], Muskelrheumatismus, Spondylosen [Verschleiß und Abnutzung der Wirbelkörper und Bandscheiben]. Frauenbeschwerden.

Wann nicht anwenden?
Vorsicht bei großen Hautverletzungen, akuten unklaren Hauterkrankungen, schweren, fieberhaften und infektiösen Erkrankungen, Herzinsuffizienz [Herzschwäche] und Hypertonie [Bluthochdruck]. Nicht anwenden bei allgemeiner und lokaler Blutungsneigung.

Schwangerschaft?
Nicht anwenden.

Welche Nebenwirkungen?
Selten Überempfindlichkeitsreaktionen (Präparat ist dann abzusetzen). Die gelegentlich nach dem 2. bis 4. Bad auftretenden Badereaktionen (Gelenkschmerzen, neurovegetative Störungen [durch das vegetative Nervensystem bedingt]) klingen meist schnell wieder ab.

Wie dosieren?
- *Bad® N:* 115g = 1 Beutel = Dosis für 1 Vollbad (120l).
- *Teilbad N:* 40g = 1 Teilbad-Beutel = Dosis für 1 Teilbad (40l).

Welche Wirkstoffe?
115g enth.: Moorpulver (Wassergehalt 16-20%) 25,5g; Huminsäuren, Natriumsalze (aus Braunkohle, Huminsäuregehalt 55-60%) 10g; Kalischwefelleber 4g.

Was kostet es?	DM
6 Btl. je 115g (Vollbäder)	21,99
4 Btl. je 40g (Teilbäder)	8,98
20 Btl. je 40g (Teilbäder)	33,24

Hersteller?
Fa. Dr. Atzinger in Passau

Lomarheumin® N-Creme

Wann anwenden?
Die Anwendungsgebiete entsprechen dem homöopathischen Arzneimittelbild. Dazu gehören: Gelenkrheumatismus; Verrenkungen, Verstauchungen, Lähmigkeit.

Wie dosieren?
Ein- bis zweimal täglich die Creme für eine Hautfläche von 10x10cm anwenden.

Welche Wirkstoffe?
100g nichtfettende Creme enth.: Ledum palustre D1 20,0g.

Was kostet es?	DM
50 g	19,90
100 g	34,90

Hersteller?
Fa. Lomapharm in Emmerthal

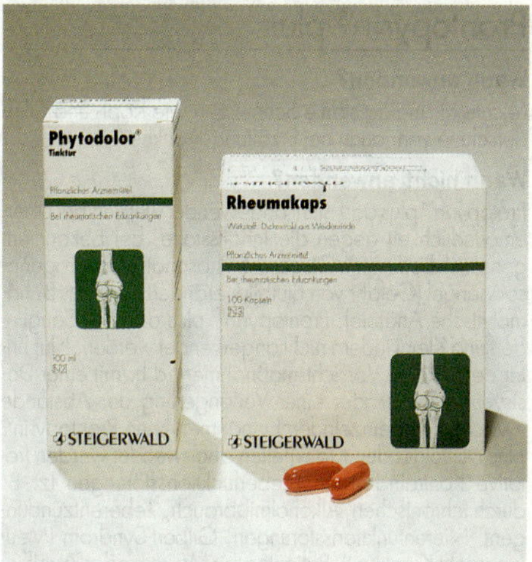

Phytodolor® Tinktur

Wann anwenden?
Akute und subakute [weniger akute] rheumatische Erkrankungen zum Beispiel Lumbago [Hexenschuß], Ischialgien sowie Neuralgien.

Welche Nebenwirkungen?
In seltenen Fällen Magen- und Darmbeschwerden sowie Überempfindlichkeitsreaktionen.

Vorsicht!
Enthält 45,6 Vol.-% Alkohol. Bei Beachtung der Dosierungsanleitung werden bei jeder Einnahme (40 Tropfen) bis zu 0,7g Alkohol zugeführt. Ein gesundheitliches Risiko besteht unter anderem bei Leberkranken, Alkoholkranken, Epileptikern, Hirngeschädigten, Schwangeren und Kindern. Die Wirkung anderer Arzneimittel kann beeinträchtigt oder verstärkt werden.

Wie dosieren?
- *zum Einnehmen:* 3-4 mal täglich 20-30 Tropfen bei starken Schmerzen mehrmals täglich 40 Tropfen in etwas Flüssigkeit einnehmen.

Welche Wirkstoffe?
- *zum Einnehmen:* 100ml enth.: Standardisierte alkohol. Frischpflanzenauszüge aus: Eschenrinde (ca. 4,5:1) 20ml,
Zitterpappelrinde u. -blättern (ca. 4,5:1) 60ml, Echtem Goldrutenkraut (ca. 4,8:1) 20ml.

Was kostet es?	DM
100 ml Tinkt. z. Einn.	25,12
200 ml Tinkt. z. Einn.	43,49

Hersteller?
Fa. Steigerwald in Darmstadt

Rheumatische Beschwerden

Prontopyrin® plus

Wann anwenden?

Leichte bis mäßig starke Schmerzen wie Kopf- und Gliederschmerzen, auch bei Erkältungskrankheiten.

Wann nicht anwenden?

Protopyrin® plus darf nicht angewendet werden bei Überempfindlichkeit gegen die Inhaltsstoffe, bei bekanntem genetisch bedingten Glucose-6-Phosphat- Dehydrogenase-Mangel (Gefahr von Blutbildveränderungen, z. B. hämolytische Anämie). Prontopyrin® plus darf bei Säuglingen und Kleinkindern nicht angewendet werden. Nur unter besonderen Vorsichtsmaßnahmen, d.h. mit einer Dosisverringerung oder einer Verlängerung der Abstände zwischen den einzelnden Einnahmen kann Prontopyrin® plus bei folgenden Krankheiten angewendet werden (relative Kontraindikation): Leberfunktionsstörungen (z. B. durch chronischen Alkoholmißbrauch, Leberentzündungen), Nierenfunktionsstörungen, Gilbert-Syndrom (Meulengracht-Krankheit). Patienten mit Magen- oder Zwölffingerdarmgeschwüren sowie Schilddrüsenüberfunktion sollten Prontopyrin® plus nur auf ärztliche Verordnung einnehmen.

Schwangerschaft?

Besonders im 1. Drittel nicht ohne ärztlichen Rat.

Stillzeit?

Das Befinden und Verhalten des Säuglings kann durch das mit der Muttermilch aufgenommene Coffein beeinträchtigt werden.

Welche Nebenwirkungen?

Die Einnahme von Protopyrin® plus kann selten zu Hautrötungen und sehr selten zu Überempfindlichkeitsreaktionen mit Hautausschlägen führen; äußerst selten wurde über allergiebedingte Störungen der Blutbildung, z.B. einer Verminderung der Blutplättchen (Thrombozytopenie) oder der weißen Blutkörperchen (Leukopenie bis hin zur Agranulozytose) oder aller Blutzellen (Panzytopenie), berichtet; in Einzelfällen sind Überempfindlichkeitsreaktionen wie Schwellungen im Gesicht, Atemnot, Schweißausbruch, Übelkeit, Blutdruckabfall bis hin zum Schock beschrieben worden. In Einzelfällen kann bei entsprechend veranlagten Personen ein Bronchiospasmus (Analgetika-Asthma) ausgelöst werden. Der Coffeinanteil kann zu Schlaflosigkeit, innerer Unruhe, Herzrasen und Magenbeschwerden führen.

Was beachten?

Die gewohnheitsmäßige Einnahme von Schmerzmitteln ist gefährlich. Sie kann zu irreparablen Gesundheitsschäden führen. Ohne ärztliche Verordnung soll Prontopyrin® plus nur zur Behandlung akuter Schmerzen eingenommen werden.

Wie dosieren?

- *Tbl.*: Zur kurzfristigen Anwendung ohne ärztliche Überwachung bei Erwachsenen und Jugendlichen 1-3 mal täglich 1 Tablette. Die maximale Tagesdosis liegt bei 4 Tabletten. Zur Anwendung unter ärztlicher Überwachung bei Erwachsenen und Jugendlichen 1-3 mal täglich 2 Tabletten. Die maximale Tagesdosis liegt bei 8 Tabletten. Die Tabletten sind mit etwas Flüssigkeit unzerkaut leicht zu schlucken. Für die Dosierung bei Kindern von 6-12 Jahren liegt nicht genügend Erkentnissmaterial vor.

Welche Wirkstoffe?

- *Tbl.*: 1 Tbl. enth.: 400mg Paracetamol, 50mg Coffein,

Was kostet es?

	DM
20 Tbl.	5,66

Hersteller?

Fa. Mack, Illertissen in Karlsruhe

Rheumabene Gel

Wann anwenden?

Rheumatische Beschwerden der Muskeln, Sehnen und Gelenke wie zum Beispiel Bursitis [Schleimbeutelentzündung], Tendinitis [Sehnenentzündung], Tendovaginitis [Entzündung des Sehnengleitgewebes], Synovitis [Entzündung der Gelenkkapsel], Arthritis [Gelenkentzündung], Myogelosen [Verhärtungen in der Muskulatur], Myositis [Muskelentzündung], Fibrositis [verschiedene Formen des Weichteilrheumatismus]; stumpfe Traumen wie zum Beispiel Prellungen, Quetschungen, Verstauchungen, Zerrungen, Hämatome [Blutergüsse].

Wann nicht anwenden?

Schwere Leber- und Nierenfunktionsstörungen. Kreislauflabilität. Keine Anwendung bei Kindern unter 5 Jahren.

Schwangerschaft?

Kontraindiziert, nicht anwenden!

Stillzeit?

Kontraindiziert, nicht anwenden!

Welche Nebenwirkungen?
Lokale Reizwirkungen an Haut. Allergische Hauterscheinungen, in Einzelfällen allergische Sofortreaktion mit Urtikaria [Nesselsucht] und Quincke-Ödem [Wasseransammlung im Gewebe, z.B. im Gesicht, ausgelöst durch Allergie].

Was beachten?
Nicht auf Schleimhäute, offene Wunden oder auf kranke oder vorgeschädigte Haut bringen. Vor dem Anlegen von Verbänden darauf achten, daß das Rheumabene Gel weitgehend in die Haut eingezogen ist.

Wie dosieren?
- *Gel:* 2-4mal täglich dünn auftragen.

Welche Wirkstoffe?
- *Gel:* 100g Gel enth.: Dimethylsulfoxid 10g.

Was kostet es?	DM
50 g	8,90
100 g	12,80
150 g	17,65
1000 g Dose für Spender	89,88
Pumpe für Spender	69,99

Hersteller?
Fa. Merckle in Ulm

Rheumakaps Kapseln

Wann anwenden?
Fieberhafte Erkrankungen, rheumatische Beschwerden, Kopfschmerzen.

Wann nicht anwenden?
Überempfindlichkeit gegen die Salicylate der Weidenrinde.

Welche Nebenwirkungen?
In seltenen Fällen Magen- und Darmbeschwerden sowie Überempfindlichkeitsreaktionen.

Wie dosieren?
- *Kapseln z. Einnehmen:* 1-2 mal täglich 1 Kapsel mit reichlich Flüssigkeit einnehmen.

Welche Wirkstoffe?
- *Kapseln z. Einnehmen:* 1 Kaps. enth.: Wäßriger Dickextrakt aus Weidenrinde (10,0-16,3:1) 779,3-857,0mg mit 7,0-7,7% Salicin.

Was kostet es?	DM
50 Kaps.	38,72
100 Kaps.	69,62

Hersteller?
Fa. Steigerwald in Darmstadt

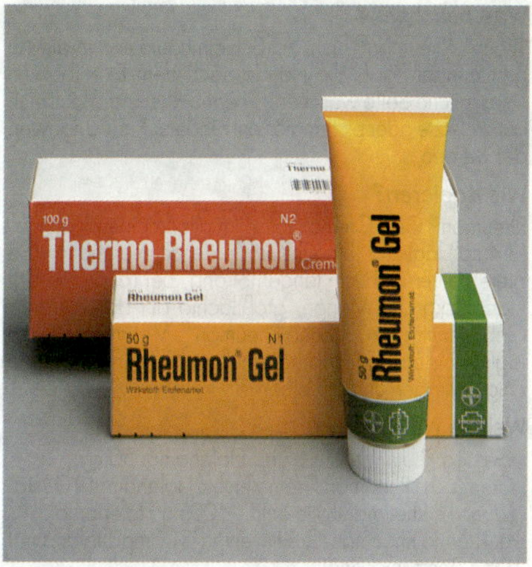

Rheumon®/Thermo-Rheumon® Gel, -Creme, -Lotio

Wann anwenden?
Gegen Schmerzen und Entzündungen. Rheumatische Erkrankungen der Weichteile des Bewegungs- und Stützapparates, z.B. bei Muskelrheumatismus, Muskelverspannungen bei schmerzhafter Schultersteife [Periarthopathia humeroscapularis]. Hexenschuß [Lumbago], Ischialgie, Sehnenscheidenentzündung, Schleimbeutelentzündung. Rheumon® Gel/Creme/Lotio zusätzlich: Überlastungs- und Abnutzungserscheinungen der Wirbelsäule und Gelenke [Spondylosen, Arthrosen], stumpfe Verletzungen (z.B. Sportverletzungen) wie Prellungen, Verstauchungen, Zerrungen. Thermo-Rheumon® zusätzlich: Weichteilerkrankungen infolge von Überlastungs- und Abnutzungserscheinungen der Wirbelsäule und Gelenke [Spondylosen, Arthrosen].

Wann nicht anwenden?
Bei Überempfindlichkeit gegen Etofenamat, Flumenaminsäure und andere nichtsteroidale Entzündungshemmer; Schwangerschaft und Stillzeit sowie Anwendung bei Säuglingen und Kleinkindern, da hierzu bisher keine ausreichende klinische Erfahrung vorliegt. Thermo-Rheumon® zusätzlich: Überempfindlichkeit gegen Benzylnicotinat.

Welche Nebenwirkungen?
Rheumon® Gel/Creme/Lotio: In seltenen Fällen können Hautrötungen bzw. in sehr seltenen Fällen allergische Hautreaktionen auftreten, die sich nach Absetzen des Medikamentes rasch zurückbilden. Thermo-Rheumon®: Eine Hautrötung sowie leichtes Hautbrennen gehören zum angestrebten therapeutischen Effekt und bilden sich nach Absetzen des Medikamentes rasch zurück. Selten Überempfindlichkeitsreaktionen.

Rheumatische Beschwerden

Was beachten?
Thermo-Rheumon® nicht auf Schleimhäute und in die Augen bringen (ggf. die Hände nach dem Einreiben mit Wasser und Seife waschen); Thermo-Rheumon® soll nicht auf verletzte oder ekzematös entzündeter Haut angewendet werden.

Wie dosieren?
Rheumon® Gel/Creme/Lotio: Im allgemeinen mehrmals (3-4mal) täglich - je nach Größe der schmerzhaften Gebiete - einen 5-10cm langen Strang, bei Lotio eine fünfmarkstückgroße Menge, großflächig auf das erkrankte Gebiet auftragen. Thermo-Rheumon®: Mehrmals (3-4mal täglich bis zu 2g (etwa haselnußgroße Menge) großflächig auftragen und einreiben.

Welche Wirkstoffe?
- *Gel:* 1g Rheumon Gel enth.: Etofenamat 50mg.
- *Creme:* 1g Rheumon Creme enth.: Etofenamat 100mg.
- *Lotio:* 1g Rheumon Lotio enth.: 100mg Etofenamat.
1g Thermo-Rheumon Creme enth.: 100mg Etofenamat, 10mg Benzylnicotinat.

Was kostet es?	DM
50 g Rheumon Gel	11,06
100 g Rheumon Gel	18,87
50 g Rheumon Creme	11,09
100 g Rheumon Creme	18,94
100 g Rheumon Lotio	18,94
100 g Thermo-Rheumon Creme	19,90

Hersteller?
Fa. Bayer in Leverkusen

Rubriment®-N Öl

Wann anwenden?
Rheumatische Erkrankungen der Gelenke, Muskeln und Nerven. Schleimbeutelentzündungen, Erfrierungsschäden, periphere [die Extremitäten betreffende] Durchblutungsstörungen, Segmenttherapie [bestimmte Massagearten], zur Sportmassage.

Wann nicht anwenden?
Entzündliche Hauterkrankungen, Ekzeme und Hautverletzungen, dekompensierte [unbehandelte] Herz-, Leber- und Nierenerkrankungen, arterielle Gefäßverschlüsse und schwere diabetische Mikroangiopathie (Gefäßkrankheit, durch Zuckerkrankheit bedingt). Bei Säuglingen und Kleinkindern nicht im Bereich des Gesichts, speziell der Nase, auftragen (Campher).

Welche Nebenwirkungen?
Bei überempfindlichen Patienten eventuell verstärkte Hautreaktion. Kontaktekzem [Kontaktüberempfindlichkeit] (Campher) möglich.

Was beachten?
Nicht auf Schleimhäute (Augenbindehaut!) bringen.

Wie dosieren?
Haut über dem erkrankten Gebiet mehrmals täglich einreiben.

Welche Wirkstoffe?
100ml enth.: Benzylnicotinat 2,0g, (2-Hydroxyethyl)-salicylat 1,8g, Campher 3,0g.

Was kostet es?	DM
100 ml	11,81

Hersteller?
Fa. Nordmark in Uetersen

Trauma-Dolgit® Gel

Wann anwenden?
Zur äußerlichen oder unterstützenden Behandlung bei Sport- und Unfallverletzungen, Muskelrheumatismus, Arthrosen [Gelenkerkrankungen], entzündliche rheumatische Erkrankungen der Gelenke und der Wirbelsäule, Schwellungen beziehungsweise Entzündungen der gelenknahen Weichteile. Schultersteife, Kreuzschmerzen, Hexenschuß.

Wann nicht anwenden?
Überempfindlichkeit gegenüber Ibuprofen und anderen Stoffen mit gleichem Wirkmechanismus. Patienten mit allergischer Diathese [Neigung], nicht auf offenen Wunden oder Schleimhäute. Kinder unter 14 Jahren.

Schwangerschaft?
Im letzten Drittel nicht über einen längeren Zeitraum beziehungsweise auf größeren Hautflächen anwenden, da systemische Wirkungen [Wirkung, die sich auf ein Organsystem oder mehrere Organe in der gleichen Weise erstrecken] nicht auszuschließen sind. Dabei kann es zu einer Wehenhemmung und zu einer Steigerung der Blutungsneigung kommen. Obwohl es bisher keine Hinweise auf teratogene [die Erbmasse des Embryos schädigende] Wirkungen gibt, nicht im 1. und 2. Drittel der Schwangerschaft nicht großflächig über längere Zeit anwenden.

Stillzeit?
Kontraindiziert, nicht anwenden!

Welche Nebenwirkungen?
In sehr selten Fällen Hautrötungen, Hautaustrocknungen, Jucken, Brennen, Hautausschlag, auch mit Pustel- und Quaddelbildung. Äußerst selten bei entsprechend prädisponierten [für einen Krankheitsfall begünstigt] Patienten bronchospastische Reaktionen möglich.

Wie dosieren?
- *Gel:* 3-4mal täglich, bei Bedarf auch öfter, einen 4-10cm langen Gel-Strang auf der Haut verteilen.

Welche Wirkstoffe?
- *Gel:* 100g enth.: Ibuprofen 5g.

Was kostet es?	DM
50 g Gel	11,25
100 g Gel	19,00
500 g Gel	64,45

Hersteller?
Fa. Dolorgiet in Sankt Augustin

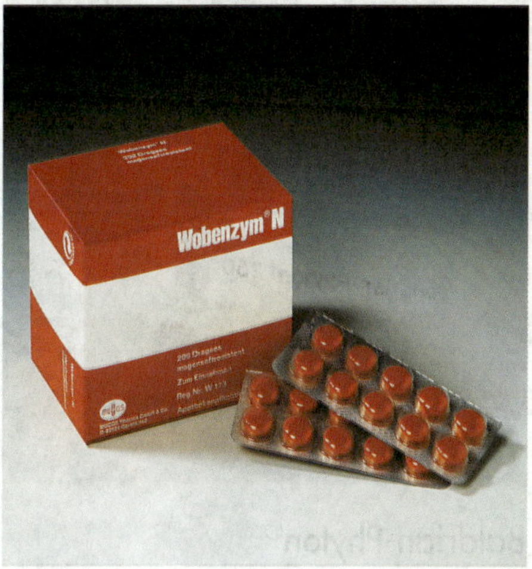

Wobenzym® N

Wann anwenden?
Bei entzündlichen Erkrankungen der Atemwege. Bei Weichteilrheumatismus. Bei schmerzhaftem Verschleiß der Gelenke. Bei Verletzungen aller Art.

Wann nicht anwenden?
Bei schweren angeborenen oder erworbenen Gerinnungsstörungen (zum Beispiel bei Bluterkrankheit, schweren Leberschädigungen, Dialysepatienten) sollte vor einer Einnahme der Arzt befragt werden; das gleiche gilt vor Operationen und bei bekannter Neigung zu allergischen Reaktionen.

Schwangerschaft?
Kritische Nutzen-Risiko-Abwägung!

Welche Nebenwirkungen?
Vereinzelt kann durch die Enzymwirkung eine harmlose Veränderung des Stuhls in Beschaffenheit, Farbe und Geruch auftreten. Selten beobachtete allergische Reaktionen klingen nach Absetzen des Medikamentes ab. Bei Einnahme höherer Einzeldosen wurde über Völlegefühl, Blähungen und vereinzelt über Übelkeit berichtet. Dies läßt sich durch Verteilen der Dosis über den Tag vermeiden.

Was beachten?
Die in einem Dragee enthaltenen Kohlenhydrate entsprechen 0,030 BE [Diabetiker-Einheit]. Gelegentlich kann bei chronischen Erkrankungen nach Therapiebeginn eine Verstärkung der Symptomatik auftreten, was als Ausdruck einer therapeutischen Reaktion positiv zu werten ist. Keinesfalls sollte daraufhin das Medikament abgesetzt werden, allenfalls ist eine vorübergehende Dosisreduzierung zu erwägen.

Wie dosieren?
3 mal 2 Dragees täglich als mittlere, beziehungsweise Erhaltungsdosis einnehmen. Bei schweren Krankheitsverläufen kann die Dosis ohne Bedenken auf das 2-3fache erhöht werden. Bei Verletzungen hat sich eine Stoßtherapie von täglich 30 oder auch mehr Dragees bewährt. Es empfiehlt sich, die Dragees entweder als Einmalgabe oder über den Tag verteilt, jeweils etwa 1-1/2 Stunde vor einer Mahlzeit, unzerkaut mit reichlich Flüssigkeit einzunehmen.

Welche Wirkstoffe?
-Drg.: 1 Drg. enth.: Enzyme aus Pankreas, Ananas comosus u. Carica papaya 230mg entspr. 940 F.I.P.-E. (nach Papain-Meth.) (best. aus Pankreatin 100mg ≙ 300 Protease Ph.Eur.-E.,
Trypsin 24mg ≙ 12µkat, Chymotrypsin 1mg ≙ 5µkat, Bromelain 45mg ≙ 225 F.I.P.-E., Papain 60mg ≙ 164 F.I.P.-E.), Rutosid·3H_2O 50mg.

Was kostet es?	DM
40 Drg.	19,10
200 Drg.	72,63
800 Drg.	223,95

Hersteller?
Fa. Mucos in Geretsried

Information der Redaktion:

ABC Wärme-Pflaster N

ABC Wärme-Salbe

Dolo-Arthrosenex

Enelbin

Finalgon

Kytta-Salbe

Lindofluid

Mobilat

Ostochont

Rheumatische Beschwerden

Phardol

Phlogont

Traumeel

Zuk

Schlafstörungen und psychovegetative Beschwerden

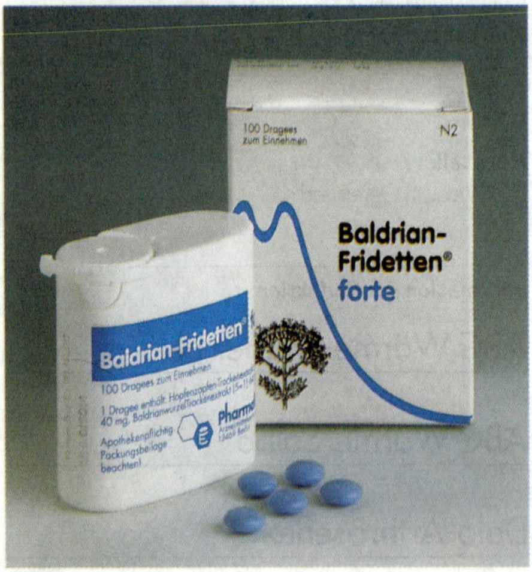

Baldrian-Fridetten® forte

Wann anwenden?
Nervös bedingte Einschlafstörungen, Unruhezustände.

Wie dosieren?
- *Drg.:* 3 mal täglich 2-4 Dragees einnehmen, abends vor dem Schlafengehen 3-5 Dragees einnehmen. Kinder ab 6 Jahre nehmen 3 mal täglich 1 Dragee ein.

Welche Wirkstoffe?
- *Drg.:* 1 Drg. enth.: Hopfenzapfen-Trockenextr. (5,5=1) 40mg,
Baldrianwurzel-Trockenextr. (5=1) 64mg.

Was kostet es?

	DM
100 Drg.	14,95

Hersteller?
Fa. Pharmafrid in Berlin

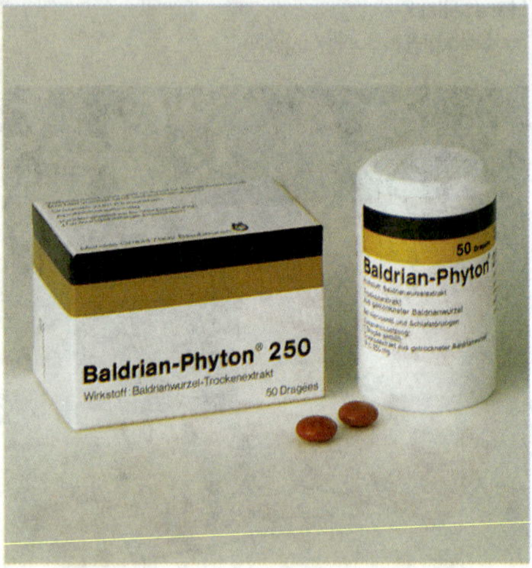

Baldrian-Phyton®

Wann anwenden?
Nervös bedingte Einschlafstörungen.

Vorsicht!
Enthält Alkohol! (Tropfen: 55,0 Volumenprozent).

Wie dosieren?
Als Beruhigungsmittel 3-5mal täglich 0,75-1,5ml einnehmen. Als Einschlaf- und Wiedereinschlafmittel 2-3ml einnehmen. Kinder nehmen dem Alter entsprechend weniger ein. Dragees: 1-3 mal täglich 2-3 Dragees einnehmen.

Welche Wirkstoffe?
- *250 Drg.:* 1 Drg. enth.: Trockenextrakt (5:1) aus getrockneter Baldrianwurzel 250mg.
- *Tropfen:* 1ml Tropfen enth.: Fluidextrakt (1:1) aus getrockneter Baldrianwurzel 1ml.

Was kostet es?

	DM
50 Drg. zu 250mg	9,22
100 Drg. zu 250mg	17,20
50 ml Tropf.	9,04
100 ml	16,91

Hersteller?
Fa. Merckle in Ulm

Dormarist Schlafkapseln®

Wann anwenden?
Nervös bedingte Einschlafstörungen.

Wie dosieren?
1-2 Kapseln 1/2-1 Stunde vor dem Schlafengehen mit reichlich Flüssigkeit einnehmen.

Welche Wirkstoffe?
1 Kaps. enth.: standardisierte Tr.-Extrakte aus: Baldrianwurzel (Valeriana-officinalis-Wurzel, 4-7:1) 95 mg, Melissenblätter (Melissae folium, 5-8:1) 85mg. Weit. Bestandteile: Lactose, Maltodextrin, Magnesiumstearat, anorganische Farbstoffe E 171, E 172 (Kapselhülle).

Was kostet es?	DM
20 Kaps.	9,95
50 Kaps.	19,80
100 Kaps.	36,60

Hersteller?
Fa. Steiner in Berlin

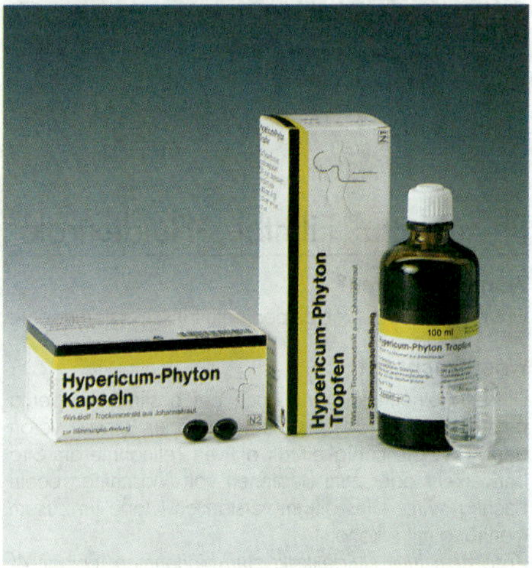

Hypericum-Phyton Kaps., -Tropf.

Wann anwenden?
Psychovegetative [Psychisch ausgelöst, das vegetative Nervensystem betreffende] Störungen, nervöse Angst und Unruhezustände.

Welche Nebenwirkungen?
Eine Photosensibilisierung [Steigerung der Lichtempfindlichkeit der Haut] ist möglich, vor allem bei hellhäutigen Personen.

Was beachten?
- *Tropf.*: Die Tropfen enthalten keinen Alkohol!

Wie dosieren?
- *Kaps.*: 3 mal täglich 1-2 Kapseln unzerkaut mit etwas Flüssigkeit zu den Mahlzeiten einnehmen.
- *Tropf.*: 3 mal täglich 2-4ml mit etwas Flüssigkeit zu den Mahlzeit einnehmen.

Welche Wirkstoffe?
- *Kaps.*: 1 Kaps. enth.: Trockenextr. aus Johanniskraut 225-237mg (6-7:1), entspr. 0,1375mg Hypericin.
- *Tropf.*: 100ml Lsg. enth.: Trockenextr. aus Johanniskraut 2,7-3g (6-7:1), entspr. 9,5mg Gesamthypericin.

Was kostet es?	DM
60 Kaps.	18,50
100 ml Tropf.	24,20
200 ml Tropf.	39,40

Hersteller?
Fa. Merckle in Ulm

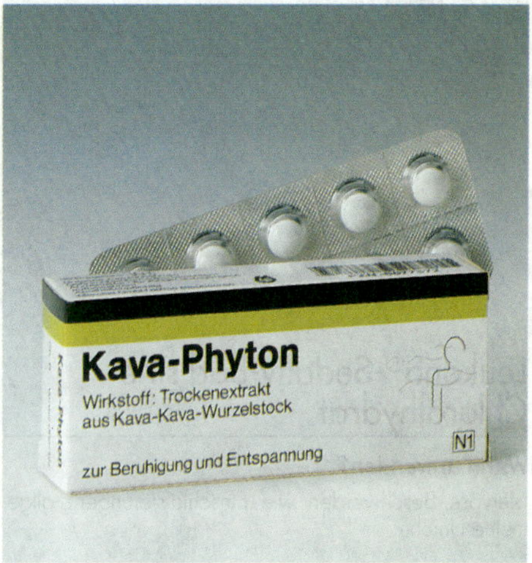

Kava-Phyton

Wann anwenden?
Nervöse Angst-, Spannungs- und Unruhezustände.

Wann nicht anwenden?
Endogene [durch innere Faktoren verursachte] Depressionen.

Schwangerschaft?
Kontraindiziert, nicht anwenden!

Stillzeit?
Kontraindiziert, nicht anwenden!

Welche Nebenwirkungen?
Bei länger dauernder Einnahme kann es zu einer vorübergehenden Gelbfärbung der Haut kommen. Selten: Allergische Hautreaktionen, Sehstörungen, Störungen des okulomotorischen Gleichgewichts [Störung der Koordination der Augenbewegung].

Was beachten?
Reaktionsvermögen kann beeinträchtigt werden!

Wie dosieren?
- *Drg.*: 2-3x täglich 1 Dragee jeweils nach dem Essen unzerkaut mit etwas Flüssigkeit einnehmen.

Welche Wirkstoffe?
- *Drg.*: 1 Drg. enth.: Trockenextr. aus Kava-Kava-Wurzelstock 63,3-115,7mg (12,5-20:1), entspr. 45mg Kava-

Schlafstörungen und psychovegetative Beschwerden

Pyrone.

Was kostet es? DM

30 Drg.	13,65
60 Drg.	24,45
100 Drg.	35,95

Hersteller?
Fa. Merckle in Ulm

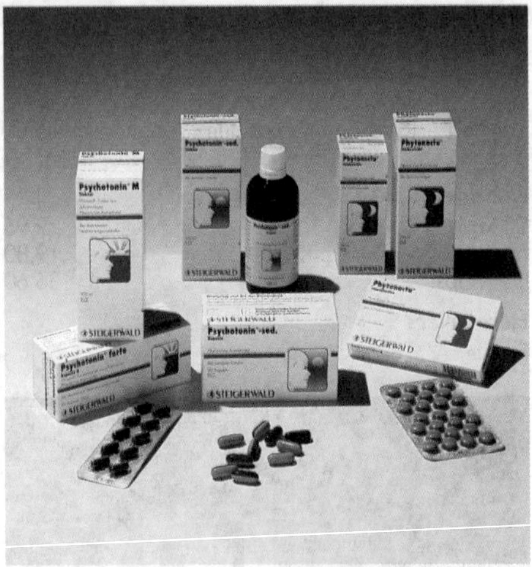

Leukona®-Sedativ-Bad sine Chloralhydrat

Wann anwenden?
Nervöse Beschwerden wie Einschlafstörungen, allgemeine Unruhe.

Wann nicht anwenden?
Vorsicht bei größeren Hautverletzungen, akuten unklaren Hauterkrankungen, schweren, fieberhaften und infektiösen Erkrankungen, Herzinsuffizienz [Herzschwäche] und Hypertonie [Bluthochdruck].

Was beachten?
Auswirkungen auf Kraftfahrer und die Bedienung von Maschinen sind nicht bekannt, jedoch können Beruhigungsmittel grundsätzlich Auswirkungen haben.

Wie dosieren?
30ml auf 1 Vollbad dosieren.

Welche Wirkstoffe?
100g enth.: methanol. Dickextr. (40%) aus 40,95g Baldrianwurzeln u. 7,15g Hopfenblüten (3,7:1) 13,0g.

Was kostet es? DM

250 ml	20,85
720 ml	54,50

Hersteller?
Fa. Dr. Atzinger in Passau

Phytonoctu® Filmtbl., -Fluidextrakt

Wann anwenden?
Unruhezustände. Nervös bedingte Einschlafstörungen.

Was beachten?
Dieses Arzneimittel kann auch bei bestimmungsgemäßem Gebrauch das Reaktionsvermögen soweit verändern, daß die Fähigkeit zur aktiven Teilnahme am Straßenverkehr oder zum Bedienen von Maschinen beeinträchtigt wird. Dies gilt im verstärkten Maße im Zusammenhang mit Alkohol.
Zusätzlich für - Fluidextrakt zum Einnehmen: Enthält 40 Vol.-% Alkohol. Bei Beachtung der Dosierungsanleitung werden bei der Einnahme von 60 Tropfen = 1 Teelöffel bis zu 0,95g Alkohol zugeführt.

Wie dosieren?
- Filmtbl. zum Einnehmen: Morgens und mittags jeweils 1 Filmtablette zur Beruhigung und abends 1 Stunde vor dem Schlafengehen 2-3 Filmtabletten zur Förderung des Schlafes mit etwas Flüssigkeit einnehmen.
- Fluidextrakt zum Einnehmen: Morgens und mittags jeweils 30 Tropfen zur Beruhigung und abends 1 Stunde vor dem Schlafengehen 1 Teelöffel zur Förderung des Schlafes in etwas Flüssigkeit einnehmen.

Welche Wirkstoffe?
- Filmtbl. zum Einnehmen: 1 Filmtbl. enth.: Trockenextrakt aus Melissenblättern (5,0-6,2:1) 60,0mg, Trockenextrakt aus
Passionsblumenkraut (6,25-7,1:1) 70,0mg, Trockenextrakt aus Baldrianwurzel (5,3-6,6:1) 70,0mg. Weitere Bestandteile:
- Fluidextrakt zum Einnehmen: 100g Fluidextrakt enth.: Alkohol. Drogenauszüge aus: Baldrianwurzel (1:1) 20,0g, Melissenblättern (1:2) 40,0g, Passionsblumenkraut (1:2) 40,0g. Enth. 39,0 Vol.-% Alkohol.

Was kostet es?

	DM
50 Filmtbl.	10,07
100 Filmtbl.	17,53
50 ml Fluidextrakt	7,81
100 ml Fluidextrakt	13,73

Hersteller?
Fa. Steigerwald in Darmstadt

Psychotonin® forte Kapseln N

Wann anwenden?
Nervöse Angst- und Unruhezustände.

Welche Nebenwirkungen?
Photosensibilisierung [Steigerung der Lichtempfindlichkeit der Haut] insbesondere bei hellhäutigen Personen möglich.

Wie dosieren?
- *Kapseln N zum Einnehmen:* 2 mal täglich 1 Kapsel vor den Mahlzeiten unzerkaut mit etwas Flüssigkeit einnehmen. Da sich die Wirkung des Arzneimittels in den ersten Tagen der Anwendung allmählich aufbaut, sollte Psychotonin® forte Kapseln N konsequent eingenommen werden, wobei ein Zeitraum von mindestens 14 Tagen sinnvoll ist.

Welche Wirkstoffe?
- *Kapseln N zum Einnehmen:* 1 Kaps. enth.: Trockenextrakt aus Johanniskraut (5,0-8,0:1) 100-120mg mit 0,5mg Gesamthypericin ber. als Hypericin.

Was kostet es?

	DM
60 Kaps.	28,03
100 Kaps.	40,20

Hersteller?
Fa. Steigerwald in Darmstadt

Psychotonin® M Tinktur

Wann anwenden?
Nervöse Angst- und Unruhezustände.

Welche Nebenwirkungen?
Photosensibilisierung [Steigerung der Lichtempfindlichkeit der Haut] ist insbesondere bei hellhäutigen Personen möglich.

Vorsicht!
Enthält 49,4 Vol.-% Alkohol.

Wie dosieren?
- *Tinktur zum Einnehmen:* 3 mal täglich 20-30 Tropfen vor den Mahlzeiten mit etwas Flüssigkeit einnehmen. Da sich die Wirkung des Arzneimittels in den ersten Tagen der Anwendung allmählich aufbaut, sollte Psychotonin® M Tinktur konsequent eingenommen werden, wobei ein Zeitraum von mindestens 14 Tagen sinnvoll ist.

Welche Wirkstoffe?
- *Tinktur zum Einnehmen:* 100ml enth.: 100ml alkohol. Drogenauszug aus, Johanniskraut (1:5,3-6,5) mit 0,25mg/ml Gesamthypericin berechnet als Hypericin.

Was kostet es?

	DM
100 ml Tinktur z. Einn.	30,89

Hersteller?
Fa. Steigerwald in Darmstadt

Psychotonin®-sed. Kapseln, -Tinktur

Wann anwenden?
Nervös bedingte Einschlafstörungen, Angstgefühle und Unruhezustände.

Welche Nebenwirkungen?
Photosensibilisierung [Steigerung der Lichtempfindlichkeit der Haut] ist möglich, insbesondere bei hellhäutigen Personen.

Was beachten?
- *Tinktur zum Einnehmen:* Enthält 65,5 Vol.-% Alkohol.

Wie dosieren?
- *Kapseln z. Einnehmen:* 1-2 mal täglich 1 Kapsel mit Flüssigkeit einnehmen. Bei stärkeren Beschwerden kann die Tagesdosis auf 3 mal 1 Kapsel erhöht werden.
- *Tinktur zum Einnehmen:* 2 mal täglich 20 Tropfen in etwas Flüssigkeit einnehmen. Bei stärkeren Beschwerden kann die Tagesdosis auf 3 mal 20 Tropfen erhöht werden.

Welche Wirkstoffe?
- *Kapseln z. Einnehmen:* 1 Kaps. enth.: Trockenextrakt aus: Johanniskraut (5,4-6,6:1) 100,0mg mit 0,055mg Hypericin, Baldrianwurzel (5,5-6,8:1) 160,0mg.
- *Tinktur zum Einnehmen:* 100g Tinktur enth.: Alkohol. Drogenauszüge aus: Johanniskraut (1:2) 30,0g mit 0,45-0,5mg/ml Gesamthypericin berechnet als Hypericin, Baldrianwurzel (1:5) 70,0g.

Was kostet es?

	DM
50 Kaps. z. Einnehmen	19,45
100 Kaps. z. Einnehmen	34,93
30 ml Tinktur z. Einnehmen	13,90
50 ml Tinktur z. Einnehmen	17,53
100 ml Tinktur z. Einnehmen	31,42

Hersteller?
Fa. Steigerwald in Darmstadt

Schlafstörungen und psychovegetative Beschwerden

Sedariston® Konzentrat Kaps.

Wann anwenden?

Zur unterstützenden Behandlung von Angstzuständen, nervöser Unruhe, Gereiztheit, Gespanntheit und dadurch verursachten Einschlafstörungen.

Welche Nebenwirkungen?

Photosensibilisierung [Steigerung der Lichtempfindlichkeit der Haut] ist möglich, insbesondere bei hellhäutigen Personen.

Wie dosieren?

Morgens und abends vor den Mahlzeiten jeweils 1 Kapsel mit reichlich Flüssigkeit einnehmen. Bei stärkeren Beschwerden werden morgens, mittags und abends je 1 Kapsel eingenommen. Schulkinder erhalten morgens oder abends 1 Kapsel.

Welche Wirkstoffe?

1 Kaps. enth.: Tr.-Extrakt aus Johanniskraut (Hyperici herba; 5-7:1) 80-110mg standardisiert auf 0,15mg Gesamthypericin, ber. als Hypericin,
enth. mind. 0,04mg selektiv bestimmtes Hypericin. Tr.-Extrakt aus Baldrianwurzel (Valeriana-officinalis-Wurzel; 4-7:1) 50mg. Weit. Bestandteile: Lactose, Magnesiumstearat, Maltodextrin, *Farbst.*: E 104, E 127, E 132, E 171, E 172 (Kaps.-Hülle).

Was kostet es?	DM
30 Kaps.	15,40
60 Kaps.	25,85
100 Kaps.	38,80

Hersteller?

Fa. Steiner in Berlin

Sedariston® Tropfen

Wann anwenden?

Nervöse Störungen mit verschiedenen Beschwerden wie Unruhe, Einschlafstörungen, Magendruck, Schwindelgefühl, Herzklopfen und Herzbeklemmung.

Welche Nebenwirkungen?

Photosensibilisierung [Steigerung der Lichtempfindlichkeit der Haut] ist möglich, insbesondere bei hellhäutigen Personen.

Was beachten?

Enthält 52,9 Vol.-% Alkohol!

Wie dosieren?

3 mal täglich 20 Tropfen in Flüssigkeit einnehmen. Für Kinder richtet sich die Dosierung nach dem Alter. In der Regel für Kinder von 2-5 Jahren 3 mal täglich 4-7 Tropfen, bis zu 12 Jahren 3 mal täglich 7-10 Tropfen.

Welche Wirkstoffe?

1ml Flüssigk. (= 27 Tropf.) enth.: Alkohol. Auszüge (Extraktionsmittel: Ethanol 54,7 Vol.%) aus:
Europäischer Baldrianwurzel (Valerianae radix; 1:10) 0,2ml, Johanniskraut (Hyperici herba) 0,15-0,2ml entspr. 1,5µg Hypericin, Melissenblätter (Melissae folium; 1:5) 0,2ml.

Was kostet es?	DM
30 ml	15,40
50 ml	21,60
100 ml	38,80

Hersteller?

Fa. Steiner in Berlin

Sediat® Tabletten

Wann anwenden?

Einschlaf-und Durchschlafstörungen, sofern sie nicht Folgeerscheinungen anderer, behandlungsbedürftiger Grunderkrankungen sind.

Wann nicht anwenden?

Asthma, Grüner Star, Vergrößerung der Vorsteherdrüse, Magen- und/oder Zwölffingerdarmgeschwüre, verengte Magen-Darm-Passage, Verengung des Harnblasenausgangs, Epilepsie. Nicht gleichzeitig mit MAO-Hemmern einnehmen. Kinder unter 14 Jahren.

Schwangerschaft?

Kontraindiziert, nicht anwenden!

Stillzeit?

Kontraindiziert, nicht anwenden!

Welche Nebenwirkungen?

Gelegentlich Hautreaktionen, Magen-Darm-Störungen, Mundtrockenheit und Schwierigkeiten beim Harnlassen. Weiterhin kann eine Überempfindlichkeit gegen Sonnenlicht und ultraviolette Strahlen hervorgerufen werden. Nach längerfristiger und täglicher Anwendung können durch plötzliches Absetzen der Therapie Schlafstörungen wieder verstärkt auftreten.

Vorsicht!

In Einzelfällen kann Sediat®, insbesondere wenn keine ausreichende Schlafdauer gewährleistet ist, das Reaktionsvermögen auch noch am nächsten Morgen so beeinflußen, daß die Fähigkeit zur aktiven Teilnahme am Straßenverkehr oder zum Bedienen von Maschinen beeinträchtigt wird. Dies gilt insbesondere bei zusätzlichem Alkoholgenuß.

Wie dosieren?

- *Tabletten:* Erwachsene nehmen $^1/_4$-$^1/_2$ Stunde vor dem Schlafengehen oder bei nächtlichem Erwachen 1 Tablette, Jugendliche (14-18 Jahre) $^1/_2$ Tablette mit etwas Flüssigkeit ein.

Hinweis : Es ist darauf zu achten, daß nach der Einnahme von Sediat® eine ausreichende Schlafdauer gewährleistet ist, um eine Beeinträchtigungen des Reaktionsvermögens am folgenden Morgen zu vermeiden (Verkehrstüchtigkeit).

Schlafstörungen und psychovegetative Beschwerden

Welche Wirkstoffe?
- *Tabletten:* 1 Tbl. enth.: 50mg Diphenhydramin-HCl.

Was kostet es?

	DM
20 Tbl.	9,50

Hersteller?
Fa. Pfleger in Bamberg

Tonizin®, -forte

Wann anwenden?
Psychovegetative [Psyche und vegetatives Nervensystem betreffende] Störungen, Angst und/oder nervöse Unruhe.
Anmerkung: Psychovegetative Störungen sind Beschwerden ohne erkennbare organische Ursache. Häufige Symptome sind schlechter Schlaf, Konzentrationsschwäche, Schwindel, Schweißausbrüche, Herzrasen, Kopfschmerzen oder Magenbeschwerden.

Welche Nebenwirkungen?
Photosensibilisierung [Steigerung der Lichtempfindlichkeit der Haut] ist insbesondere bei hellhäutigen Personen möglich.

Was beachten?
Die Tropfen enthalten 46 Vol.-% Alkohol.

Wie dosieren?
- *Tropf.:* 3-4 mal täglich 20 Tropfen einnehmen.
- *forte Drg.:* 2 mal täglich 1 Dragee einnehmen.

Welche Wirkstoffe?
- *Tropf.:* 1ml enth.: 600mg ethan. Johanniskraut-Fluidextrakt, stand. auf 240µg Gesamthypericin.
- *forte Drg.:* 1 Drg. enth.: 150mg Johanniskraut-Extrakt, stand. auf 750µg Gesamthypericin.

Was kostet es?

	DM
50 ml	17,80
100 ml	29,90
50 Drg.	22,55
100 Drg.	39,50

Hersteller?
Fa. beni-med in Berlin

Turineurin®

Wann anwenden?
Nervöse Störungen, Angst und/oder nervöse Unruhe.

Welche Nebenwirkungen?
Photosensibilisierung [Steigerung der Lichtempfindlichkeit der Haut] ist insbesondere bei hellhäutigen Patienten möglich.

Wie dosieren?
- *Kaps.:* 3 mal täglich 1 Kapsel. Bei Bedarf bis zu 3 mal täglich 2 Kapseln.

Welche Wirkstoffe?
- *Kaps.:* 1 Kaps. enth.: Trockenextrakt aus Johanniskraut 225-237,5mg entspr. Hypericin 0,1375mg (Verhältnis Droge: Extrakt 6-7:1).

Was kostet es?

	DM
20 Kaps.	9,95
50 Kaps.	17,20
100 Kaps.	32,12

Hersteller?
Fa. Jenapharm in Jena

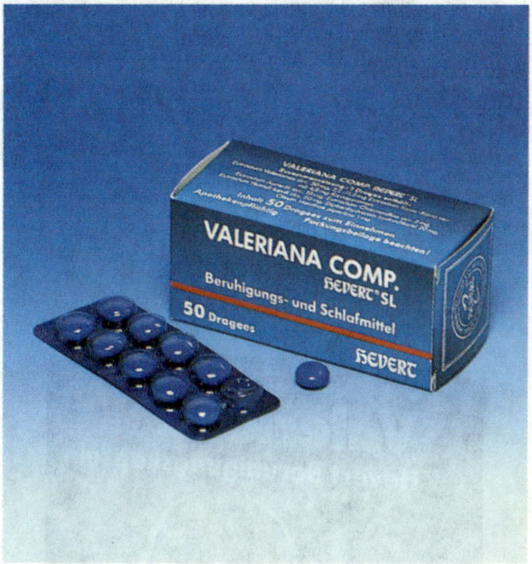

Valeriana comp.-Hevert SL

Wann anwenden?
Nervöse Angst- und Spannungszustände, innere Unruhe, und bei nervös bedingten Einschlafstörungen.

Wann nicht anwenden?
Wegen Diphenhydramin: Engwinkelglaukom [Grüner Star], Blasenenleerungsstörungen mit Restharnbildung, akutes Asthma, Magen-/Zwöffingerdarmgeschwür, verengte Magen-Darm-Passage; Epilepsie. Kinder unter 1 Jahr. Bei Kleinkindern Dosierung exakt beachten, sonst zentrale [das zentrale Nervensystem betreffende] Erregung möglich.

Schwangerschaft?
Bisher keine Hinweis auf fruchtschädigende Wirkung bekannt; dennoch nur bei strenger Indikationsstellung, nur nach Rücksprache mit Ihrem Arzt, anwenden (Kava-Kava).

Welche Nebenwirkungen?
Bei hohen Dosen treten in Einzelfällen Hautreaktionen, Sehstörungen, Mundtrockenheit, Miktionsstörungen [Störungen bei der Blasenentleerung] auf.

Schlafstörungen und psychovegetative Beschwerden

Wie dosieren?

- *Drg.:* Erwachsene nehmen zur Beruhigung während des Tages morgens individuell 1-2 Dragees mit etwas Flüssigkeit ein. Bei Schlafstörungen $^1/_2$ Stunde vor dem Schlafengehen oder nach nächtlichem Wiedererwachen individuell 2-4 Dragees. Kinder über 6 Jahre morgens oder abends 1 Dragee.

Welche Wirkstoffe?

- *Drg.:* 1 Drg. enth.: Extr. Valerianae offic. sicc. 50mg, Extr. Kava-Kava entspr. 4,8mg Kavapyrone, Extr. Aurantii sicc. 10mg, Extr. Chamomillae sicc. 5mg, Extr. Humuli lupuli sicc. 50mg, Diphenhydramin-HCl 20mg, Oleum Menthae pip. 1mg.

Was kostet es?	DM
10 Drg.	6,70
20 Drg.	11,45
50 Drg.	25,90

Hersteller?

Fa. Hevert in Sobernheim

Valeriana forte-Hevert® Beruhigungskapseln

Wann anwenden?

Nervöse Angst- und Spannungszustände, innere Unruhe, und bei nervös bedingten Einschlafstörungen.

Wann nicht anwenden?

Wegen Diphenhydramin: Engwinkelglaukom [Grüner Star], Blasenenleerungsstörungen mit Restharnbildung, akutes Asthma, Magen-/Zwöffingerdarmgeschwür, verengte Magen-Darm-Passage; Epilepsie. Kinder unter 1 Jahr. Bei Kleinkindern Dosierung exakt beachten, sonst zentrale [das zentrale Nervensystem betreffende] Erregung möglich.

Schwangerschaft?

Im 1. Trimenon [Drittel] Kontraindiziert, nicht anwenden!

Welche Nebenwirkungen?

Bei hohen Dosen treten in Einzelfällen Mundtrockenheit, Hautreaktionen, Miktionsstörungen [Störungen bei der Blasenentleerung] auf.

Wie dosieren?

- *Kaps.:* Erwachsene nehmen zur Beruhigung während des Tages individuell 1-2 Kapseln mit Flüssigkeit ein, möglichst morgens nach dem Frühstück. Bei nervösen Einschlafstörungen kann die Dosierung von 1-2 Kapseln abends wiederholt werden, möglichst 1-2 Stunden vor dem Schlafengehen. Die Tageshöchstdosis von 4 Kapseln sollte nicht überschritten werden. Bei Besserung nur jeden 2.-3. Tag morgens oder abends 1 Kapsel. Kinder über 1 Jahr je nach Indikation morgens oder abends 1 Kapsel.

Welche Wirkstoffe?

- *Kaps.:* 1 Kaps. enth.: Extr. Valerianae offic. sicc. 200mg,
Extr. Humuli lupuli sicc. 20mg, Diphenhydramin-HCl 15mg.

Was kostet es?	DM
10 Kaps.	5,89
20 Kaps.	10,70
30 Kaps.	14,70
50 Kaps.	24,90
100 Kaps.	44,48

Hersteller?

Fa. Hevert in Sobernheim

Information der Redaktion:

Baldriparan

Betadorm

Kytta-Sedativum

Luvased

Sedariston

Vivinox

Schnittwunden und Schürfwunden

Basodexan®, -S, -Soft

Wann anwenden?

- *Creme:* Unterstützende Behandlung bei Ichthyosis [Fischschuppenkrankheit], Xerodermie [trockene Haut], Hyperkeratosis [übermäßige Verhornung der Haut] sowie anderen Zuständen von trockener, rauher Haut. Nachbehandlung abgeklungener Hauterkrankungen und für die cortikoidfreie Therapie bei chronischen Hauterkrankungen.
- *S Salbe:* Ichthyosis [Fischschuppenkrankheit]. Nachbehandlung weitgehend abgeklungener Hauterkrankungen (z.B. trockenes Ekzem, Psoriasis [Schuppenflechte]), Austrocknungsekzeme.
- *Soft Creme:* Zur unterstützenden Behandlung von trockenen, schuppenden Hautzuständen, wie z.B. bei Neurodermitis, Ekzemen, die mit Austrocknung der Haut einhergehen, Kontaktekzem [Kontaktüberempfindlichkeit], oder bei Verhornungsstörungen im Bereich der Haarfollikel [Haarwurzel] und bei Fischschuppenkrankheit. Zur zeitlich begrenzten Nachbehandlung leichter Formen der Neurodermitis.

Welche Nebenwirkungen?

- *Creme:* Selten Rötung und Juckreiz.
- *S Salbe:* Selten Rötung, Brennen, Jucken oder Schuppung.
- *Soft Creme:* In seltenen Fällen Brennen und Juckreiz. In Einzelfällen Bläschenbildung und Spannungsgefühl.

Was beachten?

Auf die behandelten Bezirke keine anderen Arzneimittel und keine Kosmetika auftragen, da Harnstoff die Freisetzung und Aufnahme anderer Wirkstoffe in die Haut beeinflussen kann.

Wie dosieren?

- *Creme:* 2mal täglich dünn auf die Haut auftragen und gleichmäßig verreiben.
- *S Salbe:* 2mal täglich dünn auf die Haut auftragen und gleichmäßig verreiben. In der Regel ist eine Behandlungszeit von 2-4 Wochen erforderlich.
- *Soft Creme:* Die Creme 2mal täglich dünn auf die erkrankten Hautflächen auftragen und gleichmäßig verreiben. In der Regel ist eine Anwendungszeit von 2 Wochen erforderlich.

Welche Wirkstoffe?

- *Creme:* 1g Creme enth.: 100mg Harnstoff.
- *S Salbe:* 1g Salbe enth.: 100mg Harnstoff.
- *Soft Creme:* 1g Creme enth.: 100mg Harnstoff.

Was kostet es?	DM
50 g Creme	19,90
100 g Creme	32,58
200 g (2x100g) Creme	55,81
50 g Salbe	19,90
100 g Salbe	32,58
200 g Salbe (2x100g)	55,81
50 g Soft Creme	19,90
100 g Soft Creme	32,58
200 g (2x100g) Soft Creme	55,81

Hersteller?

Fa. Hermal in Reinbek

Brand- und Wundgel-Medice® N

Wann anwenden?

Verbrennungen, Verätzungen, Sonnenbrand, Schürfwunden, bakterielle Infekte der Haut, Grind, Furunkel [Eitergeschwüre], Schweißdrüsenentzündungen, Nagelumlauf [Nagelbettentzündung], Bartflechte, Insektenstiche.

Was beachten?

Nicht ins Auge bringen.

Wie dosieren?

Dünn auftragen, eventuell mehrfach wiederholen. Verband nur wenn notwendig und dann erst nach vollständigem Antrocknen des Gels. Das Gel darf nicht zu schnell antrocknen.

Welche Wirkstoffe?

100g enth.: Benzethoniumchlorid 0,1g, Polidocanol 2,0g, Harnstoff 7,0g.

Was kostet es?	DM
20 g	5,35
50 g	12,35
100 g	22,30

Hersteller?

Fa. Medice in Iserlohn

Hametum®

Wann anwenden?

Oberflächliche Hautdefekte wie Schürf- und Schnittwunden. Verbrühungen und Verbrennungen leichteren Grades sowie Sonnenbrand. Trockene, spröde, rissige, aufgesprungene Haut (auch Altershaut). Wundsein bei Säuglingen.

Wie dosieren?

- *Salbe:* Je nach Bedarf mehrmals täglich dünn auftragen beziehungsweise leicht einmassieren.

Welche Wirkstoffe?

- *Salbe:* 100g Salbe enth.: Destillat aus frischen Blättern u. Zweigen von Hamamelis virginiana (1:1,6) 6,25g, eingestellt auf 0,75mg Hamamelisketone.

Was kostet es?	DM
50 g Salbe	9,95
100 g Salbe	19,10
200 g Salbe	30,65

Schnittwunden und Schürfwunden

Hersteller?
Fa. Spitzner/Schwabe in Ettlingen

Hermalind®

Wann anwenden?
Zur antiseptischen [keimtötenden] Behandlung von oberflächlichen Wunden: Schürf-, Riß-, Platz- und Kratzwunden; Verbrennungen 1. Grades.

Wann nicht anwenden?
Tiefe Wunden, Ulcus cruris [Unterschenkelgeschwür]. Nicht am Auge oder in unmittelbarer Augennähe anwenden.

Welche Nebenwirkungen?
Gelegentlich vorübergehendes Brennen.

Wie dosieren?
- *Creme:* 2 mal täglich auftragen. Näheres siehe Packungsbeilage.

Welche Wirkstoffe?
- *Creme:* 1g Creme enth.: Chlorhexidindigluconat 0,005g,
Dexpanthenol 0,05g.

Was kostet es?

	DM
20 g Creme	6,30
50 g Creme	14,04

Hersteller?
Fa. Hermal in Reinbek

Leukona®-Wundsalbe

Wann anwenden?
Alle Arten von Geschwüren, Dekubitus.

Wie dosieren?
Zur Wundbehandlung: Dünn auftragen. Bei umfangreicheren Wundflächen: Mullauflage messerrückendick bestreichen. Anwendungsdauer 2-5 Tage, beziehungsweise bis zur Abheilung.

Welche Wirkstoffe?
100g enth.: Hamamelisrindenwasser 12,5g,
Allantoin 2g, Lebertran 35g.

Was kostet es?

	DM
50 g	9,28

Hersteller?
Fa. Dr. Atzinger in Passau

Marolderm Salbe

Wann anwenden?
Schürfwunden, Bagatellverletzungen, Dekubitus [Wundliegen], Analfissuren [Einrisse an der Afterschleimhaut], Hauttransplantationen, banale Brandwunden, zur Regeneration der Hautzellen nach Verbrennungen, Windelerythem [entzündliche Hautrötung, die durch Windeln hervorgerufen wird], Epithelläsionen [Schädigungen der oberen Haut- oder Schleimhautschicht], Ptophylaxe [Vorbeugung] und Behandlung von Hautentzündungen durch Röntgenstrahlen oder Sonnenbrand, Vorbeugung von Brustrhagaden [Risse in der Brusthaut].

Welche Nebenwirkungen?
In seltenen Fällen kann es bei besonders veranlagten Personen zu allergischen Reaktionen kommen.

Wie dosieren?
- *Salbe:* Auf Wunden oder entzündliche Hautstellen au tragen.

Welche Wirkstoffe?
- *Salbe:* 1g Salbe enth.: Dexpanthenol 50mg.

Was kostet es?

	DM
50 g Salbe	4,40
100 g Salbe	7,90

Hersteller?
Fa. Dermapharm in Gräfelfing

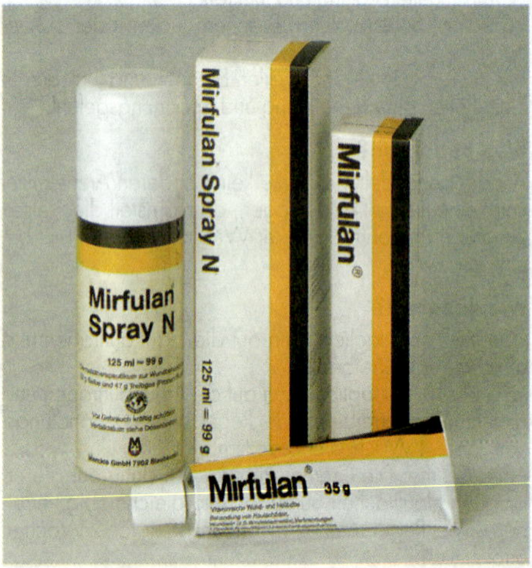

Mirfulan®

Wann anwenden?
Behandlung von Hautschäden, Wundsein, zum Beispiel Windeldermatitis [entzündliche Hautreaktion, die durch Windeln hervorgerufen wird], Verbrennungen 1. Grades, Ausschlägen, Säuglingspflege; Pflege der Haut [zum Beispiel Prothesenstümpfe, nach Strahlentherapie].

Wann nicht anwenden?
Hinweis: Eine Infektion der Wunde ist auszuschließen.

Welche Nebenwirkungen?
In Einzelfällen sind lokale Unverträglichkeits-/ Überempfindlichkeitsreaktionen möglich. Nach Auftragen auf stark entzündliche Hautpartien kann ein leichtes Brennen auftreten.

Wie dosieren?
- *Wund- und Heilsalbe:* Nach Bedarf auf die erkrankten oder gereizten Hautstellen auftragen.

Welche Wirkstoffe?
- *Wund- und Heilsalbe:* 100g enth.: Lebertran 10g (stand. auf Vit. A 1.000 I.E. u. auf Vit. D_3 200 I.E.), Zinkoxid 10g.

Was kostet es?	DM
50 g Salbe	9,95
100 g Salbe	15,96

Hersteller?
Fa. Merckle in Ulm

Pharma Wernigerode Kamillan® plus

Wann anwenden?
Äußerliche Anwendung: Entzündliche Erkrankungen von Mund- und Rachenhöhle, Kehlkopf, Nase, Kieferhöhlen. Schlecht heilende Wunden aller Art, Verbrennungen, Geschwüre, Fisteln. Innere Anwendung: Erkrankungen des Magen-Darm-Traktes einschließlich der Gallenwege, die mit akuten Krämpfen und Kolikschmerzen einhergehen.

Wann nicht anwenden?
Überempfindlichkeit gegen einen der Inhaltstoffe.

Was beachten?
Enthält 50 Vol.-% Alkohol.

Wie dosieren?
- *Lsg.:* Gesichtsdampfbad: Mehrmals täglich 1/2-1 Eßlöffel auf 1 Liter heißes Wasser. Gurgeln: 1 Teelöffel auf ein Glas lauwarmes Wasser mehrmals täglich je nach Bedarf. Inhalieren: Mehrmals tgl. 1/2-1 Eßlöffel auf 1 Liter heißes Wasser und ca. 5 minuten inhalieren. Bei Verwendung des Kamillan plus Inhalators sind 1/2-1 Eßlöffel und ca. 300ml Wasser ausreichend. Bedienungsanleitung beachten! Pinselung des Zahnfleisches und der Haut: Einige Tropfen unverdünnt mit Pinsel oder Wattestäbchen. Spülungen der Haut und des Ohres, Teilbäder, Umschläge, Waschungen im Scheidenbereich: 1/2-1 Eßlöffel auf 1 Liter körperwarmes Wasser. Zum Einnehmen: 1-3 mal täglich 1/2-1 Teelöffel auf Wasser oder Tee.

Welche Wirkstoffe?
- *Lsg.:* Gehalt je 100 g: 100g ethanolisch-wäßrigen Auszug aus 12g Kamillenblüten und
5g Schafgarbenkraut.

Was kostet es?	DM
50 ml	6,30
100 ml	11,45
100 ml u. Inhalator	19,80
200 ml	17,45
100 ml + 8 Sitzbadfolien	17,95

Hersteller?
Fa. Pharma Wernigerode in Wernigerode

Pharma Wernigerode Kamillan® supra

Wann anwenden?
Äußerlich: Haut- und Schleimhautentzündungen sowie bakterielle Hauterkrankungen einschließlich der Mundhöhle und des Zahnfleisches. Entzündliche Erkrankungen und Reizzustände der Luftwege (Inhalationen). Erkrankungen im Anal- und Genitalbereich (Bäder und Spülungen). Innerlich: Krämpfe und entzündliche Erkrankungen des Magen-Darm-Traktes.

Vorsicht!
Enthält 48 Vol.-% Alkohol.

Wie dosieren?
Gesichtsdampfbad und Inhalation: 1-3 mal täglich 1/2-1 Eßlöffel auf ca. 1 Liter Wasser; bei Verwendung des Kamillan Inhalators sind ca. 300ml heißes Wasser ausreichend; Mundspülen und Gurgeln: mehrmals täglich 20-30 Tropfen auf 1/2 Glas Wasser; Pinselung: mehrmals täglich unverdünnt; Säuglings-Bäder: 1 mal täglich 1/2-1 Eßlöffel auf ca. 10 Liter Wasser; Sitzbäder, Spülungen, Umschläge, Waschungen, Teilbäder: 1- mehrmals täglich 1/2-1 Eßlöffel auf ca. 1 Liter Wasser. Zum Einnehmen: bis zu 4 mal täglich auf 1 Glas Wasser bei Säuglingen und Kleinkindern: 10 Tropfen Schulkindern 20 Tropfen; Erwachsene 30 Tropfen.

Welche Wirkstoffe?
Gehalt je 100g: 100g ethanolisch-wäßr. Auszug aus Kamillenblüten (1:2) mit mind. 180mg ätherischem Öl. 1g≙ca. 30 Tropf.

Was kostet es?	DM
30 ml	5,70
100 ml	14,20

Hersteller?
Fa. Pharma Wernigerode in Wernigerode

Pinal®-N Paste

Wann anwenden?
Oberflächliche Schürfwunden, chronisch nässende Hauterkrankungen an den Gliedmaßen, Schweißfüße, dyshidrotische Ekzeme [durch Veränderung der Schweißmenge oder -zusammensetzung hervorgerufene Ekzeme], chronische Gehörgangsekzeme, durch Pilze hervorgerufene Erkrankungen und deren Ekzeme, Ekzeme im äußeren Afterbereich, Wundsein in Körperfalten.

Schnittwunden und Schürfwunden

Wann nicht anwenden?
Bei Säuglingen, Kleinkindern und Patienten mit Nierenfunktionsstörungen Langzeitbehandlung und Anwendung auf großen Flächen vermeiden. Nicht anwenden bei Überempfindlichkeit gegen Salicylsäure und Salicylate.

Schwangerschaft?
Keine Langzeitbehandlung und Anwendung auf großen Flächen.

Welche Nebenwirkungen?
Im akuten Entzündungsstadium eventuell Verursachung einer vorübergehenden Hautreizung. In Einzelfällen Kontaktallergie.

Wie dosieren?
- Paste: Alle 1-2 Tage dünn bis messerrückendick auf die erkrankten Hautstellen auftragen. Bei Hyperhidrosis pedum [vermehrter Schweißabsonderung an den Füßen] abends einreiben.

Welche Wirkstoffe?
- Paste: 100g enth.: Salicylsäure 0,4g,
Zinkoxid 50g, N-(2-Hydroxyethyl)-10-undecenamid 2g.

Was kostet es?	DM
40 g Paste	9,20
100 g Paste	13,95

Hersteller?
Fa. Dr. Atzinger in Passau

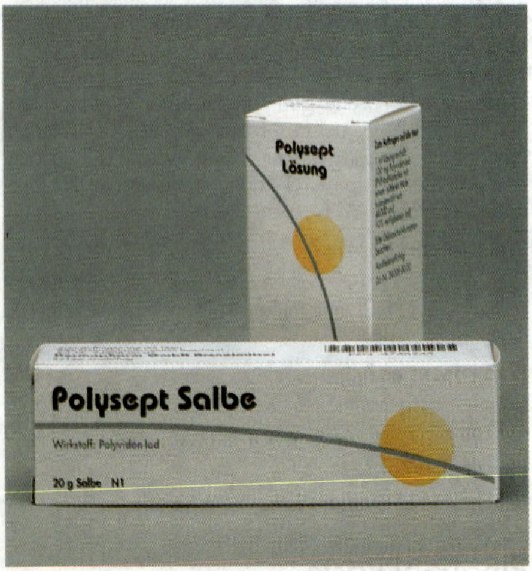

Polysept Salbe, -Lösung

Wann anwenden?
Zur wiederholten, zeitlich begrenzten oberflächlichen Anwendung auf geschädigter Haut, wie zum Beispiel Decubitus [Wundliegen], oberflächlichen Wunden und Verbrennungen, vor und nach Blasenkatheterisierung.
Zusätzlich für - Lösung: Zur einmaligen Anwendung als Antiseptikum auf der intakten äußeren Haut, Mundschleimhaut, Vagina, Cervix und/oder Urethra [männliche und weibliche Harnröhre].

Wann nicht anwenden?
Keine Anwendung bei: Patienten mit Schilddrüsenerkrankungen, Dermatitis herpetiformis Duhring [Hauterkrankung mit juckenden roten Bläschen an Schultern, Gesäß, Armen, Beinen], bekannter Iodüberempfindlichkeit, Neugeborene und Säuglinge bis zum Alter von 6 Monaten, vor und nach einer Radiojodanwendung (bis zur dauerhaften Ausheilung).
Zusätzlich für - Lösung: Bekannte Überempfindlichkeit gegen Polyethylenglykol (Macrogol).

Schwangerschaft?
Kontraindiziert, nicht anwenden!

Stillzeit?
Kontraindiziert, nicht anwenden!

Welche Nebenwirkungen?
Bei länger dauernder Behandlung eventuell zelltoxische Wirkung mit gestörter Wundheilung. Vorübergehend Schmerzen, Brennen, Wärmegefühl. In Einzelfällen Kontaktallergien. Bei großflächiger und wiederholter Anwendung, zum Beispiel auf geschädigter Haut, Schilddrüsenfunktion regelmäßig überwachen lassen. Nach Aufnahme größerer PVP-Iod-Mengen Elektrolyt- und Serumosmolaritätsstörungen [Blutsalzkonzentrationsstörung], Nierenschwäche und metabolische Azidose [den Stoffwechsel betreffende Übersäuerung] möglich.

Wie dosieren?
- Salbe: Mehrmals täglich auf die Wundfläche auftragen.
- Lösung: Einmalige oder wiederholte, zeitlich begrenzte Anwendung: unverdünnt auf zu behandelnde Stellen auftragen. Antiseptische Umschläge: 1:5 bis 1:10 verdünnen. Antiseptische Waschungen: 1:2 bis 1:100 verdünnen.

Welche Wirkstoffe?
- Salbe: 1g Salbe enth.: 100mg Polyvidon-Iod (PVP-Iod-Komplex MMG 44000 und 10% verfügbares Iod).
- Lösung: 1ml Lsg. enth.: 100mg Polyvidon-Iod (PVP-Iod-Komplex MMG 44000 und 10% verfügbares Iod).

Was kostet es?	DM
20 g Salbe	7,39
50 g Salbe	14,95
100 g Salbe	22,90
400 g Salbe	39,95
30 ml Lösung	5,80
100 ml Lösung	9,95
1000 ml Lösung	34,85

Hersteller?
Fa. Dermapharm in Gräfelfing

Tannosynt® flüssig

Wann anwenden?
Entzündliche, nässende und juckende Hauterkrankungen, z.B.: Windeldermatitis [entzündliche Hautreaktion, die durch den Wärmestau von Windeln hervorgerufen wird], Intertrigo [Wundsein in den Körperfalten, z.B. am Bauch], Verbrennungen 1. Grades, Juckreiz -speziell im Genital-Anal-Bereich-, Hyperhidrosis [übermäßige Schweißabsonderung], Adjuvans [unterstützende Therapie] bei der Mykosetherapie [Therapie bei Pilzerkrankungen] und bei infektiösen Exanthemen [Ausschläge] wie z.B. Windpocken, Masern, Röteln.

Wann nicht anwenden?
Anwendung am Auge. Als Vollbad bei schweren Herz- und Kreislaufstörungen, Hypertonie [Bluthochdruck], fieberhaften Erkrankungen oder Tuberkulose sowie größeren Hautverletzungen und akuten unklaren Hauterkrankungen.

Welche Nebenwirkungen?
In Einzelfällen leichte Hautreizungen möglich.

Was beachten?
Nicht unverdünnt anwenden.

Wie dosieren?
Voll-, Sitz- und Teilbäder, Waschungen, Umschläge. Verdünnung 1:1000 bis 1:5000. (Näheres siehe Packungsbeilage).

Welche Wirkstoffe?
100g enth.: Gerbstoff, synthetisch 40g.

Was kostet es?

	DM
100 g (flüssig) wässriges Konzentrat	10,81
250 g (flüssig) wässriges Konzentrat	21,70
500 g (flüssig) wässriges Konzentrat	39,95

Hersteller?
Fa. Hermal in Reinbek

Information der Redaktion:

Bepanthen

Betaisodona

Ilon

Kamillosan

Panthenol-ratiopharm

Tannolact

Schnupfen

Balkis® Nasentropfen 0,05%, -Nasentropfen 0,1%, -Nasenspray, -Nasengel

Wann anwenden?
Zur Schleimhautabschwellung bei akuter und chronischer Rhinitis [Schnupfen], auch Rhinitis allergica [allergischer Schnupfen] und Rhinitis vasomotorica [gefäßbedingter Schnupfen].

Wann nicht anwenden?
Überempfindlichkeit gegen einen der Inhaltsstoffe. Rhinitis sicca [trockener Schnupfen], Engwinkelglaukom [Grüner Star]. Vorsicht bei Schilddrüsenüberfunktion, Diabetiker, Phäochromozytom [Nebennierenmarkerkrankung], Bluthochdruck, schwere Herzerkrankungen.

Schwangerschaft?
Vorsicht.

Stillzeit?
Vorsicht.

Welche Nebenwirkungen?
Lokale Reizerscheinungen wie Austrocknen und Brennen, vereinzelt Schleimhautschwellung, reaktive Hyperämie [Durchblutungssteigerung]. Zentrale Erregung, Herzklopfen, Bluthochdruck, Herzrhythmusstörungen, pektanginöse [durch Angina pectoris ausgelöste] Beschwerden, Kopfschmerzen.

Was beachten?
0,05% Nasentropfen: für Säuglinge und Kleinkinder.
0,1% Nasentropfen, Nasenspray: nur für Schulkinder und Erwachsene.

Wie dosieren?
Lösung 0,05%: Bei Säuglingen nach Bedarf bis zu 3 mal täglich 1 Tropfen, bei Kleinkindern nach Bedarf bis zu 3 mal täglich 1-2 Tropfen mit der Pipette in jedes Nasenloch. 0,1% Lösung und Spray: Erwachsene und Schulkinder: Nach Bedarf bis zu 2-3 mal täglich 1-2 Tropfen oder je 1 Sprühstoß in jedes Nasenloch.
- *Nasengel:* Erwachsene und Schulkinder 1-3 mal etwas Gel pro Tag in jede Nasenöffnung einstreichen.

Welche Wirkstoffe?
- *Nasentropfen 0,05%:* 1ml enth.: Xylometazolin-HCl 0,5mg,
Benzalkoniumchlorid 0,2mg.
- *Nasentropfen 0,1%:* 1ml enth.: Xylometazolin-HCl 1mg, Benzalkoniumchlorid 0,2mg.
- *Nasenspray:* 1ml enth.: Xylometazolin-HCl 1mg, Benzalkoniumchlorid 0,2mg.
- *Nasengel:* 1g enth.: Xylometazolin-HCl 1mg, Benzalkoniumchlorid 0,2mg.

Arzneimittel

Schnupfen

Was kostet es?

	DM
10 ml 0,05% Nasentropf.	3,89
10 ml 0,1% Nasentropf.	5,22
10 ml Nasenspray	5,22
10 g Nasengel	5,22

Hersteller?
Fa. Dolorgiet in Sankt Augustin

Bromelain-POS®

Wann anwenden?
Akute postoperative und posttraumatische Schwellungszustände (z.B. Gelenkprellung), Nasennebenhöhlenentzündung (Sinusitis). Venenbeschwerden.

Wann nicht anwenden?
In sehr seltenen Fällen auftretende Allergie gegen proteolytische [eiweißabbauende] Enzyme aus Ananas comosus klingt nach Absetzen des Präparates im allgemeinen rasch ab. Schwere angeborene oder erworbene Blutgerinnungsstörungen (zum Beispiel Bluterkrankheit, bei schweren Leberschädigungen, bei Dialysepatienten).

Welche Nebenwirkungen?
In Einzelfällen weicher oder flüssiger Stuhlgang.

Wie dosieren?
- *Tbl.*: Als Normaldosis 3 mal täglich 1 Tablette, in besonderen Fällen 3 mal täglich 2 Tabletten jeweils $^1/_2$ Stunde vor den Mahlzeiten (nicht nach den Mahlzeiten) unzerkaut mit Flüssigkeit einnehmen. Mindesttagesdosis: 2 mal täglich 1 Tablette.

Welche Wirkstoffe?
- *Tbl.*: 1 magensaftresistente Tbl.(farbstoff- und lactosefrei) enth.: Bromelain stand. mind. 500 F.I.P.-Einheiten.

Was kostet es?

	DM
20 Tbl.	23,24
50 Tbl.	50,57
100 Tbl.	93,12

Hersteller?
Fa. Ursapharm in Saarbrücken

Exrhinin® Nasenspray, -Nasentropfen

Wann anwenden?
Zur Schleimhautabschwellung bei Schnupfen, Heuschnupfen, Nasopharyngitis, Sinusitis [Nasennebenhöhlenentzündung].

Wann nicht anwenden?
Rhinitis sicca [trockener Schnupfen]. Kinder unter 6 Jahre, schwere Herz-Kreislauferkrankungen z. B. koronare [herzkranzgefäßbedingte] Herzkrankheiten, Hypertonie [Bluthochdruck], Phäochromozytom [Erkrankung des Nebennierenmarks]) und Stoffwechselstörungen, z.B. Schilddrüsenüberfunktion, Diabetes sowie bei Patienten, die mit Monoaminoxidase-Hemmern [Psychopharmatyp] und anderen potentiell blutdrucksteigernden Medikamenten behandelt werden, Anwendung nur nach sorgfältiger Nutzen-Risiko-Abwägung. Vorsicht bei Patienten mit Glaukom [grüner Star] oder Engwinkelglaukom.

Schwangerschaft?
Strenge Nutzen-Risiko-Abwägung!

Stillzeit?
Strenge Nutzen-Risiko-Abwägung!

Welche Nebenwirkungen?
Gelegentlich reaktive Schleimhautschwellung, Schleimhautbrennen und Schleimhauttrockenheit. Die Aufnahme des Wirkstoffes Tetryzolin durch die Nasenschleimhaut in den Blutkreislauf kann zu unerwünschten systemischen Wirkungen [über den Blutkreislauf zustande kommende organische Wirkungen] wie Herzklopfen, Kopfschmerzen, Tremor [Muskelzittern], Schwäche, Schwitzen und Blutdruckanstieg führen.

Was beachten?
Nicht häufiger als alle 4 Stunden anwenden, maximal 3 Anwendungen pro Tag, und auf längstens 3-5 Tage beschränken. Erneute Gabe erst nach einer Pause von mehreren Tagen. Dauerbehandlung sollte vermieden werden, da es dann zu einer Schädigung der Nasenschleimhaut und zu chronischer Nasenverstopfung kommen kann. Langfristige Anwendung und Überdosierung, vor allem bei Kindern vermeiden. Nach längeren Gaben des Wirkstoffes Tetryzolin-HCl können eventuell systemische [durch die Aufnahme des Wirkstoffes in den Blutkreislauf entstehende] Wirkungen mit kardiovaskulären [Herz- und Kreislauf betreffenden] Effekten auftreten. In diesen Fällen kann die Fähigkeit zum Führen eines Kraftfahrzeuges und zur Bedienung von Maschinen beeinträchtigt sein.

Wie dosieren?
2-4 Tropfen bzw. 1 Sprühstoß in jedes Nasenloch geben.

Welche Wirkstoffe?
- *Nasenspray:* Gehalt je 100g: Tetryzolin-HCl 0,100g,
- *Nasentropfen:* Gehalt je 100g: Tetryzolin-HCl 0,100g,

Was kostet es?

	DM
10 ml Nasenspray	8,80
10 ml Nasentropfen	7,45

Hersteller?
Fa. Pharma Wernigerode in Wernigerode

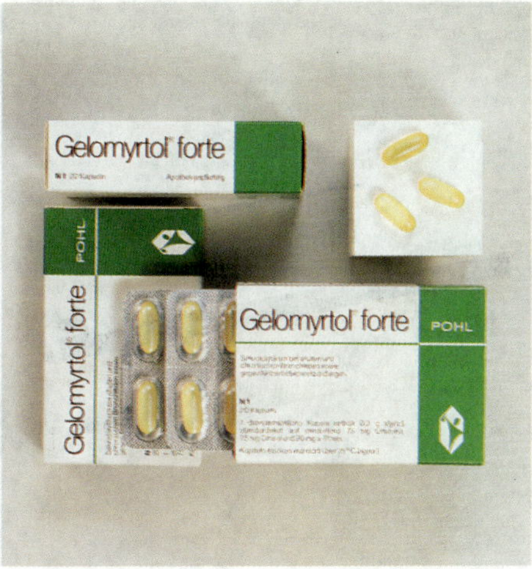

Gelomyrtol®, -forte

Wann anwenden?
Akute und chronische Bronchitis und Entzündung der Nasennebenhöhlen.

Schwangerschaft?
Insbesonders im 1. Trimenon [Drittel] der Schwangerschaft nur auf ausdrückliche Anweisung des Arztes einnehmen.

Welche Nebenwirkungen?
In Einzelfällen Magen-Darm-Beschwerden, in Bewegung setzen vorhandener Nieren- und Gallensteine. Überempfindlichkeitsreaktionen.

Wie dosieren?
Bei akut-entzündlichen Krankheitsbildern 4-5 mal täglich 2 Kapseln (3-4 mal täglich 1 Kapsel forte) $^1/_2$ Stunde vor dem Essen mit einem kalten Getränk, die letzte Dosis vor dem Schlafengehen zur Erleichterung der Nachtruhe einnehmen. Zur Weiter- beziehungsweise Dauerbehandlung nehme man 3 mal täglich 2 Kapseln (2 mal täglich 1 Kapsel forte) ein. Für Kinder unter 10 Jahren empfiehlt sich die Hälfte der Erwachsenendosis.

Welche Wirkstoffe?
- *Kaps.*: 1 dünndarml. Gelatinekaps. enth.: 120mg Myrtol
stand. auf mind. 30mg Limonen, 30mg Cineol u. 8mg α-Pinen.
- *forte Kaps.*: 1 dünndarmlösl. Gelatinekaps. enth.: 300mg Myrtol stand. auf mind. 75mg Limonen, 75mg Cineol u. 20mg α-Pinen.

Was kostet es?	DM
20 Kaps.	4,93
50 Kaps.	9,14
100 Kaps.	16,23
20 forte Kaps.	10,06
50 forte Kaps.	22,93
100 forte Kaps.	40,71

Hersteller?
Fa. Pohl-Boskamp in Hohenlockstedt

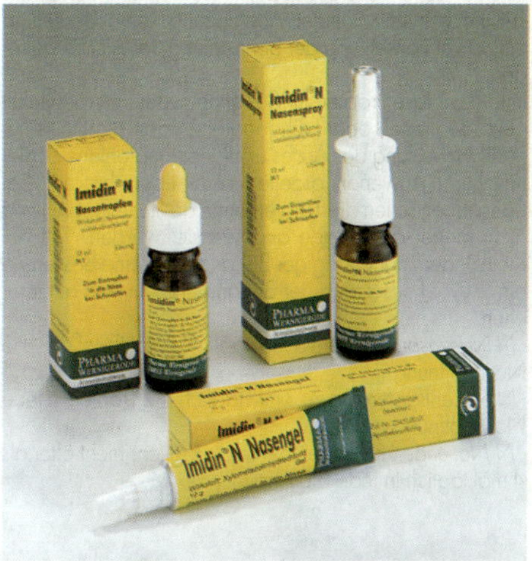

Imidin® N Nasenspray, -N Nasentropfen, -N Nasengel, -S Nasentropfen für Säuglinge

Wann anwenden?
Zum Abschwellen der Nasenschleimhaut bei akutem Schnupfen, bei anfallsweise auftretendem Fließschnupfen sowie zur kurzfristigen unterstützenden Behandlung von allergischem Schnupfen wie Heuschnupfen. Bei chronischem Schnupfen darf die Anwendung wegen Gefahr des Schwunds der Nasenschleimhaut nur auf besonderes ärztliches Anraten erfolgen. -Nasenspray/Nasentropfen: Für Erwachsene und Schulkinder bestimmt.

Wann nicht anwenden?
Trockene Entzündungen der Nasenschleimhaut, erhöhter Augeninnendruck, Anwendung bei Säuglingen und Kleinkindern unter 6 Jahren.

Welche Nebenwirkungen?
Leichte Reizerscheinungen, verstärkte Schleimhautschwellung, gelegentlich Kopfschmerzen, Schlaflosigkeit oder Müdigkeit, Herzklopfen. Eine mögliche systeme Wirkung muß beobachtet werden. (Blutdruck und Puls).

Wie dosieren?
Imidin N Nasenspray: Bis zu 3 mal täglich je 1 Sprühstoß in jede Nasenöffnung. Imidin N Nasentropfen: Bis zu 3 mal täglich 1-2 Tropfen in jede Nasenöffnung. Imidin N Nasengel: 1- mehrmals täglich, jedoch nicht öfter als 4 mal täglich in jede Nasenöffnung. Imidin S Nasentropfen für Säuglinge: Säuglinge nach Bedarf bis zu 3 mal täglich

Schnupfen

1 Tropfen, bei Kleinkindern nach Bedarf bis zu 3 mal täglich 1-2 Tropfen in jede Nasenöffnung einbringen.
Hinweis: Imidin N Nasengel/N Nasenspray/N Nasentropfen/S Nasentropfen für Säuglinge: Dauergebrauch von schleimhautabschwellenden Schnupfenmitteln kann zu chronischer Schwellung der Nasenschleimhaut führen. Tritt nach zweiwöchiger Anwendung keine Besserung ein, ist vor Fortsetzung der Behandlung der Arzt zu befragen.
Imidin S Nasentropfen für Säuglinge: Bei untergewichtigen Säuglingen oder Frühgeborenen darf die Dosis nur nach Anweisung des Arztes erfolgen. Empfohlene Dosierung und Anwendungszeiten nicht überschreiten! Bei Säuglingen sollen die Tropfen ohne ärztliche Empfehlung nicht länger als 3 Tage angewendet werden. Tritt bei Kleinkindern nach 7tägiger Behandlung keine Besserung ein, ist vor Fortsetzung der Behandlung ein Arzt aufzusuchen.
- *N Nasenspray:* Bis zu 3 mal täglich 1 Sprühstoß in jede Nasenöffnung.
- *N Nasentropfen:* Bis zu 3 mal täglich 1-2 Tropfen in jede Nasenöffnung.
- *N Nasengel:* Ein- oder mehrmals täglich, nicht öfter als 4 mal täglich in jede Nasenöffnung.

Welche Wirkstoffe?
- *N Nasenspray:* 1ml Lsg. enth.: 1,0mg Xylometazolin-HCl.
Konservierungsm.: 0,2mg Benzalkoniumchlorid.
- *N Nasentropfen:* 1ml Lsg. enth.: 1,0mg Xylometazolin-HCl. Konservierungsm.: 0,2mg Benzalkoniumchlorid.
- *N Nasengel:* 1g Gel enth.: 1,0mg Xylometazolin-HCl. Konservierungsm.: 0,2mg Benzalkoniumchlorid.
- *S Nasentropfen für Säuglinge:* 1ml Lsg. enth.: 0,5mg Xylometazolin-HCl. Konservierungsm. Benzalkoniumchlorid.

Was kostet es?	DM
10 ml Spray	5,22
10 ml Lsg.	5,22
10 g Gel	5,22
10 ml S Lsg.	3,89

Hersteller?
Fa. Pharma Wernigerode in Wernigerode

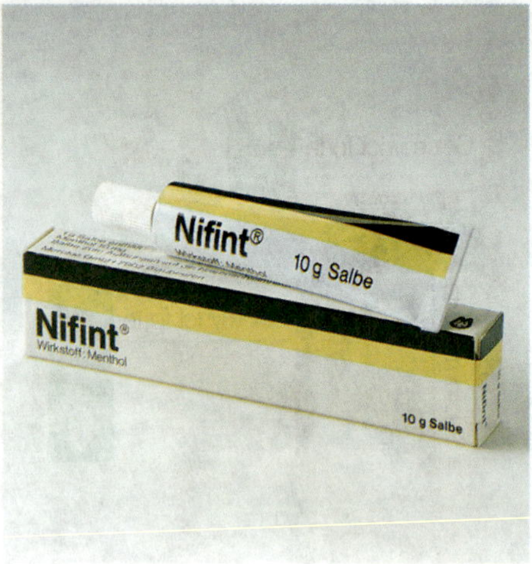

Nifint® Nasensalbe

Wann anwenden?
Katarrhe [nässende Entzündung] der oberen Luftwege.

Wann nicht anwenden?
Auf keinen Fall geeignet für Säuglinge und Kleinkinder unter 2 Jahren (Kollapsgefahr). Patienten mit Asthma bronchiale sowie bei Haut- und Kinderkrankheiten mit Exanthemen [Hautausschlägen]. Nicht bei blutigen Krusten im Bereich der Nase anwenden.

Schwangerschaft?
Kontraindiziert, nicht anwenden!

Stillzeit?
Kontraindiziert, nicht anwenden!

Welche Nebenwirkungen?
In Einzelfällen allergische Hauterscheinungen. Gelegentlich lokale Mißempfindungen wie Brennen und trockene Nase.

Was beachten?
Salbe nicht am Auge, auf Wunden oder stark gereizter Haut anwenden.

Wie dosieren?
Mehrmals täglich eine etwa linsengroße Salbenmenge in beide Nasenöffnungen einführen und gleichmäßig verteilen.

Welche Wirkstoffe?
1g Salbe enth.: Menthol 10mg.

Was kostet es?	DM
10 g Salbe	6,41

Hersteller?
Fa. Merckle in Ulm

®Otriven gegen Schnupfen

Wann anwenden?

0,05% Nasentropfen/-0,1% Nasenspray/-0,1% Dosierspray/-0,1% Nasentropfen: Zum Abschwellen der Nasenschleimhaut bei akutem Schnupfen, bei anfallsweise auftretendem Fließschnupfen, zur kurzfristigen unterstützenden Behandlung von allergischem Schnupfen wie Heuschnupfen. Bei chronischem Schnupfen darf die Anwendung wegen der Gefahr des Schwundes der Nasenschleimhaut nur auf ärztliches Anraten erfolgen. Zur Erleichterung des Sekretabflusses bei Nasennebenhöhlenentzündung sowie bei Tubenmittelohrkatarrh in Verbindung mit Schnupfen, zur Abschwellung der Nasenschleimhaut unterstützend bei therapeutischen Maßnahmen, zum Beispiel vor und nach Operationen, sowie vor diagnostischen Maßnahmen darf das Präparat nur nach ärztlicher Anweisung angewendet werden.
0,05% Nasentropfen: Nur zur Anwendung bei Kleinkindern bestimmt.
0,1% Nasenspray/-0,1% Dosierspray/-0,1% Nasentropfen: Nur zur Anwendung für Erwachsene und Schulkinder bestimmt.
0,025% Nasentropfen: Entzündungszustände der Schleimhäute im Nasen-Rachenraum (zum Beispiel Schnupfen; zur Erleichterung des Sekretabflusses bei Nasennebenhöhlenentzündung; bei Tubenmittelohrkatarrh). Nur zur Anwendung bei Säuglingen im 1. Lebensjahr bestimmt.
0,1% Nasengel: Zum Abschwellen der Nasenschleimhaut bei akutem Schnupfen. Zur Erleichterung des Sekretabflusses bei Nasennebenhöhlenentzündung sowie bei Tubenmittelohrkatarrh in Verbindung mit Schnupfen darf das Präparat nur nach ärztlicher Anweisung angewendet werden. Nur zur Anwendung für Erwachsene und Schulkinder bestimmt.

Wann nicht anwenden?

Trockene Entzündung der Nasenschleimhaut, Engwinkelglaukom, Zustand nach bestimmten Operationen (im Nasen- oder Rachenbereich). Chronische Entzündung der Nasenschleimhaut (längerdauernde Anwendung).
Hinweis: Bei Patienten mit verstärkter Reaktion auf sympathomimetische [gefäßverengende] Substanzen nur mit Vorsicht anwenden. Anzeichen für eine verstärkte Reaktion sind Schlaflosigkeit Schwindel und anderes mehr. Enthält Benzalkoniumchlorid als Konservierungsmittel: bei Überempfindlichkeit gegen diese Substanz von der Anwendung Abstand nehmen.

Schwangerschaft?

Kontraindiziert, nicht anwenden!

Welche Nebenwirkungen?

Bei besonders empfindlichen Patienten kurzfristig lokale Reizerscheinungen (Brennen). Bei höherer Dosierung mögliche systemische Wirkung (Blutdruck, Puls) beachten. In Einzelfällen Trockenheit der Nasenschleimhaut oder eine nachfolgend verstärkte Blutfüllung der Gefäße. Sehr selten Kopfschmerzen und Schläfrigkeit; diese Nebenwirkungen könnten auch im Zusammenhang mit der zu behandelnden Grundkrankheit stehen.
Hinweis: Bei Säuglingen und Kleinkindern nur 0,025% beziehungsweise 0,05% Nasentropfen anwenden.

Wie dosieren?

0,025% und 0,05% Nasentropfen: Je nach Bedarf 1-3 mal täglich 1-2 Tropfen in jedes Nasenloch bei zurückgebeugtem Kopf träufeln.
0,1% Nasengel: Je nach Bedarf 1 mal oder mehrmals täglich anwenden, wobei meistens 4 Anwendung pro Tag genügen.
0,1% Nasenspray/0,1% Dosierspray: Je nach Bedarf 1 mal oder mehrmals täglich in jedes Nasenloch 1 mal einsprühen, wobei meistens 4 Anwendung pro Tag genügen.
0,1% Nasentropfen: Je nach Bedarf 1 mal oder mehrmals täglich 2-3 Tropfen in jedes Nasenloch bei zurückgebeugtem Kopf träufeln, wobei meistens 4 Anwendung pro Tag genügen.
Vorgegebene Dosierung nicht überschreiten, dies gilt insbesondere für ältere Patienten und Kinder.
Sofern nach einer Behandlungsdauer bis zu 7 Tagen (0,025% Nasentropfen/0,1% Nasengel) beziehungsweise 14 Tagen (0,05% Nasentropfen/0,1% Nasenspray/0,1% Dosierspray/0,1% Nasentropfen) zum Beispiel bei chronischer Entzündung der Nasenschleimhaut, die Beschwerden nicht abgeklungen sind, vor Fortsetzung der Behandlung Arzt befragen. Dauergebrauch des schleimhautabschwellenden Schnupfenmittels kann zu chronischer Schwellung (dadurch verstopfte Nase) und schließlich zum Schwund der Nasenschleimhaut führen.

Welche Wirkstoffe?

- *0,025% Nasentropfen:* 1ml Lsg. enth.: Xylometazolin-HCl 0,25mg.
- *0,05% Nasentropfen:* 1ml Lsg. enth.: Xylometazolin-HCl 0,5mg.
- *0,1% Dosierspray:* 1 Sprühstoß zu 135mg (=0,13ml Lsg.) enth.: Xylometazolin-HCl 0,13mg.
- *0,1% Nasengel:* 1g Gel enth.: Xylometazolin-HCl 1mg.
- *0,1% Nasenspray:* 1ml Lsg. enth.: Xylometazolin-HCl 1mg.
- *0,1% Nasentropfen:* 1ml Lsg. enth.: Xylometazolin-HCl 1mg.

Was kostet es?	DM
10 ml Lsg. 0,025% Nasentropfen	2,92
10 ml Lsg. 0,05% Nasentropfen	3,89
10 ml 0,1% Dosierspray	5,22
10 g 0,1% Nasengel	5,22
10 ml 0,1% Nasenspray	5,22
10 ml Lsg. 0,1% Nasentropfen	5,22
20 ml Lsg. 0,1% Nasentropfen	9,20

Hersteller?

Fa. Zyma in München

Schnupfen

Pharma Wernigerode Kamillan supra Nasenspray

Wann anwenden?
Akute und chronische Entzündungen der Nasenschleimhäute und Nasennebenhöhlen.

Wie dosieren?
Mehrmals täglich je nach Bedarf 1-2 Sprühstöße.

Welche Wirkstoffe?
100g enth.: 10g Kamillenblütenfluidextrakt 1:1.

Was kostet es?	DM
20 ml Spray	8,90

Hersteller?
Fa. Pharma Wernigerode in Wernigerode

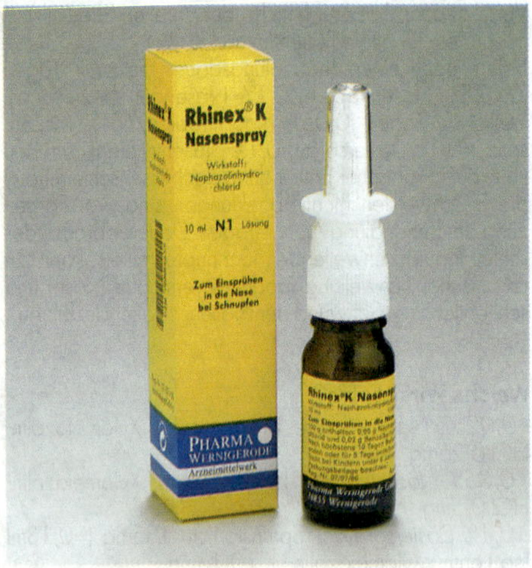

Rhinex® S Tropf., -K Nasenspray

Wann anwenden?
Rhinitis [Schnupfen], Sinusitis [Nasennebenhöhlenentzündung], entzündliche Schleimhautschwellungen verschiedener Genese [Ursache] im Bereich von Nase, Nasennebenhöhlen und Rachen im Säuglings- und Kleinkindalter. Rhinex® S: sowie bei empfindlichen Kindern und Erwachsenen.

Wann nicht anwenden?
Rhinitis sicca (Form des chronischen Schnupfens mit Ekzem- und Borkenbildung am Naseneingang und an der Innenfläche der Nasenflügel). Rhinex® S: Überempfindlichkeit gegenüber Naphazolinhydrochlorid oder dem Konservierungsmittel Benzalkoniumchlorid.
Zusätzlich für - K Nasenspray: Nicht bei Kindern unter 6 Jahren anwenden.

Welche Nebenwirkungen?
Örtliche Schleimhautreizungen (kurzzeitiges Brennen), vermehrte Durchblutung der Nasenschleimhaut, unerwünschte Herz-Kreislauf-Wirkung (Steigerung der Herzfrequenz, Bluthochdruck, Herzklopfen und Kopfschmerzen).

Was beachten?
Die Behandlung ist nach höchstens 10 Tagen zu beenden oder für 5 Tage zu unterbrechen, da es bei Dauergebrauch zum Auftreten eines nervösen Schnupfens und schließlich zum Schwund der Nasenschleimhaut kommen kann.

Wie dosieren?
- S Tropf.: Säuglinge und Kleinkinder: 1-6 mal täglich 1-2 Tropfen in jedes Nasenloch einträufeln. Vorsicht, Überdosierung vermeiden!
- K Nasenspray: Bei Bedarf 1-6x täglich 1-2 Sprühstöße in jede Nasenöffnung.

Welche Wirkstoffe?
- S Tropf.: Gehalt je 100 g: Naphazolinhydrochlorid 0,02g,
Benzalkoniumchlorid 0,02g.
- K Nasenspray: 100g enth.: Naphazolin-HCl 0,05g, Benzalkoniumchlorid 0,02g.

Was kostet es?	DM
10 ml	5,23
10 ml Pumpspray	5,22

Hersteller?
Fa. Pharma Wernigerode in Wernigerode

Rhinomer® Nasenspray

Wann anwenden?
Bei Schnupfen als begleitende Behandlungsmaßnahme zur Befeuchtung der Nasenschleimhaut und zur Regulierung der Reinigungsfunktion des Flimmerepithels [Flimmerhärchen] der Nasenschleimhaut. Insbesondere als Erstbehandlung bei Säuglingen und Kleinkindern empfohlen.

Wie dosieren?
Je nach Bedarf mehrmals täglich 1-2 Sprühstöße in jedes Nasenloch. Bei gleichzeitig Anwendung von anderen lokal wirksamen Rhinologika [Schnupfenmittel] Rhinomer Nasenspray vorher anwenden. Keine Beschränkung der Anwendungsdauer.

Welche Wirkstoffe?
1 ml Lsg. enth.: steriles, isotonisiertes Meerwasser 1 ml.

Was kostet es?	DM
15 ml Lsg.	9,80

Hersteller?
Fa. Zyma in München

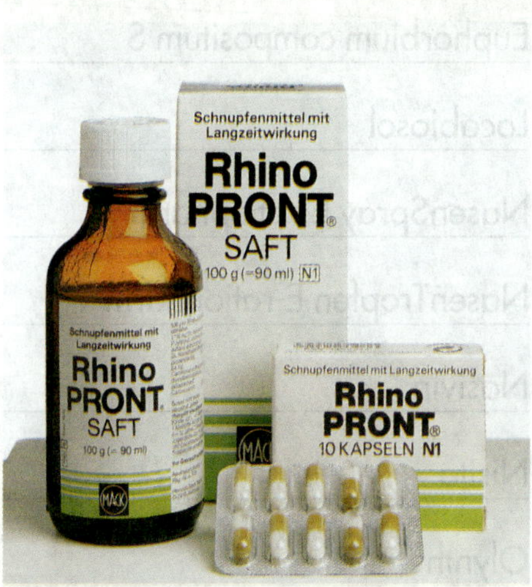

Rhinopront® Kapseln, -Saft

Wann anwenden?

Schnupfen bei Erkältungen, Rhinitis vasomotorico (nervösem Schnupfen) und Heuschnupfen.

Wann nicht anwenden?

Thyreotoxikose [Überfunktion der Schilddrüse], Phäochromocytom [Nebennierenerkrankung], Engwinkelglaukom [Grüner Star], Prostataadenom [Harnröhrendrüsenwucherung im Prostatabereich] mit Restharnbildung, Hypertonie [Bluthochdruck], Überempfindlichkeit gegen die Inhaltsstoffe, gleichzeitige Behandlung mit MAO-Hemmern. Hinweis: Vorsichtig dosieren bei schweren organischen Herz- und Gefäßveränderungen, Rhythmusstörungen. Bei Schilddrüsenerkrankungen, Diabetes mellitus [Zuckerkrankheit] nur unter Kontrolle. Bei Kleinkindern Dosierung exakt beachten (zentrale Erregung möglich.

Schwangerschaft?

Sorgfältige Indikationsabwägung.

Welche Nebenwirkungen?

In seltenen Fällen kann es zu Magen-Darm-Beschwerden, Übelkeit, Mundtrockenheit, Erbrechen, Sodbrennen, Appetitlosigkeit, zentralnervösen Störungen, Müdigkeit, Sehstörungen, Auslösung eines grünen Stars, Schwindel, Schwächegefühl, Schlafstörungen, Nervosität, Unruhe, Zittern, Herzklopfen, Herzrhythmusstörungen, Brustengegefühl, Blutdruckanstieg, Kopfschmerz, Beschwerden beim Wasserlassen, Überempfindlichkeitsreaktionen (z.B. Hautreaktionen) und sehr selten zu Blutbildveränderungen kommen. Bei älteren Patienten sind zentrale Erregungszustände nach Überdosierung möglich. Dieses Arzneimittel kann auch bei bestimmungsgemäßem Gebrauch das Reaktionsvermögen so weit verändern, daß die Fähigkeit zur aktiven Teilnahme am Straßenverkehr oder zum Bedienen von Maschinen beeinträchtigt wird.

Was beachten?

Reaktionsvermögen kann beeinträchtigt werden!

Wie dosieren?

Jugendliche über 12 Jahre und Erwachsene morgens und abends 1 Kapsel oder 3 Meßlöffel Saft, Kinder von 1-5 Jahren morgens und abends 1 Meßlöffel Saft, Kinder von 6-12 Jahren 2 Meßlöffel Saft.

Welche Wirkstoffe?

- *Kapseln:* 1 Kaps. enth.: Phenylephrin-HCl 20mg, Carbinoxamin 4mg.
- *Saft:* 100g (=90ml) Saft enth.: 1700,0mg DL-Norephedrin-Poly(styrol, divinylbenzol)sulfonat, entspr. DL-Norephedrin (Phenylpropanolamin) 300,0mg, Carbinoxamin-Poly(styrol,divinylbenzol)sulfonat 64,0mg, entspr. Carbinoxamin 24,0mg.

Was kostet es?	**DM**
10 Kaps.	8,80
20 Kaps.	16,76
100 g Saft	8,80

Hersteller?

Fa. Mack, Illertissen in Karlsruhe

Sinuselect®

Wann anwenden?

Sinusitis [Entzündung der Nasennebenhöhlen]. Alle Formen der Nebenhöhlenentzündungen chronischer Art mit Eiterung, Dauerkopfschmerz, Schwindel und Übelkeit.

Wie dosieren?

- *Tropf.:* 3 mal täglich 20 Tropfen, Kinder bis 12 Jahren 3 mal täglich 10 Tropfen. Die Dosis kann bis täglich 30 Tropfen gesteigert werden.

Welche Wirkstoffe?

- *Tropf.:* 100ml Liqu. enth.: Cinnabaris D8 15ml, Carbo vegetabilis D8 10ml, Silicea D8 10ml, Mercur. sol. D8 15ml, Kalium bichromicum D4 15ml, Calcium sulfuricum D4 10ml, Hydrastis D4 10ml, Thuja D8 15ml. Enth. 42 Vol.-% Alkohol.

Was kostet es?	**DM**
30 ml Tropf.	10,42
100 ml Tropf.	26,19

Hersteller?

Fa. Dreluso in Hessisch Oldendorf

Wobenzym® N

Wann anwenden?

Bei entzündlichen Erkrankungen der Atemwege. Bei Weichteilrheumatismus. Bei schmerzhaftem Verschleiß der Gelenke. Bei Verletzungen aller Art.

Wann nicht anwenden?

Bei schweren angeborenen oder erworbenen Gerinnungsstörungen (zum Beispiel bei Bluterkrankheit, schweren Leberschädigungen, Dialysepatienten) sollte vor einer Einnahme der Arzt befragt werden; das gleiche gilt vor Operationen und bei bekannter Neigung zu allergischen Reaktionen.

Schwangerschaft?

Kritische Nutzen-Risiko-Abwägung!

Welche Nebenwirkungen?

Vereinzelt kann durch die Enzymwirkung eine harmlose Veränderung des Stuhls in Beschaffenheit, Farbe und Geruch auftreten. Selten beobachtete allergische Reaktionen klingen nach Absetzen des Medikamentes ab. Bei Einnahme höherer Einzeldosen wurde über Völlegefühl, Blähungen und vereinzelt über Übelkeit berichtet. Dies läßt sich durch Verteilen der Dosis über den Tag vermeiden.

Was beachten?

Die in einem Dragee enthaltenen Kohlenhydrate entsprechen 0,030 BE [Diabetiker-Einheit]. Gelegentlich kann bei chronischen Erkrankungen nach Therapiebeginn eine Verstärkung der Symptomatik auftreten, was als Ausdruck einer therapeutischen Reaktion positiv zu werten ist. Keinesfalls sollte daraufhin das Medikament abgesetzt werden, allenfalls ist eine vorübergehende Dosisreduzierung zu erwägen.

Wie dosieren?

3 mal 2 Dragees täglich als mittlere, beziehungsweise Erhaltungsdosis einnehmen. Bei schweren Krankheitsverläufen kann die Dosis ohne Bedenken auf das 2-3fache erhöht werden. Bei Verletzungen hat sich eine Stoßtherapie von täglich 30 oder auch mehr Dragees bewährt. Es empfiehlt sich, die Dragees entweder als Einmalgabe oder über den Tag verteilt, jeweils etwa 1-$^1/_2$ Stunde vor einer Mahlzeit, unzerkaut mit reichlich Flüssigkeit einzunehmen.

Welche Wirkstoffe?

- *Drg.:* 1 Drg. enth.: Enzyme aus Pankreas, Ananas comosus u. Carica papaya 230mg entspr. 940 F.I.P.-E. (nach Papain-Meth.) (best. aus Pankreatin 100mg ≙ 300 Protease Ph.Eur.-E.,
Trypsin 24mg ≙ 12µkat, Chymotrypsin 1mg ≙ 5µkat, Bromelain 45mg ≙ 225 F.I.P.-E., Papain 60mg ≙ 164 F.I.P.-E.), Rutosid·$3H_2O$ 50mg.

Was kostet es?

	DM
40 Drg.	19,10
200 Drg.	72,63
800 Drg.	223,95

Hersteller?

Fa. Mucos in Geretsried

Information der Redaktion:

Coldastop

Ellatun

Euphorbium compositum S

Locabiosol

NasenSpray E-ratiopharm

NasenTropfen E-ratiopharm

Nasivin

Nisita

Olynth

Rhinospray

schnupfen endrine

Sinuforton

Wick

Schuppenflechte

Balneum Hermal®, -F

Wann anwenden?

- *flüssiger Badezusatz:* Zur unterstützenden Behandlung von Dermatosen [Hautkrankheiten] mit trockener und leicht juckender Haut wie z.B. atopisches Ekzem (Neurodermitis), Psoriasis [Schuppenflechte], Ichthyosis [Fischschuppenkrankheit], Pruritus senilis [alterbedingter Juckreiz], Ekzeme wie Windelekzem, Waschekzem, chronisches Ekzem.
- *F Flüssiger Badezusatz:* Zur unterstützenden Behandlung bei trockener, schuppender, juckender und empfindlicher Haut wie z.B. atopischem Ekzem (Neurodermitis), Psoriasis [Schuppenflechte], Ichthyosis [Fischschuppenkrankheit].

Wann nicht anwenden?

Überempfindlichkeit gegen den Inhaltsstoff Propylenglycol. Fieberhafte Erkrankungen. Tuberkulose. Schwere Herz- und Kreislaufinsuffizienz [Kreislaufschwäche], Hypertonie [Bluthochdruck]. Größere Hautverletzungen und akute unklare Hautkrankheiten. Frische Psoriasis pustulosa-Formen [Schuppenflechte mit Pustelbildung].

Welche Nebenwirkungen?

In Einzelfällen Rötung, Juckreiz, Brennen. *Zusätzlich für -F Flüssiger Badezusatz:* In sehr seltenen Fällen kann es zu einer Follikulitis [Haarbalgentzündung] kommen.

Was beachten?

Balneum Hermal, -F darf unverdünnt nicht mit den Augen in Berührung gebracht werden.

Wie dosieren?

Im allgemeinen 2-3 Voll-, Teil- oder Duschbäder wöchentlich. Nähere Angaben siehe Packungsbeilage.

Welche Wirkstoffe?

- *flüssiger Badezusatz:* 100g enth.: Sojabohnenöl 84,75g.
- *F Flüssiger Badezusatz:* 100g enth.: Erdnußöl 46,45g, α-Dodecyl-ϖ-hydroxypoly(oxyethylen) 4, dünnfl. Paraffin 47,0g.

Was kostet es?	**DM**
150 ml flüssiger Badezusatz (zum Duschen)	9,95
200 ml flüssiger Badezusatz	12,97
500 ml flüssiger Badezusatz	23,94
1000 ml flüssiger Badezusatz	40,74
200 ml F flüssiger Badezusatz	13,46
500 ml F flüssiger Badezusatz	24,43
1000 ml F flüssiger Badezusatz	43,50

Hersteller?

Fa. Hermal in Reinbek

Balneum Hermal® Plus

Wann anwenden?

Zur unterstützenden Behandlung aller Hauterkrankungen, die mit Austrocknung einhergehen, insbesondere wenn diese von Juckreiz begleitet sind wie z.B. atopisches Ekzem (Neurodermitis), chronisches Ekzem, Altersjuckreiz. Zur unterstützenden Behandlung der Schuppenflechte.

Wann nicht anwenden?

Überempfindlichkeit gegen die Inhaltsstoffe. Fieberhafte Erkrankungen, Tuberkulose, schwere Herz- und Kreislaufstörungen, Hypertonie [Bluthochdruck]. Größere Hautverletzungen und akute unklare Hautkrankheiten. Frische Psoriasis pustola-Formen [Schuppenflechte mit Pustelbildung].

Welche Nebenwirkungen?

In Einzelfällen Rötung, Juckreiz und Brennen.

Was beachten?

Das Präparat darf unverdünnt nicht mit den Augen in Berührung gebracht werden.

Wie dosieren?

- *Flüssiger Badezusatz:* Im allgemeinen 2-3 Voll-, Teil- oder Duschbäder wöchentlich. Näheres siehe Packungsbeilage.

Welche Wirkstoffe?

- *Flüssiger Badezusatz:* 100g enth.: Sojabohnenöl 82,95g,
Polidocanol 15,0g.

Was kostet es?	**DM**
200 ml flüssiger Badezusatz	14,66
500 ml flüssiger Badezusatz	28,45
1000 ml flüssiger Badezusatz	46,28

Hersteller?

Fa. Hermal in Reinbek

Cetaphil® Reinigungslotion

Wann anwenden?

Schonende Hautreinigung bei erkrankter Haut - wenn Dermatosen (Hautkrankheiten) wie atopische Dermatitis, Psoriasis (Schuppenflechte), Ichthyosis (Fischschuppenkrankheit) oder seborrhoische und ekzematöse Erkrankungen als Ursache zugrunde liegen -, bei sehr empfindlicher Haut - wenn eine starke Beanspruchung der Haut durch Beruf oder Umwelt besteht, die Haut sehr trocken ist, Seifenüberempfindlichkeit oder gar Seifenverbot vorliegt -, bei alterabhängig empfindlicher Haut - wenn es sich um den Windelbereich bei Säuglingen und Kleinkindern handelt oder um die trockene Haut älterer Menschen -, bei jahreszeitabhängig empfindlicher Haut - wenn es um die Reinigung gereizter Haut geht, die Wind, Kälte oder starker Sonneneinstrahlung ausgesetzt ist.

Wann nicht anwenden?

Überempfindlichkeit gegen einen der Inhaltsstoffe.

Wie dosieren?

Cetaphil auf die zu reinigenden Hautpartien auftragen und leicht verreiben. Ohne Wasser: Die behandelten Stellen mit weichen Kosmetiktüchern sanft abwischen. Mit Wasser: Nach Anwendung die behandelten Stellen mit Wasser abspülen und anschließend abtrocknen.

Welche Wirkstoffe?

Reinigungslotion enth.: Hilfsst.: Komplex aus Cetylalkohol,
Stearylalkohol u. Natriumlaurylsulfat; Propylenglykol, Butyl-4-hydroxybenzoat, Methyl-4-hydroxybenzoat, Propyl-4-hydroxybenzoat, ger. Wasser. Duftstoff- u. seifenfrei.

Was kostet es?	**DM**
200 ml	14,90

Hersteller?

Fa. Galderma in Freiburg

Criniton®

Wann anwenden?

Juckende Kopfekzeme, seborrhoische [fettige] Kopfhauterkrankungen, Schuppenbildung, Entzündung des Haarbalges, Alopecia circumscripta [kreisrunder Haarausfall], Milchschorf bei Kindern, Pilzerkrankungen des Haarbodens.

Schuppenflechte

Wann nicht anwenden?
Vorsicht bei Säuglingen und Patienten mit Niereninsuffizienz [Nierenfunktionsstörungen].

Schwangerschaft?
Nur kleinflächige Anwendung (kleiner als 10cm²).

Welche Nebenwirkungen?
In seltenen Fällen können Hautreizungen und Kontaktallergien auftreten.

Vorsicht!
Bei Nierenfunktionsstörungen keine großflächige und längere Anwendung über mehrere Wochen.

Wie dosieren?
- *Lsg.:* Je nach Haarfülle 15-30ml (= 1-2 Eßlöffel) Criniton® in die Kopfhaut einmassieren und in der Regel nach ca. 30 Minuten abwaschen. Anwendung 2 mal pro Woche.

Welche Wirkstoffe?
- *Lsg.:* Rosmarinöl 6,5g,
Salicylsäure 0,75g, Thymol 0,15g.

Was kostet es?	DM
100 ml alkohol. Lsg.	7,67
200 ml alkohol. Lsg.	11,75

Hersteller?
Fa. Dr. Atzinger in Passau

Ichtho®-Bad

Wann anwenden?
Unterstützende Behandlung bei juckenden und entzündlichen Dermatosen [Hautkrankheiten] (z.B. Ekzeme, Psoriasis [Schuppenflechte], Akne, Arzneimittelexanthem [arzneimittelbedingter Ausschlag], Impetigo [Eiterflechte], Pruritus [Juckreiz]). Wundnachbehandlung, Hyperhidrosis [vermehrte Schweißabsonderung], Perniosis [Gewebsschädigung bzw. Frostbeulen durch Kälte], Akrozyanose [bläuliche Verfärbung von Fingern und Zehen], Mikrozirkulationsstörungen der Haut. Adjuvans [unterstützende Therapie] bei Erkrankungen des Skelettmuskel-Apparates (z.B. Arthrose [Gelenkerkrankung], Spondylose [degenerative, nichtentzündliche Erkrankung von Wirbelsäule, bzw. Wirbelkörper], Periarthritis [Entzündung der ein Gelenk umgebende Weichteile], Lumbago [Hexenschuß], Zervikal [Nacken, Hals betreffend]- und Lumbalsyndrom [Lendensyndrom bzw. -schmerzen], Tendinose [Erkrankung der Sehnenansätze an den Knochen]), Adjuvans [unterstützende Therapie] bei Pelvipathie [Beckenerkrankungen].

Wann nicht anwenden?
Nachgewiesene Überempfindlichkeit gegenüber sulfonierten Schieferölen [Schwefel enthaltenden], wie z.B. Ammonium- und/oder Natriumbituminosulfonat. Schwere fieberhafte und infektiöse Erkrankungen. Schwere Herzinsuffizienz [Herzschwäche]. Schwere Hypertonie [Bluthochdruck]. Größere Hautverletzungen, akute unklare Hauterkrankungen. In konzentrierter Form nicht mit den Augen in Berührung bringen!

Welche Nebenwirkungen?
Selten Unverträglichkeitsreaktionen der Haut.

Wie dosieren?
2-3 Voll-, Sitz- oder Teilbäder oder unverdünnt pro Woche anwenden.

Welche Wirkstoffe?
100g enth.: Ammoniumbituminosulfonat (Ichthyol®), hell 72g.

Was kostet es?	DM
130 g (6 Bäder)	31,49
400 g (2x200)	78,73
600 g	111,68

Hersteller?
Fa. Ichthyol in Hamburg

Selukos

Wann anwenden?
Kopfschuppen, Kleienpilzflechte [Pityriasis versicolor].

Wann nicht anwenden?
Überempfindlichkeit gegen Alkyl-4-hydroxybenzoaten (Parabene). Offene Verletzungen oder akute Entzündungen der Kopfhaut.

Stillzeit?
Soll nicht am Körper, insbesondere nicht an der Brust angewendet werden.

Welche Nebenwirkungen?
Fettiges Haar, Reizungen auf entzündeter oder erodierter [stark gewebegeschädigter] Kopfhaut, Reizungen der Augen bei Benetzung, vereinzelt reversibler [umkehrbar, heilbar] Haarausfall; selten orange oder graue Verfärbung der Haare, die durch sorgfältiges Auswaschen vermeidbar ist. Bei Kleienpilzflechte [Pityriasis versicolor]: Austrocknungen der Haut; unangenehmer Geruch möglich.

Wie dosieren?
- *Suspension:* Zur Kopfwäsche, 1-2mal pro Woche: 2-5ml: bei Kleienpilzflechte: 1mal täglich bis zur Schaumbildung über 2 Wochen anwenden.

Welche Wirkstoffe?
- *Suspension:* 100ml enth.: Selen(IV)-sulfid 2,5g.

Was kostet es?	DM
1 Fl. 100ml Susp.	15,80

Hersteller?
Fa. Pharmacia in Erlangen

Windol Basisbad

Wann anwenden?
Unterstützende Behandlung von Hautkrankheiten mit trokkener, juckender Haut (zum Beispiel durch innere Fakto-

ren verursachtes Ekzem, Psoriasis [Schuppenflechte], Ichthyosis [Fischschuppenkrankheit], Pruritus senilis [altersbedingter Juckreiz], Windelekzem, Waschekzem).

Wann nicht anwenden?
Frische Psoriasis-pustulosa [Pustelartige Schuppenflechte] Formen. Vollbäder nur mit Vorsicht anwenden bei größeren Hautverletzungen und akuten Hautkrankheiten, schweren fieberhaften und infektiösen Erkrankungen, Herzinsuffizienz [Herzschwäche] und Hypertonie [Bluthochdruck].

Wie dosieren?
Anwendung als Voll-, Teil-, Kinder-, Säuglings- und Duschbad 2-3 mal pro Woche; Dosierung nach Gebrauchsanweisung.

Welche Wirkstoffe?
100g enth.: dickfl. Paraffin 26,0g,
Sojaöl 32,0g.

Was kostet es?	DM
250 ml	12,95
500 ml	22,90

Hersteller?
Fa. Dermapharm in Gräfelfing

Schwindel

s.a. Blutdruck, niedriger

Ginkopur®

Wann anwenden?
Hirnleistungsstörungen. Periphere [die Extremitäten = Arme + Beine betreffende], arterielle Durchblutungsstörungen mit erhaltener Restdurchblutung, z.B. intermittierendes Hinken [krampfartige Schmerzen in der Wadenmuskulatur beim Gehen] Unterstützende Behandlung eines infolge Zervikalsyndroms [Erkrankung der Halswirbelsäule] beeinträchtigten Hörvermögens.

Wann nicht anwenden?
Überempfindlichkeit gegen Ginkgo-biloba-Extrakte.

Welche Nebenwirkungen?
Sehr selten leichte Magen-Darm-Beschwerden, Kopfschmerzen, allergische Hautreaktionen.

Wie dosieren?
- Filmtbl.: 3 mal täglich 1 Filmtablette unzerkaut mit etwas Flüssigkeit einnehmen.

Welche Wirkstoffe?
- Filmtbl.: 1 Filmtbl. enth.: Trockenextrakt aus Ginkgo biloba-Blättern (50:1) 40mg, eingestellt auf 9,6mg Ginkgoflavonglykoside und 2,4mg Terpenlactone (Ginkgolide, Bilobalid).

Was kostet es?	DM
20 Filmtbl.	12,35
50 Filmtbl.	28,00
100 Filmtbl.	49,50
200 Filmtbl.	96,00

Hersteller?
Fa. Klinge-Nattermann Puren in München

Kaveri® forte Tropf., -Filmtabletten

Wann anwenden?
Zur symptomatischen Behandlung von Gedächtnisstörungen, Konzentrationsstörungen, Schwindel, Ohrensausen, Kopfschmerzen. Verbesserung der schmerzfreien Gehstrecke bei peripherer [die Extremitäten betreffender] arterieller Verschlußkrankheit insbesondere zusätzlich zu physikalisch-therapeutischen Maßnahmen z.B. Gehtraining. Schwindel, Tinnitus [Ohrgeräusche] gefäßbedingter und altersbedingter Genese [Ursache].

Wann nicht anwenden?
Überempfindlichkeit gegen Ginkgo-biloba-Zubereitungen.

Welche Nebenwirkungen?
Sehr selten Magen-Darm-Beschwerden, Kopfschmerzen oder allergische Hautreaktionen.

Was beachten?
- Tropf.: Enthält 57 Vol. % Alkohol.

Wie dosieren?
- Tropf.: 3 mal täglich 1ml mit etwas Flüssigkeit einnehmen.
- Filmtabletten: 3 mal täglich 1 Filmtablette mit etwas Flüssigkeit einnehmen.

Welche Wirkstoffe?
- Tropf.: 1ml enth.: Trockenextrakt aus Ginkgo biloba-Blättern (35-67:1) 40mg, entspr. 10,0mg Ginkgo-Flavonglycosiden u. 2,4mg Terpenlactonen (Ginkgolide, Bilobalid);
Auszugsmittel: 60% (V/V) Aceton.
- Filmtabletten: 1 Filmtbl. enth.: Trockenextrakt aus Ginkgo biloba-Blättern (35-67:1) 50mg, entspr. 12,5mg Ginkgo-Flavonglykosiden u. 3mg Terpenlactonen (Ginkgolide, Bilobalid); Auszugsmittel: 60% (V/V) Aceton.

Was kostet es?	DM
50 ml forte Tropf.	29,90
100 ml forte Tropf.	55,50
2 x 100ml forte Tropf.	96,00
50 forte Filmtbl.	29,90
100 forte Filmtbl.	55,50

Hersteller?
Fa. Lichtwer in Berlin

Magnesium-Diasporal® N 300 Granulat, -Lutschtabletten

Wann anwenden?
Magnesiummangelzustände, z.B. bei Krampfzuständen der Skelett- und Eingeweide-Muskulatur, nächtlichen Wadenkrämpfe, Muskelverspannungen, Krämpfen im Magen-Darm-Bereich, nervenbedingter Übererregbar-

Schwindel

keit, kindlichen Nabelkrämpfe. Lärmempfindlichkeit, Migräne, Übererregbarkeit, Kopfdruck, Schwindel, Konzentrationschwäche, Nervosität. Zur Verbesserung der Verträglichkeit der "Pille" (orale Kontrazeptiva), bei Schwangerschaftskrämpfen, schmerzhafter Monatsblutung. Magnesiummangel bei Fastenkuren, einseitiger Ernährung. Zur Verbesserung der Verträglichkeit von Digitalis-Präparaten (Herzmittel).

Wann nicht anwenden?
Schwere Ausscheidungsstörungen der Niere.

Welche Nebenwirkungen?
In seltenen Fällen kann es zur Stuhlerweichung kommen.

Was beachten?
Magnesium-Diasporal® N 300 Trinkgranulat ergibt mit Wasser oder Fruchtsaft ein wohlschmeckendes Getränk, am Abend fördert es die Schlafbereitschaft.

Wie dosieren?
- *300 Granulat:* 1 Briefchen täglich.
- *Lutschtabletten:* 3 Tabletten täglich.

Welche Wirkstoffe?
- *300 Granulat:* 1 Briefchen Trinkgran. (5g) enth.: Magnesiumcitrat (ber. wasserfrei) 1830mg, Magnesiumgehalt: 295,7mg = 12mmol = 24mval.
- *Lutschtabletten:* 1 Lutschtbl. enth.: Magnesiumcitrat 610mg (ber. wasserfrei), Magnesiumgehalt: 98,6mg = 4mmol = 8mval.

Was kostet es?	DM
20 Briefch. N 300 Gran.	16,88
50 Briefch. N 300 Gran.	34,62
100 Briefch. N 300 Gran.	59,62
50 Lutschtbl.	13,85
100 Lutschtbl.	24,90

Hersteller?
Fa. Protina in Ismaning

Schwitzen, übermäßiges

s.a.Mineralmangel

Cetaphil® Reinigungslotion

Wann anwenden?
Schonende Hautreinigung bei erkrankter Haut - wenn Dermatosen (Hautkrankheiten) wie atopische Dermatitis, Psoriasis (Schuppenflechte), Ichthyosis (Fischschuppenkrankheit) oder seborrhoische und ekzematöse Erkrankungen als Ursache zugrunde liegen -, bei sehr empfindlicher Haut - wenn eine starke Beanspruchung der Haut durch Beruf oder Umwelt besteht, die Haut sehr trocken ist, Seifenüberempfindlichkeit oder gar Seifenverbot vorliegt -, bei alterabhängig empfindlicher Haut - wenn es sich um den Windelbereich bei Säuglingen und Kleinkindern handelt oder um die trockene Haut älterer Menschen -, bei jahreszeitabhängig empfindlicher Haut - wenn es um die Reinigung gereizter Haut geht, die Wind, Kälte oder starker Sonneneinstrahlung ausgesetzt ist.

Wann nicht anwenden?
Überempfindlichkeit gegen einen der Inhaltsstoffe.

Wie dosieren?
Cetaphil auf die zu reinigenden Hautpartien auftragen und leicht verreiben. Ohne Wasser: Die behandelten Stellen mit weichen Kosmetiktüchern sanft abwischen. Mit Wasser: Nach Anwendung die behandelten Stellen mit Wasser abspülen und anschließend abtrocknen.

Welche Wirkstoffe?
Reinigungslotion enth.: Hilfsst.: Komplex aus Cetylalkohol,
Stearylalkohol u. Natriumlaurylsulfat; Propylenglykol, Butyl-4-hydroxybenzoat, Methyl-4-hydroxybenzoat, Propyl-4-hydroxybenzoat, ger. Wasser. Duftstoff- u. seifenfrei.

Was kostet es?	DM
200 ml	14,90

Hersteller?
Fa. Galderma in Freiburg

Pinal®-N Paste

Wann anwenden?
Oberflächliche Schürfwunden, chronisch nässende Hauterkrankungen an den Gliedmaßen, Schweißfüße, dyshidrotische Ekzeme [durch Veränderung der Schweißmenge oder -zusammensetzung hervorgerufene Ekzeme], chronische Gehörgangsekzeme, durch Pilze hervorgerufene Erkrankungen und deren Ekzeme, Ekzeme im äußeren Afterbereich, Wundsein in Körperfalten.

Wann nicht anwenden?
Bei Säuglingen, Kleinkindern und Patienten mit Nierenfunktionsstörungen Langzeitbehandlung und Anwendung auf großen Flächen vermeiden. Nicht anwenden bei Überempfindlichkeit gegen Salicylsäure und Salicylate.

Schwangerschaft?
Keine Langzeitbehandlung und Anwendung auf großen Flächen.

Welche Nebenwirkungen?
Im akuten Entzündungsstadium eventuell Verursachung einer vorübergehenden Hautreizung. In Einzelfällen Kontaktallergie.

Wie dosieren?
- *Paste:* Alle 1-2 Tage dünn bis messerrückendick auf die erkrankten Hautstellen auftragen. Bei Hyperhidrosis pedum [vermehrter Schweißabsonderung an den Füßen] abends einreiben.

Welche Wirkstoffe?
- *Paste:* 100g enth.: Salicylsäure 0,4g,
Zinkoxid 50g, N-(2-Hydroxyethyl)-10-undecenamid 2g.

Was kostet es?	DM
40 g Paste	9,20
100 g Paste	13,95

Hersteller?
Fa. Dr. Atzinger in Passau

Tannosynt® Creme

Wann anwenden?
Entzündliche, nässende und juckende Hauterkrankungen, z.B. Windeldermatitis [entzündliche Hautreaktion, die durch den Wärmestau von Windeln hervorgerufen wird] und andere entzündliche Hauterkrankungen, insbesondere mit intertriginöser Lokalisation [in den Körperfalten, z.B. am Bauch, angesiedelter Ausbreitung].

Wann nicht anwenden?
Anwendung am Auge. Bei Überempfindlichket gegen einen der Inhaltsstoffe.

Welche Nebenwirkungen?
Leichte Hautreizungen sind in Einzelfall möglich. Sensibilisierungen [Allergieauslösungen] wurden bisher nicht beschrieben.

Wie dosieren?
Bis zur Abheilung 1-2 mal täglich dünn auf die erkrankten Hautstellen auftragen.

Welche Wirkstoffe?
100g Creme enth.: Gerbstoff, synthetisch 1g.

Was kostet es?	DM
20 g Creme	9,50
50 g Creme	18,88
100 g Creme	34,35

Hersteller?
Fa. Hermal in Reinbek

Tannosynt® flüssig

Wann anwenden?
Entzündliche, nässende und juckende Hauterkrankungen, z.B.: Windeldermatitis [entzündliche Hautreaktion, die durch den Wärmestau von Windeln hervorgerufen wird], Intertrigo [Wundsein in den Körperfalten, z.B. am Bauch], Verbrennungen 1. Grades, Juckreiz -speziell im Genital-Anal-Bereich-, Hyperhidrosis [übermäßige Schweißabsonderung], Adjuvans [unterstützende Therapie] bei der Mykosetherapie [Therapie bei Pilzerkrankungen] und bei infektiösen Exanthemen [Ausschläge] wie z.B. Windpocken, Masern, Röteln.

Wann nicht anwenden?
Anwendung am Auge. Als Vollbad bei schweren Herz- und Kreislaufstörungen, Hypertonie [Bluthochdruck], fieberhaften Erkrankungen oder Tuberkulose sowie größeren Hautverletzungen und akuten unklaren Hauterkrankungen.

Welche Nebenwirkungen?
In Einzelfällen leichte Hautreizungen möglich.

Was beachten?
Nicht unverdünnt anwenden.

Wie dosieren?
Voll-, Sitz- und Teilbäder, Waschungen, Umschläge. Verdünnung 1:1000 bis 1:5000. (Näheres siehe Packungsbeilage).

Welche Wirkstoffe?
100g enth.: Gerbstoff, synthetisch 40g.

Was kostet es?	DM
100 g (flüssig) wässriges Konzentrat	10,81
250 g (flüssig) wässriges Konzentrat	21,70
500 g (flüssig) wässriges Konzentrat	39,95

Hersteller?
Fa. Hermal in Reinbek

Tannosynt® Lotio

Wann anwenden?
Entzündete, nässende und juckende Hauterkrankungen, z.B.: Windeldermatitis [entzündliche Hautreaktion, die durch den Wärmestau von Windeln hervorgerufen wird], Intertrigo [Wundsein in den Körperfalten, z.B. am Bauch], Verbrennungen 1. Grades, Juckreiz- speziell im Genital-Anal-Bereich-, Hyperhidrosis [übermäßige Schweißabsonderung], Adjuvans [unterstützende Therapie] bei der Mykosetherapie [Therapie bei Pilzerkrankungen] und bei infektiösen Exanthemen [Ausschläge] wie z.B. Windpocken, Masern, Röteln.

Wann nicht anwenden?
Anwendung am Auge.
Überempfindlichkeit gegen Parabene.

Welche Nebenwirkungen?
In Einzelfällen leichte Hautreizungen möglich.

Wie dosieren?
1-2mal täglich auftragen, vorher kräftig schütteln.

Welche Wirkstoffe?
100g enth.: Gerbstoff, synthetisch 1g.

Was kostet es?	DM
100 g Lotio (Schüttelmixtur)	13,40

Hersteller?
Fa. Hermal in Reinbek

Sodbrennen

Gastripan®, -Gel

Wann anwenden?

Zur symptomatischen [symptomorientierten] Therapie bei Sodbrennen und säurebedingten Magenbeschwerden.

Wann nicht anwenden?

Bei Überempfindlichkeit gegen einen der Inhaltsstoffe. Bei eingeschränkter Nierenfunktion (Kreatinin-Clearance weniger als 30ml pro Minute) nur unter regelmäßiger Kontrolle des Magnesium- und Aluminiumblutpiegels einnehmen. Ein gesundheitliches Risiko besteht bei Patienten mit angeborener Fructose-Unverträglichkeit.

Welche Nebenwirkungen?

Häufig: Weiche Stühle. Einzelfälle: Durchfälle.
Zusätzlich für -Gel: Aufgrund des Gehaltes an Alkyl-4-hydroxybenzoaten (Parabene) können bei entsprechend veranlagten Patienten Überempfindlichkeitsreaktionen auftreten.

Was beachten?

Der Aluminiumspiegel sollte bei langfristigem Gebrauch regelmäßig kontrolliert werden und 40µg pro Liter nicht überschreiten.

Wie dosieren?

- *Tbl.:* Bei Magen- und Zwölffingerdarmgeschwüren mehrmals täglich zwischen den Mahlzeiten und vor dem Schlafengehen 1 Tablette zerkaut einnehmen oder lutschen. Behandlung auch nach eingetretener Beschwerdefreiheit mindestens 4 Wochen fortsetzen. Bei Sodbrennen und säurebedingten Magenbeschwerden bei Bedarf mehrmals täglich 1 Tablette zerkaut einnehmen oder lutschen. Bei Bedarf kann etwas Flüssigkeit nachgetrunken werden.
- *Gel:* Bei Magen- und Zwölffingerdarmgeschwüren mehrmals täglich zwischen den Mahlzeiten und vor dem Schlafengehen den Inhalt eines Beutels unverdünnt einnehmen. Beutel vor Gebrauch kräftig durchkneten! Behandlung auch nach eingetretener Beschwerdefreiheit mindestens 4 Wochen fortsetzen. Bei Sodbrennen und säurebedingten Magenbeschwerden bei Bedarf mehrmals täglich den Inhalt eines Beutels einnehmen. Bei Bedarf kann etwas Flüssigkeit nachgetrunken werden.

Welche Wirkstoffe?

- *Tbl.:* 1 Tbl. enth.: Magaldrat, H_2O-frei 800mg.
- *Gel:* 1 Beutel enth.: Magaldrat, H_2O-frei 800mg.

Was kostet es?	DM
20 Tbl.	7,75
50 Tbl.	18,60
100 Tbl.	29,35
20 Beutel zu 10ml	16,70
50 Beutel zu 10ml	36,60

Hersteller?

Fa. Merckle in Ulm

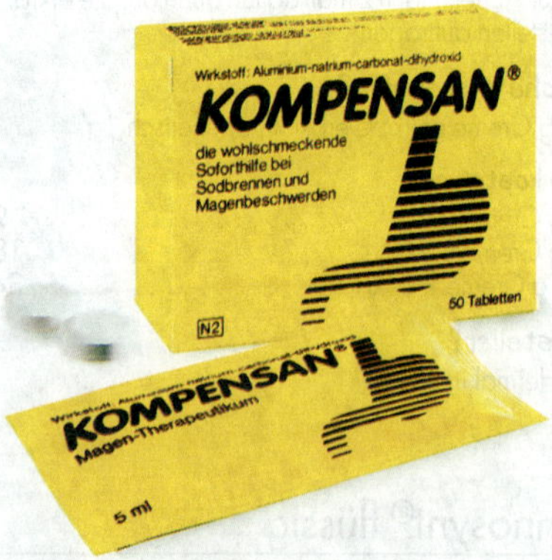

Kompensan® Tbl., -Susp.

Wann anwenden?

Hyperazidität [zuviel Magensäure]. Als unterstützende Therapie bei akuten und chronischen Gastritiden [Magenschleimhautentzündungen], Reizmagen, Sodbrennen, Magenbeschwerden durch Alkohol, Nikotin, Medikamente usw.

Wann nicht anwenden?

Niereninsuffizienz [Nierenschwäche]. Zusätzlich für Zäpfchen: Nicht bei Überempfindlichkeit gegenüber den Inhaltsstoffen Benzylalkohol und Butyl-4- hydroxybenzoat anwenden. Hypophosphatämie [Phosphatmangel], Obstipation [Verstopfung] und Dickdarmstenosen [Dickdarmverengungen].

Welche Nebenwirkungen?
Bei hoher Dosierung Verstopfung möglich, in Einzelfällen wurden Darmverschlüsse beobachtet. Bei Niereninsuffizienz [Nierenschwäche] und langfristiger, hochdosierter Einnahme: Aluminiumeinlagerung ins Gewebe (besonders in Nerven und Knochen) und Phosphatverarmung möglich.

Wie dosieren?
1-2 Tabletten, Teelöffel oder Beutel morgens, mittags, abends zwischen den Mahlzeiten und vor dem Schlafengehen beziehungsweise bei Auftreten von Beschwerden einnehmen. Die Tabletten sollten gelutscht oder gut zerkaut geschluckt werden.

Welche Wirkstoffe?
- *Tbl.*: 1 Tbl. enth.: Aluminiumnatriumcarbonatdihydroxid 340mg, wasserhaltig.
- *Susp. Fl.*: 5ml Susp. enth.: Aluminiumnatriumcarbonatdihydroxid 340mg, wasserhaltig.
- *Btl.*: 1 Btl. enth.: Aluminiumnatriumcarbonatdihydroxid 340mg, wasserhaltig.

Was kostet es?	DM
20 Tbl.	6,73
50 Tbl.	15,13
100 Tbl.	26,20
150 ml Fl. Susp.	18,58
20 Btl. zu je 5ml	18,58
50 Btl. zu je 5ml	38,97

Hersteller?
Fa. Pfizer in Karlsruhe

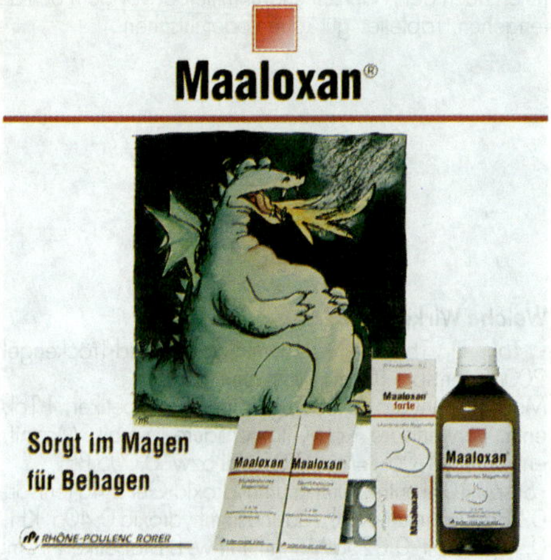

Maaloxan® Tbl., -Susp., -forte Kautbl.

Wann anwenden?
Magenschleimhautentzündung und Sodbrennen.

Wann nicht anwenden?
Stark eingeschränkte Nierenfunktion (Kreatininclearance weniger als 30ml pro Minute). Bei schwerer Niereninsuffizienz [Nierenschwäche] ist bei hohen Dosen und längerer Anwendung, sofern keine systematische Kontrolle der Magnesium-Blutspiegel erfolgt, Vorsicht geboten. Hypophosphatämie [verminderter Phosphatgehalt des Blutes]. Suspension: Überempfindlichkeit gegen Alkyl-4-hydroxybenzoaten (Paragruppenallergie).

Welche Nebenwirkungen?
Bei stark eingeschränkter Nierenfunktion kann die Einnahme von Magnesium- und Aluminiumhaltigen Medikamenten eine Hypermagnesiämie [erhöhter Magnesiumgehalt des Blutes] und einen Anstieg der Serum-Aluminiumspiegel verursachen. Bei Niereninsuffizienz [Nierenschwäche] und langfristiger Einnahme hoher Dosen kann es zur Aluminiumeinlagerung vor allem in das Nerven- und Knochengewebe und zur Phosphatverarmung kommen. Bei langfristigem Gebrauch sollten die Aluminiumspiegel regelmäßig kontrolliert werden und 40mcg/l nicht überschreiten. Suspension: Überempfindlichkeitsreaktionen gegen Parabene möglich (klingen nach Änderung der Behandlung ab.)

Was beachten?
- *Susp.*: Eignet sich besonders zur Prophylaxe [Vorbeugung] nächtl. Beschwerden und Ulcus-Therapie (Magengeschwür-Therapie).

Wie dosieren?
2-4 Tabletten oder 1-2 Kautabletten forte oder $^{1}/_{2}$-1 Eßlöffel (15ml) Suspension oder Inhalt von 1-2 Beutel 60 Mi-

Sodbrennen

nuten nach der Mahlzeit und unmittelbar vor dem Schlafengehen. Tabletten gut kauen oder lutschen.

Welche Wirkstoffe?

- *Tbl.:* 1 Tbl. enth.: Aluminiumhydroxid-Trockengel 200mg (entspr. 100mg Aluminiumoxid), Magnesiumhydroxid 200mg. Hinw. f. Diabetiker: 1 Tbl. enth. verwertbare KH, Citronensäure, Sorbit, Mannit, entspr. ca. 1,06kJ = ca. 0,25kcal bzw. 0,005 BE.
- *Susp.:* 10ml enth.: Aluminiumhydroxid-Gel 2,4g (entspr. 0,23g Aluminiumoxid), Magnesiumhydroxid 0,40g. KH: 0,10g Sorbit, 0,025g Mannit. Hinw. f. Diabetiker: 10ml enth. Sorbit u. Mannit, entspr. ca. 1,76kJ = ca. 0,42kcal bzw. 0,0083 BE.
- *forte Kautbl.:* 1 Kautbl. enth.: Aluminiumhydroxid-Trokkengel 400mg (entspr. 200mg Aluminiumoxid), Magnesiumhydroxid 400mg. KH: 1 Kautbl. enth. ca. 0,15g Saccharose, 0,07g Sorbit, 0,15g Mannit. Hinw. f. Diabetiker: 1 Tbl. enth. verwertbare KH, Sorbit, Mannit, entspr. ca. 3,88kJ = ca. 0,91kcal bzw. 0,019 BE. Saccharin-Natrium, Pfefferminzöl.

Was kostet es?	DM
20 Tbl.	7,54
50 Tbl.	16,12
100 Tbl.	27,82
20 Btl.à 10ml Susp.	19,04
50 Btl.à 10ml Susp.	40,72
250 ml Susp.	20,96
20 Kautbl. forte	11,16
50 Kautbl. forte	24,64
100 Kautbl. forte	41,98

Hersteller?

Fa. Rorer in Köln

Marax® 800 Suspension, -Tbl.

Wann anwenden?

Zur symptomatischen [symptomorientierten] Therapie von Sodbrennen, säurebedingten Magenbeschwerden.

Wann nicht anwenden?

Bei eingeschränkter Nierenfunktion nur bei regelmäßiger Kontrolle des Magnesium- und Aluminiumserumspiegels einnehmen. Fruktose-Sorbit- Unverträglichkeit.

Welche Nebenwirkungen?

Häufig weiche Stühle, in Einzelfällen Durchfälle.

Was beachten?

1 Beutel enthält: 0,028 BE [Diabetiker-Einheiten], 1 Tablette enthält: 0,066 BE [Diabetiker-Einheiten].

Wie dosieren?

Sodbrennen und säurebedingte Magenbeschwerden: bei Bedarf mehrmals täglich 1 Beutel/Tabletten einnehmen.

Welche Wirkstoffe?

- *800 Suspension:* 6,7ml Susp. (1 Btl.) enth.: 800mg Magaldrat, H_2O-frei.
- *Tbl.:* 1 Tbl. enth.: 800mg Magaldrat, H_2O-frei.

Was kostet es?	DM
20 Btl. Susp.	18,85
50 Btl. Susp.	39,81
20 Tbl.	8,20
50 Tbl.	19,50
100 Tbl.	32,90

Hersteller?

Fa. Asche in Hamburg

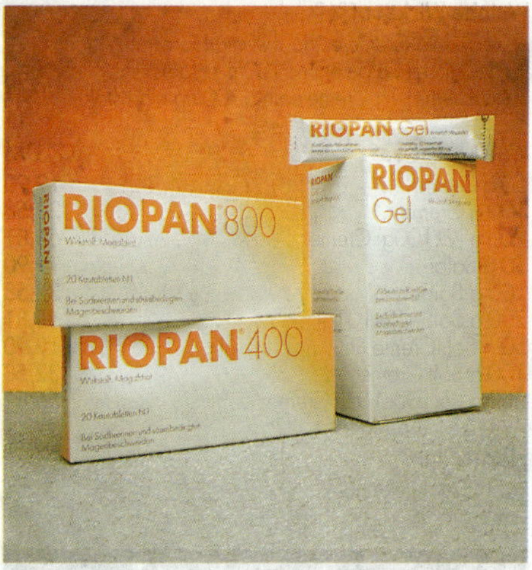

Riopan® Gel, -400 Tbl., -800 Tbl.

Wann anwenden?

Zur symptomatischen [symptomorientierten] Therapie bei Sodbrennen und säurebedingten Magenbeschwerden.

Wann nicht anwenden?

Riopan darf bei Patienten mit stark eingeschränkter Nierenfunktion (Kreatinin-Clearance unter 30ml/min) nur bei regelmäßiger Kontrolle der Magnesium- und Aluminiumserumspiegel gegeben werden.
Zusätzl. für -400 und - 800 Tabletten: Fructose-Sorbit-Unverträglichkeit.

Welche Nebenwirkungen?

Häufig treten weiche Stühle auf, Diarrhöen [Durchfälle] werden nur in Einzelfällen beobachtet. Bei Niereninsuffizienz [Nierenschwäche] und bei langfristiger Einnahme hoher Dosen kann es zur Aluminium-Einlagerung vor allem in das Nerven- und Knochengewebe kommen.

Was beachten?

Da Riopan Gel, -400 und -800 Tabletten keine verdaulichen Kohlenhydrate enthalten und natriumarm sind, können sie auch von Diabetikern und Patienten mit Bluthochdruck eingenommmen werden. Riopan Gel ist vor Frost geschützt aufzubewahren.

Wie dosieren?

Bei Sodbrennen und säurebedingten Magenbeschwerden werden bei Bedarf mehrmals täglich 1 Beutel zu 10ml beziehungsweise 2 Teelöffel (800mg Magaldrat) oder 1-2 Kautabletten Riopan 400 (400-800mg Magaldrat oder 1 Kautablette Riopan 800 (800mg Magaldrat) eingenommen. Vor der Einnahme ist der Beutel Riopan Gel beziehungsweise die Flasche Riopan Gel zu schütteln. Die Kautabletten sollen gut zerkaut oder auch gelutscht eingenommen werden.

Welche Wirkstoffe?

- *Gel:* 10ml enth.: Magaldrat, H_2O-frei 800mg.
- *400 Tbl.:* 1 Tbl. enth.: Magaldrat 444-500mg (entspr. 400mg Magaldrat H_2O-frei). 1 Tbl. ≙ 0,035 BE.
- *800 Tbl.:* 1 Tbl. enth.: Magaldrat 889-1000mg (entspr. 800mg Magaldrat H_2O-frei). 1 Tbl. ≙ 0,07 BE.

Was kostet es?	DM
20 Btl. à 10ml Gel	18,85
50 Btl. à 10ml Gel	39,85
1 Fl. zu 250ml Gel	23,25
20 Tbl. zu 400mg	6,95
50 Tbl. zu 400mg	16,50
100 Tbl. zu 400mg	29,15
20 Tbl. zu 800mg	11,90
50 Tbl. zu 800mg	29,50
100 Tbl. zu 800mg	49,40

Hersteller?

Fa. Byk Gulden in Konstanz

Information der Redaktion:

Carminativum-Hetterich N

Gelusil

Rennie

Talcid

Sonnenbedingte Lichtschäden

Carotaben®

Wann anwenden?

Pigmentstörungen (z.B. Weißfleckenkrankheit, sogenannte Vitiligo [Minderpigmentierung der Haut besonders Gesäß, Hände, Gesicht, Rumpf]; dunkle Hautflekken, sogenannte Hyperpigmentierungen), polymorphe Lichtdermatosen [vielgestaltige, durch Licht hervorgerufene Hautkrankheiten].

Wann nicht anwenden?

Leberschäden. Bei eingeschränkter Nierenfunktion ist das Präparat vorsichtig anzuwenden.

Welche Nebenwirkungen?

In seltenen Fällen kann es zu Stuhlunregelmäßgkeiten kommen, die jedoch keine Unterbrechung der Behandlung erfordern.

Sonnenbedingte Lichtschäden

Wie dosieren?

- *Kaps.:* Gemäß Packungsbeilage anwenden.

Welche Wirkstoffe?

- *Kaps.:* 1 Kaps. enth.: Betacaroten 25mg.

Was kostet es?

	DM
20 Kaps.	14,95
100 Kaps.	64,70

Hersteller?

Fa. Hermal in Reinbek

Sonnenbrand

Basodexan®, -S, -Soft

Wann anwenden?

- *Creme:* Unterstützende Behandlung bei Ichthyosis [Fischschuppenkrankheit], Xerodermie [trockene Haut], Hyperkeratosis [übermäßige Verhornung der Haut] sowie anderen Zuständen von trockener, rauher Haut. Nachbehandlung abgeklungener Hauterkrankungen und für die cortikoidfreie Therapie bei chronischen Hauterkrankungen.
- *S Salbe:* Ichthyosis [Fischschuppenkrankheit]. Nachbehandlung weitgehend abgeklungener Hauterkrankungen (z.B. trockenes Ekzem, Psoriasis [Schuppenflechte]), Austrocknungsekzeme.
- *Soft Creme:* Zur unterstützenden Behandlung von trockenen, schuppenden Hautzuständen, wie z.B. bei Neurodermitis, Ekzemen, die mit Austrocknung der Haut einhergehen, Kontaktekzem [Kontaktüberempfindlichkeit], oder bei Verhornungsstörungen im Bereich der Haarfollikel [Haarwurzel] und bei Fischschuppenkrankheit. Zur zeitlich begrenzten Nachbehandlung leichter Formen der Neurodermitis.

Welche Nebenwirkungen?

- *Creme:* Selten Rötung und Juckreiz.
- *S Salbe:* Selten Rötung, Brennen, Jucken oder Schuppung.
- *Soft Creme:* In seltenen Fällen Brennen und Juckreiz. In Einzelfällen Bläschenbildung und Spannungsgefühl.

Was beachten?

Auf die behandelten Bezirke keine anderen Arzneimittel und keine Kosmetika auftragen, da Harnstoff die Freisetzung und Aufnahme anderer Wirkstoffe in die Haut beeinflussen kann.

Wie dosieren?

- *Creme:* 2mal täglich dünn auf die Haut auftragen und gleichmäßig verreiben.
- *S Salbe:* 2mal täglich dünn auf die Haut auftragen und gleichmäßig verreiben. In der Regel ist eine Behandlungszeit von 2-4 Wochen erforderlich.
- *Soft Creme:* Die Creme 2mal täglich dünn auf die erkrankten Hautflächen auftragen und gleichmäßig verreiben. In der Regel ist eine Anwendungszeit von 2 Wochen erforderlich.

Welche Wirkstoffe?

- *Creme:* 1g Creme enth.: 100mg Harnstoff.
- *S Salbe:* 1g Salbe enth.: 100mg Harnstoff.
- *Soft Creme:* 1g Creme enth.: 100mg Harnstoff.

Was kostet es?

	DM
50 g Creme	19,90
100 g Creme	32,58
200 g (2x100g) Creme	55,81
50 g Salbe	19,90
100 g Salbe	32,58
200 g Salbe (2x100g)	55,81
50 g Soft Creme	19,90
100 g Soft Creme	32,58
200 g (2x100g) Soft Creme	55,81

Hersteller?

Fa. Hermal in Reinbek

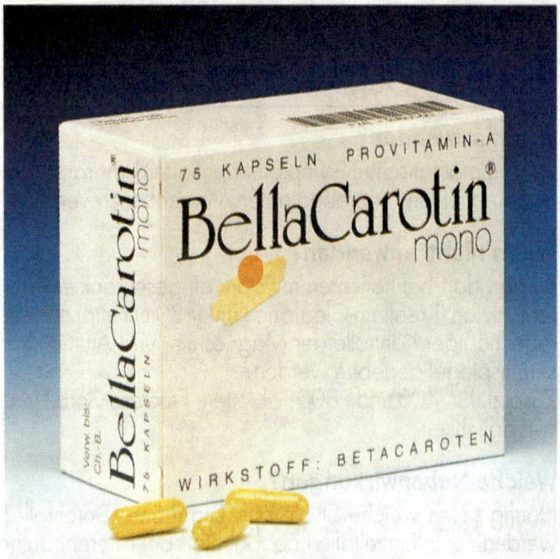

Bella Carotin® mono

Wann anwenden?

Zur Unterstützung der Sonnenbräunung.

Wann nicht anwenden?

Nicht geeignet für Säuglinge und Kleinkinder.

Was beachten?

Eine Überdosierung kann zu einer gelblichen Tönung der Haut führen.

Wie dosieren?

- *Kaps.:* 3mal täglich 1-2 Kapseln jeweils nach den Mahlzeiten mit reichlich Flüssigkeit einnehmen. Es wird empfohlen, ca. 4 Wochen vor dem Sonnenbaden mit der Einnahme von Bella Carotin® mono zu beginnen.

Welche Wirkstoffe?
- Kaps.: 1 Kaps. enth. 5mg Betacaroten.

Was kostet es?

	DM
75 Kaps.	29,46

Hersteller?
Fa. 3M Medica in Borken

Carotaben®

Wann anwenden?
Pigmentstörungen (z.B. Weißfleckenkrankheit, sogenannte Vitiligo [Minderpigmentierung der Haut besonders Gesäß, Hände, Gesicht, Rumpf]; dunkle Hautflekken, sogenannte Hyperpigmentierungen), polymorphe Lichtdermatosen [vielgestaltige, durch Licht hervorgerufene Hautkrankheiten].

Wann nicht anwenden?
Leberschäden. Bei eingeschränkter Nierenfunktion ist das Präparat vorsichtig anzuwenden.

Welche Nebenwirkungen?
In seltenen Fällen kann es zu Stuhlunregelmäßgkeiten kommen, die jedoch keine Unterbrechung der Behandlung erfordern.

Wie dosieren?
- Kaps.: Gemäß Packungsbeilage anwenden.

Welche Wirkstoffe?
- Kaps.: 1 Kaps. enth.: Betacaroten 25mg.

Was kostet es?

	DM
20 Kaps.	14,95
100 Kaps.	64,70

Hersteller?
Fa. Hermal in Reinbek

Hametum®

Wann anwenden?
Oberflächliche Hautdefekte wie Schürf- und Schnittwunden. Verbrühungen und Verbrennungen leichteren Grades sowie Sonnenbrand. Trockene, spröde, rissige, aufgesprungene Haut (auch Altershaut). Wundsein bei Säuglingen.

Wie dosieren?
- Salbe: Je nach Bedarf mehrmals täglich dünn auftragen beziehungsweise leicht einmassieren.

Welche Wirkstoffe?
- Salbe: 100g Salbe enth.: Destillat aus frischen Blättern u. Zweigen von Hamamelis virginiana (1:1,6) 6,25g, eingestellt auf 0,75mg Hamamelisketone.

Was kostet es?

	DM
50 g Salbe	9,95
100 g Salbe	19,10
200 g Salbe	30,65

Hersteller?
Fa. Spitzner/Schwabe in Ettlingen

Streß

Leukona®-Sedativ-Bad sine Chloralhydrat

Wann anwenden?
Nervöse Beschwerden wie Einschlafstörungen, allgemeine Unruhe.

Wann nicht anwenden?
Vorsicht bei größeren Hautverletzungen, akuten unklaren Hauterkrankungen, schweren, fieberhaften und infektiösen Erkrankungen, Herzinsuffizienz [Herzschwäche] und Hypertonie [Bluthochdruck].

Was beachten?
Auswirkungen auf Kraftfahrer und die Bedienung von Maschinen sind nicht bekannt, jedoch können Beruhigungsmittel grundsätzlich Auswirkungen haben.

Wie dosieren?
30ml auf 1 Vollbad dosieren.

Welche Wirkstoffe?
100g enth.: methanol. Dickextr. (40%) aus 40,95g Baldrianwurzeln u.
7,15g Hopfenblüten (3,7:1) 13,0g.

Was kostet es?

	DM
250 ml	20,85
720 ml	54,50

Hersteller?
Fa. Dr. Atzinger in Passau

Trockenes Auge

Lacrimal® O.K.

Wann anwenden?
Trockenes Auge, verursacht durch mangelnde Tränenproduktion, falsch zusammengesetzten Tränenfilm oder durch mangelhaften Lidschluß. Reizzustände des Auges, bedingt durch äußere Umstände wie Wind und Heizungsluft. Bei allen, einschließlich hochhydrophilen Kontaktlinsen zur Nachbenetzung während des Tragens, zur Vermeidung des Fremdkörpergefühls und zur besseren Verträglichkeit.

Welche Nebenwirkungen?
Leichte Irritationen [Reizungen] äußerst selten.

Wie dosieren?
Im allgemeinem nach Bedarf bis zu 6 mal täglich 1 Tropfen in den Bindehautsack des betroffenen Auges einträufeln. Unbenutzten Restinhalt nicht wiederverwenden, da unkonserviert.

Trockenes Auge

Welche Wirkstoffe?

1 ml enth.: Polyvinylalkohol 14mg, Poly(1-vinyl-2-pyrrolidon) = Polyvidon 6mg (mittleres MG ca. 40000).

Was kostet es?	DM
30 x 0.4ml	19,90
60 x 0,4ml	38,90
90 x 0.4ml	52,50

Hersteller?

Fa. Pharm-Allergan in Ettlingen

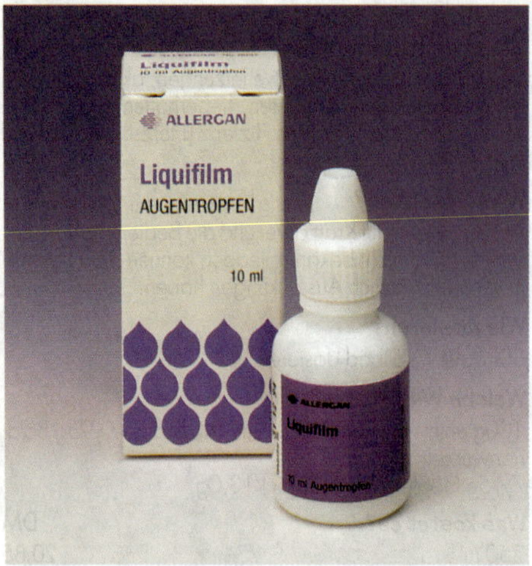

Liquifilm Augentropfen

Wann anwenden?

Bei trockenen Augen, starken Schleimabsonderungen und anderen Beschwerden, bei denen die natürliche Tränenflüssigkeit gar nicht oder nur unzureichend vorhanden ist, oder die durch äußere Umstände (Wind, Heizungsluft) herbeigeführt werden. Bei harten Kontaklinsen zum Nachbenetzen während des Tragens und zur besseren Verträglichkeit.

Wann nicht anwenden?

Bei weichen (hydrophilen) Kontaktlinsen.

Wie dosieren?

Nach Bedarf 1-2 Tropfen mehrmals täglich in den Bindehautsack oder direkt auf die Augenoberfläche träufeln.

Welche Wirkstoffe?

1 ml enth.: Polyvinylalkohol 14mg (Liquifilm).

Was kostet es?	DM
10 ml	9,97
2 x 10ml (Doppelpack.)	18,50
3 x 10ml	24,50
1 Kombipack mit 10ml Tropf. + 3,5mg Coliquifilm Augensalbe	19,50

Hersteller?

Fa. Pharm-Allergan in Ettlingen

Oculotect® Augentropfen

Wann anwenden?

Trockenes Auge, Verbrennungen und Verätzungen. Als Kontaktflüssigkeit für harte Linsen.

Wie dosieren?

Stündlich bis 3mal täglich 1 Tropfen.

Welche Wirkstoffe?

1 ml enth.: Retinolpalmitat 1000 I.E., Methylhydroxypropylcellulose 4mg.

Was kostet es?	DM
10 ml	8,29
3 x 10ml	20,40

Hersteller?

Fa. Ciba Vision Ophthalmics in Weßling

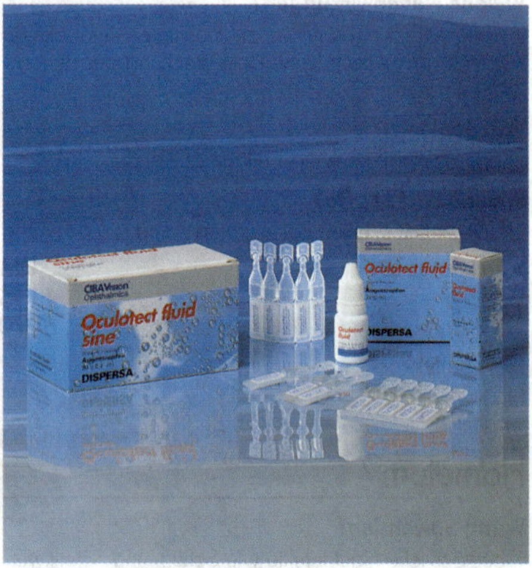

Oculotect fluid sine Augentropf.

Wann anwenden?

- *sine Augentropf.*: Symptomatische Therapie des trockenen Auges (Tränenersatzmittel bei mangelhafter Qualität des Tränenfilms oder nicht ausreichender Befeuchtung der Augenoberfläche). Anwendung als Benetzungsmittel für harte und weiche Kontaktlinsen.

Wann nicht anwenden?

- *sine Augentropf.*: Bekannte Überempfindlichkeit gegen einen der Bestandteile.

Schwangerschaft?

- *sine Augentropf.*: Es liegen keine kontrollierten Untersuchungen über die Sicherheit vor.

Stillzeit?
- *sine Augentropf.*: Es liegen keine kontrollierten Untersuchungen über die Sicherheit vor.

Welche Nebenwirkungen?
- *sine Augentropf.*: Sehr selten Überempfindlichkeitsreaktionen.

Wie dosieren?
Bis zu 5 mal täglich oder häufiger in den Bindehautsack eintropfen.

Welche Wirkstoffe?
- *sine Augentropf.*: 1ml enth.: Polyvidon 50mg.

Was kostet es?

	DM
20 x 0,4ml sine	13,80
60 x 0,4ml sine	29,75
120 x 0,4ml sine	49,75

Hersteller?
Fa. Ciba Vision Ophthalmics in Weßling

Siccaprotect® Augentropfen

Wann anwenden?
Zur symptomatischen Behandlung von Austrocknungserscheinungen der Horn- und Bindehaut infolge von Tränensekretionsstörungen aufgrund lokaler oder systemischer Grunderkrankungen sowie bei mangelndem Lidschluß. Bei harten Kontaktlinsen zur Nachbenetzung während des Tragens.

Wann nicht anwenden?
Nicht bei weichen Kontaktlinsen anwenden.

Wie dosieren?
- *Augentropfen:* Bis zu 6 mal täglich 1 Tropfen in den Bindehautsack eintropfen.

Welche Wirkstoffe?
- *Augentropfen:* 1ml enth.: Dexpanthenol 30mg, Polyvinylalkohol 14mg, Benzalkoniumchlorid 0,05mg (Konservierungsmittel).

Was kostet es?

	DM
1 x 10ml Augentropf. Tropffl.	6,41
3 x 10ml Augentropf. Tropffl.	14,00

Hersteller?
Fa. Ursapharm in Saarbrücken

Übergewicht

Helianthus tuberosus

Wann anwenden?
Adipositas [Fettleibigkeit], Obstipation [Verstopfung], Meteorismus [Gasbildung im Darm].

Was beachten?
Enth. 51 Vol.-% Alkohol.

Wie dosieren?
- *Tropfen:* 3 mal täglich 10 bis 20 Tropfen - pur oder mit etwas Wasser - langsam vor dem Essen einnehmen.

Welche Wirkstoffe?
- *Tropfen:* 100ml enth.: Helianthus tuberosus D1 dil. 100ml.

Was kostet es?

	DM
30 ml Tropf.	21,25
100 ml Tropf.	41,00

Hersteller?
Fa. Plantina in Heidelberg

Information der Redaktion:

Recatol

Venenbeschwerden

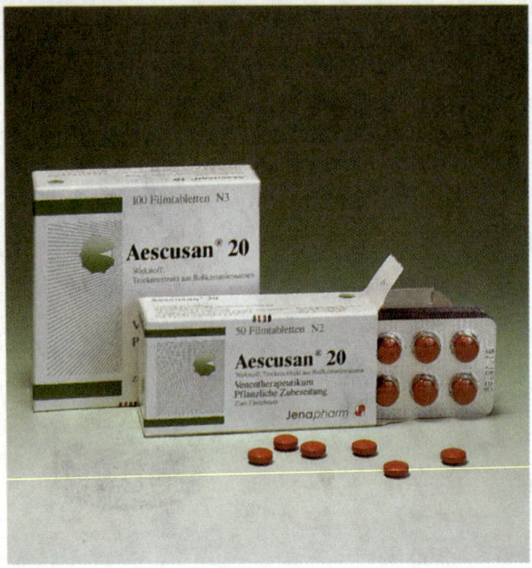

Aescusan® 20

Wann anwenden?

Beschwerden durch chronische Leistungs- und Funktionsschwäche der Venen unterschiedlicher Ursachen, wie Ödeme [Wasseransammlungen], Wadenkrämpfe, Juckreiz sowie Schmerzen und Schweregefühl in den Beinen.

Welche Nebenwirkungen?

Selten Schleimhautreizungen des Magen-Darm-Traktes.

Wie dosieren?

- *Filmtbl.:* 3 mal täglich 1 Filmtablette, bei Bedarf bis zu 3 mal 2 Filmtabletten.

Welche Wirkstoffe?

- *Filmtbl.:* 1 Filmtbl. enth.: 250mg Trockenextrakt aus Roßkastaniensamen Aesculus hippocastanum L.), stand. auf einen Aescin-Geh. von 20mg.

Was kostet es?	DM
20 Filmtbl.	10,15
50 Filmtbl.	24,50
100 Filmtbl.	43,95

Hersteller?

Fa. Jenapharm in Jena

Bromelain-POS®

Wann anwenden?

Akute postoperative und posttraumatische Schwellungszustände (z.B. Gelenkprellung), Nasennebenhöhlenentzündung (Sinusitis). Venenbeschwerden.

Wann nicht anwenden?

In sehr seltenen Fällen auftretende Allergie gegen proteolytische [eiweißabbauende] Enzyme aus Ananas comosus klingt nach Absetzen des Präparates im allgemeinen rasch ab. Schwere angeborene oder erworbene Blutgerinnungsstörungen (zum Beispiel Bluterkrankheit, bei schweren Leberschädigungen, bei Dialysepatienten).

Welche Nebenwirkungen?

In Einzelfällen weicher oder flüssiger Stuhlgang.

Wie dosieren?

- *Tbl.:* Als Normaldosis 3 mal täglich 1 Tablette, in besonderen Fällen 3 mal täglich 2 Tabletten jeweils $^1/_2$ Stunde vor den Mahlzeiten (nicht nach den Mahlzeiten) unzerkaut mit Flüssigkeit einnehmen. Mindesttagesdosis: 2 mal täglich 1 Tablette.

Welche Wirkstoffe?

- *Tbl.:* 1 magensaftresistente Tbl.(farbstoff- und lactosefrei) enth.: Bromelain stand. mind. 500 F.I.P.-Einheiten.

Was kostet es?	DM
20 Tbl.	23,24
50 Tbl.	50,57
100 Tbl.	93,12

Hersteller?

Fa. Ursapharm in Saarbrücken

Hepathromb® 30000, -60000

Wann anwenden?

Zur unterstützenden Behandlung bei: akuten Schwellungszuständen nach stumpfen Traumen [Verletzungen], Venenbeschwerden, sofern diese nicht durch Druckverband oder Kompressionsstrümpfe behandelt werden können.

Wann nicht anwenden?

Bei Überempfindlichkeit gegen Heparin und dessen Zubereitungsformen sowie gegen Parabene oder einen der anderen Bestandteile. Nicht auf offene Wunden auftragen.

Welche Nebenwirkungen?

In Einzelfällen allergische beziehungsweise pseudoallergische Reaktionen.

Wie dosieren?

2-3 mal täglich auftragen.

Welche Wirkstoffe?

- *30000 Creme:* 100g Creme enth.: Heparin-Natrium 30 000 I.E.
- *60000 Creme:* 100g Creme enth.: Heparin-Natrium

60 000 I.E.

Was kostet es?	DM
50 g 30000 Creme	6,89
100 g 30000 Creme	11,59
50 g 60000 Creme	8,95
100 g 60000 Creme	15,85

Hersteller?
Fa. LAW in Leipzig

Medigel®

Wann anwenden?
Venenbeschwerden wie Stauungsschmerzen und Schweregefühl in den Beinen. Traumatische Folgezustände wie Prellungen, Quetschungen.

Welche Nebenwirkungen?
Seltene (vermutlich allergische) Dermatitis durch Polidocanol.

Was beachten?
Medigel darf nicht ins Auge gelangen.

Wie dosieren?
Mehrmals täglich dünn auf die Haut bis ins Gesunde, von unten nach oben, auftragen. Nicht einmassieren.

Welche Wirkstoffe?
100g Gel enth.: Bamethansulfat 0,5g,
(-)-Ephedrin sulfat 0,5g, Polidocanol 2g.

Was kostet es?	DM
100 g Tube	19,63

Hersteller?
Fa. Medice in Iserlohn

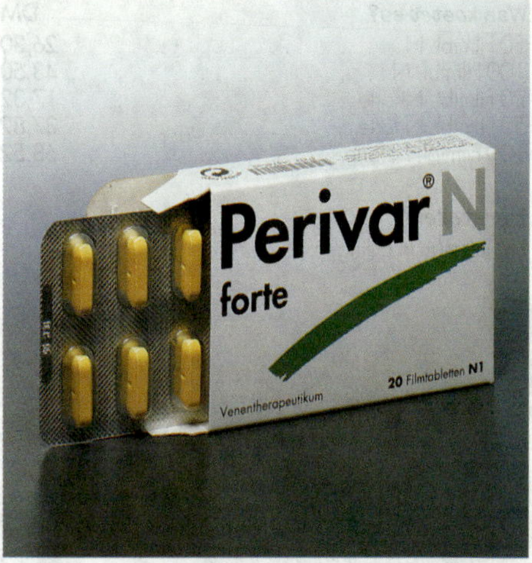

Perivar® N Filmtbl., -N forte Filmtbl.

Wann anwenden?
Beschwerden bei Krampfadern oder Venenschwäche wie Spannungs- und Schweregefühl, Schmerzen, Juckreiz, Flüssigkeitsansammlungen im Gewebe.
Zusätzlich für - N forte Filmtbl.: Beschwerden bei Hämorrhoidal-Leiden.

Wann nicht anwenden?
Schwere Formen von Bluthochdruck, stark beschleunigte Herzschlagfolge (Tachykardie) und bei Überempfindlichkeit gegen einen der Inhaltstoffe.

Welche Nebenwirkungen?
Sehr selten leichte Magen-Darm-Beschwerden, Kopfschmerzen oder allergische Hautreaktionen.

Wie dosieren?
Je nach Stärke der Beschwerden: 2 mal täglich 1 Filmtablette Perivar N/Perivar N forte vozugsweise zu den Mahlzeiten. Bei akuten Beschwerden kann eine anfängliche Erhöhung der Tagesdosis den therapeutischen Erfolg beschleunigen. Bei Haemorrhoidalleiden: In der akuten Phase und bei ausgeprägten Beschwerden 2 mal täglich 2 Filmtabletten Perivar N forte vorzugsweise zu den Mahlzeiten. Zur Langzeitbehandlung oder Rezidiv [Wiederauflebens]-Vorbeugung 2 mal täglich 1 Filmtablette.

Welche Wirkstoffe?
- N Filmtbl.: 1 Filmtbl. enth.: Troxerutin 150mg, Heptaminolhydrochlorid 200mg, Ginkgo biloba Tr.-Extrakt 7mg.
- N forte Filmtbl.: 1 Filmtbl. enth.: Troxerutin 300mg, Heptaminolhydrochlorid 300mg, Ginkgo biloba Tr.-Extrakt 14mg.

Venenbeschwerden

Was kostet es?

	DM
50 Filmtbl. N	26,30
100 Filmtbl. N	43,50
20 Filmtbl. N forte	17,32
50 Filmtbl. N forte	37,82
100 Filmtbl. N forte	68,52

Hersteller?
Fa. Intersan in Ettlingen

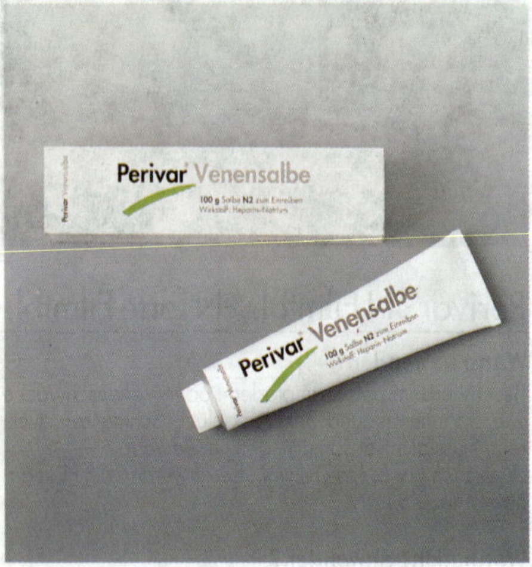

Perivar® Venensalbe

Wann anwenden?
Venenbeschwerden sowie bei akuten Schwellungszuständen nach stumpfen Traumen (Prellungen, Blutergüsse).

Welche Nebenwirkungen?
In Einzelfällen allergische beziehungsweise pseudoallergische [scheinbarallergisch] Reaktionen (allergische Gefäßentzündung).

Wie dosieren?
2-3 mal täglich etwa 1-2 Wochen lang dünn auf die betroffene Körperstelle auftragen.

Welche Wirkstoffe?
100g enth.: 60.000 I.E. Heparin-Na.

Was kostet es?

	DM
100 g Salbe	16,45

Hersteller?
Fa. Intersan in Ettlingen

Poikiven® T

Wann anwenden?
Venenbeschwerden.

Was beachten?
Enthält 60 Vol.-% Alkohol. Zumindest zu Beginn der Therapie sollte an die zusätzliche Verwendung von Druckverbänden beziehungsweise Stützstrümpfen gedacht werden.

Wie dosieren?
3-4 mal täglich 15-20 Tropfen in lauwarmem Wasser einnehmen.

Welche Wirkstoffe?
50ml Tropf. (entspr. 46,003g) enth.: Aesculus D1 12,5ml,
Arnica D1 2,5ml, Carduus marianus D1 5,0ml, Hamamelis D1 10,0ml, Lachesis D6 5,0ml, Lycopodium D4 5,0ml, Melilotus offic. D1 10,0ml.

Was kostet es?

	DM
50 ml Tropfen	24,90

Hersteller?
Fa. Lomapharm in Emmerthal

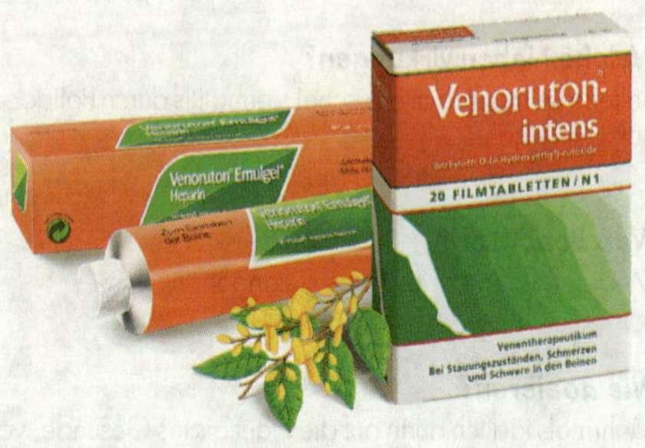

Venoruton® Emulgel® Heparin

Wann anwenden?
Zur unterstützenden Behandlung bei Venenbeschwerden sowie bei Schwellungszuständen nach stumpfen Verletzungen (Sport- und Unfallverletzungen wie z.B. Blutergüsse, Prellungen, Quetschungen und Zerrungen).

Schwangerschaft?
Bisher keine Hinweis auf teratogene [die Erbmasse des Embryos schädigende] oder embryotoxische Risiken.

Welche Nebenwirkungen?
In Einzelfällen allergische beziehungsweise pseudoallergische Reaktionen wie Vasculitis allergica [Entzündung im Bereich der kleinen arteriellen und venösen Blutgefäße].

Was beachten?
Primäre therapeutische Maßnahme bei der oberflächlichen Venenentzündung der unteren Extremitäten ist die Kompressionsbehandlung.

Wie dosieren?
2-3 mal täglich auf das Erkrankungsgebiet auftragen und leicht einreiben. Zur unterstützenden Behandlung Therapie bei akuten Schwellungszuständen bis zu 10 Tagen, bei oberflächlichen Venenentzündungen für ca. 1-2 Wochen fortsetzen.

Welche Wirkstoffe?
100g Gel enth.: 60.000 I.E. Heparin-Na.

Was kostet es?	DM
100 g Gel	14,90

Hersteller?
Fa. Zyma in München

Venoruton®-intens

Wann anwenden?
Venenbeschwerden sowie Schwellungen, Schweregefühl, Prellungen.

Wann nicht anwenden?
Bekannte Unverträglichkeit gegen das Präparat.

Schwangerschaft?
Kontraindiziert [d.h. nicht anwenden] im 1. Drittel.

Stillzeit?
Spuren des Wirkstoffs, die bei Tierversuchen in der Muttermilch gefunden wurden, sind nicht von klinischer Bedeutung.

Welche Nebenwirkungen?
Sehr selten leichte Nebenwirkungen wie allergische Hautreaktionen, leichte Magen-Darm-Störungen, Flush, Gesichtsröte oder Kopfschmerzen, die nach Absetzen des Präparates rasch abklingen.

Wie dosieren?
- *Filmtbl.:* Bei Venenleiden 1-2 mal täglich 1 Filmtablette unzerkaut morgens beziehungsweise morgens und abends mit etwas Flüssigkeit einnehmen. Einzelgabe und Tagesmenge können, falls in besonderen Fällen erforderlich, ohne weiteres erhöht werden. Zur Strahlentherapie 2 mal 1 bis 3 mal 2 Filmtabletten, bei diabetisch bedingter Retinopathie [nicht entzündlich bedingte Netzhauterkrankung] 2-3 mal täglich 2 Filmtabletten einnehmen.

Welche Wirkstoffe?
- *Filmtbl.:* 1 Filmtbl. enth.: O-(β-Hydroxyethyl)-rutoside 500mg.

Was kostet es?	DM
20 Filmtbl.	27,22
50 Filmtbl.	61,04
100 Filmtbl.	110,69

Hersteller?
Fa. Zyma in München

Veno SL® 300

Wann anwenden?
Stauungsbeschwerden in den Beinen infolge Erkrankungen der Venen.

Wie dosieren?
- *Kaps.:* Zu Beginn der Behandlung und in schweren Fällen 3mal täglich 1-2 Kaps. nach den Mahlzeiten unzerkaut mit Flüssigkeit einnehmen; nach Bedarf kann Dosierung bis zu 1mal täglich 1 Kaps. reduziert werden.

Welche Wirkstoffe?
- *Kaps.:* 1 Kaps. enth.: Troxerutin 300mg.

Was kostet es?	DM
50 Kaps.	24,71
100 Kaps.	43,17

Hersteller?
Fa. Ursapharm in Saarbrücken

Venenbeschwerden

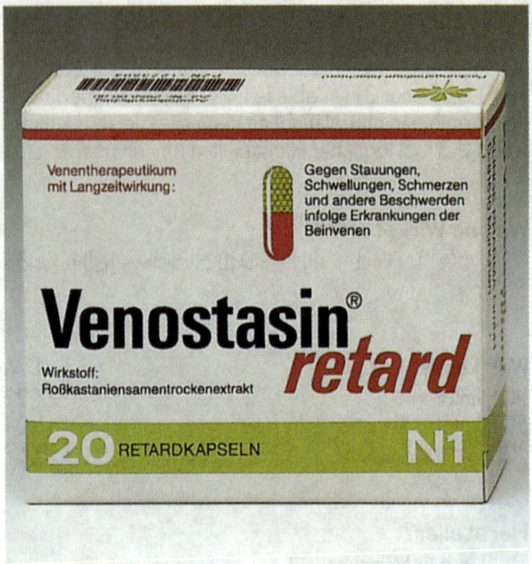

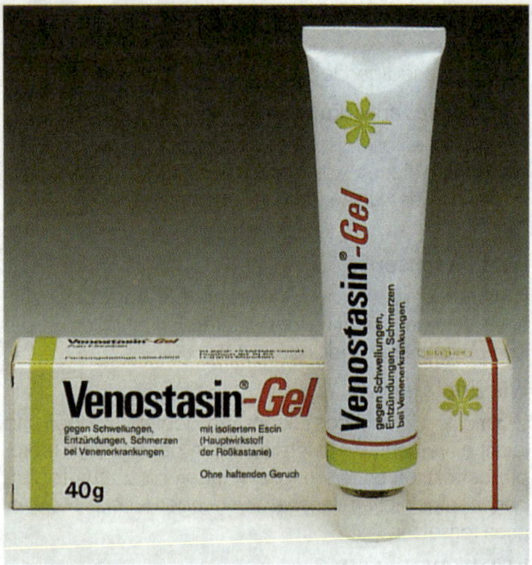

Venostasin® retard

Wann anwenden?
Venenbeschwerden wie Schmerzen, Schwere- und Spannungsgefühl.

Welche Nebenwirkungen?
Gelegentlich leichte Magenbeschwerden (dann Einnahme zu den Mahlzeiten!).

Wie dosieren?
- *Retardkaps.*: Morgens und abends je 1 Retardkapsel unzerkaut vor den Mahlzeiten.

Welche Wirkstoffe?
- *Retardkaps.*: 1 Retardkaps. enth.: Eingest. Roßkastaniensamentrockenextrakt (5:1) 240-290mg (stand.: Triterpenglykoside, berechnet als Aescin 50mg).

Was kostet es?

	DM
20 Retardkaps.	21,31
50 Retardkaps.	46,87
100 Retardkaps.	86,70

Hersteller?
Fa. Klinge in München

Venostasin®-Gel

Wann anwenden?
Venenbeschwerden sowie Schwellungen, Schweregefühl, Prellungen, Blutergüsse.

Wann nicht anwenden?
Überempfindlichkeit gegen Salicylate [Salze des Arzneistoffs Salicylsäure] oder einen anderen Bestandteil des Gels. Vorsicht bei Nierenfunktionsstörungen, stillenden Müttern, Säuglingen und Kleinkindern sowie Langzeitbehandlung und großen Flächen.

Schwangerschaft?
Kontraindiziert, nicht anwenden!

Welche Nebenwirkungen?
Selten Hautreizungen, in Einzelfällen Kontaktallergie.

Wie dosieren?
Mehrmals täglich auf die betroffenen Hautpartien auftragen und eventuell leicht einmassieren.

Welche Wirkstoffe?
100g enth.: Aescin 1g,
Heparin-Na 5000 I.E., (2-Hydroxyethyl)-salicylat 5g.

Was kostet es?

	DM
40 g	11,87
100 g	25,89

Hersteller?
Fa. Klinge in München

Wobenzym® N

Wann anwenden?
Bei entzündlichen Erkrankungen der Atemwege. Bei Weichteilrheumatismus. Bei schmerzhaftem Verschleiß der Gelenke. Bei Verletzungen aller Art.

Wann nicht anwenden?
Bei schweren angeborenen oder erworbenen Gerinnungsstörungen (zum Beispiel bei Bluterkrankheit, schweren Leberschädigungen, Dialysepatienten) sollte vor einer Einnahme der Arzt befragt werden; das gleiche gilt vor Operationen und bei bekannter Neigung zu allergischen Reaktionen.

Schwangerschaft?
Kritische Nutzen-Risiko-Abwägung!

Welche Nebenwirkungen?
Vereinzelt kann durch die Enzymwirkung eine harmlose Veränderung des Stuhls in Beschaffenheit, Farbe und Geruch auftreten. Selten beobachtete allergische Reaktionen klingen nach Absetzen des Medikamentes ab. Bei Einnahme höherer Einzeldosen wurde über Völlegefühl, Blähungen und vereinzelt über Übelkeit berichtet. Dies läßt sich durch Verteilen der Dosis über den Tag vermeiden.

Was beachten?
Die in einem Dragee enthaltenen Kohlenhydrate entsprechen 0,030 BE [Diabetiker-Einheit]. Gelegentlich kann bei chronischen Erkrankungen nach Therapiebeginn eine Verstärkung der Symptomatik auftreten, was als Ausdruck einer therapeutischen Reaktion positiv zu werten ist. Keinesfalls sollte daraufhin das Medikament abgesetzt werden, allenfalls ist eine vorübergehende Dosisreduzierung zu erwägen.

Wie dosieren?
3 mal 2 Dragees täglich als mittlere, beziehungsweise Erhaltungsdosis einnehmen. Bei schweren Krankheitsverläufen kann die Dosis ohne Bedenken auf das 2-3fache erhöht werden. Bei Verletzungen hat sich eine Stoßtherapie von täglich 30 oder auch mehr Dragees bewährt. Es empfiehlt sich, die Dragees entweder als Einmalgabe oder über den Tag verteilt, jeweils etwa 1-$^1/_2$ Stunde vor einer Mahlzeit, unzerkaut mit reichlich Flüssigkeit einzunehmen.

Welche Wirkstoffe?
-Drg.: 1 Drg. enth.: Enzyme aus Pankreas, Ananas comosus u. Carica papaya 230mg entspr. 940 F.I.P.-E. (nach Papain-Meth.) (best. aus Pankreatin 100mg ≙ 300 Protease Ph.Eur.-E.,
Trypsin 24mg ≙ 12µkat, Chymotrypsin 1mg ≙ 5µkat, Bromelain 45mg ≙ 225 F.I.P.-E., Papain 60mg ≙ 164 F.I.P.-E.), Rutosid·$3H_2O$ 50mg.

Was kostet es?	DM
40 Drg.	19,10
200 Drg.	72,63
800 Drg.	223,95

Hersteller?
Fa. Mucos in Geretsried

Information der Redaktion:

Antistax

Arnica Kneipp

Essaven

Exhirud

Heparin-ratiopharm

Hepathrombin

Thrombareduct

Vetren

Verbrennungen

Brand- und Wundgel-Medice® N

Wann anwenden?
Verbrennungen, Verätzungen, Sonnenbrand, Schürfwunden, bakterielle Infekte der Haut, Grind, Furunkel [Eitergeschwüre], Schweißdrüsenentzündungen, Nagelumlauf [Nagelbettentzündung], Bartflechte, Insektenstiche.

Was beachten?
Nicht ins Auge bringen.

Wie dosieren?
Dünn auftragen, eventuell mehrfach wiederholen. Verband nur wenn notwendig und dann erst nach vollständigem Antrocknen des Gels. Das Gel darf nicht zu schnell antrocknen.

Welche Wirkstoffe?
100g enth.: Benzethoniumchlorid 0,1g, Polidocanol 2,0g, Harnstoff 7,0g.

Was kostet es?	DM
20 g	5,35
50 g	12,35
100 g	22,30

Hersteller?
Fa. Medice in Iserlohn

Verbrennungen

Hametum®

Wann anwenden?

Oberflächliche Hautdefekte wie Schürf- und Schnittwunden. Verbrühungen und Verbrennungen leichteren Grades sowie Sonnenbrand. Trockene, spröde, rissige, aufgesprungene Haut (auch Altershaut). Wundsein bei Säuglingen.

Wie dosieren?

- *Salbe:* Je nach Bedarf mehrmals täglich dünn auftragen beziehungsweise leicht einmassieren.

Welche Wirkstoffe?

- *Salbe:* 100g Salbe enth.: Destillat aus frischen Blättern u. Zweigen von Hamamelis virginiana (1:1,6) 6,25g, eingestellt auf 0,75mg Hamamelisketone.

Was kostet es?	DM
50 g Salbe	9,95
100 g Salbe	19,10
200 g Salbe	30,65

Hersteller?

Fa. Spitzner/Schwabe in Ettlingen

Hermalind®

Wann anwenden?

Zur antiseptischen [keimtötenden] Behandlung von oberflächlichen Wunden: Schürf-, Riß-, Platz- und Kratzwunden; Verbrennungen 1. Grades.

Wann nicht anwenden?

Tiefe Wunden, Ulcus cruris [Unterschenkelgeschwür]. Nicht am Auge oder in unmittelbarer Augennähe anwenden.

Welche Nebenwirkungen?

Gelegentlich vorübergehendes Brennen.

Wie dosieren?

- *Creme:* 2 mal täglich auftragen. Näheres siehe Pakkungsbeilage.

Welche Wirkstoffe?

- *Creme:* 1g Creme enth.: Chlorhexidindigluconat 0,005g,
Dexpanthenol 0,05g.

Was kostet es?	DM
20 g Creme	6,30
50 g Creme	14,04

Hersteller?

Fa. Hermal in Reinbek

Leukona®-Wundsalbe

Wann anwenden?

Alle Arten von Geschwüren, Dekubitus [Wundliegen].

Wie dosieren?

Zur Wundbehandlung: Dünn auftragen. Bei umfangreicheren Wundflächen: Mullauflage messerrückendick bestreichen. Anwendungsdauer 2-5 Tage, beziehungsweise bis zur Abheilung.

Welche Wirkstoffe?

100g enth.: Hamamelisrindenwasser 12,5g,
Allantoin 2g, Lebertran 35g.

Was kostet es?	DM
50 g	9,28

Hersteller?

Fa. Dr. Atzinger in Passau

Mirfulan®

Wann anwenden?

Behandlung von Hautschäden, Wundsein zum Beispiel Windeldermatitis [entzündliche Hautreaktion, die von Windeln hervorgerufen wird], Verbrennungen 1. Grades, Ausschlägen, Unterschenkelgeschwüren; Säuglingspflege; Pflege der Haut (zum Beispiel Prothesenstümpfe, nach Strahlentherapie).

Wann nicht anwenden?

Hinweis: Eine Infektion der Wunde ist auszuschließen.

Welche Nebenwirkungen?

In Einzelfällen sind lokale Unverträglichkeits-/ Überempfindlichkeitsreaktionen möglich. Nach Auftragen auf stark entzündliche Hautpartien kann ein leichtes Brennen auftreten.

Wie dosieren?

- *Wund- und Heilsalbe:* Nach Bedarf auf die erkrankten oder gereizten Hautstellen auftragen.

Welche Wirkstoffe?

- *Wund- und Heilsalbe:* 100g enth.: Lebertran 10g (stand. auf Vit. A 1.000 I.E. u. auf Vit. D_3 200 I.E.), Zinkoxid 10g.

Was kostet es?	DM
50 g Salbe	9,95
100 g Salbe	15,96

Hersteller?

Fa. Merckle in Ulm

Polysept Salbe, -Lösung

Wann anwenden?

Zur wiederholten zeitlich begrenzten oberflächlichen Anwendung auf geschädigter Haut, wie zum Beispiel Decubitus [Wundliegen], oberflächlichen Wunden und Verbrennungen vor und nach Blasenkatheterisierung.

Zusätzlich für - Lösung: Zur einmaligen Anwendung als Antiseptikum auf der intakten äußeren Haut, Mundschleimhaut, Vagina, Cervix und/oder Urethra [männliche und weibliche Harnröhre].

Wann nicht anwenden?
Keine Anwendung bei: Patient mit Schilddrüsenerkrankungen, Dermatitis herpetiformis Duhring [Hauterkrankung mit juckenden roten Bläschen an Schultern, Gesäß, Armen, Beinen], bekannter Iodüberempfindlichkeit, Neugeborene und Säuglinge bis zum Alter von 6 Monaten, vor und nach einer Radiojodanwendung (bis zur dauerhaften Ausheilung).
Zusätzlich für - Lösung: Bekannte Überempfindlichkeit gegen Polyethylenglykol (Macrogol).

Schwangerschaft?
Kontraindiziert, nicht anwenden!

Stillzeit?
Kontraindiziert, nicht anwenden!

Welche Nebenwirkungen?
Bei länger dauernder Behandlung eventuell zelltoxische Wirkung mit gestörter Wundheilung. Vorübergehend Schmerzen, Brennen, Wärmegefühl. In Einzelfällen Kontaktallergien. Bei großflächiger und wiederholter Anwendung, zum Beispiel auf geschädigter Haut, Schilddrüsenfunktion regelmäßig überwachen lassen. Nach Aufnahme größerer PVP-Iod-Mengen Elektrolyt- und Serumosmolaritätsstörungen [Blutsalzkonzentrationsstörung], Nierenschwäche und metabolische Azidose [den Stoffwechsel betreffende Übersäuerung] möglich.

Wie dosieren?
- *Salbe:* Mehrmals täglich auf die Wundfläche auftragen.
- *Lösung:* Einmalige oder wiederholte, zeitlich begrenzte Anwendung: unverdünnt auf zu behandelnde Stellen auftragen. Antiseptische Umschläge: 1:5 bis 1:10 verdünnen. Antiseptische Waschungen: 1:2 bis 1:100 verdünnen.

Welche Wirkstoffe?
- *Salbe:* 1g Salbe enth.: 100mg Polyvidon-Iod (PVP-Iod-Komplex MMG 44000 und 10% verfügbares Iod).
- *Lösung:* 1ml Lsg. enth.: 100mg Polyvidon-Iod (PVP-Iod-Komplex MMG 44000 und 10% verfügbares Iod).

Was kostet es?	DM
20 g Salbe	7,39
50 g Salbe	14,95
100 g Salbe	22,90
400 g Salbe	39,95
30 ml Lösung	5,80
100 ml Lösung	9,95
1000 ml Lösung	34,85

Hersteller?
Fa. Dermapharm in Gräfelfing

Verstauchung und Zerrung

Araniforce®-forte

Wann anwenden?
Arthrosis deformans [Gelenkerkrankung], Bandscheibenschaden, degenerative [abnutzende] Prozesse der Gelenke, Knie- und Hüftarthrosen.

Vorsicht!
Enthält 46 Vol.-% Alkohol; Packungsbeilage beachten!

Wie dosieren?
Erwachsene 3 mal täglich 30-50 Tropfen, Kinder 3 mal täglich 10-20 Tropfen, gegebenenfalls mit etwas Wasser verdünnt einnehmen.

Welche Wirkstoffe?
100ml enth.: Acidum silicicum D8 10ml, Alchemilla vulgaris ex herba siccata Ø 20ml, Calcium carbonicum Hahnemanni D8 10ml, Calcium phosphoricum D8 10ml, Equisetum arvense ex herba siccata Ø 20ml, Ilex aquifolium e foliis siccatis Ø 20ml, Symphytum officinale D6 9ml, Tuberculinum Koch D100 1ml.

Was kostet es?	DM
50 ml	16,18
100 ml	26,90
200 ml	43,90

Hersteller?
Fa. Weber & Weber in Inning/A.

Bromelain-POS®

Wann anwenden?
Akute postoperative und posttraumatische Schwellungszustände (z.B. Gelenkprellung), Nasennebenhöhlenentzündung (Sinusitis). Venenbeschwerden.

Wann nicht anwenden?
In sehr seltenen Fällen auftretende Allergie gegen proteolytische [eiweißabbauende] Enzyme aus Ananas comosus klingt nach Absetzen des Präparates im allgemeinen rasch ab. Schwere angeborene oder erworbene Blutgerinnungsstörungen (zum Beispiel Bluterkrankheit, bei schweren Leberschädigungen, bei Dialysepatienten).

Welche Nebenwirkungen?
In Einzelfällen weicher oder flüssiger Stuhlgang.

Wie dosieren?
- *Tbl.:* Als Normaldosis 3 mal täglich 1 Tablette, in besonderen Fällen 3 mal täglich 2 Tabletten jeweils $^1/_2$ Stunde vor den Mahlzeiten (nicht nach den Mahlzeiten) unzerkaut mit Flüssigkeit einnehmen. Mindesttagesdosis: 2 mal täglich 1 Tablette.

Verstauchung und Zerrung

Welche Wirkstoffe?
- *Tbl.*: 1 magensaftresistente Tbl.(farbstoff- und lactosefrei) enth.: Bromelain stand. mind. 500 F.I.P.-Einheiten.

Was kostet es?	DM
20 Tbl.	23,24
50 Tbl.	50,57
100 Tbl.	93,12

Hersteller?
Fa. Ursapharm in Saarbrücken

Dolgit® Creme

Wann anwenden?
Zur äußerlichen und unterstützenden Behandlung bei Muskelrheumatismus, degenerativen schmerzhaften Arthrosen [Gelenkerkrankungen], entzündlichen rheumatischen Erkrankungen der Gelenke und der Wirbelsäule, Schwellung beziehungsweise Entzündung der gelenknahen Weichteile (zum Beispiel Schleimbeutel, Sehnen, Sehnenscheiden, Bänder und Gelenkkapsel), Schultersteife, Kreuzschmerzen, Hexenschuß, Sport- und Unfallverletzungen wie Prellungen, Verstauchungen, Zerrungen.

Wann nicht anwenden?
Überempfindlichkeit gegenüber Ibuprofen oder anderen Stoffen des gleichen Wirkmechanismus. Patienten mit Überempfindlichkeit gegenüber Propylenglycol, Methyl-4-hydroxybenzoat-Natrium, Patienten mit allergischer Diathese [Neigung], nicht auf offene Wunden oder Schleimhäute. Kinder unter 6 Jahren.

Schwangerschaft?
Kontraindiziert, nicht anwenden im 3. Trimenon [Drittel]. Strenge Indikationstellung, nur nach Rücksprache mit Ihrem Arzt anwenden im 1. und 2. Trimenon [Drittel]. Nicht großflächig, nicht über längere Zeit anwenden.

Stillzeit?
Strenge Indikationsstellung, nur nach Rücksprache mit Ihrem Arzt anwenden! Nicht großflächig, nicht über längere Zeit anwenden.

Welche Nebenwirkungen?
In seltenen Fällen Hautrötungen, Jucken, Brennen, Hautausschlag auch mit Pustel- und Quaddelbildung. Bronchospastische Reaktionen können bei entsprechend prädisponierten [für einen Krankheitsfall begünstigten] Patienten in äußerst seltenen Fällen auftreten.

Wie dosieren?
3-4mal täglich bei Bedarf auch öfter, einen 4-10cm langen Creme-Strang auftragen und großflächig in die Haut einreiben.

Welche Wirkstoffe?
100g enth.: 5g Ibuprofen.

Was kostet es?	DM
50 g	11,25
100 g	19,00
500 g	64,45

Hersteller?
Fa. Dolorgiet in Sankt Augustin

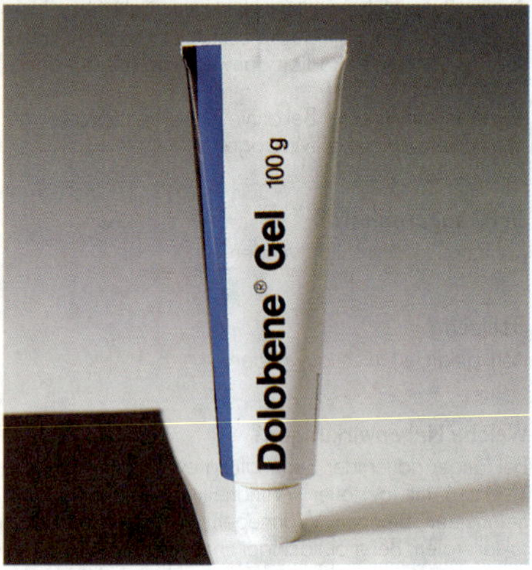

Dolobene® Gel

Wann anwenden?
Schwellungen, Blutergüsse und Entzündungen nach stumpfen Verletzungen der Muskeln, Sehnen und Gelenke. Weichteilrheumatismus. Akute Neuralgien, Arm- und Schultersteife.

Wann nicht anwenden?
Allergie gegen einen der Inhaltsstoffe. Schwere Leber- und Nierenfunktionsstörungen. Kreislauflabilität. Anwendung bei Kindern unter 5 Jahren. Asthma. Nicht zusammen mit dem Wirkstoff Sulindac anwenden.

Schwangerschaft?
Kontraindiziert, nicht anwenden!

Stillzeit?
Kontraindiziert, nicht anwenden!

Welche Nebenwirkungen?
Lokale Reizwirkung an der Haut. Allergische Hauterscheinungen, in Einzelfällen allergische Sofortreaktionen mit Urtikaria [Nesselsucht] und Quincke-Ödem [Wasseransammelung im Gewebe, z.B. im Gesicht, ausgelöst durch Allergie].

Was beachten?
Nicht auf Schleimhäute, offene Wunden oder auf kranke oder vorgeschädigte Haut aufbringen.

Wie dosieren?
2-4mal täglich dünn auftragen. Bei Anwendung unter Verbänden: Verband erst dann anlegen, wenn das Gel weitgehend in die Haut eingezogen und der enthaltene Alkohol verdunstet ist.

Welche Wirkstoffe?
100g Gel enth.: Dimethylsulfoxid (DMSO) 15,0g, Heparin-Na 50.000 I.E., Dexpanthenol 2,5g.

Was kostet es?

	DM
50 g	12,80
100 g	19,26
150 g	24,90
195 g/ 200ml (Spender)	32,94

Hersteller?
Fa. Merckle in Ulm

Dolo-Rubriment® Salbe

Wann anwenden?
Symptomatische Behandlung von rheumatischen, entzündlichen, degenerativen und traumatischen Erkrankungen des Muskel-, Sehnen- und Gelenksystems, z. B. Muskel- und Gelenkrheumatismus, Entzündung der Sehnen und Sehnenscheiden, Bandscheibenschäden, Ischias, Schulter-Nackensteife, Muskelverspannungen, Prellungen, Zerrungen, Verstauchungen, Schleimbeutelentzündungen, Nachbehandlung von Knochenbrüchen, Beschwerden durch Nervenentzündungen.

Wann nicht anwenden?
Bei Säuglingen und Kleinkindern Langzeitbehandlung auf großen Flächen vermeiden. Ekzeme und Hautverletzungen, entzündliche Hauterkrankungen, dekompensierte [unbehandelte] Herz-, Leber- und Nierenerkrankungen, arterielle Gefäßverschlüsse, schwere diabetische Mikroangiopathie [Erkrankungen der kleinen Gefäße].

Schwangerschaft?
Langzeitbehandlung auf großen Flächen vermeiden.

Was beachten?
Nicht auf Schleimhäute bringen! Nach Anwendung Hände waschen!

Wie dosieren?
2-3mal täglich in dünner Schicht über dem Erkrankungsgebiet auftragen und leicht einmassieren.

Welche Wirkstoffe?
100g enth.: (2-Hydroxyethyl)-salicylat 10g, Benzylnicotinat 0,75g, Heparin-Na 10000 I.E. (Heparin aus Intestinalmucosa vom Schwein).

Was kostet es?

	DM
40 g Salbe	10,75
100 g Salbe	19,67

Hersteller?
Fa. Nordmark in Uetersen

Forapin® E Liniment, -Salbe

Wann anwenden?
Rheumatische Muskel- und Gelenkschmerzen, Ischias, Sehnenscheiden- und Gelenkentzündungen, Kälteschäden, Prophylaxe [Vorbeugung] und Therapie von Sportschäden.

Wann nicht anwenden?
Bienengiftallergie, Überempfindlichkeit gegen Parabene (betrifft nur das Forapin® E Liniment). Bei Säuglingen und Kleinkindern sowie bei Patienten mit Nierenfunktionsstörungen keine Langzeitbehandlung auf großen Flächen.

Schwangerschaft?
Keine Langzeitbehandlung auf großen Flächen.

Stillzeit?
Keine Anwendung im Brustbereich.

Welche Nebenwirkungen?
Gelegentlich übermäßige Hautrötung, in Einzelfällen Überempfindlichkeitsreaktionen (Hautreaktionen, Atemnot, Übelkeit, Schwindel, sehr selten schwerwiegende Kreislaufreaktionen).

Wie dosieren?
- *Liniment:* 2 mal täglich eine 1-3mm dicke Schicht Liniment [flüssiges Einreibemittel] auftragen und erst nach Auftreten eines Hautreizes vollständig einmassieren.
- *Salbe:* 2 mal täglich einen 5-15cm langen Salbenstrang auftragen, verteilen und erst nach Auftreten eines Hautreizes vollständig einmassieren. Liniment und Salbe: Bei Behandlungsbeginn, besonders bei Kindern, leichtgewichtigen oder empfindlichen Personen zunächst geringe Mengen anwenden, um auf eine eventuelle Unverträglichkeit zu testen.

Welche Wirkstoffe?
- *Liniment:* 100 g Liniment enth.: Lyophilisiertes Bienengift 0,9mg,
Bornylsalicylat 1,5g, Methylnicotinat 2,0g.
- *Salbe:* 100 g Salbe enth.: Lyophilisiertes Bienengift 3,0mg, Benzylnicotinat 1,0g, Bornylsalicylat 3,0g.

Was kostet es?

	DM
100 g Liniment	13,06
50 g Salbe mit Einreibeverschluß	13,06
100 g Salbe mit Einreibeverschluß	22,20

Hersteller?
Fa. Mack, Illertissen in Karlsruhe

Harzer Franzbranntwein, -mit Fichtennadelöl

Wann anwenden?
Zum Vorbeugen bei Gefahr des Wundliegens und bei mangelhafter Hautdurchblutung. Zur Unterstützung bei der Therapie von Zerrungen, Prellungen, Verstauchungen, Muskel- und Gelenkschmerzen.

Wann nicht anwenden?
Offene Hautwunden, geschädigte Haut, zum Beispiel bei Verbrennungen. Bei Säuglingen und Kleinkindern nicht im Bereich des Gesichts, speziell der Nase, auftragen.

Welche Nebenwirkungen?
Hautreizungen sind bei längerer Anwendung möglich.

Was beachten?
Nur zur äußerlichen Anwendung. Vor Feuer schützen! Gut verschlossen aufbewahren. Nicht zum Einnehmen. Nicht auf verletze Haut oder auf Schleimhäute am Auge auftragen.

Wie dosieren?
Einmal bis mehrmals täglich je nach Bedarf einige Tropfen bis einige ml auf die betroffenen Stellen auftragen und in die Haut einmassieren.

Welche Wirkstoffe?
- *Lösung:* Gehalt je 100g: 1,8g Menthol u. 0,36g Campher.
- *mit Fichtennadelöl:* Gehalt je 100g: 0,12g Campher und 0,8g Fichtennadelöl.

Was kostet es?	DM
200 ml Lösung	7,54
500 ml mit Fichtennadelöl	15,84

Hersteller?
Fa. Pharma Wernigerode in Wernigerode

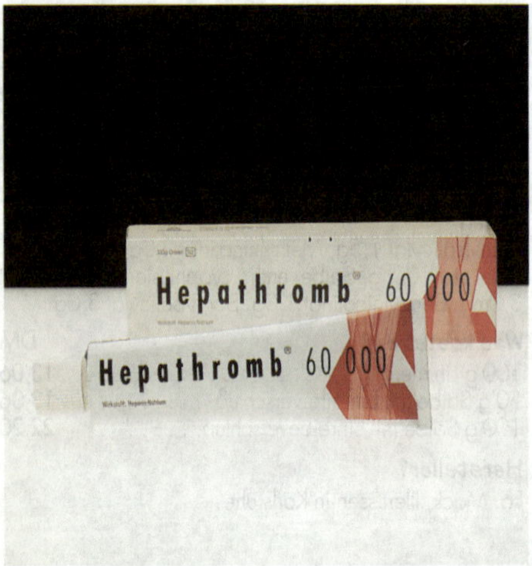

Hepathromb® 30000, -60000

Wann anwenden?
Zur unterstützenden Behandlung bei: akuten Schwellungszuständen nach stumpfen Traumen [Verletzungen], Venenbeschwerden, sofern diese nicht durch Druckverband oder Kompressionsstrümpfe behandelt werden können.

Wann nicht anwenden?
Bei Überempfindlichkeit gegen Heparin und dessen Zubereitungsformen sowie gegen Parabene oder einen der anderen Bestandteile. Nicht auf offene Wunden auftragen.

Welche Nebenwirkungen?
In Einzelfällen allergische beziehungsweise pseudoallergische Reaktionen.

Wie dosieren?
2-3 mal täglich auftragen.

Welche Wirkstoffe?
- *30000 Creme:* 100g Creme enth.: Heparin-Natrium 30 000 I.E.
- *60000 Creme:* 100g Creme enth.: Heparin-Natrium 60 000 I.E.

Was kostet es?	DM
50 g 30000 Creme	6,89
100 g 30000 Creme	11,59
50 g 60000 Creme	8,95
100 g 60000 Creme	15,85

Hersteller?
Fa. LAW in Leipzig

Perivar® Venensalbe

Wann anwenden?
Venenbeschwerden sowie bei akuten Schwellungszuständen nach stumpfen Traumen (Prellungen, Blutergüsse).

Welche Nebenwirkungen?
In Einzelfällen allergische beziehungsweise pseudoallergische [scheinbarallergisch] Reaktionen (allergische Gefäßentzündung).

Wie dosieren?
2-3 mal täglich etwa 1-2 Wochen lang dünn auf die betroffene Körperstelle auftragen.

Welche Wirkstoffe?
100g enth.: 60.000 I.E. Heparin-Na.

Was kostet es?	DM
100 g Salbe	16,45

Hersteller?
Fa. Intersan in Ettlingen

Phytodolor® Tinktur

Wann anwenden?
Akute und subakute [weniger akute] rheumatische Erkrankungen zum Beispiel Lumbago [Hexenschuß], Ischialgien sowie Neuralgien.

Welche Nebenwirkungen?
In seltenen Fällen Magen- und Darmbeschwerden sowie Überempfindlichkeitsreaktionen.

Vorsicht!
Enthält 45,6 Vol.-% Alkohol. Bei Beachtung der Dosierungsanleitung werden bei jeder Einnahme (40 Tropfen) bis zu 0,7g Alkohol zugeführt. Ein gesundheitliches Risiko

besteht unter anderem bei Leberkranken, Alkoholkranken, Epileptikern, Hirngeschädigten, Schwangeren und Kindern. Die Wirkung anderer Arzneimittel kann beeinträchtigt oder verstärkt werden.

Wie dosieren?

- zum Einnehmen: 3-4 mal täglich 20-30 Tropfen bei starken Schmerzen mehrmals täglich 40 Tropfen in etwas Flüssigkeit einnehmen.

Welche Wirkstoffe?

- zum Einnehmen: 100ml enth.: Standardisierte alkohol. Frischpflanzenauszüge aus: Eschenrinde (ca. 4,5:1) 20ml,
Zitterpappelrinde u. -blättern (ca. 4,5:1) 60ml, Echtem Goldrutenkraut (ca. 4,8:1) 20ml.

Was kostet es?	DM
100 ml Tinkt. z. Einn.	25,12
200 ml Tinkt. z. Einn.	43,49

Hersteller?

Fa. Steigerwald in Darmstadt

Rheumabene Gel

Wann anwenden?

Rheumatische Beschwerden der Muskeln, Sehnen und Gelenke wie zum Beispiel Bursitis [Schleimbeutelentzündung], Tendinitis [Sehnenentzündung], Tendovaginitis [Entzündung des Sehnengleitgewebes], Synovitis [Entzündung der Gelenkkapsel], Arthritis [Gelenkentzündung], Myogelosen [Verhärtungen in der Muskulatur], Myositis [Muskelentzündung], Fibrositis [verschiedene Formen des Weichteilrheumatismus]; stumpfe Traumen wie zum Beispiel Prellungen, Quetschungen, Verstauchungen, Zerrungen, Hämatome [Blutergüsse].

Wann nicht anwenden?

Schwere Leber- und Nierenfunktionsstörungen. Kreislauflabilität. Keine Anwendung bei Kindern unter 5 Jahren.

Schwangerschaft?

Kontraindiziert, nicht anwenden!

Stillzeit?

Kontraindiziert, nicht anwenden!

Welche Nebenwirkungen?

Lokale Reizwirkungen an Haut. Allergische Hauterscheinungen, in Einzelfällen allergische Sofortreaktion mit Urtikaria [Nesselsucht] und Quincke-Ödem [Wasseransammlung im Gewebe, z.B. im Gesicht, ausgelöst durch Allergie].

Was beachten?

Nicht auf Schleimhäute, offene Wunden oder auf kranke oder vorgeschädigte Haut bringen. Vor dem Anlegen von Verbänden darauf achten, daß das Rheumabene Gel weitgehend in die Haut eingezogen ist.

Wie dosieren?

- Gel: 2-4mal täglich dünn auftragen.

Welche Wirkstoffe?

- Gel: 100g Gel enth.: Dimethylsulfoxid 10g.

Was kostet es?	DM
50 g	8,90
100 g	12,80
150 g	17,65
1000 g Dose für Spender	89,88
Pumpe für Spender	69,99

Hersteller?

Fa. Merckle in Ulm

Rubriment®-N Öl

Wann anwenden?

Rheumatische Erkrankungen der Gelenke, Muskeln und Nerven. Schleimbeutelentzündungen, Erfrierungsschäden, periphere [die Extremitäten betreffende] Durchblutungsstörungen, Segmenttherapie [bestimmte Massagearten], zur Sportmassage.

Wann nicht anwenden?

Entzündliche Hauterkrankungen, Ekzeme und Hautverletzungen, dekompensierte [unbehandelte] Herz-, Leber- und Nierenerkrankungen, arterielle Gefäßverschlüsse und schwere diabetische Mikroangiopathie (Gefäßkrankheit, durch Zuckerkrankheit bedingt). Bei Säuglingen und Kleinkindern nicht im Bereich des Gesichts, speziell der Nase, auftragen (Campher).

Welche Nebenwirkungen?

Bei überempfindlichen Patienten eventuell verstärkte Hautreaktion. Kontaktekzem [Kontaktüberempfindlichkeit] (Campher) möglich.

Was beachten?

Nicht auf Schleimhäute (Augenbindehaut!) bringen.

Wie dosieren?

Haut über dem erkrankten Gebiet mehrmals täglich einreiben.

Welche Wirkstoffe?

100ml enth.: Benzylnicotinat 2,0g,
(2-Hydroxyethyl)-salicylat 1,8g, Campher 3,0g.

Was kostet es?	DM
100 ml	11,81

Hersteller?

Fa. Nordmark in Uetersen

Trauma-Dolgit® Gel

Wann anwenden?

Zur äußerlichen oder unterstützenden Behandlung bei Sport- und Unfallverletzungen, Muskelrheumatismus, Arthrosen [Gelenkerkrankungen], entzündliche rheumatische Erkrankungen der Gelenke und der Wirbelsäule,

Verstauchung und Zerrung

Schwellungen beziehungsweise Entzündungen der gelenknahen Weichteile. Schultersteife, Kreuzschmerzen, Hexenschuß.

Wann nicht anwenden?

Überempfindlichkeit gegenüber Ibuprofen und anderen Stoffen mit gleichem Wirkmechanismus. Patienten mit allergischer Diathese [Neigung], nicht auf offenen Wunden oder Schleimhäute. Kinder unter 14 Jahren.

Schwangerschaft?

Im letzten Drittel nicht über einen längeren Zeitraum beziehungsweise auf größeren Hautflächen anwenden, da systemische Wirkungen [Wirkung, die sich auf ein Organsystem oder mehrere Organe in der gleichen Weise erstrecken] nicht auszuschließen sind. Dabei kann es zu einer Wehenhemmung und zu einer Steigerung der Blutungsneigung kommen. Obwohl es bisher keine Hinweise auf teratogene [die Erbmasse des Embryos schädigende] Wirkungen gibt, nicht im 1. und 2. Drittel der Schwangerschaft nicht großflächig über längere Zeit anwenden.

Stillzeit?

Kontraindiziert, nicht anwenden!

Welche Nebenwirkungen?

In sehr selten Fällen Hautrötungen, Hautaustrocknungen, Jucken, Brennen, Hautausschlag, auch mit Pustel- und Quaddelbildung. Äußerst selten bei entsprechend prädisponierten [für einen Krankheitsfall begünstigt] Patienten bronchospastische Reaktionen möglich.

Wie dosieren?

- *Gel:* 3-4mal täglich, bei Bedarf auch öfter, einen 4-10cm langen Gel-Strang auf der Haut verteilen.

Welche Wirkstoffe?

- *Gel:* 100g enth.: Ibuprofen 5g.

Was kostet es?	DM
50 g Gel	11,25
100 g Gel	19,00
500 g Gel	64,45

Hersteller?

Fa. Dolorgiet in Sankt Augustin

Wobenzym® N

Wann anwenden?

Bei entzündlichen Erkrankungen der Atemwege. Bei Weichteilrheumatismus. Bei schmerzhaftem Verschleiß der Gelenke. Bei Verletzungen aller Art.

Wann nicht anwenden?

Bei schweren angeborenen oder erworbenen Gerinnungsstörungen (zum Beispiel bei Bluterkrankheit, schweren Leberschädigungen, Dialysepatienten) sollte vor einer Einnahme der Arzt befragt werden; das gleiche gilt vor Operationen und bei bekannter Neigung zu allergischen Reaktionen.

Schwangerschaft?

Kritische Nutzen-Risiko-Abwägung!

Welche Nebenwirkungen?

Vereinzelt kann durch die Enzymwirkung eine harmlose Veränderung des Stuhls in Beschaffenheit, Farbe und Geruch auftreten. Selten beobachtete allergische Reaktionen klingen nach Absetzen des Medikamentes ab. Bei Einnahme höherer Einzeldosen wurde über Völlegefühl, Blähungen und vereinzelt über Übelkeit berichtet. Dies läßt sich durch Verteilen der Dosis über den Tag vermeiden.

Was beachten?

Die in einem Dragee enthaltenen Kohlenhydrate entsprechen 0,030 BE [Diabetiker-Einheit]. Gelegentlich kann bei chronischen Erkrankungen nach Therapiebeginn eine Verstärkung der Symptomatik auftreten, was als Ausdruck einer therapeutischen Reaktion positiv zu werten ist. Keinesfalls sollte daraufhin das Medikament abgesetzt werden, allenfalls ist eine vorübergehende Dosisreduzierung zu erwägen.

Wie dosieren?

3 mal 2 Dragees täglich als mittlere, beziehungsweise Erhaltungsdosis einnehmen. Bei schweren Krankheitsverläufen kann die Dosis ohne Bedenken auf das 2-3fache erhöht werden. Bei Verletzungen hat sich eine Stoßtherapie von täglich 30 oder auch mehr Dragees bewährt. Es empfiehlt sich, die Dragees entweder als Einmalgabe oder über den Tag verteilt, jeweils etwa 1-$^1/_2$ Stunde vor einer Mahlzeit, unzerkaut mit reichlich Flüssigkeit einzunehmen.

Welche Wirkstoffe?

- *Drg.:* 1 Drg. enth.: Enzyme aus Pankreas, Ananas comosus u. Carica papaya 230mg entspr. 940 F.I.P.-E. (nach Papain-Meth.) (best. aus Pankreatin 100mg ≙ 300 Protease Ph.Eur.-E.,
Trypsin 24mg ≙ 12µkat, Chymotrypsin 1mg ≙ 5µkat, Bromelain 45mg ≙ 225 F.I.P.-E., Papain 60mg ≙ 164 F.I.P.-E.), Rutosid·$3H_2O$ 50mg.

Was kostet es?	DM
40 Drg.	19,10
200 Drg.	72,63
800 Drg.	223,95

Hersteller?

Fa. Mucos in Geretsried

Verstopfung

Aristochol® Konzentrat Granulat

Wann anwenden?

Obstipation [Verstopfung].

Wann nicht anwenden?

Darmverschluß, akut-entzündliche Erkrankungen des Darmes, z.B. Morbus Crohn, Colitis ulcerosa [Entzündung des Dickdarms mit eitriger Geschwürbildung], Appendizitis [Blinddarmentzündung]. Abdominale [vom Unterbauch kommemde] Schmerzen unbekannter Ursache, Kinder unter 12 Jahre.

Schwangerschaft?
Kontraindiziert, nicht anwenden!

Stillzeit?
Kontraindiziert, nicht anwenden!

Welche Nebenwirkungen?
In Einzelfällen krampfartige Magen-Darm-Beschwerden (dann Dosisreduktion). Bei chronischem Gebrauch/Mißbrauch: Elektrolytverluste [Salzverluste], insbesondere Kalium-Verluste, Albuminurie [zuviel Eiweiß im Urin], Hämaturie [rote Blutkörperchen im Urin], Pseudomelanosis coli (Darmschleimhauterkrankung, die reversibel, d.h. umkehrbar, heilbar ist). Durch Kaliumverlust ist eine Störung der Herzfunktion und Muskelschwäche möglich, insbesondere bei gleichzeitiger Einnahme von Herzglykosiden, Diuretika [Entwässerungsmitteln] und Nebennierenrindensteroiden. Hinweis: Im Laufe der Behandlung kann eine harmlose Rotfärbung des Harns auftreten.

Was beachten?
Besondere Vorsichtsmaßnahmen für den Gebrauch: Stimulierende Laxantien [Abführmittel] dürfen ohne ärztlichen Rat nicht über längere Zeiträume (mehr als 1-2 Wochen) eingenommen werden.
1 Dosis-Beutel enthält 0,22g Saccharose =0,02 BE [Diabetiker-Einheiten].

Wie dosieren?
1 mal täglich 1 Beutel mit reichlich Flüssigkeit einnehmen.

Welche Wirkstoffe?
1 Dosis-Btl. (1,4g) enth.: Ethanol. Tr.-Extrakt aus Kap-Aloe 80-112mg entspr.
Hydroxyanthracenderivate 22,5mg, ber. als Aloin A, Tr.-Extrakt aus: Schöllkraut (Chelidonii herba) 10-15mg entspr. Chelidonin 0,065mg. Weitere Bestandteile: Methylhydroxyethylcellulose (1000 cP, 2% Lsg.) 221mg, Copolyvidon, Talkum, Farbstoff: E 171.

Was kostet es?	DM
10 Btl. je 1,4g Gran.	7,90
25 Btl. je 1,4g Gran.	14,04
50 Btl. je 1,4g Gran.	25,81
100 Btl. je 1,4g Gran.	45,86

Hersteller?
Fa. Steiner in Berlin

Bad Heilbrunner Abführ Tee N extra

Wann anwenden?
Verstopfung.

Wann nicht anwenden?
Darmverschluß, akut entzündlichen Erkrankungen des Darmes, z.B. Morbus Crohn, Colitis ulcerosa [Entzündung des Dickdarms mit Eiterung und Geschwürbildung], Blinddarmentzündung; Bauchschmerzen unbekannter Ursache. Kinder unter 12 Jahren.

Schwangerschaft?
Kontraindiziert, nicht anwenden!

Stillzeit?
Kontraindiziert, nicht anwenden!

Welche Nebenwirkungen?
In Einzelfällen krampfartige Magen-Darm-Beschwerden. In diesen Fällen ist eine Dosisreduzierung erforderlich. Bei chronischem Gebrauch/Mißbrauch: Auftretende Durchfälle können Elektrolytverluste [Salzverluste], insbesondere Kaliumverluste verursachen. Der Kaliumverlust kann zu Störungen der Herzfunktion und Muskelschwäche führen, insbesondere bei gleichzeitiger Einnahme von Herzglykosiden, Diuretika [Entwässerungsmittel] und Nebennierenrindensteroiden [Nebennierenrindenhormone, z.B. Cortisone]. Weiterhin kann es zur Ausscheidung von Eiweiß und Blut im Urin kommen. Die Darmschleimhaut kann sich dunkel färben (Pseudomelanosis coli), was jedoch harmlos ist, und sich nach Absetzen des Tees in der Regel zurückbildet.

Vorsicht!
Eine über die kurz andauernde Anwendung hinausgehende Einnahme stimulierender Abführmittel kann zu einer Verstärkung der Darmträgheit führen. Das Präparat sollte nur dann eingesetzt werden, wenn durch eine Ernährungsumstellung oder Quellstoffpräparate kein therapeutischer Effekt zu erzielen ist.

Wie dosieren?
Täglich 1 Tasse Tee, am besten morgens oder abends vor dem Schlafengehen, trinken.

Welche Wirkstoffe?
1 Filterbeutel enth.: 1,7g entharzte Sennesblätter eingestellt auf einen Gehalt von 30mg Hydroxyanthracenglycosiden (berechnet als Sennosid B).

Was kostet es?	DM
8 Filterbtl. zu 1,7g	2,40

Hersteller?
Fa. Bad Heilbrunner in Bad Heilbrunn (Obb.)

Verstopfung

Bifinorma® Sirup

Wann anwenden?

Verstopfung, die durch schlackenreiche Kost und andere Maßnahmen nicht beeinflußt werden kann.

Wann nicht anwenden?

Akut-entzündliche Magen-Darm-Erkrankungen und bei Galactoseunverträglichkeit.
Darmverschluß.

Schwangerschaft?

Strengste Indikationsstellung, nur nach Rücksprache mit Ihrem Arzt anwenden!

Stillzeit?

Strengste Indikationsstellung, nur nach Rücksprache mit Ihrem Arzt anwenden!

Welche Nebenwirkungen?

Bei mittlerer Dosierung kann es zu Beginn der Behandlung häufiger zu leichten Bauchschmerzen oder Blähungen kommen. Unter hoher Dosierung können Übelkeit, Erbrechen und Durchfall mit Salzverlusten auftreten. Eine längerfristige Einnahme kann zur Verstärkung einer vorhandenen Darmträgheit führen.

Was beachten?

Bei langfristiger Einnahme in einer Dosierung, die zu anhaltend dünnen Stühlen führt, muß mit den üblichen abführmittelbedingten Störungen im Bereich des Wasser- und Mineralhaushaltes gerechnet werden.

Wie dosieren?

Vorbeugung der Enzephalopathie [Gehirnschäden] bei Leberinsuffizienz: Zu Beginn 5-10g Lactulose 3 mal täglich (7,5-15ml). Steigerung allmählich auf 3 mal 20-30g (3 mal 30-45ml), so daß 2-3 weiche Stühle pro Tag entleert werden.
Verstopfung: Erwachsene nehmen 5-10g Lactulose (7,5-15ml) 1-2 mal täglich ein. Kinder nehmen 3-6g Lactulose (4,5-9ml) 1-2 mal täglich ein.
Sanierungsversuch bei Salmonellen-Dauerausscheidern: Erwachsene nehmen bei der 1. Kur 9g (13,5ml) 3 mal täglich für 10-12 Tage ein. Unterbrechung d. Behandlung für 1 Woche (behandlungsfreies Intervall). Bei der 2. Kur werden 9g Lactulose (13,5ml) 5 mal täglich für 10-12 Tage eingenommen. Unterbrechung der Behandlung für 1 Woche (behandlungsfreies Intervall). 3. Kur (falls erforderlich): 18g (27ml) werden 3 mal täglich für 10-12 Tage eingenommen. Bei nicht ausreichender Wirkung, kann die Dosierung individuell so gesteigert werden, daß täglich 2-3 weiche Stühle entleert werden. Säuglinge und Kleinkdr.: 1. Kur: 3g Lactulose (4,5ml) 4 mal täglich. Die Dosierung der 2. und gegebenenfalls 3. Kur ist individuell zu erhöhen.

Welche Wirkstoffe?

100ml Sirup enth.: 132g Lactulose-Lösung 50% entspr. 66,7g Lactulose.
» 10g Galactose, » 6,7g Lactose. Hinw. für Diabetiker: Der Gehalt an verdaul. KH beträgt in 100ml Sirup max. 17g (= 1,4 BE).

Was kostet es?	DM
200 ml Sirup	13,80
500 ml Sirup	24,75
1000 ml Sirup	42,50

Hersteller?

Fa. Merckle in Ulm

Helianthus tuberosus

Wann anwenden?

Adipositas [Fettleibigkeit], Obstipation [Verstopfung], Meteorismus [Gasbildung im Darm].

Was beachten?

Enth. 51 Vol.-% Alkohol.

Wie dosieren?

- *Tropfen:* 3 mal täglich 10 bis 20 Tropfen - pur oder mit etwas Wasser - langsam vor dem Essen einnehmen.

Welche Wirkstoffe?

- *Tropfen:* 100ml enth.: Helianthus tuberosus D1 dil. 100ml.

Was kostet es?	DM
30 ml Tropf.	21,25
100 ml Tropf.	41,00

Hersteller?

Fa. Plantina in Heidelberg

Hepaticum Lac Medice

Wann anwenden?

Verstopfung, die durch schlackenreiche Kost und andere Maßnahmen nicht beeinflußt werden kann.

Wann nicht anwenden?
Ileus [Darmverschluß], Galaktoseintoleranz [Galaktoseunverträglichkeit].

Welche Nebenwirkungen?
Abdominale [vom Unterbauch kommende] Schmerzen, Meteorismus [Gasbildung im Darm], Flatulenz [Blähungen]. Nausea [Übelkeit], Erbrechen, Diarrhoe [Durchfall] bei hohen Dosen. Bei langfristiger Anwendung in hohen Dosen: Elektrolytverluste (insbesondere Kalium).

Wie dosieren?
- *Sirup:* Lebererkrankungen: Einschleichend dosieren von 7,5-15ml auf 30-45ml 3 mal täglich. Salmonellenenteritiden: Erwachsene: 1. Kur 15ml 3 mal täglich; 2. Kur 15ml 5 mal täglich; 3. Kur 30ml 3 mal täglich. Kinder: 1. Kur 5ml 4 mal täglich; 2. Kur individuell dosieren. Chronische Obstipation [Verstopfung]: Erwachsene 7,5-15ml, Kinder 5-10ml 1-2 mal täglich.

Welche Wirkstoffe?
- *Sirup:* 100ml enth.: Lactulose 66,7g, an verdaul. KH max. 13g (= 1,1 BE).

Was kostet es?	DM
200 ml	15,49
500 ml	29,46
1000 (2x500ml)	46,00

Hersteller?
Fa. Medice in Iserlohn

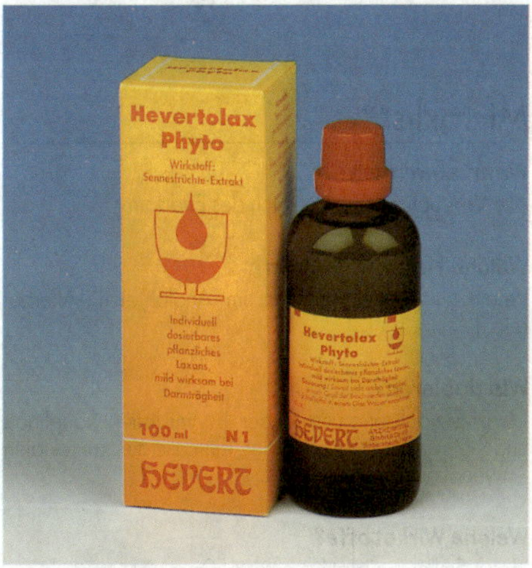

Hevertolax Phyto

Wann anwenden?
Obstipation [Verstopfung].

Wann nicht anwenden?
Darmverschluß, akut-entzündliche Erkrankungen des Darmes (z.B. Morbus Crohn); abdominale [vom Unterbauch kommende] Schmerzen unbekannter Ursache. Kinder unter 12 Jahren.

Schwangerschaft?
Kontraindiziert, nicht anwenden!

Welche Nebenwirkungen?
In Einzelfällen krampfartige Magen-Darm-Beschwerden. Bei chronischem Gebrauch/Mißbrauch: Elektrolytverluste (besonders Kalium), Albuminurie [zuviel Eiweiß im Urin] und Hämaturie [rote Blutkörperchen im Urin].

Was beachten?
Nicht ununterbrochen über längere Zeit (mehr als 2 Wochen) einnehmen. Enthält 14 Vol.-% Alkohol.

Wie dosieren?
- *Tropf.:* Abends und gegebenenfalls zusätzlich morgens individuell 1-2 Meßlöffel nach dem Essen in 1 Tasse heißes Wasser oder Tee geben und trinken.

Welche Wirkstoffe?
- *Tropf.:* 100ml enth.: Extr. Sennae, entspr. 300mg Hydroxyanthracenderivaten, ber. als Sennosid B.

Was kostet es?	DM
30 ml	4,20
100 ml	9,80

Hersteller?
Fa. Hevert in Sobernheim

Lactuverlan® Sirup, -Granulat

Wann anwenden?
Verstopfung, die durch schlackenreiche Kost und andere Maßnahmen nicht beeinflußt werden kann.

Wann nicht anwenden?
Ileus [Darmverschluß], akut-entzündlichen Magen-Darm-Erkrankungen und bei Galactoseintoleranz [Galactoseunverträglichkeit].

Schwangerschaft?
Strenge Indikationsstellung, nur nach Rücksprache mit Ihrem Arzt anwenden!

Stillzeit?
Strenge Indikationsstellung, nur nach Rücksprache mit Ihrem Arzt anwenden!

Welche Nebenwirkungen?
Bei mittlerer Dosierung kann es zu Beginn häufiger zu leichten Bauchschmerzen oder Blähungen kommen. Unter hoher Dosierung können auch Übelkeit, Erbrechen und Durchfall mit Salzverlusten auftreten. Eine langfristige Einnahme kann zur Verstärkung einer vorhandenen Darmträgheit führen.

Wie dosieren?
Erwachsene: 1-2 mal täglich 5-10g Lactulose (7,5-15ml Sirup oder 1-1$^{1}/_{2}$ Beutel Granulat). Kinder: 1-2 mal täglich 3-5g Lactulose (4,5-9ml Sirup oder $^{1}/_{2}$-1 Beutel Granulat); in Wasser oder anderen Flüssigkeiten aufgelöst einnehmen. Die Einnahme erfolgt unabhängig von den

Verstopfung

Mahlzeiten.

Welche Wirkstoffe?

- *Sirup:* 100ml Sirup enth.: 132g Lactulose-Lsg. 50%, entspr. 66,7g Lactulose.
- *Granulat:* 1 Btl. enth. 6g Lactulose.

Was kostet es?	DM
200 ml Sirup	15,40
500 ml Sirup	28,50
1000 ml Sirup	45,75
30 Btl. Granulat	17,45
60 Btl. Granulat	31,95
100 Btl. Granulat	44,90

Hersteller?

Fa. Verla-Pharm in Tutzing

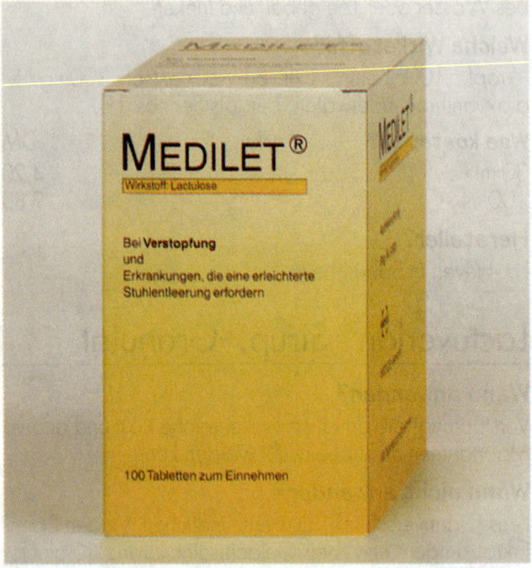

Medilet®

Wann anwenden?

Verstopfung, die durch schlackenreiche Kost und andere allgemeine Maßnahmen nicht beeinflußt werden kann, sowie Erkrankungen, die eine erleichterte Stuhlentleerung erfordern.

Wann nicht anwenden?

Darmverschluß.

Welche Nebenwirkungen?

Bei mittlerer Dosierung können zu Beginn häufig leichte Bauchschmerzen, Blähungen auftreten. Bei hoher Dosierung Übelkeit Erbrechen, Durchfall, Mineralstoffstörungen möglich.

Wie dosieren?

Verstopfung: Erwachsene 2-4 Tabletten 1-2 mal täglich. Höchstdosis 8 Tabletten täglich. Kinder 1-2 Tabletten 1-2 mal täglich Höchstdosis 4 Tabletten täglich

Welche Wirkstoffe?

1 Tbl. enth.: 2500mg Lactulose.

Was kostet es?	DM
50 Tbl.	14,97
100 Tbl.	28,05

Hersteller?

Fa. Medice in Iserlohn

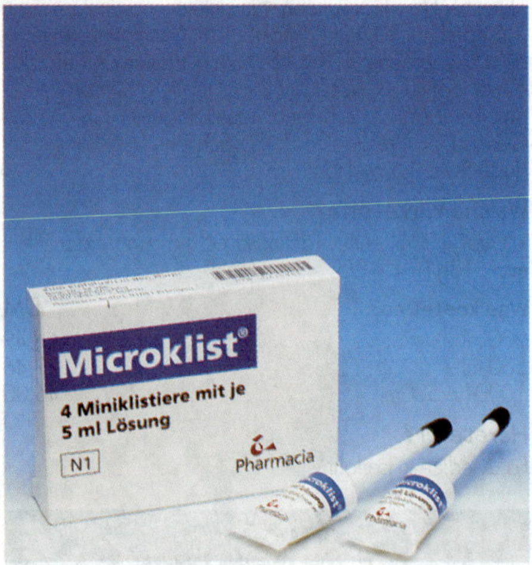

Microklist®

Wann anwenden?

Alle Verstopfungen im Bereich des Enddarms.

Welche Nebenwirkungen?

Vereinzelt leichtes Brennen im Analbereich [Afterbereich].

Wie dosieren?

- *Lsg.:* Erwachsene und Kinder 1 Miniklistier, Säuglinge und Kleinkinder $^1/_2$ Miniklistier. Einmalklistier zur rektalen Anwendung.

Welche Wirkstoffe?

- *Lsg.:* 5ml enth.: Natriumcitrat 450mg, Natriumlaurylsulfoacetat 45mg, Sorbitol 3,125g.

Was kostet es?	DM
4 Tuben m. 5ml Lsg.	12,50
12 Tuben m. 5ml Lsg.	29,80

Hersteller?

Fa. Pharmacia in Erlangen

Mucofalk® Apfel/Orange

Wann anwenden?

Chronische Obstipation [Verstopfung], Erkrankungen, bei denen eine erleichterte Darmentleerung mit weichem Stuhl erwünscht ist, z.B. bei Analfissuren [Einrisse an der Afterschleimhaut], Hämorrhoiden, nach rektal-analen operativen Eingriffen und in der Schwangerschaft; unterstützende Therapie bei Durchfällen unterschiedlicher Genese [Ursache] sowie bei Reizdarm. Als Begleittherapie bei Dickdarmdivertikulose [Dickdarmerkrankung].

Wann nicht anwenden?

Ileus [Darmverschluß], krankhafte Verengungen im Magen-Darmtrakt. Kinder unter 12 Jahren. Schwer einstellbarer Diabetes mellitus [Zuckerkrankheit].

Welche Nebenwirkungen?

Eventuell bestehende Beschwerden, wie Blähungen und Völlegefühl, können während der ersten Behandlungstage verstärkt auftreten, diese klingen aber im Verlauf der weiteren Behandlung ab. In Einzelfällen Überempfindlichkeitsreaktionen.

Was beachten?

Zur weiteren Information erhalten Sie auf Anforderung unsere Patientenbroschüre.
Zusätzlich für - Apfel/Orange: 5g Granulat enthalten verwertbare Kohlehydrate entsprechend 0,064 BE [Diabetiker-Einheiten].

Wie dosieren?

- Apfel/Orange: Erwachsene und Kinder über 12 Jahre nehmen 2-6 mal täglich 1 Teelöffel/Beutel nach Einrühren in reichlich Flüssigkeit ein. Es sollte ein Abstand von 1/2-1 Stunde nach der Einnahme von Arzneimitteln eingehalten werden.

Welche Wirkstoffe?

- Apfel/Orange: 5g Gran. (= 1 Teel.) enth.: Indische Flohsamenschalen 3,25g.

Was kostet es?

	DM
150 g Orange Gran.	15,80
150 g Apfel Gran.	15,80
300 g Orange Gran.	26,00
300 g Apfel Gran.	26,00
20 Btl. Orange Gran.	11,98
20 Btl. Apfel Gran.	11,98
100 Btl. Orange Gran.	49,90
100 Btl. Apfel Gran.	49,90

Hersteller?

Fa. Falk in Freiburg

Obstinol®, -mild

Wann anwenden?

- Emulsion: Zur kurzfristigen Anwendung bei Stuhlverstopfung. Zur Erleichterung des Stuhlgangs bei schmerzhaften Erkrankungen des Enddarms wie Hämorrhoiden und Analfissuren [Einrisse an der Afterschleimhaut]. Zur Unterstützung von Diätkuren bei Übergewicht.
- mild Emulsion: Zur kurzfristigen Anwendung für empfindliche Patienten und bei leichteren Verstopfungen. Bei Kindern und bei Patienten im vorgerückten Alter, bei längerem Krankenlager, während der Schwangerschaft und im Wochenbett.

Wann nicht anwenden?

Bewußtseinsstörungen, Schluck- und Magenentleerungsstörungen, Ileus [Darmverschluß]. Kinder unter 3 Jahren. Überempfindlichkeit gegenüber Alkyl-4-hydroxybenzoaten (Paragruppenallergie).
Zusätzlich für - Emulsion: Bekannte zurückliegende oder bestehende Hauterkrankungen sowie Überempfindlichkeit gegen Phenolphthalein. Akute Erkrankungen im Bauchraum.

Welche Nebenwirkungen?

Elektrolytverluste, insbesondere Kalium [Salzverluste]. Überempfindlichkeitsreaktionen.
Bei Dauermedikation kann eine Ablagerung von Paraffin im Organismus nicht ausgeschlossen werden.
Zusätzlich für - Emulsion: Gelegentlich Hautreaktionen, die mit einer Überpigmentierung und Juckreiz einhergehen können und die Rötung und Bläschen oder Nässen zur Folge haben. Sehr selten Nesselsucht, Quincke-Ödem [Wasseransammlung im Gewebe, z.B. im Gesicht, ausgelöst durch Allergie] und Stevens-Johnson-Syndrom und vom Unterbauch kommende Krämpfe. Nierenschäden mit Hämoglobinanämie [zuwenig rote Blutkörperchen], Albuminurie [zuviel Eiweiß im Urin], Hämaturie [rote Blutkörperchen im Urin] und Proteinurie [Ausscheidung von Eiweiß im Urin] oder Anurie [zu wenig Harnfluß]. In Einzelfällen Lyell-Syndrom [Syndrom der verbrühten Haut], Nagelveränderungen, allergische Reaktionen, kardialer Schock [vom Herz kommender Schock], Perikardreiben, anginoneurotisches Ödem, Lupus erythema-

Verstopfung

todesähnliche Krankheitsbilder [tuberkulöse Erkrankung der Haut], Harnröhrenentzündung, Konjunktivitis [Bindehautentzündung], Entzündung der Mundschleimhaut sowie Schwellungen und Geschwürsbildungen der Eichel, außerdem Hämorrhagien [Blutungen], Hämolyse und nicht thrombozytopenische Purpura [durch Mangel an Thrombozyten bedingte Blutfleckenkrankheit].

Wie dosieren?

Erwachsene : 1/2-1 Eßlöffel abends. Kinder: 1/2-1 Teelöffel abends. Bei Bedarf früh nüchtern zu wiederholen - oder 2-3mal täglich.

Welche Wirkstoffe?

- *Emulsion:* 15g (1 Eßl.) enth.: 0,15g Phenolphthalein, 5,25g dickflüssig. Paraffin.
- *mild Emulsion:* 15g (1 Eßl.) enth.: Dickflüssig. Paraffin 5,25g.

Was kostet es?

	DM
200 ml Emuls.	11,35
325 ml Emuls.	17,26
200 ml Emuls. mild	11,35

Hersteller?

Fa. Thiemann in Waltrop

Information der Redaktion:

Agiolax

Depuran

Dulcolax

Kräuterlax

Laxoberal

Liquidepur

Neda

Vitamin-A-Mangel

Vitamin A+E-Hevert

Wann anwenden?

Prophylaxe [Vorbeugung] und Therapie von Vitamin A- und Vitamin E-Mangel; Nachtblindheit; zur Muskelstärkung.

Wann nicht anwenden?

Hypervitaminose [zu hohe Vitaminwerte] A; Retinoid [Abkömmling der Vitamin-A- Säure]-Therapie. Zur Vermeidung einer Hypervitaminose (Vitamin A) sind behandlungsfreie Intervalle einzuschalten.

Wie dosieren?

- *Drg.:* Täglich 1 Dragee. Nur in besonderen Fällen (z.B. bei augenheilkundlicher Indikation) können höhere Dosen sinnvoll sein.

Welche Wirkstoffe?

- *Drg.:* 1 Drg. enth.: Retinolacetat 3000 I.E., DL-α-Tocopherolacetat 70mg.

Was kostet es?

	DM
20 Drg.	5,89
50 Drg.	11,81
100 Drg.	21,70

Hersteller?

Fa. Hevert in Sobernheim

Information der Redaktion:

Sanhelios Augen-vit S

Vitamin-B-Mangel

Medivitan® N

Wann anwenden?

Vitaminmangelzustände. Erhöhter Vitaminbedarf bei Alkoholabusus (Alkoholmißbrauch), Magen-/Darmresektion (operative Entfernung des Magens bzw. Darms), Strahlenbehandlung, Chemotherapie, antibiotischer Therapie.

Wann nicht anwenden?

Schwere Überleitungsstörungen. Akut dekompensierte [unbehandelte] Herzinsuffizienz [Herzschwäche].

Welche Nebenwirkungen?

Zentralnervöse Störungen (Einschlafstörungen, Erregung, Depression) (selten bei hohen Dosen). Magen-Darm-Störungen (selten bei hohen Dosen). Allergische Reaktion (Einzelfälle). Schwindel. Erbrechen. Benommenheit, Krämpfe. Bradykardie [Herzrhythmusstörung, zu langsamer Herzschlag], Rhythmusstörungen. Schock.

Wie dosieren?

- *Inj.-Lsg.:* Je nach Krankheitsbild unterschiedliche Dosierung. Siehe Packungsbeilage.

Welche Wirkstoffe?

- *Inj.-Lsg.:* 4ml Inj.-Lsg. I enth.: Hydroxocobalamin 1000µg, Folsäure, Mononatriumsalz 1,1mg, Pyridoxin-HCl 5mg. 1ml Inj.-Lsg. II enth.: Lidocain-HCl H_2O-frei 24mg als Lokalanästhetikum.

Was kostet es?

	DM
3 Doppelbrechamp.	28,35
6 Doppelbrechamp.	49,90
12 Doppelbrechamp.	94,35
3 Fertigspritzen	31,25
6 Fertigspritzen	55,00
12 Fertigspritzen	100,00

Hersteller?

Fa. Medice in Iserlohn

Information der Redaktion:

Neuro-ratiopharm

Vitamin-C-Mangel

Ascorvit® 200mg, -500mg

Wann anwenden?

- *200mg Drg.:* Behandlung und Vorbeugung von Vitamin-C-Mangelerscheinungen.
- *500mg Drg.:* Litholytikum [steinlösendes Mittel] (hochdosierte Ascorbinsäuretherapie beim Cystin-Harnsteinleiden).

Wann nicht anwenden?

- *500mg Drg.:* Vorsicht bei erhöhtem Calcium-oxalatstein [Nierenstein aus oxalsaurem Kalk]-Bildungsrisiko.

Was beachten?

- *500mg Drg.:* Während der Therapie ist Kontrolle des Urin-pH erforderlich, gegebenenfalls zusätzliche Gabe v. Magnesium 100-Tabletten.

Wie dosieren?

- *200mg Drg.:* Nach Initialdosis von 1-2 Dragees Ascorvit 500mg zur Behandlung von Vitamin- C-Mangelkrankheiten erfolgt die weitere Behandlung mit täglich 1 Dragee Ascorvit 200mg.
- *500mg Drg.:* 6-10 Dragees über den Tag verteilt; Kinder bis 14 Jahre 4-6 Dragees.

Welche Wirkstoffe?

- *200mg Drg.:* Gehalt je Drg.: Ascorbinsäure 0,2g.
- *500mg Drg.:* Gehalt je Drg.: Ascorbinsäure 0,5g.

Was kostet es?

	DM
20 Drg. zu 200mg	4,15
50 Drg. zu 200mg	9,83
100 Drg. zu 200mg	18,50
100 Drg. zu 500mg	28,65

Hersteller?

Fa. Jenapharm in Jena

Vitamin-E-Mangel

Biopto-E®

Wann anwenden?

Zur Leistungssteigerung und bei Vitamin-E-Mangelzuständen.

Wie dosieren?

- *Kapseln:* 1-2 Kapseln täglich unzerkaut mit wenig Flüssigkeit einnehmen. Dauer der Anwendung: Unbegrenzt bei der Einnahme von 1-2 Kapseln täglich.

Welche Wirkstoffe?

- *Kapseln:* 1 Kapsel enth.: D-α-Tocopherol (natürliches Vit. E) 500 I.E. (335mg).

Was kostet es?

	DM
20 Kaps.	24,50
50 Kaps.	47,93
100 Kaps.	75,61

Hersteller?

Fa. Jenapharm in Jena

Evitaplus®

Nahrungsergänzungsmittel

Wann anwenden?

Kapseln zur täglichen Nahrungsergänzung. Födert die Funktionsfähigkeit der Körperzellen bis ins hohe Alter.

Was beachten?

1 Kapsel enth. 0,011g Kohlenhydrate.

Wie dosieren?

Täglich 1 Kapsel unzerkaut mit etwas Flüssigkeit zu einer der Mahlzeiten.

Welche Wirkstoffe?

1 Kaps. enth.: Beta-Carotin 18mg,
Vitamin C 225mg, Vitamin E 36mg, Selenhefe 50mg entspr. natürl. gebundenem Selen 50µg.

Was kostet es?

	DM
30 Kaps.	23,85
90 Kaps.	59,90

Hersteller?

Fa. Nordmark in Uetersen

Vitaminmangel, allgemein

Aktivanad®-N Saft

Wann anwenden?

Rekonvaleszenz [Genesungszeit] nach Erkrankungen, Operationen und Geburten, Abgeschlagenheit und Erschöpfung, Leistungsschwäche.

Welche Nebenwirkungen?

Keine, falls nicht eine besondere Überempfindlichkeit gegen Coffein vorliegt.

Vitaminmangel, allgemein

Was beachten?
- *Saft:* 1 Eßlöffel (15ml) enth. 5,7g Kohlenhydrate.

Vorsicht!
- *Saft:* Dieses Arzneimittel enth. 11 Vol.-% Alkohol. Bei Beachtung der Dosierungsanleitung werden bei jeder Einnahme bis zu 1,3g Alkohol zugeführt.

Wie dosieren?
- *Saft:* Erwachsene 3mal täglich 15ml (ca. 1 Eßlöffel), Jugendliche 2mal täglich 15ml. Bei Neigung zu Einschlafstörungen letzte Einnahme in den frühen Nachmittagsstunden.

Welche Wirkstoffe?
- *Saft:* 100ml enth.: Leberextrakt 1,75g, Hefeextrakt 0,75g, Coffein 0,375g.

Was kostet es?	DM
200 ml Saft	12,80
500 ml Saft	23,95
1000 ml (2x 500) Saft	41,90

Hersteller?
Fa. Nordmark in Uetersen

BIO-H-TIN®, -5mg Tabletten

Wann anwenden?
Therapie und Prophylaxe [Vorbeugung] von Biotinmangelzuständen, die ernährungsmäßig nicht behoben werden können und sich an Nägeln (brüchige, weiche, splitternde Nägel), Haar (Haarausfall, mangelnde Haarqualität) und Haut äußern können.

Wie dosieren?
- *Tabletten:* 1 Tablette täglich vor den Mahlzeiten mit Flüssigkeit einnehmen.
- *5mg Tabletten:* $^1/_2$ Tablette täglich vor den Mahlzeiten mit Flüssigkeit einnehmen.

Welche Wirkstoffe?
- *Tabletten:* 1 Tbl. enth.: 2,5mg Biotin.
- *5mg Tabletten:* 1 Tbl. enth.: 5mg Biotin.

Was kostet es?	DM
40 Tbl. 2,5mg	47,50
120 Tbl. 2,5mg	117,65
20 Tbl. 5mg	36,60
50 Tbl. 5mg	76,00

Hersteller?
Fa. Dr. Engelfried + Dr. Bartel Pharma in München

Panthenol 100mg Jenapharm

Wann anwenden?
Adjuvante [unterstützende] Behandlung von Schleimhauterkrankungen (entzündliche Erkrankung der oberen Atemwege), Therapie von Pantothensäure [Vitamin]-Mangelzuständen (Parästhesien [Taubheitsgefühl, Kribbeln]).

Wie dosieren?
- *Tbl.:* Erwachsene: 2-4 Tabletten täglich (bei Bedarf auch mehr), Kinder: 1-3 Tabletten täglich.

Welche Wirkstoffe?
- *Tbl.:* Gehalt je Tbl.: Dexpanthenol 100mg.

Was kostet es?	DM
20 Tbl.	6,45
50 Tbl.	14,70
100 Tbl.	27,70

Hersteller?
Fa. Jenapharm in Jena

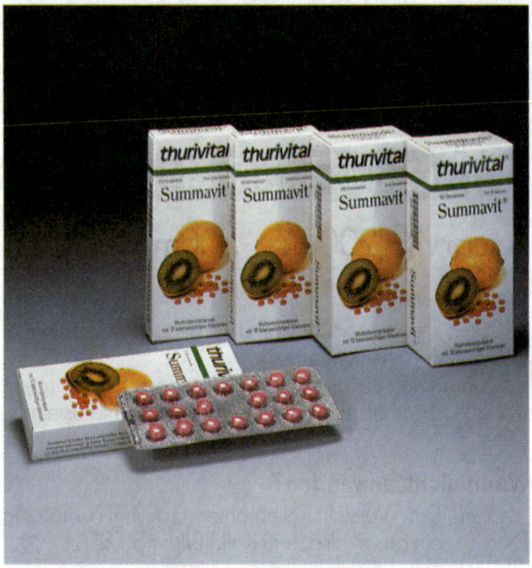

Summavit®

Wann anwenden?
Erhöhter Vitaminbedarf z.B.: zur Stärkung beziehungsweise Kräftigung bei geistiger und körperlicher Mehrbelastung durch Schule, Beruf und Sport, in den Entwicklungsjahren von Kindern und Jugendlichen, während der Schwangerschaft und Stillzeit, zur Vorbeugung von Altererscheinungen, zur Besserung des Befindens nach Krankheiten. Vorbeugend bei: einseitiger Ernährung älterer Menschen, Diät und Abmagerungskuren, vegetarischer Ernährungsweise.

Schwangerschaft?
Strenge Indikationsstellung, nur nach Rücksprache mit Ihrem Arzt anwenden!

Wie dosieren?
- *Filmtbl.:* Zur Erzielung der gewünschten Wirkung ist die regelmäßige Einnahme von 1 Filmtablette täglich, unabhängig von den Mahlzeiten, unzerkaut mit etwas Flüssigkeit erforderlich. Die Dosierung von 1 Filmtablette täglich ist nicht zu überschreiten.

Welche Wirkstoffe?

- *Filmtbl.*: 1 Filmtbl. enth.: Vitamin A (Retinolpalmitat) 0,9mg (3000 I.E.), Vitamin D_2 (Ergocalciferol) 7,5µg (300 I.E.), Vitamin E (DL-α-Tocopherolacetat) 1,5mg, Vitamin C (Ascorbinsäure) 50,0mg, Vitamin B_1 (Thiamin-HCl) 1,5mg, Vitamin B_2 (Riboflavin) 1,5mg, Nicotinamid 15,0mg, Dexpanthenol 5,0mg, Vitamin B_6 (Pyridoxin-HCl) 2,0mg, Vitamin B_{12} (Cyanocobalamin)3,0µg.

Was kostet es?

	DM
20 Filmtbl.	4,70
100 Filmtbl.	18,91

Hersteller?

Fa. Jenapharm in Jena

Summavit®-Tropfen

Wann anwenden?

Zur Vorbeugung und Behandlung von Vitaminmangelzuständen unterschiedlicher Genese [Ursache].

Wann nicht anwenden?

Auf Grund des Gehaltes an den Vitaminen A und D sollte der unkontrollierte Dauergebrauch vermieden werden. Bei Hypervitaminose [zu hohe Vitaminwerte] behandlungsfreie Intervalle einschalten! Hyperkalzämie [erhöhter Kalziumgehalt des Blutes]. Vorsicht bei Neigung zu Nierensteinen und Sarkoidose [Erkrankung bestimmter Körpergewebe, insbesondere der Lymphknoten].

Schwangerschaft?

Kontraindiziert, nicht anwenden!

Welche Nebenwirkungen?

Bei Langzeitbehandlung beachten, daß sich die Effekte von dem Wirkstoff Vitamin A und Vitamin D auf den Knochenstoffwechsel im Sinne eines verstärkten Knochenabbaus addieren. Nebenwirkungen des Vitamin D (Ergocalciferol) entstehen als Folge der Hyperkalzämie [erhöhter Kalziumgehalt des Blutes] bei Überdosierung. Überempfindlichkeitsreaktionen gegen Thiamin (Vitamin B1) sind möglich. In Einzelfällen können Schweißausbrüche, Tachykardien [Steigerung der Herzfrequenz auf über 100/min], Hautreaktionen mit Juckreiz und Urtikaria [Nesselsucht] auftreten.

Wie dosieren?

Säuglinge und Kleinkinder 1 mal täglich 5 Tropfen, jüngere Schulkinder 1 mal täglich 10 Tropfen, ältere Schulkinder und Erwachsene 1 mal täglich 20 Tropfen. Die Tropfen werden zweckmäßig mit der Nahrung aufgenommen. 100ml Summavit-Tropfen enthalten 43g Zucker. Je Dosis werden bis zu 0,5g Zucker ≙ ca. 0,04 BE [Diabetiker-Einheiten] eingenommen.

Welche Wirkstoffe?

Gehalt je 100ml: 10g Ascorbinsäure, 2g Nicotinamid, 1g Dexpanthenol, 300.000 I.E. Retinolpalmitat, 0,2g Thiamin-HCl, 0,2g Pyridoxin-HCl, 0,2g DL-α-Tocopherolacetat, 0,08g Riboflavin-5-phosphat, Mononatriumsalz·$2H_2O$, 100.000 I.E. Ergocalciferol.

Was kostet es?

	DM
10 ml	6,50
20 ml	12,41

Hersteller?

Fa. Pharma Wernigerode in Wernigerode

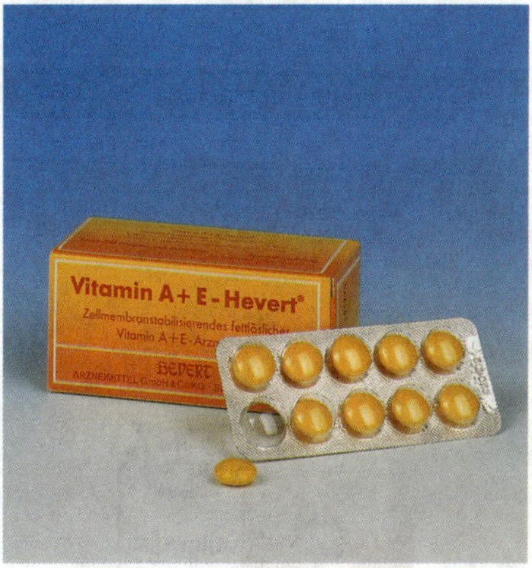

Vitamin A+E-Hevert

Wann anwenden?

Prophylaxe [Vorbeugung] und Therapie von Vitamin A- und Vitamin E-Mangel; Nachtblindheit; zur Muskelstärkung.

Wann nicht anwenden?

Hypervitaminose [zu hohe Vitaminwerte] A; Retinoid [Abkömmling der Vitamin-A- Säure]-Therapie. Zur Vermeidung einer Hypervitaminose (Vitamin A) sind behandlungsfreie Intervalle einzuschalten.

Wie dosieren?

- *Drg.*: Täglich 1 Dragee. Nur in besonderen Fällen (z.B. bei augenheilkundlicher Indikation) können höhere Dosen sinnvoll sein.

Welche Wirkstoffe?

- *Drg.*: 1 Drg. enth.: Retinolacetat 3000 I.E., DL-α-Tocopherolacetat 70mg.

Was kostet es?

	DM
20 Drg.	5,89
50 Drg.	11,81
100 Drg.	21,70

Hersteller?

Fa. Hevert in Sobernheim

Vitaminmangel, allgemein

Information der Redaktion:

Mulgatol

Multibionta

Welche Wirkstoffe?
- Lsg.: 10 g enth.: Salicylsäure 2g, Milchsäure 0,5g, Polidocanol 0,2g.

Was kostet es?	**DM**
10 ml Lsg.	**6,16**

Hersteller?
Fa. Mack, Illertissen in Karlsruhe

Warzen

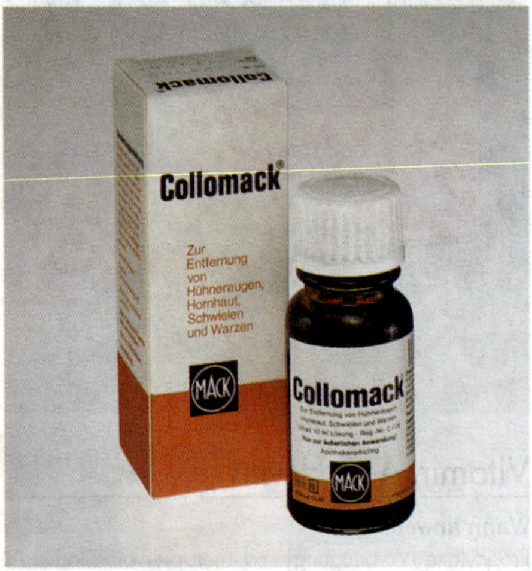

Collomack®

Wann anwenden?
Hühneraugen, Hyperkeratosen [übermäßige Verhornung der Haut], Schwielen, Warzen.

Wann nicht anwenden?
Nicht auf Muttermale, behaarte Warzen, Warzen im Genitalbereich und im Gesicht auftragen. Nicht für Säuglinge und Patienten mit Niereninsuffizienz [Nierenfunktionsstörung].

Schwangerschaft?
Kontraindiziert, nicht anwenden!

Stillzeit?
Kontraindiziert im Brustbereich.

Welche Nebenwirkungen?
Selten lokale Reizung der gesunden Haut. In Einzelfällen Kontaktallergie.

Wie dosieren?
- Lsg.: Zum Auftragen auf die Haut: 1 Tropfen jeweils morgens und abends auftragen.

Zahnbelag und Karies

Calcimagon® 500

Wann anwenden?
Therapie und Prophylaxe [Vorbeugung] von Calciummangelzuständen und bei erhöhten krankheitsbedingtem Calciumbedarf.

Wann nicht anwenden?
Hyperkalzämie [erhöhter Kalziumgehalt des Blutes] und Hyperkalzurie [vermehrte Kalziumausscheidung im Urin] z.B. bei Überfunktion der Nebenschilddrüsen, Calcium-Nierensteine, Vitamin-D-Überdosierung, Calcium-abbauende Tumoren wie z.B. Knochenmetastasen, schwere Nierenfunktionsstörungen und Immobilisations-Osteoporose [Knochengewebsschwund mit Bewegungsunfähigkeit]. Patienten mit Sorbitintoleranz [Unverträglichkeit gegenüber Fructose, bzw. Süßstoff Sorbit] z.B. aus Fructose-1,6-diphosphatasemangel. Bei Kindern: Nicht anwenden!

Welche Nebenwirkungen?
Verstopfung, Blähungen, Säurebildung als Reaktion auf die Einnahme, Hyperkalzurie [vermehrte Kalziumausscheidung im Urin]. Bei Anwendung hoher Dosen kann es auch zu Hyperkalzämie [erhöhter Kalziumgehalt des Blutes] und zu Alkalose [Abnahme des Säuregehaltes des Blutes] kommen. Der Calciumspiegel des Blutes und die Calciumausscheidung mit dem Urin sollten regelmäßig überwacht werden.

Wie dosieren?
- Kautbl.: Erwachsene kauen unabhängig von den Mahlzeiten 3 mal täglich 1 Tablette.

Welche Wirkstoffe?
- Kautbl.: 1 Kautbl. enth.: 1260mg Calciumcarbonat entspr. 500mg Calcium.
Weitere Bestandteile: Sorbitol, Poly(1-vinyl-2-pyrrolidon), MMG 35000-45000, Magnesiumstearat, Aspartam, Glycerol (mono, di) Fettsäure (C18) Ester.

Was kostet es?	**DM**
20 Kautbl.	**9,95**
50 Kautbl.	**22,55**
100 Kaubtl.	**39,85**

Hersteller?
Fa. Nycomed Arzneimittel in Ismaning

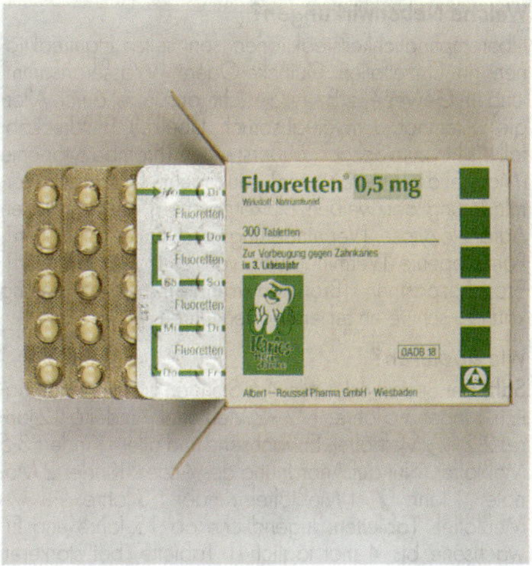

Fluoretten® 0,25mg, -0,5mg, -0,75mg, -1mg

Wann anwenden?

Zur Vorbeugung der Zahnkaries bei Kindern, Jugendlichen, Erwachsenen.

Wann nicht anwenden?

Wenn bereits eine ausreichende Fluoridzufuhr durch Trink- oder Mineralwasser erfolgt. Bei Unverträglichkeit gegenüber Milchzucker und Galaktose; Frühgeborene und unterentwickelte Neugeborene (Mangelgeborene) sollten solange sie nicht gedeihen, kein Fluorid erhalten.

Welche Nebenwirkungen?

Bei bestimmungsgemäßem Gebrauch keine. Bei ständiger Überdosierung von Fluorid in den ersten Lebensjahren kann sich eine Zahnfluorose mit Schmelzdefekten am bleibenden Gebiß und bei sehr erheblicher, langfristiger Überdosierung können sich Störungen des Knochenaufbaus entwickeln.

Was beachten?

Der Kalzium- und Magnesiumgehalt in der Milch oder Milchprodukten vermindert die Aufnahme von Fluorid nicht wesentlich.

Wie dosieren?

Täglich 1 Tablette vor dem Schlafengehen im Mund zergehen lassen.
- *0,25mg Tbl.:* Kinder im 1. und 2. Lebensjahr (Säuglinge bekommen die Tablette zerdrückt mit der Nahrung). Entfällt, wenn in dieser Zeit eine kombinierte Rachitis- und Kariesvorbeugung mit Vitamin D und Fluorid durchgeführt wird.
- *0,5mg Tbl.:* Kinder im 3. Lebensjahr.
- *0,75mg Tbl.:* Kinder vom 4. bis 6. Lebensjahr.
- *1mg Tbl.:* Kinder ab dem 7. Lebensjahr, Jugendliche und Erwachsene. Bei einem Fluoridgehalt über 0,3 mg/Liter Trinkwasser muß die Fluoridgabe angepaßt werden. Es wird bei Fluoridtabletten mit der nächst geringeren Dosis verabreicht; in den ersten beiden Lebensjahren ist in diesem Fall die Fluoridgabe entbehrlich. Ab einem Fluoridgehalt des Trinkwassers von über 0,7 mg/Liter muß Fluorid zusätzlich verabreicht werden. Bitte Fragen Sie Ihren Arzt, Zahnarzt oder Apotheker. Auskunft über den Fluoridgehalt des Trinkwassers erteilt das zuständige Wasserwerk.

Welche Wirkstoffe?

- *0,25mg Tbl.:* 1 Tbl. enth.: Natriumfluorid 0,553mg (entspr. 0,25mg Fluorid).
- *0,5mg Tbl.:* 1 Tbl. enth.: Natriumfluorid 1,106mg (entspr. 0,5mg Fluorid).
- *0,75mg Tbl.:* 1 Tbl. enth.: Natriumfluorid 1,659mg (entspr. 0,75mg Fluorid).
- *1mg Tbl.:* 1 Tbl. enth.: Natriumfluorid 2,212mg (entspr. 1mg Fluorid).

Was kostet es?	DM
300 Tbl. zu 0,25mg	11,75
300 Tbl. zu 0,5mg	13,65
300 Tbl. zu 0,75mg	15,15
300 Tbl. zu 1mg	16,40

Hersteller?

Fa. Albert-Roussel in Wiesbaden

Löscalcon® 500, -1000

Wann anwenden?

Calciummangel bei Tetanie [Krampfneigung der Muskeln], und Osteoporose [Knochengewebsschwund]; Prophylaxe [Vorbeugung] bei erhöhtem Calciumbedarf während der Schwangerschaft und Stillzeit sowie im Wachstumsalter.

Wann nicht anwenden?

Nierenkalksteine, Nephrocalzinose [Ablagerung von Kalksalzen in der Niere], Immobilisations-Osteoporose im akuten Schub [akuter Schub von Knochenschwund infolge körperlicher Ruhigstellung], Hypercalcämie [erhöhter Calciumspiegel im Blut], primärer Hyperparathyreoidismus [Überfunktion der Nebenschilddrüse], Vitamin-D-Überdosierung, diffuses Plasmozytom [Wucherung bestimmter Zellen des Knochenmarks], Knochenmetastasen [Tochtergeschwülste in den Knochen], schwere Hyperkalzurie [stark erhöhte Calciumkonzentration im Urin], Niereninsuffizienz [Nierenfunktionsstörungen], metabolische Alkalose [stoffwechselbedingte Untersäuerung des Blutes], chronische Harnwegsinfekte mit harnstoffspaltenden Bakterien (Gefahr einer Struvitsteinbildung).

Welche Nebenwirkungen?

Hyperkalzämie [erhöhter Kalziumgehalt des Blutes], Hyperkalzurie [vermehrte Kalziumausscheidung im Urin]. Regelmäßige Überwachung des Calcium- Blutspiegels und der Calcium-Ausscheidung durch den Urin ist daher erforderlich. Gelegentlich Magen- und Darm-Störungen.

Zahnbelag und Karies

Was beachten?
Von einer Kombinationsbehandlung mit Vitamin D wird abgeraten (außer bei spezieller Indikationsstellung [nur nach Rücksprache mit Ihrem Arzt!]).
Zusätzlich für - 500 Brausetbl.: 1 Brausetablette enth. 5,3mg Natrium (entsprechend 13,5mg Kochsalz).
Zusätzlich für - 1000 Brausetbl.: 1 Brausetablette enth. 5,1mg Natrium (entsprechend 13,0mg Kochsalz).

Wie dosieren?
- *500 Brausetbl.:* 2-4 Brausetabletten täglich. Kinder je nach Alter täglich 1-2 Brausetabletten.
- *1000 Brausetbl.:* 1-2 Brausetabletten täglich. Eine Brausetablette wird in einem Glas Wasser (ca. 200ml) aufgelöst und sofort getrunken. Wenn die trinkfertige Lösung länger steht, kann es zur Bildung eines Niederschlages kommen. In einem solchen Fall sollte die Flüssigkeit vor dem Trinken umgerührt werden.

Welche Wirkstoffe?
- *500 Brausetbl.:* 1 Brausetbl. enth.: Calciumcarbonat 1250mg (entspr. 500mg Ca^{2+}).
- *1000 Brausetbl.:* 1 Brausetbl. enth.: Calciumcarbonat 2500mg (entspr. 1000mg Ca^{2+}).

Was kostet es?	DM
20 Brausetbl. zu 500mg	12,59
50 Brausetbl. zu 500mg	27,93
100 Brausetbl. zu 500mg	51,05
20 Brausetbl. zu 1000mg	22,55
50 Brausetbl. zu 1000mg	50,03
100 Brausetbl. zu 1000mg	91,40

Hersteller?
Fa. Beiersdorf-Lilly in Hamburg

Zahnschmerzen

Enelfa® Saft, -Tabletten, -S 125 Supp., -250 Supp., -500 Supp.

Wann anwenden?
Leichte bis mäßig starke Schmerzen und Fieber.

Wann nicht anwenden?
Überempfindlichkeit gegen einen der Inhaltsstoffe. Personen mit Sorbit-(Fructose-) intoleranz (Saft). Neugeborene. Genetisch bedingter Mangel an Glukose-6-phosphat-Dehydrogenase wegen der Gefahr hämolytischer Anämie [Blutarmut durch krankhaft erhöhten Zerfall der roten Blutkörperchen]. Hinweis: Vorsichtig dosieren bei: Leberfunktionsstörungen (zum Beispiel durch chronischen Alkoholmißbrauch, Leberentzündungen). Vorsichtig dosieren bei: Nierenfunktionsstörungen. Vorsichtig dosieren bei Meulengracht-Gilbert-Syndrom.

Schwangerschaft?
Kontraindiziert, nicht anwenden!

Stillzeit?
Kontraindiziert, nicht anwenden!

Welche Nebenwirkungen?
Überempfindlichkeitsreaktionen (sehr selten Hautreaktionen, in Einzelfällen Quincke-Ödem [Wasseransammlung im Gewebe, z.B. im Gesicht, ausgelöst durch Allergie], Atemnot, Schweißausbruch, Übelkeit, Blutdruckabfall bis hin zum Schock; äußerst selten Thrombozytopenie [Mangel an Thrombozyten], Leukopenie [krankhafte Verminderung der weißen Blutkörperchen], in Einzelfällen Agranulozytose [Verminderung bestimmter Blutzellen], Panzytopenie [Verminderung von Blutzellen aller Art], Bronchospasmen [Bronchialkrämpfe]). Überdosierung kann zu schweren Leberschäden führen.

Wie dosieren?
Saft: Bei Bedarf oder alle 4-6 Stunden bis zu 4 mal täglich. Kinder 3-6 Jahre: 1 1/2-2 Meßlöffel. Kinder 6-12 Jahre: 2-2 1/2 Meßlöffel. Erwachsene und ältere Kinder: 3-5 Meßlöffel. Nur auf Anordnung des Arztes: Kinder 2 Monate - 1 Jahr: 1/2-1 Meßlöffel. Kinder 1-3 Jahre: 1-1 1/2 Meßlöffel. **Tabletten:** Jugendliche ab 15 Jahre und Erwachsene bis 4 mal täglich 1 Tablette, bei stärkeren Schmerzzuständen vorübergehend 3-4 mal täglich, 1-2 Tabletten jedoch nicht mehr als 6 Tabletten pro Tag, Schulkinder von 6-10 Jahren bis 3 mal täglich 1/2 Tablette. Schulkinder von 10-14 Jahren bis 3 mal täglich 1 Tablette. **Zäpfchen.:** Dosierung erfolgt in Abhängingkeit von Alter und Gewicht, in der Regel 10-15mg pro kg Körpergewicht als Einzeldosis (bis 50mg pro kg Körpergewicht pro Tag). Bei Bedarf 3-4 mal täglich im Abstand von 4-8 Stunden 1 Enelfa-Zäpfchen und zwar bei Säuglingen Zäpfchen zu je 125mg, Kinder (1-5 Jahre) Zäpfchen zu je 250mg, Schulkinder (ab 6 Jahre) Zäpfchen zu je 500mg.

Welche Wirkstoffe?
- *Saft:* 100ml enth.: Paracetamol 2g.
KH: 1 Meßl. enth. 1,27g KH (=0,1 BE).
- *Tabletten:* 1 Tbl. enth.: Paracetamol 500mg.
- *S 125 Supp.:* 1 Supp. enth.: Paracetamol 125mg.
- *250 Supp.:* 1 Supp. enth.: Paracetamol 250mg.
- *500 Supp.:* 1 Supp. enth.: Paracetamol 500mg.

Was kostet es?	DM
100 ml Saft	7,39
10 Tbl.	1,97
30 Tbl.	4,32
10 Zäpf. zu 125mg	3,11
10 Zäpf. zu 250mg	3,55
10 Zäpf. zu 500mg	4,14

Hersteller?
Fa. Dolorgiet in Sankt Augustin

Octadon® P

Wann anwenden?
Leichte bis mäßig starke Schmerzen.

Wann nicht anwenden?
Hinweis: Niedrig dosieren (ca. 100mg pro Einzeldosis bei: Tachyarrhythmien [Herzrhythmusstörungen, zu schneller Herzschlag], Leberzirrhose, Hyperthyreose

[Schilddrüsenüberfunktion], Angstsyndrom [Angstzustände], Leberfunktionsstörungen (z.B. durch chronischen Alkoholmißbrauch, Leberentzündung), Meulengracht-Gilbert-Syndrom, Niereninsuffizienz [Nierenschwäche]. Genetisch bedingter Mangel an Glucose-6-phosphat-Dehydrogenase mit Gefahr einer hämolytischen Anämie [durch Hämoglobinzersetzung bedingte Blutarmut].

Schwangerschaft?

Strenge Indikationsstellung, insbesondere im 1. Trimenon [Drittel].

Stillzeit?

Strenge Indikationsstellung. Das Befinden und Verhalten des Säuglings kann beeinträchtigt werden. Die Plasmahalbwertszeit [Zeit, bis nur noch die halbe Arzneimittelmenge im Blut ist] beträgt beim Säugling ca. 100 Stunden. Erst mit 5-6 Monaten werden Eliminationsraten [Ausscheidungsraten] des Erwachsenen erreicht (Halbwertszeit 5 Stunden).

Welche Nebenwirkungen?

Muskeltremor [Muskelzittern] (Dosierung über 200mg), Schlaflosigkeit, innere Unruhe, Kopfschmerzen (Dosierung über 200mg), Reizbarkeit (Dosierung über 200mg). Bei abruptem Absetzen nach längerem hochdosierten, nicht bestimmungsgemäßen Gebrauch: Kopfschmerzen, Müdigkeit, Muskelschmerzen, Nervosität, vegetative Symptome [d.h. unterbewußte, vom Nervensystem kommende Symptome]. Gastrointestinale [von Magen und Darm kommende] Beschwerden, Tachykardie [Steigerung der Herzfrequenz auf über 100 Schläge pro Minute], in Einzelfällen allergische Reaktionen. Überdosierung: Leberzellnekrosen [Absterben der Leberzellen], Nierenschäden. Überempfindlichkeitsreaktionen wie z.B. sehr selten Hautreaktionen wie Urtikaria [Nesselsucht]; Bronchospasmen [Bronchialkrämpfe]; äußerst selten Thrombozytopenie [Mangel an Thrombozyten]; Leukopenie [krankhafte Verminderung der weißen Blutkörperchen]; in Einzelfällen Agranulozytose, Panzytopenie [Schwund von Blutzellen aller Art]; in Einzelfällen Quincke-Ödem [Wasseransammlung im Gewebe, z.B. im Gesicht, ausgelöst durch Allergie], Atemnot, Schweißausbruch, Übelkeit, Blutdruckabfall bis zum Schock.

Wie dosieren?

- *Tbl.:* Erwachsene und Jugendliche : 1-2 Tabletten, bei Bedarf kann die Dosis auf 3-4 Tabletten erhöht werden.

Welche Wirkstoffe?

- *Tbl.:* 1 Tbl. enth.: Paracetamol 350mg, Coffein 50mg.

Was kostet es?

	DM
10 Tbl.	3,90
20 Tbl.	6,30

Hersteller?

Fa. Thiemann in Waltrop

Prontopyrin® plus

Wann anwenden?

Leichte bis mäßig starke Schmerzen wie Kopf- und Gliederschmerzen, auch bei Erkältungskrankheiten

Wann nicht anwenden?

Protopyrin® plus darf nicht angewendet werden bei Überempfindlichkeit gegen die Inhaltsstoffe, bei bekanntem genetisch bedingten Glucose-6-Phosphat- Dehydrogenase-Mangel (Gefahr von Blutbildveränderungen, z. B. hämolytische Anämie). Prontopyrin® plus darf bei Säuglingen und Kleinkindern nicht angewendet werden. Nur unter besonderen Vorsichtsmaßnahmen, d.h. mit einer Dosisverringerung oder einer Verlängerung der Abstände zwischen den einzelnden Einnahmen kann Prontopyrin® plus bei folgenden Krankheiten angewendet werden (relative Kontraindikation): Leberfunktionsstörungen (z. B. durch chronischen Alkoholmißbrauch, Leberentzündungen), Nierenfunktionsstörungen, Gilbert-Syndrom (Meulengracht-Krankheit). Patienten mit Magen- oder Zwölffingerdarmgeschwüren sowie Schilddrüsenüberfunktion sollten Prontopyrin® plus nur auf ärztliche Verordnung einnehmen.

Schwangerschaft?

Besonders im 1. Drittel nicht ohne ärztlichen Rat.

Stillzeit?

Das Befinden und Verhalten des Säuglings kann durch das mit der Muttermilch aufgenommene Coffein beeinträchtigt werden.

Welche Nebenwirkungen?

Die Einnahme von Protopyrin® plus kann selten zu Hautrötungen und sehr selten zu Überempfindlichkeitsreaktionen mit Hautausschlägen führen; äußerst selten wurde über allergiebedingte Störungen der Blutbildung, z.B. einer Verminderung der Blutplättchen (Thrombozytopenie) oder der weißen Blutkörperchen (Leukopenie bis hin zur Agranulozytose) oder aller Blutzellen (Panzytopenie), berichtet; in Einzelfällen sind Überempfindlichkeitsreaktionen wie Schwellungen im Gesicht, Atemnot, Schweißausbruch, Übelkeit, Blutdruckabfall bis hin zum Schock beschrieben worden. In Einzelfällen kann bei entsprechend veranlagten Personen ein Bronchiospasmus (Analgetika-Asthma) ausgelöst werden. Der Coffeinanteil kann zu Schlaflosigkeit, innerer Unruhe, Herzrasen und Magenbeschwerden führen.

Was beachten?

Die gewohnheitsmäßige Einnahme von Schmerzmitteln ist gefährlich. Sie kann zu irreparablen Gesundheitsschäden führen. Ohne ärztliche Verordnung soll Prontopyrin® plus nur zur Behandlung akuter Schmerzen eingenommen werden.

Wie dosieren?

- *Tbl.:* Zur kurzfristigen Anwendung ohne ärztliche Überwachung bei Erwachsenen und Jugendlichen 1-3 mal täglich 1 Tablette. Die maximale Tagesdosis liegt bei 4 Tabletten. Zur Anwendung unter ärztlicher Überwachung

Zahnschmerzen

bei Erwachsenen und Jugendlichen 1-3 mal täglich 2 Tabletten. Die maximale Tagesdosis liegt bei 8 Tabletten. Die Tabletten sind mit etwas Flüssigkeit unzerkaut leicht zu schlucken. Für die Dosierung bei Kindern von 6-12 Jahren liegt nicht genügend Erkenntnismaterial vor.

Welche Wirkstoffe?

- *Tbl.*: 1 Tbl. enth.: 400mg Paracetamol, 50mg Coffein,

Was kostet es?	DM
20 Tbl.	5,66

Hersteller?

Fa. Mack, Illertissen in Karlsruhe

PHARMAZEUTISCHE HERSTELLER

Albert-Roussel
Albert-Roussel Pharma GmbH,
Postfach 1160, 65001 Wiesbaden,
Abraham-Lincoln-Str. 38-42,
65189 Wiesbaden,
Tel: (0611) 7903-0,
Telefax: (0611) 721089, Telex: 4186281
ARP D, Telegramm: Albertroussel Wiesbaden, (069) 305-6867

Carnigen (Mono) Drg.
D-Fluoretten 500 Tbl.
Fluoretten 0,25mg Tbl., -0,5mg Tbl., -0,75mg Tbl., -1mg Tbl.

Allergan-Hydron
Siehe: Pharm-Allergan

Asche
Asche AG, Postfach 500132,
22701 Hamburg, Fischers Allee 49-59,
22763 Hamburg,
Tel: (040) 398220,
Telefax: (040) 39822212, (040) 398220

Enzym-Lefax N Kautbl.
Lefax Kautbl., -Lutschpastillen, -liquid, -Tropfen
Marax 800 Suspension, -Tbl.
Santax S Kaps.
schnupfen endrine Tropfen 0,1%

Atzinger
Siehe: Dr. Atzinger

Bad Heilbrunner
Bad Heilbrunner Reform-Diät-Arzneivertrieb GmbH, Postfach 40, Am Krebsenbach 5-7,
D-83670 Bad Heilbrunn (Obb.),
Tel: (08046) 9199-0,
Telefax: (08046) 9199-99, Telex: 526265 heil d

Bad Heilbrunner Abführ Tee N extra

Bayer
Bayer AG Pharma, Pharma Deutschland,
51368 Leverkusen, Tel: (0214) 14-02,
Telefax: (0214) 14-250, Telex: 8510857,
Telegramm: Bayerpharma Leverkusen,
24-Std. Tel.-dienst f. Notf.: Ärztl. Abt.,
Leverkusen (0214)307365, Feuer-W.
Leitst. W. Leverkusen (0214)45011,
Inst.f. Arznm.Sicherheit Wuppertal-Elberf.
(0202)368744 währ. d. Dienstz.),
(0202)367541 (außerh. d. Dienstz., Fax 368228)

Aktren Drg.
Alka-Seltzer Brausetbl.
Aspirin Tbl.
Aspirin plus C Brausetbl.
Mycospor Creme
Rheumon/Thermo-Rheumon Gel, -Creme, -Lotio
Talcid Kautbl.

Beiersdorf
Beiersdorf AG, Unnastraße 48,
20253 Hamburg, Tel: (040) 5690,
Telefax: (040) 5693434, Telex: 219510 bdf d, Telegramm: Beiersdorf Hamburg, (040) 5690

ABC Wärme-Pflaster N
ABC Wärme-Salbe
pH5-Eucerin Creme ölbad
pH5-Eucerin Creme Duschöl
pH5-Eucerin Pflege-Salbe

Beiersdorf-Lilly
Beiersdorf-Lilly GmbH, Postfach 201852,
20243 Hamburg, Wiesingerweg 25,
20253 Hamburg,
Tel: (040) 569-5001,
Telefax: (040) 569-4298

Löscalcon 500 Brausetbl., -1000 Brausetbl.
Lösferron Brausetbl.
Lösnesium Brausegran.
Tussipect A Lsg.

beni-med
beni-med Natürliche Heilmittel GmbH & Co. Vertriebs KG, Joachim-Friedrich-Str. 16, 10711 Berlin, Tel: (030) 8934181, Telefax: (030) 8934166

Tonizin Tropf., -forte Drg.

Brenner-Efeka Pharma
Brenner-Efeka Pharma GmbH, Postfach 8808, 48136 Münster, Schleebrüggenkamp 15, 48159 Münster, Tel: (0251) 2040, Telefax: (0251) 204128, Telex: 892523, Bei medizinisch-wissenschaftl. Anfragen: Ruf: (02571) 54024 u. 54018, 24-Std.-Telefondienst für Notfälle: (0251) 2040

Dolo-Arthrosenex N Gel
Luvased Drg.
Vitasprint B12 Fl., -Kaps.

Byk Gulden
Byk Gulden Lomberg Chemische Fabrik GmbH, Postfach 100310, 78403 Konstanz, Byk-Gulden-Strasse 2, 78467 Konstanz, Tel: (07531) 84-0, Telefax: (07531) 842474, Telex: 733354 byk d, Telegramm: bykgulden konstanz, (07531)84-0, außerh. d. Dienststunden: (07531) 84-0 Auftragsannahme: Werk Singen, Postfach 1240, 78211 Singen, Robert-Bosch-Str. 8, 78224 Singen, Tel.: (07531) 841251-1252, Telefax: (07531) 841255

Riopan Gel, -400 Tbl., -800 Tbl.
Vetren 30 000 Gel

Cassella-Riedel
Cassella-Riedel Pharma GmbH, 60386 Frankfurt am Main, Tel: (069) 305-0, Telefax: (069) 305-16883

Nagel Batrafen A Lsg.

Ciba Vision Ophthalmics
Ciba Vision Ophthalmics GmbH, Industriegebiet Oberpfaffenhofen, Argelsrieder Feld 5, 82234 Weßling, Tel: (08153) 9304-00, Telefax: (08153) 9304-60

Dispatenol Augentropfen
Lid-Care
Oculotect Augentropfen
Oculotect fluid sine Augentropf.

ct-Arzneimittel
ct-Arzneimittel Chemische Tempelhof GmbH, Postfach 420331, 12063 Berlin, Oberlandstr. 65, 12099 Berlin, Tel: (030) 7550060, Telefax: (030) 75500621

Paracetamol von ct Tbl. 500mg

Dermapharm
Dermapharm GmbH Arzneimittel, Lochhamer Schlag 10, 82166 Gräfelfing, Tel: (089) 898131-0, Telefax: (089) 8541390

Dentisat Neu viskose Lsg.
Lokalicid Creme, -Pumpspray, -Puder, -Lösung
Marolderm Salbe
Nystaderm Creme, -Paste
Nystaderm Mundgel, -S
Nystaderm Kombipackung, -Vaginaltabletten
Nystaderm-Filmtabletten
Polysept Salbe, -Lösung
Rectoparin Supp., -Supp. Tamp, -Salbe N, - Salbe N mit Dispenser, -Kombipackung, -Gel
Ureotop Creme, -Salbe
Windol Milch, -Creme, -Salbe, -Fettsalbe
Windol Basisbad

DHU
DHU-Arzneimittel GmbH & Co. KG, Postfach 410280,

76202 Karlsruhe,
Ottostr. 24,
76227 Karlsruhe,
Tel: (0721) 4093-01, Telefax: (0721) 4093113

Nisylen Lsg.
Tonsiotren H Lutschtbl.

Dolorgiet
Dolorgiet GmbH & Co KG,
Otto-von-Guericke-Straße 1,
53754 Sankt Augustin,
Tel: (02241) 3170, Telefax: (02241) 317390, Telex: 885582

Balkis Nasentropfen 0,05%, -Nasentropfen 0,1%, -Nasenspray, -Nasengel
Chol-Kugeletten Neu Drg.
Chol-Spasmoletten Drg.
Dolgit Creme
Enelfa Saft, -Tabletten, -S 125 Supp., -250 Supp., -500 Supp.
Kräuterlax Drg.
Trauma-Dolgit Gel

Dr. Atzinger
Dr. Atzinger, Pharmazeutische Fabrik,
Postfach 1129, 94001 Passau,
Dr. Atzinger-Str. 5, 94036 Passau,
Tel: (0851) 95521-0, Telefax: (0851) 95521-55 u. 95521-66

Criniton Lsg.
Leukona-Eukalpin-Bad
Leukona-Jod-Bad
Leukona-Mintöl
Leukona-âl-Bad
Leukona-Rheumasalbe
Leukona-Rheuma-Bad N
Leukona-Sauna-Konzentrat
Leukona-Sedativ-Bad sine Chloralhydrat
Leukona-Stoffwechsel-Bad
Leukona-Sulfomoor Bad N, -Teilbad N
Leukona-Tonikum-Bad
Leukona-Wundsalbe
Pinal-N Paste

Dreluso
Dreluso Pharmazeutika
Dr. Elten & Sohn GmbH,
Postfach 140,
31833 Hessisch Oldendorf,
31840 Hessisch Oldendorf,
Tel: (05152) 9424-0, Telefax: (05152) 3408

Sinuselect Tropf.

Dr. Engelfried + Dr. Bartel Pharma
Dr. Engelfried + Dr. Bartel GmbH + Co. Pharma KG,
Sollner Straße 42,
81479 München,
Tel: (089) 7901061, Telefax: (089) 7902462

BIO-H-TIN Tabletten, -5mg Tabletten

Efeka
Siehe: Brenner-Efeka Pharma

Esparma
Esparma Pharmazeutische Fabrik GmbH,
Postfach 1461,
39045 Magdeburg,
Lutherstr. 1-2,
39112 Magdeburg,
Tel: (0391) 44235, 6284726, Telefax: (0391) 48126, Telex: 8157

Eucabal-Hustentropfen
Eucabal-Hustensaft

Falk
Dr. Falk Pharma GmbH, Leinenweberstr. 5,
79041 Freiburg,
Tel: (0761) 13034-0, Telefax: (0761) 13034-21, Telex: 772 458 falk d, Telegramm: Falkpharma

Gelofalk Susp.
Hepatofalk Planta Kaps. →

Lactofalk Granulat
Mucofalk Apfel/Orange

Galderma
Galderma Laboratorium GmbH,
Sasbacher Str. 10,
79111 Freiburg,
Tel: (0761) 45277-0, Telefax: (0761) 4762238

Benzaknen 5 Gel, -10 Gel, -W Suspension
Cetaphil Reinigungslotion
HTH Hautregulativ
Nubral Creme

Heel
Biolog. Heilmittel Heel GmbH,
Dr.-Reckeweg-Str. 2-4,
76532 Baden-Baden,
Tel: (07221) 50100, Telefax: (07221) 501-210, Infos über Patienten-Service: (07221) 501-252

Engystol
Euphorbium compositum S Tropf.
Luffa
Traumeel S Tropf.
Vertigoheel Tbl.
Viburcol Supp.
Zeel

Henning Berlin
Henning Berlin GmbH,
Postfach 420732,
12067 Berlin,
Komturstr. 58-62,
12099 Berlin,
Tel: (030) 75695-0, Telefax: (030) 7511016, Telex: 183899 henn-d,

Jodetten 100 Henning Tbl., -200 Henning Tbl., -depot Henning Tbl.

Herbert
Herbert Pharma GmbH,
Postfach 3080,
65020 Wiesbaden,
Am Wolfsfeld 17,
65191 Wiesbaden,
Tel: (0611) 500725, Telefax: (0611) 503889

Oxygenabund Tbl.

Hermal
Hermal Kurt Herrmann,
Ein Unternehmen der Merck-Gruppe,
Scholtzstr. 3,
21465 Reinbek,
Tel: (040) 72704-0, Telefax: (040) 7229296, Telex: 217 960 herma d, Telegramm: Hermal Hamburg, (0431) 5974268, (Giftinformationsstelle)

Akneroxid 5 Gel, -10 Gel, -L Susp.
Aqua-non Hermal Emulsion
Balneum Hermal flüssiger Badezusatz, -F Flüssiger Badezusatz
Balneum Hermal Plus Flüssiger Badezusatz
Basodexan Creme, -S Salbe, -Soft Creme
Candio-Hermal Creme, - Paste, - Softpaste, - Salbe
Candio-Hermal Dragees, -Fertigsuspension
Candio-Hermal Mundgel
Carotaben Kaps.
Gelacet N Kaps., - Pulv.
Hermalind Creme
Hermal-Oel
Jacutin Emulsion, - Gel
Jacutin N Spray
Optiderm Creme
Sebopona Waschlotio
Tannosynt Creme
Tannosynt flüssig
Tannosynt Lotio

Hevert
Hevert-Arzneimittel GmbH & Co KG,
Postfach 61,
55560 Sobernheim,
Eckweiler Str. 10-12,
55566 Sobernheim,
Tel: (06751) 3051, Telefax: (06751) 3054, Telex: 42511, Bestellannahme: (06751)

2339, Fax: (06751) 7170

Echinacea Hevert purp. forte Tropf.
Folsäure-Hevert Tbl.
Hevert-Migräne Tropf.
Hevertolax Phyto Tropf.
Hewallergia Tropfen
Hewekzem novo Heilsalbe
Kohle-Hevert Tbl.
Valeriana comp.-Hevert SL Drg.
Valeriana forte-Hevert Beruhigungskapseln Kaps.
Vitamin A+E-Hevert Drg.

Hexal AG
HEXAL AG,
Postfach 1269,
83602 Holzkirchen,
Industriestraße 25,
83607 Holzkirchen,
Tel: (08024) 9080, Telefax: (08024) 908-290, Telex: 526913 hexaâd, (08024) 91395

ACC akut Brausetbl.
Acerpes Creme
Gingium Filmtabletten
Mykundex mono Salbe

Hoffmann-La Roche
Siehe: Roche

Ichthyol
Ichthyol-Gesellschaft Cordes,
Hermanni & Co.,
Postfach 630361,
22313 Hamburg,
Sportallee 85,
22335 Hamburg,
Tel: (040) 50714-0, Telefax: (040) 50714-110, Telex: 2174272 ioco d, Telegramm: Ichthyol Hamburg, (040) 50714-0

Aknichthol Creme
Aknichthol N Lotio
Aknichthol soft N Lotio
Hydro Cordes Creme
Ichtho-Bad
Lipo Cordes Creme

Intersan
Intersan Institut f. Pharmazeut. u. Klin. Forschung GmbH,
Postfach 413,
76258 Ettlingen,
Einsteinstr. 30-32,
76275 Ettlingen,
Tel: (07243) 1840, Telefax: (07243) 184-39, Telex: 782906

Colina Pulv.
Perivar N Filmtbl., -N forte Filmtbl.
Perivar Venensalbe
Rökan Filmtbl.

Janssen
Janssen GmbH,
Postfach,
41457 Neuss,
Raiffeisenstr. 8,
41470 Neuss,
Tel: (02137) 955-0, Telefax: (02137) 955-327, Telex: 8518109

Hismanal Tbl., -Tropfen

Jenapharm
Jenapharm GmbH,
Otto-Schott-Straße 15,
07745 Jena,
Tel: (03641) 645, Telefax: (03641) 646085, Telex: 331512

Aescusan 20 Filmtbl.
Ascorvit 200mg Drg., -500mg Drg.
Biopto-E Kapseln
Panthenol 100mg Jenapharm Tbl.
Summavit Filmtbl.
Turineurin Kaps.
Turiplex Kaps.

Kettelhack Riker Pharma GmbH
Siehe: 3M Medica

Klinge
Klinge Pharma GmbH,
Postfach 801063,
81610 München,
Berg-am-Laim-Str. 129,
81673 München,
Tel: (089) 4544-01, Telefax: (089) 4544-1329, Telex: 5215758 klng d, Telegramm: Klingepharma München

Venostasin-Gel
Venostasin retard Retardkaps.

Klinge-Nattermann Puren
Klinge-Nattermann Puren GmbH,
Postfach 801060,
81610 München,
Berg-am-Laim-Str. 129,
81673 München,
Tel: (089) 4544-04, Telefax: (089) 4544-1580, Telex: 5215758 klng d

Ginkopur Filmtbl.

Lichtwer
Lichtwer Pharma GmbH,
Postfach 260326,
13413 Berlin,
Wallenroder Str. 8-10,
13435 Berlin,
Tel: (030) 403700, Telefax: (030) 40370103

Eulatin NN Salbe, -N Zäpfchen
Faros 300 Drg.
Kaveri forte Tropf., -Filmtabletten

Lipha
Lipha-Arzneimittel GmbH,
Postfach 130326,
45293 Essen,
Zeche Katharina 6,
45307 Essen,
Tel: (0201) 810020, Telefax: (0201) 8100213, Telex: 857766 lipha

Cholspasminase N Filmtbl.
Cholspasmin forte Tbl.

Lomapharm
Lomapharm, Rudolf Lohmann GmbH KG,
Pharmazeutische Fabrik,
Postfach 1210,
31857 Emmerthal,
Langes Feld 5,
31860 Emmerthal,
Tel: (05155) 63200/ 203, Telefax: (05155) 63240

Lomabronchin N Tropfen
Lomaherpan Creme
Lomarheumin N-Creme
Lomatol Dragees, -Tropfen
Poikicholan 100 Filmtbl.
Poikiven T
Rulofer N Filmtbl., -Kapseln

Mack, Illertissen
Heinrich Mack Nachf.,
Chem.-pharm. Fabrik,
Verwaltung und Medizin:,
Postfach 4949,
76032 Karlsruhe,
Pfizerstr. 1,
76139 Karlsruhe,
Tel: (0721) 6101-02, Telefax: (0721) 6101-436, Telex: 7825624, Telegramm: Pfizer Karlsruhe,
Produktion und Auslieferung: Heinrich-Mack-Str. 35, Postfach 2064, 89257 Illertissen, Tel.: (07303) 12-0, Telex 719110, Telefax: (07303) 12387, Telegramm: Chemomack Illertissen

Collomack Lsg.
Forapin E Liniment, -Salbe
Prontopyrin plus Tbl.
Rhinopront Kapseln, -Saft
Rhinotussal Kapseln, -Saft

Marion Merrell Dow
Marion Merrell Dow GmbH,
Postfach 420440,
12064 Berlin,
Komturstr. 58-62,
12099 Berlin,
Tel: (030) 756958, Telefax: (030) 7511016, Telex: 183899, (030) 75695-111 (18-8 Uhr)

Dobendan Lösung
Dolo-Dobendan Lutschpastillen
Dolo-Dobendan Lösung
Teldane K Suspension

3M Medica
3M Medica,
Postfach 1462,
46322 Borken,
Wilbecke 12-14,
46325 Borken,
Tel: (02861) 803-0, Telefax: (02861) 63631, Telex: 813317

Bella Carotin mono Kaps.

Medice
Medice Chem.-pharm. Fabrik Pütter GmbH & Co. KG,
Postfach 2063,
58634 Iserlohn,
Kuhloweg 37-39,
58638 Iserlohn,
Tel: (02371) 937-0, Telefax: (02371) 937-329

Brand- und Wundgel-Medice N
Hepaticum Lac Medice Sirup
Medigel
Medilet
Meditonsin H Lösung
Medivitan N Inj.-Lsg.

Merckle
Merckle GmbH,
Postfach 1780,
89007 Ulm,
Graf-Arco-Str. 3,
89079 Ulm,
Tel: (0731) 402-01, Telefax: (0731) 402-610, Telex: 712691 mepha d, 24 Stunden Telefondienst für Notfälle: (0731) 44011

Baldrian-Phyton 250 Drg., - Tropfen
Bifinorma Sirup
Dolobene Gel
Gastripan Tbl., -Gel
Hylak forte N Tropfen
Hypericum-Phyton Kaps., -Tropf.
Kava-Phyton Drg.
Maltyl Lsg.
Mirfulan Wund- und Heilsalbe
Mirfusot 25 Sirup, -50 Tropfen
Nifint Nasensalbe
Rheumabene Gel

Merrell
Siehe: Marion Merrell Dow

Mewes
Dr. Mewes Heilmittel GmbH,
Postfach 1325,
56194 Höhr-Grenzhausen,
Tel: (02624) 8863, Telefax: (02624) 8864

Taiga-Wurzel Extrakt Dr. Heberer Tropf.

Mucos
Mucos Pharma GmbH & Co.,
Postfach 1380,
82524 Geretsried,
Alpenstr. 29,
82538 Geretsried,
Tel: (08171) 5180, Telefax: (08171) 52008, Telex: 526396 mucos d

Wobenzym N Drg.

Nordmark
Nordmark Arzneimittel GmbH,
Postfach 1244,

25430 Uetersen,
Pinnauallee,
25436 Uetersen,
Tel: (04122) 712-0, Telefax: (04122) 712220, Telex: 218522,
Telegramm: Nordmarkchemie Uetersen

Aktivanad-N Saft
Dolo-Rubriment Salbe
Evitaplus
Kalinor-Brausetabletten
Rubriment-N âl
Soventol Filmtbl.
Tannacomp

Nycomed Arzneimittel

Nycomed Arzneimittel GmbH,
Postfach 1209,
85730 Ismaning,
Fraunhoferstr. 7,
85737 Ismaning,
Tel: (089) 92681-0, Telefax: (089) 96281-444

Actovegin forte Dragees
Calcimagon 500 Kautbl.
Gutron Tbl., - Tropf.

OTW

Organotherapeutische Werke GmbH,
Postfach 100225,
76256 Ettlingen,
Carl-Zeiss-Str. 4,
76275 Ettlingen,
Tel: (07243) 510-0, Telefax: (07243) 510-100

Inconturina SR Tropf.

Pfizer

Pfizer GmbH,
Postfach 4949,
76032 Karlsruhe,
Pfizerstr. 1,
76139 Karlsruhe,
Tel: (0721) 6101-01, Telefax: (0721) 6101-436, Telex: 7825624, Telegramm: Pfizer Karlsruhe

Kompensan Tbl., -Susp. Fl., - Btl.
Yxin Augentropfen

Pfleger

Dr. R. Pfleger Chemische Fabrik GmbH,
96045 Bamberg,
Tel: (0951) 60430, Telefax: (0951) 604329

Apothekers Naturmenthol
Contraneural N Tbl.
Godamed Tbl.
Ipalat gegen Katarrhe der Atemwege Pastillen (-zuckerfrei)
Neuralgin Tbl.
Sediat Tabletten

Pharmacia

Pharmacia GmbH,
Postfach,
91051 Erlangen,
Tel: (09131) 801-0, Telefax: (09131) 801-202

Microklist Lsg.
Selukos Suspension

Pharmafrid

Pharmafrid Arzneimittelvertrieb GmbH,
Düsterhauptstr. 28,
13469 Berlin,
Tel: (030) 4025132, Telefax: (030) 4025132, (030) 19240

Baldrian-Fridetten forte Drg.

Pharm-Allergan

Pharm-Allergan GmbH,
Postfach 100661,
76260 Ettlingen,
Rudolf-Plank-Str. 31,
76275 Ettlingen,

Tel: (07243) 501-0, Telefax: ((07243) 501-100

Lacrimal O.K.
Liquifilm Augentropfen

Pharma Wernigerode
Pharma Wernigerode GmbH,
Postfach 35,
38841 Wernigerode,
Mühlental 42,
38855 Wernigerode,
Tel: (03943) 530-0, Telefax: (03943) 530-57, Telex: 351749 pharm dd

Bronchowern Tropfen, -Tabletten
Carvomin forte Tropf.
Circuvit E Tropf., -5 Tbl., -25 Tbl.
Cystium Solidago Lsg.
Diabenyl-Rhinex Tropf.
Divalol W Tropfen
Exrhinin Nasenspray, -Nasentropfen
Harzer Franzbranntwein Lösung, -mit Fichtennadelöl
Imidin N Nasenspray, -N Nasentropfen, -N Nasengel, -S Nasentropfen für Säuglinge
Japanisches Pfefferminzöl
3N-Lecithin Emulsion
Parodontal F5 med Lösung
Pharma Wernigerode Kamillan plus Lsg.
Pharma Wernigerode Kamillan supra
Pharma Wernigerode Kamillan supra Nasenspray
Rhinex S Tropf., -K Nasenspray
Sanopinwern Tropf.
Summavit-Tropfen
Vitaferro-Tropfen

Plantina
Plantina GmbH Biologische Arzneimittel,
Postfach 104129,
69031 Heidelberg,
Czernyring 22/10,
69115 Heidelberg,
Tel: (06221) 10024, Telefax: (06221) 12021

Helianthus tuberosus Tropfen

Pohl-Boskamp
G. Pohl-Boskamp GmbH & Co.,
Kieler Str. 11,
25551 Hohenlockstedt,
Tel: (04826) 590, Telefax: (04826) 59109,
Telex: 28227 pohl d, Teletext: 48261

Gelomyrtol Kaps., -forte Kaps.

Protina
Protina GmbH,
Postfach 1253,
85730 Ismaning,
Adalperostraße 30,
85737 Ismaning,
Tel: (089) 996553-0, Telefax: (089) 963446, Telegramm: Protina Ismaning

Magnesium-Diasporal N 300 Granulat, -Lutschtabletten

Rorer
Rorer GmbH (Rhone-Poulenc-Rorer),
Postfach 350120,
50792 Köln,
Nattermannallee 1,
50829 Köln,
Tel: (0221) 5091, Telefax: (0221) 5092711, Telex: 8881928 rpr d

Maaloxan Tbl., -Susp., -forte Kautbl.

Sanol
SANOL GmbH,
Postfach 100662,
40770 Monheim,
Alfred-Nobel-Str. 10,
40789 Monheim,
Tel: (02173) 48-0, Telefax: (02173) 48-1608, Telex: 8515790

ferro sanol duodenal Kaps.

Schuck
Schuck GmbH,

Postfach 100265,
90564 Schwaig b. Nürnberg,
Industriestr. 11,
90571 Schwaig b. Nürnberg,
Tel: (0911) 500185 u. 500196, Telefax: (0911) 508802

Antihypertonicum S Schuck Drg.

Spitzner

W. Spitzner, Arzneimittelfabrik GmbH,
Postfach 763,
76261 Ettlingen,
Bunsenstr. 6-10,
76275 Ettlingen,
Tel: (07243) 1060, Telefax: (07243) 106333, Telex: 782822âwspiâbd

Craton forte Ginkgo-biloba Filmtabletten
Hametum Salbe
Pinimenthol N Salbe
Pinimenthol S mild Salbe

Steigerwald

Steigerwald, Arzneimittelwerk GmbH,
Postfach 101345,
64213 Darmstadt,
Havelstr. 5,
64295 Darmstadt,
Tel: (06151) 3305-0, Telefax: (06151) 317832, Telex: 419309 Stgwd

Iberogast Tinktur zum Einnehmen
Influex Tabletten zum Einnehmen,
- Flüssige Verd. z. Einn., - Flüssige Verd. z. Inj.
Phytodolor Tinktur zum Einnehmen
Phytonoctu Filmtbl. zum Einnehmen,
-Fluidextrakt zum Einnehmen
Psychotonin-sed. Kapseln z. Einnehmen,
-Tinktur zum Einnehmen
Psychotonin M Tinktur zum Einnehmen
Psychotonin forte Kapseln N zum Einnehmen
Rheumakaps Kapseln z. Einnehmen

Steiner

Steiner & Co.,
Deutsche Arzneimittel Gesellschaft,
Ostpreußendamm 72/74,
12207 Berlin,
Tel: (030) 71094-0, Telefax: (030) 7125012, Telegramm: Steinerarznei Berlin

Aristochol Konzentrat Kapseln
Aristochol N Tropfen
Aristochol Konzentrat Granulat
Calcium Dago-Steiner Gran.
Cholarist Tbl.
Dormarist Schlafkapseln
Harntee-Steiner Tee-Gran.
Sedariston Tropfen
Sedariston Konzentrat Kaps.
Sedariston F Flüssigkeit
Solidago Steiner Tbl.

Thiemann

Thiemann Arzneimittel GmbH,
Postfach 440,
45725 Waltrop,
Im Wirrigen 25,
45731 Waltrop,
Tel: (02309) 640, Telefax: (02309) 64392, Telex: 822576 thie d.

Cotazym 10 000 Kaps., -20 000 Kaps., -30 000 Kaps.
Obstinol Emulsion, -mild Emulsion
Octadon P Tbl.
Optipect Hustengetränk Citro
Optipect N Tropfen
Optipect Neo Dragees
Perenterol forte Kaps.
Perenterol Kaps.

Ursapharm

Ursapharm Arzneimittel GmbH,
Industriestraße,
66129 Saarbrücken,
Tel: (06805) 9292-0, Telefax: (06805) 9292-88, Telex: 4429524

Allergocrom Augentropfen
Allergocrom Comod Nasenspray
Bromelain-POS Tbl.

Hepar-POS Kaps.
Siccaprotect Augentropfen
Veno SL 300 Kaps.
Zinkorotat 20 Tbl., -POS Tbl.

Verla-Pharm
Verla-Pharm Arzneimittelfabrik
Apotheker H. J. v. Ehrlich GmbH & Co KG,
Hauptstraße 98,
82327 Tutzing,
Tel: (08158) 257-0, Telefax: (08158) 257-251, Teletext: 815882 verla, Telegramm: Verla Tutzing

Calcium Verla Filmtabletten, -500 Brausetabletten
Crataegus Verla Tbl., - Lsg.
Glutamin-Verla Drg., - Granulat
Lactuverlan Sirup, -Granulat
Magnesiocard Lacktbl.
Magnesium Verla N Drg., - N Konz.,
- Brausetbl., - Kautbl.
Thymiverlan Lsg.

Weber & Weber
Weber & Weber GmbH,
Postfach 20,
82263 Inning/A.,
Herrschinger Str. 33,
82266 Inning/A.,
Tel: (08143) 1041/1042, Telefax: (08143) 7084, Telex: 527689 vowe d

Araniforce_-forte_

Wiedemann
Wiedemann Pharma GmbH,
Biologisch-pharmazeutische Präparate,
Pilotyweg 14,
82541 Münsing-Ambach,
Tel: (08177) 8081, Telefax: (08177) 1760

Thymowied Thymus-Dragees
Wiedimmun Inj.-Lsg.

Zyma
Zyma GmbH,
Postfach 701980,
81366 München,
Zielstattstraße 40,
81379 München,
Tel: (089) 78770, Telefax: (089) 7877444, Telex: 5212754 zyma d

Eu-Med SC Tbl.
Fenistil Drg.
Fenistil Gel
Lactulose Neda Sirup
Lipactin Gel
Neda Früchtewürfel
Otriven gegen Schnupfen
- 0,025% Nasentropfen,
- 0,05% Nasentropfen, - 0,1% Dosierspray,
- 0,1% Nasengel, - 0,1% Nasenspray,
- 0,1% Nasentropfen
Rhinomer Nasenspray
Thymipin N Hustensaft
Venoruton Emulgel Heparin
Venoruton-intens Filmtbl.
Vibrocil Nasenspray

Stichworte

Notizen

Notizen

Notizen

Notizen